Bram Stoker

Dracula

with Essays in Criticism

Annotated with Critical Introduction
by Kim Il-Yong

Shinasa

Contents

〈The Text of Dracula〉

Critical Introduction

Critical Introduction

⊙ 브람 스토커의 생애

Bram Stoker

작품이 출판된 이래로 대중적 인기는 물론이요, 1970년대부터 문학적으로도 재평가되면서 그 문학적 위상이 높아가는 『드라큘라』(Dracula)는 많은 사람들에 의해 회자되는 작품이지만, 정작 이 작품의 작가이자 드라큘라라는 인물을 창조한 브람 스토커(Bram Stoker)에 대해서 알려진 바는 실로 적다. 심지어 브람 스토커가 쓴 『드라큘라』의 중심인물인 드라큘라를 단지 전설이나 영화속에 등장하는 인물로서만 인식하고 있는 경우도 흔히 있다. 게다가 스토커에 관해 현재 남아있는 기록도 공적 기록이나 그의 자서전적인 글 이외에 많지 않기 때문에 스토커의 전기 작가 파슨(Daniel Farson)의 지적처럼 여태까지의 베스트셀러 작가 중 브람 스토커만큼 유독 대중에게 잘 알려지지 않은 작가는 드문 상황이다.

스토커의 출생에 관한 사항은 비교적 명확하다. 그는 1847년 11월 8일 아일랜드의 수도 더블린(Dublin)에 소재하던 영국정부 청사인 Dublin Castle에서 공무원 생활을 하던 아버지 Abraham Stoker와 아일랜드의 슬라이고(Sligo) 출신인 어머니 Charlotte Matilda Blake Thornley사이에서 7남매 중 셋째 아들로 태어났다. 두 부모의 공통점은 모두 영국인이면서 아일랜드에 정착하여 사는 소위 앵글로 아이리쉬(Anglo Irish)로 영국 성공회를 신봉하는 사람들이었다. 그러나 이들은 성격적인 면에서는 판이하였다. 오랜 공무원 생활을 하여 온 아버지는 보수적이었지만, 어머니는 남녀 불평등을 사회악으로 간주하며 빈민과 여성 해방을 위해 왕성한 사회 활동을 벌였던 진보적인 여성이었던 것이다.

스토커의 어빙(Henry Irving)에 대한 전기이자 자신의 삶을 회고한 글인 *Personal Reminiscences of Henry Irving*(1906)에 따르면 스토커는 7세 때까지 잘 서지도 못할 정도로 병약하여 Dublin's Fever Hospital에서 근무하던 그의 숙부 William Stoker의 치료와 간호를 받았다고 한다. 이때 스토커의 병상을 지키던 그의 어머니는 어린 스토커를 즐겁게 하기 위해 아일랜드의 전설에 나오는 유령 이야기와 가족 중 죽을 사람이 있을 때 울어서 이를 예고한다는 아일랜드의 요정인 banshee, 시체를 파먹는 귀신 이야기, 어머니가 24세 때인 1832년에 슬라이고에서 겪은 콜레라에 대한 이야기, 역병으로 죽은 어느 병사를 관에 넣기 위해 다리를 자른 사건, 죽지 않은 사람을 하마터면 생매장할 뻔 한 이야기 등을 어린 스토커에게 하여 주었다고 한다(이 이야기들이 스토커가 나중에 집필하는 작품에 상당한 영향을 주었는데 이중 역병에 관한 어머니의 이야기는 스토커가 1881년에 출판한 단편소설 모음집인 *Under the Sunset*에 수록된 “The Invisible Giant”의 소재가 되었다).

스토커는 결국 어린 시절의 병마를 이겨내고 건강하게 자라 성인이 되어서는 그의 전기 작가 파슨이 “붉은 머리의 거인”으로 부를 정도로 180센티미터가 넘는 큰 체구와 단단한 근육질을 갖게 되었다. 그리하여 1863년 더블린의 Trinity College에 입학하여 수학과 과학을 공부면서도 그는 럭비 주장을 맡아 트로피를 몇 차례 수상하였고, 역도를 잘해 기록을 갱신하며 여러 번 메달을 타기도 하였다.

스토커는 대학시절 과학과 운동에 관심이 많았지만 예술과 문학에 대한 열정 또한 컸다. 1867년 8월 28일 스토커는 Theatre Royal에서 Richard Sheridan의 극 『경쟁자』(The Rival)에 Captain Absolute로 등장하던 어빙(Henry Irving)을 처음 보게 되며 이때 그의 연기에 강렬한 인상을 받는다. 이 일이 있은 지 1년 후인 1868년 미국 시인 휘트먼(Walt Whitman)의 시집『풀잎』(Leaves of Grass)이 출판되어 영국내에서 도덕적 논란의 대상이 된다. 그러나 호기심으로 이 작품을 읽어 본 스토커는 이 작품에 큰 감명을 받아『풀잎』을 공개적으로 옹호하며 휘트먼에게 편지를 보내 그에 대한 지지의사를 표명하고 이를 계기로 이 둘은 평생을 서신 왕래하는 사이로 발전하게 된다.

Snagov 수도원 사진

1868년 스토커는 Trinity College를 졸업하는데, 스토커 자신은 이때 과학 분야의 우등생으로 졸업하였다고 자신의 글에서 주장하고 있지만 실제 이 당시 학교 당국의 우등생 명단에는 그의 이름이 나타나 있지 않았다.

대학을 졸업한 후 스토커는 다시 석사학위를 따기 위해 같은 해에 Trinity College의 수학과 대학원에 입학을 하며 수학에 대한 열정을 살려갔다. 그러나 스토커는 수학과 더불어 인문학, 나아가 문학과 사상, 철학에 관심을 가지며 Trinity College 대학에 소속된 논쟁 단체에 가입해 활동하여 1870년에는 College's Philosophical Society의 회장으로, 1872년에는 이와 라이벌 관계에 있던 논쟁 단체인 Historical Society의 auditor로 선출 되었다.

1870년 대학원 재학 중이던 스토커는 아버지의 도움으로 아버지가 일하고 있던 Dublin Castle에서 공무원으로 일하게 된다. 그러나 천성이 활동적이며 예술에 대한 열정을 가지고 있던 스토커는 이 공무원 생활에 만족하지 못하여 틈틈이 휘트먼의 시와 에세이, 기타 문학 작품을 읽으며 여가를 보냈고, 또한 퇴근 후에는 극장을 다니며 무료함을 달랬다. 이때 그가 접하게 된 Sheridan Le Fanu의 흡혈귀 백작 부인을 소재로 한 "Carmilla"는 스토커에게 많은 감명을 주었고, 그로 하여금 흡혈귀 문학에 관심을 기울이게 한 계기가 되었다(후에 스토커가 쓴 *Dracula*의 초기 원본에는 이 흡혈귀 백작부인이 등장하는데, 이를 스토커가 이 작품이 출판되었을 때에는 삭제하고 이 때 삭제된 부분을 분리하여 "Dracula's Guest"란 이름으로 나중에 출판하게 된다).

스토커가 본격적인 흡혈귀 문학을 접한 1871년은 스토커의 문인으로서의 출발을 시작하는 계기가 마련되는 해이기도 하다. 이 해 5월 스토커는 이전에 자신을 감동시켰던 연극배우인 어빙을 더블린에서 다시 보게 되는데, 이는 그가 James Albery의 『두 송이 장미』(Two Roses)를 상연할 때였다. 어빙의 열렬한 팬인 스토커는 이 연극을 3번이나 보러 가며 이 드라마를 지인들에게 격찬하였으나, 어떤 신문이나 잡지도 이 연극에 대한 평을 전혀 내놓지 않자, 이에 큰 불만을 표하며 자청하여 당시 더블린에서 발행되던 *Evening Mail*에 무보수 드라마 비평가로 자청하여 6년간 일을 하게 된다. 이와 동시에 스토커는 당시 일간 신문인 *The Halfpenny Press*의 편집자로서도 활약하여 그의 왕성한 문단 활동을 과시하기도 하였다.

Henry Iving

1876년은 스토커의 인생에 커다란 전환점이 마련된 시기였다. 불가리아에 있는 터키인들에 의해서 많은 기독교들이 살해 되어 영국내에 반 터키 정서가 커갔던 이 해에 브람의 아버지 아브라함 스토커가 사망하자, 브람 스토커는 원래 자신의 이름이었던 '아브라함 스토커'(아버지의 이름과 동일)에서 '브람 스토커'로 바꾼다. 또한 스토커는 이 해에 자신이 항상 흠모해 왔단 어빙을 직접 만나게 되는 기회를 갖는다. 어빙의『햄릿』공연을 관전한 스토커가 *Evening Mail*에 "그(어빙)의 열정에는 천재만이 재현할 수 있는 리얼리즘이 있다"고 극찬하자, 이 평을 읽은 어빙이 한껏 고무되어 스토커를 자신이 묵던 호텔 저녁식사에 초대하였던 것이다. 이때 어빙은 스토커를 위해 Thomas Hood의 시 "The Dream of Eugene Aram"을 낭송하는데, 스토커는 어빙의 시 낭송에 너무나도 강렬한 인상을 받아 주변 사람들이 모두 놀랄 정도로 히스테리컬한 행동을 하게 된다. 이 모습을 본 어빙은 방에 들어가 자신의 사진을 들고 나와 여기에 축복의 글을 써 스토커에게 선사한다. 이 당시에 스토커가 어빙에 대해서 갖던 감정은 서로 진실된 친구를 만났다는 그것이었으며, 이를 회고하는 스토커는 이 때의 우정이 영원할 것이란 느낌을 받았다고 후에 기술하였다.

이렇게 시작된 이들의 우정은 1877년 스토커가 Dublin Castle에서 진급하고 *Evening Maill*의 무보수 비평을 그만둔 이래도 지속되며 이들은 런던과 더블린에서 자주 만나는 기회를 갖는다. 그러다 1878년 어빙은 런던에 있는 Lyceum Theatre를 임대하여 자신의 연극단을 만들고 스토커에게 acting-manager 자리를 제안한다. 이에 스토커는 즉시 공무원 직을 포기하고 어빙의 제의를 수락하여 Lyceum Theatre의 매니저로 일하게 된다(이 때의 결정으로 스토커는 어빙이 죽은 1905년 10월까지 그의 극장 매니저로서 그와 거의 평생을 함께 하게 된다).

어빙의 제안을 수락한 계기로 스토커는 결혼도 서둘렀다. Florence Anne Lemon Balcombe를 두고 극작가 와일드(Oscar Wilde)와 경쟁하던 스토커는 본격적으로 그녀에게 구애를 시도하여 이 둘은 마침내 그해 12월 4일 결혼하고, 스토커는 새 직장 Lyceum Theatre가 있는 런던으로 아내와 함께 향한다.

이때의 스토커의 결정에 대해 자식에 대해 커다란 야망을 갖고 있었던 그의 어머니는 스토커가 연극배우와 어울리고 극장에서 일하기 위해 유망한 현재 직업을 포기한 것을 탐탁치 않게 여겼으나, 극장 매니저로서의 삶에 대해 스토커는 상당한 만족감을 느꼈던 것 같다. 그는 일주일에도 극장일 관계로 몇 백통의 편지를 쓰는 등 극장을 위해 자신의 모든 정성을 다 바치며 헌신적으로 일했다. 게다가 어빙의 뛰어난 극장 운영과 연기 덕에 극장은 날로 번창하여 이 극장은 당시 런던 사교계의 중심부를 차지할 정도가 되었다. 이로 인해 어빙은 물론이요 스토커도 런던 사교계에 널리 알려지게 되었으며, 스토커는 Gladstone과 Disraeli와 같은 당대 유명 정치인들과 K. Jerome과 M.

E. Braddon과 같은 당대 인기 작가들과도 교분을 쌓을 수 있었다. 여기에다 와일드를 중심으로 형성된 문학 그룹에도 속하였던 스토커는 당대 유명 소설가인 Arthur Conan Doyle, 영국 계관시인이던 Alfred Lord Tennyson, Mark Twain과 같은 많은 예술가와 문인들을 만날 수 있었다.

Lyceum Theatre

이처럼 극장일을 계기로 더욱 많은 예술가와 문인들을 접하게 된 스토커는 문학에 대한 꿈을 더욱 키워가며 바쁜 극장일 틈틈이 집필 활동을 시작한다. 그 결과 그의 첫 아들 Noel이 태어난 1882년 스토커는 어린 아이들을 위한 이야기 모음집인 *Under the Sunset*을 출판하기에 이른다.

이처럼 바쁜 생활가운데서도 집필 활동을 스토커가 할 수 있었던 것은 그의 타고난 활기 넘치는 성격과 체력에 기인하지만, 아내와의 원만하지 못한 결혼 생활에도 그 원인이 있던 것 같다. 런던에 정착한 두 부부는 경제적으로 안정되고 많은 스포트라이트를 받는 생활을 누리게 되었지만, 뛰어난 미모로 많은 남성들의 관심을 받아오던 스토커의 아내의 허영심은 마치 물속의 물고기마냥 더욱 커가기만 하였다. 결혼 후에도 과거 그녀에게 청혼하였던 와일드와의 만남을 지속해 왔던 그녀는 와일드 이외에도 당대 여러 명의 문인이나 사회 지도층 인사와도 적절치 않은 관계를 유지한 것 같았다. 게다가 그녀의 손녀딸인 Ann MaCaw에 따르면 그녀는 기질적으로 차갑고 모성애가 별로 없는 여성으로 첫 아들 노엘에 대해 별로 관심을 기울이지 않았고, 성에 대한 극심한 혐오감으로 첫 아이를 낳은 후로는 남편 스토커와도 멀리하였다고 한다. 자연 스토커는 아내에 대한 불만을 품게되고 이로 인해 다른 여성을 찾게 되었지만, 이는 역설 적으로 그가 더욱 열심히 극장일과 집필에 몰두하게 하는 계기가 되었다.

그의 왕성한 극장 운영을 보여주는 단면으로 스토커는 극장의 활동 무대를 런던에 국한하지 않고 1883년부터는 미국 순회공연을 시도한다. 이는 1904년까지 지속되는데, 미국 방문을 계기로 그는 대학 시절 자신의 우상이었던 미국 시인 휘트먼과 미국 소설가 트웨인(Mark Twain)을 만나게 된다. 그러면서도 꾸준히 계속 글을 써 나가던 스토커는 1889년에 몇 개의 잡지와 신문에 연재한 소설을 하나로 묶어 *The Snake's Pass*라는 이름으로 1890년에 출판한다. 폭풍이 몰아치는 아일랜드의 어느 해안을 배경으로 전개되는 이 소설은 한 명의 아름다운 여인과 이 여인을 얻기 위한 두 명의 남자 이야기, 그리고 숨겨진 보물에 관한 이야기를 다루고 있는데, 이 작품은 출판되자마자 어느 정도의 대중적 인기를 누려 스토커에게 작가로서의 자신감을 안겨다 주었다.

극장일 관계로 미국을 직접 경험하고 목격한 스토커는 미국에 감명을 받았던 것 같다. 그가 『드라큘라』에 활기 넘치는 개척정신의 소유자인 미국 텍사스 출신의 모리스(Quincy Morris)를 등장시킨 것은 이러한 연유에서인 듯한데, 스토커는 미국에 대해 자신이 경험하고 느낀 점을 London Institution에서의 강연을 통하여 전달하였고, 1886년에는 이 강연내용을 정리하여 *A Glimpse of America*란 제하에 출판하기에 이른다.

극장을 운영하던 중 스토커가 만난 사람 중에 특기한 만한 인물은 흡혈귀에 관한 저서인 *Vikram and the Vampire*(1870)를 번역한 Sir Richard Francis Burton과 특히 동부 유럽의 흡혈귀 전설에 대해 스토커에게 알려 준 헝가리의 모험가이자 교수인 Arminius Vambery이다. 『드라큘라』의 주인공 반 헬싱(Van Helsing)에게 드라큘라의 역사에 대해 설명해 주는 인물로도 잠깐 언급되는 Vambery를 1890년 4월 30일에 만난 스토커는 이 때부터 『드라큘라』에 대한 작품 구상을 하기 시작하였다.

그리하여 그해 8월 이 작품의 무대 중의 하나인 영국 잉글랜드 North-Yorkshire주에 있는 항구 도시 휘트비(Whitby)에서 여름휴가를 보내던 스토커는 그 준비작업으로서 이 곳에 관한 상세한 정보를 조사하고, 이 곳 도서관에서 드라큘라의 모델이자 15세기에 루마니아 지역에 살던 Vlad란 인물에 관한 역사적 기록을 읽는다. 그리고 런던에 돌아와서도 스토커는 대영 박물관을 방문하여 드라큘라라는 인물과 『드라큘라』의 무대로 그가 설정한 트란실바니아(Transylvania)에 대한 정보를 꼼꼼히 기록해 두었다. 그리하여 마침내 1897년 Archibald Constable 출판사에서 그의 대표작 『드라큘라』를 출판하기에 이른다.

Whitby

인간의 공포심을 자극하는 대표적인 고딕 소설중의 하나로 평가받는 이 작품은 출판될 당시 어느 정도의 성공을 거두었으나, 커다란 반향을 얻지는 못했다. 그러나 스토커의 어머니는 이 작품을 매리 쉘리(Mary Shelley)의 『프랑켄스타인』(Frankenstein)에 비견하며 이 작품이 그에게 많은 돈과 명예를 가져다 줄 것이라고 단언하였다. 비록 이 예언 중 돈벌이에 관한 예언은 이루어지지 못하였지만(돈벌이는 스토커가 아니라 이 작품을 근간으로 다른 작품과 영화를 만들어낸 사람들에게 해당되는 사항이다), 스토커의 이 작품이 불멸의 문학작품이 되리라는 예언이 실현되었음을 오늘날 우리는 분명히 지켜보고 있다.

스토커는 이 작품을 출판한 이후 곧 이를 드라마로 각색하여 동년 5월 26일에 자신이 매니저로 일하는 Lyceum Theatre의 무대에 올려놓는다. 스토커는 원래 이 작품의 저작권을 보호하고 이 작품이 다른 사람들에 의해 도용되는 것을 방지하기 위해 무대위에 올려놓았지만 카리스마가 넘치는 드라큘라의 모습을 담고 있는 어빙이 이 연극에서 드라큘라 역을 해 주기 바랐던 것 같다. 그러나 실망스럽게도 어빙은 이 작품의 원본을 읽어 본 후 "끔찍하다"는 짤막한 평을 내놓고는 더 이상 관심을 보이지 않았다.

『드라큘라』가 작가로서의 스토커의 위상을 한껏 높여 주었지만, 어빙에게 변함없는 우정과 애정을 품고 있던 스토커는 자신이 하고 있던 극장 매니저일을 게을리 하거나 그만 둘 생각은 전혀 하지 않았다. 그러다가 극장 운영을 주도하던 어빙이 여러 차례의 악수를 두었고, 1898년에 발발한 화재로 극장이 상당한 경제적 손실을 입자, 결국 1900년 어빙은 인수 조합단(syndicate)에 이 극장을 양도하게 된다. 이에 따라 스토커의 경제적 상황도 점차 궁핍해지기 시작하여 그는 그 동안 준비해 왔던 작품들을 하나씩 출판하기 시작한다.

1903년에는 역시 공포와 미스터리물로서 예수의 도래 이전 25세기 동안 이집트를 통치하였던 이집트 여왕의 부활을 소재로 삼은 작품 *The Jewel of Seven Stars*를 출판하여 고딕 소설가로서의 스토커의 명성을 한층 쌓아 간다. 그러나 이러한 행운도 그와 반평생 고락을 같이 하여왔던 어빙의 죽음으로 종지부를 찍게 된다. 1905년 브라드포드(Bradford)의 북쪽 마을에서 어빙은 임종을 맞게 되고, Westminster Abbey에 안장된다. 비록 어빙의 독단적인 태도에 스토커가 종종 상처받는 경우도 있었지만, 어빙에 대해 강한 애정을 품고있던 스토커의 이 당시의 충격은 상당하였던 것 같다. 이때부터 스토커 자신의 건강도 점차 악화되기 시작하더니 다음해에 스토커는 뇌출혈로 쓰러져 몇 달 동안 거동도 잘 못하고 시력도 많은 손상을 입었다.

그러던 와중에 스토커는 자신의 자서전적인 이야기와 어빙에 대한 전기를 기술한 *Personal Reminiscences of Henry Irving*를 1906년에 출판하였고, 어려운 경제 상황을 타개 할 방편으로 다른 극장 매니저 자리와 강연을 할 기회를 찾았지만 별 소득이 없었다. 결국 스토커는 어려운 경제적 위기를 타개하기 위해 악화된 건강에도 불구하고 더욱 열심히 저술활동에 매진할 수밖에 없게 된다. 그리하여 1908년에는 단편 소설 모음인 *Snowbound*와 낭만적 소설 *Lady Athlyne*을 1909년에는 역시 미스터리물인 *The Lady of the Shroud*를 출판하게 된다.

그러나 이러한 집필 활동은 그의 건강을 더욱 악화시켜 1910년 스토커는 두 번째 뇌출혈을 겪게 된다. 이로 인해 그의 건강은 최악의 상태에 이르지만 그는 마지막으로 1911년 또 하나의 고딕 소설인『흰 뱀의 거처』(The Lair of the White Worm)를 출판한다. 인간의 모습을 한 흰 뱀의 정체를 오스트리아 젊은이 Salton이 알아내어 그 소굴을 폭파시켜 뱀을 제거한다는 내용인데, 이 작품에서 발견되는 여러 결점들은 이 소설이 스토커가 심각하게 병을 앓고 있을 당시에 쓰여졌기 때문일 것이라고 비평가들은 추정한다. 하여튼 이 작품을 마지막으로 스토커는 그 다음해인 1912년 4월 20일 64세의 나이로 런던 Pimlico에 있는 자택에서 임종하고 그의 장례식은 그의 아내와 스토커의 후견인이자 절친한 친구였던 카인, 그리고 스토커가 거의 반평생을 바쳐 존경해 왔던 고인 어빙의 아들이 지켜보는 가운데 조용히 치러졌다.

스토커가 죽음에 이르기 전에 2번의 뇌일혈을 겪었지만 이것이 그의 사망의 직접적인 원인은 아니었던 것 같다. 1975년 스토커의 조카의 아들이자 그의 전기를 쓴 파슨이 본 스토커의 사망진단서에 따르면 스토커는 '보행장애(locomotor ataxia)와 극도의 피로(exhaustion)'로 사망했다고 기록되어 있다. 이것은 당시에 매독 3기에 나타나는 증상을 지칭하는 완곡한 용어로 스토커가 매독으로 사망한 것은 거의 분명하다. 그가 말년에 성에 대한 혐오감을 여러 차례 드러내놓고 말하였다는 사실과 드라큘라의 흡혈행위 묘사에 성적인 이미지가 사용되었다는 점, 드라큘라의 피해자도 역시 흡혈귀로 변한다는 설정은 이 작품이 성병의 전염을 두려워하였던 스토커의 불안감을 반영하지 않았나 생각해 볼 수 있다. 이런 점에서 스토커의 운명은 바로 드라큘라에게 피를 빨려 흡혈귀로 변하고 결국 목숨까지 잃게 되는 루시(Lucy)의 운명과 유사한 것이다.

[작품의 시대적 배경과 작품 소개]

⊙ 시대적 배경

모든 문학 작품이 그러하듯이 스토커(Stoker)의 『드라큘라』(Dracula)는 스토커가 살았던 빅토리아 시대의 문화와 그 사회가 갖고 있던 여러 단면과 문제를 담고 있어, 어느 비평가는 이 작품이 당시 시대를 보여주는 일종의 거울이라고 평가하고 있다. 따라서 스토커가 살았던 시대, 특히 이 작품이 출판되었던 19세기말의 영국의 모습이 어떠하였는지 살펴보는 것이 이 작품을 이해하는데 중요한 단초가 될 것이다.

스토커가 태어난 1850년대는 "Victorian Noon"이라고 불릴 정도로 가부장적인 세계관과 신사적인 태도, 존경받을 만한 품위를 중시하던 소위 "빅토리아니즘"(Victorianism)이 널리 퍼진 시기였다. 그러나 어느 시대보다도 보수적인 가치관이 팽배하던 이 시기는 점차 여러 가지 급진적인 사회적, 문화적 변화를 겪게 된다. 우선 1867년에 제정된 소위 개혁법(Reform Act)에 따라 노동자의 투표권이 확대되었고, 여성의 권리도 신장되기 시작한다. 1870년에는 결혼한 여성의 재산권에 관한 법령인 First Married Women's Property Act가 통과되었고, 1882년에는 마지막 18번째인 Married Women's Property Bills가 통과되어 여성들은 결혼 후에도 자신의 재산권을 유지할 수 있게 되었다.

이와 더불어 영국은 해외 식민지를 더욱 확장하여 캐나다와 인도에 이르기까지 거대한 해외 식민지를 건설하여 세계의 4분의 1에 해당하는 땅을 차지하기에 이른다. 영국이 초강대국으로 급부상한 데에는 과학의 발달도 한 몫 거들었다. 19세기 영국에서는 어느 시대보다 많은 철도가 건설되어 지역간의 연결이 빨라졌으며, 바다를 항해하는 증기기관선이 등장하여 해외로의 이동이 훨씬 용이하여졌다. 이 이외에 여러 가지 과학적 발명이 줄을 이은 것이 바로 이 당시였다. 사진기, 축음기 등이 발명되고 런던에서는 지하철이 건립되는 등 엄청난 속도로 사회가 변화하고 있었다.

이러한 현상은 세기말에 가서 더욱 가속화되어 영국은 보수와 안정을 추구하는 데에서 점차 벗어나 과학과 변화를 추구하기 시작한다. 그러나 이러한 변화는 인식의 변화를 수반하게 된다. 가장 눈에 띄는 현상은 여성에 관한 지위와 여성에 대한 사회적 평가의 변화다. 이미 언급한 것처럼 빅토리아 중반 이후에서 점차 강화되기 시작한 여성의 법적 지위는 마침내 1880년과 1890년 사이에 보다 근본적인 여성의 지위변화를 촉구하는 소위 '신여성'

(New Woman)의 출현을 야기시켰다. 이들 신여성들은 가정 안에만 머물며 남편에 종속되는 것을 미덕으로 아는 수동적인 여성상을 거부하고 자전거도 타고 담배도 피우며 자신이 받은 고등교육을 근간으로 전문직을 추구하는 여성들이다. 또한 이들은 결혼이 아니라 자유로운 성적 교제를 옹호하여, 당시 보수주의자에 의해 반도덕적, 반종교적 집단이라고 비난받게 되며, 심지어 사회에 위협적인 인물로 간주되기에 이른다.

이처럼 신여성의 출현이 보다 자유로운 성문화와도 연관이 있음은 이 당시의 전염병 법안을 통해서도 암시된다. 1864년 첫 번째 전염병 법안(Contagious Disease Acts)이 통과된 이래로 1866년에는 두 번째, 1869년에는 마지막 전염병 법안이 통과되어 집창촌에 사는 모든 여성들은 창녀로 간주되고 이들은 나라에서 실시하는 성병 검사를 의무적으로 받아야만 하였다. 즉, 빅토리아 조 후기에 성병의 문제, 특히 이 작품이 출판된 세기말에 성병의 문제는 심각한 지경에 이른 것이다.

이 성병의 문제는 동성애 문제와 연결되어 더욱 심각한 사회적 후유증을 낳았다. 여태까지 동성애 문제는 단지 도덕적으로만 비난을 받아 왔었지만, 이 문제가 점차 커지면서 빅토리아조 후기에 가서는 이를 법적으로 판단할 수밖에 없는 상황이 발생한다. 동성애자를 의학적으로 비정상적인 사람들이라고 규정하였던 당시 의사들은 이들을 사회로부터 격리할 것을 주장하였는데, 결국 1895년에 통과된 The Labouchere Amendment는 남성 동성연애를 불법으로 규정하여 동성애자를 사회 범죄 집단으로까지 몰아붙이게 된다(이 법의 통과로 스토커와 친분이 있었던 오스카 와일드도 1895년 유죄 판결을 받고 감옥 생활을 하게 되었다).

Oscar Wilde

이처럼 스토커가 살았던 시대는 과거의 가치관을 옹호하는 보수주의와 새로운 변화를 지지하고 이를 적극적으로 수용하려던 움직임이 공존하던 때였다. 이러한 사회의 양면성은 스토커 자신에게서도 엿보인다. 영국의 정통 보수 토리당(Tory) 사람이며 오랜 세월 공무원 생활을 하던 아버지의 영향으로 스토커도 보수적 성향을 가지고 있었다. 스토커의 보수적인 면은 자신과 친분이 있던 와일드가 동성애 문제로 감옥에 갇혔을 때 그의 구명운동에 참여하지 않으려 하였고, 동성애에 대한 부정적 견해를 거의 노골적으로 피력한데서도 엿보인다. 이는 신여성에 대한 스토커의 생각에서도 나타난다. 그는 신여성을 도덕적으로 타락한 사람으로 간주하며 전통적인 빅토리아 시대의 여성상을 강조함으로써 빅토리아 시대의 가부장적 태도를 견지하고 있기 때문이다.

그러나 스토커는 이처럼 보수적인 면만 갖고 있지는 않았다. 대학에서 과학과 수학을 전공한 스토커는 현대 과학의 발전에 무한한 신뢰를 보내었으며, 과학이 인간에게 여태까지 누릴 수 없었던 행복을 가져다 줄 것이라 확신하였다. 그가 『드라큘라』 여러 가지 과학적 발명품과 문명의 이기를 최대한 많이 소개하는 이유는 바로 여기에 있다. 초자연적인 힘을 가진 드라큘라 백작과 대항에서 싸울 수 있는 전략은 바로 과학적, 논리적 사고에 그 기반을 두고 있기 때문이다.

스토커는 Lyceum Theatre의 극장 매니저로서 아방가르드적인 작가와 예술가 그리고 당대 유명한 과학자, 탐험가와 접촉함으로써 개방적, 진보적 사유를 접할 수 있었다. 즉, 반 헬싱이 드라큘라를 물리치기 위해 사용한 현대 과학적 지식을 토대로 고대로부터 전해져 온 십자가, 마늘 등의 전통적 흡혈귀 퇴치 도구를 사용하였듯이 스토커는 과학적 사고와 전통적 사고를 동시에 수용하는 인물인 것이다. 이것이 바로 스토커 자신이 당시 시대의 모습을 담고 있는 인물로, 그의 대표작『드라큘라』를 당시의 시대상을 보여주는 거울로 간주할 수 있는 이유다.

⊙ 작품의 배경

스토커가 자신의 절친한 친구이자 당대 소설가인 케인(Hall Caine)에게 헌사한 『드라큘라』는 출판된 이래로 항상 서점에 비치될 정도로 많은 인기를 누렸던 베스트셀러다. 또한 이 작품의 중심인물인 드라큘라는 여러 버전의 수많은 영화, 연극, TV 드라마에서 재탄생되었고, 그의 이름은 만화, 시리얼의 상표, 초콜릿 이름, bubble-bath, 연필깎이 이름에도 사용될 정도로 드라큘라의 영역은 구석구석에 퍼지게 된다(이 점에서 드라큘라가 자신을 쫓는 반 헬싱 일행에게 "시간은 나의 편이다"란 말이 실현된 셈이다).

스토커는 자신이 이 작품을 쓰게 된 동기가 런던의 유명한 비프스테이크 룸(Beefsteak Room)에서 게 요리를 많이 먹은 후 꾼 악몽 때문이라고 설명하고 있지만(이 꿈에서 그는 게가 살아나서 집게 다리로 들어 자신을 위협하였다고 한다), 실제로 스토커가 이 작품을 집필하기로 결심한 것은 그 전이었

Transylvania 지도

다. 스토커가 어빙의 극장 매니저로 일하면서부터 알게 된 부다페스트 출신의 학자로부터 드라큘라란 역사적 인물을 접하게 된 것이 그 직접적 계기였고, 그가 여러 책을 통해서 접한 흡혈귀에 관한 여러 정보들도 또 하나의 집필계기가 되었다.

스토커가 이 작품을 쓰는데 영감을 준 당대의 문학 작품은 역시 흡혈귀 소설인 John Polidori의 "The Vampyre"(1819)와 1871년에 Sheridan Le Fanu가 출판한 "Carmilla"다. 그러나 무엇보다도 스토커는 이 작품에서 설정한 드라큘라의 특징과 그가 살던 시대와 지역에 관한 정보를 동 유럽의 흡혈귀 전설을 다룬 저서인 Madame Emily de Laszkowska Gerard의 *Land beyond the Forest*(1888)와 프레이저(James G. Frazer)의 저서에서 얻었다.

Madame Emily는 위에 저서에서 뿐만 아니라, *The Nineteenth Century*란 잡지에 기고한 「트란실바니아인들의 미신」(Transylvanian Superstition)이란 글에서 트란실바니아에는 많은 동굴과 호수가 있으며 루마니아인 들은 천성적으로 상상력이 많고 시적인 성향이 강하기 때문에, 트란실바니아가 모든 초자연적 존재나 괴물이 등장하는 배경으로서 적합하다고 설명하고 있다. 또한 그녀는 트란실바니아가 고대 독일의 관습과 믿음, 그리고 미신을 잘 보존한 지역이고, 떠돌이 생활을 하며 미신을 잘 믿는 집시들이 많이 있는 곳이라서 초자연적 현상의 배경으로 적합한 곳이라고 말한다. 이 글에서 그녀는 또한 흡혈귀 전설에 대해 언급하면서 흡혈귀에 의해 죽은 사람은 죽어서 다시 흡혈귀가 되는데 이를 막기 위해서는 죽은 사람의 무덤을 열고 시체에 말뚝을 박거나 관에 총을 쏘아야 한다고 해 이 작품에서 반 헬싱이 소개한 드라큘라 처치법과 일치하고 있음을 알 수 있다.

프레이저의 흡혈귀에 관한 저서도 스토커에게는 빼먹을 수 없는 귀중한 정보를 제공하였다. 그에 의하면 "트란실바니아의 루마니아인들은 흡혈귀를 없애기 위해서 흡혈귀의 머리를 자르고 입에 마늘을 넣거나 심장을 꺼내 불태우고, 재를 흡혈귀 무덤에 뿌려야 한다"고 진술한다. 루마니아 민간 전설도 흡혈귀에 대한 언급을 하고 있다. 이에 따르면 흡혈귀는 번쩍이는 빛으로(이 작품에서는 안개나 번쩍이는 반점으로 등장한다), 혹은 박쥐의 모습으로 나타나 박쥐와 흡혈귀의 연계성을 강조한다(이 작품에서 드라큘라가 박쥐의 모습으로 종종 변신하는 것은 우연이 아니다). 슬라브인들의 흡혈귀 전설도 빼 놓을 수 없는 귀중한 자료다. 이들에 따르면 흡혈귀는 밤에만 활동하고 거울에 그 모습이 비치지 않으며 십자가를 두려워한다고 한다. 스토커가 설정한 드라큘라의 특성과 완전히 일치하는 내용이다. 이러한 사실을 감안할 때 우리는 스토커가 이 작품을 쓰기 위해서 드라큘라라는 인물과 흡혈귀 전설에 대해 얼마나 철저한 조사를 하였는지 짐작할 수 있을 것이다.

⊙ 작품 소개

이 작품은 여러 사람들의 일기와 편지, 잡지 기사, 녹음, 전보, 속기록, 배의 항해 일지 등 여러 종류의 기록물로 구성되어 있어, 이 작품에는 여러 개의 관점이 제시되고 있음을 알 수 있다. 이는 현실적으로 일어날 수 없을 것 같은 이 이야기에 사실적인 분위기를 부여함과 동시에, 여러 관점에서 구성되는 이 모든 기록을 정리, 통합하는 과학적, 논리적 사고가 드라큘라의 정체성을 파악하고 궁극적으로 드라큘라를 제거할 수 있는 유일한 방안임을 보여 주고 있다.

작품의 이러한 구조적 특징과 더불어 스토커는 이 소설에 개연성과 사실성을 부여하기 위해 세심한 사항에도 신경을 썼다. 드라큘라가 영국에 상륙

할 때 맨 먼저 도착한 지역으로 휘트비(Whitby)를 선정한 스토커는 이 곳에 휴가차 머무르는 동안 이 마을의 모습과 묘지의 형태를 꼼꼼히 살펴보고, 해안 경비원들의 일지와 날씨 기록도 살폈으며, 난파선에 관해 이 지역 사람들과 인터뷰도 하였다. 또한 스토커는 이곳에 있던 휘트비 공립 도서관(Whitby Public Lending Library)에서 윌킨슨(William Wilkinson)이 쓴 드라큘라에 관한 책을 빌려서 읽고 이 책의 내용중 일부를 이 작품의 6, 7장에 그대로 소개하기까지 하였고, 휴가가 끝나 런던에 돌아왔을 때는 대영박물관을 찾아 흡혈귀에 관한 보다 많은 정보를 수집하였다.

이 작품 구성에 스토커가 들인 공은 여기서 그치지 않는다. 스토커는 이 작품에서 정신병자로 등장하는 렌필드가 드라큘라에 의해 입은 두뇌 손상시 일어나는 현상과 이에 대한 치료법을 의사인 동생에게 문의하였고, 트란실바니아에 대한 지역적, 지리적, 인종적 정보를 꼼꼼히 챙겨 이를 정확하게 사실적으로 묘사하였기 때문이다.

그렇다면 집필 전에 이처럼 공을 들인 이 작품에서 작가가 하고 싶은 말은 무엇이며 드라큘라는 어떠한 인물인가? 여기에 대한 실마리는 이 작품에서 드라큘라의 정체를 밝히고 그를 제거하는데 결정적인 역할을 한 반 헬싱의 직업에 대해 살펴보면 얻을 수 있다. 반 헬싱은 인간의 두뇌를 연구하는 과학자, 또는 인간의 정신을 치료하는 정신과 의사로 등장한다. 그는 최면을 걸줄 알고 이를 통해서 인간의 심리는 물론이요 드라큘라의 행보도 추적한다. 이러한 그의 면모는 이 책이 출판되기 1년 전에 최면을 심리치료에 사용하고 심리 분석을 통해 환자의 정신을 진단하는 방법을 도입한 심리학자 프로이트(Freud)를 떠올리게 한다. 잘 드러나지는 않지만 무의식의 세계가 인간의 삶을 상당부분 지배한다고 주장하였던 프로이트는 무의식의 세계를 대변하는 드라큘라라는 존재를 연구하는 반 헬싱과 너무나도 유사하기 때문이다.

드라큘라가 실제로 살아있는 존재가 아니라 인간의 무의식의 세계를 상징한다고 볼 수 있는 근거는 우선 그의 모습이 거울에 비치지 않는다는 점에서 찾아 볼 수 있다. 형체를 가진 모든 생명체나 사물은 거울에 그 모습이 비추어진다. 그러나 드라큘라는 실체가 없는 존재이므로 거울에 그 모습이 나타나지 않을뿐더러 그림자도 가질 수 없다. 이러한 점은 드라큘라가 자신을 초대하지 않는 사람에게는 독자적으로 다가갈 수 없다는 사실, 그래서 그가 미나에게 접근하기 위해서 같은 건물에 거주하고 있는 렌필드로 하여금 자신을 초대하도록 유도했다는 사실에서도 짐작될 수 있다. 드라큘라는 인간의 무의식 세계에 잠재해 있는 존재이므로 드라큘라의 성향이 없는 사람들에게 드라큘라는 다가 갈 수 없기 때문이다. 이처럼 드라큘라가 인간의 무의식에 깃들여 있는 존재, 혹은 무의식의 상징임을 암시하는 또 다른 사실은 그가 몽유병 증상이 있는 루시에게는 쉽게 접근할 수 있었지만, 미나에게 다가갈 때에는 그녀가 잠든 때를 이용하였다는 점, 또한 그가 밤에만 활동할 수 있다는 점에 의해서 제시된다. 즉, 드라큘라는 의식의 세계에서는 감시, 통제받으나, 무의식이 지배하는 잠의 세계에서는 무소불위의 힘을 누리게 되는 상징적인 존재인 것이다.

드라큘라가 인간의 무의식적인 면을 상징한다면, 그것은 구체적으로 무의식의 어떤 면을 나타내는 것일까? 이에 대한 해석에는 여러 가지가 있을 수 있겠지만 드라큘라가 흡혈을 통해서만 살아갈 수 있다는 점과 당시 사람들이 '피'에 대해 갖고 있는 생각을 살펴보면 그 실마리를 발견할 수 있다. 일반적으로 19세기 당시 사람들은 피가 사람의 활력을 결정한다고 생각하였다. 따라서 피가 모자라면 이 작품의 루시처럼 기력이 빠지고 우울증과 무기력증에 시달린다고 생각하였다.

남성에 경우에 있어서 이러한 역할을 하는 것은 피뿐만 아니라 정액이었다. 정액이 몸에서 빠져 나가면 힘이 빠지고 무기력하게 된다고 당시 사람들은 생각하였는데, 그 이유는 정액을 구성하는 것이 바로 피라고 생각하였기 때문이다. 따라서 정액을 사정하였을 때 새로운 정액을 만들기 위해 인간의 신체는 피를 사용하여 결국 정액의 낭비는 피의 낭비로 이어지고 정액을 잃은 남성은 기운이 빠지게 되는 것이다. 19세기의 의학 서적이나 종교 서적이 자위가 남성으로 하여금 정액을 쓸데없이 낭비하게 하여 궁극적으로 당사자를 창백하고 힘을 잃게 만들기 때문에 이러한 행위를 하는 사람은 자신에게뿐만 아니라 사회의 적이라고 주장한 이유가 여기에 있는 것이다. 즉, 피를 빨리고 피를 먹는 행위는 바로 성 행위와 밀접한 관계를 갖고 있으며, 따라서 피를 빠는 드라큘라의 상징적 의미는 인간의 성적 본능과 직결되는 것이다.

이러한 사실은 드라큘라 성에 갇힌 하커(Harker)에게 접근하여 그를 반 무의식의 상태로 만든 다음, 그의 피를 빨아 먹으려는 3명의 여성 흡혈귀의 모습에서도 엿볼 수 있다. 이 세 명의 여성 흡혈귀들은 모두 관능적인 아름다움을 소유하고 있으며, 이들은 관능적 목소리로 누가 먼저 하커의 피를 빠느냐의 문제를 누가 먼저 하커에게 키스하느냐의 문제로 표현하는데, 이 때 하커는 이들의 흡혈 행위에 대해 두려움과 동시에 성적인 흥분을 느끼며 여성 흡혈귀가 피를 빨아주기를 기대감을 갖고 기다린다. 이러한 사실은 이 여성 흡혈귀들도 인간 무의식에 잠재해 있는 성적 본능을 상징한다는 점을 보여

주는 것이다.

드라큘라는 루시의 피를 빨았지만, 그에게 피를 빨린 루시는 아내가 있는 하커를 제외한 이 작품의 주요 남성들로부터 수혈을 받는다. 이러한 사실은 피와 정액을 동일시하던 당시의 견지에서 보면 상징적 의미를 갖게 된다. 즉, 루시에게 자신의 피를 나누어 주었던 아서(Arthur), 시워드(Seward), 반 헬싱(Van Helsing), 모리스(Morris)는 상징적으로 루시와 육체적 관계를 맺은 셈이 되는 것이다. 이러한 점은 자신만이 루시에게 피를 나누어 주었다고 생각하는 아서가 자신이 루시에게 피를 나누어 줌으로써 실질적인 남편이 되었다고 진술하는 데에서도 보이며, 반 헬싱이 모리스, 시워드에게 자신들이 루시에게 피를 나누어 준 사실을 아서에게 알리지 말라고 당부한 점에서도 나타난다. 이는 아서의 위의 진술을 들은 반 헬싱이 시워드에게 "루시는 여러 명과 결혼한 사람"이라며 히스테리컬하게 웃는 장면에서 직설적으로 표현된다. 그가 생각하기에도 피의 교환은 성적 의미가 분명히 있기 때문이다.

반 헬싱의 루시에 대한 아이러니컬한 진술은 단순한 말장난이 아니다. 루시는 아서를 자신의 미래의 남편으로 선택하기 이전에 아서를 포함하여 시워드, 모리스의 구애를 같은 날에 받고는 고민에 빠졌다. 그녀는 자신을 사랑하는 이 세 명의 남자를 다 남편으로 삼으면 얼마나 좋을까 하며 장난스레 이 사실을 미나에게 보내는 편지에서 털어 놓는다. 루시가 피를 수혈받게 되는 남성들이 반 헬싱을 제외하고는 모두 그녀에게 구애하였던 남성들이란 점은 그녀가 이들 네 명의 남성들과 상징적인 결혼을 하였다는 의미가 되는 것임으로 그녀는 자신의 소망대로 자신을 사랑하는 모든 남성과 다 결혼한 셈이 되는 것이다. 스토커가 루시를 드라큘라의 희생자로 삼은 이유는 바로 여기에 있다. 루시는 한 남자에만 몰두하는 여성이 아니라, 다소 자유 분망한 여성으로 어찌 보면 성적으로 개방적인 신여성의 면을 갖고 있기 때문이다. 그녀가 드라큘라가 상징하는 성적 욕구에 쉽게 노출된 것은 바로 여기에 있는 것이다.

이 소설에서 남성들의 피를 공급받는 여성은 루시만이 아니다. 억지로지만 미나도 무의식 상태에서 드라큘라의 협박에 넘어가 그의 피를 빨아 먹는다. 반 헬싱 일행이 드라큘라를 추적하는 일에 몰두하여 미나를 방치하고 있는 동안 드라큘라는 아이러니컬하게도 미나의 침실을 밤마다 찾아와 그녀의 피를 빨아 먹는다. 그러다 어느 날 드라큘라는 미나의 피를 빠는 대신 자신의 가슴에 상처를 내어 미나로 하여금 그 피를 먹게 한다. 물론 억지로 피를 마실 수밖에 없었지만 나중에 이 상황을 남편 하커를 포함한 반 헬싱 일행에게 설명할 때, 미나는 하커에게 미안함을 표시하고, 하커도 아내가 드라큘라의 피를 먹는 장면 묘사에서 고통스런 신음소리를 내는 이유는 바로 여기에 있는 것이다.

드라큘라와 미나는 서로간의 피를 나눔으로써 상징적 의미의 부부로 탄생하게 된 것이다. 이러한 사실은 「창세기」의 아담이 자신의 갈비뼈로 만든 이브를 보고 '살중의 살이요 뼈중의 뼈다'라고 말한 것처럼, 드라큘라도 자신의 피를 마신 미나를 자신의 '살중의 살, 피중의 피'라고 지칭함으로써도 암시된다. 또한 미나가 드라큘라의 피를 마신 후부터 드라큘라의 마음을 읽을 수 있게 되고 멀리서도 텔레파시로 드라큘라와 의사소통을 할 수 있게 된 것은 단적으로 이러한 사실을 나타낸다. 미나는 상징적으로 뿐만 아니라, 어찌보면 실질적으로도 드라큘라의 신부가 된 셈이다.

이 소설에서 성적인 상징은 흡혈과 수혈에서만 나타나는 것이 아니다. 여성 흡혈귀를 처단하는 장면 묘사에는 강한 성적인 이미지가 담겨 있기 때문이다. 흡혈귀가 되어 안식하지 못하며 이 지상을 "Un-dead"의 상태로 떠돌아다니며 다른 사람의 피를 빨아 먹으며 살 수밖에 없게 된 루시를 진정한 죽음의 세계로 보내기 위해서는 그녀의 목을 자르고 심장에 말뚝을 박아 넣어야 하는데, 이 일을 반 헬싱이 맡긴 사람은 그녀가 가장 사랑하고 그녀와 결혼하기로 예정되었던 아서다. 그런데 아서가 루시의 가슴에 말뚝을 박아 넣을 때 벌어지는 그녀의 격렬한 몸짓과 입에 거품을 물며 일으키는 경련은 많은 비평가들이 지적한 것처럼 마치 성행위 도중에 여성이 느끼는 격렬한 감정을 연상시킨다.

이 장면 묘사에 나타난 성적 이미지는 말뚝이 전통적으로 남성의 성기를 상징한다는 점을 고려해 볼 때 더욱 분명해 진다. 따라서 우리는 반 헬싱이 겉으로 보면 매우 잔인한 이러한 일을 아서가 하도록 한 것이 그녀와 결혼약속을 하고 이를 실행하지 못한 아서를 위한 배려임을 짐작할 수가 있다. 이는 반 헬싱이 드라큘라의 성에 들어가 하커를 유혹하였던 세 명의 여성 흡혈귀를 처단할 때 말뚝을 똑같이 사용하였지만, 막상 드라큘라를 처단할 때는 칼만 사용하였다는 사실에서 보다 명확하게 밝혀지게 된다.

흡혈귀가 성적 욕구와 관계가 있다는 점과 더불어 흡혈을 당한 사람도 흡혈귀가 된다는 설정은 19세기 동 유럽의 민간학에서 원인을 알지 못하는 질병으로 죽은 사람이 드라큘라처럼 죽음의 세계를 빠져나와 다른 사람들의 피를 빨아 먹으면, 이때 피를 빨린 사람도 같은 병으로 죽게 된다는 믿음에서 유래되었다. 즉, 피를 빠는 행위는 병을 전염시키는 행위로도 볼 수 있는 것이다.

그렇다면 여기서 드라큘라가 사람들의 피를 빨아서 전염시키는 병은 바로 성행위와 관련되어 발생할 수 있는 성병일 가능성이 매우 높다. 실제로 모든 창녀들이 성병 검사를 받아야 하는 법안을 통과시킬 정도로 당시에 성병에 대한 사회적 불안감이 팽배하였다는 사실을 생각해 볼 때 드라큘라의 상징적 의미는 성적 본능과 더불어 바로 성병으로 볼 여지가 충분히 있는 것이다. 스토커 자신이 성병에 대한 공포를 강하게 느꼈으며, 실제로 그가 사망한 원인이 매독일 가능성이 매우 높다는 사실은 성이 주는 쾌락과 그에 따르는 징벌인 성병에 대한 경고를 드라큘라라는 인물을 통해서 이 작품에서 하기 위한 것인지도 모른다.

흡혈의 행위는 분명 성의 문제와 직접적인 연관이 있지만, 피를 마시는 행위는 기독교적인 맥락에서도 살펴 볼 수 있다. 예수는 제자들과 가진 최후의 만찬 때 포도주를 자신의 피로, 빵을 자신의 육신으로 비유하며 이것을 먹고 마시면 영생을 얻을 것이라고 말하였다. 그러나 이 작품의 드라큘라는 예수와는 정반대의 행동을 한다. 그는 피를 나누어 주는 예수와는 달리 타인의 피를 먹음으로써 자신의 생명을 이어가는 존재이며, 그에게 피를 빨리는 사람은 죽었으나 영원히 죽지 않는 "un-dead"가 된다. 즉, 그들은 영혼은 없는 영원한 신체의 영속만을 얻게 되는 것이다. 이 점은 자살한 사람이나 세례를 받지 않고 죽은 사람은 하늘나라로 가지 못하고 지상에 "un-dead"의 상태로 머물게 된다는 기독교 전설과도 그 맥을 같이 한다. 이 점에서 이 작품은 기독교 신앙의 패러디와 같은 요소를 담고 있는 것이다.

이는 '피는 생명이다'라고 주장하면서 파리, 거미, 새 등의 다른 생명체를 먹는 광인 렌필드(Renfield)를 통해서도 제시된다. 그는 이 작품에서 예수의 재림이 촉박하였음을 알리고 그를 맞이할 준비하였던 세례 요한과 같은 역할을 한다. 렌필드는 자신이 수용되어 있는 정신병원에 드라큘라가 곧 도래할 것이라는 사실을 본능적으로 알고 있으며, 그를 맞이할 준비를 하고 있기 때문이다. 또한 그는 성경에서 묘사되듯, 신랑 예수의 도래를 손꼽아 기다리는 기독교 신자 신부처럼, 드라큘라의 재림을 신부처럼 손꼽아 기다린다. 이러한 점에서 수많은 성경 구절을 연상시키는 구문을 담고 있는 이 작품은 기독교 교리의 패러디로 볼 여지기 충분히 있는 것이다.

드라큘라와 렌필드를 중심으로 전개되는 반기독교적인 행위는 반 헬싱과 그의 일행이 행하려는 일련의 행위와 대치된다. 반 헬싱 일행이 드라큘라를 끝까지 추적하여 그와 그의 일당 흡혈귀를 처단하려는 계획을 세우는 것은 단순히 루시에 대한 복수를 하고 점점 흡혈귀로 변해가는 미나를 구하기 위해서만은 아니다. 그들은 반 헬싱이 말하듯 기독교를 수호하고 인류를 구원하는 중세의 십자군 원정대와 같은 존재로 자신들을 보고 있기 때문이며, 이들은 자신들이 하려는 일이 신이 부여한 임무라고 생각한다. 즉, 그들이 드라큘라의 성에까지 가서라도 드라큘라를 제거하여야 하는 것은 미나만을 위해서가 아니라 인류를 위한 것이다. 이 점에서 스토커가 이 원정팀의 구성원들의 국적을 다양하게 설정한 점은 흥미롭다. 반 헬싱은 네덜란드인, 퀸시 모리스는 미국인, 하커와 시워드는 영국의 중산층 인물, 아서는 영국의 귀족인 이유는 이들이 바로 문명사회, 기독교 사회를 대표하는 핵심 인물이기 때문이다. 따라서 그들은 신이 임명한 원정대로 문명사회를 구해야 할 의무를 지니게 되는 것이며 서구 사회, 나아가 인류의 운명은 그들에게 달려 있는 것이다.

이 작품에 대한 해석은 이밖에도 다양하지만 드라큘라라는 인물을 중심으로 한 두가지 견해만 간략히 소개하겠다. 우선 흡혈귀 드라큘라를 자본가, 혹은 자본의 상징으로 보는 견해가 있다. 이는 드라큘라가 항상 많은 돈을 가지고 있으며, 돈이란 여러 형태로 그 힘을 발휘한다는 점에 착안한 관점이다. 우선 드라큘라와 자본을 연결하는 비평가들은 하커가 드라큘라의 성에서 로마, 영국, 오스트리아, 헝가리, 그리스, 터키 등 여러 나라의 화폐와 엄청나게 많은 양의 금을 발견한 장면이나, 하커가 휘두른 날카로운 칼에 드라큘라의 옷이 찢어지고 여기에서 숨겨졌던 돈 뭉치와 금괴가 쏟아져 나온 장면에 관심을 기울인다. 즉, 그들은 드라큘라를 당시 가장 큰 나라였던 영국을 자본을 통해서 점령하기 위해 온 자본가로 풀이한다. 이는 공산주의 이론의 모태를 마련한 철학자 맑스(K. Marks)의 생각과도 유사하다. 맑스는 자본가를 살아있는 노동자들의 노동을 빨아먹는 흡혈귀 같은 존재라고 비난하며, 흡혈귀를 미친 자본의 상징으로 보며 이를 타도할 대상으로 보기 때문이다.

자본가와 더불어 이 작품에서 우회적으로 비난받고 있는 계층은 귀족계층이다. 18세기 영소설에는 힘없는 여성을 괴롭히는 귀족 남성이 종종 등장한다. 흔히 최초의 영소설이라고 간주되는 리처드슨(Richardson)의 『파멜라』(Pamela)에서 귀족Mr. B는 힘없는 하녀를 강압적으로 가두고 성폭행까지 계획하는 악당이다. 귀족이 악당이 되고 보통 여성이 피해자가 되는 경우는 리처드슨의 또 다른 소설 『클라리싸』(Clarissa)에서도 마찬가지다. 이 작품에서 악당으로 등장하는 귀족 Lovelace는 전형적인 탕아로서 자신의 욕정을 채우기 위해 중산층 집안의 여성 클라리싸를 납치하여 성폭행까지 저지르고 결국 그녀를 죽음에 이르게 하기 때문이다.

이처럼 귀족이 악당으로 등장하여 힘없는 여성을 괴롭히는 내용은 이 작품에도 영향을 준 John Polidori의 "The Vampyre"(1819)에서도 나타난다. 이 작품의 중심인물인 남자 흡혈귀는 귀족이면서도 우울하고 냉소적이며 동시에 성적인 매력이 있는 귀족이고, 그의 희생자는 순진하고 젊은 여성들이다. 이 점에서 흡혈귀가 귀족으로 설정된 것은 우연이 아니다. 악당에게 귀족의 신분을 부여하는 것은 전통적인 소설의 패턴을 따른 것이지만, 흡혈귀를 귀족으로 설정한 것은 흡혈귀가 일반 국민, 특히 중산층의 피를 빨아먹는 사악한 존재라는 간접적인 암시이기도 하다. 이 작품의 주요 화자가 아서와 같은 귀족 계급도 아니고, 하커, 미나, 시워드와 같은 영국 지식층이면서도 중산층인 이유는 바로 여기에 있다.

마지막으로 흡혈귀이외에 이 작품에 나타난 상징의 문제와 이에 따른 가치의 문제를 살펴보자. 이를 위해서 우리는 이 작품에 등장하는 두 주요 여성에 대해 살펴 볼 필요가 있다. 드라큘라의 희생자가 되어 결국 죽어서 흡혈귀가 되는 루시 웨스턴라(Lucy Westenra)는 서구 유럽의 상징이다. 이러한 사실은 그녀의 이름 루시가'빛'을 의미하며 그녀의 성인 '웨스턴라'(Westenra)가 서구라는 의미의 'Westen'과 태양신을 의미하는 'Ra'의 합성어라는 사실에서도 짐작할 수 있다. 따라서 그녀는 서구유럽 문명의 상징으로 그녀가 동유럽에서 온 드라큘라에게 피를 빨리는 것은 서구 정신의 상실과 연관되는 것이다. 즉, 루시 웨스턴라에 대한 드라큘라의 지배는 서구 문명에 대한 드라큘라의 지배와 상통하는 것이며, 따라서 반 헬싱 일행이 그의 처치에 골몰하는 것이다.

그러나 스토커는 루시에게 서구 문명의 모습을 투여하였지만 그녀가 대변하는 서구 문명을 긍정적으로만 바로 본 것은 아니었다. 그것은 루시가 당시 유행처럼 번져 나갔던 신여성의 속성을 갖고 있으며 어떤 면에서는 신여성의 대변자이기도 하기 때문이다. 앞서 잠깐 기술하였듯이 루시는 '집안의 천사'로서만 머물기를 거부하고 당시 보수적인 남성들에 의해 성적으로 개방적이라는 비난받았던 신여성의 모습을 가지고 있다. 그녀가 아서 이외의 두명의 남성에게도 호감을 느끼고 있음을 고백하는 장면은 이를 뒷받침하는데, 보수적인 스토커에게 루시의 이러한 성향은 결코 바람직한 것은 아니었을 것이며, 이로 인해 그녀는 드라큘라의 희생자가 되었고, 결국 죽을 수밖에 없었던 것이다.

이와는 대조적으로 하커의 아내 미나(Mina)는 스토커가 제시하는 가장 완벽한 여성이다. 그녀는 남편 하커 이외의 어떤 남자와의 접촉도 상상하지 못하며, 모든 생각을 하커에만 집중하고 하커에 절대적으로 헌신하는 여성이다. 또한 그녀는 당시 바람직한 여성들이 지녀야 할 덕목으로서 많은 남성들로부터 칭송을 받아오던 모성애가 많은 인물이다. 그녀는 루시를 잃고 슬퍼

하는 3명의 남성들을 모두 위로하며 그들과 슬픔을 공유해 이들은 한결같이 루시에게서 어머니에게서만 발견할 수 있는 위로를 얻게 된다. 미나의 이러한 따스한 면은 렌필드란 광인조차도 감동시켜, 렌필드는 미나를 만날 때 마다 그녀에게 신의 가호를 빌며, 자신의 주인이기도 한 드라큘라에 맞서 미나를 지키려다가 결국 비참하게 죽음까지 당한다.

모든 남성들을 감동시킨 미나의 장점은 여기서 그치지 않는다. 헬싱은 미나를 '남성의 두뇌와 여성의 가슴'을 가진 사람이라고 이 작품에서 극찬을 아끼지 않기 때문이다. 당시에 보수적인 남성들이 여성의 두뇌는 어린아이의 수준밖에 이르지 못한다며 여성을 지적으로 열등한 존재로 보아왔지만 이 작품의 미나는 보통 이상의 남성, 정확히 말하면 반 헬싱 자신과 견줄 만한 이성과 논리를 가진 인물로 드라큘라를 제거하는데 결정적인 역할을 하는 여성이다.

그녀는 자신이 속기로 쓴 모든 기록과 조나단의 일기, 그리고 시워드의 녹음된 일기를 일목요연하게 정리하여 이를 토대로 드라큘라의 정체와 속성을 파악하는데 절대적인 공헌을 하며, 나중에는 모든 사람들의 기록을 분석하여 영국에서 도망친 드라큘라가 트란실바니아에 있는 자신의 성으로 도망치는 경로를 추론하여 이를 반 헬싱 일행에게 알려준다. 이러한 미나의 논리적이고 분석적인 사고가 없었더라면 드라큘라의 추적은 영원히 불가능하였을지도 모르는 일이었다.

스토커는 미나의 이러한 면을 작품 내내 부각시키며, 반 헬싱의 입을 통해 그녀가 가장 완벽한 여성임을 누누이 강조한다. 따라서 그들이 드라큘라를 제거하기 위해서 온갖 위험을 무릅쓰는 이유는 미나가 흡혈귀가 되는 것을 막기 위해서이지만 이는 결국 그들이 수호하는 정신이 미나에 의해 구현되고 있기 때문이다. 즉, 미나는 그들의 이상적인 여성이자 그들이 수호하고자 하는 진정한 서구의 가치관을 대변하는 인물이다. 이 때문에 반 헬싱과 그의 일행이 수행하는 일은 미나를 구하는 일이며 동시에 유럽의 가치를 구하는 일이 되는 것이다.

◈ 역사적 인물로서의 드라큘라에 대한 기록

드라큘라는 15세기 당시 강력한 이슬람 국가였던 터키로부터 자신이 지배하고 있는 왈라키아를 지키기 위해서 이에 맞서 싸운 용감한 군주로 그가 당시에 거주하였다는 루마니아 남부의 포에나리 성 부근 아레프 마을에서는

Wallachia 지도

오늘날 1년에 2번씩 드라큘라의 용맹성을 기리는 춤이 벌어지고 있을 정도로 그는 루마니아(몰다비아와 왈라키아는 합쳐 오늘날 루마니아가 되었다) 국민들의 영웅이다. 이러한 드라큘라에대한 기록은 다양한 곳에서 발견된다. Strasbourg의 공문서 보관소와 스위스에 위치한 성 Gall 베네딕트회 수도원, Salzburg 근방에 있는 Lambach 베네딕트회 수도원은 드라큘라에 대한 인쇄물과 그의 행적을 묘사한 목판화를 각각 소장하고 있다.

이처럼 드라큘라에 관한 기록이 상당히 여러 곳에서 발견된 이유는 15세기 중반의 인쇄술의 발명과 싼 종이의 생산과 보급에도 기인하지만, 그의 행적을 담은 엽기적인 이야기가 당시 독자들의 취향에 부합되었기 때문이다. 따라서 1463년 처음 드라큘라에 관한 기록이 비엔나에서 출판된 이래로 많은 출판업자들이 드라큘라 이야기의 상업적인 가능성을 보고 앞 다투어 그에 관한 책을 출판하여 15세기 말에는 드라큘라에 관한 이야기가 베스트셀러가 되기에 이르른다.

스토커가 동유럽의 흡혈귀 전설과 드라큘라 이야기를 결합하여 그를 흡혈귀의 전형으로 삼은 이유는 역사적 인물로서의 드라큘라가 그 용맹성과 더불어 잔인함으로 널리 알려졌기 때문이다. “꼬챙이”라는 수식어가 붙는 드라큘라의 이름에서 짐작할 수 있듯이, 우선 그는 뾰족한 말뚝에 사람들을 꿰어

죽이는 잔인한 행동을 즐겼던 인물이다. 그의 잔인한 처형방법에 대해 1499년 Nuremberg의 Ambrosius Huber에 의해서 출판된 어느 팸플릿은 다음과 소개하고 있다. "여기 야만적이고 피에 굶주린 인간인 드라큘라에 관한 아주 잔인하고 무서운 이야기가 소개되어 있다. 그가 어떻게 사람을 꼬챙이에 꿰고, 사람들의 머리를 솥에 넣고 어떻게 끓이고 태웠는지, 그가 사람들의 살을 어떻게 벗겨내고 양배추 통처럼 사람들을 난도질하는지 이 이야기들은 보여준다. 그는 또한 어린아이를 구워내어 아이들의 어머니로 하여금 아이를 먹게 하였다. 이밖에 많은 끔찍한 이야기가 이곳에 그리고 그가 통치하던 땅에 쓰여 있다."

Vlad Impaler의 처형 장면 판화

이 엽기적인 드라큘라에 관한 진술은 이 팸플릿에만 국한되는 것은 아니다. 대다수의 그의 관한 기록들은 드라큘라의 잔인성과 그의 엽기적인 행각을 소개하고 있기 때문이다. 독일에서 출판된 어느 목판화를 실은 드라큘라에 관한 팸플릿은 드라큘라가 사람들의 배와 창자, 심장을 긴 꼬챙이에 어떻게 꿰뚫는지 상세히 설명하고 있으며, 그가 젖먹이 아기의 머리와 아기 엄마의 가슴을 꼬챙이로 뚫은 일화를 소개하며, 그가 종교, 나이, 인종, 성별에 관계없이, 자신의 적이던 혹은 법을 어긴 자신의 국민이던 간에 이러한 처형방법을 사용하여 사람들에게 엄청난 공포를 안겨다 주었다고 설명하고 있다.

또 다른 독일에서 출판된 팸플릿은 드라큘라의 꼬챙이를 사용한 처형방법 이외에 그가 사람의 코, 귀, 성기, 수족 등을 어떻게 잘라내며 난도질하였는지, 그리고 사람들을 산채로 태우고, 끓는 물에 넣고, 불에 굽고, 살갗을 벗기고, 어떻게 신체에 못을 박았는지를 설명하고 있으며, 신성로마제국의 프레드릭(Frederick) 3세의 궁정 시인이었던 Michel Beheim은 자신의 시집 "Story of a Bloodthirsty Madman Called Dracula of Wallachia"에서 드라큘라가 심지어 사람의 피에 빵을 찍어먹기조차 하였다고 전해 드라큘라와 흡혈귀의 관련성을 제시하였다.

◈ 드라큘라의 생

공포영화의 소재로 오랜 세월동안 폭넓게 대중의 사랑을 받아온 스토커의 소설『드라큘라』는 단순한 상상력의 소산이 아니라 실제 사실에 상당부분 근거하고 있다. 우선 이 작품에 나오는 트란실바니아(Transvlvania)나 기타 지역은 당시 서양인에게는 낯설지만 실제로 존재하는 지명이다. 트란실바니아는 카르파티아(Carpathian) 산맥을 경계로 둘러 싸여 있는 루마니아의 서쪽에 위치한 지역이며, 하커(Harker)가 성에 도착하기 위해 갔던 Borgo Pass는 실제로 트란실바니아에서 몰다비아(Moldavia)로 이어지는 산길이다. 또한 드라큘라가 영국으로 가기위해 출발지로 선택한 Bistrita는 루마니아인, 헝가리인, 스테킬(Szekelys)인들이 모여 살았던 실제의 도시란 점은 스토커가 이 작품의 배경에 얼마나 많은 신경을 썼는지 짐작하게 한다. 그러나 가장 흥미로운 것은 이 작품의 중심인물인 드라큘라가 가공의 인물이 아니라 역사적으로 실존하였다는 사실이다.

드라큘라라는 인물의 본명은 블라드 체페슈(Vlad Tepes), 또는 "꼬챙이 블라드"(Vlad Impaler)이다. 그가 '꼬챙이'라는 의미의 체페슈라는 이름을 갖게 된 동기는 15세기의 왈라키아(Wallachia)의 군주였던 그가 자신의 희생자가 된 적군이나, 그의 명령에 거부한 자 혹은 범법자를 모두 긴 뾰족한 막대기에 꽂아서 처형한데 기인한다. 그는 또한 스스로를 'Dracul의 아들'이라는 의미로 Dracula(Dracul + a: a는 루마니아어로 '아들'의 의미)라고 칭하며 문서에 드라큘라라고 서명하기도 하였다고 한다. 스토커는 이러한 역사적 인물과 15세기 당시에 전해져오던 흡혈귀에 관한 많은 전설을 이용하여 오늘날 일반에게 널리 알려진 흡혈귀 드라큘라라는 인물을 창조한 것이다. 그러면 그가 왜 드라큘라라는 이름을 갖게 되었는지 그리고 실제로 그가 어떠한 인물인지 살펴보고 나아가 드라큘라라는 이름이 오늘날 왜 잔인한 흡혈귀를 뜻하는 대명사가 되었는지 살펴보겠다.

드라큘라 초상화

드라큘라는 1431년 Bistrita에서 남쪽으로 65마일 떨어진 트란실바니아에 있는 Sighisoara에서 아버지인 블라드(Vlad) 2세와 왈라키아와 인접해 있는 몰다비아(Moldavia) 공국의 Musatin 왕조의 공주 Cneajna 사이에서 둘째 아들로 태어난다. 드라큘라라는 이름이 암시하듯이 드라큘라의 아버지 블라드 2세의 또 하나의 이름은 드라큘(Dracul)이다. 그러나 이는 그의 본명이 아니라 신성로마제국의 황제 Sigismund of Luxembourg가 1387년 가톨릭을 이교도로부터 지키기 위해 만든 'Order of the Dragon'에서 유래한 것이다. Dracole, Draculya, Dracol, Draculea, Draculios, Tracol 등으로 표기되기도 하는 이 용어는 원래 루마니아어로 '용'(dragon)의 의미와 '악마'의 의미를 갖고 있는데, 신성로마제국의 황제 Sigismund of Luxembourg는 이 Order of the Dragon의 통솔자로 드라큘라의 아버지를 1431년 임명하고 그는 이슬람 세력과의 싸움에 용의 깃발을 앞세우며 자신을 드라큘이라 칭하였다고 한다.

기독교를 수호하는 십자군 통솔자를 자임하던 드라큘은 당시에 왈라키아를 통치하던 자신의 이복형제 Prince Alexandru Aldea를 몰아내고 1337년 실질적인 Wallachia의 군주가 된다. 그러나 이교도를 물리치는 임무를 부여받은 그도 일단 왈라키아의 왕이 되니 당시 가장 강력한 국가인 터키를 지배하던 Murad II세의 영향력을 무시할 수 없었다. 따라서 그는 터키와 마음에도 없는 동맹관계를 맺고 그의 후원자였던 신성로마 제국의 황제 Sigismund에 등을 돌리게 된다. 그러나 Dracul이 진정으로 기독교를 포기하지 않고 회교에 적대감을 갖고 있다는 사실을 알아차린 Murad 2세는 1442년 드라큘과 그의 둘째 아들 Dracula와 세째아들 Radu를 소환하여 Dracul로 하여금 다시 자신에 대한 충성을 다시금 맹세하게 하고 드라큘의 두 명의 아들은 볼모로 잡아둔다 (드라큘라가 이곳을 빠져 나온 것은 1448년에 가서야 가능하였다).

왈라키아로 돌아왔지만 아들 둘을 볼모로 남긴 드라큘은 터키에 대놓고 반기를 들 수 없었으며 오히려 우호적으로 대할 수밖에 없었다. 이에 1447년 드라큘의 친 터키 정책에 불만을 품던 John Hunyadi는 드라큘의 장남 Mircea의 눈을 뜨거운 쇠꼬챙이로 멀게하고 그를 산채로 화형 하였으며, 드라큘도 잔인하게 살해한다. 그리고는 드라큘의 정치적 라이벌인 Vladislav 2세, 즉, Danesti Claimant에게 왈라키아의 군주권을 넘겨준다.

Transylvania에 있는 드라큘라의 생가

1448년 터키에서 간신히 탈출한 Dracula는 왈라키아로 가지 못하고 Prince Bogdan이 통치하던 Moldavia로 도망간다. 그곳에서 드라큘라는 자신의 사촌이자 Bogdan의 아들인 Stephen과 가깝게 지내며 서로간의 우의를 다진다. 그러나 이곳도 사정이 변한다. 1451년 10월 Bogdan이 정치적 라이벌인 Petru Aron에 의해 암살당하자, 드라큘라도 역시 신변의 위협을 느낄 수밖에 없게 된 것이다. 따라서 아이러니컬하게도 드라큘라는 이곳을 떠나 트란실바니아로 가서 그의 부친의 살해범인 John Hunyadi에게 자신을 의탁하게 된다. 이러한 묘한 상황이 벌어진 이유는 드라큘라의 입장에서는 달리 의존할 수 있는 세력이 없었고, Hunyadi의 입장에서 보자면 왈라키아의 Danesti 왕가가 친 터키 정책을 피는 것을 견제하기 위해서 드라큘라가 필요하였기 때문이다. 이러한 필요에 따라 드라큘라를 영입한 Hunyadi는 드라큘라를 헝가리의 합스부르크(Habsburg) 왕가에 소개하고 드라큘라로 하여금 Hunyadi의 반 터키 전쟁에 참가하게 하였으며, 드라큘라는 그의 후원을 받아 왈라키아 공국의 공식적인 후계자를 자처하였다.

1451년부터 Hunyadi가 벨그라데에서 죽은 1456년까지 드라큘라는 왈라키아에 인접한 트란실바니아의 Sibiu에 기거를 하다가 결국 1456년 6월 왈라키아의 군주가 된다. 그러나 국가의 상황은 항상 위태로워 드라큘라는 자신의 권력을 공고히 하면서, 콘스탄티노플(Constantinople)을 1453년 점령한 터키의 황제 Mehmed 2세로부터 자신의 국가를 보호 하여야할 상황에 이른다. 이때의 드라큘라의 역할은 많은 기독교 국가들의 관심의 초점이 되었다. 당시 Hunyadi의 죽음으로 인해 기독교 세력이 구심점을 잃고 새로운 리더십이 필요한 상황이었으며, 왈라키아는 터키의 점령 대상이었기 때문이었다. 이러한 상황에서 드라큘라가 왕위에 오른 지 1년이 지난 1457년 드라큘라의 군사적인 지원을 받은 Stephen은 자신의 아버지의 뒤를 이어 Moldavia의 왕위에 오르고, Hunyadi가 통치하였던 헝가리도 그의 둘째 아들인 Matthias가 1458년 왕위에 올라 정치적 안정을 찾는다.

발칸 반도의 기독교 국가들이 어느 정도 안정을 찾은 1458년 새로 선출된 교황 Pius 2세는 콘스탄티노플의 함락이후 기독교 세력이 급격히 약화된 것에 위기의식을 느끼고, 1459년 Mantua 회의에서 십자군을 일으킬 것을 호소하였다. 그러나 신성로마제국의 프레드릭 3세는 내국 문제로 교황의 호소에 귀를 기울일 여력이 없었고, Matthias와 Stephen도 교황의 호소에 즉각적인 반응을 보이지 않았다. 단지 드라큘라만이 교황의 뜻에 적극적인 지지의사를 밝히지만 그도 당시 가장 강력한 왕국인 터키에 공공연히 반기를 들 수는 없는 형편이었다.

터키에 적대감을 갖고 있었지만 조공을 계속 바치면서 때때로 터키 왕궁에 나타나 터키의 황제에게 신하의 예를 바칠 수밖에 없었지만 드라큘라는 터키가 왈라키아의 아이들을 바치라는 새로운 요구를 했을 때는 이를 좌시하지 않았다. 그는 이 요청을 거절하였으며, 터키의 군대가 왈라키아의 어린

아이들을 잡아가려 하였을 때는 무력으로 이를 저지하기에 이른다. 이에 드라큘라의 충성을 의심하기 시작한 터키의 황제는 드라큘라의 동생이자 터키에서 오랜 세월을 살며 친 터키파가 되어버린 Radu를 왈라키아의 다음 후계자로 암묵적으로 인정하고 드라큘라를 유인하여 처형할 계획을 짠다. 이 계획의 일환으로 터키의 황제는 드라큘라에게 콘스탄티노플에 직접 와서 과거에 신하에 예를 지키지 못한 이유를 해명하라고 요구한다. 그러나 드라큘라가 이를 거부하자 터키의 황제는 군대를 매복하고 드라큘라와의 협상을 제안한다. 그러나 자신을 함정에 빠트리려 한다는 계획을 눈치 챈 드라큘라는 1461년 겨울 매복한 터키군을 기습 공격하여 아뉴브 강과 흑해 근방에서 섬멸한다. 이 전투에서 드라큘라는 훌륭한 용병술과 용맹함을 과시하며 적을 무찔러서 그는 많은 기독교 국가들로부터 기독교를 수호하는 십자군의 리더로 부상하며, 중부와 서부 유럽의 기독교 국가들은 그의 군사적 위업에 갈채를 보낸다.

그러나 이러한 패배를 그냥 묵과할 터키의 술탄이 아니었다. 1462년 봄 술탄은 왈라키아를 공략할 계획을 세우고 대규모의 군대를 동원하여 왈라키아로 진격한다. 이에 절대적으로 군사력이 열세인 드라큘라는 마을 사람들과 가축을 모두 이주시키고 마을과 농작물을 불사르고 우물에는 독을 넣어 이곳으로 진격할 터키군이 먹을 식량과 물을 차단한 다음 게릴라 전법을 구사하며 이들을 괴롭힌다. 그러나 워낙 수적으로 군사력이 열세인 터라 왈라키아의 수도 Tirgoviste가 터키의 수중에 넘어갈 위험에 처한다. 이때 드라큘라는 소위 "Night of Terror"로 알려진 기습 작전을 세운다. 이는 한밤중에 터키군 진영으로 쳐들어가 술탄을 제거하면 터키군이 수의 우세에도 불구하고 전의를 상실하여 왈라키아를 떠날 것이라는 계산하에서 이었다. 이 계획에 따라 드라큘라의 지휘를 받은 왈라키아의 전사들이 적진을 향해 돌진하여 수많은 터키 군을 무찔렀으나 정작 술탄에게까지 접근하지는 못한다. 결국 드라큘라는 자신이 오히려 체포될 위험에 처하게 되자 군대를 이끌고 후퇴를 한다.

드라큘라의 후퇴로 Tirgoviste를 점령한 술탄은 이 도시에도 사람과 가축이 하나도 없고, 물은 오염되었다는 사실을 알게 된다.

Tirgoviste에 있는 드라큘라 궁터

술탄이 이 도시를 지나 드라큘라를 추적하는 동안 그는 드라큘라가 꼬챙이에 꽂아 처형한 사람들의 시체가 즐비하고, 이 시체에 새들이 집을 짓고 사는 광경을 목격하고는 드라큘라의 잔혹성에 혀를 내두른다. 또한 술탄의 군대에 역병이 점차 번지기 시작하자 술탄은 드라큘라 체포를 일단 포기하고 군대를 돌이켜 회군하고 대신 왈라키아의 왕권의 차기 후계자로 술탄이 지지하는 드라큘라의 동생 라단을 통해 대리전을 펼친다.

터키 군대와 터키의 세력을 두려워하는 왈라키아의 몇 귀족들은 라단의 편을 들어 드라큘라에 대적하게 된다. 이때 드라큘라는 Stephen에게 군사적 도움을 청하나 Stephen은 드라큘라를 도와주기는커녕 그를 공격하여 드라큘라는 진퇴양란에 빠지게 된다. 결국 드라큘라는 몇 추종자들과 Arges에 도착하여 이곳에 성을 짓고 적과 대치를 한다. 그러나 이러한 대치 상황도 지속되기는 힘들었다. 터기 군대는 다음날 드라큘라의 성을 총 공격하기로 결정하고 작전 계획을 세운다. 이를 전해들은 터키 군대의 루마니아 노예들은 야간에 빠져나와 드라큘라의 성에 이들의 계획을 알리는 쪽지를 전달한다. 이 소식에 자신이 터키군의 포로가 될 것을 염려한 드라큘라의 아내는 절벽에서 뛰어내려 자결하고, 드라큘라는 야간에 추종자들과 함께 이곳을 몰래 빠져 나와 트란실바니아 알프스를 넘어 헝가리의 왕 Matthias에게로 자신을 위탁한다.

그러나 자신을 도와 왈라키아를 되찾는데 도움을 줄 것을 기대하였던 드라큘라는 오히려 Matthias의 술수에 넘어가 헝가리에서 체포당한다. 터키와 용감히 대적하였던 기독교 국가의 영웅 드라큘라를 체포한 것은 역시 기독교를 수호하는 국가로 자부하였던 헝가리 입장에서는 합리화하기 어려운 일이었으나, 술탄과 은밀히 평화 협정을 맺고 라두를 왈라키아 군주로 승인한 Matthias는 드라큘라가 술탄에게 용서를 비는 편지를 썼다고 조작하여 그를 기독교 국가의 반역자로 몰아넣음으로써 그의 체포를 정당화하였던 것이다.

1462년 6월 17일 드라큘라의 기습공격 그림

헝가리의 다뉴브 강변에 있는 Visegrad에서 드라큘라는 1462년에서 1474년까지 유배생활을 하는데, 그가 유배 생활을 청산하게 된 것은 드라큘라가 가톨릭으로 개종하고 헝가리 왕족의 여자와 결혼해야 한다는 조건이었다. 이 조건을 받아들인 드라큘라는 왈라키아의 왕권을 다시 되찾게 해주겠다는 약속을 Matthias로부터 얻어내며 터키와의 전쟁에 참가하게 된다. 드라큘라가 Matthias로부터 다시 왈라키아의 군주 후계자로 인정받은 데는 다른 이유도 있다. 현 왈라키아의 군주인 드라큘라의 동생 라다가 친 터키 정책을 편 데에 분노한 Stephen이 그를 1473년 권좌에서 물러나게 하였지만 그 다음의 후계자인 Basarab 3세도 헝가리의 입장에서는 믿을만한 인물이 못되었기 때문이다. 이에 헝가리에서는 반 터키 노선을 분명히 할 인물로 드라큘라를 꼽으며 그에게 헝가리 군대를 주어 터키와의 전쟁을 수행하게 한다.

1474년 터키와의 전쟁에서 드라큘라는 예전에 항상 그랬던 것처럼 패배한 터키군을 모두 말뚝에 꿰어 놓아 그의 적들을 공포에 질리게 하였다. 드라큘라의 복귀는 한동안 그를 배신하였지만 이제 그와의 화해를 모색하는 그의 사촌 Stephen의 지원에 의해 더욱 힘을 받는다. 1475년 Stephen은 Matthias, 드라큘라와 함께 터키에 대항하기로 합의를 보아 반 터키 연합세력의 기초를 마련하고, 이들의 도움을 받아 드라큘라는 1476년 자신의 왕국 왈라키아를 Basarab로부터 되찾아 왕위에 오른다. 그러나 그것도 잠시 왕위에 오른 지 2개월 만에 그의 정치적 라이벌에 의해서 드라큘라는 죽음을 당하게 된다 (터키의 역사가에 의하면 터키군을 공포에 질리게 하였던 드라큘라가 진짜 죽음을 맞이하였다는 증거로, 드라큘라는 죽은 후 목이 베어져 콘스탄티노플로 보내졌고, 왈라키아는 다시 터키의 수중에 들어가게 되었다).

드라큘라 성

Snagov 수도원 사진

전설에 의하면 드라큘라는 죽은 후 그의 조부인 Prince Mircea가 지은 Snagov라는 외딴 섬에 있는 수도원에 묻혔다고 한다. 이 전설을 토대로 1931년 루마니아 정부의 승인을 받은 계보학자와 고고학자들이 이 곳 수도원과 그 주변을 발굴하여 그 당시 역사를 확인하려 하였는데, 그들이 특히 관심을 가졌던 곳은 제단아래에 있는 커다란 돌이었다. 이 돌 아래에 드라큘라가 묻혀있다는 전설이 있었기 때문이다. 그러나 이들이 이곳을 파헤쳤지만, 그 돌 아래에는 사람을 넣은 관도 사람의 유골도 없었으며 단지 소와 여러 동물들의 뼈만 남아있는 공간만이 있었다.

오히려 이 수도원의 북쪽 출입구 부분을 파보니 그곳에 드라큘라의 초상화에서 보이는 금으로 수를 놓은 자주색 의상 조각과 은 단추, 터키석 보석, 해골이 나타났다.

학자들은 이것을 드라큘라의 유골로 추정하고, 그의 무덤의 위치가 왕의 묘소로 지정된 제단 아래에서 수도원 출입구로 바뀐 것이 드라큘라에 대한 강한 경멸감을 가졌던 17세기 그리스 수도사들의 행동일 것이라고 추정한다.

Text of

Dracula

CHAPTER 1

JONATHAN HARKER'S JOURNAL[1]

(*kept in shorthand*)

3 May. Bistritz.[2] __Left Munich at 8:35 P. M, on 1st May, arriving at Vienna early next morning; should have arrived at 6:46, but train was an hour late. Buda-Pesth[3] seems a wonderful place, from the glimpse which I got of it from the train and the little I could walk through the streets. I feared to go very far from the station, as we had arrived late and would start as near the correct time as possible.

The impression I had was that we were leaving the West and entering the East; the most western of splendid bridges over the Danube,[4] which is here of noble width and depth, took us among the traditions of Turkish rule.

We left in pretty good time, and came after nightfall to Klausenburgh.[5] Here I stopped for the night at the Hotel Royale. I had for dinner, or rather supper, a chicken done up[6] some way with red pepper, which was very good but thirsty.[7] (Mem.[8] get recipe for Mina.) I asked the waiter, and he said it was called "paprika hendl," and that, as it was a national dish,[9] should be able to get it anywhere along the Carpathians.[10]

I found my smattering[11] of German very useful here, indeed, I don't know how I should be able to get on without it.

---

1) Jonathan Harker's Journal: 영국 빅토리아 시대의 식자층들은 자신의 주변 세계를 관찰하고 이를 자세히 묘사하는데 일기나 편지의 형식을 사용하였다. 편지와 일기의 형식을 많이 사용하고 있는 이 작품의 주인공들은 이성과 과학을 신봉하며 관찰을 중시하는 영국인의 정신세계를 대변하는데, 이는 드라큘라의 초자연적 세계와 극명한 대조를 이룬다.

2) Bistritz: 루마니아어로 'Bistrita'라고 불리는 Transylvania의 도시로 현 루마니아의 중심부에 있는 평야 지대다. 이 곳에는 루마니아인, 헝가리인, 그리고 헝가리인의 한 분파인 Szekelys인들이 모여 살고 있었다.

3) Buda-Pesth: 부다페스트(헝가리의 수도).

4) Danube: 남서독일에서 흑해(Black Sea)로 들어가는 강으로 독일어로는 도나우(Donau)강이라고도 불린다.

5) Klausenburgh: 트란실바니아 중심부에 있는 도시로 루마니아어로는 'Cluj'라고 불린다.

6) done up: 요리된.

7) thirsty: (구어) 갈증나게 하는.

8) Mem: 'memorandum'(메모)의 약자.

9) national dish: 민족 고유의 음식.

10) Carpathians: '카르파티아 산맥'; 동 중앙 유럽의 주요 산맥중 하나.

11) smattering: 약간의 지식.

Having had some time at my disposal[1] when in London, I had visited the British Museum, and made search among the books and maps in the library regarding Transylvania;[2] it had struck me that some foreknowledge[3] of the country could hardly fail to have some importance in dealing with a nobleman of that country.

I find that the district he named is in the extreme east of the country, just on the borders of three states, Transylvania, Moldavia, and Bukovina,[4] in the midst of the Carpathian mountains; one of the wildest and least known portions[5] of Europe.

I was not able to light on[6] any map or work giving the exact locality of the Castle Dracula,[7] as there are no maps of this country as yet to compare with our own Ordance Survey Maps;[8] but I found that Bistritz, the post town[9] named by Count Dracula, is a fairly well-known place. I shall enter[10] here some of my notes, as they may refresh my memory when I talk over my travels with Mina.

In the population of Transylvania there are four distinct nationalities: Saxons in the South, and mixed with them the Wallachs,[11]

---

1) at my disposal: 내 마음대로 (사용)할 수 있는.

2) I had visited the British Museum, and made search among the books and maps of the library regarding Transylvania: 트란실바니아는 루마니아 북서부 지방을 총칭하는 지명으로 북쪽은 러시아 연방, 서쪽은 헝가리, 남서쪽은 유고슬라비아와 접하고 있고 동쪽은 동 카르파티아 산맥, 남쪽은 남 카르파티아 산맥으로 둘러싸인 지역을 가리킨다: 실제로 스토커(Stoker)는 이 작품을 쓰기 위해 대영박물관을 자주 방문하였다.

3) foreknowledge: 사전 지식.

4) Moldavia, and Bukovina: 각각 루마니아의 동쪽에 있던 나라로 Moldavia는 1861년 Walachia와 합병하여 루마니아가 되고, Bukovina는 루마니아 북동부의 두개 주와 우크라이나와 체르노프치주를 포함하는 지방의 역사적 명칭이다. Bukovina의 동부는 산지, 고원지대로 형성되어 있고 서부는 강을 따라 평야를 이루고 있는데, 이 곳은 중세부터 우크라이나인, 루마니아인, 유대인, 오스트리아인, 러시아인이 모여 살았던 곳으로 국경이 항상 이동하였다.

5) portions: (땅의) 구획.

6) light on: 발견하다.

7) Castle Dracula: 이 작품의 드라큘라 모델인 Vlad the Impaler는 카르파티아 산맥 남단에 있는 Arges 강에 지은 성을 지칭. 그러나 그 성은 현재 터만 남아있다.

8) Ordnance Survey Map: 1841년에 제정된 육지 측량부 령(Ordnance Survey Act)에 따라 1마일을 1인치로 축소하여 만든 상세한 지도.

9) post town: 역마(役馬)를 제공하는 마을.

10) enter: 기록하다.

11) Wallachs: 드라큘라의 모델인 Vlad the Impaler가 15세기경에 통치하였던 나라인 왈라키아(Wallachia)인; 왈라키아의 북쪽에는 트란실바니아알프스 산맥이 있고, 이 나라의 북동쪽은 몰도바(Moldova)와, 남서쪽과 남쪽, 동쪽은 도나우 강을 사이에 두고 유고슬라비아, 불가리아, 도브루자와 각각 접경하고 있다. 이곳은 고대 다키아(Dacia)의 일부였으나 2세기 경 로마의 지배하에 들어갔다. 후에 로마군이 철군한 뒤에 이곳 주민들은 산악지대로 도피 생활을 하다가, 1325년 바사라브 1세가 왈라키아 공국을 세워 독립하였다. 그러나 결국 왈라키아 공국은 1861년에 Moldavia와 합병하여 루마니아로 국호를 바꾼다.

who are the descendants of the Dacians;[1] Magyars[2] in the West, and Szekelys[3] in the East and North. I am going among the latter, who claim to be descended from Attila and the Huns.[4] This may be so, for when the Magyars conquered the country in the eleventh century they found the Huns settled in it. I read that every known superstition in the world is gathered into the horseshoe of the Carpathians,[5] as if it were the centre of some sort of imaginative whirlpool; if so my stay may be very interesting. (Mem., I must ask the Count all about them.) I did not sleep well, though my bed was comfortable enough, for I had all sorts of queer dreams. There was a dog howling all night under my window, which may have had something to do with it; or it may have been the paprika, for I had to drink up all the water in my carafe,[6] and was still thirsty. Towards morning I slept and was wakened by the continuous knocking at my door, so I guess I must have been sleeping soundly[7] then. I had for breakfast more paprika, and a sort of porridge of maize flour[8] which they said was "mamaliga", and egg-plant stuffed with forcemeat,[9] a very excellent dish, which they call "impletata". (Mem., get recipe for this also.) I had to hurry[10] breakfast, for the train started a little before eight, or rather it ought to have done so, for after rushing to the station at 7:30 I had to sit in the carriage[11] for more than an hour before we began to move. It seems to me that the further east you go the more unpunctual are the trains. What ought they to be in China?

All day long we seemed to dawdle[12] through a country which was full of beauty of every kind. Sometimes we saw little towns or castles on the top of steep hills such as we see in old missals;[13] sometimes we ran

---

1) Dacians: 다키아인.

2) Magyars: '마자르족': 895년 현재의 헝가리로 들어와 이곳에 기반을 잡고 사는 종족으로 현재 헝가리 총인구의 96 퍼센트 이상을 차지하고 있다. 이들은 헝가리뿐만 아니라 루마니아에도 거주하고 있다.

3) Szekelys: 트란실바니아에 거주하고 있는 헝가리계 인종으로 5세기경 아시아의 유목민이던 흉노족(Huns)의 우두머리 Attila의 인도로 트란실바니아에 오게 되는데, 이들은 Attila가 이곳을 떠난 뒤에도 여기에 남아 정착한다.

4) Attila and the Huns: 훈(Huns)족의 아틸라(406?-453); 5세기 경 트란실바니아를 본거지로 하여 주변 종족을 굴복시켜 대 제국을 건설한 인물. 그는 『니벨룽겐의 노래』 등 전승문학에서 '에첼', '아틀리' 등의 이름으로 등장한다.

5) horseshoe of the Carpathians: 지도에 나타난 카르파티아 산맥의 모습은 말발굽형태다.

6) carafe: 유리 물병.

7) soundly: 깊이.

8) porridge of maize flour: 옥수수 가루 죽.

9) forcemeat: 양념하여 다진 고기.

10) hurry: 재촉하다.

11) carriage: 마차.

12) dawdle: 빈둥거리다.

13) missals: 삽화가 있는 기도서.

by rivers and streams which seemed from the wide stony margin on each side of them to be subject to great floods.[1] It takes a lot of water, and running strong, to sweep the outside edge of a river clear.

At every station there were groups of people, sometimes crowds, and in all sorts of attire.[2] Some of them were just like the peasants at home or those I saw coming through France and Germany, with short jackets, and round hats, and home-made trousers; but others were very picturesque.[3] The women looked pretty, except when you got near them, but they were very clumsy about the waist. They had all full white sleeves of some kind or other, and most of them had big belts with a lot of strips of something fluttering from them like the dresses in a ballet, but of course there were petticoats[4] under them. The strangest figures we saw were the Slovaks,[5] who were more barbarian than the rest, with their big cow-boy hats, great baggy[6] dirty-white trousers, white linen shirts, and enormous heavy leather belts, nearly a foot wide, all studded[7] over with brass nails. They wore high boots, with their trousers tucked into them,[8] and had long black hair and heavy black moustaches. They are very picturesque, but do not look prepossessing.[9] On the stage they would be set down[10] at once as some old Oriental band of brigands.[11] They are, however, I am told, very harmless and rather wanting in natural self-assertion.

It was on the dark side of twilight when we got to Bistritz, which is a very interesting old place. Being practically on the frontier--for the Borgo Pass[12] leads from it into Bukovina--it has had a very stormy existence,[13] and it certainly shows marks of it. Fifty years ago a series of great fires took place, which made terrible havoc[14] on five separate occasions. At the very beginning of the seventeenth century it

1) subject to great floods: 큰 홍수의 침범을 당하는.

2) attire: 의상.

3) picturesque: 그림같은.

4) petticoats: (스커트 속에 입는) 여성용 속옷.

5) Slovaks: 서(西) 슬라브 족의 슬로바키아 사람.

6) baggy: 헐렁한.

7) studded: 장식용 못이 박힌.

8) with their trousers tucked into them: 신발 속으로 바지를 집어넣은 채.

9) prepossessing: '매력적인', '호감을 주는'.

10) set down: 간주되다.

11) brigands: '산적', '도적'.

12) Borgo Pass: pass는 '산길'의 의미: Bistrita란 마을을 넘어 Dorne이란 저지대를 따라 Borgo Pass로 가는 길이 나아 있는데, 이 산길은 14세기 말에 루마니아의 영주들이 몰다비아 공국을 세우기 위해 지나가던 곳이다.

13) stormy existence: 험난한(파란만장한) 존립.

14) havoc: 대파괴.

underwent a siege of three weeks and lost 13,000 people, the casualties of war proper being assisted by famine and disease.[1]

Count Dracula had directed me to go to the Golden Krone Hotel, which I found, to my great delight, to be thoroughly old-fashioned, for of course I wanted to see all I could of the ways of the country.[2] I was evidently expected, for when I got near the door I faced a cheery-looking elderly woman in the usual peasant dress--white undergarment[3] with a long double apron, front, and back, of coloured stuff fitting almost too tight for modesty. When I came close she bowed and said, "The Herr Englishman?"[4] "Yes," I said, "Jonathan Harker." She smiled, and gave some message to an elderly man in white shirt-sleeves, who had followed her to the door. He went, but immediately returned with a letter:

"My friend.--Welcome to the Carpathians. I am anxiously expecting you. Sleep well tonight. At three tomorrow the diligence[5] will start for Bukovina; a place on it is kept for you. At the Borgo Pass my carriage will await you and will bring you to me. I trust that your journey from London has been a happy one, and that you will enjoy your stay in my beautiful land.--Your friend,

'DRACULA.'

4 May.--I found that my landlord had got a letter from the Count, directing him to secure the best place on the coach for me; but on making inquiries as to details he seemed somewhat reticent,[6] and pretended that he could not understand my German.[7] This could not be true, because up to then[8] he had understood it perfectly; at least, he answered my questions exactly as if he did. He and his wife, the old lady who had received me, looked at each other in a frightened sort of way. He mumbled out[9] that the money had been sent in a letter, and that was all he knew. When I asked him if he knew Count Dracula, and could tell me anything of his castle, both he and his wife crossed

1) casualties of war proper being assisted by famine and disease: casualties는 '사상자수'; 즉, 전쟁으로 인한 사상자수가 기근과 병으로 인해 더 늘었다는 의미.

2) ways of the country: 이 나라의 생활 방식.

3) undergarment: 속옷.

4) Herr Englishman: Herr는 독일어로 'Mr'란 의미; 즉, '영국인'을 의미.

5) diligence: (장거리용) 승합마차.

6) reticent: 말을 삼가는.

7) pretended that he could not understand my German: 이 노인은 하커가 드라큘라 백작을 만나러 가는 것을 막기 위해 일부러 그의 말을 알아듣지 못하는 척하고 있다.

8) up to then: 그때까지.

9) mumbled out: 중얼거리듯 내뱉다.

themselves,[1] and, saying that they knew nothing at all, simply[2] refused to speak further. It was so near the time of starting that I had no time to ask anyone else, for it was all very mysterious and not by any means comforting.

Just before I was leaving, the old lady came up to my room and said in a hysterical way: "Must you go? Oh! Young Herr, must you go?" She was in such an excited state that she seemed to have lost her grip of what German she knew,[3] and mixed it all up with some other language which I did not know at all. I was just able to follow her[4] by asking many questions. When I told her that I must go at once, and that I was engaged[5] on important business, she asked again:

"Do you know what day it is?" I answered that it was the fourth of May. She shook her head as she said again:

"Oh, yes! I know that! I know that, but do you know what day it is?" On my saying that I did not understand, she went on:

"It is the eve of St. George's Day.[6] Do you not know that to-night, when the clock strikes midnight, all the evil things in the world will have full sway?[7] Do you know where you are going, and what you are going to?" She was in such evident distress that I tried to comfort her, but without effect[8]. Finally, she went down on her knees[9] and implored me not to go; at least to wait a day or two before starting. It was all very ridiculous but I did not feel comfortable. However, there was business to be done, and I could allow nothing to interfere with it. I tried to raise her up, and said, as gravely as I could, that I thanked her, but my duty was imperative,[10] and that I must go. She then rose and dried her eyes, and taking a crucifix from her neck offered it to me. I did not know what to do, for, as an English Churchman,[11] I have been taught to regard such things as in some measure idolatrous, and yet it seemed so

---

1) crossed themselves: 성호를 긋다.
2) simply: 단호하게(absolutely).
3) lost her grip of what German she knew: '그녀가 알고 있던 독일어에 대한 이해(grip)를 상실하였다'; 즉, 알고 있던 독일어를 잊어버릴 정도로 정신이 없어졌다는 의미.
4) follow her: follow는 '이해하다'; 즉, 그녀의 말을 이해하다.
5) was engaged on: (사업에) 관여하였다.
6) It is the eve of St. George's Day: 동유럽의 여러 지방 사람들은 이 날 밤이 악마의 힘이 가장 강해지는 때라고 믿었다.
7) have full sway: sway는 '지배력', '영향력'; 즉, 가장 큰 힘을 갖게 된다는 의미.
8) without effect: 아무 소용없이.
9) went down on her knees: 무릎을 꿇었다.
10) imperative: 절대적으로 행해야 할.
11) as an English Churchman: '영국성공회 교도로서'; 영국의 신교인 성공회는 부적의 사용을 타부시하였다.

ungracious to refuse an old lady meaning so well[1] and in such a state of mind. She saw, I suppose, the doubt in my face, for she put the rosary[2] round my neck and said, "For your mother's sake," and went out of the room. I am writing up this part of the diary whilst I am waiting for the coach, which is, of course, late; and the crucifix is still round my neck. Whether it is the old lady's fear, or the many ghostly traditions of this place, or the crucifix itself, I do not know, but I am not feeling nearly as easy in my mind as usual. If this book should ever reach Mina before I do, let it bring my good-bye. Here comes the coach!

5 May. The Castle.--The gray of the morning has passed, and the sun is high over the distant horizon, which seems jagged,[3] whether with trees or hills I know not, for it is so far off that big things and little are mixed. I am not sleepy, and, as I am not to be called till I awake, naturally I write till sleep comes. There are many odd things to put down,[4] and, lest who[5] reads them may fancy that I dined too well before I left Bistritz, let me put down my dinner exactly. I dined on what they called "robber steak"--bits of bacon, onion, and beef, seasoned[6] with red pepper, and strung on sticks, and roasted over the fire, in simple style of the London cat's meat![7] The wine was Golden Mediasch, which produces a queer sting[8] on the tongue, which is, however, not disagreeable. I had only a couple of glasses of this, and nothing else.

When I got on the coach, the driver had not taken his seat, and I saw him talking to the landlady. They were evidently talking of me, for every now and then they looked at me, and some of the people who were sitting on the bench outside the door--came and listened, and then looked at me, most of them pityingly. I could hear a lot of words often repeated, queer words, for there were many nationalities[9] in the crowd, so I quietly got my polyglot dictionary[10] from my bag and looked them out.

I must say they were not cheering[11] to me, for amongst them were "Ordog"--Satan, "Pokol"--hell, "stregoica"--witch, "vrolok" and "vlkoslak"-- both mean the same thing, one being Slovak and the other

1) meaning so well: 좋은 의도를 갖고 있는.
2) rosary: 묵주.
3) jagged: 고르지 않은.
4) put down: 기록하다.
5) who: 'those who'의 의미.
6) seasoned: 양념된.
7) London cat's meat: 고양이 먹이로 팔리던 말고기를 지칭.
8) sting: 얼얼한 맛.
9) nationalities: '민족'; 이 지역은 여러 민족이 모여 사는 곳이었다.
10) polyglot dictionary: 수개 국어의 의미를 설명해 놓은 사전.
11) cheering: 기분 좋은.

Servian[1] for something that is either were-wolf[2] or vampire. (Mem., I must ask the Count about these superstitions.) When we started, the crowd round the inn door, which had by this time swelled to a considerable size, all made the sign of the cross and pointed two fingers towards me. With some difficulty, I got a fellow passenger to tell me what they meant. He would not answer at first, but on learning that I was English, he explained that it was a charm[3] or guard against the evil eye.

This was not very pleasant for me, just starting for an unknown place to meet an unknown man. But everyone seemed so kind-hearted, and so sorrowful, and so sympathetic that I could not but be touched.[4]

I shall never forget the last glimpse which I had of the inn yard and its crowd of picturesque figures, all crossing themselves, as they stood round the wide archway,[5] with its background of rich foliage of oleander[6] and orange trees in green tubs clustered in the centre of the yard.

Then our driver, whose wide linen drawers[7] covered the whole front of the box-seat,[8]--"gotza" they call them--cracked[9] his big whip over his four small horses, which ran abreast,[10] and we set off on our journey.

I soon lost sight and recollection of ghostly fears in the beauty of the scene as we drove along, although had I known the language, or rather languages, which my fellow-passengers were speaking, I might not have been able to throw them off[11] so easily. Before us lay a green sloping land full of forests and woods, with here and there steep hills, crowned with[12] clumps of trees or with farmhouses, the blank gable end[13] to the road. There was everywhere a bewildering[14] mass of fruit blossom--apple, plum,[15] pear, cherry. And as we drove by I could see the green grass under the trees spangled[16] with the fallen petals. In and out amongst these green hills of what they call here the "Mittel Land"

1) Servian: 세르비아어(Serbian).
2) were-wolf: (전설상의) 늑대 인간.
3) charm: 부적.
4) touched: 감명 받은.
5) archway: 아치 밑의 통로.
6) oleander: (식물) 서양 협죽도.
7) drawers: 팬츠.
8) box-seat: 마부석.
9) cracked: 채찍질 하다.
10) abreast: 나란히.
11) throw them off: them은 '두려움'(fears); 즉, 두려움을 벗어던지다.
12) crowned with: 꼭대기에 … 이 있는.
13) gable end: 박공벽.
14) bewildering: 혼란스럽게 엉켜있는.
15) plum: 서양 자두.
16) spangled: … 으로 점점이 널려있다.

ran the road, losing itself as it swept round the grassy curve, or was shut out by the straggling[1] ends of pine woods, which here and there ran down the hillsides like tongues of flame.[2] The road was rugged, but still we seemed to fly over it with a feverish haste.[3] I could not understand then what the haste meant, but the driver was evidently bent on losing no time in reaching Borgo Prund. I was told that this road is in summertime excellent, but that it had not yet been put in order[4] after the winter snows. In this respect it is different from the general run of roads[5] in the Carpathians, for it is an old tradition that they are not to be kept in too good order. Of old[6] the Hospadars[7] would not repair them, lest the Turk should think that they were preparing to bring in foreign troops, and so hasten the war which was always really at loading point.[8]

Beyond the green swelling[9] hills of the Mittel Land rose mighty slopes of forest up to the lofty steeps of the Carpathians themselves. Right and left of us they towered,[10] with the afternoon sun falling full upon them and bringing out all the glorious colours of this beautiful range,[11] deep blue and purple in the shadows of the peaks, green and brown where grass and rock mingled, and an endless perspective of jagged rock and pointed crags, till these were themselves lost in the distance, where the snowy peaks rose grandly. Here and there seemed mighty rifts[12] in the mountains, through which, as the sun began to sink, we saw now and again the white gleam of falling water. One of my companions touched my arm as we swept[13] round the base of a hill and opened up[14] the lofty, snow-covered peak of a mountain, which seemed, as we wound on our serpentine way, to be right before us.

“Look! Isten szek!”--”God's seat!”--and he crossed himself reverently.

As we wound on our endless way, and the sun sank lower and lower behind us, the shadows of the evening began to creep round us. This was emphasized by the fact that the snowy mountain-top still held the

1) straggling: 우거져 퍼진.
2) tongues of flame: 널름거리는 불길.
3) with a feverish haste: 요란하게 서두르면서.
4) put in order: 정리하다.
5) run of roads: 길게 뻗어난 길.
6) Of old: 옛날부터.
7) Hospadars: 1866년까지 왈라키아와 몰다비아를 통치하였던 인물.
8) at loading point: 일촉즉발의 상태에 있는.
9) swelling: 불쑥 솟은.
10) towered: 우뚝 솟아 있다.
11) range: 산맥.
12) rifts: 단층(斷層).
13) swept: 휙 지나가다.
14) opened up: … 이 잘 보이는 곳으로 나오다.

sunset, and seemed to glow out with a delicate cool pink. Here and there we passed Cszeks[1] and slovaks, all in picturesque attire, but I noticed that goitre[2] was painfully prevalent.[3] By the roadside were many crosses, and as we swept by, my companions all crossed themselves. Here and there was a peasant man or woman kneeling before a shrine, who did not even turn round as we approached, but seemed in the self-surrender of devotion[4] to have neither eyes nor ears for the outer world. There were many things new to me. For instance, hay-ricks in the trees,[5] and here and there very beautiful masses of weeping[6] birch, their white stems shining like silver through the delicate green of the leaves.

Now and again we passed a leiterwagon[7]--the ordinary peasants's cart--with its long, snakelike vertebra, calculated to suit the inequalities of the road.[8] On this were sure to be eated quite a group of homecoming peasants, the Cszeks with their white, and the Slovaks with their coloured sheepskins, the latter carrying lance-fashion[9] their long staves,[10] with axe at end. As the evening fell it began to get very cold, and the growing twilight seemed to merge into one dark mistiness the gloom of the trees, oak, beech, and pine, though in the valleys which ran deep between the spurs of the hills,[11] as we ascended through the Pass, the dark firs stood out here and there against the background of latelying snow. Sometimes, as the road was cut through[12] the pine woods that seemed in the darkness to be closing down upon us,[13] great masses of greyness which here and there bestrewed[14] the trees, produced a peculiarly weird and solemn effect, which carried on the thoughts and grim fancies engendered earlier in the evening, when the falling sunset threw into strange relief[15] the ghost-like clouds which amongst the Carpathians

1) Cszeks: 체코인(Czech).

2) goitre: (목이 붓는 증세를 수반하는) '갑상선종'(goiter); 이곳 주민의 상당수가 목이 부었다는 사실은 이들의 상당수가 목의 피를 빨렸다는 사실을 암시한다.

3) prevalent: 널리 퍼져있는.

4) self-surrender of devotion: self-surrender는 '몰두', '망아'(忘我); 즉, 기도(devotion)에 몰두하여 주변 상황을 인식하지 못하는 상태를 지칭한다.

5) hay-ricks in the trees: 이 지역사람들은 건초가리를 나무 말뚝위에 쌓아올리는 관습이 있다.

6) weeping: 가지가 늘어진.

7) leiterwagon: 짐마차의 일종.

8) inequalities of the road: 우툴두툴한 길.

9) lance-fashion: '창(lance)처럼'; 즉, 창을 들듯이 들었다는 의미.

10) staves: '장대', '막대기'.

11) spurs of the hills: 언덕의 돌출부.

12) road was cut through: … 로 길이 나있다.

13) closing down upon us: '덮치다', '몰려오다'.

14) bestrewed: 뒤덮다.

15) threw into strange relief: relief는 '윤곽을 선명하게 하는 것'을 의미; 즉, 이상스럽게 (구름의) 윤

seem to wind[1] ceaselessly through the valleys. Sometimes the hills were so steep that, despite our driver's haste, the horses could only go slowly. I wished to get down and walk up[2] them, as we do at home, but the driver would not hear of it.[3] "No, no," he said. "You must not walk here. The dogs are too fierce." And then he added, with what he evidently meant for grim pleasantry[4]--for he looked round to catch the approving smile of the rest[5]--"And you may have enough of such matters before you go to sleep." The only stop he would make was a moment's pause to light his lamps.

When it grew dark there seemed to be some excitement amongst the passengers, and they kept speaking to him, one after the other, as though urging him to further speed. He lashed the horses unmercifully with his long whip, and with wild cries of encouragement urged them on to further exertions.[6] Then through the darkness I could see a sort of patch of grey light ahead of us, as though there were a cleft in the hills. The excitement of the passengers grew greater. The crazy coach rocked on its great leather springs, and swayed[7] like a boat tossed on a stormy sea. I had to hold on.[8] The road grew more level, and we appeared to fly along. Then the mountains seemed to come nearer to us on each side and to frown down upon us.[9] We were entering on the Borgo Pass. One by one several of the passengers offered me gifts, which they pressed upon me[10] with an earnestness which would take no denial.[11] These were certainly of an odd and varied kind, but each was given in simple good faith, with a kindly word, and a blessing, and that same strange mixture of fear-meaning[12] movements which I had seen outside the hotel at Bistritz-- the sign of the cross and the guard against the evil eye. Then, as we flew along, the driver leaned forward, and on each

---

곽을 선명하게 만들었다는 의미.

1) wind: (사이를) 누비듯이 나아가다.

2) walk up: (말을 끌고) 올라가다.

3) driver would not hear of it: 마부가 나의 제안을 들으려(따르려) 하지 않았다는 의미.

4) pleasantry: 농담.

5) catch the approving smile of the rest: 다른 승객들이 자신의 말에 동조하는 의미로 짓는 미소를 보기 위해서란 의미; 하커를 제외한 나머지 토착민들은 마부의 행동이 무엇을 의미하는지 알고 이에 동조하고 있다.

6) further exertions: 더욱 분발하도록(더욱 빨리 달리도록) 하였다는 의미.

7) swayed: 흔들거리다.

8) hold on: 붙잡다.

9) frown down upon us: '우리를 탐탁지 않게 내려보다'; 하커는 산이 여행객들의 진입을 달갑지 않게 여기는 것 같다는 인상을 받는다.

10) pressed upon me: 나에게 강권하였다.

11) take no denial: 거부를 수용하지 않다.

12) fear-meaning: 두려움을 나타내는.

side the passengers, craning[1] over the edge of the coach, peered eagerly into the darkness. It was evident that something very exciting was either happening or expected, but though I asked each passenger, no one would give me the slightest explanation. This state of excitement kept on for some little time. And at last we saw before us the Pass opening out[2] on the eastern side. There were dark, rolling clouds overhead, and in the air the heavy, oppressive sense of thunder. It seemed as though the mountain range had separated two atmospheres, and that now we had got into the thunderous one. I was now myself looking out for the conveyance[3] which was to take me to the Count. Each moment I expected to see the glare of lamps through the blackness, but all was dark. The only light was the flickering rays of our own lamps, in which the steam from our hard-driven[4] horses rose in a white cloud. We could see now the sandy road lying white before us, but there was on it no sign of a vehicle. The passengers drew back[5] with a sigh of gladness, which seemed to mock my own disappointment. I was already thinking what I had best do, when the driver, looking at his watch, said to the others something which I could hardly hear, it was spoken so quietly and in so low a tone, I thought it was "An hour less than the time." Then turning to me, he spoke in German worse than my own.

"There is no carriage here. The Herr is not expected after all. He will now come on to Bukovina, and return tomorrow or the next day, better the next day." Whilst he was speaking the horses began to neigh and snort and plunge[6] wildly, so that the driver had to hold them up.[7] Then, amongst a chorus of screams from the peasants and a universal crossing[8] of themselves, a cal che,[9] with four horses, drove up behind us, overtook us, and drew up[10] beside the coach. I could see from the flash of our lamps as the rays fell on them, that the horses were coal-black and splendid animals. They were driven by a tall man, with a long brown beard and a great black hat, which seemed to hide his face from us. I could only see the gleam of a pair of very bright eyes, which seemed red in the lamplight, as he turned to us.

---

1) craning: 목을 쑥 빼다.
2) opening out: '전개되다', '확 펼쳐지다'.
3) conveyance: 교통수단.
4) hard-driven: 세차게 몰리는.
5) drew back: (몸을) 뒤로 빼다.
6) plunge: 말이 뒷발을 들고 뛰어오르다.
7) hold them up: 말을 제지하다(hold up).
8) universal crossing: 모든 사람이 함께 성호를 그었다는 의미.
9) cal che: 접는 후드가 달린 작은 마차.
10) drew up: (마차가) 멈추어 섰다.

He said to the driver, “You are early tonight, my friend.”

The man stammered in reply, “The English Herr was in a hurry.”

To which the stranger replied, “That is why, I suppose, you wished him to go on to Bukovina.[1] You cannot deceive me, my friend. I know too much, and my horses are swift.”

As he spoke he smiled, and the lamplight fell on a hard-looking[2] mouth, with very red lips and sharp-looking teeth, as white as ivory. One of my companions whispered to another the line from B rger's “Lenore”.[3]

“Denn die Todten reiten Schnell.”
("For the dead travel fast.”)

The strange driver evidently heard the words, for he looked up with a gleaming smile. The passenger turned his face away, at the same time putting out his two fingers and crossing himself. “Give me the Herr's luggage,” said the driver, and with exceeding alacrity my bags were handed out and put in the cal che. Then I descended from the side of the coach, as the cal che was close alongside, the driver helping me with a hand which caught my arm in a grip of steel.[4] His strength must have been prodigious. Without a word he shook his reins, the horses turned, and we swept into[5] the darkness of the pass. As I looked back I saw the steam from the horses of the coach[6] by the light of the lamps, and projected against it the figures of my late companions crossing themselves. Then the driver cracked his whip and called to his horses, and off they swept on their way to Bukovina.

As they sank into the darkness I felt a strange chill, and a lonely feeling come over me. But a cloak was thrown over my shoulders, and a rug across my knees, and the driver said in excellent German--

“The night is chill, mein Herr,[7] and my master the Count bade me

---

1) you wished him to go on to Bukovina: 마부는 예정 시간보다 빨리 하커가 원하던 장소에 데려다 주었다가 그를 설득하여 드라큘라 백작을 만나지 못하게 할 작정이었으나, 드라큘라 백작은 이를 알아차리고 마차의 뒤를 쫓아왔던 것이다.

2) hard-looking: 냉혹한 모습을 띈.

3) B rger's ‘Lenore’: 독일의 시인 Gottfried B rger(1747-94)가 지은 발라드인 'Lenore' (1773); 이 발라드의 여주인공 Lenore는 자신의 죽은 애인과 함께 달아나 그의 무덤가에서 결혼한다. 토착민이 인용한 이 시의 구절은 원작과는 약간 다르다.

4) caught my arm in a grip of steel: 무쇠처럼 나의 팔을 꽉 잡았다는 의미.

5) swept into: 쏜살 같이 … 로 나아갔다.

6) coach: 역마차.

7) mein Herr: (독일어) mein은 ‘나의’(my) Herr은 ‘선생’(Mr)의 의미.

take all care of[1] you. There is a flask[2] of slivovitz (the plum brandy of the country) underneath the seat, if you should require it." I did not take any, but it was a comfort to know it was there all the same.[3] I felt a little strangely, and not a little frightened. I think had there been any alternative I should have taken it, instead of prosecuting[4] that unknown night journey. The carriage went at a hard pace[5] straight along, then we made a complete turn and went along another straight road. It seemed to me that we were simply going over and over the same ground again, and so I took note of some salient point,[6] and found that this was so. I would have liked to have asked the driver what this all meant, but I really feared to do so, for I thought that, placed as I was,[7] any protest would have had no effect in case there had been an intention to delay. By-and-by, however, as I was curious to know how time was passing, I struck a match, and by its flame looked at my watch. It was within a few minutes of midnight. This gave me a sort of shock, for I suppose the general superstition about midnight was increased by my recent experiences. I waited with a sick feeling of suspense.

Then a dog began to howl somewhere in a farmhouse far down the road, a long, agonized wailing,[8] as if from fear. The sound was taken up[9] by another dog, and then another and another, till, borne on the wind which now sighed[10] softly through the Pass, a wild howling began, which seemed to come from all over the country, as far as the imagination could grasp it through the gloom of the night.

At the first howl the horses began to strain and rear,[11] but the driver spoke to them soothingly, and they quieted down, but shivered and sweated as though after a runaway[12] from sudden fright. Then, far off in the distance, from the mountains on each side of us began a louder and a sharper howling, that of wolves, which affected[13] both the horses and myself in the same way. For I was minded[14] to jump from the caleche

1) take all care of: …를 잘 돌보다.
2) flask: (술 따위를 담는) 휴대 용기.
3) all the same: '그럼에도 불구하도', '어쨌든'.
4) prosecuting: '속행하다', '계속 해 나아가다'.
5) at a hard pace: 빠른 속도로.
6) salient point: 눈에 잘 뜨이는 장소.
7) placed as I was: 내가 처한 상황을 고려해 보면.
8) wailing: 소리내어 울다.
9) sound was taken up: 뒤따라 다른 개도 짖었다는 의미.
10) sighed: (바람이) 살랑거리다.
11) strain and rear: 주춤하고(strain), 뒷다리로 서다(rear).
12) runaway: '도망', '달아남'.
13) affected: 영향을 미치다.
14) minded: '… 할 마음이 있는', '… 하고 싶어하는'.

and run, whilst they reared again and plunged madly, so that the driver had to use all his great strength to keep them from bolting.[1] In a few minutes, however, my own ears got accustomed to the sound, and the horses so far became quiet that the driver was able to descend and to stand before them.

He petted[2] and soothed them, and whispered something in their ears, as I have heard of horse-tamers doing, and with extraordinary effect, for under his caresses they became quite manageable[3] again, though they still trembled. The driver again took his seat, and shaking his reins, started off at a great pace. This time, after going to the far side or the Pass, he suddenly turned down a narrow roadway[4] which ran sharply to the right.

Soon we were hemmed in with[5] trees, which in places arched right over the roadway till we passed as through a tunnel. And again great frowning[6] rocks guarded us boldly on either side. Though we were in shelter, we could hear the rising wind, for it moaned and whistled through the rocks, and the branches of the trees crashed together as we swept along. It grew colder and colder still, and fine,[7] powdery snow began to fall, so that soon we and all around us were covered with a white blanket.[8] The keen wind still carried the howling of the dogs, though this grew fainter as we went on our way. The baying[9] of the wolves sounded nearer and nearer, as though they were closing round on us from every side. I grew dreadfully afraid, and the horses shared my fear. The driver, however, was not in the least disturbed. He kept turning his head to left and right, but I could not see anything through the darkness.

Suddenly, away on our left I saw a fain flickering blue flame. The driver saw it at the same moment. He at once checked[10] the horses, and, jumping to the ground, disappeared into the darkness. I did not know what to do, the less as the howling of the wolves grew closer. But while I wondered, the driver suddenly appeared again, and without a word took his seat, and we resumed[11] our journey. I think I must have fallen

1) bolting: '뛰다', '달아나다'.
2) petted: 쓰다듬어 주었다.
3) manageable: 다룰만한.
4) roadway: 도로.
5) hemmed in with: … 으로 에워싸이다.
6) frowning: '험한', '위압적인'.
7) fine: 가느다란.
8) white blanket: 담요처럼 대지를 덮는 눈을 지칭.
9) baying: 짖는 소리.
10) checked: 멈추게 하다.
11) resumed: 다시 시작하였다.

asleep and kept dreaming of the incident, for it seemed to be repeated endlessly, and now looking back, it is like a sort of awful nightmare. Once the flame appeared so near the road, that even in the darkness around us I could watch the driver's motions. He went rapidly to where the blue flame arose, it must have been very faint, for it did not seem to illumine the place around it at all, and gathering a few stones, formed them into some device.

Once there appeared a strange optical[1] effect. When he stood between me and the flame he did not obstruct it, for I could see its ghostly flicker[2] all the same. This startled me, but as the effect was only momentary, I took it that[3] my eyes deceived me straining through the darkness. Then for a time there were no blue flames, and we sped onwards through the gloom, with the howling of the wolves around us, as though they were following in a moving circle.

At last there came a time when the driver went further afield[4] than he had yet gone, and during his absence, the horses began to tremble worse than ever and to snort and scream with fright. I could not see any cause for it, for the howling of the wolves had ceased altogether. But just then the moon, sailing through the black clouds, appeared behind the jagged crest of a beetling,[5] pine-clad rock, and by its light I saw around us a ring of wolves, with white teeth and lolling[6] red tongues, with long, sinewy limbs and shaggy hair. They were a hundred times more terrible in the grim silence which held them than even when they howled. For myself, I felt a sort of paralysis of fear. It is only when a man feels himself face to face with such horrors that he can understand their true import[7].

All at once the wolves began to howl as though the moonlight had had some peculiar effect on them. The horses jumped about and reared, and looked helplessly round with eyes that rolled[8] in a way painful to see. But the living ring of terror[9] encompassed them on every side, and they had perforce[10] to remain within it. I called to the coachman to come, for it seemed to me that our only chance was to try to break out

---

1) optical: 시각적인.
2) flicker: 깜박거림.
3) took it that: … 라고 생각하였다.
4) afield: 곁길로 벗어나.
5) beetling: 불쑥 나온.
6) lolling: 축 늘어진.
7) import: 의도.
8) rolled: (눈이) 희번덕거렸다.
9) the living ring of terror: 말과 하커를 둘러싼 늑대를 지칭.
10) perforce: 부득이.

through the ring and to aid his approach, I shouted and beat the side of the caleche, hoping by the noise to scare the wolves from the side, so as to give him a chance of reaching the trap. How he came there, I know not, but I heard his voice raised in a tone of imperious command, and looking towards the sound, saw him stand in the roadway. As he swept his long arms, as though brushing aside[1] some impalpable obstacle, the wolves fell back[2] and back further still. Just then a heavy cloud passed across the face of the moon, so that we were again in darkness.

When I could see again the driver was climbing into the caleche, and the wolves disappeared. This was all so strange and uncanny[3] that a dreadful fear came upon me, and I was afraid to speak or move. The time seemed interminable as we swept on our way, now in almost complete darkness, for the rolling clouds obscured the moon.

We kept on ascending, with occasional periods of quick descent,[4] but in the main always ascending. Suddenly, I became conscious of the fact that the driver was in the act of pulling up the horses[5] in the courtyard of a vast ruined castle, from whose tall black windows came no ray of light, and whose broken battlements[6] showed a jagged line against the sky.

1) brushing aside: 밀어 제치다.
2) fell back: 뒤로 물러섰다.
3) uncanny: 괴기한.
4) with occasional periods of quick descent: 때로는 급 내리막길을 가기도 하면서.
5) in the act of pulling up the horses: in the act of는 '… 하는 도중인', pull up은 '말을 멈추다'; 즉, 말을 멈추게 하는 도중이었다는 의미.
6) battlements: 총안(銃眼)이 있는 성가퀴.

CHAPTER 2

JONATHAN HARKER'S JOURNAL(*continued*)

5 May.--I must have been asleep, for certainly if I had been fully awake I must have noticed the approach of such a remarkable place. In the gloom the courtyard looked of considerable size,[1] and as several dark ways led from it under great round arches, it perhaps seemed bigger than it really is. I have not yet been able to see it by daylight.

When the caleche stopped, the driver jumped down and held out his hand to assist me to alight. Again I could not but notice his prodigious strength. His hand actually seemed like a steel vice[2] that could have crushed mine if he had chosen. Then he took my traps,[3] and placed them on the ground beside me as I stood close to a great door, old and studded with large iron nails, and set in a projecting doorway of massive[4] stone. I could see even in th e dim light that the stone was massively carved, but that the carving had been much worn[5] by time and weather. As I stood, the driver jumped again into his seat and shook the reins. The horses started forward, and trap and all disappeared down one of the dark openings.

I stood in silence where I was, for I did not know what to do. Of bell or knocker there was no sign. Through these frowning walls and dark window openings it was not likely that my voice could penetrate. The time I waited seemed endless, and I felt doubts and fears crowding upon me.[6] What sort of place had I come to, and among what kind of people? What sort of grim adventure was it on which I had embarked?[7] Was this a customary incident in the life of a solicitor's clerk sent out to explain the purchase of a London estate to a foreigner? Solicitor's clerk! Mina would not like that. Solicitor, for just before leaving London I got word[8] that my examination was successful, and I am now a full-blown[9] solicitor! I began to rub my eyes and pinch myself to see if I were awake. It all seemed like a horrible nightmare to me, and I expected

1) of considerable size: 상당한 크기의.
2) vice: 바이스(vise).
3) traps: 짐.
4) massive: 거대한.
5) worn: 닳아버린.
6) crowding upon me: 나를 엄습하다.
7) embarked: 발을 들여놓다.
8) got word: 언질을 듣다.
9) full-blown: '완전한', '완전히 성숙한'.

that I should suddenly awake, and find myself at home, with the dawn struggling in through the windows,[1] as I had now and again felt in the morning after a day of overwork.[2] But my flesh answered the pinching test,[3] and my eyes were not to be deceived. I was indeed awake and among the Carpathians. All I could do now was to be patient, and to wait the coming of morning.

Just as I had come to this conclusion I heard a heavy step approaching behind the great door, and saw through the chinks[4] the gleam of a coming light. Then there was the sound of rattling chains and the clanking[5] of massive bolts drawn back. A key was turned with the loud grating noise of long disuse,[6] and the great door swung back.[7]

Within, stood a tall old man, clean shaven save[8] for a long white moustache, and clad in black from head to foot, without a single speck of colour about him anywhere. He held in his hand an antique silver lamp, in which the flame burned without a chimney or globe of any kind,[9] throwing long quivering shadows as it flickered in the draught[10] of the open door. The old man motioned me in with his right hand with a courtly gesture, saying in excellent English, but with a strange intonation.

"Welcome to my house! Enter freely and of your own free will!"[11] He made no motion of stepping to meet me,[12] but stood like a statue, as though his gesture of welcome had fixed him into stone. The instant, however, that I had stepped over the threshold, he moved impulsively forward, and holding out his hand grasped mine with a strength which made me wince,[13] an effect which was not lessened by the fact that it seemed cold as ice, more like the hand of a dead than a living man. Again he said.

"Welcome to my house! Enter freely. Go safely, and leave something

1) with the dawn struggling in through the windows: 새벽에 햇빛이 창문안을 비집고 들어온다는 의미.

2) overwork: 과도한 일.

3) my flesh answered the pinching test: 꼬집어보니 꿈을 꾸는 것이 아니라 현실이라는 사실을 알게 되었다는 의미.

4) chinks: 문틈.

5) clanking: (쇠의) 덜거덕거리는 소리.

6) loud grating noise of long disuse: 오랫동안 사용하지 않아서 나는 큰 삐걱거리는 소리.

7) swung back: 활짝 뒤로 제쳐 열렸다.

8) save: 'except'의 의미.

9) chimney or globe of any kind: chimney는 '램프의 등피', globe는 '램프의 둥근 갓'을 각각 의미한다.

10) draught: 바람.

11) of your own will: '당신 스스로', '자발적으로'.

12) He made no motion of stepping to meet me: 드라큘라가 하커를 맞이하기 위해 앞으로 나오지 않는 것은 드라큘라는 초대받지 않는 곳에는 갈 수 없기 때문이다.

13) wince: 움찔거리다.

of the happiness you bring!" The strength of the handshake was so much akin[1] to that which I had noticed in the driver, whose face I had not seen, that for a moment I doubted if it were not the same person to whom I was speaking. So to make sure,[2] I said interrogatively,

"Count Dracula?" He bowed in a courtly was as he replied,

"I am Dracula, and I bid you welcome, Mr. Harker, to my house. Come in, the night air is chill, and you must need to eat and rest." As he was speaking, he put the lamp on a bracket[3] on the wall, and stepping out, took my luggage. He had carried it in before I could forestall him. I protested, but he insisted. "Nay, sir, you are my guest. It is late, and my people[4] are not available. Let me see to your comfort[5] myself." He insisted on carrying my traps along the passage, and then up a great winding stair, and along another great passage, on whose stone floor our steps rang heavily. At the end of this he threw open a heavy door, and I rejoiced to see within a well-lit room in which a table was spread for supper, and on whose mighty hearth a great fire of logs, freshly replenished, flamed and flared.[6]

The Count halted, putting down my bags, closed the door, and crossing the room, opened another door, which led into a small octagonal[7] room lit by a single lamp, and seemingly without a window of any sort. Passing through this, he opened another door, and motioned me to enter. It was a welcome sight.[8] For here was a great bedroom well lighted and warmed with another log fire, also added to but lately, for the top logs were fresh, which sent a hollow roar up the wide chimney. The Count himself left my luggage inside and withdrew, saying, before he closed the door:

"You will need, after your journey, to refresh yourself by making your toilet.[9] I trust you will find all you wish. When you are ready, come into the other room, where you will find your supper prepared."

The light and warmth and the Count's courteous welcome seemed to have dissipated[10] all my doubts and fears. Having then reached my normal state, I discovered that I was half famished with hunger. So

---

1) akin: 유사한.

2) to make sure: 확인하기 위해서.

3) bracket: 선반.

4) my people: 드라큘라의 하인을 지칭.

5) see to your comfort: see to는 '조처하다', '배려하다'의 의미; 즉, 당신이 편안히 지내도록 여러 가지 조처를 하겠다는 의미.

6) flared: (불이) 너울거리며 탔다.

7) octagonal: 8각형의.

8) welcome sight: 기분 좋은 광경.

9) making your toilet: (세면이나 옷을 갈아입는 등) 몸단장을 하다.

10) dissipated: 일소하다.

making a hasty toilet, I went into the other room.

I found supper already laid out.[1] My host, who stood on one side of the great fireplace, leaning against the stonework, made a graceful wave of his hand to the table, and said:

"I pray you, be seated and sup how you please. You will I trust, excuse me that I do not join you, but I have dined already, and I do not sup."

I handed to him the sealed letter which Mr. Hawkins had entrusted[2] to me. He opened it and read it gravely. Then, with a charming smile, he handed it to me to read. One passage of it, at least, gave me a thrill of pleasure.

"I must regret that an attack of gout,[3] from which malady I am a constant sufferer, forbids absolutely any travelling on my part for some time to come. But I am happy to say I can send a sufficient substitute,[4] one in whom I have every possible confidence. He is a young man, full of energy and talent in his own way, and of a very faithful disposition. He is discreet and silent, and has grown into manhood in my service. He shall be ready to attend on[5] you when you will during his stay, and shall take your instructions in all matters."[6]

The count himself came forward and took off the cover of a dish, and I fell to at once on an excellent roast chicken.[7] This, with some cheese and a salad and a bottle of old tokay,[8] of which I had two glasses, was my supper. During the time I was eating it the Count asked me many question as to my journey, and I told him by degrees all I had experienced.

By this time I had finished my supper, and by my host's desire had drawn up a chair by the fire and begun to smoke a cigar which he offered me, at the same time excusing himself that he did not smoke. I had now an opportunity of observing him, and found him of a very marked physiognomy.[9]

His face was a strong, a very strong, aquiline,[10] with high bridge[11] of the thin nose and peculiarly arched nostrils, with lofty domed forehead,[12]

1) laid out: (식사가) 준비되었다.

2) entrusted: 맡기다.

3) attack of gout: attack은 '발병', gout는 '통풍'; 즉, '통풍의 발병'.

4) substitute: 대리인.

5) attend on: 시중들다.

6) take your instructions in all matters: 모든 문제에 있어서 당신의 지침을 받을 것이다.

7) fell to at once on an excellent roast chicken: fall to는 '먹기 시작하다'; 즉, 구운 닭요리를 즉시 먹기 시작하였다는 뜻.

8) tokay: 헝가리 와인.

9) physiognomy: '관상', '인상'.

10) aquiline: 갈고리 모양의.

11) bridge: 콧마루.

12) domed forehead: 됫박이마.

and hair growing scantily round the temples but profusely elsewhere. His eyebrows were very massive, almost meeting over the nose, and with bushy hair[1] that seemed to curl in its own profusion. The mouth, so far as I could see it under the heavy moustache, was fixed and rather cruel-looking, with peculiarly sharp white teeth. These protruded over the lips, whose remarkable ruddiness[2] showed astonishing vitality in a man of his years. For the rest, his ears were pale, and at the tops extremely pointed.[3] The chin was broad and strong, and the cheeks firm though thin. The general effect was one of extraordinary pallor.

Hitherto I had noticed the backs of his hands as they lay on his knees in the firelight, and they had seemed rather white and fine. But seeing them now close to me, I could not but notice that they were rather coarse, broad, with squat[4] fingers. Strange to say, there were hairs in the centre of the palm. The nails were long and fine, and cut to a sharp point. As the Count leaned over me and his hands touched me, I could not repress[5] a shudder. It may have been that his breath was rank,[6] but a horrible feeling of nausea[7] came over me, which, do what I would,[8] I could not conceal.

The Count, evidently noticing it, drew back. And with a grim sort of smile, which showed more than he had yet done his protruberant[9] teeth, sat himself down again on his own side of the fireplace. We were both silent for a while, and as I looked towards the window I saw the first dim streak[10] of the coming dawn. There seemed a strange stillness over everything. But as I listened, I heard as if from down below in the valley the howling of many wolves. The Count's eyes gleamed,[11] and he said:

"Listen to them, the children of the night. What music they make!" Seeing, I suppose, some expression in my face strange to him, he added, "Ah, sir, you dwellers in the city cannot enter into[12] the feelings of the hunter." Then he rose and said:

"But you must be tired. Your bedroom is all ready, and tomorrow you shall sleep as late as you will. I have to be away till the afternoon, so

---

1) bushy hair: 덥수룩한 털.
2) ruddiness: 붉은 색.
3) pointed: 뾰족한.
4) squat: 땅딸막한.
5) repress: 억제하다.
6) rank: 고약한 냄새가 나는.
7) nausea: 구역질.
8) do what I would: 내가 무엇을 한다하여도.
9) protuberant: 돌출한.
10) streak: 한줄기의 빛.
11) gleamed: 번쩍이었다.
12) enter into: '공감하다', '이해하다'.

sleep well and dream well!" With a courteous bow, he opened for me himself the door to the octagonal room, and I entered my bedroom. . .

I am all in a sea of wonders.[1] I doubt. I fear. I think strange things, which I dare not confess to my own soul. God keep me,[2] if only for the sake of those dear to me!

7 May.--It is again early morning, but I have rested and enjoyed the last twenty-four hours. I slept till late in the day, and awoke of my own accord. When I had dressed myself I went into the room where we had supped, and found a cold breakfast laid out, with coffee kept hot by the pot being placed on the hearth. There was a card on the table, on which was written:--

"I have to be absent for a while. Do not wait for me. D." I set to and enjoyed a hearty meal.[3] When I had done, I looked for a bell, so that I might let the servants know I had finished, but I could not find one. There are certainly odd deficiencies in the house, considering the extraordinary evidences of wealth which are round me.[4] The table service[5] is of gold, and so beautifully wrought[6] that it must be of immense value. The curtains and upholstery[7] of the chairs and sofas and the hangings of my bed are of the costliest and most beautiful fabrics, and must have been of fabulous value[8] when they were made, for they are centuries old, though in excellent order.[9] I saw something like them in Hampton Court,[10] but they were worn and frayed and moth-eaten.[11] But still in none of the rooms is there a mirror. There is not even a toilet glass[12] on my table, and I had to get the little shaving glass from my bag before I could either shave or brush my hair. I have not yet seen a servant anywhere, or heard a sound near the castle except the howling of wolves. Some time after I had finished my meal, I do not

1) all in a sea of wonders: a sea of는 '무수히 많은'; 즉, '몹시 놀란'.

2) God keep me: 신이여 나를 지켜주소서!

3) set to and enjoyed a hearty meal: set to는 '먹기 시작하다', hearty meal은 '많은 식사'; 즉, 많은 식사를 배불리 먹었다는 의미.

4) odd deficiencies in the house, considering the extraordinary evidences of wealth which are round me: 이 집 안에서 보이는 부유한 물품들을 고려해 볼 때, 반듯이 있어야 할 것 중 이상하게 모자라는 것(odd deficiencies).

5) table service: service는 '한 벌의 식기'; 즉, 식탁에 놓인 한 벌의 식기.

6) wrought: 장식된.

7) upholstery: 가구와 실내 장식품.

8) fabulous value: 엄청난 가격.

9) excellent order: 훌륭한 상태.

10) Hampton Court: Hampton Court Palace는 실내 장식용 비단(tapestry)으로 유명하였다.

11) frayed and moth-eaten: 해지고 좀먹은.

12) toilet glass: 화장용 거울.

know whether to call it breakfast or dinner, for it was between five and six o'clock when I had it, I looked about for something to read, for I did not like to go about the castle until I had asked the Count's permission. There was absolutely nothing in the room, book, newspaper, or even writing materials, so I opened another door in the room and found a sort of library. The door opposite mine I tried, but found locked.

In the library I found, to my great delight, a vast number of English books, whole shelves full of them, and bound volumes of magazines and newspapers. A table in the center was littered[1] with English magazines and newspapers, though none of them were of very recent date. The books were of the most varied kind, history, geography, politics, political economy, botany, geology, law, all relating to[2] England and English life and customs and manners. There were even such books of reference as the London Directory, the "Red" and "Blue" books,[3] Whitaker's Almanac,[4] the Army and Navy Lists, and it somehow gladdened my heart to see it, the Law List.[5]

Whilst I was looking at the books, the door opened, and the Count entered. He saluted me in a hearty way,[6] and hoped that I had had a good night's rest. Then he went on.

"I am glad you found your way in here, for I am sure there is much that will interest you. These companions," and he laid his hand on some of the books, "have been good friends to me, and for some years past, ever since I had the idea of going to London, have given me many, many hours of pleasure. Through them I have come to know your great England, and to know her is to love her. I long to go through the crowded streets of your mighty London, to be in the midst of the whirl and rush of humanity,[7] to share its life, its change, its death, and all that makes it what it is. But alas! As yet I only know your tongue through books. To you, my friend, I look that I know it to speak."

"But, Count," I said, "You know and speak English thoroughly!" He bowed gravely.

"I thank you, my friend, for your all too-flattering estimate,[8] but yet I

---

1) littered: …이 널려 있는.

2) relating to: …과 관련있는.

3) Red and Blue book: red book은 (19세기) '영국의 신사록'(영국의 궁정에 관한 내용을 담은 책), blue book은 '영국의회나 정부의 보고서'를 각각 지칭한다.

4) Whitaker's Almanack: '휘타커의 연감'(almanac)은 영국의 제도에 관한 정보를 담고 있는 일종의 가이드북으로 일년에 한번씩 발행된다.

5) Law List: 법률에 관계되는 직업을 열거한 책자.

6) in a hearty way: 친절하게.

7) whirl and rush of humanity: 사람들이 정신없이 왔다갔다하고 쇄도하는 것을 지칭.

8) flattering estimate: 기분 좋은 평가(estimate).

fear that I am but a little way on the road I would travel.[1] True, I know the grammar and the words, but yet I know not how to speak them.

"Indeed," I said, "You speak excellently."

"Not so," he answered. "Well, I know that, did I move and speak in your London, none there are who would not know me for a stranger. That is not enough for me. Here I am noble. I am a Boyar.[2] The common people know me, and I am master. But a stranger in a strange land, he is no one.[3] Men know him not, and to know not is to care not for. I am content if I am like the rest, so that no man stops if he sees me, or pauses in his speaking if he hears my words, 'Ha, ha! A stranger!' I have been so long master that I would[4] be master still, or at least that none other should be master of me. You come to me not alone as agent of my friend Peter Hawkins, of Exeter, to tell me all about my new estate in London. You shall, I trust, rest here with me a while, so that by our talking I may learn the English intonation. And I would that you tell me when I make error, even of the smallest,[5] in my speaking. I am sorry that I had to be away so long today, but you will, I know forgive one who has so many important affairs in hand."[6] Of course I said all I could about being willing, and asked if I might come into that room when I chose. He answered, "Yes, certainly," and added.

"You may go anywhere you wish in the castle, except where the doors are locked, where of course you will not wish to go. There is reason that all things are as they are, and did you see with my eyes and know with my knowledge, you would perhaps better understand." I said I was sure of this, and then he went on.

"We are in Transylvania,[7] and Transylvania is not England. Our ways are not your ways,[8] and there shall be to you many strange things. Nay, from what you have told me of your experiences already, you know something of what strange things there may be."

This led to much conversation, and as it was evident that he wanted to talk, if only for talking's sake,[9] I asked him many questions regarding

---

1) I am but a little way on the road I would travel: '내가 가고자하는 목표에 이제 약간 진입하였다'; 즉, 이제 영어를 조금 할줄 알게 되었다는 의미.

2) boyar: (옛 루마니아의) 귀족 계급의 사람.

3) a stranger in a strange land, he is no one: 앞의 'a stranger in a strange land'는 「출애굽기」(Exodus)의 모세가 애굽에 사는 이스라엘 민족을 칭하던 말(2장 22절); 즉, 드라큘라 백작은 이방인의 땅에서 이방인으로 사는 사람은 '아무 가치도 없는 존재'(no one)라고 말하고 있다.

4) I would: 'I wish'의 의미.

5) even of the smallest: 약간의 실수일지라도.

6) in hand: '현재 다루고 있는', '당장 다루어야 할'.

7) Transylvania: 드라큘라 백작의 모델이 되고 있는 Vlad는 실제로는 왈라키아 출신이다.

8) ways: 생활 방식.

9) if only for talking's sake: 단지 말을 하기 위해서 일지라도.

things that had already happened to me or come within my notice.[1] Sometimes he sheered off[2] the subject, or turned the conversation by pretending not to understand, but generally he answered all I asked most frankly. Then as time went on, and I had got somewhat bolder, I asked him of some of the strange things of the preceding night, as for instance, why the coachman went to the places where he had seen the blue flames. He then explained to me that it was commonly believed that on a certain night of the year, last night, in fact, when all evil spirits are supposed to have unchecked sway, a blue flame is seen over any place where treasure has been concealed. "That treasure has been hidden," he went on, "in the region through which you came last night, there can be but little doubt. For it was the ground fought over for centuries by the Wallachian, the Saxon, and the Turk.[3] Why, there is hardly a foot of soil in all this region that has not been enriched by the blood of men, patriots or invaders. In the old days there were stirring times,[4] when the Austrian and the Hungarian came up in hordes,[5] and the patriots went out to meet them, men and women, the aged and the children too, and waited their coming on the rocks above the passes, that they might sweep destruction on them with their artificial avalanches.[6] When the invader was triumphant he found but little, for whatever there was had been sheltered in the friendly soil."

"But how," said I, "can it have remained so long undiscovered, when there is a sure index[7] to it if men will but take the trouble to look? "The Count smiled, and as his lips ran back over his gums, the long, sharp, canine teeth[8] showed out strangely. He answered.

"Because your peasant is at heart a coward and a fool! Those flames only appear on one night, and on that night no man of this land will, if he can help it, stir without his doors.[9] And, dear sir, even if he did he would not know what to do. Why, even the peasant that you tell me of who marked the place of the flame would not know where to look in daylight even for his own work.[10] Even you would not, I dare

1) come within my notice: 나의 주의를 끌게 되다.

2) sheered off: 피하였다.

3) it was the ground fought over for centuries by the Wallachian, the Saxon, and the Turk: 실제로 왈라키아 출신의 드라큘라는 독일 계통의 색슨족과 터키인들과 전쟁을 벌였다.

4) stirring times: 시끄러운 세상.

5) in hordes: 무리를 지어.

6) sweep destruction on them with their artificial avalanches: 인위적인 눈사태(artificial avalanches)를 만들어 적들을 일소에 패배시킨다는 의미.

7) sure index: 확실한 표시.

8) canine teeth: 송곳니.

9) without his doors: 그의 문 밖에서(without).

10) even for his work: 그가 아무리 노력한다 해도.

be sworn,[1] be able to find these places again?"

"There[2] you are right," I said. "I know no more than the dead where even to look for them." Then we drifted into other matters.[3]

"Come," he said at last, "tell me of London and of the house which you have procured[4] for me." With an apology for my remissness,[5] I went into my own room to get the papers[6] from my bag. Whilst I was placing them in order I heard a rattling of china and silver in the next room, and as I passed through, noticed that the table had been cleared and the lamp lit, for it was by this time deep into the dark. The lamps were also lit in the study or library, and I found the Count lying on the sofa, reading, of all things in the world, and English Bradshaw's Guide.[7] When I came in he cleared the books and papers from the table, and with him I went into plans and deeds and figures of all sorts.[8] He was interested in everything, and asked me a myriad questions about the place and its surroundings. He clearly had studied beforehand all he could get on the subject of the neighborhood, for he evidently at the end knew very much more than I did. When I remarked this, he answered.

"Well, but, my friend, is it not needful that I should? When I go there I shall be all alone, and my friend Harker Jonathan, nay, pardon me. I fall into my country's habit of[9] putting your patronymic[10] first, my friend Jonathan Harker will not be by my side to correct and aid me. He will be in Exeter, miles away, probably working at papers of the law[11] with my other friend, Peter Hawkins. So!"

We went thoroughly into the business of the purchase of the estate at Purfleet.[12] When I had told him the facts and got his signature to the necessary papers, and had written a letter with them ready to post to Mr. Hawkins, he began to ask me how I had come across so suitable a place. I read to him the notes which I had made at the time, and which I inscribe[13] here.

---

1) I dare be sworn: 감히 단언하건데.
2) There: 그 점에 있어서.
3) drifted into other matters: 화제를 바꾸어 다른 문제에 대해 이야기하게 되었다는 의미.
4) procured: 얻어주다.
5) remissness: '태만', '부주의'.
6) papers: 서류.
7) Bradshaw's Guide: 영국에서 해마다 발행되는 기차 운행 시간 안내서 이름.
8) I went into plans and deeds and figures of all sorts: go into는 '자세히 논하다', deeds는 '법률 증서'; 즉, 모든 수치와 앞으로의 계획 그리고 법률 증서에 대해 자세히 논하였다는 의미.
9) fall into my country's habit of: 자신의 나라 사람들이 습관적으로 하는 일에 빠져들었다는 의미.
10) patronymic: 성(surname).
11) working at papers of the law: 법률 문서 작성에 몰두하다.
12) Purfleet: 템즈강의 북쪽 강변에 위치한 런던의 외곽지역.
13) inscribe: 적다.

"At Purfleet, on a by-road,[1] I came across just such a place as seemed to be required, and where was displayed a dilapidated[2] notice that the place was for sale. It was surrounded by a high wall, of ancient structure, built of heavy stones, and has not been repaired for a large number of years. The closed gates are of heavy old oak and iron, all eaten with rust.[3]

"The estate is called Carfax, no doubt a corruption of the old *Quatre Face*,[4] as the house is four sided, agreeing with the cardinal points of the compass.[5] It contains in all some twenty acres, quite surrounded by the solid stone wall above mentioned. There are many trees on it, which make it in places gloomy, and there is a deep, dark-looking pond or small lake, evidently fed by some springs,[6] as the water is clear and flows away in a fair-sized[7] stream. The house is very large and of all periods back, I should say, to mediaeval times, for one part is of stone immensely thick, with only a few windows high up and heavily barred with iron.[8] It looks like part of a keep,[9] and is close to an old chapel or church. I could not enter it, as I had not the key of the door leading to it from the house, but I have taken with my Kodak[10] views of it from various points. The house had been added to, but in a very straggling way,[11] and I can only guess at the amount of ground it covers, which must be very great. There are but few houses close at hand,[12] one being a very large house only recently added to and formed into a private lunatic asylum.[13] It is not, however, visible from the grounds."

When I had finished, he said, "I am glad that it is old and big. I myself am of an old family, and to live in a new house would kill me. A house cannot be made habitable[14] in a day, and after all, how few

---

1) by-road: 옆길.
2) dilapidated: 헐어빠진.
3) eaten with rust: 녹슨.
4) The estate is called Carfax, no doubt a corruption of the old *Quatre Face*: corruption은 '언어의 전와(轉訛)'; 즉, 이 저택의 실제 이름인 'quatre face'(사면)란 단어의 발음이 와전되어 'carfax'로 발음이 되었으며, 이것이 이 저택의 이름으로 바뀌었을 것이란 의미.
5) agreeing with the cardinal points of the compass: cardinal points는 '나침판의 기본 방위'; 즉, 동서남북 방향에 맞추어서 집의 각 면이 지어졌다는 의미다.
6) fed by some springs: 샘물이 유입되는.
7) fair-sized: 상당히 큰.
8) barred with iron: 쇠창살이 쳐진.
9) keep: '성채', '성'.
10) Kodak: 1888년 미국에서 처음 만들어진 소형 카메라.
11) in a very straggling way: 드문드문.
12) close at hand: 매우 가까운 곳에.
13) lunatic asylum: 정신병동.
14) habitable: 거주할 만한.

days go to make up a century. I rejoice also that there is a chapel of old times. We Transylvanian nobles love not to think that our bones may lie amongst the common dead. I seek not gaiety nor mirth, not the bright voluptuousness[1] of much sunshine and sparkling waters which please the young and gay. I am no longer young, and my heart, through weary years of mourning over the dead, is not attuned to mirth.[2] Moreover, the walls of my castle are broken. The shadows are many, and the wind breathes cold through the broken battlements and casements.[3] I love the shade and the shadow, and would be alone with my thoughts when I may." Somehow his words and his look did not seem to accord, or else it was that his cast of face[4] made his smile look malignant and saturnine.[5]

Presently, with an excuse, he left me, asking me to pull my papers together. He was some little time away, and I began to look at some of the books around me. One was an atlas,[6] which I found opened naturally to England, as if that map had been much used. On looking at it I found in certain places little rings marked, and on examining these I noticed that one was near London on the east side, manifestly where his new estate was situated. The other two were Exeter, and Whitby on the Yorkshire coast.

It was the better part of an hour[7] when the Count returned. "Aha!" he said. "Still at your books? Good! But you must not work always. Come! I am informed that your supper is ready." He took my arm, and we went into the next room, where I found an excellent supper ready on the table. The Count again excused himself, as he had dined out on his being away from home. But he sat as on the previous night, and chatted whilst I ate. After supper I smoked, as on the last evening, and the Count stayed with me, chatting and asking questions on every conceivable subject, hour after hour. I felt that it was getting very late indeed, but I did not say anything, for I felt under obligation to meet my host's wishes in every way.[8] I was not sleepy, as the long sleep yesterday had fortified[9] me, but I could not help experiencing that chill which comes over one at the coming of the dawn, which is like, in its

1) voluptuousness: 방탕함.
2) not attuned to mirth: '환락에 적합하지 않은'; 즉, 즐거운 놀이나 여흥에 참여할 기분이 들지 않는다는 의미.
3) casements: 창.
4) his cast of face: 그의 얼굴 생김새.
5) saturnine: '무뚝뚝한', '냉소적인'.
6) atlas: 지도.
7) It was the better part of an hour: '족히 한 시간을 되었다'는 의미.
8) I felt under obligation to meet my host's wishes in every way: 나는 모든 면에 있어 집주인의 요구를 만족(meet)시킬 의무가 있다(under obligation)고 느꼈다.
9) fortified: 힘을 돋우다.

way, the turn of the tide. They say that people who are near death die generally at the change to dawn or at the turn of the tide. Anyone who has when tired, and tied as it were to his post, experienced this change in the atmosphere can well believe it. All at once we heard the crow of the cock coming up with preternatural[1] shrillness through the clear morning air.

Count Dracula, jumping to his feet,[2] said, "Why there is the morning again! How remiss[3] I am to let you stay up so long. You must make your conversation regarding[4] my dear new country of England less interesting, so that I may not forget how time flies by us," and with a courtly bow, he quickly left me.

I went into my room and drew the curtains, but there was little to notice. My window opened into the courtyard, all I could see was the warm grey of quickening sky.[5] So I pulled the curtains again, and have written of this day.

8 May.--I began to fear as I wrote in this book that I was getting too diffuse.[6] But now I am glad that I went into detail[7] from the first, for there is something so strange about this place and all in it that I cannot but feel uneasy. I wish I were safe out of it,[8] or that I had never come. It may be that this strange night existence is telling on me,[9] but would that that were all! If there were any one to talk to I could bear it, but there is no one. I have only the Count to speak with, and he-- I fear I am myself the only living soul within the place. Let me be prosaiac so far as facts can be.[10] It will help me to bear up, and imagination must not run riot with me.[11] If it does I am lost. Let me say at once how I stand, or seem to.

I only slept a few hours when I went to bed, and feeling that I could not sleep any more, got up. I had hung my shaving glass by the window, and was just beginning to shave. Suddenly I felt a hand on my shoulder, and heard the Count's voice saying to me, "Good morning." I started, for it amazed me that I had not seen him, since the reflection

---

1) preternatural: 기이한.
2) jumping to his feet: 벌떡 일어났다.
3) remiss: 부주의한.
4) regarding: … 에 관한(about).
5) quickening sky: 빠르게 떠오르는 태양.
6) diffuse: 장황한.
7) went into detail: 상술하였다.
8) safe out of it: 안전하게 빠져나온다.
9) telling on me: 나에게 영향을 미치다.
10) prosaic so far as facts can be: 꾸밈없이 사실을 말하겠다는 의미.
11) imagination must not run riot with me: run riot는 '억제할 수 없게 되다'는 의미; 즉, 상상력이 억제할 수 없게 되면 안 된다는 뜻.

of the glass covered the whole room behind me. In starting[1] I had cut myself slightly, but did not notice it at the moment. Having answered the Count's salutation, I turned to the glass again to see how I had been mistaken.[2] This time there could be no error, for the man was close to me, and I could see him over my shoulder. But there was no reflection of him in the mirror! The whole room behind me was displayed,[3] but there was no sign of a man in it, except myself.

This was startling, and coming on the top of so many strange things,[4] was beginning to increase that vague feeling of uneasiness which I always have when the Count is near. But at the instant I saw that the cut had bled a little, and the blood was trickling[5] over my chin. I laid down the razor, turning as I did so half round to look for some sticking plaster.[6] When the Count saw my face, his eyes blazed with a sort of demoniac fury, and he suddenly made a grab[7] at my throat. I drew away and his hand touched the string of beads which held the crucifix. It made an instant change in him, for the fury passed so quickly that I could hardly believe that it was ever there.

"Take care," he said, "take care how you cut yourself. It is more dangerous that you think in this country." Then seizing the shaving glass, he went on, "And this is the wretched thing that has done the mischief. It is a foul bauble of man's vanity.[8] Away with it!" And opening the window with one wrench of his terrible hand, he flung out the glass, which was shattered into a thousand pieces on the stones of the courtyard far below. Then he withdrew without a word. It is very annoying, for I do not see how I am to shave, unless in my watch-case or the bottom of the shaving pot,[9] which is fortunately of metal.

When I went into the dining room, breakfast was prepared, but I could not find the Count anywhere. So I breakfasted alone. It is strange that as yet I have not seen the Count eat or drink. He must be a very peculiar man! After breakfast I did a little exploring in the castle. I went out on the stairs, and found a room looking towards the South.

The view was magnificent, and from where I stood there was every opportunity of seeing it. The castle is on the very edge of a terrific

---

1) in starting: start는 '놀래다'; 즉 '놀라면서'.
2) to see how I had been mistaken: 내가 어떻게 해서 착각하였는지를 알아보기 위해서.
3) displayed: 비추어지다.
4) coming on the top of so many strange things: 이런 기이한 일들보다 더욱 기이한 일은.
5) trickling: 똑똑 떨어지다.
6) sticking-plaster: 반창고.
7) grab: 움켜쥐기.
8) foul bauble of man's vanity: 인간의 허영심을 부추기는 불쾌한(foul) 싸구려 물건(bauble).
9) shaving-pot: 면도 용구를 담는 소형 용기.

precipice. A stone falling from the window would fall a thousand feet without touching anything! As far as the eye can reach is a sea of green tree-tops,[1] with occasionally a deep rift where there is a chasm. Here and there are silver threads where the rivers wind in deep gorges[2] through the forests.

But I am not in heart to[3] describe beauty, for when I had seen the view I explored further. Doors, doors, doors everywere, and all locked and bolted. In no place save from the windows in the castle walls is there an available exit. The castle is a veritable prison,[4] and I am a prisoner!

1) a sea of green tree-tops: a sea of는 '수많은'; 즉, 수많은 푸른색의 우듬지(tree-top).
2) gorge: 골짜기.
3) in heart to: … 할 마음이 있는.
4) veritable prison: 틀림없는 감옥.

CHAPTER 3

JONATHAN HARKER'S JOURNAL(*continued*)

When I found that I was a prisoner a sort of wild feeling came over me. I rushed up and down the stairs, trying every door[1] and peering[2] out of every window I could find, but after a little the conviction of my helplessness overpowered all other feelings. When I look back after a few hours I think I must have been mad for the time, for I behaved much as a rat does in a trap. When, however, the conviction had come to me that I was helpless I sat down quietly, as quietly as I have ever done anything in my life, and began to think over what was best to be done. I am thinking still, and as yet have come to no definite conclusion. Of one thing only am I certain. That it is no use making my ideas known to the Count. He knows well that I am imprisoned, and as he has done it himself, and has doubtless his own motives for it, he would only deceive me if I trusted him fully with the facts. So far as I can see, my only plan will be to keep my knowledge and my fears to myself,[3] and my eyes open. I am, I know, either being deceived, like a baby, by my own fears, or else I am in desperate straits,[4] and if the latter be so, I need, and shall need, all my brains to get through.[5]

I had hardly come to this conclusion when I heard the great door below shut, and knew that the Count had returned. He did not come at once into the library, so I went cautiously to my own room and found him making the bed. This was odd, but only confirmed what I had all along thought, that there are no servants in the house. When later I saw him through the chink of the hinges[6] of the door laying the table in the dining room, I was assured of it. For if he does himself all these menial offices,[7] surely it is proof that there is no one else to do them. This gave me a fright,[8] for if there is no one else in the castle, it must have been the Count himself who was the driver of the coach that brought

1) trying every door: 문이 잠겼나 모든 문을 확인하여 보았다는 의미.

2) peering: 자세히 응시하다.

3) keep my knowledge and my fears to myself: keep to myself는 '나 혼자만 간직하다'는 뜻; 즉, 드라큘라 백작이 자신을 감금하고 있다는 사실을 자신이 알고 있다는 것(knowledge)과 이에 대해 자신이 느끼는 두려움(fear)을 백작에게 말하지 않고 비밀로 간직하겠다는 의미다.

4) straits: 곤란한 상황.

5) get through: 빠져나오다.

6) hinges: 돌쩌귀.

7) menial offices: 하인들이 하는 일.

8) gave me a fright: 나를 두렵게 하였다.

me here. This is a terrible thought, for if so, what does it mean that he could control the wolves, as he did, by only holding up his hand for silence? How was it that all the people at Bistritz and on the coach had some terrible fear for me? What meant the giving of the crucifix, of the garlic, of the wild rose, of the mountain ash? Bless that good, good woman who hung the crucifix round my neck! For it is a comfort and a strength[1] to me whenever I touch it. It is odd that a thing which I have been taught to regard with disfavour[2] and as idolatrous should in a time of loneliness and trouble be of help. Is it that there is something in the essence of the thing itself, or that it is a medium, a tangible[3] help, in conveying memories of sympathy and comfort? Some time, if it may be, I must examine this matter and try to make up my mind about it. In the meantime I must find out all I can about Count Dracula, as it may help me to understand. Tonight he may talk of himself, if I turn the conversation that way.[4] I must be very careful, however, not to awake his suspicion.

Midnight.--I have had a long talk with the Count. I asked him a few questions on Transylvania history, and he warmed up to the subject[5] wonderfully. In his speaking of things and people, and especially of battles, he spoke as if he had been present at them all.[6] This he afterwards explained by saying that to a *Boyar*[7] the pride of his house and name is his own pride, that their glory is his glory, that their fate is his fate. Whenever he spoke of his house he always said "we", and spoke almost in the plural, like a king speaking.[8] I wish I could put down all he said exactly as he said it, for to me it was most fascinating. It seemed to have in it a whole history of the country. He grew excited as he spoke, and walked about the room pulling his great white moustache and grasping anything on which he laid his hands as though he would crush it by main strength.[9] One thing he said which I shall put down as nearly as I can, for it tells in its way the story of his race.

1) strength: 힘나게 하는 물건(것).
2) with disfavour: '좋지 않게', '비우호적으로'.
3) tangible: 만져서 느낄 수 있는.
4) if I turn the conversation that way: 만일 내가 화제를 그 방향으로 돌린다면.
5) warmed up to the subject: warm up to는 '… 에 열중하다'; 즉, 트란실바니아에 대한 주제(subject)로 화제를 바꾸었더니, 그 화제에 열중하게 되었다는 의미.
6) he spoke as if he had been present at them all: 드라큘라 백작이 말하는 그의 선조 이야기는 실제로 자신의 이야기다. 그가 현장에 있던 것처럼 말하는 것은 바로 이 때문이다.
7) *Boyar*: 루마니아의 귀족.
8) he always said 'we', and spoke almost in the plural, like a king speaking: 왕은 자신을 칭할 때 항상 'we'라는 대명사를 사용한다. 드라큘라는 사실상 왈라키아의 군주였기 때문에 하커와 말할 때도 스스로를 'we'라고 칭하고 있다.
9) by main strength: 온 힘을 다하여.

"We Szekelys[1] have a right to be proud, for in our veins flows the blood of many brave races who fought as the lion fights, for lordship. Here, in the whirlpool of European races, the Ugric tribe[2] bore down from Iceland the fighting spirit which Thor and Wodin[3] game them, which their Berserkers[4] displayed to such fell intent[5] on the seaboards of Europe, aye, and of Asia and Africa too, till the peoples thought that the werewolves themselves had come. Here, too, when they came, they found the Huns,[6] whose warlike fury had swept the earth like a living flame, till the dying peoples held that in their veins ran the blood of those old witches, who, expelled from Scythia[7] had mated with the devils in the desert. Fools, fools! What devil or what witch was ever so great as Attila, whose blood is in these veins?" He held up his arms. "Is it a wonder that we were a conquering race, that we were proud, that when the Magyar, the Lombard, the Avar, the Bulgar,[8] or the Turk poured his thousands on our frontiers, we drove them back? Is it strange that when Arpad[9] and his legions[10] swept through the Hungarian fatherland he found us here when he reached the frontier, that the Honfoglalas[11] was completed there? And when the Hungarian flood swept eastward, the Szekelys were claimed as kindred by the victorious Magyars, and to us for centuries was trusted the guarding of the frontier of Turkeyland. Aye, and more than that, endless duty of the frontier

1) We Szekelys: 드라큘라는 실제로 왈라키아인이지만, 스토커는 Szekelys로 이 작품에서 설정하고 있다.

2) Ugric tribe: 우그리아족 (헝가리의 마자르인을 포함한 민족).

3) Thor and Wodin: Thor(토르)는 고대 게르만족의 신으로, 독일에서는 도나르(Donar)라고도 하는데, '묠니르'라는 철퇴를 휘두르는 그는 농민의 수호신이기도 한데, 영어의 'Thursday'는 그의 이름에서 유래되었다; Wodin은 'Odin'이라고 불리는 게르만족의 바람의 신, 혹은 싸움의 신이다. 싸움의 승패를 결정하는 그는 발키리(Valkyrie)라 불리는 여자 부하들을 보내 명예로운 전사자를 자신의 궁전인 발할라에 초대한다고 전해진다. 영어의 Wednesday는 그의 이름에서 유래한 것이다.

4) Berserkers: 북구 신화에 나오는 '광전사'(狂戰士); 한번 미치면 주위 사람을 모두 죽인다고도 전해지는 이들은 늑대나 곰으로 변신할 수 있다고 여겨져 흔히 늑대인간(were-wolf)으로 간주되기도 한다.

5) fell intent: fell은 '잔인한', '파괴적인'; intent는 '의지', '의도'.

6) Huns: '훈족'(중앙아시아의 스텝지역에 거주하였던 유목기마민족); 4세기경 유럽으로 이동하여 헝가리 트란실바니아 일대를 지배했고, 아틸라 왕 때에는 주변의 게르만 부족을 복속시켜 흑해 북안에서 라인강에 이르는 제국을 수립하였다.

7) Scythia: 스키타이(옛날 흑해와 카스피해 북방에 있던 나라).

8) the Lombard, the Avar, the Bulgar: 롬바르드족(Lombard)은 6세기경 이태리를 정복한 게르만계열의 민족; 아바르(Avar)족은 5-9 세기에 중앙아시아, 동유럽, 중앙유럽에서 활동한 몽골계 유목민족; 불가리아인(Bulgar).

9) Arpad: 9세기에 헝가리를 정복한 마자르족의 족장.

10) legions: 군단.

11) Honfoglalas: Arpad가 이룩한 소위 '고국의 정복'(conquest of the homeland).

guard, for as the Turks say, 'water sleeps, and the enemy is sleepless.' Who more gladly than we throughout the Four Nations received the 'bloody sword,' or at its warlike call[1] flocked quicker to the standard[2] of the King? When was redeemed that great shame of my nation, the shame of Cassova,[3] when the flags of the Wallach and the Magyar went down beneath the Crescent?[4] Who was it but one of my own race who as Voivode[5] crossed the Danube and beat the Turk on his own ground? This was a Dracula indeed! Woe was it that his own unworthy brother,[6] when he had fallen, sold his people to the Turk and brought the shame of slavery on them! Was it not this Dracula, indeed, who inspired that other of his race who in a later age again and again brought his forces over the great river into Turkeyland, who, when he was beaten back,[7] came again, and again, though he had to come alone from the bloody field where his troops were being slaughtered,[8] since he knew that he alone could ultimately triumph! They said that he thought only of himself. Bah! What good are peasants without a leader? Where ends the war without a brain and heart to conduct it?[9] Again, when, after the battle of Mohacs,[10] we threw off the Hungarian yoke,[11] we of the Dracula blood were amongst their leaders, for our spirit would not brook[12] that we were not free. Ah, young sir, the Szekelys, and the Dracula as their heart's blood, their brains, and their swords, can boast a record that mushroom growths like the Hapsburgs and the Romanoffs[13] can never reach. The warlike days are over. Blood is too precious a thing in these days of dishonourable peace, and the glories of the great races are as a tale that is told."

---

1) at its warlike call: 전쟁에 참가하라는 소집명령에(call).

2) standard: 깃발.

3) shame of Cassova: '코소보의 수치'; 1398년 코소보(Kossovo)에서의 첫 전투에서 세르비아족이 터키족에게 패배한 일을 지칭.

4) Crescent: 터키의 국기를 지칭.

5) Voivode: '지휘자', '군주'.

6) his own unworthy brother: 실제로 드라큘라의 동생 Radu는 터기의 후원을 얻어 드라큘라로 부터 권좌를 빼앗었다.

7) beaten back: 격퇴당하다.

8) slaughtered: 대량 학살되다.

9) Where ends the war without a brain and heart to conduct it: 전쟁을 이끌 두뇌와 전쟁을 수행할 가슴이 없다면 전쟁이 어떻게 끝나겠는가?

10) battle of Mohacs: 1526년에 있던 전투로 터키가 헝가리를 대파했다.

11) threw off the Hungarian yoke: 헝가리라는 족쇄를 벗어 던졌다(threw off).

12) brook: '참다', '받아들이다'.

13) mushroom growths like the Hapsburgs and the Romanoffs: mushroom growths는 '갑자기 빠르게 성장한 것'을 지칭; Hapsburgh는 13세기 후반부터 오스트리아를 지배했던 왕조; Romanoff는 7세기 초반부터 러시아를 지배했던 왕조.

It was by this time close on morning,[1] and we went to bed. (Mem., this diary seems horribly like the beginning of the "Arabian Nights," for everything has to break off at cockcrow, or like the ghost of Hamlet's father.)[2]

12 May.--Let me begin with facts, bare, meager facts,[3] verified by books and figures, and of which there can be no doubt. I must not confuse them with experiences which will have to rest on my own observation, or my memory of them. Last evening when the Count came from his room he began by asking me questions on legal matters and on the doing of certain kinds of business.[4] I had spent the day wearily over books, and, simply to keep my mind occupied, went over[5] some of the matters I had been examined in at Lincoln's Inn.[6] There was a certain method[7] in the Count's inquiries, so I shall try to put them down in sequence. The knowledge may somehow or some time be useful to me.

First, he asked if a man in England might have two solicitors or more. I told him he might have a dozen if he wished, but that it would not be wise to have more than one solicitor engaged in one transaction,[8] as only one could act at a time, and that to change would be certain to militate against his interest.[9] He seemed thoroughly to understand, and went on to ask if there would be any practical difficulty in having one man to attend, say, to banking, and another to look after shipping, in case local help were needed in a place far from the home of the banking solicitor. I asked to explain more fully, so that I might not by any chance mislead him, so he said:

"I shall illustrate.[10] Your friend and mine, Mr. Peter Hawkins, from under the shadow of your beautiful cathedral at Exeter, which is far from London, buys for me through your good self my place at London. Good! Now here let me say frankly, lest you should think it strange

---

1) this time close on morning: 아침이 가까운 시각.

2) this diary seems horribly like the beginning of the 'Arabian Nights', for everything has to break off at cockcrow, or like the ghost of Hamlet's father: 「천일야화」(Arabian Nights)에서 Sheherazade는 수탉이 우는 먼동이 트면 왕에게 하던 이야기를 중단하였고, 셰익스피어의 드라마 「햄릿」에 나오는 햄릿의 아버지의 유령은 닭이 새벽에 울면 사라졌다.

3) bare, meagre facts: 있는 그대로의(bare) 얼마 되지 않는(meagre) 사실.

4) doing of certain kinds of business: 사업을 집행하는 문제.

5) went over: 검토하였다.

6) Lincoln's Inn: 영국의 4개 법조 단체 중의 하나.

7) method: 정연한 체계.

8) transaction: '계약', '거래'.

9) militate against his interest: militate against는 '악영향을 미치다'; interest는 '이해관계'; 그의 이해관계에 악영향을 미치다.

10) illustrate: 실례를 들어 설명하다.

that I have sought the services of one so far off from London instead of some one resident[1] there, that my motive was that no local interest might be served save my wish only, and as one of London residence might, perhaps, have some purpose of himself or friend to serve, I went thus afield to seek my agent, whose labours should be only to my interest.[2] Now, suppose I, who have much of affairs, wish to ship goods, say, to Newcastle, or Durham, or Harwich, or Dover, might it not be that it could with more ease be done by consigning[3] to one in these ports?"

I answered that certainly it would be most easy, but that we solicitors had a system of agency one for the other, so that local work could be done locally on instruction[4] from any solicitor, so that the client, simply placing himself in the hands of one man, could have his wishes carried out[5] by him without further trouble.

"But," said he,"I could be at liberty to direct myself.[6] Is it not so?"

"Of course, " I replied, and "Such is often done by men of business, who do not like the whole of their affairs to be known by any one person."

"Good!" he said, and then went on to ask about the means of making consignments and the forms to be gone through,[7] and of all sorts of difficulties which might arise, but by forethought[8] could be guarded against. I explained all these things to him to the best of my ability,[9] and he certainly left me under the impression that he would have made a wonderful solicitor, for there was nothing that he did not think of or foresee. For a man who was never in the country, and who did not evidently do much in the way of business,[10] his knowledge and acumen[11] were wonderful. When he had satisfied himself on[12] these points of which he had spoken, and I had verified all as well as I could by the books available, he suddenly stood up and said, "Have you written since your first letter to our friend Mr. Peter Hawkins, or to any other?"

---

1) resident: 거주하는.

2) only to my interest: 오직 나에게만 이익이 되는.

3) consigning: '위탁하다', '위임하다'.

4) on instruction: 지시에 따라.

5) carried out: 실행에 옮기다.

6) at liberty to direct myself: at liberty to는 '자유로이 … 하다'; 즉, 스스로 결정할 자유가 있다는 의미.

7) forms to be gone through: 자세히 살펴보아야 할(go through) 양식(form).

8) by forethought: 미리 예상하여.

9) to the best of my ability: 최대한 내 능력껏.

10) in the way of business: 사업으로(서).

11) acumen: 통찰력.

12) satisfied himself on: 여기서는 만족스러운 정도로 정보를 알아냈다는 의미.

It was with some bitterness in my heart that I answered that I had not, that as yet I had not seen any opportunity of sending letters to anybody.

"Then write now, my young friend," he said, laying a heavy hand on my shoulder, "write to our friend and to any other, and say, if it will please you, that you shall stay with me until a month from now."

"Do you wish me to stay so long?" I asked, for my heart grew cold at the thought.[1]

"I desire it much, nay I will take no refusal. When your master, employer, what you will, engaged that someone should come on his behalf, it was understood that my needs only were to be consulted.[2] I have not stinted.[3] Is it not so?"

What could I do but bow acceptance?[4] It was Mr. Hawkins' interest, not mine, and I had to think of him, not myself, and besides, while Count Dracula was speaking, there was that in his eyes and in his bearing[5] which made me remember that I was a prisoner, and that if I wished it I could have no choice. The Count saw his victory in my bow, and his mastery in the trouble of my face, for he began at once to use them, but in his own smooth, resistless way.

"I pray you, my good young friend, that you will not discourse[6] of things other than business in your letters. It will doubtless please your friends to know that you are well, and that you look forward to getting home to them. Is it not so?" As he spoke he handed me three sheets of note paper and three envelopes. They were all of the thinnest foreign post,[7] and looking at them, then at him, and noticing his quiet smile, with the sharp, canine teeth lying over the red underlip, I understood as well as if he had spoken that I should be more careful what I wrote, for he would be able to read it. So I determined to write only formal notes[8] now, but to write fully to Mr. Hawkins in secret, and also to Mina, for to her I could write shorthand,[9] which would puzzle the Count, if he did see it. When I had written my two letters I sat quiet, reading a book whilst the Count wrote several notes, referring[10] as he wrote them

1) at the thought: 한 달을 더 머물러야 한다는 생각에.

2) it was understood that my needs only were to be consulted: it was understood는 '양해되었다'는 의미; consult는 '고려의 대상으로 삼다'; 즉, 드라큘라 백작이 원하면 하커는 그의 뜻에 따르기로 미리 양해되었다는 의미.

3) stinted: stint는 '비용을 지불하기 아까워하다'; 여기서는 변호사 비용을 아낀다는 의미.

4) bow acceptance: 받아들이겠다는 의미로 고개를 숙였다는 말이다.

5) bearing: 태도.

6) discourse: 말하다.

7) foreign post: post는 '편지지'나 '편지 봉투'를 의미; 즉, 외국의 편지지와 편지 봉투란 뜻이다.

8) formal notes: 의례적인 내용.

9) shorthand: 속기.

10) referring: 언급하다.

to some books on his table. Then he took up my two and placed them with his own, and put by his writing materials, after which, the instant the door had closed behind him, I leaned over and looked at the letters, which were face down on the table. I felt no compunction[1] in doing so for under the circumstances I felt that I should protect myself in every way I could.

One of the letters was directed to Samuel F. Billington, No. 7, The Crescent, Whitby, another to Herr Leutner, Varna.[2] The third was to Coutts & Co., London, and the fourth to Herren Klopstock & Billreuth, bankers, Buda Pesth. The second and fourth were unsealed. I was just about to look at them when I saw the door handle move. I sank back[3] in my seat, having just had time to resume[4] my book before the Count, holding still another letter in his hand, entered the room. He took up the letters on the table and stamped them carefully, and then turning to me, said,

"I trust you will forgive me, but I have much work to do in private this evening. You will, I hope, find all things as you wish." At the door he turned, and after a moment's pause said, "Let me advise you, my dear young friend. Nay, let me warn you with all seriousness,[5] that should you leave these rooms you will not by any chance go to sleep in any other part of the castle. It is old, and has many memories, and there are bad dreams for those who sleep unwisely. Be warned![6] Should sleep now or ever overcome you,[7] or be like to do, then haste to your own chamber or to these rooms, for your rest will then be safe. But if you be not careful in this respect, then," He finished his speech in a gruesome[8] way, for he motioned with his hands as if he were washing them. I quite understood. My only doubt was as to whether any dream could be more terrible than the unnatural, horrible net of gloom and mystery which seemed closing around me.

Later.--I endorse[9] the last words written, but this time there is no doubt in question.[10] I shall not fear to sleep in any place where he is not.

---

1) compunction: 양심의 가책.
2) Varna: 불가리아의 항구.
3) sank back: 몸을 (의자에) 파묻다.
4) resume: 다시 (읽기) 시작하다.
5) with all seriousness: 매우 진지하게.
6) Be warned: 경고를 명심하시오.
7) Should sleep now or ever overcome you: (가정법) 만일 졸음이 당신을 엄습하면.
8) gruesome: 무시무시한.
9) endorse: 기록하다.
10) in question: 문제가 되는.

I have placed the crucifix over the head of my bed, I imagine that my rest is thus freer from dreams, and there it shall remain.

When he left me I went to my room. After a little while, not hearing any sound, I came out and went up the stone stair to where I could look out towards the South. There was some sense of freedom in the vast expanse, inaccessible[1] though it was to me, as compared with[2] the narrow darkness of the courtyard. Looking out on this, I felt that I was indeed in prison, and I seemed to want a breath of[3] fresh air, though it were of the night. I am beginning to feel this nocturnal existence[4] tell on me. It is destroying my nerve. I start at my own shadow, and am full of all sorts of horrible imaginings. God knows that there is ground[5] for my terrible fear in this accursed place!I looked out over the beautiful expanse, bathed in soft yellow moonlight[6] till it was almost as light as day. In the soft light the distant hills became melted, and the shadows in the valleys and gorges of velvety blackness. The mere[7] beauty seemed to cheer me. There was peace and comfort in every breath I drew. As I leaned from the window my eye was caught by something moving a story below me,[8] and somewhat to my left, where I imagined, from the lie[9] of the rooms, that the windows of the Count's own room would look out. The window at which I stood was tall and deep, stone-mullioned,[10] and though weatherworn,[11] was still complete. But it was evidently many a day since the case had been there. I drew back behind the stonework,[12] and looked carefully out.

What I saw was the Count's head coming out from the window. I did not see the face, but I knew the man by the neck and the movement of his back and arms. In any case I could not mistake the hands which I had had some many opportunities of studying. I was at first interested and somewhat amused, for it is wonderful how small a matter will interest and amuse a man when he is a prisoner. But my very feelings

1) inaccessible: 접근할 수 없는.
2) as compared with: … 과 비교하면.
3) a breath of: 한줄기의 바람.
4) nocturnal existence: 밤에만 활동하는 것을 지칭.
5) ground: 근거.
6) bathed in soft yellow moonlight: 부드러운 노란 달빛에 젖은(bathed).
7) mere: 순전한.
8) my eye was caught by something moving a story below me: story는 '한 층'; 즉, 내가 있는 곳보다 한층 아래에서 움직이는 무엇인가에 내 시선이 끌렸다는 의미.
9) lie: '위치', '방향'.
10) stone-mullioned: 돌로 된 방사상 창살이 있는.
11) weatherworn: 비바람에 손상당한.
12) stonework: 석조건축물.

changed to repulsion[1] and terror when I saw the whole man slowly emerge from the window and begin to crawl down the castle wall over the dreadful abyss,[2] face down with his cloak spreading out around him like great wings. At first I could not believe my eyes. I thought it was some trick of the moonlight,[3] some weird effect of shadow, but I kept looking, and it could be no delusion. I saw the fingers and toes grasp the corners of the stones, worn clear of the mortar by the stress of years,[4] and by thus using every projection and inequality move downwards with considerable speed, just as a lizard moves along a wall.

What manner[5] of man is this, or what manner of creature, is it in the semblance of man?[6] I feel the dread of this horrible place overpowering me. I am in fear, in awful fear, and there is no escape for me. I am encompassed about with[7] terrors that I dare not think of.

15 May.--Once more I have seen the count go out in his lizard fashion.[8] He moved downwards in a sidelong way,[9] some hundred feet down, and a good deal to the left. He vanished into some hole or window. When his head had disappeared, I leaned out to try and see more, but without avail.[10] The distance was too great to allow a proper angle of sight. I knew he had left the castle now, and thought to use the opportunity to explore more than I had dared to do as yet. I went back to the room, and taking a lamp, tried all the doors. They were all locked, as I had expected, and the locks were comparatively new. But I went down the stone stairs to the hall where I had entered originally. I found I could pull back the bolts easily enough and unhook the great chains. But the door was locked, and the key was gone! That key must be in the Count's room. I must watch should his door be unlocked, so that I may get it and escape. I went on to make a thorough examination of the various stairs and passages, and to try the doors that opened from them. One or two small rooms near the hall were open, but there was nothing to see in them except old furniture, dusty with age and moth-eaten. At last, however, I found one door at the top of the stairway

1) repulsion: 혐오감.
2) abyss: 끝없는 나락.
3) trick of the moonlight: 달빛에 의한 착각.
4) clear of the mortar by the stress of years: stress는 '변형을 일으키는 힘'; 즉, 세월에 의한 변형으로 모타르가 없어졌다는 의미.
5) manner: 종류(kind).
6) in the semblance of man: semblance는 '모습'; 즉 인간의 모습 속에.
7) I am encompassed about with: 난 사방에 … 으로 둘려 싸여 있다.
8) in his lizard fashion: fashion은 '방식', '스타일'; 즉, 도마뱀과 같이 방식으로.
9) in a sidelong way: '옆으로', '비스듬히'.
10) without avail: 아무 소용없이.

which, though it seemed locked, gave a little under pressure.[1] I tried it harder, and found that it was not really locked, but that the resistance came from the fact that the hinges had fallen somewhat,[2] and the heavy door rested on the floor. Here was an opportunity which I might not have again, so I exerted myself,[3] and with many efforts forced it back so that I could enter. I was now in a wing of the castle[4] further to the right than the rooms I knew and a story lower down. From the windows I could see that the suite of rooms lay along to the south of the castle, the windows of the end room looking out both west and south. On the latter side, as well as to the former, there was a great precipice. The castle was built on the corner of a great rock, so that on three sides it was quite impregnable,[5] and great windows were placed here where sling, or bow, or culverin[6] could not reach, and consequently light and comfort, impossible to a position which had to be guarded, were secured. To the west was a great valley, and then, rising far away, great jagged mountain fastnesses,[7] rising peak on peak, the sheer rock studded with mountain ash and thorn,[8] whose roots clung in cracks and crevices and crannies of the stone. This was evidently the portion of the castle occupied by the ladies in bygone days, for the furniture had more an air of comfort than any I had seen.

The windows were curtainless, and the yellow moonlight, flooding in[9] through the diamond panes, enabled one to see even colours, whilst it softened the wealth of dust which lay over all and disguised in some measure the ravages of time and the moth.[10] My lamp seemed to be of little effect in the brilliant moonlight, but I was glad to have it with me, for there was a dread loneliness in the place which chilled my heart and made my nerves tremble. Still, it was better than living alone in the rooms which I had come to hate from the presence of the Count, and after trying a little to school[11] my nerves, I found a soft quietude come over me. Here I am, sitting at a little oak table where in old

---

1) gave a little under pressure: 힘을 가하자 (문이) 조금 움직였다는 의미.
2) resistance came from the fact that the hinges had fallen somewhat: 돌쩌귀가 원래의 위치에서 조금 떨어져 나가 문이 잘 안 열렸다는 의미.
3) exerted myself: 전력을 다하였다.
4) wing of the castle: 성의 익면(翼面).
5) impregnable: 난공불락의.
6) sling, or bow, or culverin: 투석기(sling), bow(활), 컬버린 포(culverin).
7) fastnesses: 성채.
8) mountain ash and thorn: 마가목류와 산사나무.
9) flooding in: (물밀듯이) 밀려들어오다.
10) ravages of time and the moth: 세월에 의한 손상과 좀먹음.
11) school: '통제하다', '다스리다'.

times possibly some fair lady sat to pen,[1] with much thought and many blushes, her ill-spelt[2] love letter, and writing in my diary in shorthand all that has happened since I closed it last. It is the nineteenth century up-to-date with a vengeance.[3] And yet, unless my senses deceive me, the old centuries had, and have, powers of their own which mere "modernity" cannot kill.

Later: The morning of 16 May.--God preserve my sanity, for to this I am reduced.[4] Safety and the assurance of safety are things of the past.[5] Whilst I live on here there is but one thing to hope for, that I may not go mad, if, indeed, I be not mad already. If I be sane, then surely it is maddening to think that of all the foul things that lurk[6] in this hateful place the Count is the least dreadful to me, that to him alone I can look for safety, even though this be only whilst I can serve his purpose.[7] Great God! Merciful God, let me be calm, for out of that way lies madness indeed. I begin to get new lights on[8] certain things which have puzzled me. Up to now I never quite knew what Shakespeare meant when he made Hamlet say, "My tablets! quick, my tablets! 'tis meet that I put it down," etc.,[9] For now, feeling as though my own brain were unhinged[10] or as if the shock had come which must end in its undoing,[11] I turn to my diary for repose. The habit of entering accurately must help to soothe me.

The Count's mysterious warning frightened me at the time. It frightens me more not when I think of it, for in the future he has a fearful hold upon me.[12] I shall fear to doubt what he may say!

When I had written in my diary and had fortunately replaced the

1) pen: 편지를 쓰다.
2) ill-spelt: 철자가 부정확한.
3) a vengeance: 복수.
4) to this I am reduced: 내가 이러한 상황(미치지 않게 되기를 바라는)까지 전락하였다는 의미.
5) things of the past: 더 이상 기대할 수 없는 일.
6) lurk: 숨겨져 있다.
7) even though this be only whilst I can serve his purpose: this는 '드라큘라로부터 자신의 보호를 기대하는 것'을 지칭; 즉, 자신이 드라큘라의 목적 달성에 도움이 되는 동안만 그의 보호를 기대할 수 있다는 의미.
8) get new lights on: lights는 '(문제를 설명하는데 도움이 되는) 사실; 즉, 새로운 사실을 깨닫게 되었다는 의미.
9) My tablets! quick, … I put it down,' etc: 셰익스피어의 「햄릿」의 1막 5장 107-08 행에 나오는 구절이지만 스토커는 이를 정확히 인용하지 않았다; 본문은 다음과 같다. "My tables-- meet it is I set it down/ That one may smile and smile and be a villain."
10) unhinged: (정신이) 혼란되다.
11) undoing: 파멸.
12) has a fearful hold upon me: hold는 '지배(력)'; 나에 대한 강한 지배력을 갖는다.

book and pen in my pocket I felt sleepy. The Count's warning came into my mind, but I took pleasure in disobeying it. The sense of sleep was upon me, and with it the obstinacy which sleep brings as outrider. The soft moonlight soothed, and the wide expanse without gave a sense of freedom which refreshed[1] me. I determined not to return tonight to the gloom-haunted[2] rooms, but to sleep here, where, of old, ladies had sat and sung and lived sweet lives whilst their gentle breasts were sad for their menfolk away in the midst of remorseless wars.[3] I drew a great couch out of its place near the corner, so that as I lay, I could look at the lovely view to east and south, and unthinking of and uncaring for the dust, composed myself for sleep.[4] I suppose I must have fallen asleep. I hope so, but I fear, for all that followed was startlingly real, so real that now sitting here in the broad, full sunlight of the morning, I cannot in the least believe that it was all sleep.

I was not alone. The room was the same, unchanged in any way since I came into it. I could see along the floor, in the brilliant moonlight, my own footsteps marked where I had disturbed the long accumulation of dust.[5] In the moonlight opposite me were three young women,[6] ladies by their dress and manner. I thought at the time that I must be dreaming when I saw them, they threw no shadow on the floor.[7] They came close to me, and looked at me for some time, and then whispered together. Two were dark, and had high aquiline noses,[8] like the Count, and great dark, piercing eyes,[9] that seemed to be almost red when contrasted with the pale yellow moon. The other was fair, as fair as can be, with great masses of golden hair and eyes like pale sapphires. I seemed somehow to know her face, and to know it in connection with some dreamy fear, but I could not recollect at the moment how or where. All three had brilliant white teeth that shone like pearls against the ruby of their voluptuous[10] lips. There was something about them that made me uneasy, some longing and at the same time some deadly fear.[11] I felt in my heart

---

1) refreshed: 기운나게 하였다.

2) gloom-haunted: 항시 우울함에 빠져있는.

3) menfolk away in the midst of remorseless wars: 잔인한(remorseless) 전쟁을 한창 치르고 있는 남자.

4) composed myself for sleep: 잠자기 위해 마음을 편안히 하다(compose myself).

5) long accumulation of dust: 오랫동안 쌓인 먼지.

6) three young women: 셰익스피어의 『멕베쓰』(Macbeth)에 나오는 세 명의 마녀를 연상시킨다.

7) threw no shadow on the floor: 실제로 산 사람이 아니기 때문에 이 세 명의 여성 흡혈귀도 드라큘라처럼 그림자가 없다.

8) aquiline noses: 매부리코.

9) piercing eyes: 사람을 꿰뚫어 보는듯한 눈.

10) voluptuous: 육감적인.

11) some longing and at the same time some deadly fear: 세 명의 흡혈귀에게서 하커(Harker)가 느

a wicked, burning desire that they would kiss me with those red lips. It is not good to note this down,[1] lest some day it should meet Mina's eyes and cause her pain, but it is the truth. They whispered together, and then they all three laughed, such a silvery, musical laugh, but as hard as though the sound never could have come through the softness of human lips. It was like the intolerable, tingling sweetness of water-glasses[2] when played on by a cunning hand. The fair girl shook her head coquettishly,[3] and the other two urged her on.

One said, "Go on! You are first, and we shall follow. Yours' is the right to begin."

The other added, "He is young and strong. There are kisses[4] for us all."

I lay quiet, looking out from under my eyelashes in an agony of delightful anticipation. The fair girl advanced and bent over me till I could feel the movement of her breath upon me. Sweet it was in one sense, honey-sweet, and sent the same tingling through the nerves as her voice, but with a bitter underlying the sweet, a bitter offensiveness, as one smells in blood.

I was afraid to raise my eyelids, but looked out and saw perfectly under the lashes. The girl went on her knees,[5] and bent over me, simply gloating.[6] There was a deliberate voluptuousness which was both thrilling and repulsive, and as she arched[7] her neck she actually licked her lips like an animal, till I could see in the moonlight the moisture shining on the scarlet lips and on the red tongue as it lapped[8] the white sharp teeth. Lower and lower went her head as the lips went below the range of my mouth and chin and seemed to fasten on my throat.[9] Then she paused, and I could hear the churning[10] sound of her tongue as it licked her teeth and lips, and I could feel the hot breath on my neck. Then the skin of my throat began to tingle as one's flesh does when the hand that is to tickle[11] it approaches nearer, nearer. I could feel the soft,

---

끼는 감정이 두려움과 욕망이라는 사실은 흡혈귀의 본질을 성병으로 보는 견해를 뒷받침한다.

1) note this down: 이것을 기록하다(note down).

2) tingling sweetness of water-glasses: 물을 담은 유리컵을 두드릴 때 나는 낭낭한 멋진 소리.

3) coquettishly: 교태스럽게.

4) kisses: 피를 빠는 행위를 키스에 비유한 사실은 흡혈 행위의 성적인 측면을 암시한다.

5) went on her knees: 무릎을 꿇었다.

6) gloating: 흡족한 듯이 바라보다.

7) arched: 목을 굽혔다.

8) lapped: 핥다.

9) fasten on my throat: 내 목을 꽉 붙잡다.

10) churning: 교유기가 돌아갈 때 나는 소리.

11) tickle: 간질이다.

shivering[1] touch of the lips on the super sensitive skin of my throat, and the hard dents[2] of two sharp teeth, just touching and pausing there. I closed my eyes in languorous[3] ecstasy and waited, waited with beating heart.

But at that instant, another sensation swept through me as quick as lightning. I was conscious of the presence of the Count, and of his being as if lapped in a storm of fury.[4] As my eyes opened involuntarily I saw his strong hand grasp the slender neck of the fair woman and with giant's power draw it back, the blue eyes transformed with fury, the white teeth champing[5] with rage, and the fair cheeks blazing red with passion.[6] But the Count! Never did I imagine such wrath and fury, even to the demons of the pit.[7] His eyes were positively blazing. The red light in them was lurid,[8] as if the flames of hell fire blazed behind them. His face was deathly pale, and the lines of it were hard like drawn wires. The thick eyebrows that met over the nose now seemed like a heaving bar of white-hot[9] metal. With a fierce sweep[10] of his arm, he hurled the woman from him, and then motioned to the others, as though he were beating them back. It was the same imperious[11] gesture that I had seen used to the wolves. In a voice which, though low and almost in a whisper seemed to cut through the air and then ring in the room he said,

"How dare you touch him, any of you? How dare you cast eyes on[12] him when I had forbidden it? Back, I tell you all! This man belongs to me! Beware how you meddle with him,[13] or you'll have to deal with me."

The fair girl, with a laugh of ribald[14] coquetry, turned to answer him. "You yourself never loved. You never love!" On this the other women joined, and such a mirthless, hard, soulless laughter rang through the room that it almost made me faint to hear. It seemed like the pleasure of fiends.

Then the Count turned, after looking at my face attentively, and said

1) shivering: 전율케 하는.
2) dents: 날카로운 이.
3) languorous: 노곤한.
4) lapped in a storm of fury: 분노에 휩싸여서.
5) champing: 이를 갈다.
6) passion: 분노.
7) pit: 지옥.
8) lurid: 붉은 색을 발하는.
9) white-hot: 백열(白熱)의.
10) sweep: (팔을 한번) 휘두르기.
11) imperious: 고압적인.
12) cast eyes on: …을 눈독들이다.
13) Beware how you meddle with him: beware는 '조심하다'; 즉, 그를 건드리지 않도록 해라는 의미.
14) ribald: 음탕한.

in a soft whisper, "Yes, I too can love. You yourselves can tell it from the past. Is it not so? Well, now I promise you that when I am done with him[1] you shall kiss him at your will.[2] Now go! Go! I must awaken him, for there is work to be done."

"Are we to have nothing tonight?"said one of them, with a low laugh, as she pointed to the bag which he had thrown upon the floor, and which moved as though there were some living thing within it. For answer he nodded his head. One of the women jumped forward and opened it. If my ears did not deceive me[3] there was a gasp and a low wail,[4] as of a half smothered child. The women closed round, whilst I was aghast[5] with horror. But as I looked, they disappeared, and with them the dreadful bag. There was no door near them, and they could not have passed me without my noticing. They simply seemed to fade into[6] the rays of the moonlight and pass out through the window, for I could see outside the dim, shadowy forms for a moment before they entirely faded away.

Then the horror overcame me, and I sank down unconscious.[7]

1) when I am done with him: 내가 그와 더 이상 용건이 없을 때.
2) at your will: 너희들의 뜻대로.
3) If my ears did not deceive me: 내가 잘못 듣지 않았다면.
4) wail: 울부짖는 소리.
5) aghast: 겁이 난.
6) fade into: 사라지다.
7) sank down unconscious: 무의식의 상태에 빠졌다.

CHAPTER 4

JONATHAN HARKER'S JOURNAL(*continued*)

I awoke in my own bed. If it be that I had not dreamt, the Count must have carried me here. I tried to satisfy myself on the subject,[1] but could not arrive at any unquestionable result. To be sure,[2] there were certain small evidences, such as that my clothes were folded and laid by in a manner which was not my habit. My watch was still unwound, and I am rigorously accustomed to wind it the last thing before going to bed,[3] and many such details. But these things are no proof, for they may have been evidences that my mind was not as usual,[4] and, for some cause or another, I had certainly been much upset. I must watch for proof.[5] Of one thing I am glad. If it was that the Count carried me here and undressed me, he must have been hurried in his task, for my pockets are intact.[6] I am sure this diary would have been a mystery to him which he would not have brooked. He would have taken or destroyed it. As I look round this room, although it has been to me so full of fear, it is now a sort of sanctuary,[7] for nothing can be more dreadful than those awful women, who were, who are, waiting to suck my blood.

18 May.--I have been down to look at that room again in daylight, for I must know the truth. When I got to the doorway at the top of the stairs I found it closed. It had been so forcibly driven against the jamb[8] that part of the woodwork[9] was splintered. I could see that the bolt of the lock had not been shot, but the door is fastened from the inside. I fear it was no dream, and must act on this surmise.[10]

19 May.--I am surely in the toils.[11] Last night the Count asked me in the sauvest[12] tones to write three letters, one saying that my work here

---

1) the subject: 세 명의 여자 흡혈귀를 본 것이 꿈인지, 생시인지에 대한 문제를 지칭.
2) To be sure: 확실히.
3) the last thing before going to bed: 자기 직전에.
4) as usual: 평소와 같은.
5) watch for proof: 증거를 찾다.
6) intact: 본래대로의.
7) sanctuary: 성역.
8) jamb: 문설주.
9) woodwork: (문설주의) 나무로 이루어진 부분.
10) on this surmise: 이런 추측에 따라서.
11) in the toils: toils는 '함정', '올가미'; 즉, '함정에 빠진'.
12) suavest: 아주 온화한.

was nearly done, and that I should start for home within a few days, another that I was starting on the next morning from the time of the letter, and the third that I had left the castle and arrived at Bistritz. I would fain[1] have rebelled, but felt that in the present state of things it would be madness to quarrel openly with the Count whilst I am so absolutely in his power.[2] And to refuse would be to excite his suspicion and to arouse his anger. He knows that I know too much, and that I must not live, lest I be dangerous to him. My only chance is to prolong my opportunities. Something may occur which will give ma a chance to escape. I saw in his eyes something of that gathering wrath[3] which was manifest when he hurled that fair woman from him. He explained to me that posts[4] were few and uncertain, and that my writing now would ensure[5] ease of mind to my friends. And he assured me with so much impressiveness that he would countermand[6] the later letters, which would be held over at Bistritz until due time in case chance would admit of my prolonging my stay, that to oppose him would have been to create new suspicion. I therefore pretended to fall in with his views,[7] and asked him what dates I should put on the letters. He calculated a minute, and then said,

"The first should be June 12, the second June 19, and the third June 29."

I know now the span of my life.[8] God help me!

28 May.--There is a chance of escape, or at any rate of being able to send word home. A band of Szgany[9] have come to the castle, and are encamped in the courtyard. These are gipsies. I have notes[10] of them in my book. They are peculiar to this part of the world,[11] though allied to the ordinary gipsies all the world over. There are thousands of them in Hungary and Transylvania, who are almost outside all law.[12] They attach themselves as a rule to some great noble or boyar, and call themselves by his name. They are fearless and without religion, save superstition,

1) fain: '기꺼이', '자진해서'.
2) in his power: 그의 수중에 있는.
3) gathering wrath: 점차 커지는 분노.
4) posts: 집배(集配).
5) ensure: 확실히 가져다주다.
6) countermand: 되불러 들이다.
7) fall in with his views: 그의 생각에 동의하다.
8) span of my life: '내 목숨의 길이'; 즉, 자신이 언제까지 살수 있을지 알게 되었다는 의미.
9) Szgany: 집시.
10) notes: 기록.
11) peculiar to this part of the world: 이 지역에만 있는.
12) outside all law: 모든 법망 바깥에 있는.

and they talk only their own varieties of the Romany tongue.[1]

I shall write some letters home, and shall try to get them to have them posted. I have already spoken to them through my window to begin acquaintanceship. They took their hats off and made obeisance[2] and many signs, which however, I could not understand any more than I could their spoken language . . .

I have written the letters. Mina's is in shorthand, and I simply ask Mr. Hawkins to communicate with her. To her I have explained my situation, but without the horrors which I may only surmise. It would shock and frighten her to death were I to expose my heart to her.[3] Should the letters not carry, then the Count shall not yet know my secret or the extent of my knowledge . . .

I have given the letters. I threw them through the bars of my window with a gold piece, and made what signs I could to have them posted. The man who took them pressed them to his heart and bowed, and then put them in his cap. I could do no more. I stole back[4] to the study, and began to read. As the Count did not come in, I have written here . . .

The Count has come. He sat down beside me, and said in his smoothest voice as he opened two letters, "The Szgany has given me these, of which, though I know not whence they come, I shall, of course, take care. See!"--He must have looked at it.--"One is from you, and to my friend Peter Hawkins. The other,"--here he caught sight of[5] the strange symbols as he opened the envelope, and the dark look came into his face, and his eyes blazed wickedly,--"The other is a vile thing, an outrage[6] upon friendship and hospitality! It is not signed. Well! So it cannot matter to us." And he calmly held letter and envelope in the flame of the lamp till they were consumed.[7] Then he went on:

"The letter to Hawkins, that I shall, of course send on, since it is yours. Your letters are sacred to me. Your pardon, my friend, that unknowingly[8] I did break the seal. Will you not cover it again?" He held out the letter to me, and with a courteous bow handed me a clean envelope. I could only redirect[9] it and hand it to him in silence. When he went out of the room I could hear the key turn softly. A minute later

1) Romany tongue: 집시 말.
2) made obeisance: 인사하였다.
3) were I to expose my heart to her: (가정법) 내 마음을 그녀에게 털어 놓는다면.
4) stole back: 살그머니 돌아갔다.
5) caught sight of: 발견하다.
6) outrage: 모욕.
7) consume: 불타 버리다.
8) unknowingly: 모르는 사이에.
9) redirect: 다시 주소를 적다.

I went over and tried it, and the door was locked.

When, an hour or two after, the Count came quietly into the room, his coming awakened me, for I had gone to sleep on the sofa. He was very courteous and very cheery in his manner, and seeing that I had been sleeping, he said:

"So, my friend, you are tired? Get to bed. There is the surest rest. I may not have the pleasure of talk tonight, since there are many labours[1] to me, but you will sleep, I pray." I passed to my room and went to bed, and, strange to say, slept without dreaming. Despair has its own calms.[2]

31 May.--This morning when I woke I thought I would provide myself with some papers and envelopes from my bag and keep them in my pocket, so that I might write in case I should get an opportunity, but again a surprise, again a shock! Every scrap of paper[3] was gone, and with it all my notes, my memoranda, relating to railways and travel, my letter of credit,[4] in fact all that might be useful to me were I once outside the castle. I sat and pondered[5] awhile, and then some thought occurred to me, and I made search of my portmanteau[6] and in the wardrobe[7] where I had placed my clothes.

The suit in which I had travelled was gone, and also my overcoat and rug.[8] I could find no trace of them anywhere. This looked like some new scheme of villainy[9] . . .

17 June.--This morning, as I was sitting on the edge of my bed cudgelling my brains,[10] I heard without a crackling of whips and pounding and scraping of horses' feet[11] up the rocky path beyond the courtyard. With joy I hurried to the window, and saw drive into the yard two great leiter-wagons, each drawn by eight sturdy horses, and at the head of each pair a Slovak, with his wide hat, great nail-studded belt, dirty sheepskin, and high boots. They had also their long staves in hand. I ran to the door, intending to descend and try and join them through

---

1) labours: 힘든 일.
2) Despair has its own calms: 너무나 절망스러우면 오히려 마음이 평온하게 된다는 뜻이다.
3) scrap of paper: 종잇조각.
4) letter of credit: 신용장.
5) pondered: 곰곰이 생각하다.
6) portmanteau: 대형 여행용 가방.
7) wardrobe: 옷넣는 트렁크.
8) rug: 무릎덮개.
9) villainy: 악행.
10) cudgelling my brains: 내 머리를 쥐어짜내다.
11) pounding and scraping of horses' feet: 말발굽이 바닥에 쿵쾅거리게 부딪치고(pounding) 긁히는 소리(scraping).

the main hall, as I thought that way might be opened for them. Again a shock, my door was fastened on the outside.

Then I ran to the window and cried to them. They looked up at me stupidly and pointed, but just then the "hetman"[1] of the Szgany came out, and seeing them pointing to my window, said something, at which they laughed.

Henceforth no effort of mine, no piteous cry or agonized entreaty, would make them even look at me. They resolutely turned away. The leiter-wagons contained great, square boxes, with handles of thick rope. These were evidently empty by the ease with which the Slovaks handled them, and by their resonance[2] as they were roughly moved. When they were all unloaded and backed[3] in a great heap in one corner of the yard, the Slovaks were given some money by the Szgany, and spitting on it for luck,[4] lazily went each to his horse's head. Shortly afterwards, I heard the crackling of their whips die away in the distance.

24 June.--Last night the Count left me early, and locked himself into his own room. As soon as I dared I ran up the winding stair, and looked out of the window, which opened South. I thought I would watch for[5] the Count, for there is something going on. The Szgany are quartered[6] somewhere in the castle and are doing work of some kind. I know it, for now and then, I hear a far-away muffled sound as of mattock[7] and spade, and, whatever it is, it must be to the end of[8] some ruthless villainy.

I had been at the window somewhat less than half an hour, when I saw something coming out of the Count's window. I drew back and watched carefully, and saw the whole man emerge. It was a new shock to me to find that he had on the suit of clothes which I had worn whilst travelling here, and slung over his shoulder the terrible bag which I had seen the women take away. There could be no doubt as to his quest,[9] and in my garb, too! This, then, is his new scheme of evil, that he will allow others to see me, as they think, so that he may both leave evidence that I have been seen in the towns or villages posting my own

---

1) hetman: 우두머리.
2) resonance: 울리는 소리.
3) backed: 뒤로 옮기다.
4) for luck: 재수있기를 빌며.
5) watch for: …를 찾다.
6) quartered: 숙박하다.
7) mattock: 곡괭이.
8) to the end: end는 '목적'; 즉 … 목적을 이루기 위해서.
9) quest: 원정.

letters, and that any wickedness which he may do shall by the local people be attributed to me.[1]

It makes me rage to think that this can go on, and whilst I am shut up here, a veritable prisoner, but without that protection of the law which is even a criminal's right and consolation.

I thought I would watch for the Count's return, and for a long time sat doggedly[2] at the window. Then I began to notice that there were some quaint[3] little specks floating in the rays of the moonlight. They were like the tiniest grains of dust, and they whirled round and gathered in clusters in a nebulous sort of way.[4] I watched them with a sense of soothing, and a sort of calm stole over me.[5] I leaned back in the embrasure[6] in a more comfortable position, so that I could enjoy more fully the aerial gambolling.[7]

Something made me start up, a low, piteous howling of dogs somewhere far below in the valley, which was hidden from my sight. Louder it seemed to ring in my ears, and the floating moats of dust to take new shapes to the sound as they danced in the moonlight. I felt myself struggling to awake to some call of my instincts.[8] Nay, my very soul was struggling, and my half-remembered[9] sensibilities were striving to answer the call. I was becoming hypnotized![10]

Quicker and quicker danced the dust. The moonbeams seemed to quiver[11] as they went by me into the mass of gloom beyond. More and more they gathered till they seemed to take dim phantom shapes. And then I started, broad awake and in full possession of my senses,[12] and ran screaming from the place.

The phantom shapes, which were becoming gradually materialised[13] from the moonbeams, were those three ghostly women to whom I was doomed. I fled, and felt somewhat safer in my own room, where there was no moonlight, and where the lamp was burning brightly. When a couple of hours had passed I heard something stirring in the Count's

1) be attributed to me: 내가 한 소행으로 돌려지다.

2) doggedly: 끈질기게.

3) quaint: 기묘한.

4) in a nebulous sort of way: 성운처럼.

5) stole over me: 나에게 슬며시 다가왔다.

6) embrasure: 창의 주위가 비스듬히 벌어진 부분.

7) aerial gambolling: 공기처럼 이리저리 움직이는 입자의 모습을 지칭.

8) to some call of my instincts: '나의 본능의 요구에 따라'; 즉, '본능적으로'.

9) half-remembered: 어렴풋한.

10) hypnotized: 최면에 걸린.

11) quiver: 떨리다.

12) in full possession of my senses: 완전히 제정신이 들은.

13) materialized: 형체를 띄다.

room, something like a sharp wail quickly suppressed. And then there was silence, deep, awful silence, which chilled[1] me. With a beating heart, I tried the door, but I was locked in my prison, and could do nothing. I sat down and simply cried.

As I sat I heard a sound in the courtyard without, the agonised cry of a woman. I rushed to the window, and throwing it up, peered out[2] between the bars.

There, indeed, was a woman with dishevelled[3] hair, holding her hands over her heart as one distressed with running.[4] She was leaning against the corner of the gateway. When she saw my face at the window she threw herself forward, and shouted in a voice laden with menace:[5]

"Monster, give me my child!"

She threw herself on her knees,[6] and raising up her hands, cried the same words in tones which wrung my heart.[7] Then she tore her hair and beat her breast, and abandoned herself to all the violences of extravagant emotion.[8] Finally, she threw herself forward, and though I could not see her, I could hear the beating of her naked hands against the door.

Somewhere high overhead, probably on the tower, I heard the voice of the Count calling in his harsh, metallic whisper. His call seemed to be answered from far and wide by the howling of wolves. Before many minutes had passed a pack of[9] them poured, like a pent-up[10] dam when liberated, through the wide entrance into the courtyard.

There was no cry from the woman, and the howling of the wolves was but short. Before long they streamed away singly,[11] licking their lips.

I could not pity her, for I knew now what had become of her child, and she was better dead.

What shall I do? What can I do? How can I escape from this dreadful thrall[12] of night, gloom, and fear?

25 June.--No man knows till he has suffered from the night how

---

1) chilled: 오싹하게 하다.
2) peered out: 밖을 응시하다.
3) dishevelled: 헝클어진.
4) distressed with running: 뛰어 오느라 몹시 숨이 찬.
5) a voice laden with menace: '위협(menace)이 실린 목소리'; 즉, 위협적인 목소리.
6) threw herself on her knees: (그녀는) 철퍼덕 무릎을 꿇었다.
7) wrung my heart: 내 마음을 아프게 하였다.
8) abandoned herself to all the violences of extravagant emotion: abandon oneself to는 '… 에 빠지다'; 즉, 그녀는 격렬한 슬픔에 빠졌다.
9) a pack of: 한 무리의 (동물).
10) pent-up: 갇힌.
11) streamed away singly: 한 마리씩 연이어 나온다는 의미.
12) thrall: 속박.

sweet and dear to his heart and eye the morning can be. When the sun grew so high this morning that it struck the top of the great gateway opposite my window, the high spot which it touched seemed to me as if the dove from the ark[1] had lighted[2] there. My fear fell from me[3] as if it had been a vaporous garment which dissolved[4] in the warmth. I must take action of some sort whilst the courage of the day is upon me. Last night one of my post-dated letters went to post, the first of that fatal series which is to blot out[5] the very traces of my existence from the earth.

Let me not think of it. Action!

It has always been at night-time that I have been molested[6] or threatened, or in some way in danger or in fear. I have not yet seen the Count in the daylight. Can it be that he sleeps when others wake, that he may be awake whilst they sleep? If I could only get into his room! But there is no possible way. The door is always locked, no way for me.

Yes, there is a way, if one dares to take it. Where his body has gone why may not another body go? I have seen him myself crawl from his window. Why should not I imitate him, and go in by his window? The chances are desperate,[7] but my need is more desperate still. I shall risk it. At the worst it can only be death, and a man's death is not a calf's, and the dreaded Hereafter[8] may still be open to me. God help me in my task! Goodbye, Mina, if I fail. Goodbye, my faithful friend and second father. Goodbye, all, and last of all Mina!

Same day, later.--I have made the effort, and God helping me, have come safely back to this room. I must put down every detail in order. I went whilst my courage was fresh straight to the window on the south side, and at once got outside on this side. The stones are big and roughly cut, and the mortar has by process of time[9] been washed away between them. I took off my boots, and ventured out on the desperate way. I looked down once, so as to make sure that a sudden glimpse of the awful depth would not overcome[10] me, but after that kept my eyes away from it. I know pretty well the direction and distance of the Count's

1) dove from the ark: ark는 구약의 '노아의 방주'를 지칭; 대 홍수를 피해 자신이 만든 배에서 생활하였던 노아가 물이 다 빠졌나 확인하기 위해서 날려 보낸 비둘기를 말한다.

2) lighted: 앉다.

3) My fear fell from me: 나에게서 두려움이 사라졌다.

4) dissolved: 사라졌다.

5) blot out: 지우다.

6) molested: 괴롭힘을 당하다.

7) The chances are desperate: 가망이 거의 없다.

8) Hereafter: 내세.

9) by process of time: 시간이 흘러감에 따라.

10) overcome: 압도하다.

window, and made for[1] it as well as I could, having regard to[2] the opportunities available. I did not feel dizzy, I suppose I was too excited, and the time seemed ridiculously short till I found myself standing on the window-sill[3] and trying to raise up the sash. I was filled with agitation, however, when I bent down and slid feet foremost in through the window. Then I looked around for the Count, but with surprise and gladness, made a discovery. The room was empty! It was barely furnished with odd things, which seemed to have never been used.

The furniture was something the same style as that in the south rooms, and was covered with dust. I looked for the key, but it was not in the lock, and I could not find it anywhere. The only thing I found was a great heap of gold in one corner, gold of all kinds, Roman, and British, and Austrian, and Hungarian, and Greek and Turkish money, covered with a film of dust, as though it had lain long in the ground. None of it that I noticed was less than three hundred years old. There were also chains and ornaments, some jewelled,[4] but all of them old and stained.

At one corner of the room was a heavy door. I tried it, for, since I could not find the key of the room or the key of the outer door, which was the main object of my search, I must make further examination, or all my efforts would be in vain. It was open, and led through a stone passage to a circular stairway, which went steeply down.

I descended, minding[5] carefully where I went for the stairs were dark, being only lit by loopholes[6] in the heavy masonry. At the bottom there was a dark, tunnel-like passage, through which came a deathly, sickly odour, the odour of old earth newly turned. As I went through the passage the smell grew closer and heavier. At last I pulled open a heavy door which stood ajar,[7] and found myself in an old ruined chapel, which had evidently been used as a graveyard. The roof was broken, and in two places were steps leading to vaults, but the ground had recently been dug over, and the earth placed in great wooden boxes, manifestly those which had been brought by the Slovaks.

There was nobody about, and I made a search for any further outlet,[8] but there was none. Then I went over every inch of the ground, so as not to lose a chance. I went down even into the vaults, where the dim

1) made for: … 로 나아가다.
2) having regard to: …을 고려하다.
3) window-sill: 창턱.
4) jewelled: 보석이 박힌.
5) minding: 주의를 기울이다.
6) loopholes: (성벽의) 총구멍.
7) ajar: 열린.
8) outlet: 출구

light struggled,[1] although to do so was a dread to my very soul. Into two of these I went, but saw nothing except fragments of old coffins and piles of dust.[2] In the third, however, I made a discovery.

There, in one of the great boxes, of which there were fifty in all, on a pile of newly dug earth, lay the Count! He was either dead or asleep. I could not say which, for eyes were open and stony,[3] but without the glassiness of death,[4] and the cheeks had the warmth of life through all their pallor. The lips were as red as ever. But there was no sign of movement, no pulse, no breath, no beating of the heart.

I bent over him, and tried to find any sign of life, but in vain. He could not have lain there long, for the earthy smell would have passed away in a few hours. By the side of the box was its cover, pierced with holes here and there. I thought he might have the keys on him, but when I went to search I saw the dead eyes, and in them dead though they were, such a look of hate, though unconscious of me or my presence, that I fled from the place, and leaving the Count's room by the window, crawled again up the castle wall. Regaining[5] my room, I threw myself panting upon the bed and tried to think.

29 June.--Today is the date of my last letter, and the Count has taken steps to prove that it was genuine, for again I saw him leave the castle by the same window, and in my clothes. As he went down the wall, lizard fashion, I wished I had a gun or some lethal weapon, that I might destroy him. But I fear that no weapon wrought[6] along by man's hand would have any effect on him. I dared not wait to see him return, for I feared to see those weird sisters. I came back to the library, and read there till I fell asleep.

I was awakened by the Count, who looked at me as grimly as a man could look as he said, "Tomorrow, my friend, we must part. You return to your beautiful England, I to some work which may have such an end that we may never meet. Your letter home has been despatched.[7] Tomorrow I shall not be here, but all shall be ready for your journey. In the morning come the Szgany, who have some labours of their own here, and also come some Slovaks. When they have gone, my carriage shall come for you, and shall bear you to the Borgo Pass to meet the

1) the dim light struggled: 희미한 불빛이 간신히 들어왔다.
2) piles of dusts: 먼지더미.
3) stony: (아무 표정도 없고) 움직이지 않는.
4) glassiness of death: glassiness는 '생기 없음'; 즉, 죽어서 생기를 잃어버림의 의미.
5) Regaining: 다시 돌아오다.
6) wrought: 만들어진.
7) despatched: 급히 발송되다.

diligence from Bukovina to Bistritz. But I am in hopes[1] that I shall see more of you at Castle Dracula."

I suspected him, and determined to test his sincerity. Sincerity! It seems like a profanation[2] of the word to write it in connection with such a monster, so I asked him point-blank,[3] "Why may I not go tonight?"

"Because, dear sir, my coachman and horses are away on a mission."

"But I would walk with pleasure. I want to get away at once."

He smiled, such a soft, smooth, diabolical smile that I knew there was some trick behind his smoothness. He said, "And your baggage?"

"I do not care about it. I can send for[4] it some other time."

The Count stood up, and said, with a sweet courtesy which made me rub my eyes, it seemed so real, "You English have a saying which is close to my heart, for its spirit is that which rules our boyars, 'Welcome the coming, speed the parting guest.'[5] Come with me, my dear young friend. Not an hour shall you wait in my house against your will, though sad am I at your going, and that you so suddenly desire it. Come!" With a stately gravity, he, with the lamp, preceded[6] me down the stairs and along the hall. Suddenly he stopped. "Hark!"

Close at hand came the howling of many wolves. It was almost as if the sound sprang up at the rising of his hand, just as the music of a great orchestra seems to leap under the baton[7] of the conductor. After a pause of a moment, he proceeded, in his stately way, to the door, drew back the ponderous[8] bolts, unhooked the heavy chains, and began to draw it open.

To my intense astonishment I saw that it was unlocked. Suspiciously, I looked all round, but could see no key of any kind.

As the door began to open, the howling of the wolves without grew louder and angrier. Their red jaws, with champing[9] teeth, and their blunt-clawed[10] feet as they leaped, came in through the opening door. I knew than that to struggle at the moment against the Count was useless. With such allies as these at his command,[11] I could do nothing.

---

1) in hopes: 기대하고 있는.

2) profanation: 신성모독.

3) point-blank: 단도직입적으로.

4) send for: …을 가지러 사람을 보내다.

5) Welcome the coming, speed the parting guest: 18세기 영국의 대표적인 시인인 포프(Alexander Pope)가 번역한 호머(Homer)의 『오디세이』(Odyssey)의 15장 83절에서 인용한 구문.

6) preceded: 선도하다.

7) baton: 지휘봉.

8) ponderous: 묵직한.

9) champing: 이를 갈다.

10) blunt-clawed: 짧고 무딘 발톱을 가진.

11) at his command: 그의 명령에 복종하는.

But still the door continued slowly to open, and only the Count's body stood in the gap. Suddenly it struck me that this might be the moment and means of my doom.[1] I was to be given to the wolves, and at my own instigation. There was a diabolical wickedness in the idea great enough for the Count, and as the last chance I cried out, "Shut the door! I shall wait till morning." And I covered my face with my hands to hide my tears of bitter disappointment.

With one sweep of his powerful arm, the Count threw the door shut, and the great bolts clanged and echoed through the hall as they shot back into their places.[2]

In silence we returned to the library, and after a minute or two I went to my own room. The last I saw of Count Dracula was his kissing his hand to me, with a red light of triumph in his eyes, and with a smile that Judas in hell might be proud of.

When I was in my room and about to lie down, I thought I heard a whispering at my door. I went to it softly and listened. Unless my ears deceived me, I heard the voice of the Count.

"Back! Back to your own place! Your time is not yet come. Wait! Have patience! Tonight is mine. Tomorrow night is yours!"

There was a low, sweet ripple[3] of laughter, and in a rage I threw open the door, and saw without the three terrible women licking their lips. As I appeared, they all joined in a horrible laugh, and ran away.

I came back to my room and threw myself on my knees. It is then so near the end? Tomorrow! Tomorrow! Lord, help me, and those to whom I am dear!

30 June.--These may be the last words I ever write in this diary. I slept till just before the dawn, and when I woke threw myself on my knees, for I determined that if Death came he should find me ready.

At last I felt that subtle change in the air, and knew that the morning had come. Then came the welcome cock-crow, and I felt that I was safe. With a glad heart, I opened the door and ran down the hall. I had seen that the door was unlocked, and now escape[4] was before me. With hands that trembled with eagerness, I unhooked the chains and threw back the massive bolts.

But the door would not move. Despair seized me. I pulled and pulled at the door, and shook it till, massive as it was, it rattled in its casement.[5]

1) means of my doom: 나의 파멸(doom)의 수단.
2) shot back into their places: shoot는 '빗장을 지르다'; 즉, 빗장이 제자리로 질러지다.
3) ripple: 잔물결.
4) escape: 탈출방법.
5) casement: 문틀.

I could see the bolt shot. It had been locked after I left the Count.

Then a wild desire took me to obtain the key at any risk, and I determined then and there to scale[1] the wall again, and gain the Count's room. He might kill me, but death now seemed the happier choice of evils. Without a pause I rushed up to the east window, and scrambled down the wall, as before, into the Count's room. It was empty, but that was as I expected. I could not see a key anywhere, but the heap of gold remained. I went through the door in the corner and down the winding stair and along the dark passage to the old chapel. I knew now well enough where to find the monster I sought.

The great box was in the same place, close against the wall, but the lid was laid on it, not fastened down, but with the nails ready in their places to be hammered home.[2]

I knew I must reach the body for the key, so I raised the lid, and laid it back against the wall. And then I saw something which filled my very soul with horror. There lay the Count, but looking as if his youth had been half restored. For the white hair and moustache were changed to dark irongrey. The cheeks were fuller, and the white skin seemed ruby-red underneath. The mouth was redder than ever, for on the lips were gouts[3] of fresh blood, which trickled from the corners of the mouth and ran down over the chin and neck. Even the deep, burning eyes seemed set amongst swollen flesh, for the lids and pouches underneath were bloated.[4] It seemed as if the whole awful creature were simply gorged[5] with blood. He lay like a filthy leech,[6] exhausted with his repletion.[7]

I shuddered as I bent over to touch him, and every sense in me revolted at the contact, but I had to search, or I was lost.[8] The coming night might see my own body a banquet[9] in a similar war to those horrid three. I felt all over the body, but no sign could I find of the key. Then I stopped and looked at the Count. There was a mocking smile on the bloated face which seemed to drive me mad. This was the being I was helping to transfer to London, where, perhaps, for centuries to come he might, amongst its teeming millions, satiate his lust for blood,[10]

1) scale: 올라가다.
2) hammered home: 정확한 위치에(정확히) 망치질하다.
3) gouts: 핏방울.
4) bloated: 부풀어 오른.
5) gorged: 배불리 먹은.
6) leech: 거머리.
7) repletion: 포식.
8) lost: 파멸한.
9) banquet: '진수성찬'; 즉, 세 명의 여자 흡혈귀에 의해 진수성찬 감이 될 것이라는 의미.
10) satiate his lust for blood: satiate는 '충분히 만족시키다'; 즉, 피에 대한 욕구(lust)를 충분히 충족시킨다는 의미.

and create a new and ever-widening circle of semi-demons to batten on[1] the helpless.

The very thought drove me mad. A terrible desire came upon me to rid the world of such a monster. There was no lethal weapon at hand, but I seized a shovel which the workmen had been using to fill the cases, and lifting it high, struck, with the edge downward, at the hateful face. But as I did so the head turned, and the eyes fell upon me,[2] with all their blaze of basilisk horror.[3] The sight seemed to paralyze me, and the shovel turned in my hand and glanced[4] from the face, merely making a deep gash[5] above the forehead. The shovel fell from my hand across the box, and as I pulled it away the flange[6] of the blade caught the edge of the lid which fell over again, and hid the horrid thing from my sight. The last glimpse I had was of the bloated face, blood-stained and fixed with a grin of malice which would have held its own in the nethermost hell. I thought and thought what should be my next move,[7] but my brain seemed on fire, and I waited with a despairing feeling growing over[8] me. As I waited I heard in the distance a gipsy song sung by merry voices coming closer, and through their song the rolling of heavy wheels and the cracking of whips. The Szgany and the Slovaks of whom the Count had spoken were coming. With a last look around and at the box which contained the vile body, I ran from the place and gained the Count's room, determined to rush out at the moment the door should be opened. With strained ears,[9] I listened, and heard downstairs the grinding[10] of the key in the great lock and the falling back of the heavy door. There must have been some other means of entry, or some one had a key for one of the locked doors.

Then there came the sound of many feet tramping and dying away in some passage which sent up a clanging echo. I turned to run down again towards the vault, where I might find the new entrance, but at the moment there seemed to come a violent puff of wind, and the door to

---

1) batten on: …을 배불리 먹다.

2) eyes fell full upon me: 나를 뚫어지게 응시하였다.

3) basilisk horror: basilisk는 전설에 나오는 일종의 뱀으로 한번 노려보면 사람이 죽었다고 전해진다. 따라서 그의 쳐다보는 눈초리가 이 바실리스크가 일으키는 것과 같은 공포감을 불러 일으켰다는 의미.

4) glanced: 옆으로 새다(빗기다).

5) gash: 깊이 베인 상처.

6) flange: 테두리.

7) move: '행동', '조처'.

8) growing over: 엄습하다.

9) with strained ears: 귀를 기울이며.

10) grinding: 삐걱거리는 소리.

the winding stair blew to[1] with a shock that set the dust from the lintels[2] flying. When I ran to push it open, I found that it was hopelessly fast.[3] I was again a prisoner, and the net of doom was closing round me more closely.

As I write there is in the passage below a sound of many tramping feet and the crash of weights being set down heavily, doubtless the boxes, with their freight of earth. There was a sound of hammering. It is the box being nailed down. Now I can hear the heavy feet tramping again along the hall, with many other idle feet coming behind them.

The door is shut, the chains rattle. There is a grinding of the key in the lock. I can hear the key withdrawn, then another door opens and shuts. I hear the creaking of lock and bolt.

Hark! In the courtyard and down the rocky way the roll of heavy wheels, the crack of whips, and the chorus of the Szgany as they pass into the distance.

I am alone in the castle with those horrible women. Faugh! Mina is a woman, and there is nought in common. They are devils of the Pit!

I shall not remain alone with them. I shall try to scale the castle wall farther than I have yet attempted. I shall take some of the gold with me, lest I want it later. I may find a way from this dreadful place.

And then away for home! Away to the quickest and nearest train! Away from the cursed spot, from this cursed land, where the devil and his children still walk with earthly feet!

At least God's mercy is better than that of those monsters, and the precipice is steep and high. At its foot a man may sleep, as a man. Goodbye, all. Mina!

---

1) blew to: 바람이 불어 문이 닫히다.

2) lintels: 상인방(上引枋).

3) fast: 고정된.

CHAPTER 5

Letter From Miss Mina Murray to Miss Lucy Westenra

'9 May.

My dearest Lucy, —

Forgive my long delay in writing, but I have been simply[1] overwhelmed with work. The life of an assistant schoolmistress is sometimes trying.[2] I am longing to be with you, and by the sea, where we can talk together freely and build our castles in the air.[3] I have been working very hard lately, because I want to keep up with[4] Jonathan's studies, and I have been practicing shorthand very assiduously. When we are married I shall be able to be useful to Jonathan, and if I can stenograph[5] well enough I can take down[6] what he wants to say in this way and write it out for him on the typewriter, at which also I am practicing very hard.

He and I sometimes write letters in shorthand, and he is keeping a stenographic journal of his travels abroad. When I am with you I shall keep a diary in the same way. I don't mean one of those two-pages-to-the-week-with-Sunday-squeezed-in-a-corner diaries, but a sort of journal which I can write in whenever I feel inclined.

I do not suppose there will be much of interest to other people, but it is not intended for them. I may show it to Jonathan some day if there is in it anything worth sharing, but it is really an exercise book. I shall try to do what I see lady journalists do, interviewing and writing descriptions and trying to remember conversations. I am told that, with a little practice, one can remember all that goes on or that one hears said during a day.

However, we shall see. I will tell you of my little plans when we meet. I have just had a few hurried lines from Jonathan from Transylvania. He is well, and will be returning in about a week. I am longing to hear all his news. It must be nice to see strange countries. I wonder if we, I mean Jonathan and I, shall ever see them together. There is the ten o'clock bell ringing. Goodbye.

---

1) simply: 완전히.
2) trying: 견디기 어려운.
3) build our castles in the air: '공중누각을 짓다', '공상에 빠지다'.
4) keep up with: 따라잡다.
5) stenograph: 속기하다.
6) take down: '기록하다', '적다'.

'Your loving
'Mina.

' Tell me all the news when you write. You have not told me anything for a long time. I hear rumours, and especially of a tall, handsome, curly-haired man???'

Letter, Lucy Westenra to Mina Murray

'17, Chatham Street,
'Wednesday.

'My dearest Mina,—

'I must say you tax[1] me very unfairly with being a bad correspondent. I wrote you twice since we parted, and your last letter was only your second. Besides, I have nothing to tell you. There is really nothing to interest you.

Town is very pleasant just now, and we go a great deal to picture-galleries and for walks and rides in the park. As to the tall, curly-haired man, I suppose it was the one who was with me at the last Pop.[2] Someone has evidently been telling tales.

That was Mr. Holmwood. He often comes to see us, and he and Mamma get on[3] very well together, they have so many things to talk about in common.

We met some time ago a man that would just do for you,[4] if you were not already engaged to Jonathan. He is an excellant parti,[5] being handsome, well off,[6] and of good birth. He is a doctor and really clever. Just fancy! He is only nine-and twenty, and he has an immense lunatic asylum all under his own care.[7] Mr. Holmwood introduced him to me, and he called here to see us, and often comes now. I think he is one of the most resolute[8] men I ever saw, and yet the most calm. He seems

1) tax: 책망하다.
2) Pop: 대중음악회(popular concert).
3) get on: '서로 마음이 맞다', '가깝게 지내다'.
4) do for you: 너의 (배우자감으로서) 적당하다는 의미.
5) parti: 결혼상대감.
6) well off: 부유한.
7) under his own care: 그의 감독(책임)하에.
8) resolute: 의지가 굳은.

absolutely imperturbable.[1] I can fancy what a wonderful power he must have over his patients. He has a curious habit of looking one straight in the face, as if trying to read one's thoughts. He tried this on very much with me,[2] but I flatter myself he has got a tough nut to crack.[3] I know that from my glass. Do you ever try to read your own face? I do, and I can tell you it is not a bad study, and gives you more trouble than you can well fancy if you have never tried it. He say that I afford him a curious psychological study, and I humbly think I do. I do not, as you know, take sufficient interest in dress to be able to describe the new fashions. Dress is a bore.[4] That is slang again, but never mind. Arthur says that every day. There, it is all out, Mina, we have told all our secrets to each other since we were children. We have slept together and eaten together, and laughed and cried together, and now, though I have spoken, I would like to speak more. Oh, Mina, couldn't you guess? I love him. I am blushing as I write, for although I think he loves me, he has not told me so in words. But, oh, Mina, I love him. I love him! There, that does me good. I wish I were with you, dear, sitting by the fire undressing, as we used to sit, and I would try to tell you what I feel. I do not know how I am writing this even to you. I am afraid to stop, or I should tear up the letter, and I don't want to stop, for I do so want to tell you all. Let me hear from you at once, and tell me all that you think about it. Mina, pray for my happiness.

'Lucy.

P. S.--I need not tell you this is a secret. Goodnight again.

'L.'

Letter, Lucy Westenra to Mina Murray

'24 May.

'My dearest Mina,

Thanks, and thanks, and thanks again for your sweet letter. It was so nice to be able to tell you and to have your sympathy. My dear, it never rains but it pours.[5] How true the old proverbs are. Here am I, who

1) imperturbable: 침착한.

2) He tried this on very much with me: 나한테도 이러한 시도를 많이 하였다(나의 마음을 읽으려는 시도를 여러번 하였다는 의미).

3) tough nut to crack: 상대하기에 만만치 않은 사람.

4) bore: 따분한 일.

5) it never rains but it pours: '비가 왔다하면 폭우처럼 온다'는 영국 속담.

shall be twenty in September, and yet I never had a proposal till today, not a real proposal, and today I had three. Just fancy! Three proposals in one day! Isn't it awful! I feel sorry, really and truly sorry, for two of the poor fellows. Oh, Mina, I am so happy that I don't know what to do with myself. And three proposals! But, for goodness' sake, don't tell any of the girls, or they would be getting all sorts of extravagant[1] ideas, and imagining themselves injured and slighted[2] if in their very first day at home they did not get six at least. Some girls are so vain! You and I, Mina dear, who are engaged and are going to settle down soon soberly into old married women,[3] can despise vanity. Well, I must tell you about the three, but you must keep it a secret, dear, from every one except, of course, Jonathan. You will tell him, because I would, if I were in your place, certainly tell Arthur. A woman ought to tell her husband everything. Don't you think so, dear? And I must be fair. Men like women, certainly their wives, to be quite as fair as they are. And women, I am afraid, are not always quite as fair as they should be.

Well, my dear, number One came just before lunch. I told you of him, Dr. John Seward, the lunatic asylum man, with the strong jaw and the good forehead. He was very cool outwardly, but was nervous[4] all the same. He had evidently been schooling himself[5] as to all sorts of little things, and remembered them, but he almost managed to[6] sit down on his silk hat, which men don't generally do when they are cool, and then when he wanted to appear at ease he kept playing with a lancet[7] in a way that made me nearly scream. He spoke to me, Mina, very straightfordwardly.[8] He told me how dear I was to him, though he had known me so little, and what his life would be with me to help and cheer him. He was going to tell me how unhappy he would be if I did not care for him, but when he saw me cry he said he was a brute and would not add to my present trouble. Then he broke off[9] and asked if I could love him in time,[10] and when I shook my head his hands trembled, and then with some hesitation he asked me if I cared already for any one else. He put it very nicely, saying that he did not want to wring my

---

1) extravagant: 터무니없는.
2) slighted: 무시당한.
3) settle down soon soberly into old married women: 결혼하여 나이들은 유부녀로 정착하게 될 것이다는 의미.
4) nervous: 초조한.
5) schooling himself: (대비하여) 훈련하다.
6) almost managed to: 거의 … 할 뻔하였다.
7) lancet: 란셋트(종기의 절개에 사용되는 외과용 기구).
8) straightforwardly: 단도직입적으로.
9) broke off: (말을) 중단하였다.
10) in time: 나중에.

confidence[1] from me, but only to know, because if a woman's heart was free a man might have hope. And then, Mina, I felt a sort of duty to tell him that there was some one. I only told him that much, and then he stood up, and he looked very strong and very grave as he took both my hands in his and said he hoped I would be happy, and that If I ever wanted a friend I must count him one of my best.[2]

Oh, Mina dear, I can't help crying, and you must excuse this letter being all blotted. Being proposed to is all very nice and all that sort of thing, but it isn't at all a happy thing when you have to see a poor fellow, whom you know loves you honestly, going away and looking all broken hearted, and to know that, no matter what he may say at the moment, you are passing out of his life. My dear, I must stop here at present, I feel so miserable, though I am so happy.

'Evening.

Arthur has just gone, and I feel in better spirits[3] than when I left off, so I can go on telling you about the day. Well, my dear, number Two came after lunch. He is such a nice fellow, and American from Texas, and he looks so young and so fresh that it seems almost impossible that he has been to so many places and has such adventures. I sympathize with poor Desdemona[4] when she had such a dangerous stream[5] poured in her ear, even by a black man. I suppose that we women are such cowards that we think a man will save us from fears, and we marry him. I know now what I would do if I were a man and wanted to make a girl love me. No, I don't, for there was Mr. Morris telling us his stories, and Arthur never told any, and yet . . .

My dear, I am somewhat previous.[6] Mr. Quincy P. Morris found me alone. It seems that a man always does find a girl alone. No, he doesn't, for Arthur tried twice to make a chance, and I helping him all I could, I am not ashamed to say it now. I must tell you beforehand that Mr. Morris doesn't always speak slang, that is to say, he never does so to strangers or before them, for he is really well educated and has

---

1) wring my confidence: 억지로 내 속마음을 털어놓게 하다.
2) count him one of my best: count는 '간주하다'; 즉, 자신을 가장 좋은 친구 중의 한명으로 간주해 달라는 의미.
3) in better spirits: 기분이 좋은.
4) Desdemona: 셰익스피어의 『오셀로』(Othello)에 나오는 주인공 오셀로의 아내로서 이아고(Iago)라는 인물의 계략에 빠진 남편 오셀로에 의해 부정한 여인으로 오해를 받아 결국 오셀로에 의해 살해당한다. 데스메모나가 처음 오셀로를 사랑하게 된 계기는 장군 오셀로가 겪었던 위험천만한 여러 모험에 관해 그의 이야기를 듣고서였다.
5) dangerous stream: 연속적인 모험담을 지칭.
6) previous: '서두르는'; 즉, 자신이 이야기를 서둘러 하여 이야기 순서가 바뀌었다는 의미.

exquisite[1] manners, but he found out that it amused me to hear him talk American slang, and whenever I was present, and there was no one to be shocked, he said such funny things. I am afraid, my dear, he has to invent it all, for it fits exactly into[2] whatever else he has to say. But this is a way slang has. I do not know myself if I shall ever speak slang. I do not know if Arthur likes it, as I have never heard him use any as yet. Well, Mr. Morris sat down beside me and looked as happy and jolly as he could, but I could see all the same[3] that he was very nervous. He took my hand in his, and said ever so sweetly . . .

"Miss Lucy, I know I ain't[4] good enough to regulate the fixin's of your little shoes,[5] but I guess if you wait till you find a man that is you will go join them seven young women with the lamps when you quit. Won't you just hitch up[6] along-side of me and let us go down the long road together, driving in double harness?"[7]

Well, he did look so hood humoured and so jolly that it didn't seem half so hard to refuse him as it did poor Dr. Seward. So I said, as lightly as I could, that I did not know anything of hitching, and that I wasn't broken to harness[8] at all yet. Then he said that he had spoken in a light manner, and he hoped that if he had made a mistake in doing so on so grave, so momentous,[9] and occasion for him, I would forgive him. He really did look serious when he was saying it, and I couldn't help feeling a bit serious, too. I know, Mina, you will think me a horrid flirt[10] - though I couldn't help feeling a sort of exultation that he was number Two in one day. And then, my dear, before I could say a word he began pouring out a perfect torrent of love-making,[11] laying his very heart and soul at my feet. He looked so earnest over it that I shall never again think that a man must be playful always, and never earnest, because he is merry at times. I suppose he saw something in my face which checked him, for he suddenly stopped, and said with a sort of manly

1) exquisite: 세련된.

2) fits exactly into: … 에 정확히 들어맞다.

3) all the same: 그럼에도 불구하고.

4) ain't: 'am not'의 사투리.

5) regulate the fixin's of your little shoes: 자신은 루시의 신발정리도 제대로 하지 못할 비천한 인물이라는 의미다.

6) hitch up: '(말을) 수레에 걸다'는 의미와 미국 속어로 '결혼하다'는 의미가 있다. 여기서 퀸시(Quincy)는 이 두 가지 의미를 동시에 사용하고 있다.

7) in double harness: harness는 '마구(馬具)'; 그러나 in double harness는 속어로 '결혼한'이란 의미.

8) wasn't broken to harness: broken은 '말이 길들여진'; '마구를 찰 정도로 길들여지지 않은'; 즉, 루시(Lucy)는 자신이 결혼할 준비가 아직 안 되었다고 말하고 있다.

9) momentous: 중요한.

10) flirt: 난봉꾼.

11) torrent of love-making: 마구 퍼붓는 구애.

fervour that I could have loved him for if I had been free . . .

"Lucy, you are an honest hearted girl, I know. I should not be here speaking to you as I am now if I did not believe you clean grit,[1] right through to the very depths of your soul. Tell me, like one good fellow to another, is there any one else that you care for? And if there is I'll never trouble you a hair's breadth[2] again, but will be, if you will let me, a very faithful friend."

My dear Mina, why are men so noble when we women are so little worthy of them? Here was I almost making fun of this great hearted, true gentleman. I burst into tears, I am afraid, my dear, you will think this a very sloppy[3] letter in more ways than one, and I really felt very badly. Why can't they let a girl marry three men, or as many as want her, and save all this trouble? But this is heresy,[4] and I must not say it. I am glad to say that, though I was crying, I was able to look into Mr. Morris' brave eyes, and I told him out straight . . .

"Yes, there is some one I love, though he has not told me yet that he even loves me." I was right to speak to him so frankly, for quite a light came into his face, and he put out both his hands and took mine, I think I put them into his, and said in a hearty way[5] . . .

"That's my brave girl. It's better worth being late for a chance of winning you than being in time for any other girl in the world. Don't cry, my dear. If it's for me, I'm a hard nut to crack, and I take it standing up.[6] If that other fellow doesn't know his happiness, well, he'd better look for it soon, or he'll have to deal with me. Little girl, your honesty and pluck[7] have made me a friend, and that's rarer than a lover, it's more selfish anyhow. My dear, I'm going to have a pretty lonely walk between this and Kingdom Come. Won't you give me one kiss? It'll be something to keep off[8] the darkness now and then. You can, you know, if you like, for that other good fellow, or you could not love him, hasn't spoken yet."

That quite won me,[9] Mina, for it was brave and sweet of him, and noble too, to a rival, wasn't it? And he so sad, so I leant over and kissed

1) clean grit: 진정한 용기를 가진 사람.
2) hair's breadth: (부정어와 함께) 조금도 …하지 않는다는 의미.
3) sloppy: (글이) 너저분한.
4) heresy: 이단적인 말.
5) in a hearty way: 진심으로.
6) take it standing up: take it은 '감수하다', '참다'; standing up은 '정면으로 맞서며'; 즉, 정면으로 맞서 이를 받아들인다는 의미.
7) pluck: 용기.
8) keep off: '막다', '저지하다'.
9) That quite won me: 내 마음을 아주 사로잡았다.

him. He stood up with my two hands in his, and as he looked down into my face, I am afraid I was blushing very much, he said, "Little girl, I hold your hand, and you've kissed me, and if these things don't make us friends nothing ever will. Thank you for your sweet honesty to me, and goodbye." He wrung my hand, and taking up his hat, went straight out of the room without looking back, without a tear or a quiver or a pause, and I am crying like a baby. Oh, why must a man like that be made unhappy when there are lots of girls about who would worship the very ground he trod on? I know I would if I were free,[1] only I don't want to be free My dear, this quite upset me, and I feel I cannot write of happiness just at once, after telling you of it, and I don't wish to tell of the number Three until it can be all happy. — Ever your loving

'LUCY.

P. S.--Oh, about number Three, I needn't tell you of number Three, need I? Besides, it was all so confused. It seemed only a moment from his coming into the room till both his arms were round me, and he was kissing me. I am very, very happy, and I don't know what I have done to deserve it. I must only try in the future to show that I am not ungrateful to God for all His goodness to me in sending to me such a lover, such a husband, and such a friend.

'Goodbye.'

DR. SEWARD'S DIARY
(*Kept in phonograph*[2])

25 April.--Ebb tide in appetite today.[3] Cannot eat, cannot rest, so diary instead. since my rebuff[4] of yesterday I have a sort of empty feeling. Nothing in the world seems of sufficient importance to be worth the doing. As I knew that the only cure for this sort of thing was work, I went amongst the patients. I picked out one who has afforded me a study[5] of much interest. He is so quaint that I am determined to understand him as well as I can. Today I seemed to get nearer than ever before to the heart of his mystery.[6]

---

1) free: 자신의 마음을 사로잡은 사람이 없다면' 이란 의미; 루시의 다소 자유분방한 성격이 엿보이는데, 이것이 바로 그녀가 드라큘라의 희생자가 되게 하는 요인이기도 하다.
2) phonograph: 축음기.
3) Ebb tide in appetite: 식욕의 감퇴.
4) rebuff: 퇴짜.
5) study: 연구대상.
6) heart of his mystery: 그의 불가사이함의 본질.

I questioned him more fully than I had ever done, with a view to making myself master of the facts of his hallucination.[1] In my manner of doing it there was, I now see, something of cruelty. I seemed to wish to keep him to the point of his madness,[2] a thing which I avoid with the patients as I would the mouth of hell.

(Mem., Under what circumstances would I not avoid the pit of hell?) *Omnia Romae venalia sunt.*[3] Hell has its price! *verb. sap.*[4] If there be anything behind this instinct it will be valuable to trace it afterwards *accurately,* so I had better commence[5] to do so, therefore . . .

R. M, Renfield, aetat. 59.[6] Sanguine[7] temperament, great physical strength, morbidly excitable, periods of gloom, ending in some fixed idea which I cannot make out.[8] I presume that the sanguine temperament itself and the disturbing influence end in a mentally-accomplished finish,[9] a possibly dangerous man, probably dangerous if unselfish. In selfish men caution is as secure an armour for their foes as for themselves. What I think of on this point is, when self is the fixed point the centripetal[10] force is balanced with the centrifugal.[11] When duty, a cause, etc., is the fixed point, the latter force is paramount, and only accident of a series of accidents can balance it.

Letter, Quincey P. Morris to Hon. Arthur Holmood

'25 May.

My dear Art,

We've told yarns[12] by the campfire in the prairies,[13] and dressed one

1) master of the facts of his hallucination: 그가 망상(hallucination)에 빠지게 된 사실(fact)을 알게 된다는 의미.
2) keep him to the point of his madness: 그가 광기를 들어내도록 그와의 대화를 이어나갔다는 의미.
3) *Omnia Romae venalia sunt*: 로마의 풍자시인 쥬브날(Juvenal)의 『풍자』(satires) 중에 나오는 구절로 '로마에 있는 모든 것은 판매용이다'는 의미.
4) *verb. sap*: 로마어로 'verbum satis sapienti' (현자에게는 한 마디면 충분하다)의 약자.
5) commence: 시작하다.
6) aetat. 59: (라틴어) '59세의'(aged 59).
7) Sanguine: 낙천적인.
8) make out: 이해하다.
9) mentally-accomplished finish: 정신적으로 이룬 결말.
10) centripetal: 구심력의.
11) centrifugal: 원심력의.
12) yarns: '긴 이야기', '허풍스런 이야기'.
13) prairies: 대 초원.

another's wounds after trying a landing at the Marquesas,[1] and drunk healths on the shore of Titicaca.[2] There are more yarns to be told, and other wounds to be healed, and another health to be drunk. Won't you let this be at my campfire tomorrow night? I have no hesitation in asking you, as I know a certain lady is engaged to a certain dinner party, and that you are free. There will only be one other, our old pal at the Korea, Jack Seward. He's coming, too, and we both want to mingle our weeps over the wine-cup,[3] and to drink a health with all our hearts to the happiest man in all the wide world, who has won the noblest heart that God has made and best worth winning. We promise you a hearty welcome, and a loving greeting, and a health as true as your own right hand. We shall both swear to leave you at home if you drink too deep to a certain pair of eyes. Come!

'*Yours, as ever and always,*
'QUINCEY P. MORRIS.'

Telegram From Arthur Holmwood to Quincey P. Morris

'*26 May.*

Count me in every time.[4] I bear messages which will make both your ears tingle.[5]

ART.

1) Marquesas: 남태평양에 있는 화산 섬.

2) Titicaca: 페루와 볼리비아사이 안데스 산맥에 있는 세계에서 가장 높고 큰 호수.

3) mingle our weeps over the wine-cup: 와인 잔에 눈물을 섞는다는 의미는 루시의 청혼 거절에 상처를 입은 두 사람이 술을 마시며 서로 눈물을 함께 나누자는 의미다.

4) Count me in every time: 언제라도(in every time) 합류할 테니 그 무리에 자신을 넣으라고 (count) 말하고 있다.

5) make both your ears tingle: 상대방의 두 귀를 얼얼하게 할 정도로 흥분시키는 소식거리를 가지고 가겠다는 의미.

CHAPTER 6

MINA MURRAY'S JOURNAL

24 July. Whitby.[1]*--Lucy* met me at the station, looking sweeter and lovlier than ever, and we drove up to the house at the Crescent in which they have rooms. This is a lovely place. The little river, the Esk, runs through a deep valley, which broadens out as it comes near the harbour. A great viaduct[2] runs across, with high piers,[3] through which the view seems somehow further away than it really is. The valley is beautifully green, and it is so steep that when you are on the high land on either side you look right across it, unless you are near enough to see down. The houses of the old town--the side away from us—are all red-roofed, and seem piled up one over the other anyhow, like the pictures we see of Nuremberg.[4] Right over the town is the ruin of Whitby Abbey, which was sacked[5] by the Danes,[6] and which is the scene of part of "Marmion,"[7] where the girl was built up in the wall. It is a most noble ruin, of immense size, and full of beautiful and romantic bits. There is a legend that a white lady is seen in one of the windows. Between it and the town there is another church, the parish one, round which is a big graveyard, all full of tombstones. This is to my mind the nicest spot in Whitby, for it lies right over the town, and has a full view of the harbour and all up the bay to where the headland[8] called Kettleness stretches out into the sea. It descends so steeply over the harbour that part of the bank has fallen away, and some of the graves have been destroyed.

In one place part of the stonework of the graves stretches out over the sandy pathway far below. There are walks, with seats beside them, through the churchyard, and people go and sit there all day long looking at the beautiful view and enjoying the breeze.

I shall come and sit here often myself and work. Indeed, I am writing now, with my book on my knee, and listening to the talk of three old

---

1) *Whitby*: 스토커가 1890년 휴가를 보냈던 요크셔에 있는 북해 휴양지.

2) viaduct: 구름다리.

3) piers: 방파제.

4) Nuremberg: 1890년 스토커는 뉘른베르크 시를 방문하였다.

5) sacked: 약탈당하다.

6) Danes: '데인족'; 9-11세기경 영국을 침범한 종족.

7) Marmion: 19세기의 영국 시인 스콧(Walter Scott)의 긴 서사시 *Marmion*(1808)에 등장하는 Constance de Beverley라는 수녀는 애인을 쫓아 수녀로서의 맹세를 저버려, 그 벌로써 Whitby 수도원 지하에 산채로 감금된다.

8) headland: 갑(岬).

men who are sitting beside me. They seem to do nothing all day but sit here and talk.

The harbour lies below me, with, on the far side, one long granite[1] wall stretching out into the sea, with a curve outwards at the end of it, in the middle of which is a lighthouse. A heavy sea-wall[2] runs along outside of it. On the near side, the seawall makes an elbow[3] crooked inversely, and its end too has a lighthouse. Between the two piers there is a narrow opening[4] into the harbour, which then suddenly widens.

It is nice at high water, but when the tide[5] is out it shoals away to nothing,[6] and there is merely the stream of the Esk, running between banks of sand, with rocks here and there. Outside the harbour on this side there rises for about half a mile a great reef,[7] the sharp of which runs straight out from behind the south lighthouse. At the end of it is a buoy[8] with a bell, which swings in bad weather, and sends in a mournful sound on the wind.[9]

They have a legend here that when a ship is lost bells are heard out at sea. I must ask the old man about this. He is coming this way . . .

He is a funny old man. He must be awfully old, for his face is gnarled[10] and twisted like the bark of a tree. He tells me that he is nearly a hundred, and that he was a sailor in the Greenland fishing fleet when Waterloo was fought.[11] He is, I am afraid, a very sceptical person, for when I asked him about the bells at sea and the White Lady at the abbey he said very brusquely,[12]

"I wouldn't fash masel'[13] about them, miss. Them[14] things be all wore out. Mind, I don't say that they never was, but I do say that they wasn't

---

1) granite: 화강암.

2) sea-wall: 호안(湖岸).

3) elbow: 해안선의 급한 굴곡.

4) opening: 통로.

5) high tide: 만조.

6) shoals away to nothing: 얕아져서(shoal) 거의 아무것도 남지 않다.

7) reef: '암초', '사주'.

8) buoy: 부표.

9) sends in a mournful sound on the wind: 바람이 불자 슬픈 소리를 낸다는 의미.

10) gnarled: 울퉁불퉁한.

11) when Waterloo was fought: 1815년 벨기에 남부에 있는 워터루에서 일어난 전쟁. 이 전쟁에서 프랑스의 나폴레옹은 영국군과 기타 유럽 동맹국에 크게 패하여 권좌에서 물러나 유배되게 된다.

12) brusquely: 퉁명스럽게.

13) fash masel: 'fuss myself'(소통을 피다)의 Whitby 지방 사투리; 여기에 나오는 사투리는 F. K. Robinson이 쓴 *A Glossary of Words Used in the Neighbourhood of Whitby*(1876)에서 스토커가 따온 것이다.

14) Them: 'those'의 의미.

in my time. They be all very well for comers and trippers, an' the like, but not for a nice young lady like you. Them feet-folks[1] from York and Leeds that be always eatin'cured herrin's and drinkin' tea an' lookin' out to buy cheap jet[2] would creed aught. I wonder masel' who'd be bothered tellin' lies to them, even the newspapers, which is full of fool-talk."[3]

I thought he would be a good person to learn interesting things from, so I asked him if he would mind telling me something about the whale fishing in the old days. He was just settling himself[4] to begin when the clock struck six, whereupon he laboured to[5] get up, and said:

"I must gang[6] ageeanwards home now, miss. My granddaughter doesn't like to be kept waitin' when the tea is ready, for it takes me time to crammle aboon the grees,[7] for there be a many of 'em, and miss, I lack belly-timber[8] sairly by the clock."

He hobbled away, and I could see him hurrying, as well as he could, down the steps. The steps are a great feature[9] on the place. They lead from the town to the church, there are hundreds of them, I do not know how many, and they wind up in a delicate curve. The slope is so gentle that a horse could easily walk up and down them. I think they must originally have had something to do with the abbey. I shall go home too. Lucy went out, visiting with her mother, and as they were only duty calls,[10] I did not go. They will be home by this.

1 August.--I came up here an hour ago with Lucy, and we had a most interesting talk with my old friend and the two others who always come and join him. He is evidently the Sir Oracle[11] of them, and I should think must have been in his time a most dictatorial[12] person.

He will not admit anything, and downfaces[13] everybody. If he can't

1) feet-folks: '도보 여행자'를 의미.
2) jet: '흑석'(黑石); 갈아 윤이나게 만든 갈탄은 보석이나 문진으로 사용되었으며, 이것은 당시 Whitby에서 많이 팔리던 물품 중의 하나였다.
3) fool-talk: '어리석은 이야기'의 의미로 사용된 듯 하다.
4) settling himself: 자리잡다.
5) laboured to: … 하려고 애쓰다.
6) gang: 'go'의 사투리.
7) crammle aboon the grees: 'hobble upstairs'(계단위를 올라가다)의 Whitby 사투리.
8) belly-timber: 'food'(음식)의 사투리.
9) feature: '볼만한 것', '눈에 두드러지는 것'.
10) duty calls: 예의상의 방문.
11) Sir Oracle: 스스로를 대단한 인물로 생각하는 사람이란 의미로 셰익스피어는『베니스의 상인』(Merchant of Venice)의 1막 1장 93-4절에서 다음과 같이 사용하였다. '난 신탁씨다. 내가 입을 열 때, 어떤 개도 짖지 못하게 하라'(I am Sir Oracle,/ And When I ope my lips let no dog bark).
12) dictatorial: '독재자 같은', '권위주의적인'.
13) downfaces: '반박하다', '을러대다'.

out-argue[1] them he bullies[2] them, and then takes their silence for agreement[3] with his views.

Lucy was looking sweetly pretty in her white lawn[4] frock. She has got a beautiful colour since she has been here.

I noticed that the old men did not lose any time in coming and sitting near her when we sat down. She is so sweet with old people, I think they all fell in love with her on the spot.[5] Even my old man succumbed[6] and did not contradict her, but gave me double share instead. I got him on the subject of the legends,[7] and he went off at once into a sort of sermon. I must try to remember it and put it down.

"It be all fool-talk, lock, stock, and barrel, that's what it be and nowt else. These bans an' wafts an' boh-ghosts an' bar-guests and bogles an' all anent them is only fit to set bairns an' dizzy women a'belderin'.[8] They be nowt but air-blebs.[9] They, an' all grims[10] an' signs an' warnin's, be all invented by parsons an' illsome beuk-bodies[11] an' railway touters to skeer an' scunner hafflin's,[12] an' to get folks to do somethin' that they don't other incline to. It makes me ireful[13] to think o' them. Why, it's them that, not content with printin' lies on paper[14] an' preachin' them out of pulpits, does want to be cuttin' them on the tombstones. Look here all around you in what airt[15] ye will. All them steans,[16] holdin' up their heads as well as they can out of their pride, is acant,[17] simply tumblin' down with the weight o' the lies wrote on them, 'Here lies the body' or 'Sacred

---

1) out-argue: 논쟁에서 이기다.

2) bullies: '괴롭히다', '구박하다'.

3) takes their silence for agreement: take for는 '…으로 간주하다'; 즉, 그들의 침묵을 자신의 말에 동의하는 것으로 간주한다는 의미.

4) lawn: 한랭사류.

5) on the spot: 그 자리에서.

6) succumbed: 굴복하다.

7) got him on the subject of the legends: 그 전설에 관한 화제로 그의 말을 이끌었다는 의미.

8) These bans an' wafts an'boh-ghosts an' barguests … dizzy women a-belderin: 표준 영어로 바꾸면 다음과 같다. 'these curses and ghosts and spooks and spirits and hobgoblins are only fit to send children and feature-brained women a-blubbering' (이 저주들과 유령, 귀신, 도깨비에 관한 이야기들은 아이들과 멍청한 여자들만 울게 할 것이다).

9) air-blebs: 'bubble'(망상, 허풍)의 사투리.

10) grims: 귀신.

11) beuk-bodies: 학식있는 사람.

12) skeer an' scunner hafflin's: skeer은 'scare'(두렵게하다), hafflin's는 'half- wits'(바보)의 사투리; 즉, 바보들을 겁주고 놀라게 하다.

13) ireful: 화난.

14) paper: 신문.

15) airt: '길', '방향'.

16) steans: 'stone'의 사투리로 여기서는 '묘석'(tombstone)을 지칭한다.

17) acant: 기울어 있는.

to the memory' wrote on all of them, an' yet in nigh half of them there bean't no bodies at all, an' the memories of them bean't cared a pinch of[1] snuff about, much less sacred. Lies all of them, nothin' but lies of one kind or another! My gog, but it'll be a quare scowderment[2] at the Day of Judgment[3] when they come tumblin' up in their death-sarks,[4] all jouped[5] together an' trying' to drag their tombsteans with them to prove how good they was, some of them trimmlin'[6] an' dithering, with their hands that dozzened[7] an' slippery from lyin' in the sea that they can't even keep their gurp o' them."

I could see from the old fellow's self-satisfied air and the way in which he looked round for the approval of his cronies[8] that he was "showing off," so I put in[9] a word to keep him going.

"Oh, Mr. Swales, you can't be serious. Surely these tombstones are not all wrong?"

"Yabblins![10] There may be a poorish few not wrong, savin' where they make out the people too good, for there be folk that do think a balm-bowl[11] be like the sea, if only it be their own. The whole thing be only lies. Now look you here. You come here a stranger, an' you see this kirk-garth."[12]

I nodded, for I thought it better to assent, though I did not quite understand his dialect. I knew it had something to do with the church.

He went on: "And you consate that all these steans be aboon folk that be haped here, snod an' snog?"[13] I assented again. "Then that be just where the lie comes in. Why, there be scores of these lay-beds that be toom[14] as old Dun's 'baccabox on Friday night."

He nudged[15] one of his companions, and they all laughed. "And, my

---

1) a pinch of: 약간의.

2) quare scowderment: quare는 'queer'(기이한), scowderment는 '소동'.

3) Day of Judgment: (기독교) 최후 심판의 날.

4) death-sarks: 수의.

5) jouped: 'jumbled'(뒤죽박죽이 된)의 사투리.

6) trimmlin: 'trembling'(떨고 있는)의 사투리.

7) dozzened: 'shrivelled up'(쭈그러든)의 사투리.

8) cronies: 친구.

9) put in: 말을 거들다.

10) Yabblins: 아마도(possibly).

11) balm-bowl: 요강.

12) kirk-garth: 교회 묘지.

13) you consate that all these steans … snod an' snog?: 'you imagine that all these tombstones are above people that are buried here neat and tidy?' (여기에 묻힌 사람들 위로 이 묘석들이 세워졌다고 당신은 생각하시오?).

14) lay-beds that be toom: 'graves that are empty'(비어있는 무덤)의 사투리.

15) nudged: 팔꿈치로 슬쩍 찔렀다.

gog! How could they be otherwise? Look at that one, the aftest abaft the bier-bank,[1] read it!"

I went over and read, "Edward Spencelagh, master mariner, murdered by pirates off the coast of Andres, April, 1854, age 30." When I came back Mr. Swales went on,

"Who brought him home, I wonder, to hap him here? Murdered off the coast of Andres! An' you consated his body lay under! Why, I could name ye a dozen whose bones lie in the Greenland seas above," he pointed northwards, "or where the currants may have drifted[2] them. There be the steans around ye. Ye can, with your young eyes, read the small print of the lies from here. This Braithwaite Lowery, I knew his father, lost in the Lively off Greenland in '20, or Andrew Woodhouse, drowned in the same seas in 1777, or John Paxton, drowned off Cape Farewell a year later, or old John Rawlings, whose grandfather sailed with me, drowned in the Gulf of Finland in '50. Do ye think that all these men will have to make a rush to Whitby when the trumpet sounds?[3] I have me antherums[4] aboot it! I tell ye that when they got here they'd be jommlin' and jostlin' one another that way that it 'ud be like a fight up on the ice in the old days, when we'd be at one another from daylight to dark, an' tryin' to tie up our cuts by the aurora borealis."[5] This was evidently local pleasantry,[6] for the old man cackled[7] over it, and his cronies joined in with gusto.[8]

"But," I said, "surely you are not quite correct, for you start on the assumption[9] that all the poor people, or their spirits, will have to take their tombstones with them on the Day of Judgment. Do you think that will be really necessary?"

"Well, what else be they tombstones for? Answer me that, miss!"

"To please their relatives, I suppose."

"To please their relatives, you suppose!" This he said with intense scorn. "How will it pleasure[10] their relatives to know that lies is wrote over them, and that everybody in the place knows that they be lies?"

---

1) the aftest abaft the bier-bank: '교회 묘지길 뒤로 멀리'(the furthest behind the churchyard path).

2) drifted: 떠내려 보내다.

3) when the trumpet sounds: 최후의 심판의 날에는 트럼펫이 죽은 자들을 깨운다고 기독교에서 말하고 있다.

4) antherums: 의심(doubts).

5) aurora borealis: 북극광.

6) pleasantry: 농담.

7) cackled: 깔깔대고 웃었다.

8) with gusto: 즐겁게.

9) on the assumption: … 라는 가정하에.

10) pleasure: 만족시키다.

He pointed to a stone at our feet which had been laid down as a slab,[1] on which the seat was rested, close to the edge of the cliff. "Read the lies on that thruffstean,"[2] he said.

The letters were upside down to me from where I sat, but Lucy was more opposite to them, so she leant over and read, "Sacred to the memory of George Canon, who died, in the hope of a glorious resurrection, on July 29,1873, falling from the rocks at Kettleness. This tomb was erected by his sorrowing mother to her dearly beloved son. 'He was the only son of his mother, and she was a widow.' Really, Mr. Swales, I don't see anything very funny in that!" She spoke her comment very gravely and somewhat severely.

"Ye don't see aught[3] funny! Ha-ha! But that's because ye don't gawm[4] the sorrowin'mother was a hell-cat that hated him because he was acrewk'd-- a regular lamiter[5] he was, an' he hated her so that he committed suicide in order that she mightn't get an insurance she put on his life.[6] He blew nigh the top of his head off with an old musket that they had for scarin' crows[7] with. 'twarn't for crows then, for it brought the clegs and the dowps[8] to him. That's the way he fell off the rocks. And, as to hopes of a glorious resurrection, I've often heard him say masel' that he hoped he'd go to hell, for his mother was so pious that she'd be sure to go to heaven, an' he didn't want to addle[9] where she was. Now isn't that stean at any rate," he hammered it with his stick as he spoke, "a pack of lies? And won't it make Gabriel keckle when Geordie comes pantin' ut the grees with the tompstean balanced on his hump, and asks to be took as evidence!"

I did not know what to say, but Lucy turned the conversation[10] as she said, rising up, "Oh, why did you tell us of this? It is my favorite seat, and I cannot leave it, and now I find I must go on sitting over the grave of a suicide."

"That won't harm ye, my pretty, an' it may make poor Geordie gladsome[11] to have so trim[12] a lass sittin' on his lap. That won't hurt ye. Why, I've sat

---

1) slab: 묘석.
2) thruffstean: 무덤을 덮는 크고 평평한 묘석.
3) aught: 'anything'의 사투리.
4) gawm: 'know'(알다)의 사투리.
5) acrewk'd-- a regular lamiter: 'twisted-- a real cripple'(몸이 뒤틀린 진짜 불구자).
6) insurance she put on his life: 그녀는 그에 대한 생명보험을 들었다.
7) scarin' the crows: 겁을 주어 까마귀를 쫓다(scaring the crows).
8) clegs and the dowps: 파리와 까마귀(the flies and the carrion crows).
9) addle: 생계를 유지하다.
10) turned the conversation: 화제를 바꾸었다.
11) gladsome: 기쁜.
12) trim: '말쑥한', '훌륭한'.

here off an' on[1] for nigh twenty years past, an' it hasn't done me no harm. Don't ye fash about them as lies under ye, or that doesn' lie there either! It'll be time for ye to be getting scart[2] when ye see the tombsteans all run away with, and the place as bare as a stubble-field.[3] There's the clock, and'I must gang.[4] My service to ye, ladies!" And off he hobbled.

Lucy and I sat awhile, and it was all so beautiful before us that we took hands as we sat, and she told me all over again about Arthur and their coming marriage. That made me just a little heart-sick,[5] for I haven't heard from Jonathan for a whole month.

The same day.--I came up here alone, for I am very sad. There was no letter for me. I hope there cannot be anything the matter with Jonathan. The clock has just struck nine. I see the lights scattered all over the town, sometimes in rows[6] where the streets are, and sometimes singly. They run right up the Esk and die away in the curve[7] of the valley. To my left the view is cut off by a black line of roof of the old house next to the abbey. The sheep and lambs are bleating[8] in the fields away behind me, and there is a clatter of donkeys' hoofs up the paved road below. The band on the pier is playing a harsh waltz in good time,[9] and further along the quay there is a Salvation Army[10] meeting in a back street. Neither of the bands hears the other, but up here I hear and see them both. I wonder where Jonathan is and if he is thinking of me! I wish he were here.

DR. SEWARD'S DIARY

5 June.--The case of Renfield grows more interesting the more I get to understand the man. He has certain qualities very largely developed, selfishness, secrecy, and purpose. I wish I could get at[11] what is the object

1) off an' on: 때때로(off and on).
2) scart: 두려운(scared).
3) stubble-field: 그루터기(stubble)가 널려있는 들판.
4) gang: 가다(go).
5) heart-sick: '의기소침한', '비탄에 잠긴'.
6) in rows: 줄을 이어서.
7) curve: 만곡.
8) bleating: (양이) 매애울다.
9) in good time: 때가 되면.
10) Salvation Army: 구세군.
11) get at: 이해하다.

of the latter. He seems to have some settled scheme[1] of his own, but what it is I do not know. His redeeming[2] quality is a love of animals, though, indeed, he has such curious[3] turns in it that I sometimes imagine he is only abnormally cruel. His pets are of odd sorts. Just now his hobby is catching flies. He has at present such a quantity that I have had myself to expostulate.[4] To my astonishment, he did not break out into a fury,[5] as I expected, but took the matter in simple seriousness. He thought for a moment, and then said, "May I have three days? I shall clear them away." Of course, I said that would do. I must watch him.

18 June.--He has turned his mind now to spiders, and has got several very big fellows in a box. He keeps feeding them his flies, and the number of the latter is becoming sensibly[6] diminished, although he has used half his food in attracting more flies from outside to his room.

1 July.--His spiders are now becoming as great a nuisance[7] as his flies, and today I told him that he must get rid of them. He looked very sad at this, so I said that he must some of them, at all events.[8] He cheerfully acquiesced in[9] this, and I gave him the same time as before for reduction. He disgusted me much while with him, for when a horrid blow-fly,[10] bloated with some carrion food, buzzed into the room,[11] he caught it, held it exultingly[12] for a few moments between his finger and thumb, and before I knew what he was going to do, put it in his mouth and ate it.

I scolded him for it, but he argued quietly that it was very good and very wholesome, that it was life, strong life, and gave life to him. This gave me an idea, or the rudiment[13] of one. I must watch how he gets rid of his spiders.

He has evidently some deep problem in his mind, for he keeps a little notebook in which he is always jotting down[14] something. whole pages

1) settled scheme: 정해 놓은 계획.
2) redeeming: 다른 결점을 커버하는.
3) curious: 기이한.
4) expostulate: 타이르다.
5) break out into a fury: 갑자기 격노하다.
6) sensibly: 눈에 띄게.
7) nuisance: 골칫거리.
8) at all events: 여하튼간.
9) acquiesced in: 따랐다.
10) blow-fly: 금파리.
11) buzzed into the room: 윙윙 소리를 내며 방으로 들어왔다.
12) exultingly: 기쁜듯이.
13) rudiment: 기초.
14) jotting down: 메모하다.

of it are filled with masses of figures, generally single numbers added up in batches,[1] and then the totals added in batches again, as though he were focussing some account, as the auditors[2] put it.

8 July.--There is a method in his madness, and the rudimentary idea in my mind is growing. It will be a whole idea soon, and then, oh, unconscious cerebration, you will have to give the wall[3] to your conscious brother.

I kept away from my friend for a few days, so that I might notice if there were any change. Things remain as they were except that he has parted with some of his pets and got a new one.

He has managed to get a sparrow, and has already partially tamed it. His means of taming is simple, for already the spiders have diminshed. Those that do remain, however, are well fed, for he still brings in the flies by tempting them with his food.

19 July--We are progressing. My friend has now a whole colony[4] of sparrows, and his flies and spiders are almost obliterated.[5] When I came in he ran to me and said he wanted to ask me a great favour, a very, very great favour. And as he spoke, he fawned on[6] me like a dog.

I asked him what it was, and he said, with a sort of rapture[7] in his voice and bearing, "A kitten, a nice, little, sleek[8] playful kitten, that I can play with, and teach, and feed, and feed, and feed!"

I was not unprepared for this request, for I had noticed how his pets went on increasing in size and vivacity, but I did not care that his pretty family of tame sparrows should be wiped out[9] in the same manner as the flies and spiders. So I said I would see about it, and asked him if he would not rather have a cat than a kitten.

His eagerness betrayed him[10] as he answered, "Oh, yes, I would like a cat! I only asked for a kitten lest you should refuse me a cat. No one would refuse me a kitten, would they?"

I shook my head, and said that at present I feared it would not be

1) in batches: 그룹으로.
2) auditors: 회계감사관.
3) give the wall: 양보하다.
4) colony: 군체(群體).
5) obliterated: 흔적도 없이 없애다.
6) fawned on: 아양을 떨었다.
7) rapture: 환희.
8) sleek: (털이) 윤기가 나는.
9) wiped out: 흔적없이 사라지다.
10) eagerness betrayed him: betray는 '무의식중에 드러내다'의 의미; 즉, 그의 열망이 그의 속마음을 드러냈다는 뜻이다.

possible, but that I would see about it. His face fell,[1] and I could see a warning of danger in it, for there was a sudden fierce, sidelong look which meant killing. The man is an undeveloped homicidal maniac.[2] I shall test him with his present craving and see how it will work out,[3] then I shall know more.

10 pm.--I have visited him again and found him sitting in a corner brooding.[4] When I came in he threw himself on his knees before me and implored[5] me to let him have a cat, that his salvation depended upon it.

I was firm, however, and told him that he could not have it, whereupon he went without a word, and sat down, gnawing[6] his fingers, in the corner where I had found him. I shall see him in the morning early.

20 July.--Visited Renfield very early, before attendant went his rounds.[7] Found him up and humming a tune. He was spreading out his sugar, which he had saved, in the window, and was manifestly beginning his fly catching again, and beginning it cheerfully and with a good grace.[8]

I looked around for his birds, and not seeing them, asked him where they were. He replied, without turning round, that they had all flown away. There were a few feathers about the room and on his pillow a drop of blood. I said nothing, but went and told the keeper to report to me if there were anything odd about him during the day.

11 a.m.--The attendant has just been to see me to say that Renfield has been very sick and has disgorged[9] a whole lot of feathers. "My belief is, doctor," he said, "that he has eaten his birds, and that he just took and ate them raw!"

11 p.m.--I gave Renfield a strong opiate[10] tonight, enough to make even him sleep, and took away his pocketbook to look at it. The thought that has

1) His face fell: 그의 얼굴 표정이 침울해졌다(fell).
2) homicidal maniac: 살인할 경향이 있는(homicidal) 광인(maniac).
3) work out: 결과가 나타나다.
4) brooding: 생각에 잠겨서.
5) implored: 간청하였다.
6) gnawing: 물다.
7) went his rounds: (자신의 구역을) 한바퀴 돌며 점검하다(순시하다).
8) with a good grace: 아주 얌전하게.
9) disgorged: 토하다.
10) opiate: 진정제.

been buzzing about my brain[1] lately is complete, and the theory proved.

My homicidal maniac is of a peculiar kind. I shall have to invent a new classification[2] for him, and call him a zoophagous[3] (life-eating) maniac. What he desires is to absorb as many lives as he can, and he has laid himself out to achieve it in a cumulative way. He gave many flies to one spider and many spiders to one bird, and then wanted a cat to eat the many birds. What would have been his later steps?

It would almost be worth while to complete the experiment. It might be done if there were only a sufficient cause. Men sneered at vivisection,[4] and yet look at its results today! Why not advance[5] science in its most difficult and vital aspect, the knowledge of the brain?

Had I even the secret of one such mind, did I hold the key to the fancy of even one lunatic, I might advance my own branch of science to a pitch compared with which Burdon-Sanderson's physiology or Ferrier's brain knowledge would be as nothing.[6] If only there were a sufficient cause! I must not think too much of this, or I may be tempted. A good cause might turn the scale with me,[7] for may not I too be of an exceptional brain, congenitally?[8]

How well the man reasoned. Lunatics always do within their own scope. I wonder at how many lives he values a man, or if at only one. He has closed the account most accurately, and today begun a new record. How many of us begin a new record with each day of our lives?

To me it seems only yesterday that my whole life ended with my new hope, and that truly I began a new record. So it shall be until the Great Recorder sums me up[9] and closes my ledger account with a balance to profit or loss.

Oh, Lucy, Lucy, I cannot be angry with you, nor can I be angry with

---

1) buzzing about my brain: 내 머리를 맴도는 (생각).

2) classification: 분류법.

3) zoophagous: 육식하는.

4) vivisection: 생체해부.

5) advance: 발전시키다.

6) I might advance my own branch of science to a pitch compared with which Burdon-Sandersons's physiology or Ferrier's brain knowledge would be nothing: to a pitch는 '최고한도까지'; compared with는 '…과 비교해서'; Burdon-Sanderson (1828-1905)은 심장의 전기량을 최초로 측정한 영국 의사; David Ferrier(1848-1928)는 현대 뇌수술을 창시한 스코트랜드 의사로 『뇌의 기능』(The Functions of the Brain, 1876)이란 책의 저자이기도 하다; would be nothing은 '하찮은 것이 될 것이다'는 의미.

7) turn the scale with me: 나의 상황을 바꾸다.

8) congenitally: 선천적으로.

9) Great Recorders sums me up: Great Recorder는 인간이 살면서 행한 일을 기록하고 판단하는 '신'을 지칭; sums me up은 '나를 판단(평가)한다'는 의미; 즉, 자신은 신이 자신에 대한 최종 평가를 내릴 순간, 즉, 죽을 때까지 기록을 남기겠다는 의미다.

my friend whose happiness is yours, but I must only wait on hopeless and work. Work! Work!

If I could have as strong a cause as my poor mad friend there, a good, unselfish cause to make me work, that would be indeed happiness.

MINA MURRAY'S JOURNAL

26 July.--I am anxious, and it soothes me to express myself here; It is like whispering to one's self and listening at the same time. And there is also something about the shorthand symbols that makes it different from writing. I am unhappy about Lucy and about Jonathan. I had not heard from Jonathan for some time, and was very concerned[1]; but yesterday dear Mr. Hawkins, who is always so kind, sent me a letter from him. I had written asking him if he had heard, and he said the enclosed[2] had just been received. It is only a line dated from Castle Dracula, and says that he is just starting for home. That is not like Jonathan. I do not understand it, and it makes me uneasy. Then, too, Lucy , although she is so well, has lately taken to[3] her old habit of walking in her sleep. Her mother has spoken to me about it, and we have decided that I am to lock the door of our room every night. Mrs. Westenra has got an idea that sleep-walkers always go out on roofs of houses and along the edges of cliffs and then get suddenly wakened and fall over with a despairing cry that echoes all over the place. Poor dear, she is naturally anxious about Lucy, and she tells me that her husband, Lucy's father, had the same habit; that he would get up in the night and dress himself and go out, if he were not stopped. Lucy is to be married in the autumn, and she is already planning out[4] her dresses and how her house is to be arranged. I sympathise with her, for I do the same, only Jonathan and I will start in life in a very simple way, and shall have to try to make both ends meet.[5]

Mr. Holmwood, he is the Hon. Arthur Holmwood, only son of Lord Godalming, is coming up here very shortly, as soon as he can leave town, for his father is not very well, and I think dear Lucy is counting the moments till he comes.[6]

---

1) concerned: 걱정이 되는.

2) the enclosed: 동봉된 내용물.

3) taken to: 습관이 생기다.

4) planning out: '안을 세우다', '기획하다'.

5) make both ends meet: 빚을 안지고 경제능력에 맞추어 살다.

6) counting the moments till he comes: 그가 올 순간을 손꼽아 기다린다는 의미.

She wants to take him up in the seat on the churchyard cliff and show him the beauty of Whitby. I daresay[1] it is the waiting which disturbs her. She will be all right when he arrives.

27 July.--No news from Jonathan. I am getting quite uneasy about him, though why I should I do not know, but I do wish that he would write, if it were only a single line. Lucy walks more than ever, and each night I am awakened by her moving about the room. Fortunately, the weather is so hot that she cannot get cold. But still, the anxiety and the perpetually being awakened is beginning to tell on me,[2] and I am getting nervous and wakeful myself. Thank God, Lucy's health keeps up.[3] Mr. Holmwood has been suddenly called to Ring to see his father, who has been taken seriously ill.[4] Lucy frets[5] at the postponement of seeing him, but it does not touch[6] her looks. She is a trifle[7] stouter, and her cheeks are a lovely rose-pink. She has lost the anaemic[8] look which she had. I pray it will all last.

3 August.--Another week gone by, and no news from Jonathan, not even to Mr. Hawkins, from whom I have heard. Oh, I do hope he is not ill. He surely would have written. I look at that last letter of his, but somehow it does not satisfy me. It does not read like him,[9] and yet it is his writing. There is no mistake of that.[10] Lucy has not walked much in her sleep the last week, but there is an odd concentration[11] about her which I do not understand, even in her sleep she seems to be watching me. She tries the door, and finding it locked, goes about the room searching for the key.

6 August.--Another three days, and no news. This suspense is getting dreadful. If I only knew where to write to or where to go to, I should feel easier. But no one has heard a word of Jonathan since that last letter. I must only pray to God for patience. Lucy is more excitable than ever, but is otherwise well. Last night was very threatening, and the fishermen say that we are in for a storm.[12] I must try to watch it and

1) I daresay: 아마(probably).
2) tell on me: 나에게 (나쁜) 영향을 미치다.
3) keeps up: 좋은 상태를 유지하다.
4) been taken seriously ill: 심각한 병이 나다.
5) frets: 짜증내다.
6) touch: '손상시키다', '나쁜 영향을 미치다'.
7) trifle: '약간', '다소'.
8) anaemic: 빈혈에 걸린.
9) It does not read like him: 그의 평소 글과는 다르게 쓰여졌다는 의미.
10) There is no mistake of that: 그것은(그의 글이라는 사실은) 분명하다는 의미.
11) concentration: 주의 집중.
12) are in for a storm: be in for는 '…을 피할 수 없는', '…을 당할 수밖에 없는'; 즉, 폭풍을 겪을 수밖에 없다는 의미.

learn the weather signs. Today is a gray day, and the sun as I write is hidden in thick clouds, high over Kettleness. Everything is gray except the green grass, which seems like emerald amongst it, gray earthy rock, gray clouds, tinged[1] with the sunburst at the far edge, hang over the gray sea, into which the sandpoints stretch like gray figures. The sea is tumbling in[2] over the shallows[3] and the sandy flats with a roar, muffled in the sea-mists drifting inland.[4] The horizon is lost in a gray mist. All vastness; the clouds are piled up like giant rocks, and there is a 'brool'[5] over the sea that sounds like some presage of doom.[6] Dark figures are on the beach here and there, sometimes half shrouded in the mist, and seem 'men like trees walking'.[7] The fishing boats are racing for home, and rise and dip in the ground swell[8] as they sweep into the harbour, bending to the scuppers.[9] Here comes old Mr. Swales. He is making straight for me, and I can see, by the way he lifts his hat, that he wants to talk.

I have been quite touched[10] by the change in the poor old man. When he sat down beside me, he said in a very gentle way:

'I want to say something to you, miss.' I could see he was not at ease, so I took his poor old wrinkled hand in mine and asked him to speak fully; So he said, leaving his hand in mine:

'I'm afraid, my deary, that I must have shocked you by all the wicked things I've been sayin' about the dead, and such like, for weeks past, but I didn't mean them, and I want ye to remember that when I'm gone. We aud folks that be daffled, and with one foot abaft the krok-hooal,[11] don't altogether like to think of it, and we don't want to feel scart of it, and that's why I've took to makin' light of it,[12] so that I'd cheer up my own heart a bit. But, Lord love ye, miss, I ain't afraid of dyin', not a bit, only

1) tinged: 물들은.
2) tumbling in: 요동치며 들어오다.
3) shallows: 얕은 여울.
4) inland: 내륙으로.
5) brool: 나지막한 윙하는 소리.
6) presage of doom: 불운(doom)의 전조(presage).
7) men like trees walking: 「마가복음」(Mark) 8장 24절에 나오는 구절을 연상시킨다: '우러러보며 가로되 사람들이 보이나이다 나무 같은 것들이 걸어가는 것을 보나이다하거늘' (And he looked up, and said, I see men as trees walking).
8) ground swell: (폭풍에 의한) 큰 놀.
9) scuppers: (갑판의) 배수구.
10) touched: 마음이 동한.
11) We aud folks that be daffled, and with one foot abaft the krok-hooal: '한 발은 이미 무덤에 들여놓은 우리 나이들은 노인들은'(we old folks who are senile, with one foot in the grave); have one foot in the gravesms '여명(餘命)이 얼마남지 않았다'는 의미다.
12) makin' light of: 대수롭지 않게 여기다(make light of).

I don't want to die if I can help it. My time must be nigh at hand[1] now, for I be aud, and a hundred years is too much for any man to expect. And I'm so nigh it that the Aud Man is already whettin' his scythe.[2] Ye see, I can't get out o' the habit of caffin'[3] about it all at once. The chafts[4] will wag[5] as they be used to. Some day soon the Angel of Death will sound his trumpet for me. But don't ye dooal an' greet,[6] my deary!" --for he saw that I was crying-- "if he should come this very night I'd not refuse to answer his call. For life be, after all, only a waitin' for somethin' else than what we're doin', and death be all that we can rightly depend on. But I'm content, for it's comin' to me, my deary, and comin' quick. It may be comin' while we be lookin' and wonderin'. Maybe it's in that wind out over the sea that's bringin' with it loss and wreck, and sore distress, and sad hearts. Look! Look!" he cried suddenly. "There's something in that wind and in the hoast beyont that sounds, and looks, and tastes, and smells like death. It's in the air. I feel it comin'. Lord, make me answer cheerful, when my call comes!" He held up his arms devoutly, and raised his hat. His mouth moved as though he were praying. After a few minutes' silence, he got up, shook hands with me, and blessed me, and said good-bye, and hobbled off. It all touched me, and upset me very much. I was glad when the coastguard[7] came along, with his spy-glass[8] under his arm. He stopped to talk with me, as he always does, but all the time kept looking at a strange ship. "I can't make her out,"[9] he said. "She's a Russian, by the look of her. But she's knocking about[10] in the queerest way. She doesn't know her mind a bit. She seems to see the storm coming, but can't decide whether to run up north in the open,[11] or to put in[12] here. Look there again! She is steered mighty[13] strangely, for she doesn't mind the hand on the wheel, changes about with every puff of wind. We'll hear more of her before this time tomorrow."

---

1) My time must be nigh at hand: 내가 세상을 떠날 시간이 가까이 왔다(nigh at hand)는 의미.

2) Aud Man is already whettin' his scythe: Aud Man(노인)은 '시간의 신'을, scythe은 시간의 신이 들고 다니는 '낫'을 지칭하고, whet는 '낫을 간다'는 의미; 즉, 시간의 신이 이 노인을 죽음의 세계로 데려갈 준비를 하고 있다는 의미.

3) caffin: 짜증내다(fretting).

4) chafts: '턱'(jaws); 죽음을 맞이하는 존재는 '시간의 신'의 턱에 의해 씹히는 것으로 묘사되기도 한다.

5) wag: 턱을 연방 움직인다.

6) dooal an' greet: 한탄하고 슬퍼한다(lament and grieve).

7) coastguard: 해안 경비대.

8) spy-glass: 쌍안경.

9) I can't make her out: 그 배가 어떤 배인지 판별할 수가 없다는 의미.

10) knocking about: (파도와 바람에 배가) 이리저리 뒤흔들리다.

11) the open: 너른 바다.

12) put in: 입항하다.

13) mighty: '대단히', '몹시'.

CHAPTER 7

CUTTING FROM 'The dailygraph,' 8 AUGUST

(*Pasted In Mina Murray's Journal*)
From a Correspondent.[14]

Whitby.

One of the greatest and suddenest storms on record[15] has just been experienced here, with results both strange and unique. The weather had been somewhat sultry,[16] but not to any degree uncommon in the month of August. Saturday evening was as fine as was ever known, and the great body of holiday-makers[17] laid out yesterday for visits to Mulgrave Woods, Robin Hood's Bay, Rig Mill, Runswick, Staithes, and the various trips in the neighborhood of Whitby. The steamers[18] Emma and Scarborough made trips up and down the coast, and there was an unusual amount of 'tripping'[19] both to and from Whitby. The day was unusually fine till the afternoon, when some of the gossips[20] who frequent[21] the East Cliff churchyard, and from the commanding eminence[22] watch the wide sweep of sea[23] visible to the north and east, called attention to a sudden show of 'mares tails'[24] high in the sky to the northwest. The wind was then blowing from the southwest in the mild degree which in barometrical language[25] is ranked No. 2, light breeze.' The coastguard on duty at once made report, and one old fisherman, who for more than half a century has kept watch on[26] weather signs from the East Cliff, foretold in an emphatic manner the coming of a sudden storm. The approach of sunset was so very beautiful, so grand

---

14) correspondent: 특파원.
15) on record: 기록상으로.
16) sultry: 무더운.
17) holiday-makers: 휴가중인 사람.
18) steamers: 증기선.
19) tripping: 간단한 여행.
20) gossips: 수다쟁이.
21) frequent: 자주 방문하다.
22) commanding eminence: 전망이 좋은(commanding) 언덕(eminence).
23) wide sweep of sea: 광활하게 펼쳐진 바다.
24) 'mares'-tails: '한 줄기의 새털구름'; 폭풍우가 올 것을 예고한다고 여겨진다.
25) barometrical language: 기압을 나타내는 용어.
26) kept watch on: …을 예의주시하다.

in its masses of splendidly coloured clouds, that there was quite an assemblage[1] on the walk along the cliff in the old churchyard to enjoy the beauty. Before the sun dipped[2] below the black mass of Kettleness, standing boldly athwart[3] the western sky, its downward way was marked by myriad clouds of every sunset-colour flame, purple, pink, green, violet, and all the tints of gold; with here and there masses not large, but of seemingly absolute blackness, in all sorts of shapes, as well outlined as colossal silhouettes. The experience was not lost on the painters, and doubtless some of the sketches of the 'Prelude to the Great Storm' will grace the R. A and R. I.[4] walls in May next. More than one captain made up his mind then and there that his 'cobble' or his 'mule', as they term[5] the different classes of boats, would remain in the harbour till the storm had passed. The wind fell away[6] entirely during the evening, and at midnight there was a dead calm,[7] a sultry heat, and that prevailing[8] intensity which, on the approach of thunder, affects persons of a sensitive nature.

There were but few lights in sight[9] at sea, for even the coasting steamers, which usually hug[10] the shore so closely, kept well to seaward,[11] and but few fishing boats were in sight. The only sail noticeable was a foreign schooner with all sails set,[12] which was seemingly going westwards. The foolhardiness[13] or ignorance of her officers was a prolific theme for comment[14] whilst she remained in sight, and efforts were made to signal her to reduce sail in face of her danger.[15] Before the night shut down[16] she was seen with sails idly flapping as she gently rolled on the undulating swell of the sea.[17]

---

1) assemblage: 모인 사람들.
2) dipped: (태양이) 지다.
3) athwart: 가로질러.
4) R. A. and R. I.: 각각 'Royal Academy'(왕립 미술원)과 'Royal Institution'(영국 왕립 건축학회)의 약자.
5) term: 지칭하다.
6) fell away: 감소하였다.
7) dead calm: 바람한점 없는 고요함.
8) prevailing: 전반적으로 퍼지고 있는.
9) in sight: 시야에 들어오는
10) hug: 해안 가까이 항해하다.
11) kept well to seaward: (해안이 아니라) 바다쪽으로 배를 붙이다.
12) foreign schooner with all sails set: '모든 돛을 올린(set) 외국 범선(schooner)'; 이 배는 드라큘라 백작과 흙 50상자를 실은 배다.
13) foolhardiness: '무모함'; 폭풍우가 부는데도 돛을 올리고 항해를 하는 무모함을 지칭한다.
14) prolific theme for comment: 많은(prolific) 의견을 초래하는 화제(theme).
15) in face of her danger: 위험에 직면하여.
16) shut down: (어둠이) 내리다.
17) rolled on the undulating swell of the sea: roll은 '좌우로 흔들리며 나아가다', undulating swell은 '물결치는 큰 파도'; 즉, 물결치는 큰 파도에 배가 좌우로 흔들리며 나아갔다.

"As idle as a painted ship upon a painted ocean."[1]

Shortly before ten o'clock the stillness of the air grew quite oppressive, and the silence was so marked that the bleating[2] of a sheep inland or the barking of a dog in the town was distinctly heard, and the band on the pier, with its lively French air,[3] was like a dischord in the great harmony of nature's silence. A little after midnight came a strange sound from over the sea, and high overhead the air began to carry a strange, faint, hollow booming.

Then without warning the tempest broke.[4] With a rapidity which, at the time, seemed incredible, and even afterwards is impossible to realize, the whole aspect of nature at once became convulsed.[5] The waves rose in growing fury, each over—topping its fellow,[6] till in a very few minutes the lately glassy sea[7] was like a roaring and devouring monster. White- crested[8] waves beat madly on the level sands and rushed up the shelving[9] cliffs; Others broke over the piers, and with their spume[10] swept the lanthorns of the lighthouses which rise from the end of either pier of Whitby Harbour.

The wind roared like thunder, and blew with such force that it was with difficulty that even strong men kept their feet, or clung with grim clasp to the iron stanchions.[11] It was found necessary to clear the entire pier from the mass of onlookers, or else the fatalities of the night would have increased manifold. To add to the difficulties and dangers of the time, masses of sea-fog came drifting inland. White, wet clouds, which swept by in ghostly fashion, so dank[12] and damp and cold that it needed but little effort of imagination to think that the spirits of those lost at sea

---

1) As idle as a painted ship upon a painted ocean: 19세기 영국의 낭만주의 시인 코울리지(S. T. Coleridge)의 「노수부의 노래」(The Rime of the Ancient Mariner, 1798)에서 신천옹을 죽인 죄로 저주를 받게 된 노수부의 배는 바람이 불지 않는 지역에 다달아 전혀 움직이지 못하게 된다. 이때 이 광경을 코울리지는 위와 같이 표현하였다. (II. 113-14행).

2) bleating: 양의 울음소리.

3) air: 노래 가락.

4) broke: (폭풍우가) 갑자기 시작되었다.

5) whole aspect of nature at once became convulsed: '자연의 얼굴(aspect)이 경련을 일으켰다(convulsed)'는 의미는 하늘이 갑자기 어두워지고 요동을 친다는 뜻이다.

6) over-topping its fellow: fellow는 '파도'를 지칭; over-top은 '더 높이 솟아오르다'; 즉, 뒤따라 이어지는 파도는 전의 파도보다 더 높이 솟구쳤다는 의미.

7) glassy sea: 거울처럼 잔잔한 바다.

8) white-crested: 흰 물마루를 가진.

9) shelving: 경사가 완만한.

10) spume: 바다 거품.

11) stanchions: 기둥.

12) dank: 축축한.

were touching their living brethren with the clammy[1] hands of death, and many a one shuddered at the wreaths of sea-mist swept by.

At times the mist cleared, and the sea for some distance could be seen in the glare[2] of the lightning, which came thick and fast,[3] followed by such peals of thunder[4] that the whole sky overhead seemed trembling under the shock of the footsteps of the storm.

Some of the scenes thus revealed were of immeasurable grandeur and of absorbing[5] interest. The sea, running mountains high, threw skywards with each wave mighty masses of white foam, which the tempest seemed to snatch at and whirl away into space. Here and there a fishing boat, with a rag of sail,[6] running madly for shelter before the blast;[7] now and again the white wings of a storm-tossed seabird. On the summit of the East Cliff the new searchlight was ready for experiment, but had not yet been tried. The officers in charge of it got it into working order,[8] and in the pauses of inrushing[9] mist swept with it the surface of the sea. Once or twice its service was most effective, as when a fishing boat, with gunwale[10] under water, rushed into the harbour, able, by the guidance of the sheltering light, to avoid the danger of dashing against the piers. As each boat achieved the safety of the port there was a shout of joy from the mass of people on the shore, a shout which for a moment seemed to cleave the gale and was then swept away in its rush.

Before long the searchlight discovered some distance away a schooner with all sails set, apparently the same vessel which had been noticed earlier in the evening. The wind had by this time backed[11] to the east, and there was a shudder amongst the watchers on the cliff as they realized the terrible danger in which she now was.

Between her and the port lay the great flat reef on which so many good ships have from time to time suffered, and, with the wind blowing from its present quarter,[12] it would be quite impossible that she should

1) clammy: 끈적끈적한.
2) glare: 섬광.
3) thick and fast: '잇따라', '계속해서'.
4) peals of thunder: 천둥소리.
5) absorbing: 무척 재미있는.
6) a rag of sail: 누더기 같이 해진 돛.
7) blast: 돌풍.
8) got it into working order: order는 '기계의 상태'; 즉, 손을 보아 작동할 수 있는 상태로 만들었다는 의미.
9) inrushing: 밀려오는.
10) gunwale: 뱃전의 위 끝.
11) backed: 뒤로 물러갔다.
12) quarter: 구역.

fetch the entrance of the harbour.[1]

It was now nearly the hour of high tide, but the waves were so great that in their troughs[2] the shallows of the shore were almost visible, and the schooner, with all sails set, was rushing with such speed that, in the words of one old salt,[3] "she must fetch up[4] somewhere, if it was only in hell". Then came another rush of sea-fog, greater than any hitherto, a mass of dank mist, which seemed to close on[5] all things like a gray pall,[6] and left available to men only the organ of hearing, for the roar of the tempest, and the crash of the thunder, and the booming of the mighty bellows[7] came through the damp oblivion even louder than before. The rays of the searchlight were kept fixed on the harbour mouth[8] across the East Pier, where the shock was expected, and men waited breathless.

The wind suddenly shifted to the northeast, and the remnant of the sea fog melted in the blast. And then, *mirabile dictu,*[9] between the piers, leaping from wave to wave as it rushed at headlong speed,[10] swept the strange schooner before the blast, with all sail set, and gained the safety of the harbour. The searchlight followed her, and a shudder ran through all who saw her, for lashed to the helm[11] was a corpse, with drooping[12] head, which swung horribly to and fro at each motion of the ship. No other form could be seen on the deck at all.

A great awe came on all as they realised that the ship, as if by a miracle, had found the harbour, unsteered save by the hand of a dead man! However, all took place more quickly than it takes to write these words. The schooner paused not, but rushing across the harbour, pitched herself[13] on that accumulation of sand and gravel washed by many tides and many storms into the southeast corner of the pier jutting[14] under the East Cliff, known locally as Tate Hill Pier.

---

1) fetch the entrance of the harbour: fetch는 '도달하다'; 즉, 항구의 입구(entrance)에 도달하다.
2) troughs: 파도와 파도사이의 골.
3) old salt: (구어) 노련한 뱃사람.
4) fetch up: (배가) 도착하다.
5) close on: 덮다.
6) pall: '관을 덮는 보'; 드라큘라 백작을 실은 배가 영국에 도착하는 이 날에 스토커는 많은 죽음의 이미지를 사용하고 있다.
7) bellows: 풀무.
8) harbour mouth: 항구의 입구(mouth).
9) *mirabile dictu*: (라틴어) '말하기 놀랍게도'.
10) at headlong speed: 아주 빠른(headlong) 속도로.
11) lashed to the helm: lash는 '밧줄로 묶다', helm은 '조타 장치'; 즉, 조타장치에 밧줄로 자신의 몸을 묶은 채.
12) drooping: (몸을) 수그린.
13) pitched herself: 던져지다.
14) jutting: 돌출된.

There was of course a considerable concussion[1] as the vessel drove up on the sand heap. Every spar, rope, and stay[2] was strained,[3] and some of the 'top-hamper'[4] came crashing down. But, strangest of all, the very instant the shore was touched, an immense dog[5] sprang up on deck from below, as if shot up by the concussion, and running forward, jumped from the bow[6] on the sand.

Making straight for the steep cliff, where the churchyard hangs over the laneway[7] to the East Pier so steeply that some of the flat tombstones, thruffsteans or through-stones, as they call them in Whitby vernacular, actually project over where the sustaining cliff has fallen away, it disappeared in the darkness, which seemed intensified just beyond the focus of the searchlight.

It so happened that there was no one at the moment on Tate Hill Pier, as all those whose houses are in close proximity[8] were either in bed or were out on the heights above. Thus the coastguard on duty on the eastern side of the harbour, who at once ran down to the little pier, was the first to climb aboard. The men working the searchlight, after scouring[9] the entrance of the harbour without seeing anything, then turned the light on the derelict[10] and kept it there. The coastguard ran aft,[11] and when he came beside the wheel, bent over to examine it, and recoiled[12] at once as though under some sudden emotion. This seemed to pique[13] general curiosity, and quite a number of people began to run.

It is a good way round from the West Cliff by the Drawbridge to Tate Hill Pier, but your correspondent is a fairly good runner, and came well ahead of the crowd. When I arrived, however, I found already assembled on the pier a crowd, whom the coastguard and police refused to allow to come on board. By the courtesy of[14] the chief boatman, I was, as your

1) concussion: '진동', '충격'.
2) spar, rope, and stay: spar는 '돛대, 활대 등의 원재(圓材)', stay는 '(돛대를 앞으로 유지하는) 지삭(支索)'.
3) strained: 잡아 당겨지다.
4) top-hamper: 배의 위쪽 삭구(rigging).
5) immense dog: 드라큘라 백작은 자신이 원하는 모습을 마음대로 취할 수 있는 능력이 있다. 여기 이 배에 출현한 거대한 개는 바로 드라큘라 백작이다.
6) bow: 뱃머리.
7) laneway: 좁은 길.
8) in close proximity: 인접한.
9) scouring: 철저히 조사하다.
10) derelict: 버려진 배.
11) aft: 배의 뒤쪽으로.
12) recoiled: 주춤하여 뒤로 물러났다.
13) pique: (호기심을) 자극하다.
14) by the courtesy of: …의 호의로.

correspondent, permitted to climb on deck, and was one of a small group who saw the dead seaman whilst actually lashed to the wheel.

It was no wonder that the coastguard was surprised, or even awed, for not often can such a sight have been seen. The man was simply fastened by his hands, tied one over the other, to a spoke[1] of the wheel. Between the inner hand and the wood was a crucifix, the set of beads on which it was fastened being around both wrists and wheel, and all kept fast by the binding cords. The poor fellow may have been seated at one time, but the flapping and buffeting[2] of the sails had worked through the rudder[3] of the wheel and had dragged him to and fro, so that the cords with which he was tied had cut the flesh to the bone.[4]

Accurate note was made of the state of things, and a doctor, Surgeon J. M. Caffyn, of 33, East Elliot Place, who came immediately after me, declared, after making examination, that the man must have been dead for quite two days.

In his pocket was a bottle, carefully corked, empty save for a little roll of paper,[5] which proved to be the addendum to the log.[6]

The coastguard said the man must have tied up his own hands, fastening the knots with his teeth. The fact that a coastguard was the first on board may save some complications[7] later on, in the Admiralty Court,[8] for coastguards cannot claim the salvage[9] which is the right of the first civilian entering on a derelict. Already, however, the legal tongues are wagging,[10] and one young law student is loudly asserting that the rights of the owner are already completely sacrificed,[11] his property being held in contravention of the statutes of mortmain,[12] since the tiller,[13] as emblemship,[14] if not proof, of delegated possession,[15] is held in a dead hand.

It is needless to say that the dead steersman has been reverently

1) spoke: 배의 타륜의 손잡이.
2) buffeting: 이리저리 부딪힘.
3) rudder: (배의) 키.
4) to the bone: 깊숙이.
5) role of paper: 둘둘만 종이(roll).
6) addendum to the log: 항해일지(log)에 부가적으로 적은 기록(addendum).
7) complications: 말썽거리.
8) Admiralty Court: (영국) 해사법원.
9) salvage: 난파선에서 구조한 화물.
10) legal tongues are wagging: 법적인 언쟁이 벌어진다는 의미.
11) sacrificed: 포기되다.
12) held in contravention of the statutes of mortmain: in contravention of는 '…을 위반하여', mortmain은 '양도불능의 소유권'; 즉, 양도 불능의 소유권이란 법령에 위반되어 억류된(held).
13) tiller: 키의 손잡이.
14) emblemship: 상징.
15) delegated possession: 위임된 재산.

removed from the place where he held his honourable watch and ward[1] till death, a steadfastness as noble as that of the young Casabianca,[2] and placed in the mortuary[3] to await inquest.[4]

Already the sudden storm is passing, and its fierceness is abating.[5] Crowds are scattering backward, and the sky is beginning to redden over the Yorkshire wolds.

I shall send, in time for your next issue,[6] further details of the derelict ship which found her way so miraculously into harbour in the storm.

Whitby.

9 August.--The sequel[7] to the strange arrival of the derelict in the storm last night is almost more startling than the thing itself. It turns out that the schooner is Russian from Varna, and is called the Demeter.[8] She is almost entirely in ballast[9] of silver sand, with only a small amount of cargo,[10] a number of great wooden boxes filled with mould. This cargo was consigned[11] to a Whitby solicitor, Mr. S. F. Billington, of 7, The Crescent, who this morning went aboard and took formal possession of the goods consigned to him.

The Russian consul, too, acting for the charter-party,[12] took formal possession of the ship, and paid all harbour dues,[13] etc.

Nothing is talked about here today except the strange coincidence.

1) held his honourable watch and ward: 명예스럽게도 밤낮 구별없이 (배를) 지켰던 선장의 행동을 지칭한다.

2) young Casabianca: 프랑스의 해군 제독 Casabiance의 13세난 아들로 그는 나일 전투(Battle of the Nile, 1798)에서 Orient란 함대를 사수하다가 화약고가 폭팔하는 바람에 사망한다. 이를 소재로 19세기 영국 시인 Felicia Hemans는 「카사비앙카」란 시를 쓴다.

3) mortuary: 영안실.

4) inquest: 시체의 검시(檢屍).

5) abating: (폭풍우가) 가라앉다.

6) in time for your next issue: 다음 호에 때맞추어.

7) sequel: 후속편.

8) Demeter: (그리스 신화) 농업과 풍요의 여신 '데메테르'; 데메테르 여신은 자신의 딸 페르세포네(Persephone)가 저승의 신 하데스(Hades)에 의해 납치당하자, 곡물을 돌보지 않고 딸만 찾아다닌다. 이 때문에 지상의 나무와 풀은 죽어가 인간들은 신들에게 제물을 바치지 못하는 상황에 이른다. 이를 본 신들의 왕 제우스는 하데스에게 명하여 페르세포네를 지상으로 돌려보내도록 하나 페르세포네가 하데스가 준 음식을 먹는 바람에 일 년의 4분의 1은 저승에서 보내어야 했다. 이 때문에 지상에서의 일 년의 4분의 1은 곡물과 나무들이 자라지 못하는 겨울을 맞이하게 되었다고 전한다.

9) ballast: (배의) 바닥짐.

10) cargo: 뱃짐.

11) consigned: 인도되다.

12) charter-party: 용선 계약(서).

13) harbour dues: 입항세.

The officials of the Board of Trade have been most exacting[1] in seeing that every compliance has been made with existing regulations.[2] As the matter is to be a 'nine days wonder', they are evidently determined that there shall be no cause of other complaint.

A good deal of interest was abroad concerning[3] the dog which landed when the ship struck,[4] and more than a few of the members of the S.P.C.A.,[5] which is very strong in Whitby, have tried to befriend[6] the animal. To the general disappointment, however, it was not to be found. It seems to have disappeared entirely from the town. It may be that it was frightened and made its way on to the moors, where it is still hiding in terror.

There are some who look with dread on such a possibility, lest later on it should in itself become a danger, for it is evidently a fierce brute. Early this morning a large dog, a half-bred mastiff[7] belonging to a coal merchant close to Tate Hill Pier, was found dead in the roadway opposite its master's yard. It had been fighting, and manifestly had had a savage opponent, for its throat was torn away, and its belly was slit open as if with a savage claw.

Later.--By the kindness of the Board of Trade inspector, I have been permitted to look over the log book of the Demeter, which was in order[8] up to within three days, but contained nothing of special interest except as to facts of missing men. The greatest interest, however, is with regard to the paper found in the bottle, which was today produced at the inquest. And a more strange narrative than the two between them unfold it has not been my lot to come across.

As there is no motive for concealment, I am permitted to use them, and accordingly to send you a rescript,[9] simply omitting technical details of seamanship and supercargo.[10] It almost seems as though the captain had been seized with some kind of mania[11] before he had got well into blue water,[12] and

1) exacting: '엄격한', '철두철미한'.
2) in seeing that every compliance has been made with existing regulations: 현재 법규(existing regulation)를 모든 면에서 준수(compliance)하였는지 확인하는데 있어서.
3) concerning: …에 관해서(about).
4) struck: (배가) 좌초하다.
5) S.P.C.A.: 1824년에 창설된 'Society for the Prevention of Cruelty to Animals'(동물 학대 방지 위원회)의 약자.
6) befriend: 돌보아 주다.
7) half-bred mastiff: 잡종의(half-bred) 맹견.
8) in order: 순서에 따라 잘 정리된.
9) rescript: 고쳐 쓴 것.
10) seamanship and supercargo: 선박조종술(seamanship)과 화물관리인(supercargo).
11) seized with some kind of mania: 일종의 강박관념(mania)에 사로잡힌(seized).
12) blue water: 대양(open sea).

that this had developed persistently throughout the voyage. Of course my statement must be taken *cum grano*,[1] since I am writing from the dictation of a clerk of the Russian consul, who kindly translated for me, time being short.

LOG OF THE "DEMETER"

Varna to Whitby

Written 18 July, things so strange happening, that I shall keep accurate note henceforth till we land.

On 6 July we finished taking in[2] cargo, silver sand and boxes of earth. At noon set sail. East wind, fresh. Crew, five hands . . . two mates, cook, and myself, (captain).

On 11 July at dawn entered Bosphorus.[3] Boarded by Turkish Customs officers.[4] Backsheesh.[5] All correct. Under way[6] at 4 p. m.

On 12 July through Dardanelles.[7] More Customs officers and flagboat of guarding squadron.[8] Backsheesh again. Work of officers thorough, but quick. Want us off soon. At dark passed into Archipelago.[9]

On 13 July passed Cape Matapan.[10] Crew[11] dissatisfied about something. Seemed scared, but would not speak out.

On 14 July was somewhat anxious about crew. Men all steady[12] fellows, who sailed with me before. Mate[13] could not make out what was wrong. They only told him there was *something*, and crossed themselves. Mate lost temper with one of them that day and struck him. Expected fierce quarrel, but all was quiet.

---

1) be taken *cum grano*: (라틴어) cum grano는 '한 알갱이의 (소금)'; 즉, 이 구문은 '에누리해서 들어야 한다'(be taken with a grain of salt)는 의미다.
2) taking in: (짐을) 싣다.
3) Bosphorus: 흑해와 마마라(Sea of Marmara)해 사이를 연결하는 좁은 해협.
4) Customs officers: 세관 직원.
5) Backsheesh: 뇌물이나 팁으로 주는 돈.
6) Under way: 항해중인.
7) Dardanelles: 마마라해와 에게해(Aegean Sea)를 연결하는 해협.
8) flagboat of guarding squadron: 경비 함대의 기정(旗艇).
9) Archipelago: 군도(群島).
10) Cape Matapan: 그리스 본토 중 최남단 지역.
11) crew: 승무원.
12) steady: 착실한.
13) Mate: 항해사.

On 16 July mate reported in the morning that one of the crew, Petrofsky, was missing. Could not account for it. Took larboard watch[1] eight bells last night, was relieved[2] by Amramoff, but did not go to bunk.[3] Men more downcast[4] than ever. All said they expected something of the kind, but would not say more than there was SOMETHING aboard. Mate getting very impatient with them. Feared some trouble ahead.

On 17 July, yesterday, one of the men, Olgaren, came to my cabin, and in an awestruck way confided[5] to me that he thought there was a strange man aboard the ship. He said that in his watch he had been sheltering behind the deckhouse,[6] as there was a rain storm, when he saw a tall, thin man, who was not like any of the crew, come up the companion way,[7] and go along the deck forward and disappear. He followed cautiously, but when he got to bows found no one, and the hatchways[8] were all closed. He was in a panic[9] of superstitious fear, and I am afraid the panic may spread. To allay[10] it, I shall today search the entire ship carefully from stem to stern.[11]

Later in the day I got together the whole crew, and told them, as they evidently thought there was some one in the ship, we would search from stem to stern. First mate angry, said it was folly, and to yield to such foolish ideas[12] would demoralise[13] the men, said he would engage to keep them out of trouble with the handspike.[14] I let him take the helm, while the rest began a thorough search, all keeping abreast,[15] with lanterns. We left no corner unsearched. As there were only the big wooden boxes, there were no odd[16] corners where a man could hide. Men much relieved when search over, and went back to work cheerfully. First mate scowled,[17] but said nothing.

---

1) larboard watch: 좌현(左舷) 불침번(watch).
2) relieved: 교체되다.
3) bunk: (선박의) 침상.
4) downcast: 풀이 죽은.
5) confided: 속마음을 털어놓았다.
6) deckhouse: 갑판실.
7) companion way: 갑판의 지붕창.
8) hatchways: (배의) 승강구.
9) in a panic: 공포에 질린.
10) allay: 경감시키다.
11) from stem to stern: '배의 이물에서 고물까지', '철저히'.
12) yield to such foolish ideas: 그런 어리석은 생각을 들어주다.
13) demoralise: 사기를 저하시키다(demoralize).
14) handspike: 나무로 만든 지레.
15) keeping abreast: 나란히 나아가다.
16) odd: 눈에 잘 안 뜨이는.
17) scowled: 노려보았다.

22 July.--Rough weather last three days, and all hands busy with sails, no time to be frightened. Men seem to have forgotten their dread. Mate cheerful again, and all on good terms.[1] Praised men for work in bad weather. Passed Gibraltar and out through Straits.[2] All well.

24 July.--There seems some doom over this ship. Already a hand short, and entering the Bay of Biscay with wild weather ahead, and yet last night another man lost, disappeared. Like the first, he came off his watch[3] and was not seen again. Men all in a panic of fear, sent a round robin,[4] asking to have double watch, as they fear to be alone. Mate angry. Fear there will be some trouble, as either he or the men will do some violence.

28 July.--Four days in hell, knocking about in a sort of malestrom,[5] and the wind a tempest. No sleep for any one. Men all worn out.[6] Hardly know how to set a watch, since no one fit to go on. Second mate volunteered to steer and watch, and let men snatch a few hours sleep.[7] Wind abating, seas still terrific, but feel them less, as ship is steadier.

29 July.--Another tragedy. Had single watch tonight, as crew too tired to double. When morning watch came on deck could find no one except steersman. Raised outcry, and all came on deck. Thorough search, but no one found. Are now without second mate, and crew in a panic. Mate and I agreed to go armed henceforth and wait for any sign of cause.

30 July.--Last night. Rejoiced we are nearing England. Weather fine, all sails set. Retired worn out, slept soundly, awakened by mate telling me that both man of watch and steersman missing. Only self and mate and two hands left to work[8] ship.

1 August.--Two days of fog, and not a sail sighted. Had hoped when in the English Channel[9] to be able to signal for help or get in somewhere.

---

1) on good terms: 사이가 좋은.
2) Straits: '지브롤터 해협'(Gibraltar)을 지칭.
3) came off his watch: 자신의 불침번을 끝냈다.
4) round robin: 사발 통문식 청원서.
5) knocking about in a sort of maelstrom: knock about는 '(배가) 이리저리 흔들리다'; maelstrom은 '큰 소용돌이'.
6) worn out: 기진맥진한.
7) snatch a few hours' sleep: (틈을 내어) 겨우 몇 시간 자다.
8) work: 조정하다.
9) English Channel: 영국 해협.

Not having power to work[1] sails, have to run before wind.[2] Dare not lower, as could not raise them again. We seem to be drifting to some terrible doom. Mate now more demoralised than either of men. His stronger nature seems to have worked inwardly against himself. Men are beyond fear,[3] working stolidly[4] and patiently, with minds made up to worst.[5] They are Russian, he Roumanian.

2 August, midnight.--Woke up from few minutes sleep by hearing a cry, seemingly outside my port.[6] Could see nothing in fog. Rushed on deck, and ran against mate. Tells me he heard cry and ran, but no sign of man on watch. One more gone. Lord, help us! Mate says we must be past Straits of Dover, as in a moment of fog lifting he saw North Foreland,[7] just as he heard the man cry out. If so we are now off in the North Sea, and only God can guide us in the fog, which seems to move with us, and God seems to have deserted us.

3 August.--At midnight I went to relieve the man at the wheel and when I got to it found no one there. The wind was steady, and as we ran before it there was no yawing.[8] I dared not leave it, so shouted for the mate. After a few seconds, he rushed up on deck in his flannels.[9] He looked wild-eyed and haggard, and I greatly fear his reason has given way.[10] He came close to me and whispered hoarsely, with his mouth to my ear, as though fearing the very air might hear. "It is here. I know it now. On the watch last night I saw It, like a man, tall and thin, and ghastly pale. It was in the bows, and looking out. I crept behind It, and gave it my knife,[11] but the knife went through It, empty as the air." And as he spoke he took the knife and drove it savagely into space. Then he went on, "But It is here, and I'll find It. It is in the hold, perhaps in one of those boxes. I'll unscrew them one by one and see. You work the helm."[12] And with a warning look and his finger on his lip, he went

1) work: 조작하다.
2) run before wind: 바람을 안고 달리다.
3) beyond fear: 두려움을 초연한.
4) stolidly: 무신경하게.
5) with minds made up to worst: make up은 '준비하다'; 즉, 최악의 상태에 대비한 마음가짐으로.
6) port: 현창(舷窓).
7) North Foreland: Kent 해안에 있는 갑(岬).
8) yawing: 침로를 벗어나다.
9) flannels: 플란넬 의류.
10) his reason has given way: 그는 이성을 잃었다.
11) gave it my knife: 그것을 칼로 찔렀다는 의미.
12) work the helm: 키를 조종하다.

below. There was springing up a choppy[1] wind, and I could not leave the helm. I saw him come out on deck again with a tool chest and lantern, and go down the forward hatchway. He is mad, stark, raving mad,[2] and it's no use my trying to stop him. He can't hurt those big boxes, they are invoiced[3] as clay, and to pull them about is as harmless a thing as he can do. So here I stay and mind the helm, and write these notes. I can only trust in God and wait till the fog clears. Then, if I can't steer to any harbour with the wind that is, I shall cut down sails, and lie by, and signal for help . . .

It is nearly all over now. Just as I was beginning to hope that the mate would come out calmer, for I heard him knocking away at something in the hold, and work is good for him, there came up the hatchway a sudden, startled scream, which made my blood run cold, and up on the deck he came as if shot from a gun, a raging madman, with his eyes rolling and his face convulsed with fear. "Save me! Save me!" he cried, and then looked round on the blanket of fog. His horror turned to despair, and in a steady voice he said,"You had better come too, captain, before it is too late. He is there! I know the secret now. The sea will save me from Him, and it is all that is left!" Before I could say a word, or move forward to seize him, he sprang on the bulwark[4] and deliberately threw himself into the sea. I suppose I know the secret too, now. It was this madman who had got rid of the men one by one, and now he has followed them himself. God help me! How am I to account for all these horrors when I get to port? When I get to port! Will that ever be?

4 August.--Still fog, which the sunrise cannot pierce, I know there is sunrise because I am a sailor, why else I know not. I dared not go below, I dared not leave the helm, so here all night I stayed, and in the dimness of the night I saw it, Him! God, forgive me, but the mate was right to jump overboard. It was better to die like a man. To die like a sailor in blue water, no man can object. But I am captain, and I must not leave my ship. But I shall baffle[5] this fiend or monster, for I shall tie my hands to the wheel when my strength begins to fail, and along with them I shall tie that which He, It, dare not touch. And then, come good wind or foul, I shall save my soul, and my honour as a captain. I am growing weaker, and the night is coming on. If He can look me in the

---

1) choppy: (바람이) 갑자기 변하는.
2) stark, raving mad: stark와 raving은 '아주'라는 의미; 즉, '아주 미친'.
3) invoiced: 송장에 작성된.
4) bulwark: 현장(舷牆).
5) baffle: 뜻을 이루지 못하게 하다.

face again, I may not have time to act . . . If we are wrecked, mayhap this bottle may be found, and those who find it may understand. If not . . . well, then all men shall know that I have been true to my trust.[1] God and the Blessed Virgin[2] and the Saints help a poor ignorant soul trying to do his duty . . .

Of course the verdict[3] was an open one. There is no evidence to adduce,[4] and whether or not the man himself committed the murders there is now none to say. The folk here hold almost universally that the captain is simply a hero, and he is to be given a public funeral. Already it is arranged that his body is to be taken with a train of boats up the Esk for a piece and then brought back to Tate Hill Pier and up the abbey steps, for he is to be buried in the churchyard on the cliff. The owners of more than a hundred boats have already given in[5] their names as wishing to follow him to the grave.

No trace has ever been found of the great dog, at which there is much mourning, for, with public opinion in its present state, he would, I believe, be adopted by the town. Tomorrow will see the funeral, and so will end this one more 'mystery of the sea'.

MINA MURRAY'S JOURNAL

8 August.--Lucy was very restless all night, and I too, could not sleep. The storm was fearful, and as it boomed loudly among the chimney-pots,[6] it made me shudder. When a sharp puff[7] came it seemed to be like a distant gun. Strangely enough, Lucy did not wake, but she got up twice and dressed herself. Fortunately, each time I awoke in time and managed[8] to undress her without waking her, and got her back to bed. It is a very strange thing, this sleep-walking, for as soon as her will is thwarted[9] in any physical way, her intention, if there be any, disappears, and she yields herself almost exactly to the routine of her life.

Early in the morning we both got up and went down to the harbour to

1) true to my trust: 타인의 나에 대한 믿음에 충실한.
2) Blessed Virgin: '성모 마리아'를 지칭.
3) verdict: 평결.
4) adduce: 제시하다.
5) given in: 제출하다.
6) chimney-pots: 굴뚝 꼭대기의 연기가 나가는 구멍.
7) puff: 훽 부는 바람.
8) managed: 가까스로 … 하다.
9) thwarted: 좌절되다.

see if anything had happened in the night. There were very few people about, and though the sun was bright, and the air clear and fresh, the big, grim-looking waves, that seemed dark themselves because the foam that topped them was like snow, forced themselves in through the mouth of the harbour, like a bullying man[1] going through a crowd. Somehow I felt glad that Jonathan was not on the sea last night, but on land. But, oh, is he on land or sea? Where is he, and how? I am getting fearfully anxious about him. If I only knew what to do, and could do anything!

10 August.--The funeral of the poor sea captain today was most touching.[2] Every boat in the harbour seemed to be there, and the coffin was carried by captains all the way from Tate Hill Pier up to the churchyard. Lucy came with me, and we went early to our old seat, whilst the cort ge[3] of boats went up the river to the Viaduct and came down again. We had a lovely view, and saw the procession[4] nearly all the way. The poor fellow was laid to rest[5] near our seat so that we stood on it, when the time came and saw everything.

Poor Lucy seemed much upset. She was restless and uneasy all the time, and I cannot but think that her dreaming at night is telling on her. She is quite odd in one thing. She will not admit to me that there is any cause for restlessness, or if there be, she does not understand it herself.

There is an additional cause in that poor Mr. Swales was found dead this morning on our seat, his neck being broken. He had evidently, as the doctor said, fallen back in the seat in some sort of fright, for there was a look of fear and horror on his face that the men said made them shudder. Poor dear old man!

Lucy is so sweet and sensitive that she feels influences more acutely than other people do. Just now she was quite upset by a little thing which I did not much heed, though I am myself very fond of animals.

One of the men who came up here often to look for the boats was followed by his dog. The dog is always with him. They are both quiet persons, and I never saw the man angry, nor heard the dog bark. During the service[6] the dog would not come to its master, who was on the seat with us, but kept a few yards off,[7] barking and howling. Its master spoke to it gently, and then harshly, and then angrily. But it would

1) bullying man: 약자를 괴롭히는 사람.
2) touching: 애처로운.
3) cort ge: (불어) 장례 행렬.
4) procession: 행렬.
5) was laid to rest: 매장되었다.
6) service: 장례식.
7) kept a few yards off: 몇 야드 떨어져 있었다.

neither come nor cease to make a noise. It was in a fury, with its eyes savage, and all its hair bristling out[1] like a cat's tail when puss is on the war-path.[2]

Finally the man too got angry, and jumped down and kicked the dog, and then took it by the scruff[3] of the neck and half dragged and half threw it on the tombstone on which the seat is fixed. The moment it touched the stone the poor thing became quiet and fell all into a tremble.[4] It did not try to get away, but crouched down, quivering and cowering,[5] and was in such a pitiable state of terror that I tried, though without effect, to comfort it.

Lucy was full of pity, too, but she did not attempt to touch the dog, but looked at it in an agonised sort of way. I greatly fear that she is of too super sensitive a nature to go through the world without trouble. She will be dreaming of this tonight, I am sure. The whole agglomeration of things,[6] the ship steered into port by a dead man, his attitude,[7] tied to the wheel with a crucifix and beads, the touching funeral, the dog, now furious and now in terror, will all afford material for her dreams.

I think it will be best for her to go to bed tired out physically, so I shall take her for a long walk by the cliffs to Robin Hood's Bay and back. She ought not to have much inclination for sleep-walking then.

---

1) bristling out: 털이 곤두서다.

2) puss is on the war-path: 고양이가(puss) 싸울 기세였다(on the warpath).

3) scruff: 목덜미.

4) fell all into a tremble: 온몸을 떨기 시작하였다.

5) cowering: 움츠러들다.

6) agglomeration of things: agglomeration은 '집합', '모임'; 즉, 여러 상황의 집합.

7) attitude: 자세.

CHAPTER 8

MINA MURRAY'S JOURNAL

Same day, 11 o'clock p. m.--Oh, but I am tired! If it were not that I had made my diary a duty I should not open it tonight. We had a lovely walk. Lucy, after a while, was in gay spirits, owing, I think, to some dear cows who came nosing[1] towards us in a field close to the lighthouse, and frightened the wits out of us.[2] I believe we forgot everything, except of course, personal fear, and it seemed to wipe the slate clean and give us a fresh start. We had a capital[3] 'severe tea' at Robin Hood's Bay in a sweet little old-fashioned inn, with a bow-window[4] right over the seaweed- covered rocks of the strand.[5] I believe we should have shocked the 'New Woman'[6] with our appetites. Men are more tolerant, bless them! Then we walked home with some, or rather many, stoppages[7] to rest, and with our hearts full of a constant dread of wild bulls.

Lucy was really tired, and we intended to creep off to bed[8] as soon as we could. The young curate came in, however, and Mrs. Westenra asked him to stay for supper. Lucy and I had both a fight for it with the dusty miller.[9] I know it was a hard fight on my part, and I am quite heroic. I think that some day the bishops must get together[10] and see about breeding up[11] a new class of curates, who don't take supper, no matter how hard they may be pressed to,[12] and who will know when girls are tired.

Lucy is asleep and breathing softly. She has more color in her cheeks than usual, and looks, oh so sweet. If Mr. Holmwood fell in love with her seeing her only in the drawing room, I wonder what he would say if he

1) nosing: 조심스럽게 다가오다.
2) frightened the wits out of us: 제정신이 아니게 할 정도로 우리를 몹시 놀라게 하였다는 의미.
3) capital: '훌륭한', '멋진'.
4) bow-window: 활 모양으로 내민 창.
5) strand: 바닷가.
6) New Woman: '신여성'; 이 명칭은 1880년 이후의 여성을 지칭하는데 사용되었는데, 후에는 성 문제에 있어서 자신의 독립성을 주장하는 여성들을 지칭하는데 사용되었다.
7) stoppages: 정지.
8) creep off to bed: 살금살금 침대로 다가가다.
9) dusty miller: 나방의 일종.
10) get together: 의논하다.
11) see about breeding up: 양육하는 것을(breeding up) 검토하다(see about).
12) be pressed to: … 하도록 촉구되다.

saw her now. Some of the 'New Women' writers will some day start an idea that men and women should be allowed to see each other asleep before proposing or accepting. But I suppose the 'New Woman' won't condescend[1] in future to accept. She will do the proposing herself. And a nice job she will make of it too! There's some consolation in that. I am so happy tonight, because dear Lucy seems better. I really believe she has turned the corner,[2] and that we are over her troubles with dreaming. I should be quite happy if I only knew if Jonathan . . . God bless and keep him.

11 August, 3 a.m..--Diary again. No sleep now, so I may as well write. I am too agitated to sleep. We have had such an adventure, such an agonizing experience. I fell asleep as soon as I had closed my diary . . .Suddenly I became broad awake,[3] and sat up, with a horrible sense of fear upon me, and of some feeling of emptiness around me. The room was dark, so I could not see Lucy's bed. I stole across and felt for[4] her. The bed was empty. I lit a match and found that she was not in the room. The door was shut, but not locked, as I had left it. I feared to wake her mother, who has been more than usually ill lately, so threw on[5] some clothes and got ready to look for her. As I was leaving the room it struck me that the clothes she wore might give me some clue to her dreaming intention. Dressing-gown would mean house, dress outside. Dressing-gown and dress were both in their places. "Thank God," I said to myself, "she cannot be far, as she is only in her nightdress."

I ran downstairs and looked in the sitting room. Not there! Then I looked in all the other rooms of the house, with an ever-growing fear chilling my heart. Finally, I came to the hall door and found it open. It was not wide open, but the catch of the lock had not caught.[6] The people of the house are careful to lock the door every night, so I feared that Lucy must have gone out as she was. There was no time to think of what might happen. A vague over-mastering fear obscured all details.[7]

I took a big, heavy shawl and ran out. The clock was striking one as I was in the Crescent, and there was not a soul[8] in sight. I ran along the North Terrace, but could see no sign of the white figure which I

1) condescend: 자신을 낮추어 … 하다.
2) turned the corner: 고비를 넘기었다.
3) broad awake: 완전히 잠이 깬.
4) felt for: …을 찾기위해 손으로 더듬다.
5) threw on: 옷을 걸쳤다.
6) catch of the lock had not caught: 자물쇠의 걸쇠(catch)가 걸리지 않았다.
7) over-mastering fear obscured all details: 나를 압도하는 두려움 때문에 세세한 사항에는 신경쓰지 못 하였다는 의미.
8) soul: 사람.

expected. At the edge of the West Cliff above the pier I looked across the harbour to the East Cliff, in the hope or fear, I don't know which, of seeing Lucy in our favorite seat.

There was a bright full moon, with heavy black, driving clouds, which threw the whole scene into a fleeting diorama[1] of light and shade as they sailed across. For a moment or two I could see nothing, as the shadow of a cloud obscured St. Mary's Church and all around it. Then as the cloud passed I could see the ruins of the abbey coming into view,[2] and as the edge of a narrow band of light as sharp as a sword-cut moved along, the church and churchyard became gradually visible. Whatever my expectation was, it was not disappointed, for there, on our favorite seat, the silver light of the moon struck[3] a half-reclining figure, snowy white. The coming of the cloud was too quick for me to see much, for shadow shut down on light almost immediately, but it seemed to me as though something dark stood behind the seat where the white figure shone, and bent over it. What it was, whether man or beast, I could not tell.

I did not wait to catch another glance, but flew down the steep steps to the pier and along by the fish-market to the bridge, which was the only way to reach the East Cliff. The town seemed as dead, for not a soul did I see. I rejoiced that it was so, for I wanted no witness of poor Lucy's condition. The time and distance seemed endless, and my knees trembled and my breath came laboured[4] as I toiled up[5] the endless steps to the abbey. I must have gone fast, and yet it seemed to me as if my feet were weighted with lead,[6] and as though every joint[7] in my body were rusty.

When I got almost to the top I could see the seat and the white figure, for I was now close enough to distinguish it even through the spells of shadow.[8] There was undoubtedly something, long and black, bending over the half-reclining white figure. I called in fright, "Lucy! Lucy!" and something raised a head, and from where I was I could see a white face and red, gleaming eyes.

Lucy did not answer, and I ran on to the entrance of the churchyard. As I entered, the church was between me and the seat, and for a minute

---

1) diorama: 투시화(透視畵).
2) coming into view: 시야에 들어오다.
3) struck: (빛이) 비추었다.
4) my breath came laboured: 난 거칠게 숨을 쉬었다는 의미.
5) toiled up: 힘들게 올라갔다.
6) weighted with lead: 추가 매달린.
7) joint: 관절.
8) spells of shadow: spell은 '연속'; 즉, 계속 이어지는 그림자.

or so I lost sight of her. When I came in view again the cloud had passed, and the moonlight struck so brilliantly that I could see Lucy half reclining with her head lying over the back of the seat. She was quite alone, and there was not a sign of any living thing about.

When I bent over her I could see that she was still asleep. Her lips were parted, and she was breathing, not softly as usual with her, but in long, heavy gasps,[1] as though striving to get her lungs full at every breath.[2] As I came close, she put up her hand in her sleep and pulled the collar of her nightdress close around her, as though she felt the cold. I flung the warm shawl over her, and drew the edges[3] tight around her neck, for I dreaded lest she should get some deadly chill from the night air, unclad as she was.[4] I feared to wake her all at once, so, in order to have my hands free to help her, I fastened the shawl at her throat with a big safety-pin.[5] But I must have been clumsy[6] in my anxiety and pinched or pricked[7] her with it, for by-and-by,[8] when her breathing became quieter, she put her hand to her throat again and moaned. When I had her carefully wrapped up I put my shoes on her feet, and then began very gently to wake her.

At first she did not respond, but gradually she became more and more uneasy in her sleep, moaning and sighing occasionally. At last, as time was passing fast, and for many other reasons, I wished to get her home at once, I shook her forcibly, till finally she opened her eyes and awoke. She did not seem surprised to see me, as, of course, she did not realize all at once where she was.

Lucy always wakes prettily, and even at such a time, when her body must have been chilled with cold, and her mind somewhat appalled[9] at waking unclad in a churchyard at night, she did not lose her grace. She trembled a little, and clung to me. When I told her to come at once with me home, she rose without a word, with the obedience of a child.[10] As we passed along, the gravel hurt my feet, and Lucy noticed me wince.[11] She stopped and wanted to insist upon my taking my shoes, but I would not. However, when we got to the pathway outside the chruchyard, where there was a puddle of water,

1) gasps: 가쁜 숨.
2) get her lungs full at every breath: 매번 숨쉴 때마다, 공기를 가득 담기 위해서라는 의미.
3) edges: 가장자리.
4) unclad as she was: 제대로 옷을 입지 않았기 때문에.
5) safety-pin: 안전핀.
6) clumsy: 서투른.
7) pricked: (바늘 따위로) 찌르다.
8) by-and-by: '곧', '즉시'.
9) appalled: 끔찍스러 하였다.
10) with the obedience of a child: 어린아이처럼 복종하면서.
11) wince: 움찔거리다.

remaining from the storm, I daubed[1] my feet with mud, using each foot in turn on the other, so that as we went home, no one, in case we should meet any one, should notice my bare feet.

Fortune favoured us,[2] and we got home without meeting a soul. Once we saw a man, who seemed not quite sober, passing along a street in front of us. But we hid in a door till he had disappeared up an opening such as there are here, steep little closes, or 'wynds', as they call them in Scotland. My heart beat so loud all the time sometimes I thought I should faint. I was filled with anxiety about Lucy, not only for her health, lest she should suffer from the exposure, but for her reputation in case the story should get wind.[3] When we got in, and had washed our feet, and had said a prayer of thankfulness together, I tucked her into bed.[4] Before falling asleep she asked, even implored, me not to say a word to any one, even her mother, about her sleepwalking adventure.

I hesitated at first, to promise, but on thinking of the state of her mother's health, and how the knowledge of such a thing would fret[5] her, and think too, of how such a story might become distorted, nay, infallibly[6] would, in case it should leak out,[7] I thought it wiser to do so. I hope I did right. I have locked the door, and the key is tied to my wrist, so perhaps I shall not be again disturbed. Lucy is sleeping soundly. The reflex[8] of the dawn is high and far over the sea . . .

Same day, noon.--All goes well. Lucy slept till I woke her and seemed not to have even changed her side. The adventure of the night does not seem to have harmed her, on the contrary, it has benefited[9] her, for she looks better this morning than she has done for weeks. I was sorry to notice that my clumsiness with the safety-pin hurt her. Indeed, it might have been serious, for the skin of her throat was pierced. I must have pinched up a piece of loose skin and have transfixed[10] it, for there are two little red points like pin-pricks, and on the band[11] of her nightdress was a drop of blood. When I apologised and was concerned about it, she laughed and petted[12] me, and said she did not even feel it. Fortunately it cannot leave a scar, as it is so tiny.

1) daubed: 덧칠하다.
2) Fortune favoured us: 다행스럽게도.
3) get wind: 소문나다.
4) tucked her into bed: 이불을 그녀의 턱까지 덮어주었다.
5) fret: 괴롭히다.
6) infallibly: 아주 확실히.
7) leak out: 누설되다.
8) reflex: 반사광.
9) benefited: 이롭게 하다.
10) transfixed: 찌르다.
11) band: 끈.
12) petted: 껴안고 등을 어루만지는 등 애정을 표현하는 행위를 하였다는 의미.

Same day, night.--We passed a happy day. The air was clear, and the sun bright, and there was a cool breeze. We took our lunch to Mulgrave Woods, Mrs. Westenra driving by the road and Lucy and I walking by the cliff-path and joining her at the gate. I felt a little sad myself, for I could not but feel how absolutely happy it would have been had Jonathan been with me. But there! I must only be patient. In the evening we strolled[1] in the Casino Terrace, and heard some good music by Spohr and Mackenzie,[2] and went to bed early. Lucy seems more restful[3] than she has been for some time, and fell asleep at once. I shall lock the door and secure the key the same as before, though I do not expect any trouble tonight.

12 August.--My expectations were wrong, for twice during the night I was wakened by Lucy trying to get out. She seemed, even in her sleep, to be a little impatient at finding the door shut, and went back to bed under a sort of protest.[4] I woke with the dawn, and heard the birds chirping[5] outside of the window. Lucy woke, too, and I was glad to see, was even better than on the previous morning. All her old gaiety of manner seemed to have come back, and she came and snuggled[6] in beside me and told me all about Arthur. I told her how anxious I was about Jonathan, and then she tried to comfort me. Well, she succeeded somewhat, for, though sympathy can't alter facts, it can make them more bearable.

13 August.--Another quiet day, and to bed with the key on my wrist as before. Again I awoke in the night, and found Lucy sitting up in bed, still asleep, pointing to the window. I got up quietly, and pulling aside the blind, looked out. It was brilliant moonlight, and the soft effect of the light over the sea and sky, merged together in one great silent mystery, was beautiful beyond words. Between me and the moonlight flitted a great bat,[7] coming and going in great whirling circles. Once or twice it came quite close, but was, I suppose, frightened at seeing me, and flitted away across the harbour towards the abbey. When I came back from the window Lucy had lain down again, and was sleeping peacefully. She did not stir[8] again all night.

---

1) strolled: 산보하였다.

2) Spohr and Mackenzie: Louis Spohr(1784-1859)와 Alexander Campell Mackenzie (1847-1935)를 각각 지칭하는 데, 이들은 당시 영국에서 대중적으로 널리 알려진 작곡가들이었다.

3) restful: 평온한.

4) under a sort of protest: 다소 마지못해.

5) chirping: (새가) 짹짹 울다.

6) snuggled: 다가붙었다.

7) flitted a great bat: '큰 박쥐가 훨훨 날았다'(flitted); 여기서 박쥐는 드라큘라 백작이 변신한 동물이다.

8) stir: 움직이다.

14 August.--On the East Cliff, reading and writing all day. Lucy seems to have become as much in love with the spot as I am, and it is hard to get her away from it when it is time to come home for lunch or tea or dinner. This afternoon she made a funny remark. We were coming home for dinner, and had come to the top of the steps up from the West Pier and stopped to look at the view, as we generally do. The setting sun, low down in the sky, was just dropping behind Kettleness. The red light was thrown over on the East Cliff and the old abbey, and seemed to bathe everything in a beautiful rosy glow. We were silent for a while, and suddenly Lucy murmured as if to herself . . .

"His red eyes again! They are just the same." It was such an odd expression, coming apropos of nothing,[1] that it quite startled[2] me. I slewed round[3] a little, so as to see Lucy well without seeming to stare at her, and saw that she was in a half dreamy state, with an odd look on her face that I could not quite make out,[4] so I said nothing, but followed her eyes. She appeared to be looking over at our own seat, whereon was a dark figure seated alone. I was quite a little startled myself, for it seemed for an instant as if the stranger had great eyes like burning flames, but a second look dispelled the illusion. The red sunlight was shining on the windows of St. Mary's Church behind our seat, and as the sun dipped there was just sufficient change in the refraction[5] and reflection to make it appear as if the light moved. I called Lucy's attention to the peculiar effect, and she became herself with a start,[6] but she looked sad all the same. It may have been that she was thinking of that terrible night up there. We never refer to[7] it, so I said nothing, and we went home to dinner. Lucy had a headache and went early to bed. I saw her asleep, and went out for a little stroll myself.

I walked along the cliffs to the westward, and was full of sweet sadness, for I was thinking of Jonathan. When coming home, it was then bright moonlight, so bright that, though the front of our part of the Crescent was in shadow, everything could be well seen, I threw a glance up at our window, and saw Lucy's head leaning out.[8] I opened my handkerchief and waved it. She did not notice or make any movement

---

1) apropos of nothing: 난데없이.

2) startled: 놀라게 하였다.

3) slewed round: '돌다', '회전하다'.

4) make out: 이해하다.

5) refraction: 빛의 굴절.

6) became herself with a start: 그녀는 깜짝 놀라면서(with a start) 제정신을 차렸다는 의미.

7) refer to: 언급하다.

8) saw Lucy's head leaning out: 실제로 루시(Lucy)는 미나가 아니라 드라큘라의 방문을 기다리고 있다.

whatever. Just then, the moonlight crept round an angle[1] of the building, and the light fell on the window. There distinctly was Lucy with her head lying up against the side of the window sill and her eyes shut. She was fast asleep, and by her, seated on the window sill, was something that looked like a good-sized[2] bird. I was afraid she might get a chill, so I ran upstairs, but as I came into the room she was moving back to her bed, fast asleep, and breathing heavily. She was holding her hand to her throat, as though to protect if from the cold.

I did not wake her, but tucked her up warmly. I have taken care that the door is locked and the window securely fastened.

She looks so sweet as she sleeps, but she is paler than is her wont,[3] and there is a drawn,[4] haggard look under her eyes which I do not like. I fear she is fretting about something. I wish I could find out what it is.

15 August.--Rose later than usual. Lucy was languid and tired, and slept on after we had been called. We had a happy surprise at breakfast. Arthur's father is better, and wants the marriage to come off[5] soon. Lucy is full of quiet joy, and her mother is glad and sorry at once. Later on in the day she told me the cause. She is grieved to lose Lucy as her very own, but she is rejoiced that she is soon to have some one to protect her. Poor dear, sweet lady! She confided to me that she has got her death warrant.[6] She has not told Lucy, and made me promise secrecy. Her doctor told her that within a few months, at most, she must die, for her heart is weakening. At any time, even now, a sudden shock would be almost sure to kill her. Ah, we were wise to keep from her the affair of the dreadful night of Lucy's sleep-walking.

17 August.--No diary for two whole days. I have not had the heart to[7] write. Some sort of shadowy pall[8] seems to be coming over our happiness. No news from Jonathan, and Lucy seems to be growing weaker, whilst her mother's hours are numbering to a close.[9] I do not understand Lucy's fading away[10] as she is doing. She eats well and sleeps

---

1) angle: 건물의 모퉁이.
2) good-sized: 아주 커다란.
3) than is her wont: 평상시 그녀보다 더.
4) drawn: 찡그린.
5) come off: (결혼식이) 행해지다.
6) death-warrant: (의사의) 임종선언.
7) had the heart to: … 할 마음이 들었다.
8) shadowy pall: 불운(먹구름).
9) her mother's hours are numbering to a close: 그녀 어머니의 임종(close)이 가까워지고 있다는 의미.
10) fading away: (기력이) 쇠퇴하다.

well, and enjoys the fresh air, but all the time the roses in her cheeks are fading, and she gets weaker and more languid day by day. At night I hear her gasping as if for air.[1]

I keep the key of our door always fastened to my wrist at night, but she gets up and walks about the room, and sits at the open window. Last night I found her leaning out when I woke up, and when I tried to wake her I could not.

She was in a faint.[2] When I managed to restore her, she was weak as water, and cried silently between long, painful struggles for breath. When I asked her how she came to be at the window she shook her head and turned away.

I trust her feeling ill may not be from that unlucky prick of the safety-pin. I looked at her throat just now as she lay asleep, and the tiny wounds seem not to have healed. They are still open, and, if anything, larger than before, and the edges of them are faintly white. They are like little white dots with red centres. Unless they heal within a day or two, I shall insist on the doctor seeing about them.

Letter, Samuel F. Billington & Son, Solicitors Whitby, to Messrs. Carter, Paterson & Co., London

17 August.

"Dear Sirs, --

"Herewith[3] please receive invoice of goods sent by Great Northern Railway. Same are to be delivered at Carfax, near Purfleet, immediately on receipt[4] at goods station King's Cross. The house is at present empty, but enclosed please find keys, all of which are labelled.

"You will please deposit the boxes, fifty in number, which form the consignment,[5] in the partially ruined building forming part of the house and marked 'A' on rough diagrams enclosed. Your agent will easily recognize the locality, as it is the ancient chapel of the mansion. The goods leave by the train at 9:30 tonight, and will be due[6] at King's Cross at 4:30 tomorrow afternoon. As our client wishes the delivery made as

1) gasping as if for air: 공기가 모자란 듯 숨을 헐떡거렸다는 의미.
2) in a faint: 기절한 상태인.
3) Herewith: 동봉된.
4) on receipt: 받는 즉시.
5) consignment: 적송품(積送品).
6) due: 도착 예정인.

soon as possible, we shall be obliged by your having teams ready at King's Cross at the time named and forthwith conveying the goods to destination. In order to obviate any delays[1] possible through any routine requirements as to payment in your departments, we enclose cheque herewith for ten pounds, receipt of which please acknowledge. Should the charge be less than this amount, you can return balance,[2] if greater, we shall at once send cheque for difference[3] on hearing from you. You are to leave the keys on coming away in the main hall of the house, where the proprietor[4] may get them on his entering the house by means of his duplicate[5] key.

"Pray do not take us as exceeding the bounds of business courtesy in pressing you in all ways to use the utmost expedition.[6] "We are, dear Sirs,

"Faithfully yours,

"SAMUEL F. BILLINGTON & SON."

Letter, Messrs. Carter, Paterson & Co., London, to Messrs. Billington & Son, Whitby.

21 August.

"Dear Sirs,--

"We beg to acknowledge 10 pounds received and to return cheque of 1 pound, 17s, 9d, amount of overplus,[7] as shown in receipted account[8] herewith. Goods are delivered in exact accordance with instructions, and keys left in parcel in main hall, as directed.

"We are, dear Sirs,
"Yours respectfully,
"*Pro* CARTER, PATERSON & CO."

1) obviate any delays: 지연(delay)을 미연에 방지하다(obviate).
2) balance: 잔액.
3) difference: 차액.
4) proprietor: 집주인.
5) duplicate: 복제된.
6) use the utmost expedition: 최대한 신속하게 처리해 달라는 의미.
7) amount of overplus: 남은 금액.
8) receipted account: 영수증으로 발행된(receipted) 계산서.

MINA MURRAY'S JOURNAL.

18 August.--I am happy today, and write sitting on the seat in the churchyard. Lucy is ever so much better. Last night she slept well all night, and did not disturb me once.

The roses[1] seem coming back already to her cheeks, though she is still sadly pale and wan-looking.[2] If she were in any way anemic[3] I could understand it, but she is not. She is in gay spirits and full of life and cheerfulness. All the morbid reticence[4] seems to have passed from her, and she has just reminded me, as if I needed any reminding, of that night, and that it was here, on this very seat, I found her asleep.

As she told me she tapped playfully with the heel of her boot on the stone slab and said,

"My poor little feet didn't make much noise then! I daresay poor old Mr. Swales would have told me that it was because I didn't want to wake up Geordie."

As she was in such a communicative humour,[5] I asked her if she had dreamed at all that night.

Before she answered, that sweet, puckered[6] look came into her forehead, which Arthur, I call him Arthur from her habit, says he loves, and indeed, I don't wonder that he does. Then she went on in a half-dreaming kind of way, as if trying to recall it to herself.

"I didn't quite dream, but it all seemed to be real. I only wanted to be here in this spot. I don't know why, for I was afraid of something, I don't know what. I remember, though I suppose I was asleep, passing through the streets and over the bridge. A fish leaped as I went by, and I leaned over to look at it, and I heard a lot of dogs howling. The whole town seemed as if it must be full of dogs all howling at once, as I went up the steps. Then I had a vague memory of something long and dark with red eyes, just as we saw in the sunset, and something very sweet and very bitter all around me at once. And then I seemed sinking into deep green water, and there was a singing in my ears, as I have heard there is to drowning men, and then everything seemed passing away from me. My soul seemed to go out from my body and float about the air. I seem to remember that once the West Lighthouse was right under

---

1) roses: 홍조.

2) wan-looking: 창백해 보이는.

3) anemic: 빈혈의.

4) morbid reticence: 섬뜩하게 말을 잘 하지 않음.

5) communicative humour: 말을 하고 싶은 기분(humour).

6) puckered: 주름진.

me, and then there was a sort of agonizing feeling, as if I were in an earthquake, and I came back and found you shaking my body. I saw you do it before I felt you."

Then she began to laugh. It seemed a little uncanny to me, and I listened to her breathlessly. I did not quite like it, and thought it better not to keep her mind on the subject,[1] so we drifted on to another subject, and Lucy was like her old self again. When we got home the fresh breeze had braced[2] her up, and her pale cheeks were really more rosy. Her mother rejoiced when she saw her, and we all spent a very happy evening together.

19 August.--Joy, joy, joy! Although not all joy. At last, news of Jonathan. The dear fellow has been ill, that is why he did not write. I am not afraid to think it or to say it, now that I know. Mr. Hawkins sent me on the letter,[3] and wrote himself, oh so kindly. I am to leave in the morning and go over to Jonathan, and to help to nurse him if necessary, and to bring him home. Mr. Hawkins says it would not be a bad thing if we were to be married out there. I have cried over the good Sister's[4] letter till I can feel it wet against my bosom, where it lies. It is of Jonathan, and must be near my heart, for he is in my heart. My journey is all mapped out,[5] and my luggage ready. I am only taking one change of dress.[6] Lucy will bring my trunk to London and keep it till I send for it, for it may be that . . . I must write no more. I must keep it to say to Jonathan, my husband. The letter that he has seen and touched must comfort me till we meet.

Letter, Sister Agatha, Hospital Of St. Joseph And Ste. Mary, Buda-Pesth, to Miss Willhelmina Murray

'12 August,

"Dear Madam.

"I write by desire of Mr. Jonathan Harker, who is himself not strong

1) keep her mind on the subject: 그 주제에 관해 그녀로 하여금 계속 생각하게 만든다는 의미.
2) braced: 기운나게 하였다.
3) sent me on the letter: 나에게 편지로 소식을 전했다는 의미.
4) Sister: 수녀.
5) mapped out: 구체적으로 계획되었다.
6) change of dress: 한번 갈아입을 옷.

enough to write, though progressing[1] well, thanks to God and St. Joseph and Ste. Mary. He has been under our care for nearly six weeks, suffering from a violent brain fever.[2] He wishes me to convey his love, and to say that by this post I write for him to Mr. Peter Hawkins, Exeter, to say, with his dutiful respects,[3] that he is sorry for his delay, and that all of his work is completed. He will require some few weeks' rest in our sanatorium[4] in the hills, but will then return. He wishes me to say that he has not sufficient money with him, and that he would like to pay for his staying here, so that others who need shall not be wanting for belp.

'Believe me,
'Yours, with sympathy and all blessings,
'SISTER AGATHA.

"P. S.--My patient being asleep, I open this to let you know something more. He has told me all about you, and that you are shortly to be his wife. All blessings to you both! He has had some fearful shock, so says our doctor, and in his delirium[5] his ravings[6] have been dreadful, of wolves and poison and blood, of ghosts and demons, and I fear to say of what. Be careful of him always that there may be nothing to excite him of this kind for a long time to come. The traces of such an illness as his do not lightly die away.[7] We should have written long ago, but we knew nothing of his friends, and there was nothing on him, nothing that anyone could understand. He came in the train from Klausenburg, and the guard was told by the station master[8] there that he rushed into the station shouting for a ticket for home. Seeing from his violent demeanor that he was English, they gave him a ticket for the furthest station on the way thither that the train reached.

"Be assured[9] that he is well cared for. He has won all hearts[10] by his sweetness and gentleness. He is truly getting on[11] well, and I have no doubt will in a few weeks be all himself. But be careful of him for

1) progressing: (병이) 나아지고 있다.
2) brain fever: 뇌막염 등과 같이 뇌에 이상을 일으키는 병을 총체적으로 지칭하는 용어.
3) with his dutiful respects: 정중히 경의를 표하면서.
4) sanatorium: 요양소.
5) delirium: 정신착란.
6) ravings: 헛소리.
7) die away: 사라지다.
8) station-master: 역장.
9) Be assured: 안심하고 믿으시오.
10) won all hearts: 모든 사람의 사랑을 받는다는 의미.
11) getting on: (몸이) 나아지고 있다.

safety's sake. There are, I pray God and St. Joseph and Ste. Mary, many, many, happy years for you both."

DR. SEWARD'S DIARY

19 Agust.--Strange and sudden change in Renfield last night. About eight o'clock he began to get excited and sniff about[12] as a dog does when setting. The attendant was struck[13] by his manner, and knowing my interest in him, encouraged him to talk. He is usually respectful to the attendant and at times servile,[14] but tonight, the man tells me, he was quite haughty.[15] Would not condescend to talk with him at all.

All he would say was, "I don't want to talk to you. You don't count[16] now. The master is at hand."[17]

The attendant thinks it is some sudden form of religious mania which has seized[18] him. If so, we must look out for squalls,[19] for a strong man with homicidal and religious mania at once might be dangerous. The combination is a dreadful one.

At Nine o'clock I visited him myself. His attitude to me was the same as that to the attendant. In his sublime self-feeling[20] the difference between myself and the attendant seemed to him as nothing. It looks like religious mania, and he will soon think that he himself is God.

These infinitesimal[21] distinctions between man and man are too paltry[22] for an Omnipotent Being. How these madmen give themselves away![23] The real God taketh heed lest a sparrow fall. But the God created from human vanity sees no difference between an eagle and a sparrow. Oh, if men only knew!

For half an hour or more Renfield kept getting excited in greater

12) sniff about: 냄새 맡으며 돌아다니다.

13) struck: 놀라다.

14) servile: 비굴한.

15) haughty: 오만한.

16) count: 중요하다.

17) Master is at hand: at hand는 '가까이에'; master는 드라큘라를 지칭한다; 이 작품에서 렌필드(Renfield)와 드라큘라는 정신적 교감을 하고 있으며, 심지어 렌필드는 드라큘라를 신으로 섬기게 된다.

18) seized: (정신적으로) 사로잡다.

19) look out for squalls: 돌발적인 상황(squall)을 경계하다(look out for).

20) self-feeling: '자기중심적인 생각', '자신의 정체성에 대한 인식'.

21) infinitesimal: 극도로 세세한.

22) paltry: 하찮은.

23) give themselves away: 자신들의 본 모습을 드러내다.

and greater degree. I did not pretend to be watching him, but I kept strict observation all the same. All at once that shifty look[1] came into his eyes which we always see when a madman has seized an idea,[2] and with it the shifty movement of the head and back which asylum attendants come to know so well. He became quite quiet, and went and sat on the edge of his bed resignedly,[3] and looked into space with lack-luster[4] eyes.

I thought I would find out if his apathy were real or only assumed,[5] and tried to lead him to talk of his pets, a theme which had never failed to excite his attention.

At first he made no reply, but at length said testily,[6] "Bother them[7] all! I don't care a pin about them."[8]

"What" I said. "You don't mean to tell me you don't care about spiders?" (Spiders at present are his hobby and the notebook is filling up with columns of small figures.)

To this he answered enigmatically, "The Bride-maidens rejoice the eyes that wait the coming of the bride. But when the bride draweth nigh, then the maidens shine not to the eyes that are filled."[9]

He would not explain himself, but remained obstinately seated on his bed all the time I remained with him.

I am weary tonight and low in spirits.[10] I cannot but think of Lucy, and how different things might have been. If I don't sleep at once, chloral, the modern Morpheus![11] I must be careful not to let it grow into a habit. No, I shall take none tonight! I have thought of Lucy, and I shall not dishonour her by mixing the two. If need be,[12] tonight shall be sleepless.

---

1) shifty look: 교묘하게 둘러대는(shifty) 표정.
2) seized an idea: 어떤 생각을 하게 되었다.
3) resignedly: 체념하듯이.
4) lack-lustre: 흐리멍텅한.
5) assumed: 가장된.
6) testily: 퉁명스럽게.
7) Bother them: 귀찮다는 의미.
8) I don't care a pin about them: 부정어와 함께 pin은 '조금도 … 하지 않는다'는 의미; 즉, 그것들에 대해서 조금도 개의치 않는다는 뜻.
9) The bride-maiden rejoice the eyes … then the maidens shine not to the eyes that are filled: 이 작품에서 사람의 피를 빠는 드라큘라는 자신의 피를 인간에게 나누어준 예수와는 정 반대되는 인물이다. 예수는 신랑으로, 그의 추종자들은 신부로 성경에서 비유된다는 사실에 착안하여 스토커는 드라큘라와 그를 추종하는 렌필드의 관계도 신랑과 신부의 관계로 설정하고 있다.
10) low in spirits: 의기소침한.
11) chloral, the modern Morpheus: 안정제의 일종인 'chloral hydrate'를 지칭하는데, 이것이 현대의 Morpheus라고 Seward가 말한 이유는 그리스 신화에서 Morpheus는 '꿈의 신'이기 때문이다.
12) If need be: 어쩔 수 없다면.

Later:--Glad I made the resolution, gladder that I kept to[1] it. I had lain tossing about,[2] and had heard the clock strike only twice, when the night watchman came to me, sent up from the ward,[3] to say that Renfield had escaped. I threw on my clothes and ran down at once. My patient is too dangerous a person to be roaming about.[4] Those ideas of his might work out dangerously with strangers.[5]

The attendant was waiting for me. He said he had seen him not ten minutes before, seemingly asleep in his bed, when he had looked through the observation-trap[6] in the door. His attention was called by the sound of the window being wrenched out.[7] He ran back and saw his feet disappear through the window, and had at once sent up for me. He was only in his night-gear,[8] and cannot be far off.

The attendant thought it would be more useful to watch where he should go than to follow him, as he might lose sight of him whilst getting out of the building by the door. He is a bulky[9] man, and couldn't get through the window.

I am thin, so, with his aid, I got out, but feet foremost, and as we were only a few feet above ground landed unhurt.

The attendant told me the patient had gone to the left, and had taken a straight line, so I ran as quickly as I could. As I got through the belt of trees[10] I saw a white figure scale the high wall which separates our grounds from those of the deserted house.

I ran back at once, told the watchman to get three or four men immediately and follow me into the grounds of Carfax, in case our friend might be dangerous. I got a ladder myself, and crossing the wall, dropped down on the other side. I could see Renfield's figure just disappearing behind the angle of the house, so I ran after him. On the far side of the house I found him pressed close against the old ironbound oak door of the chapel.

He was talking, apparently to some one, but I was afraid to go near enough to hear what he was saying, les t I might frighten him, and he should run off.

---

1) kept to: 고수하다.
2) tossing about: (몸을) 이리저리 뒤척이다.
3) ward: 여기서는 정신 병동을 지칭.
4) roaming about: 배회하다.
5) work out dangerously with strangers: 결과적으로 낯선 사람들에게 위험을 미치게 된다는 의미.
6) observation-trap: 안을 보기 위해 만든 뚜껑 문.
7) wrenched out: 비틀어 떼내다.
8) night-gear: gear는 '의복'; 즉, 밤에 입는 옷.
9) bulky: 몸집이 큰.
10) belt of trees: 둥글게 배열되어 있는 나무들을 지칭.

Chasing an errant swarm of bees[1] is nothing to following a naked lunatic, when the fit of escaping[2] is upon him! After a few minutes, however, I could see that he did not take note of[3] anything around him, and so ventured to draw nearer to him, the more so as my men had now crossed the wall and were closing him in.[4] I heard him say . . .

"I am here to do Your bidding,[5] Master. I am Your slave, and You will reward me, for I shall be faithful. I have worshipped You long and afar off. Now that You are near, I await Your commands, and You will not pass me by,[6] will You, dear Master, in Your distribution of good things?"

He is a selfish old beggar anyhow. He thinks of the loaves and fishes even when he believes his is in a Real Presence.[7] His manias make a startling combination. When we closed in on him he fought like a tiger. He is immensely strong, for he was more like a wild beast than a man.

I never saw a lunatic in such a paroxysm of rage[8] before, and I hope I shall not again. It is a mercy that we have found out his strength and his danger in good time. With strength and determination like his, he might have done wild work before he was caged.

He is safe now, at any rate. Jack Sheppard[9] himself couldn't get free from the strait-waistcoat[10] that keeps him restrained, and he's chained to the wall in the padded room.[11]

His cries are at times awful, but the silences that follow are more deadly still, for he means murder in every turn and movement.

Just now he spoke coherent[12] words for the first time. "I shall be patient, Master. It is coming, coming, coming!"

So I took the hint, and came too. I was too excited to sleep, but this diary has quieted me, and I feel I shall get some sleep tonight.

---

1) swarm of bees: 벌떼.

2) fit of escaping: fit는 '충동'; 즉, 달아나고 싶은 충동.

3) take note of: …에 주의를 기울이다.

4) closing him in: 그를 에워싸다(close in).

5) do Your bidding: 당신의 명령을 따르겠다는 의미; 여기서 Your는 드라큘라를 지칭하는데, 렌필드에게는 드라큘라가 신과 같은 존재이기 때문에 대문자를 사용하여 표기한 것이다.

6) pass me by: 나를 모른 체 하다.

7) Real Presence: (신학) 그리스도의 실재.

8) paroxysm of rage: 격동(paroxysm)적으로 표출하는 분노.

9) Jack Sheppard: 탈옥과 그 범법행위로 널리 알려진 18세기의 영국 범죄자(1702-24)로 본명은 John Sheppard.

10) strait-jacket: 포악한 죄수나 광인을 꼼짝 움직이지 못하게 하는 구속복.

11) padded room: (정신병자의) 자해를 막기 위해 벽에 완충물을 댄 방.

12) coherent: 이치가 맞는.

CHAPTER 9

Letter, Mina Harker to Lucy Westenra

Buda-Pesth,[1] *24 August.*

"My dearest Lucy,—

"I know you will be anxious to hear all that has happened since we parted at the railway station at Whitby.

"Well, my dear, I got to Hull all right, and caught the boat to Hamburg, and then the train on here. I feel that I can hardly recall anything of the journey, except that I knew I was coming to Jonathan, and that as I should have to do some nursing, I had better get all the sleep I could. I found my dear one, oh, so thin and pale and weaklooking. All the resolution[2] has gone out of his dear eyes, and that quiet dignity which I told you was in his face has vanished.[3] He is only a wreck of himself,[4] and he does not remember anything that has happened to him for a long time past. At least, he wants me to believe so, and I shall never ask.

"He has had some terrible shock, and I fear it might tax his poor brain[5] if he were to try to recall it. Sister Agatha, who is a good creature and a born nurse, tells me that he raved of dreadful things whilst he was off his head.[6] I wanted her to tell me what they were; but she would only cross herself, and say she would never tell. That the ravings of the sick were the secrets of God, and that if a nurse through her vocation should hear them, she should respect her trust..[7]

"She is a sweet, good soul, and the next day, when she saw I was troubled, she opened up[8] the subject my poor dear raved about, added, 'I can tell you this much, my dear. That it was not about anything which he has done wrong himself, and you, as his wife to be, have no cause

1) Buda-Pesth: 헝가리의 수도(Budapest).

2) resolution: '결단', '단호함'.

3) vanished: 사라졌다.

4) wreck of himself: wreck은 '정신(건강)을 완전히 망친 사람', '폐인'.

5) tax his poor brain: 그의 마음을 괴롭히다.

6) off his head: '제정신이 아닌', '정신 착란을 일으킨'.

7) respect her trust: 자신에 대한 상대방의 믿음을 존중하여야 한다는 이 말은 환자의 비밀을 지켜야 한다는 뜻이다.

8) opened up the subject: 그 화제를 다시 꺼냈다(open up).

to be concerned. He has not forgotten you or what he owes to you. His fear was of great and terrible things, which no mortal can treat of.'

"I do believe the dear soul thought I might be jealous lest my poor dear should have fallen in love with any other girl. The idea of my being jealous about Jonathan! And yet, my dear, let me whisper, I felt a thrill of joy through me when I knew that no other woman was a cause for trouble. I am now sitting by his bedside, where I can see his face while he sleeps. He is waking!

"When he woke he asked me for his coat, as he wanted to get something from the pocket. I asked Sister Agatha, and she brought all his things. I saw amongst them was his notebook, and was was going to ask him to let me look at it, for I knew that I might find some clue to his trouble,[1] but I suppose he must have seen my wish in my eyes,[2] for he sent me over to the window, saying he wanted to be quite alone for a moment.

"Then he called me back, and he said to me very solemnly, 'Wilhelmina', I knew then that he was in deadly earnest,[3] for he has never called me by that name since he asked me to marry him, 'You know, dear, my ideas of the trust between husband and wife. There should be no secret, no concealment. I have had a great shock, and when I try to think of what it is I feel my head spin round,[4] and I do not know if it was real of the dreaming of a madman.[5] You know I had brain fever, and that is to be mad. The secret is here, and I do not want to know it. I want to take up my life[6] here, with our marriage.' For, my dear, we had decided to be married as soon as the formalities[7] are complete. 'Are you willing, Wilhelmina, to share my ignorance? Here is the book. Take it and keep it, read it if you will, but never let me know unless, indeed, some solemn duty should come upon me to go back to the bitter hours, asleep or awake, sane or mad, recorded here.' He fell back exhausted, and I put the book under his pillow, and kissed him. have asked Sister Agatha to beg the Superior[8] to let our wedding be this afternoon, and am waiting her reply . . ."

1) clue to his trouble: 그의 고통(의 원인)을 알 수 있는 실마리(clue).

2) seen my wish in my eyes: 내 눈을 보고 내가 바라는 것이 무엇인지 알았다는 의미.

3) in deadly earnest: 매우 진지한.

4) I feel my head spin round: 난 머리가 어지러웠다.

5) dreaming of a madman: 하커는 자신이 겪은 일이 실제 일어난 일인지, 환각 상태에서 헛 것을 본 것인지 확신하고 있지 못하다. 그가 이처럼 정신이 피폐해진 이유는 자신이 실제로 미친 사람이 아닐까하는 우려에서다.

6) take up my life: '정착한다'는 의미.

7) formalities: 정식 절차.

8) Superior: 수도원장.

"She has come and told me that the Chaplin of the English mission church[1] has been sent for. We are to be married in an hour, or as soon after as Jonathan awakes."

"Lucy, the time has come and gone. I feel very solemn, but very, very happy. Jonathan woke a little after the hour, and all was ready, and he sat up in bed, propped up with pillows.[2] He answered his 'I will' firmly and strong. I could hardly speak. My heart was so full that even those words seemed to choke[3] me.

"The dear sisters were so kind. Please, God, I shall never, never forget them, nor the grave and sweet responsibilities I have taken upon me. I must tell you of my wedding present. When the chaplain and the sisters had left me alone with my husband--oh, Lucy, it is the first time I have written the words 'my husband'--left me alone with my husband, I took the book from under his pillow, and wrapped it up in white paper, and tied it with a little bit of pale blue ribbon which was round my neck, and sealed it over the knot with sealing-wax,[4] and for my seal I used my wedding ring. Then I kissed it and showed it to my husband, and told him that I would keep it so, and then it would be an outward and visible sign for us all our lives that we trusted each other, that I would never open it unless it were for his own dear sake or for the sake of some stern duty.[5] Then he took my hand in his, and oh, Lucy, it was the first time he took his wifes' hand, and said that it was the dearest thing in all the wide world, and that he would go through all the past again to win it, if need be. The poor dear meant to have said a part of the past, but he cannot think of time yet, and I shall not wonder if at first he mixes up not only the month, but the year.

"Well, my dear, could I say? I could only tell him that I was the happiest woman in all the wide world, and that I had nothing to give him except myself, my life, and my trust, and that with these went my love and duty for all the days of my life. And, my dear, when he kissed me, and drew me to him with his poor weak hands, it was like a solemn pledge[6] between us.

"Lucy dear, do you know why I tell you all this? It is not only because it is all sweet to me, but because you have been, and are, very dear to me. It was my privilege to be your friend and guide when you

1) chaplin of the English mission church: chaplin은 '예배당 목사'(chaplain)의 의미; 즉, 영국 전도 교회의 예배당 목사(chaplain).

2) propped up with pillows: 베개에 몸을 기대고.

3) choke: 숨 막히게 하다.

4) sealing-wax: 봉랍.

5) stern duty: 피할 수 없는(stern) 의무.

6) pledge: 맹세.

came from the schoolroom to prepare for the world of life. I want you to see now, and with the eyes of a very happy wife, whither duty has led me, so that in your own married life you too may be all happy, as I am. My dear, please Almighty God, your life may be all it promises, a long day of sunshine, with no harsh wind, no forgetting duty, no distrust. I must not wish you no pain, for that can never be, but I do hope you will be always as happy as I am now. Goodbye, my dear. I shall post this at once, and perhaps, write you very soon again. I must stop, for Jonathan is waking. I must attend my husband!

"Your ever-loving
"Mina Harker."

Letter, Lucy Westenra to Mina Harker.

Whitby, 30 August.

"My dearest Mina, —

"Oceans[1] of love and millions of kisses, and may you soon be in your own home with your husband. I wish you were coming home soon enough to stay with us here. The strong air would soon restore Jonathan. It has quite restored[2] me. I have an appetite like a cormorant,[3] am full of life, and sleep well. You will be glad to know that I have quite given up walking in my sleep. I think I have not stirred out of my bed[4] for a week, that is when I once got into it at night. Arthur says I am getting fat. By the way, I forgot to tell you that Arthur is here. We have such walks and drives, and rides, and rowing,[5] and tennis, and fishing together, and I love him more than ever. He tells me that he loves me more, but I doubt that, for at first he told me that he couldn't love me more than he did then. But this is nonsense. There he is, calling to me. So no more just at present from your loving,

"LUCY.

"P. S.--Mother sends her love. She seems better, poor dear.
"P. P.S.--We are to be married on 28 September."

1) Oceans: 수많음.
2) restored: 원기를 회복시키다.
3) appetite like a cormorant: 가마우치 같은 대식가의 식욕.
4) have not stirred out of my bed: 내 침실에서 꼼짝도 하지 않았다.
5) rowing: 노 젓기.

DR. SEWARDS DIARY

20 August.--The case of Renfield grows even more interesting. He has now so far quieted that there are spells of cessation[1] from his passion. For the first week after his attack he was perpetually violent. Then one night, just as the moon rose,[2] he grew quiet, and kept murmuring to himself. "Now I can wait. Now I can wait."

The attendant came to tell me, so I ran down at once to have a look at him. He was still in the strait waistcoat and in the padded room, but the suffused[3] look had gone from his face, and his eyes had something of their old pleading. I might almost say, cringing,[4] softness. I was satisfied with his present condition, and directed him to be relieved.[5] The attendants hesitated, but finally carried out my wishes without protest.

It was a strange thing that the patient had humour enough to see their distrust, for, coming close to me, he said in a whisper, all the while looking furtively[6] at them, "They think I could hurt you! Fancy me hurting you! The fools!"

It was soothing,[7] somehow, to the feelings to find myself disassociated[8] even in the mind of this poor madman from the others, but all the same I do not follow his thought.[9] Am I to take it that I have anything in common with him, so that we are, as it were, to stand together.[10] Or has he to gain from me some good so stupendous[11] that my well being is needful to Him? I must find out later on. Tonight he will not speak. Even the offer of a kitten or even a full-grown cat will not tempt him.

He will only say, "I don't take any stock in[12] cats. I have more to think of now, and I can wait. I can wait."

After a while I left him. The attendant tells me that he was quiet until

---

1) spells of cessation: (흥분이) 멈춘 기간(spell).

2) Then one night, just as the moon rose: 달이 뜨는 밤이 되면 드라큘라의 힘이 강력해 지는데 이때가 되면 렌필드는 조용해지고, 드라큘라의 힘이 가장 약해지는 점심 무렵에는 렌필드가 광폭해진다.

3) suffused: 어떤 생각으로 가득 찬 (얼굴).

4) cringing: 굽실굽실하는.

5) directed him to be relieved: relieved는 구속복을 벗겨 주는 것을 의미; 즉, 그의 구속복을 벗기라고 지시하였다는 뜻이다.

6) furtively: 슬그머니.

7) soothing: 위로가 되는.

8) dissociated: 분리되다.

9) follow his thought: 그의 생각을 이해하다(follow).

10) stand together: '힘을 합치다', '같은 편이 되다'.

11) stupendous: 거대한.

12) take any stock in: '쌓아 놓다', '비축하다'.

just before dawn, and that then he began to get uneasy, and at length violent, until at last he fell into a paroxysm which exhausted him so that he swooned into a sort of coma.[1]

. . . Three nights has the same thing happened, violent all day then quiet from moonrise to sunrise. I wish I could get some clue to the cause. It would almost seem as if there was some influence which came and went. Happy thought! We shall tonight play sane wits against mad ones. He escaped before without our help. Tonight he shall escape with it. We shall give him a chance, and have the men ready to follow in case they are required.

23 August.--"The unexpected always happens."[2] How well Disraeli[3] knew life. Our bird when he found the cage open would not fly, so all our subtle arrangements went for naught.[4] At any rate, we have proved one thing, that the spells of quietness last[5] a reasonable time. We shall in future be able to ease his bond[6] for a few hours each day. I have given orders to the night attendant merely to shut him in the padded room, when once he is quiet, until the hour before sunrise. The poor soul's body will enjoy the relief even if his mind cannot appreciate it. Hark! The unexpected again! I am called. The patient has once more escaped.

Later.--Another night adventure. Renfield artfully waited until the attendant was entering the room to inspect. Then he dashed out past him and flew down the passage. I sent word for the attendants to follow. Again he went into the grounds of the deserted house, and we found him in the same place, pressed against the old chapel door. When he saw me he became furious, and had not the attendants seized him in time,[7] he would have tried to kill me. As we sere holding him a strange thing happened. He suddenly redoubled his efforts, and then as suddenly grew calm. I looked round instinctively, but could see nothing. Then I caught the patient's eye and followed it, but could trace nothing as it looked into the moonlight sky, except a big bat, which was flapping its silent and ghostly way to the west. Bats usually wheel[8] about, but this one seemed to go straight on, as if it knew where it was bound for or had some intention of its own.

---

1) swooned into a sort of coma: 점차 힘이 약해져(swoon) 혼수상태(coma)에 빠지다.

2) The unexpected always happens: '예기치 않은 일은 항상 일어나기 마련이다'는 이 말은 19세기에 자주 사용되던 속담이었다.

3) Disraeli: 영국의 정치가이자 소설가(Benjamin Disraeli, 1804-81).

4) went for naught: '실패로 돌아가다', '아무 소용없게 되다'.

5) last: 지속되다.

6) bond: 구속

7) in time: 제 때에.

8) wheel: 선회하다.

The patient grew calmer every instant, and presently said, "You needn't tie me. I shall go quietly!" Without trouble, we came back to the house. I feel there is something ominous[1] in his calm, and shall not forget this night...

LUCY WESTENRA'S DIARY

Hillingham, 24 August.--I must imitate Mina, and keep writing things down. Then we can have long talks when we do meet. I wonder when it will be. I wish she were with me again, for I feel so unhappy. Last night I seemed to be dreaming again just as I was at Whitby. Perhaps it is the change of air, or getting home again. It is all dark and horrid to me, for I can remember nothing. But I am full of vague fear, and I feel so weak and worn out.[2] When Arthur came to lunch he looked quite grieved when he saw me, and I hadn't the spirit to[3] try to be cheerful. I wonder if I could sleep in mother's room tonight. I shall make an excuse to try.

25 August.--Another bad night. Mother did not seem to take to my proposal.[4] She seems not too well herself, and doubtless she fears to worry me. I tried to keep awake, and succeeded for a while, but when the clock struck twelve it waked me from a doze, so I must have been falling asleep. There was a sort of scratching or flapping at the window, but I did not mind it, and as I remember no more, I suppose I must have fallen asleep. More bad dreams. I wish I could remember them. This morning I am horribly weak. My face is ghastly pale, and my throat pains me. It must be something wrong with my lungs, for I don't seem to be getting air enough. I shall try to cheer up[5] when Arthur comes, or else I know he will be miserable to see me so.

Letter, Arthur to Dr. Seward

"Albemarle Hotel, 31 August.

"My dear Jack,—
"I want you to do me a favour. Lucy is ill, that is she has no special

1) ominous: 불길한.
2) worn out: '지친', '탈진한'.
3) had'nt the spirit to: … 할 기분이 들지 않는다.
4) take to my proposal: 내 제안을 좋아하다(take to).
5) cheer up: 기운이 나다.

disease, but she looks awful, and is getting worse every day. I have asked her if there is any cause, I not dare to ask her mother, for to disturb the poor lady's mind about her daughter in her present state of health would be fatal. Mrs. Westenra has confided to me that her doom is spoken,[1] disease of the heart, though poor Lucy does not know it yet. I am sure that there is something preying on my dear girl's mind.[2] I am almost distracted[3] when I think of her. To look at her gives me a pang.[4] I told her I should ask you to see her, and though she demurred[5] at first, I know why, old fellow, she finally consented. It will be a painful task for you, I know, old friend, but it is for her sake, and I must not hesitate to ask, or you to act. You are to come to lunch at Hillingham tomorrow, two o'clock, so as not to arouse any suspicion in Mrs. Westenra, and after lunch Lucy will take an opportunity of being alone with you. I am filled with anxiety, and want to consult with you alone as soon as I can after you have seen her. Do not fail![6]

"Arthur."

Telegram, Arthur Holmwood to Seward

1 September.

"Am summoned to see my father, who is worse. Am writing. Write me fully by tonight's post to Ring. Wire[7] me if necessary."

Letter From Dr. Seward to Arthur Holmwood

2 September.

"My dear old fellow, —

"With regard to Miss Westenra's health I hasten to let you know at once that in my opinion there is not any functal disturbance[8] or any malady[9] that I know of. At the same time, I am not by any means

1) her doom is spoken: 그녀의 죽음(doom)이 예고되었다.
2) preying on my dear girl's mind: prey on은 '괴롭히다'; 즉, 나의 사랑스런 여인을 괴롭히는.
3) distracted: 마음이 괴로운.
4) pang: 고통.
5) demurred: 반대하였다.
6) Do not fail: 자신의 소망을 저버리지(fail) 말라는 의미다.
7) wire: 전보를 보내다.
8) functional disturbance: 기능적인 장애(disturbance).
9) malady: (만성적인) 병.

satisfied with her appearance. She is woefully different from what she was when I saw her last. Of course you must bear in mind[1] that I did not have full opportunity of examination such as I should wish. Our very friendship makes a little difficulty which not even medical science or custom can bridge over.[2] I had better tell you exactly what happened, leaving you to draw, in a measure, your own conclusions. I shall then say what I have done and propose doing.

"I found Miss Westenra in seemingly[3] gay spirits. Her mother was present, and in a few seconds I made up my mind that she was trying all she knew to mislead her mother and prevent her from being anxious. I have no doubt she guesses, if she does not know, what need of caution there is.

"We lunched alone, and as we all exerted ourselves to be cheerful, we got, as some kind of reward for our labours, some real cheerfulness amongst us. Then Mrs. Westenra went to lie down, and Lucy was left with me. We went into her boudoir,[4] and till we got there her gaiety remained, for the servants were coming and going.

"As soon as the door was closed, however, the mask fell from her face, and she sank down into a chair with a great sigh, and hid her eyes with her hand. When I saw that her high spirits had failed,[5] I at once took advantage of her reaction to make a diagnosis.[6]

"She said to me very sweetly, 'I cannot tell you how I loathe talking about myself.' I reminded her that a doctor's confidence was sacred,[7] but that you were grievously anxious about her. She caught on to my meaning[8] at once, and settled that matter in a word. 'Tell Arthur everything you choose. I do not care for myself, but for him!' So I am quite free.

"I could easily see that she was somewhat bloodless, but I could not see the usual anemic signs, and by the chance, I was able to test the actual quality of her blood, for in opening a window which was stiff a cord gave way, and she cut her hand slightly with broken glass. It was a slight matter in itself, but it gave me an evident chance, and I secured a

1) bear in mind: 명심하다.
2) bridge over: (난관을) 타개하다.
3) seemingly: 겉으로 보기에는.
4) boudoir: (불어) 여자전용 내실.
5) high spirits had failed: 기분 좋은(high spirits)척 하는 것이 더 이상 유지되지 못하였다(fail)는 의미.
6) make a diagnosis: 진단하다.
7) doctor's confidence was sacred: '의사에 대한 (환자의) 신뢰는 신성하다'는 이 말의 의미는 진료 도중 의사가 알게 된 환자의 비밀을 의사는 절대 누설하지 말아야 한다는 뜻이다.
8) caught on to my meaning: 내 말의 뜻을 이해했다.

few drops of the blood and have analysed them.

"The qualitative analysis give a quite normal condition,[1] and shows, I should infer, in itself a vigorous state of health. In other physical matters I was quite satisfied that there is no need for anxiety, but as there must be a cause somewhere, I have come to the conclusion that it must be something mental.

"She complains of difficulty breathing satisfactorily at times, and of heavy, lethargic[2] sleep, with dreams that frighten her, but regarding which she can remember nothing. She says that as a child, she used to walk in her sleep, and that when in Whitby the habit came back, and that once she walked out in the night and went to East Cliff, where Miss Murray found her. But she assures me that of late[3] the habit has not returned.

"I am in doubt, and so have done the best thing I know of. I have written to my old friend and master, Professor Van Helsing, of Amsterdam, who knows as much about obscure[4] diseases as any one in the world. I have asked him to come over,[5] and as you told me that all things were to be at your charge,[6] I have mentioned to him who you are and your relations to Miss Westenra. This, my dear fellow, is in obedience to your wishes,[7] for I am only too proud and happy to do anything I can for her.

"Van Helsing would, I know, do anything for me for a personal reason, so no matter on what ground he comes, we must accept his wishes. He is a seemingly arbitrary[8] man, this is because he knows what he is talking about better than any one else. He is a philosopher and a metaphysician, and one of the most advanced[9] scientists of his day, and he has, I believe, an absolutely open mind. This, with an iron nerve,[10] a temper of the ice-brook,[11] and indomitable[12] resolution, self-command,[13] and toleration exalted from virtues to blessings, and the kindliest and

---

1) qualitative analysis gives a quite normal condition: 피를 분석해 보니 아주 정상적인 상태였다는 의미.
2) lethargic: 혼수상태의.
3) of late: 최근에.
4) obscure: 잘 알려지지 않은 (질병).
5) come over: (멀리서) 오다.
6) at your charge: 당신이 그 비용을 지불할 것이란 의미.
7) in obedience to your wishes: 당신의 뜻에 따라.
8) arbitrary: 독단적인.
9) advanced: 첨단에 선.
10) iron nerve: 강심장.
11) temper of the ice-brook: 매우 침착한 (냉정한) 기질.
12) indomitable: 굴하지 않는.
13) self-command: '자제력', '침착성'.

truest heart that beats, these form his equipment for the noble work that he is doing for mankind, work both in theory and practice, for his views are as wide as his all-embracing[1] sympathy. I tell you these facts that you may know why I have such confidence in him. I have asked him to come at once. I shall see Miss Westenra tomorrow again. She is to meet me at the Stores,[2] so that I may not alarm her mother by too early a repetition of my call.

"*Yours always.*
JOHN SEWARD."

Letter, Abraham Van Helsing, M.D, D.ph., D. Litt, etc, etc, to Dr Seward

'*2 September.*

"My good Friend,—

"When I received your letter I am already coming to you. By good fortune I can leave just at once, without wrong[3] to any of those who have trusted me. Were fortune other, then it were bad for those who have trusted, for I come to my friend when he call me to aid those he holds dear. Tell your friend that when that time you suck from my wound so swiftly the poison of the gangrene[4] from that knife that our other friend, too nervous, let slip,[5] you did more for him when he wants my aids and you call for them than all his great fortune could do. But it is pleasure added to do for him, your friend; it is to you that I come. Have then rooms for me at the Great Eastern Hotel,[6] so that I may be near to hand,[7] and please it so arrange that we may see the young lady not too late on tomorrow, for it is likely that I may have to return here that night. But if need be I shall come again in three days, and stay longer if it must. Till then goodbye, my friend John.

"VAN HELSING."

1) all-embracing: 모든 것을 포용하는.
2) Stores: 이 당시 Knightsbridge에 있던 해러즈(Harrods) 백화점(Harrod's Department Store)을 지칭.
3) wrong: '부당한 행위', '손실'.
4) gangrene: 괴저(壞疽).
5) let slip: 떨어트리다.
6) Great Eastern Hotel: 19세기 당시 런던의 Liverpool Street 근방에 있던 유명한 호텔.
7) near to hand: 가까이에 있는.

Letter, Dr. Seward To Hon. Arthur Holmwood

'3 September.

"My dear Art,—

"Van Helsing has come and gone. He came on with me to Hillingham, and found that, by Lucy's discretion,[1] her mother was lunching out, so that we were alone with her. "Van Helsing made a very careful examination of the patient. He is to report to me, and I shall advise[2] you, for of course I was not present all the time. He is, I fear, much concerned, but says he must think. When I told him of our friendship and how you trust to me in the matter, he said, 'You must tell him all you think. Tell him him what I think, if you can guess it, if you will. Nay, I am not jesting. This is no jest, but life and death,[3] perhaps more.' I asked what he meant by that, for he was very serious. This was when we had come back to town, and he was having a cup of tea before starting on his return to Amsterdam. He would not give me any further clue. You must not be angry with me, Art, because his very reticence means that all his brains are working for her good.[4] He will speak plainly enough when the time comes, be sure.[5] So I told him I would simply write an account of our visit, just as if I were doing a descriptive special article[6] for THE DAILY TELEGRAPH.[7] He seemed not to notice, but remarked that the smuts[8] of London were not quite so bad as they used to be when he was a student here. I am to get his report tomorrow if he can possibly make it. In any case I am to have a letter.

"Well, as to the visit, Lucy was more cheerful than on the day I first saw her, and certainly looked better. She had lost something of the ghastly look that so upset you, and her breathing was normal. She was very sweet to the Professor (as she always is),and tried to make him feel at ease, though I could see the poor girl was making a hard struggle for it.

"I believe Van Helsing saw it, too, for I saw the quick look under his bushy brows that I knew of old. Then he began to chat of all things except ourselves and diseases and with such an infinite geniality[9] that I

1) by Lucy's discretion: 루시의 현명한 판단(discretion)에 따라.
2) advise: 통지하다.
3) life and death: 사활의 문제.
4) for her good: 그녀에게 도움이 되기 위해서.
5) be sure: (이 말은) 믿어도 된다.
6) article: (신문의) 기사.
7) *The Daily Telegraph*: 1867년 이후부터 런던에서 출판된 신문.
8) smuts: 스모그(smog).
9) with such an infinite geniality: 그처럼 무척 친절하고 상냥하게.

could see poor Lucy's pretense of animation[1] merge into reality. Then, without any seeming change, he brought the conversation gently round to his visit,[2] and sauvely said:

"'My dear young miss, I have the so great pleasure because you are so much beloved. That is much, my dear, even were there that which I do not see. They told me you were down in the spirit,[3] and that you were of a ghastly pale. To them I say "Pouf!" ' And he snapped his fingers[4] at me and went on. 'But you and I shall show them how wrong they are. How can he', and he pointed at me with the same look and gesture as that with which he pointed me out in his class, on, or rather after, a particular occasion which he never fails to remind me of, 'know anything of a young ladies? He has his madmen to play with, and to bring them back to happiness, and to those that love them. It is much to do, and, oh, but there are rewards in that we can bestow such happiness. But the young ladies! He has no wife nor daughter, and the young do not tell themselves to the young, but to the old, like me, who have known so many sorrows and the causes of them. So, my dear, we will send him away to smoke the cigarette in the garden, whiles you and I have little talk all to ourselves.'[5] I took the hint,[6] and strolled about, and presently the professor came to the window and called me in. He looked grave, but said, 'I have made careful examination, but there is no functional cause. With you I agree that there has been much blood lost, it has been but is not. But the conditions of her are in no way anemic. I have asked her to send me her maid, that I may ask just one or two questions, that so I may not chance to miss nothing. I know well what she will say. And yet there is cause. There is always cause for everything. I must go back home and think. You must send me the telegram every day, and if there be cause I shall come again. The disease, for not to be well is a disease, interest me, and the sweet, young dear, she interest me too. She charm me, and for her, if not for you or disease, I come.'

"As I tell you, he would not say a word more, even when we were alone. And so now, Art, you know all I know. I shall keep stern watch.[7]

---

1) animation: 생기.

2) brought the conversation gentry round to his visit: 자신이 방문한 목적으로 화제를 슬며시 돌렸다는 의미.

3) in the spirit: '발랄한', '활기찬'.

4) snapped his fingers: 손가락으로 딱 소리를 내었다.

5) have little talk all to ourselves: 우리 둘이서만 이야기를 나누자는 의미.

6) took the hint: (그의 의도를) 알아 차렸다.

7) keep stern watch: 예의 주시하다.

I trust your poor father is rallying.[1] It must be a terrible thing to you, my dear old fellow, to be placed in such a position[2] between two people who are both so dear to you. I know your idea of duty to your father, and you are right to stick to it. But if need be, I shall send you word to come at once to Lucy, so do not be over-anxious unless you hear from me."

DR. SEWARD'S DIARY

4 September.--Zoophagous patient still keeps up[3] our interest in him. He had only one outburst[4] and that was yesterday at an unusual time. Just before the stroke of noon he began to grow restless.[5] The attendant knew the symptoms, and at once summoned aid.[6] Fortunately the men came at a run, and were just in time, for at the stroke of noon he became so violent that it took all their strength to hold him. In about five minutes, however, he began to get more quiet, and finally sank into a sort of melancholy,[7] in which state he has remained up to now. The attendant tells me that his screams whilst in the paroxysm were really appalling. I found my hands full[8] when I got in, attending to some of the other patients who were frightened by him. Indeed, I can quite understand the effect, for the sounds disturbed even me, though I was some distance away. It is now after the dinner hour of the asylum, and as yet my patient sits in a corner brooding, with a dull, sullen, woebegone[9] look in his face, which seems rather to indicate than to show something directly. I cannot quite understand it.

Later.--Another change in my patient. At five o'clock I looked in on him, and found him seemingly as happy and contented as he used to be. He was catching flies and eating them, and was keeping note of his capture by making nailmarks on the edge of the door between the ridges

1) rallying: 회복되다.
2) to be placed in such a position: 그러한 상황(position)에 처하는 것(placed).
3) keeps up: 유지하다.
4) outburst: (감정의) 갑작스러운 분출.
5) Just before the stroke of noon he began to grow restless: 정오 무렵은 드라큘라 백작이 가장 힘이 없는 시간 때이다. 이때 렌필드는 광기를 부린다.
6) summoned aid: 도움을 요청하였다.
7) sank into a sort of melancholy: 우울증에 빠졌다.
8) I found my hands full: 난 아주 바빴다.
9) woebegone: 수심에 찬.

of padding.[1] When he saw me, he came over and apologized for his bad conduct, and asked me in a very humble, cringing way to be led back[2] to his own room, and to have his notebook again. I thought it well to humour[3] him, so he is back in his room with the window open. He has the sugar of his tea spread out on the window sill, and is reaping quite a harvest of flies. He is not now eating them, but putting them into a box, as of old, and is already examining the corners of his room to find a spider. I tried to get him to talk about the past few days, for any clue to his thoughts would be of immense help to me, but he would not rise. For a moment or two he looked very sad, and said in a sort of far-away[4] voice, as though saying it rather to himself than to me.

"All over! All over! He has deserted me. No hope for me now unless I do it myself!" Then suddenly turning to me in a resolute way, he said, "Doctor, won't you be very good to me and let me have a little more sugar? I think it would be very good for me."

"And the flies?" I said.

"Yes! The flies like it, too, and I like the flies, therefore I like it." And there are people who know so little as to think that madmen do not argue. I procured[5] him a double supply, and left him as happy a man as, I suppose, any in the world. I wish I could fathom[6] his mind.

Midnight.--Another change in him. I had been to see Miss Westenra, whom I found much better, and had just returned, and was standing at our own gate looking at the sunset, when once more I heard him yelling. As his room is on this side of the house, I could hear it better than in the morning. It was a shock to me to turn from the wonderful smoky beauty of a sunset over London, with its lurid lights and inky[7] shadows and all the marvellous tints[8] that come on foul clouds even as on foul water, and to realize all the grim sternness of my own cold stone building, with its wealth of breathing misery,[9] and my own desolate heart to endure it all. I reached him just as the sun was going down, and from his window saw the red disc[10] sink. As it sank he became less and

1) ridges of padding: 벽에 붙인 완충물(padding)의 올라온 부분을 지칭.
2) let back: 되돌려 보내다.
3) humour: 비위를 맞추다.
4) far-away: 멍한 (어조로).
5) procured: 물품을 조달해 주었다.
6) fathom: 헤아리다.
7) inky: 어두운.
8) tints: 색조.
9) breathing misery: 살아 숨쉬는 듯이 생생한(breathing) 비참함(misery).
10) red disc: 지는 붉은 태양을 지칭.

less frenzied,[1] and just as it dipped he slid from the hands that held him, an inert[2] mass, on the floor. It is wonderful, however, what intellectual recuperative power[3] lunatics have, for within a few minutes he stood up quite calmly and looked around him. I signalled to the attendants not to hold him, for I was anxious to see what he would do. He went straight over to the window and brushed out the crumbs of sugar. Then he took his fly box, and emptied it outside, and threw away the box. Then he shut the window, and crossing over, sat down on his bed. All this surprised me, so I asked him, "Are you going to keep flies any more?"

"No," said he. "I am sick of all that rubbish!"[4] He certainly is a wonderfully interesting study.[5] I wish I could get some glimpse of his mind or of the cause of his sudden passion. Stop. There may be a clue after all, if we can find why today his paroxysms came on at high noon and at sunset. Can it be that there is a malign influence[6] of the sun at periods which affects certain natures, as at times the moon does others? We shall see.

Telegram. Seward, London, to Van Helsing, Amsterdam

"*4 September.*--Patient still better today."

Telegram, Seward, London, to Van Helsing, Amsterdam

"*5 September.*--Patient greatly improved. Good appetite, sleeps naturally, good spirits, colour coming back."[7]

Telegram, Seward, London, to Van Helsing, Amsterdam

"*6 September.*--Terrible change for the worse. Come at once. Do not lose an hour. I hold over[8] telegram to Holmwood till have seen you."

1) frenzied: '격양한', '광포한'; 렌필드는 태양이 져 드라큘라가 힘을 찾기 시작하자 마음의 평온을 얻는다.
2) inert: 움직일 수 없는.
3) recuperative power: 회복력.
4) rubbish: 하잘 것 없는 것.
5) study: 연구 대상.
6) malign influence: 악영향.
7) colour coming back: 혈색이 돌아왔다는 의미.
8) hold over: '유보하다', '보류하다'.

CHAPTER 10

Letter, Dr. Seward to Hon. Arthur Holmwood

'*6 September.*

"My dear Art,—

"My news today is not so good. Lucy this morning had gone back a bit.[1] There is, however, one good thing which has arisen from it. Mrs. Westenra was naturally anxious concerning Lucy, and has consulted me professionally about her. I took advantage of the opportunity, and told her that my old master, Van Helsing, the great specialist, was coming to stay with me, and that I would put her in his charge conjointly with myself.[2] So now we can come and go without alarming her unduly,[3] for a shock to her would mean sudden death, and this, in Lucy's weak condition, might be disastrous to her. We are hedged in with[4] difficulties, all of us, my poor fellow, but, please God, we shall come through[5] them all right. If any need I shall write, so that, if you do not hear from me, take it for granted that I am simply waiting for news, In haste,

"Yours ever,
JOHN SEWARD."

DR. SEWARD'S DIARY

7 September.--The first thing Van Helsing said to me when we met at Liverpool Street was, "Have you said anything to our young friend, to lover of her?"

"No," I said. "I waited till I had seen you, as I said in my telegram. I wrote him a letter simply telling him that you were coming, as Miss

1) had gone back a bit: '다시 전처럼 되었다'; 즉, 루시의 얼굴이 다시 핏기가 가시고 창백해졌다는 의미.

2) put her in his charge conjointly with myself: 나와 연대하여(conjointly) 같이 반 헬싱(Van Helsing)으로 하여금 루시를 돌보게 하겠다는 의미.

3) unduly: 과도하게.

4) hedged in with: … 으로 둘러싸여 있는.

5) come through: (어려움을) 헤쳐나아가다.

Westenra was not so well, and that I should let him know if need be."

"Right, my friend," he said. "Quite right! Better he not know as yet. Perhaps he will never know. I pray so, but if it be needed, then he shall know all. And, my good friend John, let me caution you. You deal with the madmen. All men are mad in some way or the other, and inasmuch as you deal discreetly with your madmen, so deal with God's madmen too, the rest of the world. You tell not your madmen what you do nor why you do it. You tell them not what you think. So you shall keep knowledge in its place,[1] where it may rest, where it may gather its kind around it and breed. You and I shall keep as yet what we know here, and here." He touched me on the heart and on the forehead, and then touched himself the same way. "I have for myself thoughts at the present. Later I shall unfold[2] to you."

"Why not now?" I asked. "It may do some good.[3] We may arrive at some decision." He looked at me and said,"My friend John, when the corn is grown, even before it has ripened, while the milk of its mother earth is in him, and the sunshine has not yet begun to paint him with his gold, the husbandman[4] he pull the ear[5] and rub him between his rough hands, and blow away the green chaff,[6] and say to you, 'Look! He's good corn, he will make good crop[7] when the time comes.' "

I did not see the application[8] and told him so. For reply he reached over and took my ear in his hand and pulled it playfully, as he used long ago to do at lectures, and said, "The good husbandman tell you so then because he knows, but not till then. But you do not find the good husbandman dig up his planted corn to see if he grow. That is for the children who play at husbandry,[9] and not for those who take it as of the work of their life. See you now, friend John? I have sown my corn, and Nature has her work to do in making it sprout, if he sprout[10] at all, there's some promise, and I wait till the ear begins to swell." He broke off,[11] for he evidently saw that I understood. Then he went on gravely, "You

---

1) keep knowledge in its place: 자신이 아는 정보를 다른 사람들에게 알리지 말아야 한다는 의미.
2) unfold: 설명하다.
3) do some good: 도움이 된다.
4) husbandman: 농부.
5) ear: 이삭.
6) chaff: 왕겨.
7) make good crop: 좋은 수확(crop)을 거둔다는 의미.
8) I did not see the application: 그의 비유를 어떻게 적용(application)해야 할지 몰랐다는 의미.
9) children who play at husbandry: 진정한 농사꾼이 아니라, '농사(husbandry)짓는 시늉을 하는 아마추어 농부들'이란 의미.
10) sprout: 싹이 트다.
11) broke off: 말을 중단하였다.

were always a careful student, and your case book[1] was ever more full than the rest. And I trust that good habit have not fail. Remember, my friend, that knowledge is stronger than memory, and we should not trust the weaker. Even if you have not kept the good practice,[2] let me tell you that this case of our dear miss is one that may be, mind, I say may be, of such interest to us and others that all the rest may not make him kick the beam,[3] as your people say. Take then good note of it. Nothing is too small. I counsel you, put down in record even your doubts and surmises.[4] Hereafter it may be of interest to you to see how true you guess. We learn from failure, not from success!"

When I described Lucy's symptoms, the same as before, but infinitely more marked,[5] he looked very grave, but said nothing. He took with him a bag in which were many instruments and drugs, "the ghastly paraphernalia[6] of our beneficial trade," as he once called, in one of his lectures, the equipment of a professor of the healing craft.[7]

When we were shown in,[8] Mrs. Westenra met us. She was alarmed, but not nearly so much as I expected to find her. Nature in one of her beneficient moods has ordained[9] that even death has some antidote[10] to its own terrors. Here, in a case where any shock may prove fatal, matters are so ordered that, from some cause or other, the things not personal, even the terrible change in her daughter to whom she is so attached, do not seem to reach her.[11] It is something like the way dame Nature gathers round a foreign body an envelope of some insensitive tissue which can protect from evil that which it would otherwise harm by contact. If this be an ordered selfishness,[12] then we should pause before we condemn any one for the vice of egoism, for there may be deeper root[13] for its causes than we have knowledge of.

I used my knowledge of this phase of spiritual pathology,[14] and laid

---

1) case-book: (의학의) 사례집.
2) kept the good practice: 좋은 습관을 유지하다.
3) kick the beam: 맞설 수 없다.
4) surmises: 추측.
5) marked: 눈에 두드러진.
6) paraphernalia: 여러 가지 용구(장비).
7) healing craft: '치료 기술'; 즉, '의술'을 지칭.
8) were shown in: 안내되었다.
9) ordained: 정하였다.
10) antidote: 대책.
11) do not seem to reach her: 루시의 어머니에게 어떤 영향도 미치지 못하는 것처럼 보인다는 의미.
12) ordered selfishness: '요구된 이기심'; 필요에 의해 생겨난 이기심이란 의미.
13) roots: 근본 원인.
14) spiritual pathology: 정신적인 병리학.

down[1] a rule that she should not be present with Lucy, or think of her illness more than was absolutely required. She assented readily, so readily that I saw again the hand of Nature fighting for life. Van Helsing and I were shown up to Lucy's room. If I was shocked when I saw her yesterday, I was horrified when I saw her today.

She was ghastly, chalkily pale.[2] The red seemed to have gone even from her lips and gums,[3] and the bones of her face stood out prominently. Her breathing was painful to see or hear. Van Helsing's face grew set[4] as marble, and his eyebrows converged[5] till they almost touched over his nose. Lucy lay motionless, and did not seem to have strength to speak, so for a while we were all silent. Then Van Helsing beckoned[6] to me, and we went gently out of the room. The instant we had closed the door he stepped quickly along the passage to the next door, which was open. Then he pulled me quickly in with him and closed the door. "My god!" he said. "This is dreadful. There is no time to be lost.[7] She will die for sheer want of blood to keep the heart's action as it should be. There must be a transfusion of blood[8] at once. Is it you or me?"

"I am younger and stronger, Professor. It must be me."

"Then get ready at once. I will bring up my bag. I am prepared."

I went downstairs with him, and as we were going there was a knock at the hall door. When we reached the hall, the maid had just opened the door, and Arthur was stepping quickly in. He rushed up to me, saying in an eager whisper,

"Jack, I was so anxious. I read between the lines of your letter,[9] and have been in an agony.[10] The dad was better, so I ran down here to see for myself. Is not that gentleman Dr. Van Helsing? I am so thankful to you, sir, for coming."

When first the Professor's eye had lit upon him,[11] he had been angry at his interruption at such a time, but now, as he took in his stalwart proportions and recognized the strong young manhood which seemed to

1) laid down: (규정을) 정하였다.
2) chalkily pale: 백악처럼 창백한.
3) gums: 잇몸.
4) set: (표정이) 굳어진.
5) converged: 한 지점에서 만났다.
6) beckoned: 손짓하다.
7) There is no time to be lost: 허비할 시간이 없다.
8) transfusion of blood: 수혈.
9) read between the lines of your letter: 당신 편지의 행간을 읽다(숨을 뜻을 찾아내었다).
10) in an agony: 번민에 빠진.
11) When first the Professor's eye had lit upon him: 처음 교수가 그의 모습을 보았을 때.

emanate[1] from him, his eyes gleamed. Without a pause he said to him as he held out his hand,

"Sir, you have come in time. You are the lover of our dear miss. She is bad, very, very bad. Nay, my child, do not go like that."[2] For he suddenly grew pale and sat down in a chair almost fainting. "You are to help her. You can do more than any that live, and your courage is your best help."

"What can I do?" asked Arthur hoarsely. "Tell me, and I shall do it. My life is hers' and I would give the last drop of blood in my body for her."[3]

The Professor has a strongly humorous side, and I could from old[4] knowledge detect a trace of its origin in his answer.

"My young sir, I do not ask so much as that, not the last!"

"What shall I do?" There was fire in his eyes, and his open nostrils quivered with intent.[5] Van Helsing slapped him on the shoulder.

"Come!" he said. "You are a man, and it is a man we want. You are better than me, better than my friend John." Arthur looked bewildered,[6] and the Professor went on by explaining in a kindly way.

"Young miss is bad, very bad. She wants blood, and blood she must have or die. My friend John and I have consulted, and we are about to perform what we call transfusion of blood, to transfer from full veins of one to the empty veins which pine for[7] him. John was to give his blood, as he is the more young and strong than me."--Here Arthur took my hand and wrung it hard in silence.--"But now you are here, you are more good than us, old or young, who toil[8] much in the world of thought. Our nerves are not so calm and our blood so bright than yours!"

Arthur turned to him and said, "If you only knew how gladly I would die for her you would understand . . ." He stopped with a sort of choke in his voice.[9]

"Good boy!" said Van Helsing. "In the not-so-far-off[10] you will be

1) emanate: '방사되다', '발산되다'.

2) do not go like that: '그렇게 행동하지 마시오'란 의미.

3) I would give the last drop of blood in my body for her: 여기서 피는 사랑의 상징이기도 하다. 따라서 드라큘라가 자신의 피를 주지 않고 다른 사람의 피를 빠는 행위는 사랑의 행위와는 정 반대의 의미를 띄게 된다.

4) from old: 오랜 전부터.

5) with intent: 결연한 의지로.

6) bewildered: 당황한.

7) pine for: 연모하다.

8) toil: 분투노력하다.

9) with a sort of choke in his voice: 목이 메어서.

10) In the not-so-far-off: 오래지 않아.

happy that you have done all for her you love. Come now and be silent. You shall kiss her once before it is done, but then you must go, and you must leave at my sign. Say no word to Madame. You know how it is with her. There must be no shock, any knowledge of this would be one. Come!"

We all went up to Lucy's room. Arthur by direction remained outside. Lucy turned her head and looked at us, but said nothing. She was not asleep, but she was simply too weak to make the effort. Her eyes spoke to us, that was all. Van Helsing took some things from his bag and laid them on a little table out of sight. Then he mixed a narcotic,[1] and coming over to the bed, said cheerily, "Now, little miss, here is your medicine. Drink it off, like a good child. See, I lift you so that to swallow is easy. Yes." She had made the effort with success.

It astonished me how long the drug took to act.[2] This, in fact, marked the extent of her weakness.[3] The time seemed endless until sleep began to flicker in her eyelids. At last, however, the narcotic began to manifest its potency,[4] and she fell into a deep sleep.[5] When the Professor was satisfied, he called Arthur into the room, and bade him strip off his coat. Then he added, "You may take that one little kiss whiles I bring over the table. Friend John, help to me!" So neither of us looked whilst he bent over her.

Van Helsing, turning to me, said, "He is so young and strong, and of blood so pure that we need not defibrinate[6] it."

Then with swiftness, but with absolute method,[7] Van Helsing performed the operation. As the transfusion went on, something like life seemed to come back to poor Lucy's cheeks, and through Arthur's growing pallor the joy of his face seemed absolutely to shine. After a bit[8] I began to grow anxious, for the loss of blood was telling on Arthur, strong man as he was. It gave me an idea of what a terrible strain[9] Lucy's system must have undergone that what weakened Arthur only partially restored her.

But the Professor's face was set, and he stood watch in hand, and with his eyes fixed now on the patient and now on Arthur. I could hear

1) narcotic: 마취제(수면을 동반하는).

2) how long the drug took to act: act는 '약이 듣다'; 즉, 약이 효력을 발휘하는데 얼마나 걸리는지의 의미.

3) marked the extent of her weakness: 그녀가 얼마나 쇠약한지(weakness)를 보여주었다는 의미.

4) manifest its potency: 약이 그 효능(potency)을 드러낸다(manifest).

5) fell into a deep sleep: 깊은 잠에 빠졌다.

6) defibrinate: 혈액에서 섬유소를 제거하다.

7) with absolute method: 아주 체계적으로.

8) After a bit: 잠시 후.

9) strain: '부담', '압박'.

my own heart beat. Presently, he said in a soft voice, "Do not stir an instant.[1] It is enough. You attend him. I will look to her."

When all was over, I could see how much Arthur was weakened. I dressed the wound and took his arm to bring him away, when Van Helsing spoke without turning round, the man seems to have eyes in the back of his head, "The brave lover, I think, deserve another kiss, which he shall have presently." And as he had now finished his operation, he adjusted the pillow to the patient's head. As he did so the narrow black velvet band which she seems always to wear round her throat, buckled with an old diamond buckle which her lover had given her, was dragged a little up, and showed a red mark on her throat.

Arthur did not notice it, but I could hear the deep hiss of indrawn[2] breath which is one of Van Helsing's ways of betraying[3] emotion. He said nothing at the moment, but turned to me, saying, "Now take down our brave young lover, give him of the port wine,[4] and let him lie down a while. He must then go home and rest, sleep much and eat much, that he may be recruited[5] of what he has so given to his love. He must not stay here. Hold a moment! I may take it,[6] sir, that you are anxious of result. Then bring it with you, that in all ways[7] the operation is successful. You have saved her life this time, and you can go home and rest easy in mind that all that can be is. I shall tell her all when she is well. She shall love you none the less for what you have done. Goodbye."

When Arthur had gone I went back to the room. Lucy was sleeping gently, but her breathing was stronger. I could see the counterpane[8] move as her breast heaved. By the bedside sat Van Helsing, looking at her intently. The velvet band again covered the red mark. I asked the Professor in a whisper, "What do you make of[9] that mark on her throat?"

"What do you make of it?"

"I have not examined it yet," I answered, and then and there[10] proceeded to loose the band. Just over the external jugular vein[11] there were two punctures,[12] not large, but not wholesome looking. There was no

---

1) an instant: 지금 당장.
2) indrawn: (숨을) 들여 마신.
3) betraying: (감정을) 무심코 드러내다.
4) port wine: 포르투갈(Portugal) 원산의 포트와인.
5) recruited: 회복하다.
6) I may take it: 나는 … 라고 생각한다.
7) in all ways: 모든 면에서.
8) counterpane: 침대의 겉 덮개.
9) make of: …에 대해 생각하다.
10) then and there: 즉석에서.
11) jugular vein: 경정맥(頸靜脈).
12) punctures: 바늘로 찌른 구멍.

sign of disease, but the edges were white and worn-looking,[1] as if by some trituration.[2] It at once occurred to me that that this wound, or whatever it was, might be the means of that manifest loss of blood. But I abandoned the idea as soon as it formed, for such a thing could not be. The whole bed would have been drenched to a scarlet[3] with the blood which the girl must have lost to leave such a pallor as she had before the transfusion.

"Well?" said Van Helsing.

"Well," said I. "I can make nothing of it."[4]

The Professor stood up. "I must go back to Amsterdam tonight," he said "There are books and things there which I want. You must remain here all night, and you must not let your sight pass from her."

"Shall I have a nurse?" I asked.

"We are the best nurses, you and I. You keep watch[5] all night. See that she is well fed, and that nothing disturbs her. You must not sleep all the night. Later on we can sleep, you and I. I shall be back as soon as possible. And then we may begin."

"May begin?" I said. "What on earth do you mean?"

"We shall see!" he answered, as he hurried out. He came back a moment later and put his head inside the door and said with a warning finger held up, "Remember, she is your charge.[6] If you leave her, and harm befall, you shall not sleep easy hereafter!"

DR. SEWARD'S DIARY(*continued*)

8 September.--I sat up all night with Lucy. The opiate worked itself off[7] towards dusk, and she waked naturally. She looked a different being from what she had been before the operation. Her spirits even were good, and she was full of a happy vivacity,[8] but I could see evidences of the absolute prostration[9] which she had undergone. When I told Mrs. Westenra that Dr. Van Helsing had directed that I should sit up with her, she almost pooh-poohed the idea,[10] pointing out her daughter's renewed strength

1) worn-looking: 닳은 것처럼 보이는 것.
2) trituration: 가루약.
3) drenched to a scarlet: 침대가 피로 흠뻑 젖어(drenched) 진홍색(scarlet)으로 변하였을 것이란 의미.
4) I can make nothing of it: '난 그것에 대해 전혀 이해하지 못하겠다'는 의미.
5) keep watch: 지켜 보다.
6) charge: 책임질 대상.
7) worked itself off: 약효가 사라졌다.
8) vivacity: 활발함.
9) prostration: 쇠약함.
10) pooh-poohed the idea: 그러한 생각이 터무니없다고 일축하였다는 의미.

and excellent spirits. I was firm, however, and made preparations for my long vigil.[1] When her maid had prepared her for the night I came in, having in the meantime had supper, and took a seat by the bedside.

She did not in any way make objection,[2] but looked at me gratefully whenever I caught her eye. After a long spell she seemed sinking off to sleep, but with an effort seemed to pull herself together and shook it off.[3] It was apparent that she did not want to sleep, so I tackled the subject at once.[4]

"You do not want to sleep?"

"No. I am afraid."

"Afraid to go to sleep! Why so? It is the boon[5] we all crave for."

"Ah, not if you were like me, if sleep was to you a presage of horror!"[6]

"A presage of horror! What on earth do you mean?"

"I don't know. Oh, I don't know. And that is what is so terrible. All this weakness comes to me in sleep, until I dread the very thought."

"But, my dear girl, you may sleep tonight. I am here watching you, and I can promise that nothing will happen."

"Ah, I can trust you!" she said.

I seized the opportunity, and said, "I promise that if I see any evidence of bad dreams I will wake you at once."

"You will? Oh, will you really? How good you are to me. Then I will sleep!" And almost at the word[7] she gave a deep sigh of relief, and sank back, asleep.

All night long I watched by her. She never stirred, but slept on and on in a deep, tranquil, life-giving, healthgiving sleep. Her lips were slightly parted, and her breast rose and fell with the regularity of a pendulum.[8] There was a smile on her face, and it was evident that no bad dreams had come to disturb her peace of mind.

In the early morning her maid came, and I left her in her care and took myself back home, for I was anxious about many things. I sent a short wire to Van Helsing and to Arthur, telling them of the excellent result of the operation. My own work, with its manifold arrears,[9] took

1) vigil: 불침번.
2) make objection: 반대하다.
3) pull herself together and shook it off: 정신을 차리고(pull herself), 잠을 떨쳐 버렸다는 의미.
4) tackled the subject at once: 즉시, 그 문제를 다루다(tackle).
5) boon: 축복.
6) presage of horror: 공포의 전조(presage).
7) almost at the word: 그 말을 끝내자마자.
8) pendulum: (시계의) 진자.
9) arrears: '미처리 된 일', '밀린 일'.

me all day to clear off.[1] It was dark when I was able to inquire about my zoophagous patient. The report was good. He had been quite quiet for the past day and night. A telegram came from Van Helsing at Amsterdam whilst I was at dinner, suggesting that I should be at Hillingham tonight, as it might be well to be at hand, and stating that he was leaving by the night mail[2] and would join me early in the morning.

9 September.--I was pretty tired and worn out when I got to Hillingham. For two nights I had hardly had a wink of sleep,[3] and my brain was beginning to feel that numbness which marks cerebral exhaustion.[4] Lucy was up and in cheerful spirits. When she shook hands with me she looked sharply in my face and said,

"No sitting up tonight for you. You are worn out. I am quite well again. Indeed, I am, and if there is to be any sitting up, it is I who will sit up with you."

I would not argue the point, but went and had my supper. Lucy came with me, and, enlivened by her charming presence, I made an excellent meal,[5] and had a couple of glasses of the more than excellent port. Then Lucy took me upstairs, and showed me a room next her own, where a cozy fire was burning.

"Now," she said. "You must stay here. I shall leave this door open and my door too. You can lie on the sofa for I know that nothing would induce any of you doctors to go to bed whilst there is a patient above the horizon.[6] If I want anything I shall call out, and you can come to me at once."

I could not but acquiesce,[7] for I was dog tired, and could not have sat up had I tried. So, on her renewing her promise to call me if she should want anything, I lay on the sofa, and forgot all about everything.

LUCY WESTENRA'S DIARY

9 September.--I feel so happy tonight. I have been so miserably weak, that to be able to think and move about is like feeling sunshine after a long spell of east wind out of a steel sky.[8] Somehow Arthur feels very,

1) clear off: '처리하다', '해결하다'.
2) mail: 우편물 수송열차.
3) a wink of sleep: 아주 약간의 잠.
4) cerebral exhaustion: 정신적인 극도의 피로(exhaustion).
5) made an excellent meal: 아주 식사를 잘하였다.
6) above the horizon: 시야(horizon)를 벗어난.
7) acquiesce: 순순히 따르다.
8) steel sky: 냉혹한(추운) 하늘.

very close to me. I seem to feel his presence warm about me. I suppose it is that sickness and weakness are selfish things and turn our inner eyes and sympathy on ourselves, whilst health and strength give love rein,[1] and in thought and feeling he can wander where he wills.[2] I know where my thoughts are. If only Arthur knew! My dear, my dear, your ears must tingle as you sleep, as mine do waking. Oh, the blissful rest of last night! How I slept, with that dear, good Dr. Seward watching me. And tonight I shall not fear to sleep, since he is close at hand and within call.[3] Thank everybody for being so good to me. Thank God! Goodnight Arthur.

DR. SEWARD'S DIARY

10 September.--I was conscious of the Professor's hand on my head, and started awake all in a second. That is one of the things that we learn in an asylum, at any rate.

"And how is our patient?"

"Well, when I left her, or rather when she left me," I answered.

"Come, let us see," he said. And together we went into the room.

The blind was down, and I went over to raise it gently, whilst Van Helsing stepped, with his soft, cat-like tread, over to the bed.

As I raised the blind, and the morning sunlight flooded[4] the room, I heard the Professor's low hiss of inspiration,[5] and knowing its rarity, a deadly fear shot through my heart.[6] As I passed over he moved back, and his exclamation of horror, "Gott in Himmel!"[7] needed no enforcement from his agonized face. He raised his hand and pointed to the bed, and his iron face was drawn[8] and ashen white.[9] I felt my knees begin to tremble.

There on the bed, seemingly in a swoon,[10] lay poor Lucy, more horribly white and wan-looking than ever. Even the lips were white, and the gums seemed to have shrunken back from the teeth, as we sometimes see in a corpse after a prolonged illness.

1) give Love rein: give rein은 '마음대로 가게하다'의 의미.
2) where he wills: 그가 원하는 데로.
3) within call: 부르면 들리는 곳에 있는.
4) flooded: (빛이) 가득히 채우다.
5) low hiss of inspiration: 숨을 들이 쉴 때(inspiration) 나는 나지막한 쉿 소리.
6) deadly fear shot through my heart: 엄청난 공포가 갑자기 느껴졌다는 의미.
7) Gott in Himmel: (독일어) '하늘에 있는 신'(God in Heaven).
8) drawn: (얼굴이) 일그러진.
9) ashen white: 잿빛처럼(ashen) 창백한.
10) in a swoon: 기절해 있는.

Van Helsing raised his foot to stamp[1] in anger, but the instinct of his life and all the long years of habit stood[2] to him, and he put it down again softly.

"Quick!" he said. "Bring the brandy."

I flew to the dining room, and returned with the decanter.[3] He wetted the poor white lips with it, and together we rubbed palm and wrist and heart. He felt her heart, and after a few moments of agonizing suspense said,

"It is not too late. It beats, though but feebly. All our work is undone. We must begin again. There is no young Arthur here now. I have to call on[4] you yourself this time, friend John." As he spoke, he was dipping into his bag, and producing the instruments of transfusion. I had taken off my coat and rolled up my shirt sleeve. There was no possibility of an opiate just at present, and no need of one. and so, without a moment's delay, we began the operation.

After a time, it did not seem a short time either, for the draining away[5] of one's blood, no matter how willingly it be given, is a terrible feeling, Van Helsing held up a warning finger. "Do not stir," he said. "But I fear that with growing strength she may wake, and that would make danger, oh, so much danger. But I shall precaution take. I shall give hypodermic injection[6] of morphia." He proceeded then, swiftly and deftly,[7] to carry out his intent.

The effect on Lucy was not bad, for the faint seemed to merge subtly into the narcotic sleep. It was with a feeling of personal pride that I could see a faint tinge of color steal back into[8] the pallid cheeks and lips. No man knows, till he experiences it, what it is to feel his own lifeblood drawn away into the veins of the woman he loves.

The Professor watched me critically.[9] "That will do,"[10] he said. "Already?" I remonstrated. "You took a great deal more from Art." To which he smiled a sad sort of smile as he replied,

"He is her lover, her fiance. You have work, much work to do for her and for others, and the present will suffice.

When we stopped the operation, he attended to Lucy, whilst I applied

1) stamp: 발을 구르다.
2) stood: '효력을 유지하다'; 즉, 반 헬싱의 본능과 평생에 걸친 그의 습관이 이때 효력을 발휘하여 그의 과도한 행동을 억제하였다는 의미.
3) decanter: 술을 넣어 보관하는 유리나 크리스털로 만든 병.
4) call on: 요청하다.
5) draining away: (피를) 빼내는 것을 지칭.
6) hypodermic injection: 피하 주사.
7) deftly: 능숙하게.
8) steal back into: 서서히 원래의 자리로 다시 돌아가다.
9) critically: 면밀하게.
10) That will do: '그것이면 충분하다'는 의미.

digital pressure to my own incision.[1] I laid down, while I waited his leisure to attend to me, for I felt faint and a little sick. By and by he bound up[2] my wound, and sent me downstairs to get a glass of wine for myself. As I was leaving the room, he came after me, and half whispered.

"Mind, nothing must be said of this. If our young lover should turn up unexpected, as before, no word to him. It would at once frighten him and enjealous him,[3] too. There must be none. So!"

When I came back he looked at me carefully, and then said, "You are not much the worse. Go into the room, and lie on your sofa, and rest awhile, then have much breakfast and come here to me."

I followed out his orders, for I knew how right and wise they were. I had done my part, and now my next duty was to keep up[4] my strength. I felt very weak, and in the weakness lost something of the amazement at what had occurred. I fell asleep on the sofa, however, wondering over and over again how Lucy had made such a retrograde movement,[5] and how she could have been drained of so much blood with no sign any where to show for it. I think I must have continued my wonder in my dreams, for, sleeping and waking my thoughts always came back to the little punctures in her throat and the ragged, exhausted appearance of their edges, tiny though they were.

Lucy slept well into the day, and when she woke she was fairly well and strong, though not nearly so much so as the day before. When Van Helsing had seen her, he went out for a walk, leaving me in charge,[6] with strict injunctions[7] that I was not to leave her for a moment. I could hear his voice in the hall, asking the way to the nearest telegraph office.

Lucy chatted with me freely,[8] and seemed quite unconscious that anything had happened. I tried to keep her amused and interested. When her mother came up to see her, she did not seem to notice any change whatever, but said to me gratefully,[9]

"We owe you so much, Dr. Seward, for all you have done, but you really must now take care not to overwork yourself. You are looking pale yourself. You want a wife to nurse and look after you a bit, that

---

1) incision: 베인 상처.

2) bound up: (상처에) 붕대를 감다.

3) enjealous him: 질투를 느끼게 하다(make him jealous).

4) keep up: 유지하다.

5) Lucy had made such a retrograde movement: 루시의 건강이 나빠졌다(retrograde)는 의미; 즉, 앞서 수혈을 이미 한 바 있는데도 불구하고 그녀의 건강이 다시 나빠진 것에 대해 의아해 하고 있다.

6) leaving me in charge: 나에게 맡기고(in charge).

7) injunctions: 지시.

8) freely: 가벼운 마음으로.

9) gratefully: 감사해 하며.

you do!" As she spoke, Lucy turned crimson, though it was only momentarily, for her poor wasted veins could not stand for long an unwonted[1] drain to the head. The reaction came in excessive pallor as she turned imploring eyes on me. I smiled and nodded, and laid my finger on my lips. With a sigh, she sank back amid her pillows. Van Helsing returned in a couple of hours, and presently said to me. "Now you go home, and eat much and drink enough. Make yourself strong. I stay here tonight, and I shall sit up with little miss myself. You and I must watch the case,[2] and we must have none other to know. I have grave reasons. No, do not ask the. Think what you will. Do not fear to think even the most not-improbable. Goodnight."

In the hall two of the maids came to me, and asked if they or either of them might not sit up with Miss Lucy. They implored me to let them, and when I said it was Dr. Van Helsing's wish that either he or I should sit up, they asked me quite piteously to intercede with[3] the'foreign gentleman'. I was much touched by their kindness. Perhaps it is because I am weak at present, and perhaps because it was on Lucy's account, that their devotion[4] was manifested. For over and over again have I seen similar instances of woman's kindness. I got back here in time for a late dinner, went my rounds,[5] all well, and set this down whilst waiting for sleep. It is coming.

11 September.--This afternoon I went over to Hillingham. Found Van Helsing in excellent spirits, and Lucy much better. Shortly after I had arrived, a big parcel from abroad came for the Professor. He opened it with much impressment,[6] assumed, of course, and showed a great bundle of white flowers.

"These are for you, Miss Lucy," he said.

"For me? Oh, Dr. Van Helsing!"

"Yes, my dear, but not for you to play with. These are medicines." Here Lucy made a wry face.[7] "Nay, but they are not to take in a decoction[8] or in nauseous form, so you need not snub[9] that so charming nose, or I shall point out to my friend Arthur what woes he may have

1) unwonted: 이례적인.
2) case: '환자'; 여기서는 루시를 지칭.
3) intercede with: … 에게 잘 말해 설득해 달라는 의미.
4) devotion: 헌신적인 애정.
5) went my round: 내(가 담당하는) 구역을 (점검하기 위해) 한 바퀴 돌았다.
6) with much impressment: impressment는 '진지함', '열정'의 의미; 즉, '매우 진지하게', '매우 열심히'.
7) made a wry face: 얼굴을 찌푸렸다.
8) decoction: 달인 즙.
9) snub: 누르다.

to endure in seeing so much beauty that he so loves so much distort.[1] Aha, my pretty miss, that bring the so nice nose all straight again. This is medicinal, but you do not know how. I put him[2] in your window, I make pretty wreath, and hang him round your neck, so you sleep well. Oh, yes! They, like the lotus flower,[3] make your trouble forgotten. It smell so like the waters of Lethe,[4] and of that fountain of youth that the Conquistadores sought for in the Floridas,[5] and find him all too late."

Whilst he was speaking, Lucy had been examining the flowers and smelling them. Now she threw them down saying, with half laughter, and half disgust,

"Oh, Professor, I believe you are only putting up a joke[6] on me. Why, these flowers are only common garlic."

To my surprise, Van Helsing rose up and said with all his sternness, his iron jaw set and his bushy eyebrows meeting,

"No trifling with me![7] I never jest! There is grim purpose[8] in what I do, and I warn you that you do not thwart[9] me. Take care, for the sake of others if not for your own." Then seeing poor Lucy scared, as she might well be, he went on more gently, "Oh, little miss, my dear, do not fear me. I only do for your good, but there is much virtue[10] to you in those so common flowers. See, I place them myself in your room. I make myself the wreath that you are to wear. But hush! No telling to others that make so inquisitive questions. We must obey, and silence is a part of obedience, and obedience is to bring you strong and well into loving arms that wait for you. Now sit still a while. Come with me, friend John, and you shall help me deck[11] the room with my garlic, which is all the war from Haarlem, where my friend Vanderpool raise herb in his glasshouses[12] all the year. I had

1) distort: (얼굴을) 찡그리다.
2) him: 여기서는 '흰 꽃', 즉, 화환처럼 만든 '마늘'을 지칭한다.
3) lotus flower: '연꽃'; 그리스 신화에 따르면 연꽃의 열매를 먹으면 현세를 잊고 황홀경에 빠지게 된다고 한다.
4) Lethe: (그리스 신화) 지옥에 있는 '망각의 강'; 이곳을 건너는 사람은 속세에 있던 모든 일들을 잊게 된다.
5) fountain of youth that the Conquistadores sought for in the Floridas: 이 구절은 스페인의 탐험가인 Juan Ponce Le n(1460-1521)의 일화를 연상시킨다. 콜롬부스(Columbus)의 2차 항해를 따라 가기도 하였던 그는 1513년 Florida를 발견하였는데, 전설에 의하며 그는 영원한 젊음을 유지시켜주는 샘물을 찾아 다녔다고 한다.
6) putting up a joke: '장난을 꾸미다'(put up); 즉, 장난치다.
7) No trifling with me: 내 말을 가볍게 (농담으로) 취급하지 말라는 의미.
8) grim purpose: 타협할 수 없는 목적.
9) thwart: (목적 이루는 것을) 방해하다.
10) virtue: 효능.
11) deck: 장식하다.
12) glasshouses: 온실.

to telegraph yesterday, or they would not have been here."

We went into the room, taking the flowers with us. The Professor's actions were certainly odd and not to be found in any pharmacopoeia[1] that I ever heard of. First he fastened up the windows and latched them securely.[2] Next, taking a handful of the flowers, he rubbed them all over the sashes, as though to ensure that every whiff of air[3] that might get in would be laden with the garlic smell. Then with the wisp[4] he rubbed all over the jamb of the door, above, below, and at each side, and round the fireplace in the same way. It all seemed grotesque to me, and presently[5] I said, "Well, Professor, I know you always have a reason for what you do, but this certainly puzzles[6] me. It is well we have no sceptic[7] here, or he would say that you were working some spell to keep out an evil spirit."[8]

"Perhaps I am!" He answered quietly as he began to make the wreath which Lucy was to wear round her neck.

We then waited whilst Lucy made her toilet[9] for the night, and when she was in bed he came and himself fixed the wreath of garlic round her neck. The last words he said to her were,

"Take care you do not disturb it, and even if the room feel close, do not tonight open the window or the door."

"I promise," said Lucy. "And thank you both a thousand times for all your kindness to me! Oh, what have I done to be blessed with such friends?"

As we left the house in my fly,[10] which was waiting, Van Helsing said," Tonight I can sleep in peace, and sleep I want, two nights of travel, much reading in the day between, and much anxiety on the day to follow, and a night to sit up, without to wink. Tomorrow in the morning early you call for me, and we come together to see our pretty miss, so much more strong for my 'spell' which I have work. Ho, ho!"

He seemed so confident that I, remembering my own confidence two nights before and with the baneful[11] result, felt awe and vague terror. It must have been my weakness that made me hesitate to tell it to my friend, but I felt it all the more, like unshed tears.

---

1) pharmacopoeia: 조제서.
2) latched them securely: 안전하게 빗장을 걸다.
3) whiff of air: 휙 부는 바람.
4) wisp: 작은 뭉치.
5) presently: '곧', '금방'.
6) puzzles: 당황하게 하다.
7) sceptic: 회의론자.
8) working some spell to keep out a evil spirit: spell은 '주문'; keep out는 '안에 들이지 않다'; 즉, 악령을 들이지 않기 위해 주문을 건다는 의미.
9) made her toilet: 몸단장하였다.
10) fly: 말 한 마리가 끄는 마차.
11) baneful: 해로운.

CHAPTER 11

LUCY WESTENRA'S DIARY

12 September.--How good they all are to me. I quite love that dear Dr. Van Helsing. I wonder why he was so anxious about these flowers. He positively frightened me, he was so fierce. And yet he must have been right, for I feel comfort from them already. Somehow, I do not dread being alone tonight, and I can go to sleep without fear. I shall not mind any flapping outside the window. Oh, the terrible struggle that I have had against sleep so often of late, the pain of sleeplessness, or the pain of the fear of sleep, and with such unknown horrors as it has for me! How blessed are some people, whose lives have no fears, no dreads, to whom sleep is a blessing that comes nightly,[1] and brings nothing but sweet dreams. Well, here I am tonight, hoping for sleep, and lying like Ophelia[2] in the play, with 'virgin crants and maiden strewments.'[3] I never liked garlic before, but tonight it is delightful! There is peace in its smell. I feel sleep coming already. Goodnight, everybody.

DR. SEWARD'S DIARY

13 September.--Called at the Berkeley and found Van Helsing, as usual, up to time.[4] The carriage ordered from the hotel was waiting. The Professor took his bag, which he always brings with him now.

Let all be put down exactly. Van Helsing and I arrived at Hillingham at eight o'clock. It was a lovely morning. The bright sunshine and all the fresh feeling of early autumn seemed like the completion of nature's annual work. The leaves were turning to all kinds of beautiful colors, but had not yet begun to drop from the trees. When we entered we met Mrs. Westenra coming out of the morning room. She is always an early riser. She greeted us warmly and said,

"You will be glad to know that Lucy is better. The dear child is still asleep. I looked into her room and saw her, but did not go in, lest I

---

1) nightly: 밤마다.

2) Ophelia: 셰익스피어의 비극『햄릿』에 나오는 햄릿의 연인으로 햄릿이 자신의 아버지를 실수로 살해한 후 미쳐서 익사하고 만다.

3) virgin crants and maiden strewments: crants는 '화환', strewments는 '여기저기 흩뿌려진 것(꽃)'; 이 구절은『햄릿』에 나오는 죽은 오필리아를 묘사한 것이다.

4) up to time: 제 시간에.

should disturb her." The Professor smiled, and looked quite jubilant.[1] He rubbed his hands together, and said, "Aha! I thought I had diagnosed the case.[2] My treatment is working."[3]

To which she replied, "You must not take all the credit to yourself,[4] doctor. Lucy's state this morning is due in part to me."

"How do you mean, ma'am?" asked the Professor.

"Well, I was anxious about the dear child in the night, and went into her room. She was sleeping soundly, so soundly that even my coming did not wake her. But the room was awfully stuffy.[5] There were a lot of those horrible, strongsmelling flowers about everywhere, and she had actually a bunch of them round her neck. I feared that the heavy odor would be too much for the dear child in her weak state, so I took them all away and opened a bit of the window to let in a little fresh air. You will be pleased with her, I am sure."

She moved off into her boudoir,[6] where she usually breakfasted early. As she had spoken, I watched the Professor's face, and saw it turn ashen gray. He had been able to retain his self-command[7] whilst the poor lady was present, for he knew her state and how mischievous a shock would be. He actually smiled on her as he held open the door for her to pass into her room. But the instant she had disappeared he pulled me, suddenly and forcibly, into the dining room and closed the door.

Then, for the first time in my life, I saw Van Helsing break down.[8] He raised his hands over his head in a sort of mute despair, and then beat his palms together in a helpless way. Finally he sat down on a chair, and putting his hands before his face, began to sob, with loud, dry sobs that seemed to come from the very racking of his heart.[9]

Then he raised his arms again, as though appealing to the whole universe. "God! God! God!" he said. "What have we done, what has this poor thing done, that we are so sore beset?[10] Is there fate amongst us still, send down from the pagan world of old, that such things must be, and in such way? This poor mother, all unknowing, and all for the best as she think, does such thing as lose her daughter body and soul, and we must not tell her,

---

1) jubilant: 기뻐하는.
2) diagnosed the case: 이 질병(case)을 제대로 진단하였다(diagnose).
3) My treatment is working: 내 치료(treatment)가 효과가 있다(work).
4) take all the credit to yourself: 모든 것을 당신의 공로(credit)로 삼다.
5) stuffy: (공기가) 탁한.
6) boudoir: 여성의 내실.
7) retain his self-command: '자신의 자제력을 유지하다'(retain); 즉, 그는 감정을 노출시키지 않고 통제하였다는 의미.
8) break down: (감정에 대한) 통제력을 상실하다.
9) racking of his heart: 정신적인 고통(racking).
10) sore beset: 몹시 괴롭힘을 당하는.

we must not even warn her, or she die, then both die. Oh, how we are beset! How are all the powers of the devils against us!"

Suddenly he jumped to his feet.[1] "Come," he said."come, we must see and act. Devils or no devils, or all the devils at once, it matters not. We must fight him all the same." He went to the hall door for his bag, and together we went up to Lucy's room.

Once again I drew up the blind, whilst Van Helsing went towards the bed. This time he did not start as he looked on the poor face with the same awful, waxen pallor as before. He wore a look of stern sadness and infinite pity.

"As I expected," he murmured, with that hissing inspiration of his which meant so much. Without a word he went and locked the door, and then began to set out[2] on the little table the instruments for yet another operation of transfusion of blood. I had long ago recognized the necessity, and begun to take off my coat, but he stopped me with a warning hand. "No!" he said. "Today you must operate. I shall provide.[3] You are weakened already." As he spoke he took off his coat and rolled up his shirtsleeve.

Again the operation. Again the narcotic. Again some return of color to the ashy cheeks, and the regular breathing of healthy sleep. This time I watched whilst Van Helsing recruited himself and rested.

Presently he took an opportunity of telling Mrs. Westenra that she must not remove anything from Lucy's room without consulting him. That the flowers were of medicinal value, and that the breathing of their odor was a part of the system of cure. Then he took over the care of the case himself, saying that he would watch this night and the next, and would send me word when to come.

After another hour Lucy waked from her sleep, fresh and bright and seemingly not much the worse for her terrible ordeal.[4]

What does it all mean? I am beginning to wonder if my long habit of life amongst the insane is beginning to tell upon my own brain.

LUCY WESTENRA'S DIARY

17 September.--Four days and nights of peace. I am getting so strong again that I hardly know myself. It is as if I had passed through some

1) jumped to his feet: 펄쩍 뛰었다.

2) set out: 펼쳐 놓다.

3) I shall provide: 자신이 피를 제공하겠다는 의미.

4) ordeal: 시련.

long nightmare, and had just awakened to see the beautiful sunshine and feel the fresh air of the morning around me. I have a dim half remembrance of long, anxious times of waiting and fearing, darkness in which there was not even the pain of hope to make present distress more poignant.[1] And then long spells of oblivion, and the rising back to life as a diver coming up through a great press of water. Since, however, Dr. Van Helsing has been with me, all this bad dreaming seems to have passed away. The noises that used to frighten me out of my wits,[2] the flapping against the windows, the distant voices which seemed so close to me, the harsh sounds that came from I know not where[3] and commanded me to do I know not what, have all ceased. I go to bed now without any fear of sleep. I do not even try to keep awake. I have grown quite fond of the garlic, and a boxful arrives for me every day from Haarlem. Tonight Dr. Van Helsing is going away, as he has to be for a day in Amsterdam. But I need not be watched. I am well enough to be left alone.

Thank God for Mother's sake, and dear Arthur's, and for all our friends who have been so kind! I shall not even feel the change, for last night Dr. Van Helsing slept in his chair a lot of the time. I found him asleep twice when I awoke. But I did not fear to go to sleep again, although the boughs or bats or something flapped almost angrily against the window panes.

The Pall Mall Gazette[4] *18 September.*

THE ESCAPED WOLF

PERILOUS ADVENTURE OF OUR INTERVIEWER

Interview With The Keeper[5] *In The Zoological Gardens*

After many inquiries and almost as many refusals, and perpetually using the words 'PALL MALL GAZETTE' as a sort of talisman,[6] I managed to find the keeper of the section of the Zoological Gardens

1) poignant: '통렬한', '몹시 고통스런'.
2) frighten me out of my wits: 나를 몹시 놀라게 하다.
3) harsh sounds that came from I know not where: 어디서 오는지 알 수 없는(I know not where) 귀에 거슬리는(harsh) 소리.
4) *The Pall Mall Gazette*: 1865년 런던에서 창설된 신문으로 1880년대 경에는 선정주의적인 신문으로 널리 알려졌다.
5) *Keeper*: 동물 사육사.
6) talisman: 부적.

in which the wold department is included. Thomas Bilder lives in one of the cottages in the enclosure behind the elephant house, and was just sitting down to his tea[1] when I found him. Thomas and his wife are hospitable folk, elderly, and without children, and if the specimen I enjoyed of their hospitality[2] be of the average kind, their lives must be pretty comfortable. The keeper would not enter on[3] what he called business until the supper was over, and we were all satisfied. Then when the table was cleared, and he had lit his pipe, he said,

"Now, Sir, you can go on and arsk[4] me what you want. You'll excoose me refoosin'[5] to talk of perfeshunal[6] subjucts afore meals. I gives the wolves and the jackals and the hyenas in all our section their tea afore I begins to arsk them questions."

"How do you mean, ask them questions?" I queried, wishful to get him into a talkative humor.

" 'Ittin' of them over the 'ead with a pole[7] is one way. Scratchin' of their ears in another, when gents as is flush wants a bit of a show-orf to their gals. I don't so much mind the fust, the 'ittin of the pole part afore I chucks in[8] their dinner, but I waits till they've 'ad their sherry and kawffee, so to speak, afore I tries on with the ear scratchin'. Mind you," he added philosophically, "there's a deal of the same nature in us as in them[9] theer animiles. Here's you a-comin' and arskin' of me questions about my business, and I that grumpy-like[10] that only for your bloomin' 'arf-quid I'd 'a' seen you blowed fust 'fore I'd answer. Not even when you arsked me sarcastic like if I'd like you to arsk the Superintendent if you might arsk me questions. Without offence did I tell yer to go to 'ell?"

"You did."

"An' when you said you'd report me for usin' obscene language that was 'ittin' me over the 'ead. But the 'arfquid made that all right. I weren't a-goin' to fight, so I waited for the food, and did with my 'owl as the wolves and lions and tigers does. But, lor' love yer 'art, now that the old 'ooman has stuck a chunk of her tea-cake in me, an' rinsed me out with her bloomin' old teapot, and I've lit hup, you may scratch my ears for all

1) sitting down to his tea: 차를 마시러 자리에 앉다.
2) hospitality: (손님에게) 호의적으로 대함.
3) enter on: …에 대해 이야기를 시작하다.
4) arsk: 'ask'의 사투리.
5) excoose me refoosin': 'excuse me refusing'(거부하는 것을 양해하라는 의미)의 사투리.
6) perfeshunal: 'professional'(전문적인)의 사투리.
7) 'Ittin' of them over the 'ead with a pole: 'hitting of them over the head with a pole'(막대기로 동물의 머리를 치는 것)의 사투리.
8) chucks in: 던져 주다.
9) them: 'those'의 사투리.
10) grumpy-like: 'grump-like'(불평가처럼).

you're worth, and won't even get a growl[1] out of me. Drive along with your questions. I know what yer a-comin' at, that 'ere escaped wolf."

"Exactly. I want you to give me your view of it. Just tell me how it happened, and when I know the facts I'll get you to say what you consider was the cause of it, and how you think the whole affair will end."

"All right, guv'nor. This 'ere is about the 'ole story. That 'ere wolf what we called Bersicker[2] was one of three gray ones that came from Norway to Jamrach's, which we bought off him four years ago. He was a nice well-behaved wolf, that never gave no trouble to talk of. I'm more surprised at 'im for wantin' to get out nor any other animile in the place. But, there, you can't trust wolves no more nor women."

"Don't you mind him, Sir!" broke in[3] Mrs. Tom, with a cheery laugh." 'E's got mindin' the animiles so long that blest if he ain't like a old wolf 'isself! But there ain't no 'arm in 'im."

"Well, Sir, it was about two hours after feedin' yesterday when I first hear my disturbance. I was makin' up a litter[4] in the monkey house for a young puma which is ill. But when I heard the yelpin' and 'owlin' I kem away straight.[5] There was Bersicker a-tearin' like a mad thing at the bars as if he wanted to get out. There wasn't much people about that day, and close at hand was only one man, a tall, thin chap, with a 'ook nose and a pointed beard, with a few white hairs runnin' through it.[6] He had a 'ard, cold look and red eyes, and I took a sort of mislike[7] to him, for it seemed as if it was 'im as they was hirritated at. He 'ad white kid gloves on 'is 'ands, and he pointed out the animiles to me and says, 'Keeper, these wolves seem upset at something.'

"'Maybe it's you,' says I, for I did not like the airs as he give 'isself.[8] He didn't get angry, as I 'oped he would, but he smiled a kind of insolent smile, with a mouth full of white, sharp teeth. 'Oh no, they wouldn't like me,' 'e says.

" 'Ow yes, they would,' says I, a-imitatin'of him.'They always like a bone or two to clean their teeth on about tea time, which you 'as a bagful.'

---

1) growl: 으르렁 소리.
2) Bersicker: 'Berserker'(광포한 전사)를 연상시키는 용어다.
3) broke in: '말로 끼어들다', '말참견하다'.
4) makin' up a litter: 깔짚(litter)을 준비하다(make up).
5) kem away straight: 'came away straight'(곧장 왔다)의 사투리.
6) one man, a tall, thin chap, with a 'ook nose and a pointed beard, with a few white hairs runnin' through it: 사육사가 본 이 인물은 드라큘라 백작이며, 동물들이 흥분한 이유도 바로 그 때문이다.
7) took a sort of mislike: mislike는 '혐오감'; 약간의 혐오를 느꼈다.
8) I did not like the airs as he give 'isself: give the airs는 '우쭐해 하다'의 의미; 즉, 그의 우쭐해 하는 태도가 싫었다는 의미.

"Well, it was a odd thing, but when the animiles see us a-talkin' they lay down, and when I went over to Bersicker he let me stroke his ears same as ever. That there man kem over, and blessed but if he didn't put in his hand and stroke the old wolf's ears too!

" 'Tyke care,' says I. 'Bersicker is quick.'

" 'Never mind,' he says. I'm used to 'em!'

" 'Are you in the business yourself?"[1] I says, tyking off my 'at,[2] for a man what trades in wolves, anceterer,[3] is a good friend to keepers.

" 'Nom' says he, 'not exactly in the business, but I 'ave made pets of several.' and with that[4] he lifts his 'at as perlite as a lord, and walks away. Old Bersicker kep' a-lookin' arter 'im till 'e was out of sight, and then went and lay down in a corner and wouldn't come hout the 'ole hevening. Well, larst night, so soon as the moon was hup, the wolves here all began a-'owling. There warn't nothing for them to 'owl at. There warn't no one near, except some one that was evidently a-callin' a dog somewheres out back of the gardings in the Park road. Once or twice I went out to see that all was right, and it was, and then the 'owling stopped. Just before twelve o'clock I just took a look round afore turnin' in,[5] an', bust me, but when I kem opposite to old Bersicker's cage I see the rails broken and twisted about and the cage empty. And that's all I know for certing."[6]

"Did any one else see anything?"

"One of our gard'ners was a-comin' 'ome about that time from a 'armony,[7] when he sees a big gray dog comin' out through the garding 'edges. At least, so he says, but I don't give much for it[8] myself, for if he did 'e never said a word about it to his missis when 'e got 'ome, and it was only after the escape of the wolf was made known, and we had been up all night a-huntin' of the Park for Bersicker, that he remembered seein' anything. My own belief was that the 'armony 'ad got into his 'ead."

"Now, Mr. Bilder, can you account in any way for the escape of the wolf?"

"Well, Sir,"he said, with a suspicious sort of modesty, "I think I can,

---

1) 'Are you in the business yourself?: 당신도 이런 일(사육사와 같은 계통의 일)에 종사하고 있느냐는 의미.

2) tyking off my 'at: 'taking off my hat'(모자를 벗으면서)의 사투리.

3) anceterer: 'et cetera'(기타 등등)의 사투리.

4) with that: 그 말을 하고.

5) turnin' in: 잠자리에 들다(turn in).

6) for certing: 'for certain'(확실히).

7) 'armony: 'sing-song'(즉흥 합창회).

8) I don't give much for it: 난 거기에 대해 별로 신경쓰지 않는다.

but I don't know as 'ow you'd be satisfied with the theory."

"Certainly I shall. If a man like you, who knows the animals from experience, can't hazard a good guess[1] at any rate, who is even to try?"

"well then, Sir, I accounts for it this way. It seems to me that 'ere wolf escaped--simply because he wanted to get out."

From the hearty way that both Thomas and his wife laughed at the joke I could see that it had done service before, and that the whole explanation was simply an elaborate sell.[2] I couldn't cope in badinage[3] with the worthy Thomas, but I thought I knew a surer way to his heart,[4] so I said, "Now, Mr. Bilder, we'll consider that first half-sovereign[5] worked off,[6] and this brother of his[7] is waiting to be claimed when you've told me what you think will happen."

"Right y'are, Sir," he said briskly. "Ye'll excoose me, I know, for a-chaffin'[8] of ye, but the old woman her winked at me, which was as much as telling me to go on."

"Well, I never!" said the old lady.

"My opinion is this. That 'ere wolf is a'idin' of, somewheres. The gard'ner wot didn't remember said he was a-gallopin' northward faster than a horse could go, but I don't believe him, for, yer see, Sir, wolves don't gallop no more nor dogs does, they not bein' built that way. Wolves is fine things in a storybook, and I dessay when they gets in packs and does be chivvin'[9] somethin' that's more afeared than they is they can make a devil of a noise[10] and chop it up, whatever it is. But, Lor' bless you, in real life a wolf is only a low creature, not half so clever or bold as a good dog, and not half a quarter so much fight in 'im. This one ain't been used to fightin' or even to providin' for hisself,[11] and more like[12] he's somewhere round the Park a'hidin' an' a'shiverin' of, and if he thinks at all, wonderin' where he is to get his breakfast

1) hazard a good guess: 추측해 보다.
2) elaborate sell: elaborate는 '주도면밀한'; sell은 '골탕 먹이기', '실망시키기'; 즉, (돈을 더 얻어내기 위해서) 의도적으로 기자의 기대에 벗어난 말을 하였다는 의미.
3) badinage: 농담.
4) I knew a surer way to his heart: '그의 마음에 보다 확실히 다가가는 방법을 알고 있었다'는 의미는 그에게 솔직한 대답을 듣는 방법을 알고 있었다는 뜻이다.
5) half-sovereign: 10실링 금화.
6) worked off: 효력이 떨어졌다.
7) this brother of his: 또 하나의 10실링 금화를 지칭.
8) chaffin: chaffing(농담)의 의미.
9) chivvin: chevving(쫓아다님)의 의미.
10) make a devil of a noise: a devil of는 '엄청난'; 즉, 엄청난 소리를 낸다는 의미.
11) providin' for hisself: providing for himself(자급자족하다).
12) more like: 'It is more likely'(좀 더 … 할 것 같다)의 의미.

from. Or maybe he's got down some area and is in a coal-cellar.[1] My eye, won't some cook get a rum start[2] when she sees his green eyes a-shinin' at her out of the dark! If he can't get food he's bound to look for it, and mayhap he may chance to light on[3] a butcher's shop in time. If he doesn't, and some nursemaid goes out walkin' or orf with a soldier, leavin' of the hinfant in the perambulator[4]--well, then I shouldn't be surprised if the census is one babby the less.[5] That's all."

I was handing him the half-sovereign, when something came bobbing up[6] against the window, and Mr. Bilder's face doubled its natural length with surprise.

"God bless me!" he said. "If there ain't old Bersicker come back by 'isself!"

He went to the door and opened it, a most unnecessary proceeding it seemed to me. I have always thought that a wild animal never looks so well as when some obstacle of pronounced durability[7] is between us. A personal experience has intensified rather than diminished that idea.[8]

After all, however, there is nothing like custom,[9] for neither Bilder nor his wife thought any more of the wolf than I should of a dog. The animal itself was a peaceful and well-behaved as that father of all picture-wolves, Red Riding Hood's quondam friend,[10] whilst moving her confidence in masquerade.[11]

The whole scene was a unutterable[12] mixture of comedy and pathos. The wicked wolf that for a half a day had paralysed[13] London and set all the children in the town shivering in their shoes,[14] was there in a sort

1) coal-cellar: 지하 석탄 저장소.

2) get a rum start: rum은 '나쁜', '기이한'; get a start는 '흠칫 놀라다'; 즉, 몹시 기분 나쁘게 놀랐다는 의미.

3) light on: 우연히 발견하다.

4) perambulator: 유모차.

5) I shouldn't be surprised if the census is one babby the less: census는 '인구 조사'; 인구 조사 결과 한 명의 아기가 줄었다는 보고가 나와도 놀라지 않겠다는 의미.

6) bobbing up: 불쑥 나타나다.

7) obstacle of pronounced durability: 확고히(pronounced) 내구력이 있는(durability) 차단막(obstacle); 즉, 야생동물로부터 자신을 확실히 격리할 수 있는 보호막을 지칭.

8) personal experience has intensified rather than diminished that idea: 자신의 이러한 생각은 개인적인 경험을 통해 더욱 확고해졌다는 뜻.

9) there is nothing like custom: '익숙한 것 만한 것은 없다'; 즉, '익숙하면(custom) 모든 것은 쉽게 여겨진다'는 의미로 여기서는 늑대에게 익숙한 이들에게는 늑대가 개와 마찬가지로 무서운 동물이 아니라는 뜻이다.

10) quondam friend: 옛 친구.

11) masquerade: '은폐', '허구'.

12) unutterable: 말로 표현할 수 없는.

13) paralysed: (공포로) 마비시키다.

14) set all the children in the town shivering in their shoes: 도시의 모든 어린아이들을 떨게 하였다 (set … shivering in their shoes).

of penitent mood, and was received and petted like a sort of vulpine[1] prodigal son. Old Bilder examined him all over with most tender solicitude,[2] and when he had finished with his penitent said,

"There, I knew the poor old chap would get into some kind of trouble. Didn't I say it all along?[3] Here's his head all cut and full of broken glass. 'E's been a-gettin' over some bloomin'[4] wall or other. It's a shyme that people are allowed to top their walls with broken bottles. This 'ere's what comes of it. Come along, Bersicker."

He took the wolf and locked him up in a cage, with a piece of meat that satisfied, in quantity at any rate, the elementary conditions of the fatted[5] calf, and went off to report.

I came off too, to report the only exclusive information[6] that is given today regarding the strange escapade[7] at the Zoo.

DR. SEWARD'S DIARY

17 September.--I was engaged after dinner in my study posting up[8] my books, which, through press of other work[9] and the many visits to Lucy, had fallen sadly into arrear.[10] Suddenly the door was burst open, and in rushed my patient, with his face distorted with passion. I was thunderstruck,[11] for such a thing as a patient getting of his own accord[12] into the Super-intendent's study is almost unknown.

Without an instant's notice he made straight at[13] me. He had a dinner knife in his hand, and as I saw he was dangerous, I tried to keep the table between us. He was too quick and too strong for me, however, for before I could get my balance he had struck at me and cut my left wrist rather severely.

Before he could strike again, however, I got in my right hand and he was

1) vulpine: '여우 같은', '여우의'.
2) solicitude: '걱정', '염려'.
3) all along: 처음부터.
4) bloomin': 'blooming'(빌어먹을)의 사투리.
5) fatted: 살찌운.
6) exclusive information: 독점적(exclusive) 정보.
7) escapade: '도피', '탈출'.
8) posting up: 최근까지 기록하다(정리하다).
9) through press of other work: 다른 일로 인한 압박(press) 때문에.
10) fallen sadly into arrear: 지체되다(fall into arrear).
11) thunderstruck: 몹시 놀란.
12) of his own accord: 자발적으로.
13) made straight at: 곧장 달려들었다.

sprawling[1] on his back on the floor. My wrist bled freely,[2] and quite a little pool trickled on to the carpet. I saw that my friend was not intent on further effort, and occupied myself binding up my wrist, keeping a wary eye on the prostrate[3] figure all the time. When the attendants rushed in, and we turned our attention to him, his employment[4] positively[5] sickened me. He was lying on his belly on the floor licking up, like a dog, the blood which had fallen from my wounded wrist. He was easily secured,[6] and to my surprise, went with the attendants quite placidly, simply repeating over and over again, "The blood is the life![7] The blood is the life!"

I cannot afford to lose blood just at present. I have lost too much of late for my physical good, and then the prolonged strain of Lucy's illness and its horrible phases is telling on me. I am over excited and weary, and I need rest, rest, rest. Happily Van Helsing has not summoned me, so I need not forgo[8] my sleep. Tonight I could not well do without it.

Telegram, Van Helsing, Antwerp, To Seward, Carfax

(Sent to Carfax, Sussex, as no county given, delivered late by twenty-two hours.)

17 September:--Do not fail to be at Hilllingham tonight. If not watching all the time, frequently visit and see that flowers are as placed,[9] very important, do not fail. Shall be with you as soon as possible after arrival.

DR. SEWARD'S DIARY

18 September:--Just off train to London. The arrival of Van Helsing's

1) sprawling: 큰 대자로 누워있다.
2) freely: 많이.
3) prostrate: 엎어진.
4) his employment: '그가 하고 있는 일'; 여기서는 시워드(Seward)가 흘린 피를 렌필드가 핥아먹는 것을 지칭한다.
5) positively: 몹시.
6) secured: 단단히 붙들어 놓았다.
7) The blood is the life: 구약의 「신명기」(Deuteronomy) 12장 23절에 나오는 구절이다. '오직 크게 삼가서 그 피는 먹지 말라. 피는 그 생명인즉 네가 그 생명을 고기와 아울러 먹지 못하리니'(Only be sure that thou eat not the blood: for <u>the blood is the life</u>; and thou mayest not eat the life with the flesh).
8) forgo: 포기하다.
9) as placed: 놓은 곳에 그대로 있는지 확인하라는 의미.

telegram filled me with dismay.[1] A whole night lost, and I know by bitter experience what may happen in a night. Of course it is possible that all may be well, but what may have happened? Surely there is some horrible doom hanging over us that every possible accident should thwart us in all we try to do. I shall take this cylinder with me, and then I can complete my entry on Lucy's phonograph.[2]

MEMORANDUM LEFT BY LUCY WESTENRA

17 September, Night.--I write this and leave it to be seen, so that no one may by any chance get into trouble through me. This is an exact record of what took place tonight. I feel I am dying of weakness, and have barely strength to write, but it must be done if I die in the doing.[3]

I went to bed as usual, taking care that the flowers were placed as Dr. Van Helsing directed, and soon fell asleep.

I was waked by the flapping at the window, which had begun after that sleep-walking on the cliff at Whitby when Mina saved me, and which now I know so well. I was not afraid, but I did wish that Dr. Seward was in the next room, as Dr. Van Helsing said he would be, so that I might have called him. I tried to sleep, but I could not. Then there came to me the old fear of sleep, and I determined to keep awake. Perversely[4] sleep would try to come then when I did not want it. So, as I feared to be alone, I opened my door and called out. "Is there anybody there?" There was no answer. I was afraid to wake mother, and so closed my door again. Then outside in the shrubbery I heard a sort of howl like a dog's, but more fierce and deeper. I went to the window and looked out, but could see nothing, except a big bat, which had evidently been buffeting its wings against the window. So I went back to bed again, but determined not to go to sleep. Presently the door opened, and mother looked in. Seeing by my moving that I was not asleep, she came in and sat by me. She said to me even more sweetly and softly than her wont,

"I was uneasy about you, darling, and came in to see that you were all right."

I feared she might catch cold sitting there, and asked her to come in and sleep with me, so she came into bed, and lay down beside me. She did not take off her dressing gown, for she said she would only stay a

1) dismay: 당황함.

2) my entry on Lucy's phonograph: 축음기에 남긴 루시에 관한 나의 기록(entry).

3) If I die in the doing: 내가 쓰던 도중 죽는다 할지라도.

4) Perversely: 심술궂게도.

while and then go back to her own bed. As she lay there in my arms, and I in hers the flapping and buffeting came to the window again. She was startled and a little frightened, and cried out, "What is that?"

I tried to pacify[1] her, and at last succeeded, and she lay quiet. But I could hear her poor dear heart still beating terribly. After a while there was the howl again out in the shrubbery, and shortly after there was a crash at the window, and a lot of broken glass was hurled on the floor. The window blind blew back with the wind that rushed in, and in the aperture[2] of the broken panes there was the head of a great, gaunt[3] gray wolf.

Mother cried out in a fright, and struggled up into a sitting posture,[4] and clutched[5] wildly at anything that would help her. Amongst other things, she clutched the wreath of flowers that Dr. Van Helsing insisted on my wearing round my neck, and tore it away from me. For a second or two she sat up, pointing at the wolf, and there was a strange and horrible gurgling[6] in her throat. Then she fell over, as if struck with lightning, and her head hit my forehead and made me dizzy for a moment or two.

The room and all round seemed to spin round. I kept my eyes fixed on the window, but the wolf drew his head back, and a whole myriad of little specks seems to come blowing in through the broken window, and wheeling and circling round like the pillar of dust that travellers describe when there is a simoon[7] in the desert. I tried to stir, but there was some spell upon me, and dear Mother's poor body, which seemed to grow cold already, for her dear heart had ceased to beat, weighed[8] me down, and I remembered no more for a while.

The time did not seem long, but very, very awful, till I recovered consciousness again. Somewhere near, a passing bell was tolling.[9] The dogs all round the neighborhood were howling, and in our shrubbery, seemingly just outside, a nightingale was singing. I was dazed[10] and stupid with pain and terror and weakness, but the sound of the nightingale seemed like the voice of my dead mother come back to comfort me. The sounds seemed to have awakened the maids, too, for

1) pacify: 진정시키다.
2) aperture: 구멍.
3) gaunt: 무시무시한.
4) sitting posture: 앉은 자세(posture).
5) clutched: 단단히 붙들다.
6) gurgling: 콜록콜록하는 소리.
7) simoon: 아프리카와 아라비아 사막에서 부는 뜨거운 모래바람.
8) weighed me down: 나를 짓눌렀다.
9) tolling: (종이) 울리다.
10) dazed: 어찔한.

I could hear their bare feet pattering[1] outside my door. I called to them, and they came in, and when they saw what had happened, and what it was that lay over me on the bed, they screamed out. The wind rushed in through the broken window, and the door slammed to.[2] They lifted off the body of my dear mother, and laid her, covered up with a sheet, on the bed after I had got up. They were all so frightened and nervous that I directed them to go to the dining room and each have a glass of wine. The door flew open for an instant and closed again. The maids shrieked, and then went in a body[3] to the dining room, and I laid what flowers I had on my dear mother's breast. When they were there I remembered what Dr. Van Helsing had told me, but I didn't like to remove them, and besides, I would have some of the servants to sit up with me now. I was surprised that the maids did not come back. I called them, but got no answer, so I went to the dining room to look for them.

My heart sank[4] when I saw what had happened. They all four lay helpless on the floor, breathing heavily. The decanter of sherry was on the table half full, but there was a queer, acrid[5] smell about. I was suspicious, and examined the decanter. It smelt of laudanum,[6] and looking on the sideboard,[7] I found that the bottle which Mother's doctor uses for her--oh! did use--was empty. What am I to do? What am I to do? I am back in the room with Mother. I cannot leave her, and I am alone, save for the sleeping servants, whom some one has drugged. Alone with the dead! I dare not go out, for I can hear the low howl of the wolf through the broken window.

The air seems full of specks, floating and circling in the draught from the window, and the lights burn blue and dim. What am I to do? God shield me from harm this night! I shall hide this paper in my breast, where they shall find it when they come to lay me out.[8] My dear mother gone! It is time that I go too. Goodbye, dear Arthur, if I should not survive this night. God keep you, dear, and God help me!

1) pattering: 또닥또닥 걷는 소리가 나다.
2) slammed to: (문이) 꽝 닫히다.
3) in a body: 무리를 지어서.
4) My heart sank: 가슴이 철렁 거렸다.
5) acrid: 코를 찌르는 (냄새).
6) laudanum: (진통제로 사용된) 아편 팅크.
7) sideboard: 식기 찬장.
8) lay me out: lay out은 '입관할 준비를 하다'.

CHAPTER 12

DR. SEWARD'S DIARY

18 September.--I drove at once to Hillingham and arrived early. Keeping my cab[1] at the gate, I went up the avenue alone. I knocked gently and rang as quietly as possible, for I feared to disturb Lucy or her mother, and hoped to only bring a servant to the door. After a while, finding no response, I knocked and rang again, still no answer. I cursed the laziness of the servants that they should lie abed at such an hour, for it was now ten o'clock, and so rang and knocked again, but more impatiently, but still without response. Hitherto I had blamed only the servants, but now a terrible fear began to assail me.[2] Was this desolation[3] but another link in the chain of doom which seemed drawing tight a round us?[4] Was it indeed a house of death to which I had come, too late? I know that minutes, even seconds of delay, might mean hours of danger to Lucy, if she had had again one of those frightful relapses,[5] and I went round the house to try if I could find by chance an entry anywhere. I could find no means of ingress.[6] Every window and door was fastened and locked, and I returned baffled[7] to the porch. As I did so, I heard the rapid pit-pat[8] of a swiftly driven horse's feet. They stopped at the gate, and a few seconds later I met Van Helsing running up the avenue. When he saw me, he gasped out,[9] "Then it was you, and just arrived. How is she? Are we too late? Did you not get my telegram?"

I answered as quickly and coherently as I could that I had only got his telegram early in the morning, and had not a minute in coming here, and that I could not make any one in the house hear me. He paused and raised his hat as he said solemnly, "Then I fear we are too late. God's will be done!"

With his usual recuperative[10] energy, he went on, "Come. If there be no way open to get in, we must make one. Time is all in all[11] to us now."

---

1) cab: 승합 마차.
2) a terrible fear began to assail me: 끔직한 두려움이 나를 엄습하기 시작하였다.
3) desolation: '황량함'; 즉, 이 집이 버려진 것처럼 느껴진 것을 지칭한다.
4) drawing tight around us: 우리 주위에 가까이 다가오다(draw).
5) relapses: 재발.
6) ingress: 입구.
7) baffled: 좌절하여.
8) pit-pat: (말이) 종종 걷는 소리.
9) gasped out: 헐떡거리며 말하였다.
10) recuperative: 회복하는.
11) all in all: 귀중한 것.

We went round to the back of the house, where there was a kitchen window. The Professor took a small surgical saw[1] from his case, and handing it to me, pointed to the iron bars which guarded the window. I attacked them at once and had very soon cut through three of them. Then with a long, thin knife we pushed back the fastening of the sashes and opened the window. I helped the Professor in, and followed him. There was no one in the kitchen or in the servants' rooms, which were close at hand. We tried all the rooms as we went along, and in the dining room, dimly lit by rays of light through the shutters, found four servant women lying on the floor. There was no need to think them dead, for their stertorous[2] breathing and the acrid smell of laudanum in the room left no doubt as to their condition.[3]

Van Helsing and I looked at each other, and as we moved away he said, "We can attend to them later." Then we ascended to Lucy's room. For an instant or two we paused at the door to listen, but there was no sound that we could hear. With white faces and trembling hands, we opened the door gently, and entered the room.

How shall I describe what we saw? On the bed lay two women, Lucy and her mother. The latter lay farthest in, and she was covered with a white sheet, the edge of which had been blown back by the drought through the broken window, showing the drawn, white, face, with a look of terror fixed upon it. By her side lay Lucy, with face white and still more drawn. The flowers which had been round her neck we found upon her mother's bosom, and her throat was bare, showing the two little wounds which we had noticed before, but looking horribly white and mangled.[4] Without a word the Professor bent over the bed, his head almost touching poor Lucy's breast. Then he gave a quick turn of his head,[5] as of one who listens, and leaping to his feet, he cried out to me, "It is not yet too late! Quick! Quick! Bring the brandy!"

I flew downstairs[6] and returned with it, taking care to smell and taste it, lest it, too, were drugged like the decanter of sherry which I found on the table. The maids were still breathing, but more restlessly, and I fancied that the narcotic was wearing off.[7] I did not stay to make sure,[8] but returned to

---

1) surgical saw: 외과용 톱.

2) stertorous: 코를 고는.

3) left no doubt as to their condition: 그들의 상태(condition)가 어떤지에 관한(as to) 의심의 여지가 없다.

4) mangled: 난도질당한.

5) gave a quick turn of his head: 그의 머리를 급히 돌렸다.

6) flew downstairs: 쏜 살같이 아래층으로 달렸다.

7) wearing off: (효력이) 사라지다.

8) make sure: 확인하다.

Van Helsing. He rubbed the brandy, as on another occasion, on her lips and gums and on her wrists and the palms of her hands. He said to me, "I can do this, all that can be at the present. You go wake those maids. Flick[1] them in the face with a wet towel, and flick them hard. Make them get heat and fire and a warm bath. This poor soul is nearly as cold as that beside her. She will need be heated before we can do anything more."

I went at once, and found little difficulty in waking three of the women. The fourth was only a young girl, and the drug had evidently affected her more strongly so I lifted her on the sofa and let her sleep.

The others were dazed[2] at first, but as remembrance came back to them they cried and sobbed in a hysterical manner. I was stern with them,[3] however, and would not let them talk. I told them that one life was bad enough to lose, and if they delayed they would sacrifice Miss Lucy. So, sobbing and crying they went about their way, half-clad[4] as they were, and prepared fire and water. Fortunately, the kitchen and boiler fires were still alive, and there was no lack of hot water. We got a bath and carried Lucy out as she was and placed her in it. Whilst we were busy chafing[5] her limbs there was a knock at the hall door. One of the maids ran off, hurried on[6] some more clothes, and opened it. Then she returned and whispered to us that there was a gentleman who had come with a message from Mr. Holmwood. I bade her simply tell him that he must wait, for we could see no one now. She went away with the message, and, engrossed with[7] our work, I clean forgot all about him.

I never saw in all my experience the Professor work in such deadly earnest.[8] I knew, as he knew, that it was a stand-up fight[9] with death, and in a pause told him so. He answered me in a way that I did not understand, but with the sternest look that his face could wear.

"If that were all, I would stop here where we are now, and let her fade away into peace, for I see no light in life over her horizon." He went on with his work with, if possible, renewed and more frenzied vigour.[10]

Presently we both began to be conscious that the heat was beginning to be of some effect.[11] Lucy's heart beat a trifle more audibly to the

1) Flick: 가볍게 치다.
2) dazed: '멍한', '얼이 빠진'.
3) I was stern with them: 난 그들을 엄하게 대했다.
4) half-clad: 옷을 제대로 갖추어 입지 않은.
5) chafing: 문지르다.
6) hurried on: 서둘러 (옷을) 걸쳐 입다.
7) engrossed with: 몰두하다.
8) in such deadly earnest: 매우 진지하게.
9) stand-up fight: 정면 대결.
10) frenzied vigour: 격렬한 힘.
11) of some effect: 어느 정도의 효과가 있는.

stethoscope,[1] and her lungs had a perceptible movement. Van Helsing's face almost beamed,[2] and as we lifted her from the bath and rolled her in a hot sheet to dry her he said to me, "The first gain is ours! Check to the king!"[3]

We took Lucy into another room, which had by now been prepared, and laid her in bed and forced a few drops of brandy down her throat. I noticed that Van Helsing tied a soft silk handkerchief round her throat. She was still unconscious, and was quite as bad as, if not worse than, we had ever seen her.

Van Helsing called in one of the women, and told her to stay with her and not to take her eyes off her till we returned, and then beckoned me out of the room.

"We must consult as to what is to be done," he said as we descended the stairs. In the hall he opened the dining room door, and we passed in, he closing the door carefully behind him. The shutters had been opened, but the blinds were already down, with that obedience to the etiquette of death which the British woman of the lower classes always rigidly[4] observes. The room was, therefore, dimly dark. It was, however, light enough for our purposes. Van Helsing's sternness was somewhat relieved by a look of perplexity.[5] He was evidently torturing his mind[6] about something, so I waited for an instant, and he spoke.

"What are we to do now? Where are we to turn for help?[7] We must have another transfusion of blood, and that soon, or that poor girl's life won't be worth an hour's purchase.[8] You are exhausted already. I am exhausted too. I fear to trust those women, even if they would have courage to submit.[9] What are we to do for some one who will open his veins for her?"

"What's the matter with me, anyhow?"

The voice came from the sofa across the room, and its tones brought relief and joy to my heart, for they were those of Quincey Morris.

Van Helsing started angrily at the first sound, but his face softened

---

1) stethoscope: 청진기.

2) beamed: 밝게 미소짓다.

3) The first gain is ours! Check to the king!: gain은 '승리'; 즉, '첫 승리는 우리의 것이다'; check는 서양장기에서 부르는 '장군'의 의미.

4) rigidly: 엄격하게.

5) Van Helsing's sternness was somewhat relieved by a look of perplexity: 헬싱의 엄숙한 표정(sternness)은 당혹스런 표정(look of perplexity)에 의해 어느 정도 누그러졌다(relieved).

6) torturing his mind: 어떻게 할 것인가 대해 골머리를 앓고 있다는 의미.

7) Where are we to turn for help: 어디에서 도움을 요청할 것인가?

8) that poor girl's life won't be worth an hour's purchase: 루시의 생명이 한 시간도 갈 것 같지 않다는 의미.

9) submit: '(수술 따위를) 받다'; 여기서는 수혈을 가리킨다.

and a glad look came into his eyes as I cried out, "Quincey Morris!" and rushed towards him with outstretched hands.

"What brought you here?"[1] I cried as our hands met.

"I guess Art is the cause."

He handed me a telegram.-- 'Have not heard from Seward for three days, and am terribly anxious. Cannot leave. Father still in same condition. Send me word how Lucy is. Do not delay.--Holmwood.'

"I think I came just in the nick of time.[2] You know you have only to tell me what to do."

Van Helsing strode[3] forward, and took his hand, looking him straight in the eyes as he said, "A brave man's blood is the best thing on this earth when a woman is in trouble. You're a man and no mistake. Well, the devil may work against us for all he's worth, but God sends us men when we want them."

Once again we went through that ghastly operation. I have not the heart to go through with the details.[4] Lucy had got a terrible shock and it told on her more than before, for though plenty of blood went into her veins, her body did not respond to the treatment as well as on the other occasions. Her struggle back into life was something frightful to see and hear. However, the action of both heart and lungs improved, and Van Helsing made a sub-cutaneous injection of morphia, as before, and with good effect.[5] Her faint became a profound slumber.[6] The Professor watched whilst I went downstairs with Quincey Morris, and sent one of the maids to pay off one of the cabmen who were waiting.

I left Quincey lying down after having a glass of wine, and told the cook to get ready a good breakfast. Then a thought struck me,[7] and I went back to the room where Lucy now was. When I came softly in, I found Van Helsing with a sheet or two of note paper in his hand. He had evidently read it, and was thinking it over as he sat with his hand to his brow. There was a look of grim satisfaction in his face, as of one who has had a doubt solved. He handed me the paper saying only, "It dropped from Lucy's breast when we carried her to the bath."

When I had read it, I stook looking at the Professor, and after a pause

---

1) What brought you here?: 당신은 무슨 일로 여기 왔소?

2) in the nick of time: 마침 제때에.

3) strode: 성큼 걸었다.

4) I have not the heart to go through with the details: have not the heart to는 '… 할 용기가 없다'; go through with the details는 '세세히 설명하다; 즉, 세세히 설명할 용기가 없었다.

5) with good effect: 좋은 효과를 보았다는 의미.

6) Her faint became a profound slumber: 루시의 기절 상태가 (수혈을 받은 후) 깊은 잠으로 변하였다는 의미.

7) a thought struck me: 한 가지 생각이 떠올랐다(struck).

asked him, "In God's name, what does it all mean? Was she, or is she, mad, or what sort of horrible danger is it?" I was so bewildered that I did not know what to say more. Van Helsing put out his hand and took the paper, saying,

"Do not trouble about it now.[1] Forget if for the present. You shall know and understand it all in good time,[2] but it will be later. And now what is it that you came to me to say?" This brought me back to fact,[3] and I was all myself again.[4]

"I came to speak about the certificate of death.[5] If we do not act properly and wisely, there may be an inquest, and that paper would have to be produced. I am in hopes that we need have no inquest, for if we had it would surely kill poor Lucy, if nothing else did. I know, and you know, and the other doctor who attended her knows, that Mrs. Westenra had disease of the heart, and we can certify[6] that she died of it. Let us fill up the certificate at once, and I shall take it myself to the registrar[7] and go on to the undertaker."[8]

"Good, oh my friend John! Well thought of![9] Truly Miss Lucy, if she be sad in the foes that beset her, is at least happy in the friends thatlove her. One, two, three, all open their veins for her, besides one old man. Ah, yes, I know, friend John. I am not blind! I love you all the more for it! Now go."

In the hall I met Quincey Morris, with a telegram for Arthur telling him that Mrs. Westenra was dead, that Lucy also had been ill, but was now going on better, and that Van Helsing and I were with her. I told him where I was going, and he hurried me out,[10] but as I was going said, "When you come back, Jack, may I have two words with you all to ourselves?" I nodded in reply and went out. I found no difficulty about the registration, and arranged with the local undertaker to come up in the evening to measure for the coffin and to make arrangements.[11]

When I got back Quincey was waiting for me. I told him I would see him as soon as I knew about Lucy, and went up to her room. She was

---

1) Do not trouble about it: trouble은 '걱정하다'의 의미; 즉, 이 문제에 대해서 걱정 말라는 뜻이다.
2) in good time: '때가 되면', '적절한 시기에'.
3) This brought me back to fact: '이 말을 듣고 난 다시 현실세계로 돌아왔다'; 즉, 헬싱의 질문에 시워드가 자신이 말하고자 하였던 현실적인 문제를 다시 떠올렸다는 의미.
4) I was all myself again: 다시 나는 제 정신이 들었다.
5) certificate of death: 사망 증명서.
6) certify: (문서로) 입증하다.
7) registrar: 호적 기록 담당자.
8) undertaker: 장의사.
9) Well thought of: '잘 생각해 내었다'는 의미.
10) he hurried me out: 그는 나를 서둘러 나가게 했다.
11) make arrangements: 준비하다.

still sleeping, and the Professor seemingly had not moved from his seat at her side. From his putting his finger to his lips, I gathered[1] that he expected her to wake before long and was afraid of forestalling nature.[2] So I went down to Quincey and took him into the breakfast room, where the blinds were not drawn down, and which was a little more cheerful, or rather less cheerless, than the other rooms.

When we were alone, he said to me, "Jack Seward, I don't want to shove myself[3] in anywhere where I've no right to be, but this is no ordinary case. You know I loved that girl and wanted to marry her, but although that's all past and gone, I can't help feeling anxious about her all the same. What is it that's wrong with her? The Dutchman, and a fine old fellow is, I can see that, said that time you two came into the room, that you must have another transfusion of blood, and that both you and he were exhausted. Now I know well that you medical men speak in camera,[4] and that a man must not expect to know what they consult about in private. But this is no common matter, and whatever it is, I have done my part. Is not that so?"

"That's so," I said, and he went on.

"I take it that[5] both you and Van Helsing had done already what I did today. Is not that so?"

"That's so."

"And I guess Art was in it too. When I saw him four days ago down at his own place he looked queer. I have not seen anything pulled down[6] so quick since I was on the Pampas and had a mare that I was fond of go to grass[7] all in a night. One of those big bats that they call vampires had got at her in the night, and what with his gorge and the vein left open, there wasn't enough blood in her to let her stand up,[8] and I had to put a bullet through her as she lay. Jack, if you may tell me without betraying confidence,[9] Arthur was the first, is not that so?"

---

1) gathered: 추측하였다.

2) forestalling nature: forestall은 '앞지르다'; 즉, 자연스럽게(nature) 깨는 것보다 그녀가 잠에서 빨리 일어나는 것을 원하지 않는다는 의미.

3) shove myself: 끼어들다.

4) in camera: 은밀히.

5) I take it that: 난 … 라고 생각하다.

6) pulled down: 기운이 쇠약해진.

7) go to grass: '쓰러지다', '죽다'.

8) One of those big bats that they call vampires had got at her in the night, and what with his gorge and the vein left open, … to let her stand up: gorge는 '포식', 즉, 흡혈 박쥐가 말의 피를 포식하였다는 의미; 흡혈귀와 박쥐와의 연계성은 드라큘라가 흡혈 박쥐로 자주 나타난다는 사실에서도 드러난다.

9) without betraying confidence: (당신에 대한 나의) 믿음(confidence)을 배신하지 않고; 즉, 솔직히 말해 달라는 의미.

As he spoke the poor fellow looked terribly anxious. He was in a torture of suspense regarding the woman he loved, and his utter[1] ignorance of the terrible mystery which seemed to surround her intensified his pain. His very heart was bleeding,[2] and it took all the manhood of him, and there was a royal lot of it, too, to keep him from breaking down. I paused before answering, for I felt that I must not betray anything which the Professor wished kept secret, but already he knew so much, and guessed so much, that there could be no reason for not answering, so I answered in the same phrase.

"That's so."

"And how long has this been going on?"

"About ten days."

"Ten days! Then I guess, Jack Seward, that that poor pretty creature that we all love has had put into her veins within that time the blood of four strong men. Man alive, her whole body wouldn't hold it." Then coming close to me, he spoke in a fierce half-whisper. "What took it out?"

I shook my head. "That," I said, "is the crux.[3] Van Helsing is simply frantic[4] about it, and I am at my wits' end.[5] I can't even hazard a guess. There has been a series of little circumstances which have thrown out all our calculations as to Lucy being properly watched.[6] But these shall not occur again. Here we stay until all be well, or ill."

Quincey held out his hand. "Count me in,"[7] he said. "You and the Dutchman will tell me what to do, and I'll do it."

When she woke late in the afternoon, Lucy's first movement was to feel in her breast, and to my surprise, produced the paper which Van Helsing had given me to read. The careful Professor had replaced it where it had come from, lest on waking she should be alarmed. Her eyes then lit on Van Helsing and on me too, and gladdened. Then she looked round the room, and seeing where she was, shuddered.[8] She gave a loud cry, and put her poor thin hands before her pale face.

---

1) utter: 전적인.

2) His very heart was bleeding: 그의 가슴이 몹시 아팠다.

3) crux: 해결하기 어려운 문제.

4) frantic: '돌 지경인'; 즉, 그 문제가 해결이 되지 않아 헬싱의 머리가 돌 지경이 되었다는 의미.

5) at my wits' end: 어찌할 바를 모르는.

6) There has been a series of little circumstances which have thrown out all our calculations as to Lucy being properly watched: throw out은 '물리치다', '무위로 돌리다', calculation은 '신중한 계획'; 즉, 루시를 제대로 보호하기 위해 세운 우리의 모든 신중한 계획을 무위로 돌린 상황이 있었다는 의미.

7) Count me in: 나도 거기에 포함시켜라(count in).

8) shuddered: 몸을 떨었다.

We both understood what was meant, that she had realized to the full[1] her mother's death. So we tried what we could to comfort her. Doubtless sympathy eased her somewhat, but she was very low in thought and spirit, and wept silently and weakly for a long time. We told her that either or both of us would now remain with her all the time, and that seemed to comfort her. Towards dusk she fell into a doze.[2] Here a very odd thing occurred. Whilst still asleep she took the paper from her breast and tore it in two. Van Helsing stepped over and took the pieces from her. All the same, however, she went on with the action of tearing, as though the material were still in her hands. Finally she lifted her hands and opened them as though scattering the fragments. Van Helsing seemed surprised, and his brows gathered as if in thought,[3] but he said nothing.

19 September.--All last night she slept fitfully, being always afraid to sleep, and something weaker[4] when she woke from it. The Professor and I took it in turns to watch,[5] and we never left her for a moment unattended. Quincey Morris said nothing about his intention, but I knew that all night long he patrolled round and round the house.

When the day came, its searching light showed the ravages[6] in poor Lucy's strength. She was hardly able to turn her head, and the little nourishment which she could take seemed to do her no good. At times she slept, and both Van Helsing and I noticed the difference in her, between sleeping and waking. Whilst asleep she looked stronger, although more haggard, and her breathing was softer. Her open mouth showed the pale gums drawn back from the teeth, which looked positively longer and sharper than usual. When she woke the softness of her eyes evidently changed the expression, for she looked her own self,[7] although a dying one. In the afternoon she asked for Arthur, and we telegraphed for him. Quincey went off to meet him at the station.

When he arrived it was nearly six o'clock, and the sun was setting full and warm, and the red light streamed in through the window and gave more color to the pale cheeks. When he saw her, Arthur was simply choked with emotion,[8] and none of us could speak. In the hours that

---

1) to the full: 완전히.
2) fell into a doze: 꾸벅 꾸벅 졸기 시작하였다.
3) his brows gathered as if in thought: 마치 생각에 잠긴 듯(in thought) 그의 양미간이 좁혀졌다.
4) something weaker: 여기서 something은 '약간'의 의미.
5) took it in turns to watch: take it in turns to는 '교대로 … 하다'의 의미; 즉, 교대로 지켜보았다.
6) ravages: 여기서는 심각한 (건강상의) 손상.
7) looked her own self: 원래의 자신의 모습으로 돌아간 것처럼 보였다.
8) choked with emotion: 감정이 복받혀 숨이 막혔다.

had passed, the fits of sleep, or the comatose condition that passed for it,[1] had grown more frequent, so that the pauses when conversation was possible were shortened. Arthur's presence, however, seemed to act as a stimulant.[2] She rallied[3] a little, and spoke to him more brightly than she had done since we arrived. He too pulled himself together, and spoke as cheerily as he could, so that the best was made of everything.[4]

It is now nearly one o'clock, and he and Van Helsing are sitting with her. I am to relieve them in a quarter of an hour, and I am entering this on Lucy's phonograph. Until six o'clock they are to try to rest. I fear that tomorrow will end our watching, for the shock has been too great. The poor child cannot rally. God help us all.

Letter Mina Harker To Lucy Westenra
(*Unopened by her*)

17 September

My dearest Lucy,

"It seems an age[5] since I heard from you, or indeed since I wrote. You will pardon me, I know, for all my faults when you have read all my budget of news.[6] Well, I got my husband back all right. When we arrived at Exeter there was a carriage waiting for us, and in it, though he had an attack of gout, Mr. Hawkins. He took us to his house, where there were rooms for us all nice and comfortable, and we dined together. After dinner Mr. Hawkins said,

" 'My dears, I want to drink your health and prosperity, and may every blessing attend you both.[7] I know you both from children, and have, with love and pride, seen you grow up. Now I want you to make your home[8] here with me. I have left to me neither chick nor child. All are gone, and in my will[9] I have left you everything.' I cried, Lucy dear,

---

1) comatose condition that passed for it: comatose는 '혼수상태의', pass for는 '… 으로 여겨지다'; 즉, it(잠)으로 여겨지는 혼수상태.
2) stimulant: 자극제.
3) rallied: '회복하다', '힘을 내다'.
4) the best was made of everything: '모든 상황을 잘 견디어 내고 있었다'는 의미.
5) an age: 오랜 시간.
6) all my budget of news: budget of news는 '한 묶음의 소식'.
7) may every blessing attend you both: 당신 두 사람에게 모든 축복이 함께 하길 빈다는 의미.
8) make your home: 가정을 꾸리다.
9) will: 유언.

as Jonathan and the old man clasped hands. Our evening was a very, very happy one.

"So here we are, installed[1] in this beautiful old house, and from both my bedroom and the drawing room I can see the great elms of the cathedral close,[2] with their great black stems standing out against the old yellow stone of the cathedral, and I can hear the rooks overhead cawing and cawing[3] and chattering and chattering and gossiping all day, after the manner of rooks--and humans. I am busy, I need not tell you, arranging things and housekeeping. Jonathan and Mr. Hawkins are busy all day, for now that Jonathan is a partner,[4] Mr. Hawkins wants to tell him all about the clients.

"How is your dear mother getting on? I wish I could run up to town for a day or two to see you, dear, but I, dare not go yet, with so much on my shoulders,[5] and Jonathan wants looking after[6] still. He is beginning to put some flesh on his bones again, but he was terribly weakened by the long illness. Even now he sometimes starts out of his sleep in a sudden way and awakes all trembling until I can coax[7] him back to his usual placidity. However, thank God, these occasions grow less frequent as the days go on, and they will in time pass away altogether, I trust. And now I have told you my news, let me ask yours. When are you to be married, and where, and who is to perform the ceremony, and what are you to wear, and is it to be a public or private wedding? Tell me all about it, dear, tell me all about everything, for there is nothing which interests you which will not be dear to me. Jonathan asks me to send his 'respectful duty', but I do not think that is good enough from the junior partner of the important firm Hawkins & Harker. And so, as you love me, and he loves me, and I love you with all the moods and tenses of the verb,[8] I send you simply his 'love' instead. Goodbye, my dearest Lucy, and blessings on you."

Yours,

Mina Harker

---

1) installed: 정착하다.

2) close: 경내.

3) I can hear the rooks overhead cawing and cawing: 머리 위에서 까마귀(rooks)가 까악까악(caw) 우는 소리를 들을 수 있었다.

4) partner: 동업자.

5) with so much on my shoulders: 많은 책임을 져서.

6) looking after: 돌보다.

7) coax: 달래다.

8) I love you with all the moods and tenses of the verb: mood는 문법적으로 '법'(法)의 의미로 직설법, 명령법, 가정법 등을 가리키고, tense는 시제로 과거, 현재, 미래, 완료 시제 등을 지칭한다; 즉, 이 문장은 어떠한 경우에도 사랑한다는 뜻이 된다.

Report From Patrick Hennessey, M.D., M.R.C.S., L.K.Q.C.P.I., etc, etc.,[1] *To John Seward, M.D.*

'20 September

My dear Sir:

"In accordance with your wishes,[2] I enclose report of the conditions of everything left in my charge. With regard to patient, Renfield, there is more to say. He has had another outbreak,[3] which might have had a dreadful ending, but which, as it fortunately happened, was unattended with any unhappy results. This afternoon a carrier's cart with two men made a call at the empty house whose grounds abut on[4] ours, the house to which, you will remember, the patient twice ran away. The men stopped at our gate to ask the porter their way, as they were strangers.

"I was myself looking out of the study window, having a smoke after dinner, and saw one of them come up to the house. As he passed the window of Renfield's room, the patient began to rate[5] him from within, and called him all the foul names he could lay his tongue to.[6] The man, who seemed a decent fellow enough, contented himself by telling him to 'shut up for a foul-mouthed beggar',whereon our man accused him of robbing him and wanting to murder him and said that he would hinder him if he were to swing for it.[7] I opened the window and signed to the man not to notice, so he contented himself after looking the place over and making up his mind as to what kind of place he had got to by saying, 'Lor' bless yer, sir, I wouldn't mind what was said to me in a bloomin' madhouse. I pity ye and the guv'nor for havin' to live in the house with a wild beast like that.'

"Then he asked his way civilly enough, and I told him where the gate of the empty house was. He went away followed by threats and curses and revilings[8] from our man. I went down to see if I could make out[9] any cause for his anger, since he is usually such a well-behaved man, and except his violent fits nothing of the kind had ever occurred. I

---

1) *M.D., M.R.C.S., L.K.Q.C.P.I., etc., etc.*: 'Doctor Of Medicine, Member Of The Royal College Of Surgeons, Licentiate Of The King's And Queen's College Of Physicians, Ireland'의 약자.

2) In accordance with your wishes: 당신의 요청에 따라.

3) outbreak: 발작.

4) abut on: … 에 인접하다.

5) rate: 욕설을 퍼붓다.

6) all the foul names he could lay his tongue to: lay tongue to는 '입 밖에 내다'; 그가 내뱉을 수 있는 모든 욕설(foul names).

7) swing for it: 그것 때문에 교수형에 처하다(swing).

8) revilings: 욕설.

9) make out: 알아내다.

found him, to my astonishment, quite composed and most genial[1] in his manner. I tried to get him to talk of the incident, but he blandly asked me questions as to what I meant, and led me to believe that he was completely oblivious of the affair. It was, I am sorry to say, however, only another instance of his cunning, for within half an hour I heard of him again. This time he had broken out[2] through the window of his room, and was running down the avenue. I called to the attendants to follow me, and ran after him, for I feared he was intent on some mischief.[3] My fear was justified when I saw the same cart which had passed before coming down the road, having on it some great wooden boxes. The men were wiping their foreheads, and were flushed[4] in the face, as if with violent exercise. Before I could get up to him, the patient rushed at them, and pulling one of them off the cart, began to knock his head against the ground. If I had not seized him just at the moment, I believe he would have killed the man there and then.[5] The other fellow jumped down and struck him over the head with the butt-end[6] of his heavy whip. It was a horrible blow, but he did not seem to mind it, but seized him also, and struggled with the three of us, pulling us to and fro[7] as if we were kittens. You know I am no lightweight, and the others were both burly[8] men. At first he was silent in his fighting, but as we began to master[9] him, and the attendants were putting a strait waistcoat on him, he began to shout, 'I'll frustrate[10] them! They shan't rob me! They shan't murder me by inches![11] I'll fight for my Lord and Master!'and all sorts of similar incoherent ravings. It was with very considerable difficulty that they got him back to the house and put him in the padded room. One of the attendants, Hardy, had a finger broken. However, I set it all right,[12] and he is going on well.

"The two carriers were at first loud in their threats of actions for damages,[13] and promised to rain all the penalties of the law on us.[14] Their

1) quite composed and most genial: 아주 침착하고(composed), 매우 기분좋은(genial).
2) broken out: 탈출하였다.
3) intent on some mischief: 해를 끼치려고 여념이 없는.
4) flushed: 얼굴이 상기된.
5) there and then: 즉석에서.
6) butt-end: 굵은 끝.
7) pulling us to and fro: 우리를 이리저리(to and fro) 끌어당기다.
8) burly: 몸집이 큰.
9) master: 굴복시키다.
10) frustrate: 뜻을 못 이루게 하다.
11) by inches: '조금씩', '서서히'.
12) set it all right: 바로 잡다.
13) actions for damages: 배상금(damages)에 대한 소송(action).
14) rain all the penalties of the law on us: rain은 '퍼붓다', penalties of the law '법적인 처벌'.

threats were, however, mingled with some sort of indirect apology for the defeat of the two of them by a feeble madman. They said that if it had not been for the way their strength had been spent in carrying and raising the heavy boxes to the cart they would have made short work of him.[1] They gave as another reason for their defeat the extraordinary state of drouth[2] to which they had been reduced by the dusty nature of their occupation and the reprehensible distance from the scene of their labours of any place of public entertainment.[3] I quite understood their drift,[4] and after a stiff glass of strong grog,[5] or rather more of the same, and with each a sovereign in hand, they made light of the attack,[6] and swore that they would encounter a worse madman any day for the pleasure of meeting so 'bloomin' good a bloke' as your correspondent. I took their names and addresses, in case they might be needed. They are as follows: Jack Smollet, of Dudding's Rents, King George's Road, Great Walworth, and Thomas Snelling, Peter Farley's Row, Guide Court, Bethnal Green.[7] They are both in the employment of[8] Harris & Sons, Moving and Shipment Company, Orange Master's Yard, Soho.

"I shall report to you any matter of interest occurring here, and shall wire you at once if there is anything of importance.

"Believe me, dear Sir,
"Yours faithfully,
"Patrick Hennessey."

Letter, Mina Harker To Lucy Westenra
(Unopened by her)

18 September

"My dearest Lucy,

1) made short work of him: 그를 후다닥 해치웠다(make short work).
2) drouth: 목마름.
3) reprehensible distance from the scene of their labours of any place of public entertainment: reprehensible은 '빌어먹을', '괘씸한'; scene of their labours는 '일하는 장소'; 즉, 자신들이 일하는 장소와 술집과 같은 유흥업소간의 거리가 빌어먹을 정도로 멀다는 의미.
4) drift: (이 말을 하는) 취지.
5) stiff glass of grog: stiff는 '독한'; 즉, 독한 그로그주 한 잔.
6) made light of the attack: 렌필드의 공격을 대수롭지 않게 여겼다(make light of).
7) Great Walworth, and Thomas Snelling, Peter Parley's Row, Guide Court, Bethnal Green: Walworth는 테임즈 강의 남쪽에 있는 Southwark의 한 거리이고 Bethnal Green은 영국의 이스트 엔드(East End)에 있는 거리로 둘다 노동자 계층이 사는 지역이다.
8) in the employment of: … 에게 고용되어 있는.

"Such a sad blow has befallen us. Mr. Hawkins has died very suddenly. Some may not think it so sad for us, but we had both come to so love him that it really seems as though we had lost a father. I never knew either father or mother, so that the dear old man's death is a real blow[1] to me. Jonathan is greatly distressed.[2] It is not only that he feels sorrow, deep sorrow, for the dear, good man who has befriended[3] him all his life, and now at the end has treated him like his own son and left him a fortune which to people of our modest bringing up is wealth beyond the dream of avarice,[4] but Jonathan feels it on another account.[5] He says the amount of responsibility which it puts upon him makes him nervous. He begins to doubt himself. I try to cheer him up, and my belief in him helps him to have a belief in himself. But it is here that the grave shock that he experienced tells upon him the most. Oh, it is too hard that a sweet, simple, noble, strong nature such as his, a nature which enabled him by our dear, good friend's aid to rise from clerk to master in a few years, should be so injured that the very essence of its strength is gone. Forgive me, dear, if I worry you with my troubles in the midst of your own happiness,[6] but Lucy dear, I must tell someone, for the strain of keeping up a brave and cheerful appearance[7] to Jonathan tries me, and I have no one here that I can confide in. I dread coming up to London, as we must do that day after tomorrow, for poor Mr. Hawkins left in his will that he was to be buried in the grave with his father. As there are no relations[8] at all, Jonathan will have to be chief mourner.[9] I shall try to run over to see you, dearest, if only for a few minutes. Forgive me for troubling you. With all blessings,

"Your loving
Mina Harker"

1) blow: (정신적인) 타격.

2) distressed: 괴로워하고 있는.

3) befriended: 돌보아 주다.

4) beyond the dream of avarice: 꿈도 꾸어 볼 수 없을 정도의 (거대한 재산).

5) on another account: 다른 이유로.

6) in the midst of your own happiness: 한창 행복에 빠져있는 당신에게.

7) strain of keeping up a brave and cheerful appearance: 용감하고 즐거운 모습(appearance)을 유지(keep up)해야 하는 긴장감(strain); 항상 즐거운 척 하는 데서 오는 긴장감이란 의미.

8) relations: 친척.

9) chief mourner: 상주.

DR. SEWARD' DIARY

20 September.--Only resolution and habit can let me make an entry tonight. I am too miserable, too low spirited, too sick of the world and all in it, including life itself, that I would not care if I heard this moment the flapping of the wings of the angel of death.[1] And he has been flapping those grim wings to some purpose of late, Lucy's mother and Arthur's father, and now . . .Let me get on with my work.

I duly[2] relieved Van Helsing in his watch over Lucy. We wanted Arthur to go to rest also, but he refused at first. It was only when I told him that we should want him to help us during the day, and that we must not all break down for want of rest, lest Lucy should suffer, that he agreed to go.

Van Helsing was very kind to him. "Come, my child," he said. "Come with me. You are sick and weak, and have had much sorrow and much mental pain, as well as that tax on your strength[3] that we know of. You must not be alone, for to be alone is to be full of fears and alarms. Come to the drawing room, where there is a big fire, and there are two sofas. You shall lie on one, and I on the other, and our sympathy will be comfort to each other, even though we do not speak, and even if we sleep."

Arthur went off with him, casting back a longing look[4] on Lucy's face, which lay in her pillow, almost whiter than the lawn.[5] She lay quite still, and I looked around the room to see that all was as it should be. I could see that the Professor had carried out in this room, as in the other, his purpose of using the garlic. The whole of the window sashes reeked[6] with it, and round Lucy's neck, over the silk handkerchief which Van Helsing made her keep on, was a rough chaplet[7] of the same odorous flowers.

Lucy was breathing somewhat stertorously, and her face was at its worst,[8] for the open mouth showed the pale gums. Her teeth, in the dim, uncertain light, seemed longer and sharper than they had been in the morning. In particular, by some trick of the light,[9] the canine teeth looked longer and sharper than the rest.

I sat down beside her, and presently she moved uneasily. At the same

1) angel of death: 사신(死神).

2) duly: 제시간에.

3) tax on your strength: tax는 '힘든 일'; 즉, 당신의 힘에 무리가 가는 일.

4) longing look: 갈망하는 듯한 표정.

5) lawn: 한랭사 종류.

6) reeked: 악취를 풍기다.

7) chaplet: 화관.

8) at its worst: 최악의 상태인.

9) by some trick of the light: 빛에 의한 착각(trick)에 의해서.

moment there came a sort of dull flapping or buffeting at the window. I went over to it softly, and peeped out by the corner of the blind. There was a full moonlight, and I could see that the noise was made by a great bat, which wheeled around, doubtless attracted by the light, although so dim, and every now and again struck the window with its wings. When I came back to my seat, I found that Lucy had moved slightly, and had torn away the garlic flowers from her throat. I replaced them as well as I could, and sat watching her.

Presently she woke, and I gave her food, as Van Helsing had prescribed.[1] She took but a little, and that languidly. There did not seem to be with her now the unconscious struggle for life and strength that had hitherto so marked her illness. It struck me as curious that the moment she became conscious she pressed the garlic flowers close to her. It was certainly odd that whenever she got into that lethargic state,[2] with the stertorous breathing, she put the flowers from her, but that when she waked she clutched them close, There was no possibility of making amy mistake about this, for in the long hours that followed, she had many spells of sleeping and waking and repeated both actions many times.

At six o'clock Van Helsing came to relieve me. Arthur had then fallen into a doze, and he mercifully let him sleep on. When he saw Lucy's face I could hear the sissing indraw of breath, and he said to me in a sharp whisper."Draw up the blind. I want light!" Then he bent down, and, with his face almost touching Lucy's, examined her carefully. He removed the flowers and lifted the silk handkerchief from her throat. As he did so he started back and I could hear his ejaculation,[3] "Mein Gott!"[4] as it was smothered in his throat.[5] I bent over and looked, too, and as I noticed some queer chill came over me. The wounds on the throat had absolutely disappeared.

For fully five minutes Van Helsing stood looking at her, with his face at its sternest. Then he turned to me and said calmly, "She is dying. It will not be long now. It will be much difference, mark me, whether she dies conscious or in her sleep. Wake that poor boy, and let him come and see the last. He trusts us, and we have promised him."

I went to the dining room and waked him. He was dazed for a moment, but when he saw the sunlight streaming in through the edges of the shutters he thought he was late, and expressed his fear. I assured him that Lucy was still asleep, but told him as gently as i could that both Van Helsing and I

1) prescribed: 처방하다.

2) lethargic state: 혼수상태.

3) ejaculation: 갑자기 지르는 소리.

4) Mein Gott: (독일어) 'My God'.

5) as it was smothered in his throat: 입 밖으로 내뱉은 것이 아니라, 스스로 저지하여 목에서 작게 소리를 냈다는 의미.

feared that the end was near. He covered his face with his hands, and slid down on his knees[1] by the sofa, where he remained, perhaps a minute, with his head buried, praying, whilst his shoulders shook with grief. I took him by the hand and raised him up. "Come," I said, "my dear old fellow, summon all your fortitude.[2] It will be best and easiest for her."

When we came into Lucy's room I could see that Van Helsing had, with his usual forethought,[3] been putting matters straight[4] and making everything look as pleasing as possible. He had even brushed Lucy's hair, so that it lay on the pillow in its usual shiny ripples.[5] When we came into the room she opened her eyes, and seeing him, whispered softly, "Arthur! Oh, my love, I am so glad you have come!"

He was stooping to kiss her, when Van Helsing motioned him back.[6] "No," he whispered, "not yet! Hold her hand, it will comfort her more."

So Arthur took her hand and knelt beside her, and she looked her best,[7] with all the soft lines matching the angelic beauty of her eyes. Then gradually her eyes closed, and she sank to sleep. For a little bit her breast heaved softly, and her breath came and went like a tired child's.

And then insensibly there came the strange change which I had noticed in the night. Her breathing grew stertorous, the mouth opened, and the pale gums, drawn back, made the teeth look longer and sharper than ever. In a sort of sleepwaking, vague, unconscious way she opened her eyes, which were now dull and hard at once, and said in a soft, voluptuous voice, such as I had never heard from her lips, "Arthur! Oh, my love, I am so glad you have come! Kiss me!"

Arthur bent eagerly over to kiss her, but at that instant Van Helsing, who, like me, had been startled by her voice, swooped upon him,[8] and catching him by the neck with both hands, dragged him back with a fury of strength[9] which I never thought he could have possessed, and actually hurled him almost across the room. "Not on your life!"[10] he said, "not for your living soul and hers!" And he stood between them like a lion at bay.[11]

Arthur was so taken aback[12] that he did not for a moment know what

---

1) slid down on his knees: 그는 미끄러지듯 주저 앉아 무릎을 꿇었다.
2) summon all your fortitude: 당신이 갖고 있는 모든 용기(fortitude)를 불러내라.
3) forethought: 사전 고려.
4) putting matters straight: put straight는 '정리하다'; 즉, 상황을(matters) 정리하다.
5) in its usual shiny ripples: 평상시처럼 윤이 나는 물결모양의 (머리) 형태로.
6) motioned him back: 그에게 뒤로 물러서라고 손짓하였다.
7) looked her best: 가장 아름다워 보였다.
8) swooped upon him: 그에게 와락 달려들었다(swoop on).
9) with a fury of strength: '난폭하게', '거칠게'.
10) Not for your life: 절대로 안 된다.
11) a lion at bay: 궁지에 몰린(at bay) 사자.
12) taken aback: 놀란.

to do or say, and before any impulse of violence could seize him he realized the place and the occasion, and stood silent, waiting. I kept my eyes fixed on[1] Lucy, as did Van Helsing, and we saw a spasm[2] as of rage flit like a shadow over her face. The sharp teeth clamped together. Then her eyes closed, and she breathed heavily.

Very shortly after she opened her eyes in all their softness, and putting out her poor, pale, thin hand, took Van Helsing's great brown one, drawing it close to her, she kissed it. "My true friend," she said, in a faint voice, but with untellable pathos,[3] "My true friend, and his! Oh, guard him, and give me peace!"

"I swear it!" he said solemnly, kneeling beside her and holding up his hand, as one who registers an oath.[4] Then he turned to Arthur, and said to him, "Come, my child, take her hand in yours, and kiss her on the forehead, and only once."

Their eyes met instead of their lips, and so they parted. Lucy's eyes closed, and Van Helsing, who had been watching closely, took Arthur's arm, and drew him away.

And then Lucy's breathing became stertorous again, and all at once it ceased.

"It is all over," said Van Helsing. "She is dead!"

I took Arthur by the arm, and led him away to the drawing room, where he sat down, and covered his face with his hands, sobbing in a way that nearly broke me down to see.

I went back to the room, and found Van Helsing looking at poor Lucy, and his face was sterner than eve. Some change had come over her body. Death had given back part of her beauty, for her brow and cheeks had recovered some of their flowing lines. Even the lips had lost their deadly pallor. It was as if the blood, no longer needed for the working of the heart, had gone to make the harshness of death as little rude as might be.

"We thought her dying whilst she slept, And sleeping when she died."

I stood beside Van Helsing, and said, "Ah well, poor girl, there is peace for her at last. It is the end!"

He turned to me, and said with grave solemnity,[5] "Not so, alas! Not so. It is only the beginning!"

When I asked him what he meant, he only shook his head and answered, "We can do nothing as yet. Wait and see."

1) kept my eyes fixed on: 응시하다.

2) spasm: 발작.

3) untellable pathos: 말로 표현할 수 없는(untellable) 비애감.

4) registers an oath: 맹세(oath)를 기록하다(register).

5) with grave solemnity: 매우 엄숙하게.

CHAPTER 13

DR. SEWARD'S DIARY--cont.

The funeral was arranged for the next succeeding day, so that Lucy and her mother might be buried together. I attended to all the ghastly formalities,[1] and the urbane undertaker[2] proved that his staff was afflicted, or blessed, with something of his own obsequious suavity.[3] Even the woman who performed the last offices[4] for the dead remarked to me, in a confidential, brother-professional way, when she had come out from the death-chamber,[5]

"She makes a very beautiful corpse, sir. It's quite a privilege to attend on her. It's not too much to say that she will do credit to our establishment!"[6]

I noticed that Van Helsing never kept far away.[7] This was possible from the disordered state of things in the household. There were no relatives at hand, and as Arthur had to be back the next day to attend at his father's funeral, we were unable to notify any one who should have been bidden. Under the circumstances, Van Helsing and I took it upon ourselves to[8] examine papers, etc. He insisted upon looking over[9] Lucy's papers himself. I asked him why, for I feared that he, being a foreigner, might not be quite aware of English legal requirements, and so might in ignorance make some unnecessary trouble.

He answered me, "I know, I know. You forget that I am a lawyer as well as a doctor. But this is not altogether for the law. You knew that, when you avoided the coroner.[10] I have more than him to avoid. There may be papers more, such as this."

As he spoke he took from his pocket book the memorandum which had been in Lucy's breast, and which she had torn in her sleep.

"When you find anything of the solicitor[11] who is for the late Mrs.

---

1) ghastly formalities: 몹시 싫은(ghastly) 형식적인 절차(formalities).

2) undertaker: 장의사.

3) obsequious suavity: 아부하는 듯한(obsequious) 사근사근한 태도(suavity).

4) offices: 의식(儀式).

5) death-chamber: 사람이 죽은 방.

6) do credit to our establishment: do credit to는 '… 에게 영예가 되다'; 즉, 루시의 장례식을 담당하는 것은 자신의 장의사 기구(establishment)에 영예가 된다는 의미다.

7) kept far away: 멀리 떨어져 있었다.

8) I took it upon ourselves to: … 하는 것을 우리들의 책임으로 생각하였다.

9) looking over: 쭉 훑어보다.

10) coroner: 검시관.

11) solicitor: 사무 변호사.

Westenra, seal all her papers, and write him tonight. For me, I watch here in the room and in Miss Lucy's old room all night, and I myself search for what may be. It is not well that her very thoughts go into the hands of strangers."[1]

I went on with[2] my part of the work, and in another half hour had found the name and address of Mrs. Westenra's solicitor and had written to him. All the poor lady's papers were in order. Explicit directions regarding the place of burial were given. I had hardly sealed the letter, when, to my surprise, Van Helsing walked into the room, saying,

"Can I help you friend John? I am free, and if I may, my service is to you."[3]

"Have you got what you looked for?" I asked.

To which he replied, "I did not look for any specific thing. I only hoped to find, and find I have, all that there was, only some letters and a few memoranda, and a diary new begun. But I have them here, and we shall for the present say nothing of them. I shall see that poor lad tomorrow evening, and, with his sanction,[4] I shall use some."

When we had finished the work in hand, he said to me, "And now, friend John, I think we may to bed. We want sleep, both you and I, and rest to recuperate.[5] Tomorrow we shall have much to do, but for the tonight there is no need of us. Alas!"

Before turning in[6] we went to look at poor Lucy. The undertaker had certainly done his work well, for the room was turned into a small *chapelle ardente*.[7] There was a wilderness of beautiful white flowers, and death was made as little repulsive[8] as might be. The end of the winding- sheet[9] was laid over the face. When the Professor bent over and turned it gently back, we both started at the beauty before us. The tall wax candles showing a sufficient light to note it well. All Lucy's loveliness had come back to her in death, and the hours that had passed, instead of leaving traces of 'decay's effacing fingers',[10] had but restored the beauty of life, till positively I could not believe my eyes that I was looking at a corpse.

---

1) her very thoughts go into the hands of strangers: 루시의 글을 다른 사람들이 읽어서 다른 사람들이 루시의 생각을 알게 되는 것을 지칭.

2) went on with: 계속하였다.

3) my service is to you: 당신을 돕겠다는 의미.

4) sanction: '허락', '인가'.

5) recuperate: (건강을) 회복하다.

6) turning in: 잠자리에 들다.

7) *chapelle ardente*: (불어) 양초와 횃불을 켜 놓은 죽은 이의 임시 유해 안치소.

8) repulsive: 혐오스러운.

9) winding-sheet: (매장을 위해) 시체를 싸는 흰 천.

10) 'decay's effacing fingers: '부패의 소멸시키는 손가락'; 19세기 영국의 낭만주의 시인 바이런(Lord Byron, 1788-1824)이 쓴 「이단자」(Giaour, 1813)란 시에 나오는 구절 중 하나.

The Professor looked sternly grave. He had not loved her as I had, and there was no need for tears in his eyes. He said to me, "Remain till I return," and left the room. He came back with a handful of wild garlic from the box waiting in the hall, but which had not been opened, and placed the flowers amongst the others on and around the bed. Then he took from his neck, inside his collar, a little gold crucifix, and placed it over the mouth. He restored[1] the sheet to its place, and we came away.

I was undressing in my own room, when, with a premonitory[2] tap at the door, he entered, and at once began to speak.

"Tomorrow I want you to bring me, before night, a set of post-mortem knives."[3]

"Must we make an autopsy?"[4] I asked.

"Yes and no. I want to operate, but not what you think. Let me tell you now, but not a word to another. I want to cut off her head and take out her heart. Ah! You a surgeon, and so shocked! You, whom I have seen with no tremble of hand or heart, do operations of life and death that make the rest shudder. Oh, but I must not forget, my dear friend John, that you loved her, and I have not forgotten it for is I that shall operate, and you must not help. I would like to do it tonight, but for Arthur I must not. He will be free after his father's funeral tomorrow, and he will want to see her, to see it. Then, when she is coffined[5] ready for the next day, you and I shall come when all sleep. We shall unscrew[6] the coffin lid, and shall do our operation, and then replace all, so that none know, save we alone."

"But why do it at all? The girl is dead. Why mutilate[7] her poor body without need? And if there is no necessity for a post-mortem and nothing to gain by it, no good to her, to us, to science, to human knowledge, why do it? Without such it is monstrous."

For answer[8] he put his hand on my shoulder, and said, with infinite tenderness, "Friend John, I pity your poor bleeding heart,[9] and I love you the more because it does so bleed. If I could, I would take on myself the burden that you do bear. But there are things that you know not, but that you shall know, and bless me for knowing, though they are

---

1) restored: 원래의 위치로 갖다놓다.
2) premonitory: 앞날을 예고하는 듯한.
3) post-mortem knives: 시체 해부용 칼.
4) autopsy: 시체 해부.
5) coffined: 입관된.
6) unscrew: 나사를 빼다.
7) mutilate: (시체를) 절단하다.
8) For answer: 답변으로서.
9) bleeding heart: 아픈 마음.

not pleasant things. John, my child, you have been my friend now many years, and yet did you ever know me to do any without good cause? I may err, I am but man, but I believe in all I do. Was it not for these causes that you send for me when the great trouble came? Yes! Were you not amazed, nay horrified, when I would not let Arthur kiss his love, though she was dying, and snatched him away by all my strength?[1] Yes! And yet you saw how she thanked me, with her so beautiful dying eyes, her voice, too, so weak, and she kiss my rough old hand and bless me? Yes! And did you not hear me swear promise to her, that so she closed her eyes grateful? Yes!

"Well, I have good reason now for all I want to do. You have for many years trust me. You have believe me weeks past, when there be things so strange that you might have well doubt. Believe me yet a little, friend John. If you trust me not, then I must tell what I think, and that is not perhaps well. And if I work, as work I shall, no matter trust or no trust, without my friend trust in me, I work with heavy heart and feel, oh so lonely when I want all help and courage that may be!" He paused a moment and went on solemnly, "Friend John, there are strange and terrible days before us. Let us not be two, but one, that so we work to a good end.[2] Will you not have faith in me?"

I took his hand, and promised him. I held my door open as he went away, and watched him go to his room and close the door. As I stood without moving, I saw one of the maids pass silently along the passage, she had her back to me, so did not see me, and go into the room where Lucy lay. The sight touched me.[3] Devotion[4] is so rare, and we are so grateful to those who show it unasked to those we love. Here was a poor girl putting aside[5] the terrors which she naturally had of death to go watch alone by the bier[6] of the mistress whom she loved, so that the poor clay[7] might not be lonely till laid to eternal rest.

I must have slept long and soundly, for it was broad daylight when Van Helsing waked me by coming into my room. He came over to my bedside and said, "You need not trouble about the knives. We shall not do it."

"Why not?" I asked. For his solemnity of the night before had greatly impressed me.

"Because," he said sternly, "it is too late, or too early. See!" Here he

1) by all my strength: 내 혼신의 힘을 다하여.
2) work to a good end: 좋은 목적(end)을 위해 일하다.
3) The sight touched me: 그 광경이 나를 감동시켰다(touch).
4) Devotion: 헌신적인 애정.
5) putting aside: '잊다', '접어두다'.
6) bier: 영구차.
7) poor clay: '불쌍한 육체'(clay); 인간이 흙으로 만들어졌다는 성서의 믿음에서 온 표현이다.

held up the little golden crucifix.

"This was stolen in the night."

"How stolen,"I asked in wonder,"since you have it now?"

"Because I get it back from the worthless wretch who stole it, from the woman who robbed the dead and the living. Her punishment will surely come, but not through me. She knew not altogether what she did, and thus unknowing, she only stole. Now we must wait." He went away on the word,[1] leaving me with a new mystery to think of, a new puzzle to grapple with.[2]

The forenoon[3] was a dreary time, but at noon the solicitor came, Mr. Marquand, of Wholeman, Sons, Marquand & Lidderdale. He was very genial and very appreciative[4] of what we had done, and took off our hands all cares as to details. During lunch he told us that Mrs. Westenra had for some time expected sudden death from her heart, and had put her affairs in absolute order. He informed us that, with the exception of a certain entailed property[5] of Lucy's father which now, in default of direct issue,[6] went back to a distant branch of the family, the whole estate, real and personal, was left absolutely to Arthur Holmwood. When he had told us so much he went on,

"Frankly we did our best to prevent such a testamentary disposition,[7] and pointed out certain contingencies[8] that might leave her daughter either penniless or not so free as she should be to act regarding a matrimonial alliance. Indeed, we pressed[9] the matter so far that we almost came into collision, for she asked us if we were or were not prepared to carry out her wishes. Of course, we had then no alternative but to accept. We were right in principle, and ninety-nine times out of a hundred we should have proved, by the logic of events, the accuracy of our judgment.

"Frankly, however, I must admit that in this case any other form of disposition would have rendered impossible the carrying out of her wishes. For by her predeceasing her daughter the latter would have come into possession of the property, and, even had she only survived her mother by five minutes, her property would, in case there were no will, and a will was a practical impossibility[10] in such a case, have

1) on the word: 이 말을 하자마자.
2) grapple with: …을 해결하려고 고심하다.
3) forenoon: 오전.
4) appreciative: 감사해 하는.
5) entailed property: 상속인이 한정된(entailed) 재산(property).
6) in default of direct issue: in default of는 '…이 없을 경우는'; direct issue는 '직계자손'; 즉, 직계 자손이 없을 시에는.
7) testamentary disposition: 유언에 의한(testamentary) (재산의) 처분(disposition).
8) contingencies: 우연한 상황.
9) pressed: (일을) 추진하였다.
10) impossibility: 있을 수 없는 일.

been treated at her decease as under intestacy.[1] In which case Lord Godalming, though so dear a friend, would have had no claim in the world. And the inheritors, being remote, would not be likely to abandon their just rights, for sentimental reasons regarding an entire stranger. I assure you, my dear sirs, I am rejoiced at the result, perfectly rejoiced."

He was a good fellow, but his rejoicing at the one little part, in which he was officially interested, of so great a tragedy, was an object-lesson in the limitations of sympathetic understanding.

He did not remain long, but said he would look in[2] later in the day and see Lord Godalming. His coming, however, had been a certain comfort to us, since it assured[3] us that we should not have to dread hostile criticism as to any of our acts. Arthur was expected at five o'clock, so a little before that time we visited the death chamber. It was so in very truth,[4] for now both mother and daughter lay in it. The undertaker, true to his craft,[5] had made the best display he could of his goods, and there was a mortuary air[6] about the place that lowered[7] our spirits at once.

Van Helsing ordered the former arrangement to be adhered to, explaining that, as Lord Godalming was coming very soon, it would be less harrowing[8] to his feelings to see all that was left of his fiancee quite alone.

The undertaker seemed shocked at his own stupidity and exerted himself to restore things to the condition in which we left them the night before, so that when Arthur came such shocks to his feelings as we could avoid were saved.

Poor fellow! He looked desperately sad and broken.[9] Even his stalwart manhood seemed to have shrunk somewhat under the strain of his much-tried[10] emotions. He had, I knew, been very genuinely and devotedly attached to his father, and to lose him, and at such a time, was a bitter blow to him. With me he was warm as ever, and to Van Helsing he was sweetly courteous. But I could not help seeing that there was some constraint[11] with him. The professor noticed it too, and motioned me to bring him upstairs. I did so, and left him at the door of the room, as I felt he would like to be quite alone with her, but he took

---

1) intestacy: 유언을 남기지 않고 죽음.
2) look in: 잠깐 들르다.
3) assured: 안심시키다.
4) in very truth: 진정한 의미에서.
5) true to his craft: 자신의 직업(craft)에 충실하게(true).
6) mortuary air: 영안실(mortuary)의 분위기(air).
7) lowered: 우울하게 하였다.
8) harrowing: 마음 아픈.
9) broken: 비탄에 잠긴.
10) much-tried: 많은 시련을 겪은.
11) constraint: 압박감.

my arm and led me in, saying huskily,

"You loved her too, old fellow. She told me all about it, and there was no friend had a closer place in her heart than you. I don't know how to thank you for all you have done for her. I can't think yet . . ."

Here he suddenly broke down,[1] and threw his arms round my shoulders and laid his head on my breast, crying, "Oh, Jack! Jack! What shall I do? The whole of life seems gone from me all at once, and there is nothing in the wide world for me to live for."

I comforted him as well as I could. In such cases men do not need much expression. A grip of the hand, the tightening of an arm over the shoulder, a sob in unison,[2] are expressions of sympathy dear to a man's heart. I stood still and silent till his sobs died away, and then I said softly to him, "Come and look at her."

Together we moved over to the bed, and I lifted the lawn from her face. God! How beautiful she was. Every hour seemed to be enhancing her loveliness. It frightened and amazed me somewhat. And as for Arthur, he fell to a-trembling,[3] and finally was shaken with doubt as with an ague.[4] At last, after a long pause, he said to me in a faint whisper,"Jack, is she really dead?"

I assured him sadly that it was so, and went on to suggest, for I felt that such a horrible doubt should not have life for a moment longer than I could help, that it often happened that after death faces become softened and even resolved into[5] their youthful beauty, that this was especially so when death had been preceded by any acute or prolonged suffering. I seemed to quite do away with[6] any doubt, and after kneeling beside the couch for a while and looking at her lovingly and long, he turned aside. I told him that must be goodbye, as the coffin had to be prepared, so he went back and took her dead hand in his and kissed it, and bent over and kissed her forehead. He came away, fondly looking back over his shoulder at her as he came.

I left him in the drawing room, and told Van Helsing that he had said goodbye, so the latter went to the kitchen to tell the undertaker's men to proceed with the preperations and to screw up the coffin. When he came out of the room again I told him of Arthur's question, and he replied, "I am not surprised. Just now I doubted for a moment myself!"

We all dined together, and I could see that poor Art was trying to make

1) broke down: (감정 통제를 하지 못하고) 정신없이 울다.
2) sob in unison: 같이(in unison) 목메어 움(sob).
3) fell a-trembling: 떨기 시작하였다.
4) ague: 학질.
5) resolved into: … 으로 변환된다.
6) do away with: … 을 없애다.

the best of things.[1] Van Helsing had been silent all dinner time, but when we had lit our cigars he said, "Lord . . ., but Arthur interrupted him.

"No, no, not that, for God's sake! Not yet at any rate. Forgive me, sir. I did not mean to speak offensively. It is only because my loss is so recent."

The Professor answered very sweetly, "I only used that name because I was in doubt. I must not call you 'Mr.' and I have grown to love you, yes, my dear boy, to love you, as Arthur."

Arthur held out his hand, and took the old man's warmly. "Call me what you will," he said. "I hope I may always have the title of a friend. And let me say that I am at a loss for words[2] to thank you for your goodness to my poor dear." He paused a moment, and went on, "I know that she understood your goodness even better than I do. And if I was rude or in any way wanting at that time you acted so, you remember,"--the Professor nodded--"You must forgive me."

He answered with a grave kindness, "I know it was hard for you to quite trust me then, for to trust such violence needs to understand, and I take it that[3] you do not, that you cannot, trust me now, for you do not yet understand. And there may be more times when I shall want you to trust when you cannot, and may not, and must not yet understand. But the time will come when your trust shall be whole and complete in me, and when you shall understand as though the sunlight himself shone through. Then you shall bless me from first to last for your own sake, and for the sake of others, and for her dear sake to whom I swore to protect."

"And indeed, indeed, sir," said Arthur warmly. "I shall in all ways[4] trust you. I know and believe you have a very noble heart, and you are Jack's friend, and you were hers. You shall do what you like."

The Professor cleared his throat a couple of times, as though about to speak, and finally said, "May I ask you something now?"

"Certainly."

"You know that Mrs. Westenra left you all her property?"

"No, poor dear. I never thought of it."

"And as it is all yours, you have a right to deal with it as you will. I want you to give me permission to read all Miss Lucy's papers and letters. Believe me, it is no idle curiosity.[5] I have a motive of which, be sure,[6] she would have approved. I have them all here. I took them

1) make the best of things: 잘 참다(이겨내다).
2) at a loss for words: 무슨 말을 할지 몰랐다.
3) take it that: …라고 생각한다.
4) in all ways: 모든 면에 있어서.
5) idle curiosity: 쓸데없는 호기심.
6) be sure: 분명히.

before we knew that all was yours, so that no strange hand might touch them, no strange eye look through words into her soul.[1] I shall keep them, if I may. Even you may not see them yet, but I shall keep them safe. No word shall be lost, and in the good time I shall give them back to you. It is a hard thing that I ask, but you will do it, will you not, for Lucy's sake?"

Arthur spoke out heartily, like his old self,[2] "Dr. Van Helsing, you may do what you will. I feel that in saying this I am doing what my dear one would have approved. I shall not trouble you with questions till the time comes."

The old Professor stood up as he said solemnly, "And you are right. There will be pain for us all, but it will not be all pain, nor will this pain be the last. We and you too, you most of all, dear boy, will have to pass through the bitter water before we reach the sweet. But we must be brave of heart and unselfish, and do our duty, and all will be well!"

I slept on a sofa in Arthur's room that night. Van Helsing did not go to bed at all. He went to and fro, as if patroling the house, and was never out of sight of the room where Lucy lay in her coffin, strewn with[3] the wild garlic flowers, which sent through the odor of lily and rose, a heavy, overpowering smell into the night.

MINA HARKER'S JOURNAL

22 September.--In the train to Exeter. Jonathan sleeping. It seems only yesterday that the last entry[4] was made, and yet how much between then, in Whitby and all the world before me, Jonathan away and no news of him, and now, married to Jonathan, Jonathan a solicitor, a partner, rich, master of his business, Mr. Hawkins dead and buried, and Jonathan with another attack that may harm him. Some day he may ask me about it. Down it all goes.[5] I am rusty[6] in my shorthand, see what unexpected prosperity does for us, so it may be as well to[7] freshen it up[8] again with an exercise anyhow.

---

1) look through words into her soul: 글을 통해 그녀의 모습을 알게 되다.
2) like his old self: 원래의 그녀 자신의 모습처럼.
3) strewn with: …으로 뒤덮인.
4) entry: 기록.
5) Down it all goes: go down은 '기록되다'; 즉, 모든 것이 기록될 것이라는 의미.
6) rusty: 서툴러진.
7) may be as well to: … 하는 것이 좋겠다.
8) freshen it up: 다시 연마하였다.

The service was very simple and very solemn. There were only ourselves and the servants there, one or two old friends of his from Exeter, his London agent, and a gentleman representing Sir John Paxton, the President of the Incorporated Law Society. Jonathan and I stood hand in hand, and we felt that our best and dearest friend was gone from us.

We came back to town quietly, taking a bus to Hyde Park[1] Corner. Jonathan thought it would interest me to go into the Row[2] for a while, so we sat down. But there were very few people there, and it was sad-looking and desolate to see so many empty chairs. It made us think of the empty chair at home. So we got up and walked down Piccadilly.[3] Jonathan was holding me by the arm, the way he used to in the old days before I went to school. I felt it very improper, for you can't go on for some years teaching etiquette and decorum[4] to other girls without the pedantry[5] of it biting into yourself a bit. But it was Jonathan, and he was my husband, and we didn't know anybody who saw us, and we didn't care if they did, so on we walked. I was looking at a very beautiful girl, in a big cart-wheel hat,[6] sitting in a victoria[7] outside Guiliano's, when I felt Jonathan clutch my arm so tight that he hurt me, and he said under his breath,[8] "My God!"

I am always anxious about Jonathan, for I fear that some nervous fit[9] may upset him again. So I turned to him quickly, and asked him what it was that disturbed him.

He was very pale, and his eyes seemed bulging out[10] as, half in terror and half in amazement,[11] he gazed at a tall, thin man, with a beaky[12] nose and black moustache and pointed beard, who was also observing the pretty girl. He was looking at her so hard that he did not see either of us, and so I had a good view of him. His face was not a good face. It was hard, and cruel, and sensual,[13] and big white teeth, that looked all the whiter because his lips were so red, were pointed like an animal's.

---

1) Hyde Park: 런던에 있는 공원.
2) Row: 하이드 파크의 남쪽에 있는 승마할 수 있는 산책길(Rotten Row).
3) Piccadilly: 런던의 한 번화가.
4) decorum: 예법.
5) pedantry: 현학.
6) cart-wheel hat: 수레바퀴 모양의 모자.
7) victoria: 2인승 사륜마차의 일종.
8) under his breath: 소곤소곤한 목소리로.
9) fit: 발작.
10) bulging out: 튀어나온.
11) in amazement: 놀라서.
12) beaky: 부리 모양의.
13) sensual: 드라큘라가 관능적으로 생겼다는 사실은 이 작품을 성의 문맥하에서 해석하려는 시도를 가능케 한다.

Jonathan kept staring at him, till I was afraid he would notice. I feared he might take it ill,[1] he looked so fierce and nasty.[2] I asked Jonathan why he was disturbed, and he answered, evidently thinking that I knew as much about it as he did, "Do you see who it is?"

"No, dear," I said. "I don't know him, who is it?" His answer seemed to shock and thrill me, for it was said as if he did not know that it was me, Mina, to whom he was speaking. "It is the man himself!"

The poor dear was evidently terrified at something, very greatly terrified. I do believe that if he had not had me to lean on and to support him he would have sunk down.[3] He kept staring. A man came out of the shop with a small parcel, and gave it to the lady, who then drove off. Th e dark man kept his eyes fixed on her, and when the carriage moved up Piccadilly he followed in the same direction, and hailed a hansom.[4] Jonathan kept looking after him, and said, as if to himself,

"I believe it is the Count, but he has grown young. My God, if this be so! Oh, my God! My God! If only I knew! If only I knew!" He was distressing himself so much that I feared to keep his mind on the subject by asking him any questions, so I remained silent. I drew away quietly, and he, holding my arm, came easily. We walked a little further, and then went in and sat for a while in the Green Park. It was a hot day for autumn,[5] and there was a comfortable seat in a shady place. After a few minutes' staring at nothing, Jonathan's eyes closed, and he went quickly into a sleep, with his head on my shoulder. I thought it was the best thing for him, so did not disturb him. In about twenty minutes he woke up, and said to me quite cheerfully,

"Why, Mina, have I been asleep! Oh, do forgive me for being so rude. Come, and we'll have a cup of tea somewhere."

He had evidently forgotten all about the dark stranger, as in his illness he had forgotten all that this episode had reminded him of. I don't like this lapsing into forgetfulness.[6] It may make or continue some injury to the brain. I must not ask him, for fear[7] I shall do more harm than good, but I must somehow learn the facts of his journey abroad. The time is come, I fear, when I must open the parcel, and know what is written. Oh, Jonathan, you will, I know, forgive me if I do wrong, but it is for your own dear sake.

1) take it ill: (조나단이 자신을 뚫어지게 쳐다보는 것을) 기분 나쁘게 받아들이다.

2) nasty: 불쾌한.

3) sunk down: 맥없이 주저앉다.

4) hansom: 2인승 2륜 마차.

5) for autumn: 가을 날씨 치고는.

6) lapsing into forgetfulness: lapse into는 '…한 나쁜 상태로 빠진다'는 의미; 즉, 다시 건망증이 도졌다는 의미.

7) for fear: … 하지 않도록.

Later:--A sad home-coming in every way, the house empty of the dear soul who was so good to us. Jonathan still pale and dizzy under a slight relapse of his malady,[1] and now a telegram from Van Helsing, whoever he may be. "You will be grieved to hear that Mrs. Westenra died five days ago, and that Lucy died the day before yesterday. They were both buried today."

Oh, what a wealth of sorrow[2] in a few words! Poor Mrs. Westenra! Poor Lucy! Gone, gone, never to return to us! And poor, poor Arthur, to have lost such a sweetness out of his life! God help us all to bear our troubles.

DR. SEWARD'S DIARY-CONT.

22 September:--It is all over. Arthur has gone back to Ring, and has taken Quincey Morris with him. What a fine fellow is Quincey! I believe in my heart of hearts[3] that he suffered as much about Lucy's death as any of us, but he bore himself through it like a moral Viking.[4] If America can go on breeding men like that, she will be a power[5] in the world indeed. Van Helsing is lying down, having a rest preparatory to his journey. He goes to Amsterdam tonight, but says he returns tomorrow night, that he only wants to make some arrangements which can only be made personally. He is to stop with[6] me then, if he can. He says he has work to do in London which may take him some time. Poor old fellow! I fear that the strain of the past week has broken down even his iron strength. All the time of the burial he was, I could see, putting some terrible restraint on himself. When it was all over, we were standing beside Arthur, who, poor fellow, was speaking of his part in the operation where his blood had been transfused to his Lucy's veins. I could see Van Helsing's face grow white and purple by turns.[7] Arthur was saying that he felt since then as if they two had been really married, and that she was his wife in the sight of God.[8] None of us said a word

1) under a slight relapse of his malady: 그의 병(망각하는 병)이 다소(slight) 다시 재발(relapse)하여.

2) wealth of sorrow: wealth of는 '많은'; 즉, '많은 슬픔'.

3) in my heart of hearts: 진심으로.

4) moral Viking: moral은 '정신적인'; 즉, 정신적으로 바이킹처럼 강건한 인물이라는 의미.

5) power: 강대국.

6) stop with: 머무르다.

7) by turns: 번갈아.

8) in the sight of God: 신이 보기에.

of the other operations, and none of us ever shall. Arthur and Quincey went away together to the station, and Van Helsing and I came on here. The moment we were alone in the carriage he gave way to a regular fit of hysterics.[1] He has denied to me since that it was hysterics, and insisted that it was only his sense of humor asserting itself under very terrible conditions. He laughed till he cried, and I had to draw down the blinds lest any one should see us and misjudge. And then he cried, till he laughed again, and laughed and cried together, just as a woman does. I tried to be stern[2] with him, as one is to a woman under the circumstances, but it had no effect. Men and women are so different in manifestations of nervous strength or weakness! Then when his face grew grave and stern again I asked him why his mirth, and why at such a time. His reply was in a way characteristic of him, for it was logical and forceful and mysterious. He said,

"Ah, you don't comprehend, friend John. Do not think that I am not sad, though I laugh. See, I have cried even when the laugh did choke me. But no more think that I am all sorry when I cry, for the laugh he come just the same. Keep it always with you that laughter who knock at your door and say, 'May I come in?' is not true laughter. No! He is a king, and he come when and how he like. He ask no person, he choose no time of suitability. He say, 'I am here.' Behold, in example I grieve my heart[3] out for that so sweet young girl. I give my blood for her, though I am old and worn. I give my time, my skill, my sleep. I let my other sufferers want that she may have all. And yet I can laugh at her very grave, laugh when the clay from the spade of the sexton[4] drop upon her coffin and say 'Thud, thud!' to my heart, till it send back the blood from my cheek. My heart bleed for that poor boy, that dear boy, so of the age of mine own boy had I been so blessed that he live, and with his hair and eyes the same.

"There, you know now why I love him so. And yet when he say things that touch my husband-heart to the quick,[5] and make my father-heart yearn to him as to no other man, not even you, friend John, for we are more level[6] in experiences than father and son, yet even at such a moment King Laugh he come to me and shout and bellow[7] in my ear, 'Here I am! Here I am!' till the blood come dance back and bring some

1) gave way to a regular fit of hysterics: give way to는 '참다못해 … 하다'; fit of hysterics는 '발작적인 히스테리 증세'.

2) stern: 단호한.

3) grieve my heart: 가슴 아파하다.

4) sexton: 교회 관리인(교회묘지에 안장되는 시체를 묻기도 한다).

5) to the quick: '사무치게', '절실히'.

6) level: '같은 수준의', '동등한'.

7) bellow: 크게 소리치다.

of the sunshine that he carry with him to my cheek. Oh, friend John, it is a strange world, a sad world, a world full of miseries, and woes, and troubles. And yet when King Laugh come, he make them all dance to the tune he play. Bleeding hearts, and dry bones of the churchyard, and tears that burn as they fall, all dance together to the music that he make with that smileless mouth of him. And believe me, friend John, that he is good to come, and kind. Ah, we men and women are like ropes drawn tight with strain that pull us different ways. Then tears come, and like the rain on the ropes, they brace us up,[1] until perhaps the strain become too great, and we break. But King Laugh he come like the sunshine, and he ease off[2] the strain again, and we bear to[3] go on with our labor, what it may be."

I did not like to wound him by pretending not to see his idea, but as I did not yet understand the cause of his laughter, I asked him. As he answered me his face grew stern, and he said in quite a different tone,

"Oh, it was the grim irony of it all, this so lovely lady garlanded with flowers, that looked so fair as life,[4] till one by one we wondered if she were truly dead, she laid in that so fine marble house in that lonely churchyard, where rest so many of her kin,[5] laid there with the mother who loved her, and whom she loved, and that sacred bell going "Toll![6] Toll! Toll!' so sad and slow, and those holy men, with the white garments[7] of the angel, pretending to read books, and yet all the time their eyes never on the page, and all of us with the bowed head. And all for what? She is dead, so! Is it not?"

"Well, for the life of me,[8] Professor," I said, "I can't see anything to laugh at in all that. Why, your expression makes it a harder puzzle than before. But even if the burial service was comic, what about poor Art and his trouble? Why his heart was simply[9] breaking."

"Just so. Said he not that the transfusion of his blood to her veins had made her truly his bride?"

"Yes, and it was a sweet and comforting idea for him."

"Quite so. But there was a difficulty, friend John. If so that, then what about the others? Ho, ho! Then this so sweet maid is a polyandrist,[10] and me,

1) brace us up: 나를 힘나게 하다.
2) ease off: 완화시키다.
3) bear to: … 하는 것을 견디어 내다.
4) looked so fair as life: 살아있는 것처럼 아름다웠다.
5) kin: 친척.
6) Toll: 조종의 종소리.
7) garments: 의상.
8) for the life of me: 아무리해도 (… 하지 않다).
9) simply: 완전히(completely).
10) polyandrist: '여러 명의 남편이 있는 여자'; 피를 나누는 것이 결혼이라는 상징적 의미를 가지고 있다면 루시는 반 헬싱을 제외한 나머지 청혼자들과 결혼한 셈이 된다. 타인의 피를 취하는 드

with my poor wife dead to me, but alive by Church's law, though no wits, all gone, even I, who am faithful husband to this now-no-wife, am bigamist."[1]

"I don't see where the joke comes in there either!" I said, and I did not feel particularly pleased with him for saying such things. He laid his hand on my arm, and said,

"Friend John, forgive me if I pain.[2] I showed not my feeling to others when it would wound, but only to you, my old friend, whom I can trust. If you could have looked into my heart then when I want to laugh, if you could have done so when the laugh arrived, if you could do so now, when King Laugh have pack up[3] his crown, and all that is to him, for he go far, far away from me, and for a long, long time, maybe you would perhaps pity me the most of all."

I was touched by the tenderness of his tone, and asked why.

"Because I know!"

And now we are all scattered, and for many a long day loneliness will sit over our roofs with brooding wings.[4] Lucy lies in the tomb of her kin, a lordly death house in a lonely churchyard, away from teeming London, where the air is fresh, and the sun rises over Hampstead Hill,[5] and where wild flowers grow of their own accord.[6]

So I can finish this diary, and God only knows if I shall ever begin another. If I do, or if I even open this again, it will be to deal with different people and different themes, for here at the end, where the romance of my life is told, ere[7] I go back to take up the thread of my life-work, I say sadly and without hope, "FINIS".

The Westminster Gazette,[8] *25 September A Hampstead Mystery*

The neighborhood of Hampstead is just at present exercised[9] with a

---

라큘라의 행동도 이러한 맥락에서 생각해 볼 경우, 드라큘라에게 피를 주는 여인들은 드라큘라의 상징적인 신부가 된다.

1) bigamist: 이중혼자(二重婚者).

2) pain: 고통을 주다.

3) pack up: (떠나려고) 짐을 꾸리다.

4) loneliness will sit over our roofs with brooding wings: brooding wings(알을 품는 날개)는 기독교에서 말하는 성령이 이 세상을 감싸고 있다는 사실을 거대한 비둘기가 날개로 이 지구를 마치 알을 품은 듯 감싸고 있는 모습으로 비유한 데서 착안한 구절이다; 즉, 앞으로는 외로움이 이 집안에 가득할 것이란 의미다.

5) Hampstead Hill: 런던의 북서부 지역.

6) of their own accord: '자생적으로', '저절로'.

7) ere: … 하기 전에(before).

8) *Westminster Gazette*: 1893년부터 런던에서 출간된 신문.

9) exercised: (수동태로) '걱정하다', '괴롭힘을 당하다'.

series of events which seem to run on lines parallel to[1] those of what was known to the writers of headlines[2] and "The Kensington Horror," or "The Stabbing Woman," or "The Woman in Black." During the past two or three days several cases have occurred of young children straying from home[3] or neglecting to return from their playing on the Heath.[4] In all these cases the children were too young to give any properly intelligible[5] account of themselves, but the consensus of their excuses[6] is that they had been with a "bloofer lady." It has always been late in the evening when they have been missed, and on two occasions the children have not been found until early in the following morning. It is generally supposed in the neighborhood that, as the first child missed gave as his reason for being away that a "bloofer lady"[7] had asked him to come for a walk, the others had picked up the phrase[8] and used it as occasion served.[9] This is the more natural as the favorite game of the little ones at present is luring[10] each other away by wiles.[11] A correspondent writes us that to see some of the tiny tots[12] pretending to be the "bloofer lady" is supremely funny. Some of our caricaturists might, he says, take a lesson in the irony of grotesque by comparing the reality and the picture. It is only in accordance with general principles of human nature that the "bloofer lady" should be the popular role at these *al Fresco*[13] performances. Our correspondent naively[14] says that even Ellen Terry[15] could not be so winningly[16] attractive as some of these grubby-faced[17]

1) run on lines parallel to: run on lines는 '연속적으로 일어나다'; parallel to는 '…과 평행하게', '상응하게'; 즉, … 과 상응하게 연속적으로 발생한다는 의미.
2) headlines: 신문기사의 표제.
3) straying from home: 집을 나온.
4) Heath: 관목이 무성한 황무지.
5) intelligible: '이해할 수 있는', '분명한'.
6) consensus of their excuses: 구실(excuse)의 공통점(consensus); 즉, 집에 금방 들어오지 않은 이유를 공통적으로 말했다는 의미.
7) bloofer lady: 'beautiful lady'를 어린아이들이 잘못 발음한 것 같다; 이 말은 디킨즈(Charles Dickens)의 소설 *Our Mutual Friend*(1864-5)에서 Lizzie Hexam을 어린 아이들이 'bloofer lady'라고 칭한 데에서 스토커가 착안한 것 같다.
8) picked up the phrase: (용어를) '입수하다', '주워듣다'.
9) as occasion served: 필요에 따라서.
10) luring: 유인해 내다.
11) wiles: '간계', '계략'.
12) tots: 어린아이.
13) *al Fresco*: 야외에서의.
14) naively: 순진하게.
15) Ellen Terry: 스토커가 평생에 걸쳐 존경하던 연극배우이자 극장주인 Henry Stoker의 Lyceum Theatre에서 1878년에서 1903년에 걸쳐 활약하던 영국인 여배우(1847-1928).
16) winningly: 매력적으로.
17) grubby-faced: 지저분한 얼굴을 한.

little children pretend, and even imagine themselves, to be.

There is, however, possibly a serious side to the question, for some of the children, indeed all who have been missed at night, have been slightly torn or wounded in the throat. The wounds seem such as might be made by a rat or a small dog, and although of not much importance individually, would tend to show that whatever animal inflicts them has a system or method of its own. The police of the division[1] have been instructed to keep a sharp lookout for[2] straying children, especially when very young, in and around Hampstead Heath, and for any stray dog which may be about.

The Westminster Gazette, 25 September Extra Special

THE HAMPSTEAD HORROR

Another Child Injured
THE "BLOOFER LADY"

We have just received intelligence[3] that another child, missed last night, was only discovered late in the morning under a furze bush[4] at the Shooter's Hill[5] side of Hampstead Heath, which is perhaps, less frequented than the other parts. It has the same tiny wound in the throat as has been noticed in other cases. It was terribly weak, and looked quite emaciated.[6] It too, when partially restored, had the common story to tell of being lured away by the "bloofer lady".

1) division: 지역.
2) keep a sharp lookout for: 방심하지 않고 경계하다.
3) intelligence: 정보.
4) furze bush: 바늘금작화(furze) 수풀.
5) Shooter's Hill: 실제로 Shooter's Hill은 Hampstead에 있지 않고 Greenwich와 Blackheath 사이 템즈 강 남쪽 방면에 위치해 있다.
6) emaciated: 쇠약해진.

CHAPTER 14

MINA HARKER'S JOURNAL

23 September.--Jonathan is better after a bad night. I am so glad that he has plenty of work to do, for that keeps his mind off the terrible things,[1] and oh, I am rejoiced that he is not now weighed down[2] with the responsibility of his new position. I knew he would be true to himself, and now how proud I am to see my Jonathan rising to the height of his advancement and keeping pace in all ways with the duties that come upon him.[3] He will be away all day till late, for he said he could not lunch at home. My household work is done, so I shall take his foreign journal, and lock myself up[4] in my room and read it.

24 September.--I hadn't the heart to write last night, that terrible record of Jonathan's upset[5] me so. Poor dear! How he must have suffered, whether it be true or only imagination. I wonder if there is any truth in it at all. Did he get his brain fever, and then write all those terrible things, or had he some cause for it all? I suppose I shall never know, for I dare not open[6] the subject to him. And yet that man we saw yesterday! He seemed quite certain of him, poor fellow! I suppose it was the funeral upset him and sent his mind back on some train of thought.[7]

He believes it all himself. I remember how on our wedding day he said "Unless some solemn duty come upon me to go back to the bitter hours, asleep or awake, mad or sane . . ." There seems to be through it all some thread of continuity. That fearful Count was coming to London. If it should be, and he came to London, with its teeming millions . . . There may be a solemn duty, and if it come we must not shrink from it. I shall be prepared. I shall get my typewriter this very hour and begin transcribing.[8] Then we shall be ready for other eyes if required. And if it be wanted, then, perhaps, if I am ready, poor Jonathan may not be upset, for I can speak for him and

1) keeps his mind off the terrible things: keep one's mind off는 '…을 마음에서 덜어내다'; 즉, 끔직한 일을 더 이상 생각하지 않는다는 의미.

2) weighed down: (심적으로) 억눌리다.

3) duties that come upon him: 그가 감당해야 할 의무.

4) lock myself up: 두문불출하다.

5) upset: 혼란에 빠지게 하다.

6) open: (화제로) 꺼내다.

7) train of thought: 일련의 생각.

8) transcribing: '다른 문자로 옮겨 쓰다'; 여기서는 속기로 적은 내용을 일반 글로 바꾸어 적는다는 의미.

never let him be troubled or worried with it at all. If ever Jonathan quite gets over[1] the nervousness he may want to tell me of it all, and I can ask him questions and find out things, and see how I may comfort him.

Letter, Van Helsing To Mrs. Harker

24 September
(Confidence)

"Dear Madam,

"I pray you to pardon my writing, in that I am so far friend as that I sent to you sad news of Miss Lucy Westenra's death. By the kindness of Lord Godalming, I am empowered[2] to read her letters and papers, for I am deeply concerned about certain matters vitally important. In them I find some letters from you, which show how great friends you were and how you love her. Oh, Madam Mina, by that love, I implore you, help me. It is for others' good that I ask, to redress great wrong,[3] and to lift[4] much and terrible troubles, that may be more great than you can know. May it be that I see you? You can trust me. I am friend of Dr. John Seward and of Lord Godalming (that was Arthur of Miss Lucy). I must keep it private[5] for the present from all. I should come to Exeter to see you at once if you tell me I am privilege to come, and where and when. I implore your pardon, Madam. I have read your letters to poor Lucy, and know how good you are and how your husband suffer. So I pray you, if it may be, enlighten[6] him not, least it may harm. Again your pardon, and forgive me.

"VAN HELSING"

Telegram, Mrs. Harker To Van Helsing

25 September.--Come today by quarter past ten train if you can catch it. Can see you any time you call.

"WILHELMINA HARKER"

---

1) gets over: 극복하다.
2) empowered: 권한을 가진.
3) redress great wrong: redress는 '시정하다(바로잡다)', wrong은 '잘못된 행위', '해악'.
4) lift: 제거하다.
5) private: 비밀의(secret).
6) enlighten: 알려주다.

MINA HARKER'S JOURNAL

25 September.--I cannot help feeling terribly excited as the time draws near for the visit of Dr. Van Helsing, for somehow I expect that it will throw some light upon[1] Jonathan's sad experience, and as he attended poor dear Lucy in her last illness, he can tell me all about her. That is the reason of his coming. It is concerning Lucy and her sleepwalking, and not about Jonathan. Then I shall never know the real truth now! How silly I am. That awful journal gets hold of my imagination[2] and tinges everything with something of its own color. Of course it is about Lucy. That habit came back to the poor dear, and that awful night on the cliff must have made her ill. I had almost forgotten in my own affairs how ill she was afterwards. She must have told him of her sleep-walking adventure on the cliff, and that I knew all about it, and now he wants me to tell him what I know, so that he may understand. I hope I did right in not saying anything of it to Mrs. Westenra. I should never forgive myself if any act of mine, were it even a negative one, brought harm[3] on poor dear Lucy. I hope too, Dr. Van Helsing will not blame me. I have had so much trouble and anxiety of late that I feel I cannot bear more just at present.

I suppose a cry does us all good at times, clears the air as other rain does. Perhaps it was reading the journal yesterday that upset me, and then Jonathan went away this morning to stay away from me a whole day and night, the first time we have been parted since our marriage. I do hope the dear fellow will take care of himself, and that nothing will occur to upset him. It is two o'clock, and the doctor will be here soon now. I shall say nothing of[4] Jonathan's journal unless he asks me. I am so glad I have typewritten out my own journal, so that, in case he asks about Lucy, I can hand it to him. It will save much questioning.

Later.--He has come and gone. Oh, what a strange meeting, and how it all makes my head whirl round. I feel like one in a dream. Can it be all possible, or even a part of it? If I had not read Jonathan's journal first, I should never have accepted even a possibility. Poor, poor, dear Jonathan! How he must have suffered. Please the good God,[5] all this

---

1) throw some light upon: …을 조명하다.

2) gets hold of my imagination: hold는 '지배'; 즉, '나의 상상력을 지배하고 있다'. 따라서 이 말은 조나단의 일기에 기록된 내용이 과연 진실인지에 대해 모든 생각을 집중하고 있다는 의미다.

3) brought harm: 피해를 가져다주었다.

4) say nothing of: …에 대해 전혀 언급하지 않다.

5) Please the good God: '신이 허락한다면', '잘 되면'.

may not upset him again. I shall try to save him from it. But it may be even a consolation and a help to him, terrible though it be and awful in its consequences, to know for certain[1] that his eyes and ears and brain did not deceive him, and that it is all true. It may be that it is the doubt which haunts[2] him, that when the doubt is removed, no matter which, waking or dreaming, may prove the truth, he will be more satisfied and better able to bear the shock. Dr. Van Helsing must be a good man as well as a clever one if he is Arthur's friend and Dr. Seward's, and if they brought him all the way from Holland to look after[3] Lucy. I feel from having seen him that he is good and kind and of a noble nature. When he comes tomorrow I shall ask him about Jonathan. And then, please God, all this sorrow and anxiety may lead to a good end. I used to think I would like to practice interviewing. Jonathan's friend on "The Exeter News" told him that memory is everything in such work, that you must be able to put down exactly almost every word spoken, even if you had to refine[4] some of it afterwards. Here was a rare interview. I shall try to record it *verbatim*.[5]

It was half-past two o'clock when the knock came. I took my courage *deux mains*[6] and waited. In a few minutes Mary opened the door, and announced "Dr. Van Helsing".

I rose and bowed, and he came towards me, a man of medium weight, strongly built, with his shoulders set back over a broad, deep chest and a neck well balanced on the trunk[7] as the head is on the neck. The poise[8] of the head strikes me at once as indicative of thought and power. The head is noble, well-sized,[9] broad, and large behind the ears. The face, cleanshaven, shows a hard, square chin, a large resolute, mobile mouth, a good-sized nose, rather straight, but with quick, sensitive nostrils, that seem to broaden as the big bushy[10] brows come down and the mouth tightens. The forehead is broad and fine, rising at first almost straight and then sloping back above two bumps[11] or ridges wide apart, such a forehead that the reddish[12] hair cannot possibly tumble over it, but falls

1) for certain: 확실히.
2) haunts: 늘 따라다니며 괴롭히다.
3) look after: 돌보다.
4) refine: (표현이나 글의 내용을) 다듬다.
5) *verbatim*: 축어적으로.
6) *deux mains*: (불어) 양 손으로(in both hands).
7) trunk: 몸통.
8) poise: 자세.
9) well-sized: 큰.
10) bushy: 털이 덥수룩한.
11) bumps: 두개(頭蓋)의 융기.
12) reddish: 불그스레한.

naturally back and to the sides. Big, dark blue eyes are set widely apart, and are quick[1] and tender or stern with the man's moods.[2] He said to me,

"Mrs. Harker, is it not?" I bowed assent.[3]

"That was Miss Mina Murray?" Again I assented.

"It is Mina Murray that I came to see that was friend of that poor dear child Lucy Westenra. Madam Mina, it is on account of the dead that I come."

"Sir," I said, "you could have no better claim on me than[4] that you were a friend and helper of Lucy Westenra." And I held out my hand. He took it and said tenderly,

"Oh, Madam Mina, I know that the friend of that poor little girl must be good, but I had yet to learn . . ." He finished his speech with a courtly bow. I asked him what it was that he wanted to see me about, so he at once began.

"I have read your letters to Miss Lucy. Forgive me, but I had to begin to inquire somewhere, and there was none to ask. I know that you were with her at Whitby. She sometimes kept a diary, you need not look surprised, Madam Mina. It was begun after you had left, and was an imitation of you, and in that diary she traces by inference[5] certain things to a sleep-walking in which she puts down that you saved her. In great perplexity then I come to you, and ask you out of your so much kindness to tell me all of it that you can remember."

"I can tell you, I think, Dr. Van Helsing, all about it."

"Ah, then you have good memory for facts, for details? It is not always so with young ladies."

"No, doctor, but I wrote it all down at the time. I can show it to you if you like."

"Oh, Madam Mina, I well be grateful. You will do me much favor."

I could not resist the temptation of mystifying[6] him a bit, I suppose it is some taste of the original apple that remains still in our mouths,[7] so I handed him the shorthand diary. He took it with a grateful bow, and

1) quick: 생기 있는.
2) with the man's moods: 기분(moods)에 따라.
3) bowed assent: 고개를 숙여 그의 추측이 맞다고 답하였다는 의미.
4) have no better claim on me than: have claim on은 '… 에게 요구할 권리가 있다'는 의미.
5) by inference: 추론에 의해.
6) mystifying: 어리둥절하게 하다.
7) I suppose it is some of the taste of the original apple that remains still in our mouths: 창세기의 기독교 신이 아담(Adam)과 이브(Eve)에게 먹지 말라고 했던 금지된 열매는 흔히 사과라고 추정되어 사과는 유혹의 상징으로서 간주되곤 한다. 미나가 자신이 반 헬싱을 어리둥절하게 한 이유가 인간의 입에 아직 남아 있는 원래의 사과 맛 때문이었다고 한 표현은 반 헬싱을 어리둥절하게 만들고 싶은 유혹 때문이었다는 의미다.

said, "May I read it?"

"If you wish," I answered as demurely[1] as I could. He opened it, and for an instant his face fell.[2] Then he stood up and bowed.

"Oh, you so clever woman!" he said. "I knew long that Mr. Jonathan was a man of much thankfulness, but see, his wife have all the good things. And will you not so much honor[3] me and so help me as to read it for me? Alas! I know not the shorthand."

By this time my little joke was over, and I was almost ashamed. So I took the typewritten copy from my work-basket[4] and handed it to him.

"Forgive me," I said. "I could not help it, but I had been thinking that it was of dear Lucy that you wished to ask, and so that you might not have time to wait, not on my account, but because I know your time must be precious, I have written it out on the typewriter for you."

He took it and his eyes glistened.[5] "You are so good," he said. "And may I read it now? I may want to ask you some things when I have read."

"By all means," I said. "read it over whilst I order lunch, and then you can ask me questions whilst we eat."

He bowed and settled himself in a chair with his back to the light, and became so absorbed[6] in the papers, whilst I went to see after[7] lunch chiefly in order that he might not be disturbed. When I came back, I found him walking hurriedly up and down the room, his face all ablaze with excitement.[8] He rushed up to me and took me by both hands.

"Oh, Madam Mina," he said, "how can I say what I owe to you? This paper is as sunshine. It opens the gate to me. I am daze,[9] I am dazzl,[10] with so much light, and yet clouds roll in behind the light every time. But that you do not, cannot comprehend. Oh, but I am grateful to you, you so clever woman. Madame," he said this very solemnly, "if ever Abraham Van Helsing can do anything for you or yours, I trust you will let me know. It will be pleasure and delight if I may serve you as a friend, as a friend, but all I have ever learned, all I can ever do, shall be for you and those you love. There are darknesses in life, and there are

1) demurely: 점잔빼며.
2) his face fell: 그의 얼굴이 침울해지다(fall).
3) honour: … 에게 영광을 베풀다.
4) work-basket: 일감을 넣은 바구니.
5) glistened: 빛났다.
6) absorbed: 몰두한.
7) see after: …을 점검하다.
8) his face all ablaze with excitement: 흥분하여 얼굴이 달아오른(ablaze).
9) daze: 원래 'dazed'(멍한)로 표기하여야 하지만 반 헬싱이 네덜란드인인 관계로 영어 어법에 약간의 문제가 있는 것으로 보인다.
10) dazzle: 'dazzled'(감탄한)로 표기해야 옳다.

lights. You are one of the lights. You will have a happy life and a good life, and your husband will be blessed in you."

"But, doctor, you praise me too much, and you do not know me."

"Not know you, I, who am old, and who have studied all my life men and women, I who have made my specialty[1] the brain and all that belongs to him and all that follow from him! And I have read your diary that you have so goodly written for me, and which breathes out truth in every line.[2] I, who have read your so sweet letter to poor Lucy of your marriage and your trust, not know you! Oh, Madam Mina, good women tell all their lives, and by day and by hour and by minute, such things that angels can read. And we men who wish to know have in us something of angels' eyes. Your husband is noble nature, and you are noble too, for you trust, and trust cannot be where there is mean nature. And your husband, tell me of him. Is he quite well? Is all that fever gone, and is he strong and hearty?"

I saw here an opening[3] to ask him about Jonathan, so I said, "He was almost recovered, but he has been greatly upset by Mr. Hawkins death."

He interrupted, "Oh, yes. I know. I know. I have read your last two letters."

I went on, "I suppose this upset him, for when we were in town on Thursday last he had a sort of shock."

"A shock, and after brain fever so soon! That is not good. What kind of shock was it?"

"He thought he saw some one who recalled something terrible, something which led to his brain fever." And here the whole thing seemed to overwhelm me in a rush.[4] The pity for Jonathan, the horror which he experienced, the whole fearful mystery of his diary, and the fear that has been brooding over[5] me ever since, all came in a tumult.[6] I suppose I was hysterical, for I threw myself on my knees and held up my hands to him, and implored him to make my husband well again. He took my hands and raised me up, and made me sit on the sofa, and sat by me. He held my hand in his, and said to me with, oh, such infinite sweetness,

"My life is a barren[7] and lonely one, and so full of work that I have not had much time for friendships, but since I have been summoned to

1) specialty: 전공 분야.
2) breathes out truth in every line: (일기의) 매 행마다 진실이 배여 있다.
3) opening: 좋은 기회.
4) in a rush: '한꺼번에', '갑자기'.
5) brooding over: …를 사로잡다.
6) came in a tumult: 혼란스럽게 한꺼번에 다가왔다.
7) barren: 불모의.

here by my friend John Seward I have known so many good people and seen such nobility that I feel more than ever, and it has grown with my advancing years, the loneliness of my life. Believe me, then, that I come here full of respect for you, and you have given me hope, hope, not in what I am seeking of, but that there are good women still left to make life happy, good women, whose lives and whose truths may make good lesson for the children that are to be. I am glad, glad, that I may here be of some use to you. For if your husband suffer, he suffer within the range of my study and experience.[1] I promise you that I will gladly do all for him that I can, all to make his life strong and manly, and your life a happy one. Now you must eat. You are overwrought[2] and perhaps over-anxious. Husband Jonathan would not like to see you so pale, and what he like not where he love, is not to his good.[3] Therefore for his sake you must eat and smile. You have told me about Lucy, and so now we shall not speak of it, lest it distress. I shall stay in Exeter tonight, for I want to think much over what you have told me, and when I have thought I will ask you questions, if I may. And then too, you will tell me of husband Jonathan's trouble so far as you can, but not yet. You must eat now, afterwards you shall tell me all."

After lunch, when we went back to the drawing room, he said to me, "And now tell me all about him."

When it came to speaking to this great learned man, I began to fear that he would think me a weak fool, and Jonathan a madman, that journal is all so strange, and I hesitated to go on. But he was so sweet and kind, and he had promised to help, and I trusted him, so I said,

"Dr. Van Helsing, what I have to tell you is so queer that you must not laugh at me or at my husband. I have been since yesterday in a sort of fever of doubt.[4] You must be kind to me, and not think me foolish that I have even half believed some very strange things."

He reassured[5] me by his manner as well as his words when he said, "Oh, my dear, if you only know how strange is the matter regarding which I am here, it is you who would laugh. I have learned not to think little of[6] any one's belief, no matter how strange it may be. I have tried to keep an open mind, and it is not the ordinary things of life that could close it, but the strange things, the extraordinary things, the things that make one

1) he suffer within the range of my study and experience: 하커가 겪고 있는 고통이 자신이 연구하고 경험한 분야에 속한다는 의미.
2) overwrought: 너무 긴장한.
3) not to his good: 그에게 도움이 되지 않는.
4) in a sort of fever of doubt: 강한 의구심에 빠져있는.
5) reassured: 안심시키다.
6) think little of: 대수롭지 않게 여기다.

doubt if they be mad or sane."

"Thank you, thank you a thousand times! You have taken a weight off my mind.[1] If you will let me, I shall give you a paper to read. It is long, but I have typewritten it out. It will tell you my trouble and Jonathan's. It is the copy of his journal when abroad, and all that happened. I dare not say anything of it. You will read for yourself and judge. And then when I see you, perhaps, you will be very kind and tell me what you think."

"I promise," he said as I gave him the papers. "I shall in the morning, as soon as I can, come to see you and your husband, if I may."

"Jonathan will be here at half-past eleven, and you must come to lunch with us and see him then. You could catch the quick 3:34 train, which will leave you at Paddington[2] before eight." He was surprised at my knowledge of the trains offhand,[3] but he does not know that I have made up[4] all the trains to and from Exeter, so that I may help Jonathan in case he is in a hurry.

So he took the papers with him and went away, and I sit here thinking, thinking I don't know what.

Letter (By Hand), Van Helsing to Mrs. Harker

25 September, 6 o'clock

"Dear Madam Mina,

"I have read your husband's so wonderful diary. You may sleep without doubt. Strange and terrible as it is, it is true! I will pledge my life on it.[5] It may be worse for others, but for him and you there is no dread. He is a noble fellow, and let me tell you from experience of men, that one who would do as he did in going down that wall and to that room, aye, and going a second time, is not one to be injured in permanence[6] by a shock. His brain and his heart are all right, this I swear, before I have even seen him, so be at rest.[7] I shall have much to ask him of other things. I am blessed that today I come to see you, for

1) taken a weight off my mind: 내 마음의 짐을 덜어주었다.
2) Paddington: 런던의 한 기차역.
3) offhand: '준비 없이', '즉석에서'.
4) made up: '작성하다'; 여기서는 기차 시간표를 작성하였다는 의미.
5) pledge my life on it: pledge는 '담보로 놓다'; 즉, 자신의 목숨을 걸 정도로 사실이라는 의미.
6) in permanence: 영원히.
7) be at rest: '마음 편히 쉬어'라는 의미.

I have learn all at once so much that again I am dazzled, dazzled more than ever, and I must think.

"Yours the most faithful,
"Abraham Van Helsing."

Letter, Mrs. Harker to Van Helsing

25 September, 6:30 p. m.

"My dear Dr. Van Helsing,
"A thousand thanks for your kind letter, which has taken a great weight off my mind. And yet, if it be true, what terrible things there are in the world, and what an awful thing if that man, that monster, be really in London! I fear to think. I have this moment, whilst writing, had a wire from Jonathan, saying that he leaves by the 6:25 tonight from Launceston[1] and will be here at 10:18,so that I shall have no fear tonight. Will you, therefore, instead of lunching with us, please come to breakfast at eight o'clock, if this be not too early for you? You can get away, if you are in a hurry, by the 10:30 train, which will bring you to Paddington by 2:35. Do not answer this, as I shall take[2] it that, if I do not hear, you will come to breakfast.

"Believe me,
"Your faithful and grateful friend,
"Mina Harker."

JONATHAN HARKER'S JOURNAL

26 September.--I thought never to write in this diary again, but the time has come. When I got home last night Mina had supper ready, and when we had supped she told me of Van Helsing's visit, and of her having given him the two diaries copied out,[3] and of how anxious she has been about me. She showed me in the doctor's letter that all I wrote down was true. It seems to have made a new man of me. It was the

1) Launceston: 콘웰(Cornwell)에 있는 작은 도시.
2) take: 간주하다.
3) copied out: 여기서는 '전사(轉寫)하다'(transcribe)의 의미.

doubt as to the reality of the whole thing that knocked me over.[1] I felt impotent,[2] and in the dark, and distrustful. But, now that I know, I am not afraid, even of the Count. He has succeeded after all, then, in his design in getting to London, and it was he I saw. He has got younger, and how? Van Helsing is the man to unmask[3] him and hunt him out, if he is anything like what Mina says. We sat late, and talked it over. Mina is dressing, and I shall call at the hotel in a few minutes and bring him over.

He was, I think, surprised to see me. When I came into the room whee he was, and introduced myself, he took me by the shoulder, and turned my face round to the light, and said, after a sharp scrutiny,[4]

"But Madam Mina told me you were ill, that you had had a shock."

It was so funny to hear my wife called 'Madam Mina' by this kindly, strong-faced old man. I smiled, and said, "I was ill, I have had a shock, but you have cured me already."

"And how?"

"By your letter to Mina last night. I was in doubt, and then everything took a hue of unreality,[5] and I did not know what to trust, even the evidence of my own senses.[6] Not knowing what to trust, I did not know what to do, and so had only to keep on working in what had hitherto been the groove of my life.[7] The groove ceased to avail[8] me, and I mistrusted myself. Doctor, you don't know what it is to doubt everything, even yourself. No, you don't, you couldn't with eyebrows like yours."

He seemed pleased, and laughed as he said, "So! You are a physiognomist.[9] I learn more here with each hour.[10] I am with so much pleasure coming to you to breakfast, and, oh, sir, you will pardon praise from an old man, but you are blessed in your wife."

I would listen to him go on praising Mina for a day, so I simply nodded and stood silent.

"She is one of God's women, fashioned by His own hand to show us men and other women that there is a heaven where we can enter, and

1) knocked me over: '괴롭히다', '정신 나가게 하다'.
2) impotent: 무기력한.
3) unmask: 정체를 밝히다.
4) scrutiny: 면밀히 살펴 봄.
5) everything took a hue of unreality: '모든 것이 비현실적인 색조를 띄었다'는 것은 모든 것이 환각상태에서 있었던 일처럼 느껴졌다는 의미.
6) evidence of my own senses: 내가 오감을 통해서 확인한 것들(보고 느낀 것들).
7) groove of my life: 살아가면서 하게 되는 상례적인 일(groove).
8) avail: …에게 도움이 되다.
9) physiognomist: 관상가.
10) with each hour: 매시간 마다.

that its light can be here on earth. So true, so sweet, so noble, so little an egoist, and that, let me tell you, is much in this age, so sceptical[1] and selfish. And you, sir. . . I have read all the letters to poor Miss Lucy, and some of them speak of you, so I know you since some days from the knowing of others, but I have seen your true self since last night. You will give me your hand, will you not? And let us be friends for all our lives."

We shook hands, and he was so earnest and so kind that it made me quite choky.[2]

"and now," he said, "may I ask you for some more help? I have a great task to do, and at the beginning it is to know. You can help me here. Can you tell me what went before your going to Transylvania? Later on I may ask more help, and of a different kind, but at first this will do."[3]

"Look here, Sir," I said, "does what you have to do concern[4] the Count?"

"It does," he said solemnly."

"Then I am with you heart and soul.[5] As you go by the 10:30 train, you will not have time to read them, but I shall get the bundle of papers. You can take them with you and read them in the train."

After breakfast I saw[6] him to the station. When we were parting he said, "Perhaps you will come to town if I send for you, and take Madam Mina too."

"We shall both come when you will," I said.

I had got him the morning papers and the London papers of the previous night, and while we were talking at the carriage window, waiting for the train to start, he was turning them over. His eyes suddenly seemed to catch something in one of them, "The Westminster Gazette", I knew it by the color, and he grew quite white. He read something intently, groaning to himself, "Mein Gott! Mein Gott! So soon! So soon!" I do not think he remembered me at the moment. Just then the whistle[7] blew, and the train moved off. This recalled him to himself,[8] and he leaned out of the window and waved his hand, calling

1) sceptical: 회의적인.

2) choky: 목이 메는.

3) at first this will do: do는 '충분하다'; 즉, 우선 이 질문에 대한 답변이 자신에게 도움이 되었으니 처음치고는 이것으로도 충분하다는 의미.

4) concern: …와 관계가 있다.

5) I am with you heart and soul: 충심으로(heart and soul) 당신의 뜻에 따르겠다는 의미.

6) saw: 배웅하였다(see off).

7) whistle: (기차의) 기적.

8) recalled him to himself: recall은 '제정신이 들게 하다'; 즉, 자신의 모습을 찾게 하였다.

out, "Love to Madam Mina. I shall write so soon as ever I can."

DR. SEWARD'S DIARY

26 September.--Truly there is no such thing as finality. Not a week since I said "Finis," and yet here I am starting fresh again, or rather going on with the record. Until this afternoon I had no cause to think of what is done. Renfield had become, to all intents,[1] as sane as he ever was. He was already well ahead with[2] his fly business, and he had just started in the spider line[3] also, so he had not been of any trouble to me. I had a letter from Arthur, written on Sunday, and from it I gather[4] that he is bearing up[5] wonderfully well. Quincey Morris is with him, and that is much of a help, for he himself is a bubbling well of good spirits.[6] Quincey wrote me a line too, and from him I hear that Arthur is beginning to recover something of his old buoyancy,[7] so as to them all my mind is at rest. As for myself, I was settling down to my work[8] with the enthusiasm which I used to have for it, so that I might fairly have said that the wound which poor Lucy left on me was becoming cicatrized.[9]

Everything is, however, now reopened, and what is to be the end God only knows. I have an idea that Van Helsing thinks he knows, too, but he will only let out enough at a time to whet curiosity.[10] He went to Exeter yesterday, and stayed there all night. Today he came back, and almost bounded into[11] the room at about half-past five o'clock, and thrust last night's "Westminster Gazette" into my hand.

"What do you think of that?" he asked as he stood back and folded his arms.

I looked over the paper, for I really did not know what he meant, but

1) to all intents: 어느 점으로 보나.

2) ahead with: …을 계속하고 있는.

3) started in the spider line: spider line은 '거미를 모았던 일'을 지칭; 즉, 그는 다시 거미 모으는 일을 시작하였다는 뜻.

4) gather: 추측하다.

5) bearing up: 잘 버텨가고 있다.

6) bubbling well of good spirits: 활기(good spirits)의 샘솟는 원천.

7) old buoyance: 예전의 활기참.

8) settling down to my work: settle down to는 '몰두하다', '전력을 다하다'; 즉, 내 일에 전념을 다하다.

9) cicatrized: (상처가) 아물다.

10) whet curiosity: 호기심을 자극하다(whet).

11) bounded into: 뛰어 들어왔다.

he took it from me and pointed out a paragraph about children being decoyed[1] away at Hampstead. It did not convey much to me,[2] until I reached a passage where it described small punctured[3] wounds on their throats. An idea struck me, and I looked up.

"Well?" he said.

"It is like poor Lucy's."

"And what do you make of it?"[4]

"Simply that there is some cause in common. Whatever it was that injured her has injured them." I did not quite understand his answer.

"That is true indirectly, but not directly."

"How do you mean, Professor?" I asked. I was a little inclined to take his seriousness lightly,[5] for, after all, four days of rest and freedom from burning, harrowing,[6] anxiety does help to restore one's spirits, but when I saw his face, it sobered[7] me. Never, even in the midst of our despair about poor Lucy, had he looked more stern.

"Tell me!" I said. "I can hazard no opinion.[8] I do not know what to think, and I have no data on which to found a conjecture."

"Do you mean to tell me, friend John, that you have no suspicion as to what poor Lucy died of, not after all the hints given, not only by events, but by me?"

"Of nervous prostration[9] following a great loss or waste of blood."

"And how was the blood lost or wasted?" I shook my head.

He stepped over and sat down beside me, and went on,"You are a clever man, friend John. You reason well, and your wit is bold, but you are too prejudiced. You do not let your eyes see nor your ears hear, and that which is outside your daily life is not of account[10] to you. Do you not think that there are things which you cannot understand, and yet which are, that some people see things that others cannot? But there are things old and new which must not be contemplate[11] by men's

---

1) decoyed: 유인되다.

2) It did not convey much to me: convey는 '지식, 정보를 전하다'; 즉, 그가 말한 내용이 나에게는 별다른 생각을 불러일으키지 못하였다는 의미.

3) punctured: 구멍 난.

4) what do make of it?: what과 do사이에 'you'가 생략된 문장; 즉, '당신은 그것에 대해 어떻게 생각하는가(make of)?'의 의미.

5) take his seriousness lightly: take lightly는 '대수롭지 않게 여기다'; 즉, '그의 심각한 태도를 대수롭지 않게 여긴다'는 의미.

6) harrowing: 극히 고통스러운.

7) sobered: 진지하게 만들었다.

8) I can hazard no opinion: 자신은 과감히 자신의 견해를 말할 수 없었다는 의미.

9) nervous prostration: 신경쇠약.

10) of account: 중요한.

11) contemplate: '심사숙고해야 할'(contemplated)의 의미.

eyes, because they know, or think they know, some things which other men have told them. Ah, it is the fault of our science that it wants to explain all, and if it explain not, then it says there is nothing to explain. But yet we see around us every day the growth of new beliefs, which think themselves new, and which are yet but the old, which pretend to be young, like the fine ladies at the opera. I suppose now you do not believe in corporeal transference.[1] No? Nor in materialization.[2] No? Nor in astral bodies.[3] No? Nor in the reading of thought. No? Nor in hypnotism[4] . . ."

"Yes," I said. "Charcot has proved that pretty well."

He smiled as he went on, "Then you are satisfied as to it. Yes? And of course then you understand how it act, and can follow the mind of the great Charcot,[5] alas that he is no more, into the very soul of the patient that he influence. No? Then, friend John, am I to take it that you simply accept fact, and are satisfied to let from premise[6] to conclusion be a blank? No? Then tell me, for I am a student[7] of the brain, how you accept hypnotism and reject the thought reading. Let me tell you, my friend, that there are things done today in electrical science which would have been deemed unholy by the very man who discovered electricity, who would themselves not so long before been burned as wizards.[8] There are always mysteries in life. Why was it that Methuselah[9] lived nine hundred years, and 'Old Parr'[10] one hundred and sixty-nine, and yet that poor Lucy, with four men's blood in her poor veins, could not live even one day? For, had she live one more day, we could save her. Do you know all the mystery of life and death? Do you know the altogether of comparative anatomy[11] and can say wherefore the qualities of brutes are in some men, and not in others? Can you tell me why, when other spiders die small and soon, that one great spider lived for centuries in the tower of the old Spanish church and grew and grew, till, on descending, he could drink the oil of all the church lamps? Can you

1) corporeal transference: 육체의 이동.

2) materialization: 정신(영혼)의 형태화(육체를 부여받음).

3) astral bodies: (神智學) '성기체'(星氣體); 모든 공간에 존재하며 인간의 제 2의 육체의 실체로서 인간이 죽은 후에도 살아남는 초감각적인 실체를 말한다.

4) hypnotism: 최면술.

5) Charcot: 오스트리아의 저명한 정신분석학자 프로이트(Sigmund Freud, 1856-1939)에게 많은 영향을 끼쳤던 프랑스의 병리학자(1825-93)로 히스테리와 최면술 연구로 유명하다.

6) premise: 전제.

7) student: '학자', '연구자'.

8) wizards: 남자 마법사.

9) Methuselah: 969세까지 살았다고 창세기에서 전해지는 므두셀라.

10) Old Parr: 1484년에서 1635년에서 살았다고 전설적으로 전해 내려오는 영국의 농부.

11) the altogether of comparative anatomy: altogether는 '전체'; 즉, '비교 해부학(anatomy)의 모든 것'.

tell me why in the Pampas,[1] ay and elsewhere, there are bats that come out at night and open the veins of cattle and horses and suck dry their veins, how in some islands of the Western seas there are bats which hang on the trees all day, and those who have seen describe as like giant nuts or pods,[2] and that when the sailors sleep on the deck, because that it is hot, flit down[3] on them and then, and then in the morning are found dead men, white as even Miss Lucy was?"

"Good God, Professor!" I said, starting up. "Do you mean to tell me that Lucy was bitten by such a bat, and that such a thing is here in London in the nineteenth century?"

He waved his hand for silence,[4] and went on, "Can you tell me why the tortoise lives more long than generations of men, why the elephant goes on and on till he have sees dynasties, and why the parrot never die only of bite of cat of dog or other complaint? Can you tell me why men believe in all ages and places that there are men and women who cannot die? We all know, because science has vouched for the fact,[5] that there have been toads shut up in rocks for thousands of years, shut in one so small hole that only hold him since the youth of the world. Can you tell me how the Indian fakir[6] can make himself to die and have been buried, and his grave sealed and corn sowed on it, and the corn reaped and be cut and sown and reaped and cut again, and then men come and take away the unbroken seal and that there lie the Indian fakir, not dead, but that rise up and walk amongst them as before?"

Here I interrupted him. I was getting bewildered. He so crowded[7] on my mind his list of nature's eccentricities and possible impossibilities that my imagination was getting fired. I had a dim idea[8] that he was teaching me some lesson, as long ago he used to do in his study at Amsterdam. But he used them to tell me the thing, so that I could have the object of thought in mind all the time. But now I was without his help, yet I wanted to follow him,[9] so I said,

"Professor, let me be your pet[10] student again. Tell me the thesis,[11] so that I may apply your knowledge as you go on. At present I am going

1) Pampas: 남아메리카의 대초원.
2) pods: 누에고치.
3) flit down: 훌쩍 날라 내려오다.
4) for silence: 침묵하라는 의미로.
5) vouched for the fact: 사실임을 보증하다.
6) fakir: (회교의) '수도승', '탁발승'.
7) crowded: 마구 쏟아 부었다.
8) had a dim idea: 어렴풋이 알았다.
9) follow him: 그의 말을 이해하다(follow).
10) pet: 총애하는.
11) thesis: 논제.

in my mind from point to point as a madman, and not a sane one, follows an idea. I feel like a novice blundering through a bog in a mist,[1] jumping from one tussock[2] to another in the mere blind effort[3] to move on without knowing where I am going."

"That is a good image," he said. "Well, I shall tell you. My thesis is this, I want you to believe."

"To believe what?"

"To believe in things that you cannot. Let me illustrate. I heard once of an American who so defined faith, 'that faculty which enables us to believe things which we know to be untrue.' For one, I follow that man. He meant that we shall have an open mind, and not let a little bit of truth check the rush of the big truth, like a small rock does a railway truck.[4] We get the small truth first. Good! We keep him, and we value him, but all the same we must not let him think himself all the truth in the universe."

"Then you want me not to let some previous conviction inure the receptivity of my mind with regard to some strange matter. Do I read[5] your lesson aright?"

"Ah, you are my favorite pupil still. It is worth to teach you. Now that you are willing to understand, you have taken the first step to understand.[6] You think then that those so small holes in the children's throats were made by the same that made the holes in Miss Lucy?"

"I suppose so."

He stood up and said solemnly, "Then you are wrong. Oh, would it were so![7] But alas! No. It is worse, far, far worse."

"In God's name, Professor Van Helsing, what do you mean?" I cried.

He threw himself with a despairing gesture into a chair, and placed his elbows on the table, covering his face with his hands as he spoke.

"They were made by Miss Lucy!"

---

1) novice blundering through a bog in a mist: 안개 낀 늪지대를 허둥대며 걸어가는(blundering) 초보자(novice).

2) tussock: 덤불.

3) in the mere blind effort: 단지 맹목적인 노력으로.

4) railway truck: 무개(無蓋) 화차.

5) read: 알아차리다.

6) taken the first step to understand: 이해에 도달하는 첫걸음을 떼었다.

7) would it were so!: '그랬으면 얼마나 좋겠는가!'(I wish it were so)의 의미.

CHAPTER 15

DR. SEWARD'S DIARY-cont.

For a while sheer anger mastered me.[1] It was as if he had during her life struck Lucy on the face. I smote the table hard and rose up as I said to him, "Dr. Van Helsing, are you mad?"

He raised his head and looked at me, and somehow the tenderness of his face calmed[2] me at once. "Would I were!" he said. "Madness were easy to bear compared with truth like this. Oh, my friend, whey, think you, did I go so far round, why take so long to tell so simple a thing? Was it because I hate you and have hated you all my life? Was it because I wished to give you pain? Was it that I wanted, no so late, revenge for that time when you saved my life, and from a fearful death? Ah no!"

"Forgive me," said I.

He went on, "My friend, it was because I wished to be gentle in the breaking[3] to you, for I know you have loved that so sweet lady. But even yet I do not expect you to believe. It is so hard to accept at once any abstract truth,[4] that we may doubt such to be possible when we have always believed the 'no' of it. It is more hard still to accept so sad a concrete truth, and of such a one as Miss Lucy. Tonight I go to prove it. Dare you come with me?"

This staggered[5] me. A man does not like to prove such a truth, Byron excepted from the category,[6] jealousy.

"And prove the very truth he most abhorred."[7]

He saw my hesitation, and spoke, "The logic is simple, no madman's logic this time, jumping from tussock to tussock in a misty bog. If it not be true, then proof will be relief. At worst it will not harm. If it be true![8]

---

1) sheer anger mastered me: 굉장한(sheer) 분노가 나를 압도하였다(master); 나는 자제를 잃을 정도로 몹시 분노하였다는 의미.

2) calmed: 진정시켰다.

3) breaking: (비밀을) 털어놓다.

4) abstract truth: 심원한 진리.

5) staggered: '몹시 놀라게 하다', '충격을 받게 하다'.

6) Byron excepted from the category: Byron은 영국의 낭만주의 시인(Lord Byron, 1788- 1824); excepted from the category는 '이러한 부류의 사람에서 제외된'.

7) And prove the very truth he most abhorred: 바이런의 「돈 쥬안」(Don Juan)에서 발췌한 내용이나 잘못 인용되었다. 원문은 다음과 같다. 'To prove himself the thing he most abhorr'd'. (*Don Juan*, I. CXXXIX).

8) If it be true: '이것이 만일 사실이라면!'

Ah, there is the dread. Yet every dread should help my cause, for in it is some need of belief. Come, I tell you what I propose. First, that we go off now and see that child in the hospital. Dr. Vincent, of the North Hospital, where the papers[1] say the child is, is a friend of mine, and I think of yours since you were in class at Amsterdam. He will let two scientists see his case,[2] if he will not let two friends. We shall tell him nothing, but only that we wish to learn. And then . . ."

"And then?"

He took a key from his pocket and held it up. "And then we spend the night, you and I, in the churchyard where Lucy lies. This is the key that lock the tomb. I had it from the coffin man to give to Arthur."

My heart sank within me, for I felt that there was some fearful ordeal[3] before us. I could do nothing, however, so I plucked up[4] what heart I could and said that we had better hasten, as the afternoon was passing.

We found the child awake. It had had a sleep and taken some food, and altogether was going on well. Dr, Vincent took the bandage from its throat, and showed us the punctures. There was no mistaking the similarity to those which had been on Lucy's throat. They were smaller, and the edges looked fresher, that was all. We asked Vincent to what he attributed[5] them, and he replied that it must have been a bite of some animal, perhaps a rat, but for his own part, he was inclined to think it was one of the bats which are so numerous on the northern heights of London. "Out of so many harmless ones," he said, "there may be some wild specimen from the South of a more malignant species.[6] Some sailor may have brought one home, and it managed to escape, or even from the Zoological Gardens a young one may have got loose, or one be bred there from a vampire. These things do occur, you, know. Only ten days ago a wolf got out, and was, I believe, traced up in this direction. For a week after, the children were playing nothing but Red Riding Hood on the Heath and in every alley in the place until this 'bloofer lady' scare came along, since then it has been quite a gala-time[7] with them. Even this poor little mite,[8] when he woke up today, asked the nurse if he might go away. When she asked him why he wanted to go, he said he

1) papers: 신문.
2) case: 환자.
3) ordeal: 시련.
4) plucked up: 용기를 내었다.
5) attributed: …에 그 원인을 두다.
6) malignant species: 유해한(malignant) 박쥐 종.
7) gala-time: 축제일.
8) mite: 작은 아이.

wanted to play with the 'bloofer lady'."

"I hope," said Van Helsing, "that when you are sending the child home you will caution its parents to keep strict watch over it. These fancies to stray[1] are most dangerous, and if the child were to remain out another night, it would probably be fatal. But in any case I suppose you will not let it away[2] for some days?"

"Certainly not, not for a week at least, longer if the wound is not healed."

Our visit to the hospital took more time than we had reckoned on,[3] and the sun had dipped before we came out. When Van Helsing saw how dark it was, he said,

"There is not hurry. It is more late than I thought. Come, let us seek somewhere that we may eat, and then we shall go on our way."

We dined at 'Jack Straw's Castle'[4] along with a little crowd of bicyclists and others who were genially noisy. About ten o'clock we started from the inn. It was then very dark, and the scattered lamps made the darkness greater when we were once outside their individual radius.[5] The Professor had evidently noted the road we were to go, for he went on unhesitatingly, but, as for me, I was in quite a mix-up as to locality.[6] As we went further, we met fewer and fewer people, till at last we were somewhat surprised when we met even the patrol[7] of horse police going their usual suburban round.[8] At last we reached the wall of the churchyard, which we climbed over. With some little difficulty, for it was very dark, and the whole place seemed so strange to us, we found the Westenra tomb. The Professor took the key, opened the creaky[9] door, and standing back, politely, but quite unconsciously, motioned me to precede him. There was a delicious irony[10] in the offer, in the courtliness of giving preference on such a ghastly occasion. My companion followed me quickly, and cautiously drew the door to,[11] after carefully

1) These fancies to stray: fancies는 '좋아함'; stray는 '벗어나 딴 곳으로 감'; 즉, 벗어나서 딴 곳으로 가고 싶어 하는 마음.
2) let it away: 퇴원시키다.
3) reckoned on: 예상하다.
4) Jack Straw's Castle: Hampstead Heath의 서쪽 지역에 있는 모텔.
5) radius: (램프 빛의) 반경.
6) in quite a mix-up as to locality: 장소의 위치(locality)에 대해 혼란(mix-up)에 빠져있는.
7) patrol: 순찰대.
8) round: 순시.
9) creaky: 삐걱거리는.
10) delicious irony: '재미있는 아이러니'란 표현을 쓴 이유는 납골당에 먼저 들어가라고 권유하는 것은 결코 호의를 베푸는 것이 아닌데도 반 헬싱이 마치 예의를 차리듯 먼저 들어가라고 하였기 때문에 한 말이다.
11) drew the door to: 문을 당겨 닫았다.

ascertaining that the lock was a falling, and not a spring one. In the latter case we should have been in a bad plight.[1] Then he fumbled[2] in his bag, and taking out a matchbox and a piece of candle, proceeded to make a light. The tomb in the daytime, and when wreathed with fresh flowers, had looked grim and gruesome enough, but now, some days afterwards, when the flowers hung lank[3] and dead, their whites turning to rust[4] and their greens to browns, when the spider and the beetle had resumed their accustomed dominance, when the time-discolored stone, and dust-encrusted mortar, and rusty, dank iron, and tarnished[5] brass, and clouded silver-plating gave back the feeble glimmer of a candle, the effect was more miserable and sordid than could have been imagined. It conveyed irresistibly the idea that life, animal life, was not the only thing which could pass away.

Van Helsing went about his work[6] systematically. Holding his candle so that he could read the coffin plates, and so holding it that the sperm[7] dropped in white patches which congealed as they touched the metal, he made assurance of[8] Lucy's coffin. Another search in his bag, and he took out a turnscrew.[9]

"What are you going to do?" I asked.

"To open the coffin. You shall yet be convinced."

Straightway he began taking out the screws, and finally lifted off the lid, showing the casing[10] of lead beneath. The sight was almost too much for me.[11] It seemed to be as much an affront[12] to the dead as it would have been to have stripped off her clothing in her sleep whilst living. I actually took hold of his hand to stop him.

He only said, "You shall see,"and again fumbling in his bag took out a tiny fret-saw.[13] Striking the turnscrew through the lead with a swift downward stab, which made me wince,[14] he made a small hole, which

---

1) plight: 곤경.
2) fumbled: 더듬었다.
3) lank: 힘없이 길게 늘어진.
4) rust: 적갈색.
5) tarnished: 변색된.
6) went about his work: go about는 '열심히 일하다'.
7) sperm: (향유고래의 머리에서 채취된) 경랍으로 만들어진 밀초.
8) made assurance of: …을 확인하였다.
9) turnscrew: 나사돌리개.
10) casing: 상자.
11) The sight was almost too much for me: 그 광경(sight)은 내가 감당하기에는 너무 끔찍스러웠다는 의미.
12) affront: 모독.
13) fret-saw: 실톱.
14) wince: 몸을 움츠리다.

was, however, big enough to admit the point of the saw. I had expected a rush of gas from the week-old corpse. We doctors, who have had to study our dangers, have to become accustomed to such things, and I drew back towards the door. But the Professor never stopped for a moment. He sawed down a couple of feet along one side of the lead coffin, and then across, and down the other side. Taking the edge of the loose flange,[1] he bent it back towards the foot of the coffin, and holding up the candle into the aperture,[2] motioned to me to look.

I drew near and looked. The coffin was empty. It was certainly a surprise to me, and gave me a considerable shock, but Van Helsing was unmoved.[3] He was now more sure than ever of his ground,[4] and so emboldened to proceed in his task.[5] "Are you satisfied now, friend John?" he asked.

I felt all the dogged argumentativeness[6] of my nature awake within me as I answered him, "I am satisfied that Lucy's body is not in that coffin, but that only proves one thing."

"And what is that, friend John?"

"That it is not there."

"That is good logic," he said, "so far as it goes. But how do you, how can you, account for it not being there?"

"Perhaps a body-snatcher,"[7] I suggested. "Some of the undertaker's people may have stolen it." I felt that I was speaking folly, and yet it was the only real cause which I could suggest.

The Professor sighed. "Ah well!" he said," we must have more proof. Come with me."

He put on the coffin lid again, gathered up all his things and placed them in the bag, blew out the light, and placed the candle also in the bag. We opened the door, and went out. Behind us he closed the door and locked it. He handed me the key, saying, "Will you keep it? You had better be assured."

I laughed, it was not a very cheerful laugh, I am bound to say, as I motioned him to keep it. "A key is nothing," I said, "thee are many duplicates, and anyhow it is not difficult to pick[8] a lock of this kind."

He said nothing, but put the key in his pocket. Then he told me to

---

1) flange: (관(管)을 잇기 위해 덧붙인 날밑 모양의) 플랜지.
2) aperture: 구멍.
3) unmoved: 동요하지 않는.
4) ground: '의견', '입장'.
5) proceed in his task: 자신의 일(task)을 계속 진행하였다.
6) dogged argumentativeness: 완강하게(dogged) 논쟁을 벌이려는 마음(argu- mentativeness).
7) body-snatcher: 시체도둑.
8) pick: (자물쇠를) 비틀어 열다.

watch at one side of the churchyard whilst he would watch at the other.

I took up my place behind a yew-tree,[1] and I saw his dark figure move until the intervening headstones[2] and trees hid it from my sight. It was a lonely vigil.[3] Just after I had taken my place I heard a distant clock strike twelve, and in time came one and two. I was chilled and unnerved,[4] and angry with the Professor for taking me on such an errand[5] and with myself for coming. I was too cold and too sleepy to be keenly[6] observant, and not sleepy enough to betray my trust, so altogether I had a dreary, miserable time.

Suddenly, as I turned round, I thought I saw something like a white streak, moving between two dark yew trees at the side of the churchyard farthest from the tomb. At the same time a dark mass moved from the Professor's side of the ground, and hurriedly went towards it. Then I too moved, but I had to go round headstones and railed-off[7] tombs, and I stumbled over graves. The sky was overcast,[8] and somewhere far off an early cock crew.[9] A little ways off, beyond a line of scattered juniper trees,[10] which marked the pathway to the church, a white dim figure flitted in the direction of the tomb. The tomb itself was hidden by trees, and I could not see where the figure had disappeared. I heard the rustle[11] of actual movement where I had first seen the white figure, and coming over, found the Professor holding in his arms a tiny child. When he saw me he held it out to me, and said, "Are you satisfied now?"

"No," I said, in a way that I felt was aggressive.

"Do you not see the child?"

"Yes, it is a child, but who brought it here? And is it wounded?"

"We shall see,"said the Professor, and with one impulse[12] we took our way out of the churchyard, he carrying the sleeping child.

When we had got some little distance away, we went into a clump[13] of trees, and struck a match, and looked at the child's throat. It was without a scratch or scar of any kind.

---

1) yew-tree: 주목(서양에선 주로 무덤가에 심는 나무).
2) headstones: 묘석.
3) vigil: 불침번.
4) unnerved: 무기력해진.
5) taking me on such an errand: errand는 '용무'; 즉, 이런 용무에 나를 데리고 오다.
6) keenly: 빈틈없이.
7) railed-off: 가로장으로 막힌.
8) overcast: (하늘이) 흐린.
9) crew: (닭이) 울다.
10) juniper-tree: 노간주나무.
11) rustle: 바스락거리는 소리.
12) with one impulse: 동시에 충동적으로.
13) clump: 덤불.

"Was I right?" I asked triumphantly.

"We were just in time,"[1] said the Professor thankfully.

We had now to decide what we were to do with the child, and so consulted about it. If we were to take it to a police station we should have to give some account of[2] our movements during the night. At least, we should have had to make some statement[3] as to how we had come to find the child. So finally we decided that we would take it to the Heath, and when we heard a policeman coming, would leave it where he could not fail to find it. We would then seek our way home as quickly as we could. All fell out well.[4] At the edge of Hampstead Heath we heard a policeman's heavy tramp,[5] and laying the child on the pathway, we waited and watched until he saw it as he flashed his lantern to and fro. We heard his exclamation of astonishment, and then we went away silently. By good chance we got a cab near the 'Spainiards,'[6] and drove to town.

I cannot sleep, so I make this entry. But I must try to get a few hours' sleep, as Van Helsing is to call for me at noon. He insists that I go with him on another expedition.[7]

27 September.--It was two o'clock before we found a suitable opportunity for our attempt. The funeral held at noon was all completed, and the last stragglers[8] of the mourners had taken themselves lazily away, when, looking carefully from behind a clump of alder trees,[9] we saw the sexton lock the gate after him. We knew that we were safe till morning did we desire it, but the Professor told me that we should not want more than an hour at most. Again I felt that horrid sense of the reality of things, in which any effort of imagination seemed out of place,[10] and I realized distinctly the perils of the law which we were incurring[11] in our unhallowed work.[12] Besides, I felt it was all so useless. Outrageous[13] as it was to open a leaden coffin, to see if a woman dead

---

1) just in time: 간신히 시간에 늦지 않게.
2) give some account of: …을 설명하다.
3) make some statement: 진술하다.
4) All fell out well: 모든 것의 결과가 좋았다.
5) tramp: 터벅터벅 걷는 소리.
6) Spaniards: Hampstead Heath에 있는 여관 이름.
7) on another expedition: 또 다른 원정길(expedition)에 나서길 주장하였다는 의미.
8) stragglers: 배회하는 사람.
9) alder-trees: 오리나무.
10) out of place: 부적절한.
11) incurring: (위험을) 초래하다.
12) unhallowed work: '신성치 못한'; 시워드는 자신이 헬싱과 하는 일이 죽은 자를 욕되게 하기 때문에 신성치 못한 일이라고 여기고 있다.
13) Outrageous: 터무니없는.

nearly a week were really dead, it now seemed the height of folly[1] to open the tomb again, when we knew, from the evidence of our own eyesight, that the coffin was empty. I shrugged my shoulders, however, and rested silent, for Van Helsing had a way of[2] going on his own road, no matter who remonstrated.[3] He took the key, opened the vault, and again courteously motioned me to precede. The place was not so gruesome as last night, but oh, how unutterably mean-looking[4] when the sunshine streamed in. Van Helsing walked over to Lucy's coffin, and I followed. He bent over and again forced back the leaden flange, and a shock of surprise and dismay shot through me.

There lay Lucy, seemingly just as we had seen her the night before her funeral. She was, if possible, more radiantly beautiful than ever, and I could not believe that she was dead. The lips were red, nay redder than before, and on the cheeks was a delicate bloom.[5]

"Is this a juggle?" I said to him.

"Are you convinced now?" said the Professor, in response,[6] and as he spoke he put over his hand, and in a way that made me shudder, pulled back the dead lips and showed the white teeth. "See," he went on,"they are even sharper than before. With this and this," and he touched one of the canine teeth and that below it, "the little children can be bitten. Are you of belief[7] now, friend John?"

Once more argumentative hostility[8] woke within me. I could not accept such an overwhelming idea as he suggested. So, with an attempt to argue of which I was even at the moment ashamed, I said, "She may have been placed here since last night."

"Indeed? That is so, and by whom?"

"I do not know. Someone has done it."

"And yet she has been dead one week. Most peoples in that time would not look so."

I had no answer for this, so was silent. Van Helsing did not seem to notice my silence. At any rate, he showed neither chagrin[9] nor triumph. He was looking intently at the face of the dead woman, raising the eyelids and looking at the eyes, and once more opening the lips and

1) height of folly: 어리석은 행위의 극치.
2) had a way of: way는 '특유의 방식', '습관'; 즉, … 하는 습관(방식)을 가지고 있다.
3) remonstrated: 항의하였다.
4) mean-looking: 초라하게 보이는.
5) bloom: 홍조.
6) in response: 답변으로서.
7) of belief: '신뢰하는', '믿는'.
8) argumentative hostility: 논쟁을 벌이고 싶은 적개심(hostility).
9) chagrin: 유감.

examining the teeth. Then he turned to me and said,

"Here, there is one thing which is different from all recorded. Here is some dual life that is not as the common. She was bitten by the vampire when she was in a trance,[1] sleep-walking, oh, you start. You do not know that, friend John, but you shall know it later, and in trance could he best come to take more blood. In trance she dies, and in trance she is Un-Dead,[2] too. So it is that she differ from all other. Usually when the Un-Dead sleep at home," as he spoke he made a comprehensive sweep[3] of his arm to designate[4] what to a vampire was 'home', "their face show what they are, but this so sweet that was when she not Un-Dead she go back to the nothings of the common dead. There is no malign there, see, and so it make hard that I must kill her in her sleep."

This turned my blood cold,[5] and it began to dawn upon me that[6] I was accepting Van Helsing's theories. But if she were really dead, what was there of terror in the idea of killing her?

He looked up at me, and evidently saw the change in my face, for he said almost joyously, "Ah, you believe now?"

I answered, "Do not press me too hard all at once. I am willing to accept. How will you do this bloody work?"

"I shall cut off her head and fill her mouth with garlic, and I shall drive a stake[7] through her body."

It made me shudder to think of so mutilating the body of the woman whom I had loved. And yet the feeling was not so strong as I had expected. I was, in fact, beginning to shudder at the presence of this being, this Un-Dead, as Van Helsing called it, and to loathe[8] it. Is it possible that love is all subjective, or all objective?

I waited a considerable time for Van Helsing to begin, but he stood as if wrapped in thought.[9] Presently he closed the catch[10] of his bag with a snap,[11] and said,

"I have been thinking, and have made up my mind as to what is best.

1) in a trance: 몽환 상태에 있는.
2) Un-dead: '죽었으되 죽지 않은 존재'라는 의미로 스토커가 이 작품에서 처음으로 만들어 사용한 용어.
3) comprehensive sweep: 크게 휘저음.
4) designate: 나타내다.
5) turned my blood cold: 나를 오싹하게 하였다.
6) dawn upon me that: … 라는 생각이 나에게 떠올랐다.
7) drive a stake: 말뚝(stake)을 박다.
8) loathe: 혐오하다.
9) wrapped in thought: 생각에 잠겨.
10) catch: 걸쇠.
11) with a snap: (걸쇠가 채워지는) 찰칵 소리를 내며.

If I did simply follow my inclining[1] I would do now, at this moment, what is to be done. But there are other things to follow, and things that are thousand times more difficult in that them we do not know. This is simple. She have yet no life taken, though that is of time, and to act now would be to take danger from her forever. But then we may have to want Arthur, and how shall we tell him of this? If you, who saw the wounds on Lucy's throat, and saw the wounds so similar on the child's at the hospital, if you, who saw the coffin empty last night and full today with a woman who have not change only to be more rose[2] and more beautiful in a whole week, after she die, if you know of this and know of the white figure last night that brought the child to the churchyard, and yet of your own senses you did not believe, how then, can I expect Arthur, who know none of those things, to believe?

"He doubted me when I took him from her kiss[3] when she was dying. I know he has forgiven me because in some mistaken idea I have done things that prevent him say goodbye as he ought, and he may think that in some more mistaken idea this woman was buried alive, and that in most mistake of all we have killed her. He will then argue back[4] that it is we, mistaken ones, that have killed her by our ideas, and so he will be much unhappy always. Yet he never can be sure, and that is the worst of all. And he will sometimes think that she he loved was buried alive, and that will paint his dreams with horrors of what she must have suffered, and again, he will think that we may be right, and that his so beloved was, after all, an Un-Dead. No! I told him once, and since then I learn much. Now, since I know it is all true, a hundred thousand times more do I know that he must pass through the bitter waters to reach the sweet. He, poor fellow, must have one hour that will make the very face of heaven grow black to him, then we can act for good all round and send him peace. My mind is made up. Let us go. You return home for tonight to your asylum, and see that all be well.[5] As for me, I shall spend the night here in this churchyard in my own way. Tomorrow night you will come to me to the Berkeley Hotel at ten of the clock.[6] I shall send for Arthur to come too, and also that so fine young man of America that gave his blood. Later we shall all have work to do. I come

---

1) If I did simply follow my inclining: inclining은 '하고 싶은 것'; 즉, 단순히 내가 하고 싶은 것을 한다면.

2) rose: 장밋빛의.

3) took him from her kiss: 그녀에게 키스하지 못하게 그를 막았다.

4) argue back: 반론을 펴다.

5) see that all be well: 모든 것이 잘 되가는지 점검하다(see).

6) at ten of the clock: 10시에(at ten o'clock).

with you so far as Piccadilly[1] and there dine, for I must be back here before the sun set."

So we locked the tomb and came away, and got over the wall of the churchyard, which was not much of a task,[2] and drove back to Piccadilly.

Note Left By Van Helsing In His Portmanteau, Berkeley Hotel Directed To John Seward, M. D.
(Not Delivered)

27 September

"Friend John,—

"I write this in case anything should happen. I go alone to watch in that churchyard. It pleases me that the Un-Dead, Miss Lucy, shall not leave tonight, that so on the morrow night she may be more eager. Therefore I shall fix some things she like not, garlic and a crucifix, and so seal up[3] the door of the tomb. She is young as Un-Dead, and will heed. Moreover, these are only to prevent her coming out. They may not prevail on[4] her wanting to get in, for then the Un-Dead is desperate, and must find the line of least resistance, whatsoever it may be. I shall be at hand all the night from sunset till after sunrise, and if there be aught that may be learned I shall learn it. For Miss Lucy or from her, I have no fear, but that other to whom is there that she is Un-Dead, he have not the power to seek her tomb and find shelter. He is cunning, as I know from Mr. Jonathan and from the way that all along he have fooled[5] us when he played with us for Miss Lucy's life, and we lost, and in many ways the Un-Dead are strong. He have always the strength in his hand of twenty men, even we four who gave our strength to Miss Lucy it also is all to him. Besides, he can summon his wolf and I know not what.[6] So if it be that he came thither on this night he shall find me. But none other shall, until it be too late. But it may be that he will not attempt[7] the place. There is no reason why he should. His hunting ground is more full of game[8] than the churchyard where the Un-Dead

1) so far as Piccadilly: 피카딜리까지.
2) which was not much of a task: 별로 어려운 일이 아니었다는 의미.
3) seal up: 밀폐하다.
4) prevail on: 설득하다.
5) fooled: 우롱하였다.
6) I know not what: '내가 모르는 다른 것들'이란 의미.
7) attempt: 접근을 시도하다.
8) game: 사냥감.

woman sleeps, and the one old man watch.

"Therefore I write this in case . . . Take the papers that are with this, the diaries of Harker and the rest, and read them, and then find this great Un-Dead, and cut off his head and burn his heart or drive a stake through it, so that the world may rest from him.

"If it be so, farewell.

"VAN HELSING."

DR. SEWARD'S DIARY

28 September.--It is wonderful what a good night's sleep will do[9] for one. Yesterday I was almost willing to accept Van Helsing's monstrous ideas, but now they seem to start out lurid[10] before me as outrages on common sense.[11] I have no doubt that he believes it all. I wonder if his mind can have become in any way unhinged. Surely there must be some rational explanation of all these mysterious things. Is it possible that the Professor can have done it himself? He is so abnormally clever that if he went off his head[12] he would carry out his intent[13] with regard to some fixed idea in a wonderful way. I am loathe to think it, and indeed it would be almost as great a marvel as the other to find that Van Helsing was mad, but anyhow I shall watch him carefully. I may get some light on the mystery.[14]

29 September, morning.--Last night, at a little before ten o'clock, Arthur and Quincey came into Van Helsing's room. He told us all what he wanted us to do, but especially addressing himself to Arthur, as if all our wills were centered in his.[15] He began by saying that he hoped we would all come with him too, "for," he said, "there is a grave duty to be done there. You were doubtless surprised at my letter?" This query[16]

---

9) do: 이롭다.

10) start out lurid: start out는 '…처럼 보인다'(appear), lurid는 '무시무시한', '섬뜻한'; 즉, 섬뜻하게 보였다는 의미.

11) outrages on common sense: '상식에 대한 위반'(outrage); 즉, 상식에 위배되는 일.

12) went off his head: 머리가 돌았다.

13) carry out his intent: 자신의 목적을(intent) 실행에 옮기다(carry out).

14) get some light on the mystery: 이 불가사의한 일에 대해 어느 정도 전모를 알게 되다.

15) as if all our wills were centred in his: '우리가 원하는 것(our wills)이 모두 그에게 달려 있다는 듯이'; 즉, 아서의 의중에 따라 우리가 원하는 일을 할 수 있을지 없을지를 결정할 수 있다는 의미.

16) query: 질문.

was directly addressed to Lord Godalming. "I was. It rather upset me for a bit.[1] There has been so much trouble around my house of late that I could do without any more. I have been curious, too, as to what you mean.

"Quincey and I talked it over, but the more we talked, the more puzzled we got, till now I can say for myself that I'm about up a tree[2] as to any meaning about anything."

"Me too," said Quincey Morris laconically.[3]

"Oh," said the Professor, "then you are nearer the beginning, both of you, than friend John here, who has to go a long way back before he can even get so far as to begin."

It was evident that he recognized my return to my old doubting frame of mind[4] without my saying a word. Then, turning to the other two, he said with intense gravity,

"I want your permission to do what I think good this night. It is, I know, much to ask, and when you know what it is I propose to do you will know, and only then how much. Therefore may I ask that you promise me in the dark,[5] so that afterwards, though you may be angry with me for a time, I must not disguise[6] from myself the possibility that such may be, you shall not blame yourselves for anything."

"That's frank anyhow," broke in[7] Quincey. "I'll answer for the Professor. I don't quite see his drift,[8] but I swear he's honest, and that's good enough for me."

"I thank you, Sir," said Van Helsing proudly. "I have done myself the honor of counting you one trusting friend, and such endorsement[9] is dear to me." He held out a hand, which Quincey took.

Then Arthur spoke out, "Dr. Van Helsing, I don't quite like to 'buy a pig in a poke',[10] as they say in Scotland, and if it be anything in which my honour as a gentleman or my faith as a Christian is concerned, I cannot make such a promise. If you can assure me that what you intend

---

1) for a bit: 잠시 동안.

2) I'm about up a tree: 난 궁지에 몰려있다(be up a tree).

3) laconically: 간략하게.

4) doubting frame of mind: 의심하는 기분(frame of mind).

5) in the dark: 알지 못하는 채.

6) disguise: '숨기다', '감추다'.

7) broke in: 끼어들다.

8) drift: 취지.

9) endorsement: 승인(헬싱을 무조건적으로 믿겠다는 퀸시의 말을 지칭).

10) I don't quite like to buy a 'pig in a poke': 여기서 poke는 '부대자루'; buy a pig in a poke(부대자루에 들어있는 돼지를 산다)는 '보지도 않고 물건을 구입한다'는 의미; 즉, 이 문장은 앞으로 있을 헬싱의 행동을 자신은 무조건 받아들이고 따르고 싶지 않다는 의미.

does not violate either of these two, then I give my consent[1] at once, though for the life of me, I cannot understand what you are driving at."[2]

"I accept your limitation," said Van Helsing, "and all I ask of you is that if you feel it necessary to condemn any act of mine, you will first consider it well and be satisfied that it does not violate your reservations."[3]

"Agreed!"[4] said Arthur. "That is only fair. And now that the *pourparlers*[5] are over, may I ask what it is we are to do?"

"I want you to come with me, and to come in secret, to the churchyard at Kingstead."[6]

Arthur's face fell as he said in an amazed sort of way,

"Where poor Lucy is buried?"

The Professor bowed.

Arthur went on, "And when there?"

"To enter the tomb!"

Arthur stood up. "Professor, are you in earnest, or is it some monstrous joke? Pardon me, I see that you are in earnest." He sat down again, but I could see that he sat firmly and proudly, as one who is on his dignity.[7] There was silence until he asked again, "And when in the tomb?"

"To open the coffin."

"This is too much!" he said, angrily rising again. "I am willing to be patient in all things that are reasonable, but in this, this desecration[8] of the grave, of one who . . ." He fairly choked with indignation.

The Professor looked pityingly at him."If I could spare you one pang,[9] my poor friend," he said, "God knows I would. But this night our feet must tread in thorny paths, or later, and for ever, the feet you love must walk in paths of flame!"

Arthur looked up with set white face and said, "Take care, sir, take care!"

"Would it not be well to hear what I have to say?" said Van Helsing. "And then you will at least know the limit of my purpose. Shall I go on?"

---

1) give my consent: 동의하다.

2) driving at: '의도하다', '전하려 하다'.

3) reservations: '예외로 삼는 것'; 여기서는 기독교인으로서 혹은 신사로서 자신의 신조에 위배되는 일에 대해서는 헬싱의 요구에 무조건적으로 따르지 않겠다는 것을 지칭한다.

4) Agreed: 동의한다.

5) *pourparlers*: (불어) '예비 담화'(본격적인 대화를 나누기 전에 하는 대화).

6) Kingstead: 실제로는 없는 지명이다.

7) on his dignity: 점잔을 빼고.

8) desecration: 모독.

9) pang: 고통.

"That's fair enough," broke in Morris.

After a pause Van Helsing went on, evidently with an effort,[1] "Miss Lucy is dead, is it not so? Yes! Then there can be no wrong to her. But if she be not dead. . ."

Arthur jumped to his feet, "Good God!" he cried. "What do you mean? Has there been any mistake, has she been buried alive?" He groaned in anguish that not even hope could soften.

"I did not say she was alive, my child. I did not think it. I go no further than to say that she might be Un-Dead."

"Un-Dead! Not alive! What do you mean? Is this all a nightmare, or what is it?"

"There are mysteries which men can only guess at, which age by age they may solve only in part. Believe me, we are now on the verge of one.[2] But I have not done. May I cut off the head of dead Miss Lucy?"

"Heavens and earth,[3] no!" cried Arthur in a storm of passion. "Not for the wide world will I consent to any mutilation of her dead body. Dr. Van Helsing, you try me too far.[4] What have I done to you that you should torture me so? What did that poor, sweet girl do that you should want to cast such dishonor on[5] her grave? Are you mad, that you speak of such things, or am I mad to listen to them? Don't dare think more of such a desecration. I shall not give my consent to anything you do. I have a duty to do in protecting her grave from outrage, and by God, I shall do it!"

Van Helsing rose up from where he had all the time been seated, and said, gravely and sternly, "My Lord Godalming, I too, have a duty to do, a duty to others, a duty to you, a duty to the dead, and by God, I shall do it! All I ask you now is that you come with me, that you look and listen, and if when later I make the same request you do not be more eager for its fulfillment even than I am, then, I shall do my duty, whatever it may seem to me. And then, to follow your Lordship's wishes I shall hold myself at your disposal[6] to render an account[7] to you, when and where you will." His voice broke a little, and he went on with a voice full of pity.

"But I beseech you, do not go forth in anger with me. In a long life of acts which were often not pleasant to do, and which sometimes did

---

1) with an effort: 애를 쓰며.

2) on the verge of one: 하나의 불가사의한 일에 직면해 있다(on the verge of).

3) Heavens and earth: 놀랍거나 두려울 때 쓰는 간투사.

4) try me too far: 나를 너무 많이 시험한다.

5) cast such dishonour on: …에게 모욕을 주다.

6) at your disposal: 당신처분에 맡긴.

7) render an account: 답변하다.

wring my heart, I have never had so heavy a task as now. Believe me that if the time comes for you to change your mind towards me, one look from you will wipe away[1] all this so sad hour, for I would do what a man can to save you from sorrow. Just think. For why should I give myself so much labor and so much of sorrow? I have come here from my own land to do what I can of good, at the first to please my friend John, and then to help a sweet young lady, whom too, I come to love. For her, I am ashamed to say so much, but I say it in kindness, I gave what you gave, the blood of my veins. I gave it, I who was not, like you, her lover, but only her physician and her friend. I gave her my nights and days, before death, after death, and if my death can do her good even now, when she is the dead Un-Dead, she shall have it freely."[2] He said this with a very grave, sweet pride, and Arthur was much affected by it.

He took the old man's hand and said in a broken voice, "Oh, it is hard to think of it, and I cannot understand, but at least I shall go with you and wait."

---

1) wipe away: 일소하다.
2) freely: 기꺼이.

CHAPTER 16

DR SEWARD'S DIARY(*continued*)

It was just a quarter before twelve o'clock when we got into the churchyard over the low wall. The night was dark with occasional gleams of moonlight between the rents[1] of the heavy clouds that scudded[2] across the sky. We all kept somehow close[3] together, with Van Helsing slightly in front as he led the way. When we had come close to the tomb I looked well at Arthur, for I feared the proximity[4] to a place laden with so sorrowful a memory would upset him, but he bore himself well. I took it that the very mystery of the proceeding was in some way a counteract to his grief.[5] The Professor unlocked the door, and seeing a natural hesitation amongst us for various reasons, solved the difficulty by entering first himself. The rest of us followed, and he closed the door. He then lit a dark lantern and pointed to a coffin. Arthur stepped forward hesitatingly. Van Helsing said to me, "You were with me here yesterday. Was the body of Miss Lucy in that coffin?"

"It was."

The Professor turned to the rest saying, "You hear, and yet there is no one who does not believe with me.'

He took his screwdriver and again took off the lid of the coffin. Arthur looked on, very pale but silent. When the lid was removed he stepped forward. He evidently did not know that there was a leaden coffin, or at any rate, had not thought of it. When he saw the rent in the lead, the blood rushed to his face for an instant, but as quickly fell away again, so that he remained of a ghastly whiteness. He was still silent. Van Helsing forced back the leaden flange, and we all looked in and recoiled.[6]

The coffin was empty!

For several minutes no one spoke a word. The silence was broken by Quincey Morris, "Professor, I answered for you. Your word is all I want. I wouldn't ask such a thing ordinarily, I wouldn't so dishonor[7] you as to imply a doubt, but this is a mystery that goes beyond any honor or

---

1) rents: 틈.

2) scudded: 빨리 움직이다.

3) kept somewhat close: 가까이 붙다.

4) proximity: 근접.

5) counteract his grief: 슬픔을 상쇄하다.

6) recoiled: 뒷걸음쳤다.

7) dishonour: 모욕하다.

dishonor. Is this your doing?"

"I swear to you by all that I hold sacred that I have not removed or touched her. What happened was this. Two nights ago my friend Seward and I came here, with good purpose, believe me. I opened that coffin, which was then sealed up, and we found it as now, empty. We then waited, and saw something white come through the trees. The next day we came here in daytime and she lay there. Did she not, friend John?

"Yes."

"That night we were just in time. One more so small child was missing, and we find it, thank God, unharmed amongst the graves. Yesterday I came here before sundown,[1] for at sundown the Un-Dead can move. I waited here all night till the sun rose, but I saw nothing. It was most probable that it was because I had laid over the clamps[2] of those doors garlic, which the Un-Dead cannot bear, and other things which they shun.[3] Last night there was no exodus,[4] so tonight before the sundown I took away my garlic and other things. And so it is we find this coffin empty. But bear with me. So far there is much that is strange. Wait you with me outside, unseen and unheard, and things much stranger are yet to be. So," here he shut the dark slide of his lantern," now to the outside." He opened the door, and we filed out,[5] he coming last and locking the door behind him.

Oh! But it seemed fresh and pure in the night air after the terror of that vault.[6] How sweet it was to see the clouds race by,[7] and the passing gleams of the moonlight between the scudding clouds crossing and passing, like the gladness and sorrow of a man's life. How sweet it was to breathe the fresh air, that had no taint[8] of death and decay. How humanising[9] to see the red lighting of the sky beyond the hill, and to hear far away the muffled roar that marks the life of a great city. Each in his own way was solemn and overcome.[10] Arthur was silent, and was, I could see, striving to grasp the purpose and the inner meaning of the mystery. I was myself tolerably patient, and half inclined again to throw aside[11] doubt and to accept Van Helsing's conclusions. Quincey Morris

1) sundown: 일몰.
2) clamps: (문의 접합부에 대는) 오리목.
3) shun: 피하다.
4) exodus: 탈출.
5) filed out: 줄지어 나가다.
6) vault: 지하 납골소.
7) race by: 달리다.
8) taint: 흔적.
9) humanising: 인간답게 하는.
10) overcome: 압도당한.
11) throw aside: 내던지다.

was phlegmatic[1] in the way of a man who accepts all things, and accepts them in the spirit of cool bravery, with hazard of all he has at stake.[2] Not being able to smoke, he cut himself a good-sized plug of tobacco[3] and began to chew. As to Van Helsing, he was employed in a definite way. First he took from his bag a mass of what looked like thin, wafer-like biscuit, which was carefully rolled up in a white napkin. Next he took out a double handful of some whitish stuff, like dough or putty.[4] He crumbled the wafer up fine and worked it into the mass between his hands. This he then took, and rolling it into thin strips, began to lay them into the crevices[5] between the door and its setting in the tomb. I was somewhat puzzled at this, and being close, asked him what it was that he was doing. Arthur and Quincey drew near[6] also, as they too were curious.

He answered, "I am closing the tomb so that the Un-Dead may not enter."

"And is that stuff you have there going to do it?"

"It Is."

"What is that which you are using?" This time the question was by Arthur. Van Helsing reverently lifted his hat as he answered.

"The Host.[7] I brought it from Amsterdam. I have an Indulgence."[8]

It was an answer that appalled the most sceptical of us, and we felt individually that in the presence of such earnest purpose as the Professor's, a purpose which could thus use the to him most sacred of things, it was impossible to distrust. In respectful silence we took the places assigned to us close round the tomb, but hidden from the sight of any one approaching. I pitied the others, especially Arthur. I had myself been apprenticed[9] by my former visits to this watching horror, and yet I, who had up to an hour ago repudiated[10] the proofs, felt my heart sink within me. Never did tombs look so ghastly white. Never did cypress,[11] or yew, or juniper so seem the embodiment of funeral[12] gloom. Never

1) phlegmatic: 침착한(별 감정을 보이지 않는).
2) stake: (도박에 …을) 걸다.
3) plug of tobacco: 씹는담배.
4) dough or putty: 가루반죽(dough)이나 퍼티.
5) crevices: 틈.
6) drew near: 가까이 다가갔다.
7) Host: 성체(聖體).
8) Indulgence: 면죄부.
9) apprenticed: '견습이 된'; 이미 한번 경험이 있어서 어느정도 익숙하다는 의미..
10) repudiated: 받아들이지 않았다.
11) cypress: 삼나무.
12) funereal: 음울한.

did tree or grass wave[1] or rustle so ominously. Never did bough creak so mysteriously, and never did the far-away howling of dogs send such a woeful presage through the night.

There was a long spell of silence, big, aching, void,[2] and then from the Professor a keen "S-s-s-s!" He pointed, and far down the avenue of yews we saw a white figure advance, a dim white figure, which held something dark at its breast. The figure stopped, and at the moment a ray of moonlight fell upon the masses of driving clouds, and showed in startling prominence[3] a dark-haired woman, dressed in the cerements[4] of the grave. We could not see the face, for it was bent down over what we saw to be a fair-haired child. There was a pause and a sharp little cry, such as a child gives in sleep, or a dog as it lies before the fire and dreams. We were starting forward, but the Professor's warning hand, seen by us as he stood behind a yew tree, kept us back.[5] And then as we looked the white figure moved forwards again. It was now near enough for us to see clearly, and the moonlight still held.[6] My own heart grew cold as ice, and I could hear the gasp of Arthur, as we recognized the features[7] of Lucy Westenra. Lucy Westenra, but yet how changed. The sweetness was turned to adamantine,[8] heartless cruelty, and the purity to voluptuous wantonness.[9]

Van Helsing stepped out, and obedient to his gesture, we all advanced too. The four of us ranged[10] in a line before the door of the tomb. Van Helsing raised his lantern and drew the slide. By the concentrated light that fell on Lucy's face we could see that the lips were crimson with fresh blood, and that the stream had trickled[11] over her chin and stained the purity of her lawn death-robe.[12]

We shuddered with horror. I could see by the tremulous light that

1) grass wave: 물결치는 풀들의 모습.

2) void: 공허.

3) in startling prominence: startling은 '놀라운', prominence는 '눈에 확 띔'; 즉, 놀라울 정도로 눈에 두드러지게.

4) cerements: 수의(壽衣).

5) kept us back; 우리를 저지하였다.

6) held: '지속되었다'; 여기서는 달빛이 계속 비추었다는 의미.

7) features: 생김새.

8) adamantine: 냉혹한.

9) voluptuous wantonness: '도발적인(voluptuous) 음탕함(wantonness)'; 드라큘라의 희생자인 루시가 관능적인 존재가 되었다는 사실은 드라큘라의 유혹이 결국 성적 본능에 의거한 것이라는 사실을 암시한다.

10) ranged: 줄지어 서있다.

11) trickled: 똑똑 떨어졌다.

12) death-robe: 수의.

even Van Helsing's iron nerve had failed.[1] Arthur was next to me, and if I had not seized his arm and held him up, he would have fallen.

When Lucy, I call the thing that was before us Lucy because it bore her shape, saw us she drew back with an angry snarl,[2] such as a cat gives when taken unawares,[3] then her eyes ranged over us. Lucy's eyes in form and color, but Lucy's eyes unclean and full of hell fire, instead of the pure, gentle orbs[4] we knew. At that moment the remnant of my love passed into hate and loathing. Had she then to be killed, I could have done it with savage delight. As she looked, her eyes blazed with unholy light, and the face became wreathed with a voluptuous smile.[5] Oh, God, how it made me shudder to see it! With a careless motion, she flung to the ground, callous[6] as a devil, the child that up to now she had clutched strenuously[7] to her breast, growling[8] over it as a dog growls over a bone. The child gave a sharp cry, and lay there moaning.[9] There was a cold-bloodedness[10] in the act which wrung a groan from Arthur. When she advanced to him with outstretched arms and a wanton smile he fell back and hid his face in his hands.

She still advanced, however, and with a languourous,[11] voluptuous grace, said, "Come to me, Arthur. Leave these others and come to me. My arms are hungry for you. Come, and we can rest together. Come, my husband, come!"

There was something diabolically sweet in her tones, something of the tinkling of glass when struck, which rang through the brains even of us who heard the words addressed to another.

As for Arthur, he seemed under a spell,[12] moving his hands from his face, he opened wide his arms. She was leaping for them, when Van Helsing sprang forward and held between them his little golden crucifix. She recoiled from it, and, with a suddenly distorted face, full of rage, dashed past him as if to enter the tomb.

---

1) failed: (용기가) 꺾였다.

2) drew back with an angry snarl: '화가 나서 으르렁(snarl)거리며 뒤로 물러섰다(drew back)'; 흡혈귀로 변한 루시는 늑대 등의 동물과 같은 속성을 지니게 된다.

3) taken unawares: 불의에 습격을 당하다.

4) orbs: 눈.

5) the face became wreathed with a voluptuous smile: wreathed는 '싸다', '덮다'; 즉, 그녀는 만면에 관능적인 미소를 띠었다는 의미.

6) callous: 아무렇지도 않은 듯.

7) strenuously: 격렬하게.

8) growling: 으르렁거리다.

9) moaning: 신음하다.

10) cold-bloodedness: 냉혹함.

11) languourous: '나른함', '늘쩍지근함'.

12) under a spell: 주문(spell)에 걸린.

When within a foot or two of the door, however, she stopped, as if arrested by some irresistible force. Then she turned, and her face was shown in the clear burst of moonlight[1] and by the lamp, which had now no quiver from Van Helsing's nerves. Never did I see such baffled malice[2] on a face, and never, I trust, shall such ever be seen again by mortal eyes. The beautiful color became livid,[3] the eyes seemed to throw out sparks of hell fire, the brows were wrinkled as though the folds of flesh were the coils of Medusa's snakes,[4] and the lovely, blood-stained mouth grew to an open square, as in the passion masks[5] of the Greeks and Japanese. If ever a face meant death, if looks could kill, we saw it at that moment.

And so for full half a minute, which seemed an eternity, se remained between the lifted crucifix and the sacred closing[6] of her means of entry.

Van Helsing broke the silence by asking Arthur, "Answer me, oh my friend! Am I to proceed in my work?"

"Do as you will, friend. Do as you will. There can be no horror like this ever any more." And he groaned in spirit.[7]

Quincey and I simultaneously moved towards him, and took his arms. We could hear the click of the closing lantern as Van Helsing held it down. Coming close to the tomb, he began to remove from the chinks some of the sacred emblem which he had placed there. We all looked on with horrified amazement as we saw, when he stood back, the woman, with a corporeal body as real at that moment as our own, pass through the interstice where scarce a knife blade could have gone. We all felt a glad sense of relief when we saw the Professor calmly restoring the strings of putty to the edges of the door.

When this was done, he lifted the child and said, "Come now, my friends. We can do no more till tomorrow. There is a funeral at noon, so here we shall all come before long after that. The friends of the dead will all be gone by two, and when the sexton locks the gate we shall remain. Then there is more to do, but not like this of tonight. As for this little one, he is not much harmed, and by tomorrow night he shall be well. We shall leave him where the police will find him, as on the other night, and then to home."

---

1) clear burst of moonlight: 밝게 작열하는(burst) 달빛.

2) baffled malice: 의지가 좌절되었을 때 짓는 악의적인 표정.

3) livid: 창백한.

4) coils of Medusa's snakes: Medusa는 그리스 신화에 나오는 여자 괴물로 그녀를 보는 사람은 모두 돌로 변한다고 전해지는데, 이 메두사의 머리에는 뱀이 뒤엉켜 있다고 한다.

5) passion masks: 수난극(passion)에 사용되는 마스크.

6) closing: 폐쇄된 지역.

7) in spirit: 정신적으로.

Coming close to Arthur, he said, "My friend Arthur, you have had a sore trial,[1] but after, when you look back, you will see how it was necessary. You are now in the bitter waters, my child. By this time tomorrow you will, please God, have passed them, and have drunk of the sweet waters. So do not mourn overmuch.[2] Till then I shall not ask you to forgive me."

Arthur and Quincey came home with me, and we tried to cheer each other on the way. We had left behind the child in safety, and were tired. So we all slept with more or less reality of sleep.[3]

29 September, night.--A little before twelve o'clock we three, Arthur, Quincey Morris, and myself, called for the Professor. It was odd to notice that by common consent[4] we had all put on black clothes. Of course, Arthur wore black, for he was in deep mourning,[5] but the rest of us wore it by instinct. We got to the graveyard by half-past one, and strolled about, keeping out of official observation,[6] so that when the gravediggers had completed their task and the sexton under the belief that every one had gone, had locked the gate, we had the place all to ourselves.[7] Van Helsing, instead of his little black bag, had with him a long leather one, something like a cricketing bag.[8] It was manifestly of fair weight.[9]

When we were alone and had heard the last of the footsteps die out up the road, we silently, and as if by ordered intention, followed the Professor to the tomb. He unlocked the door, and we entered, closing it behind us. Then he took from his bag the lantern, which he lit, and also two wax candles, which, when lighted, he stuck by melting their own ends, on other coffins, so that they might give light sufficient to work by. When he again lifted the lid off Lucy's coffin we all looked, Arthur trembling like an aspen,[10] and saw that the corpse lay there in all its death beauty. But there was no love in my own heart, nothing but loathing for the foul Thing which had taken Lucy's shape without her soul. I could see even Arthur's face grow hard as he looked. Presently

1) sore trial: 가슴 아픈(sore) 시련(trial).
2) overmuch: 지나치게 많이.
3) slept with more or less reality of sleep: 진짜 잠같은 잠을 잤다는 의미.
4) by common consent: 만장일치로.
5) in deep mourning: 정식 상복을 입은.
6) keeping out of official observation: keep out of는 '피하다', '노출되지 않게 하다'; 즉, 공식적인 일을 하는 사람들의 시선을 피하다.
7) had the place all to ourselves: 우리가 그 장소를 독점하였다(have to ourselves).
8) cricketing bag: 크리켓 가방.
9) of fair weight: 꽤 묵직한.
10) aspen: 사시나무.

he said to Van Helsing, "Is this really Lucy's body, or only a demon in her shape?"

"It is her body, and yet not it. But wait a while, and you shall see her as she was, and is."

She seemed like a nightmare of Lucy as she lay there, the pointed teeth, the blood stained, voluptuous mouth, which made one shudder to see, the whole carnal[1] and unspirited appearance, seeming like a devilish mockery of Lucy's sweet purity. Van Helsing, with his usual methodicalness, began taking the various contents from his bag and placing them ready for use. First he took out a soldering iron[2] and some plumbing solder,[3] and then small oil lamp, which gave out,[4] when lit in a corner of the tomb, gas which burned at a fierce heat with a blue flame, then his operating knives,[5] which he placed to hand, and last a round wooden stake, some two and a half or three inches thick and about three feet long. One end of it was hardened by charring[6] in the fire, and was sharpened to a fine point. With this stake came a heavy hammer, such as in households is used in the coal cellar for breaking the lumps.[7] To me, a doctor's preperations for work of any kind are stimulating and bracing,[8] but the effect of these things on both Arthur and Quincey was to cause them a sort of consternation.[9] They both, however, kept their courage, and remained silent and quiet.

When all was ready, Van Helsing said,"Before we do anything, let me tell you this. It is out of the lore[10] and experience of the ancients and of all those who have studied the powers of the Un-Dead. When they become such, there comes with the change the curse of immortality. They cannot die, but must go on age after age adding new victims and multiplying the evils of the world. For all that die from the preying of the Un-dead become themselves Un-dead, and prey on[11] their kind. And so the circle goes on ever widening, like as the ripples from a stone thrown in the water. Friend Arthur, if you had met that kiss which you know of before poor Lucy die, or again, last night when you open your arms to her, you would in time, when you had died, have become

1) carnal: 육체의.
2) soldering iron: 납땜인두.
3) plumbing solder: 급배수 땜납.
4) gave out: 방출하였다.
5) operating knives: 수술 칼.
6) charring: 검게 태우다.
7) lumps: 덩어리.
8) bracing: 긴장시키는.
9) consternation: 대경실색.
10) lore: 전승된 지식.
11) prey on: …을 희생자로 삼다.

nosferatu, as they call it in Eastern europe, and would for all time make more of those Un-Deads that so have filled us with horror. The career of this so unhappy dear lady is but just begun. Those children whose blood she sucked are not as yet so much the worse, but if she lives on, Un-Dead, more and more they lose their blood and by her power over them they come to her, and so she draw their blood with that so wicked mouth. But if she die in truth, then all cease. The tiny wounds of the throats disappear, and they go back to their play unknowing ever of what has been. But of the most blessed of all, when this now Un-Dead be made to rest as true dead, then the soul of the poor lady whom we love shall again be free. Instead of working wickedness[1] by night and growing more debased[2] in the assimilating of it by day, she shall take her place with the other Angels. So that, my friend, it will be a blessed hand for her that shall strike the blow that sets her free.[3] To this I am willing, but is there none amongst us who has a better right? Will it be no joy to think of hereafter in the silence of the night when sleep is not, 'It was my hand that sent her to the stars. It was the hand of him that loved her best, the hand that of all she would herself have chosen, had it been to her to choose?' Tell me if there be such a one amongst us?"

We all looked at Arthur. He saw too, what we all did, the infinite kindness which suggested that his should be the hand which would restore Lucy to us as a holy, and not an unholy, memory. He stepped forward and said bravely, though his hand trembled, and his face was as pale as snow, "My true friend, from the bottom of my broken heart I thank you. Tell me what I am to do, and I shall not falter!"[4]

Van Helsing laid a hand on his shoulder, and said,"Brave lad! A moment's courage, and it is done.[5] This stake must be driven through her. It well be a fearful ordeal, be not deceived in that, but it will be only a short time, and you will then rejoice more than your pain was great. From this grim tomb you will emerge as though you tread on air.[6] But you must not falter when once you have begun. Only think that we, your true friends, are round you, and that we pray for you all the time."

"Go on," said Arthur hoarsely. "Tell me what I am to do."

"Take this stake in your left hand, ready to place to the point over the heart, and the hammer in your right. Then when we begin our prayer

1) working wickedness: work는 '생기게 하다' '일으키다', wickedness는 '사악한 행동'; 즉, 사악한 행동을 하다.

2) debased: 타락한.

3) sets her free: 그녀를 해방하다.

4) falter: 머뭇거리다.

5) A moment's courage, and it is done: '한 순간 용기를 내면, 일은 끝난다'.

6) as though you tread on air: 마치 하늘을 걷는 듯하다; 즉, 너무 기분이 좋아질 것이란 의미.

for the dead, I shall read him, I have here the book, and the others shall follow, strike in God's name, that so all may be well with the dead that we love and that the Un-Dead pass away." Arthur took the stake and the hammer, and when once his mind was set on action[1] his hands never trembled nor even quivered. Van Helsing opened his missal[2] and began to read, and Quincey and I followed as well as we could.

Arthur placed the point over the heart, and as I looked I could see its dint[3] in the white flesh. Then he struck with all his might.[4]

The thing in the coffin writhed,[5] and a hideous, bloodcurdling screech[6] came from the opened red lips. The body shook and quivered and twisted in wild contortions.[7] The sharp white champed together till the lips were cut, and the mouth was smeared[8] with a crimson foam. But Arthur never faltered. He looked like a figure of Thor[9] as his untrembling arm rose and fell, driving deeper and deeper the mercybearing stake, whilst the blood from the pierced heart welled and spurted up[10] around it. His face was set, and high duty seemed to shine through it. The sight of it gave us courage so that our voices seemed to ring through the little vault.

And then the writhing and quivering of the body became less, and the teeth seemed to champ, and the face to quiver. Finally it lay still. The terrible task was over.

The hammer fell from Arthur's hand. He reeled[11] and would have fallen had we not caught him. The great drops of sweat sprang from his forehead, and his breath came in broken gasps.[12] It had indeed been an awful strain on him, and had he not been forced to his task by more than human considerations he could never have gone through with[13] it. For a few minutes we were so taken up with[14] him that we did not look towards the coffin. When we did, however, a murmur of startled surprise

---

1) his mind was set on action: set mind on은 '열중하다'; 즉, 그가 이 일에 열중하게 되었다는 의미.

2) missal: 기도서.

3) dint: 움푹 들어간 곳.

4) with all his might: (그의) 온 힘을 다해.

5) writhed: 몸을 비틀었다.

6) blood-curdling screech: 섬뜩한(blood-curdling) 날카로운 비명(screech).

7) contortions: 뒤틀림.

8) smeared: 더럽혀지다.

9) Thor: 북구 신화에 나오는 천둥과 농업의 신으로 망치를 휘드르는 것으로 묘사된다.

10) spurted up: 뿜어내었다.

11) reeled: 비틀거렸다.

12) in broken gasps: 간간히 헐떡거리며.

13) gone through with: 수행하다.

14) taken up with: …에 몰두하다.

ran from one to the other of us. We gazed so eagerly that Arthur rose, for he had been seated on the ground, and came and looked too, and then a glad strange light broke over his face and dispelled altogether the gloom of horror that lay upon it.

There, in the coffin lay no longer the foul Thing that we has so dreaded and grown to hate that the work of her destruction was yielded as a privilege to the one best entitled to it, but Lucy as we had seen her in life, with her face of unequalled[1] sweetness and purity. True that there were there, as we had seen them in life, the traces of care and pain and waste. But these were all dear to us, for they marked her truth to what we knew. One and all[2] we felt that the holy calm that lay like sunshine over the wasted face and form was only an earthly token[3] and symbol of the calm that was to reign[4] for ever.

Van Helsing came and laid his hand on Arthur's shoulder, and said to him, "And now, Arthur my friend, dear lad, am I not forgiven?"

The reaction of the terrible strain came as he took the old man's hand in his, and raising it to his lips, pressed it, and said, "Forgiven! God bless you that you have given my dear one her soul again, and me peace." He put his hands on the Professor's shoulder, and laying his head on his breast, cried for a while silently, whilst we stood unmoving.

When he raised his head Van Helsing said to him, "And now, my child, you may kiss her. Kiss her dead lips if you will, as she would have you to, if for her to choose. For she is not a grinning devil now, not any more a foul Thing for all eternity. No longer she is the devil's Un-Dead. She is God's true dead, whose soul is with Him!"

Arthur bent and kissed her, and then we sent him and Quincey out of the tomb. The Professor and I sawed the top off the stake, leaving the point of it in the body. Then we cut off the head and filled the mouth with garlic. We soldered up the leaden coffin, screwed on the coffin lid, and gathering up our belongings,[5] came away. When the Professor locked the door he gave the key to Arthur.

Outside the air was sweet, the sun shone, and the birds sang, and it seemed as if all nature were tuned to a different pitch. There was gladness and mirth and peace everywhere, for we were at rest ourselves on one account,[6] and we were glad, though it was with a tempered[7] joy.

---

1) unequalled: 비견할 바 없는.

2) One and all: 모두 다.

3) token: 상징.

4) reign: '지배하다', '널리 퍼지다'.

5) belongings: 소지품.

6) on one account: 한 가지 이유 때문에.

7) tempered: '완화된'; 순수한 즐거움은 아니라는 의미.

Before we moved away Van Helsing said,"Now, my friends, one step or our work is done, one the most harrowing to ourselves. But there remains a greater task, to find out the author[1] of all this or sorrow and to stamp him out.[2] I have clues which we can follow, but it is a long task, and a difficult one, and there is danger in it, and pain. Shall you not all help me? We have learned to believe, all of us, is it not so? And since so, do we not see our duty? Yes! And do we not promise to go on to the bitter end?"

Each in turn, we took his hand, and the promise was made. Then said the Professor as we moved off, "Two nights hence you shall meet with me and dine together at seven of the clock with friend John. I shall entreat two others, two that you know not as yet, and I shall be ready to all our work show and our plans unfold.[3] Friend John, you come with me home, for I have much to consult you about, and you can help me. Tonight I leave for Amsterdam, but shall return tomorrow night. And then begins our great quest. But first I shall have much to say, so that you may know what to do and to dread. Then our promise shall be made to each other anew.[4] For there is a terrible task before us, and once our feet are on the ploughshare[5] we must not draw back."

1) author: 장본인.
2) stamp him out: '박멸하다', '완전히 제거하다'.
3) unfold: 알리다.
4) anew: 새로이.
5) ploughshare: 보습.

CHAPTER 17

DR. SEWARD'S DIARY-(*continued*)

When we arrived at the Berkely Hotel, Van Helsing found a telegram waiting for him.

"Am coming up by train. Jonathan at Whitby. Important news. Mina Harker."

The Professor was delighted. "Ah, that wonderful Madam Mina," he said, "pearl among women! She arrive, but I cannot stay. She must go to your house, friend John. You must meet her at the station. Telegraph her *en route*[1] so that she may be prepared."

When the wire was dispatched he had a cup of tea. Over it he told me of a diary kept by Jonathan Harker when abroad, and gave me a typewritten copy of it, as also of Mrs. Harker's diary at Whitby. "Take these," he said, "and study them well. When I have returned you will be master of all the facts,[2] and we can then better enter on our inquisition.[3] Keep them safe, for there is in them much of treasure. You will need all your faith, even you who have had such an experience as that of today. What is here told," he laid his hand heavily and gravely on the packet of papers as he spoke, "may be the beginning of the end to you and me and many another, or it may sound the knell[4] of the Un-Dead who walk the earth. Read all, I pray you, with the open mind, and if you can add in any way to the story here told do so, for it is all important. You have kept a diary of all these so strange things, is it not so? Yes! Then we shall go through all these together when we meet." He then made ready for his departure and shortly drove off to Liverpool Street.[5] I took my way to Paddington, where I arrived about fifteen minutes before the train came in.

The crowd melted away,[6] after the bustling fashion common to arrival platforms,[7] and I was beginning to feel uneasy, lest I might miss my

---

1) *en route*: (불어) 도중에.

2) master of all the facts: 모든 사실을 알게 될 것이란 의미.

3) enter on our inquisition: enter on은 '시작하다', '착수하다'; 즉, 우리의 조사(inquisition)에 착수하다.

4) knell: 죽음을 알리는 종소리.

5) Liverpool Street: 네덜란드의 암스텔담(Amsterdam)을 포함한 동부 지역으로 가는 런던의 기차역.

6) melted away: 서서히 사라졌다.

7) bustling fashion common to arrival platforms: 사람들이 도착하는 플랫폼에 공통적(common)으로 나타나는 혼잡한(bustling) 양상(fashion).

guest, when a sweet-faced, dainty-looking[1] girl stepped up to me, and after a quick glance said, "Dr. Seward, is it not?"

"And you are Mrs. Harker!" I answered at once, whereupon she held out her hand.

"I knew you from the description of poor dear Lucy, but. . ." She stopped suddenly, and a quick blush overspread her face.

The blush that rose to my own cheeks somehow set us both at ease,[2] for it was a tacit[3] answer to her own. I got her luggage, which included a typewriter, and we took the Underground to Fenchurch Street,[4] after I had sent a wire to my housekeeper to have a sitting room and a bedroom prepared at once for Mrs. Harker.

In due time we arrived. She knew, of course, that the place was a lunatic asylum, but I could see that she was unable to repress a shudder when we entered.

She told me that, if she might, she would come presently[5] to my study, as she had much to say. So here I am finishing my entry in my phonograph diary whilst I await her. As yet I have not had the chance of looking at the papers which Van Helsing left with me, though they lie open before me. I must get her interested in something, so that I may have an opportunity of reading them. She does not know how precious time is, or what a task we have in hand. I must be careful not to frighten her. Here she is!

MINA HARKER'S JOURNAL

29 September.--After I had tidied[6] myself, I went down to Dr. Seward's study. At the door I paused a moment, for I thought I heard him talking with some one. As, however, he had pressed[7] me to be quick, I knocked at the door, and on his calling out, "Come in," I entered.

To my intense surprise,[8] there was no one with him. He was quite alone, and on the table opposite him was what I knew at once from the description to be a phonograph. I had never seen one, and was much interested.

1) dainty-looking: 아름다운.
2) set us both at ease: 우리들의 마음을 편하게 해주었다(set at ease).
3) tacit: 암묵적인.
4) Underground to Fenchurch Street: 테임즈의 북쪽 강변을 따라 난 런던 시티의 철도역.
5) presently: 곧.
6) tidied: 옷을 단정하게 차려입었다.
7) pressed: 재촉하였다.
8) To my intense surprise: 내가 몹시 놀라게도.

"I hope I did not keep you waiting," I said, "but I stayed at the door as I heard you talking, and thought there was someone with you."

"Oh," he replied with a smile, "I was only entering my diary."

"Your diary?" I asked him in surprise.

"Yes," he answered. "I keep it in this." As he spoke he laid his hand on the phonograph. I felt quite excited over it, and blurted out,[1] "Why, this beats[2] even shorthand! May I hear it say something?"

"Certainly," he replied with alacrity,[3] and stood up to put it in train for speaking.[4] Then he paused, and a troubled look overspread his face.

"The fact is," he began awkwardly."I only keep my diary in it, and as it is entirely, almost entirely, about my cases it may be awkward, that is, I mean . . ." He stopped, and I tried to help him out of his embarrassment.

"You helped to attend dear Lucy at the end. Let me hear how she died, for all that I know of her, I shall be very grateful. She was very, very dear to me."

To my surprise, he answered, with a horrorstruck look[5] in his face, "Tell you of her death? Not for the wide world!"[6]

"Why not?" I asked, for some grave, terrible feeling was coming over me.

Again he paused, and I could see that he was trying to invent an excuse. At length, he stammered out,[7] "You see, I do not know how to pick out any particular part of the diary."

Even while he was speaking an idea dawned upon him, and he said with unconscious simplicity, in a different voice, and with the na vet [8] of a child, "that's quite true, upon my honor.[9] Honest Indian!"[10]

I could not but smile, at which he grimaced.[11]"I gave myself away that time!" he said. "But do you know that, although I have kept the diary for months past, it never once struck me how I was going to find any particular part of it in case I wanted to look it up?"[12]

By this time my mind was made up that the diary of a doctor who attended Lucy might have something to add to the sum of our

1) blurted out: 불쑥 내뱉었다.

2) beats: 능가하다.

3) with alacrity: 신속하게.

4) put it in train for speaking: put in train은 '준비하다', '절차를 갖추다'; 즉, 축음기에 대고 말할 준비를 하였다는 의미.

5) horrorstruck look: 공포에 질린 표정.

6) Not for the wide world: '절대로 안 된다'는 의미.

7) stammered out: 더듬거리며 말하였다.

8) na vet : 순진함.

9) upon my honour: 내 명예를 두고 말 하건데.

10) Honest Indian: (속어) 솔직히(honestly).

11) grimaced: 얼굴을 찌푸렸다.

12) look it up: 찾아보다.

knowledge of that terrible Being, and I said boldly, "Then, Dr. Seward, you had better let me copy it out for you on my typewriter."

He grew to a positively deathly pallor as he said, "No! No! No! For all the world, I wouldn't let you know that terrible story!"

Then it was terrible. My intuition[1] was right! For a moment, I thought, and as my eyes ranged the room, unconsciously looking for something or some opportunity to aid me, they lit on a great batch of typewriting on the table. His eyes caught the look in mine, and without his thinking, followed their direction. As they saw the parcel he realized my meaning.

"You do not know me," I said. "When you have read those papers, my own diary and my husband's also, which I have typed, you will know me better. I have not faltered in giving every thought of my own heart[2] in this cause. But, of course, you do not know me, yet, and I must not expect you to trust me so far."

He is certainly a man of noble nature. Poor dear Lucy was right about him. He stood up and opened a large drawer, in which were arranged in order a number of hollow cylinders of metal covered with dark wax, and said,

"You are quite right. I did not trust you because I did not know you. But I know you now, and let me say that I should have known you long ago. I know that Lucy told you of me. She told me of you too. May I make the only atonement[3] in my power? Take the cylinders and hear them. The first half-dozen of them are personal to me, and they will not horrify you. Then you will know me better. Dinner will by then be ready. In the meantime I shall read over some of these documents, and shall be better able to understand certain things."

He carried the phonograph himself up to my sitting room and adjusted[4] it for me. Now I shall learn something pleasant, I am sure. For it will tell me the other side of a true love episode of which I know one side already.

DR. SEWARD'S DIARY

29 September.--I was so absorbed in that wonderful diary of Jonathan Harker and that other of his wife that I let the time run on without thinking. Mrs. Harker was not down when the maid came to announce dinner, so I said, "She is possibly tired. Let dinner wait an hour," and

1) intuition: 직관.
2) thought of my own heart: 나의 은밀한 생각.
3) atonement: 보상.
4) adjusted: 조정하였다.

I went on with my work. I had just finished Mrs. Harker's diary, when she came in. She looked sweetly pretty, but very sad, and her eyes were flushed with crying. This somehow moved me much. Of late I have had cause for tears, God knows! But the relief of them was denied me, and now the sight of those sweet eyes, brightened by recent tears, went straight to my heart.[1] So I said as gently as I could, "I greatly fear I have distressed you."

"Oh, no, not distressed me," she replied. "But I have been more touched than I can say by your grief. That is a wonderful machine, but it is cruelly true. It told me, in its very tones, the anguish of your heart. It was like a soul crying out to Almighty God. No one must hear them spoken ever again! See, I have tried to be useful. I have copied out the words on my typewriter, and none other need now hear your heart beat, as I did."

"No one need ever know, shall ever know," I said in a low voice. She laid her hand on mine and said very gravely, "Ah, but they must!"

"Must! but why?" I asked.

"Because it is a part of the terrible story, a part of poor Lucy's death and all that led to it. Because in the struggle which we have before us to rid the earth of this terrible monster we must have all the knowledge and all the help which we can get.[2] I think that the cylinders which you gave me contained more than you intended me to know. But I can see that there are in your record many lights to this dark mystery.[3] You will let me help, will you not? I know all up to a certain point, and I see already, though your diary only took me to 7 September, how poor Lucy was beset,[4] and how her terrible doom was being wrought out.[5] Jonathan and I have been working day and night since Professor Van Helsing saw us. He is gone to Whitby to get more information, and he will be here tomorrow to help us. We need have no secrets amongst us. Working together and with absolute trust, we can surely be stronger than if some of us were in the dark."[6]

She looked at me so appealingly, and at the same time manifested[7]

1) went straight to my heart: 가슴에 직접 와 닿았다.

2) we must have all the knowledge and all the help which we can get: 드라큘라를 물리치기 위해서 이 작품의 주인공들은 자신들이 갖고 있는 과학적 지식, 도구를 최대한 활용하는데, 이는 드라큘라라는 초월적 존재와 싸우기 위한 유일한 수단은 과학이라는 사실을 암시한다.

3) many lights to this dark mystery: '이 불가사의를 밝혀줄 많은 실마리'(many lights).

4) beset: 괴로움을 당하고 있는.

5) how her terrible doom was being wrought out: 그녀의 파멸(doom)이 어떻게 일어났는가(wrought out).

6) were in the dark: 모르고 있는.

7) manifested: 드러내었다.

such courage and resolution in her bearing, that I gave in at once to her wishes.[1] "You shall," I said, "do as you like in the matter. God forgive me if I do wrong! There are terrible things yet to learn of. But if you have so far traveled on the road to poor Lucy's death, you will not be content, I know, to remain in the dark. Nay, the end, the very end, may give you a gleam of peace. Come, there is dinner. We must keep one another strong for what is before us. We have a cruel and dreadful task. When you have eaten you shall learn the rest, and I shall answer any questions you ask, if there be anything which you do not understand, though it was apparent to us who were present."

MINA HARKER'S JOURNAL

29 September.--After dinner I came with Dr. Seward to his study. He brought back the phonograph from my room, and I took a chair, and arranged the phonograph so that I could touch it without getting up, and showed me how to stop it in case I should want to pause. Then he very thoughtfully took a chair, with his back to me, so that I might be as free as possible, and began to read. I put the forked metal to my ears and listened.

When the terrible story of Lucy's death, and all that followed, was done, I lay back in my chair powerless. Fortunately I am not of a fainting disposition.[2] When Dr. Seward saw me he jumped up with a horrified exclamation,[3] and hurriedly taking a case bottle from the cupboard, gave me some brandy, which in a few minutes somewhat restored[4] me. My brain was all in a whirl,[5] and only that there came through all the multitude of horrors, the holy ray of light that my dear Lucy was at last at peace, I do not think I could have borne it without making a scene.[6] It is all so wild and mysterious, and strange that if I had not known Jonathan's experience in Transylvania I could not have believed. As it was, I didn't know what to believe, and so got out of my difficulty by attending to something else. I took the cover off my typewriter, and said to Dr. Seward,

1) gave in at once to her wishes: 그녀의 소망에 즉시(at once) 응하였다(give in to); 즉, '즉시 그녀가 원하는 대로 했다'는 의미.
2) fainting disposition: disposition은 '기질'; 즉, '졸도를 잘하는 기질'.
3) with a horrified exclamation: 놀래 소리치면서.
4) restored: 제정신이 들게 하였다.
5) in a whirl: 혼란스러운.
6) making a scene: 소동을 부리다.

"Let me write this all out now. We must be ready for Dr. Van Helsing when he comes. I have sent a telegram to Jonathan to come on here when he arrives in London from Whitby. In this matter dates are everything, and I think that if we get all of our material ready, and have every item put in chronological order, we shall have done much.

"You tell me that Lord Godalming and Mr. Morris are coming too. Let us be able to tell them when they come."

He accordingly set the phonograph at a slow pace, and I began to typewrite from the beginning of the seventeenth cylinder. I used manifold, and so took three copies of the diary, just as I had done with the rest. It was late when I got through,[1] but Dr. Seward went about his work of going his round of the patients.[2] When he had finished he came back and sat near me, reading, so that I did not feel too lonely whilst I worked. How good and thoughtful[3] he is. The world seems full of good men, even if there *are* monsters in it.

Before I left him I remembered what Jonathan put in his diary of the Professor's perturbation[4] at reading something in an evening paper at the station at Exeter, so, seeing that Dr. Seward keeps his newspapers, I borrowed the files of `The Westminster Gazette' and `The Pall Mall Gazette' and took them to my room. I remember how much the `Dailygraph' and `The Whitby Gazette', of which I had made cuttings,[5] had helped us to understand the terrible events at Whitby when Count Dracula landed, so I shall look through the evening papers since then, and perhaps I shall get some new light. I am not sleepy, and the work will help to keep me quiet.

DR. SEWARD'S DIARY

30 September.--Mr. Harker arrived at nine o'clock. He got his wife's wire just before starting. He is uncommonly clever, if one can judge from his face, and full of energy. If this journal be true, and judging by one's own wonderful experiences, it must be, he is also a man of great nerve.[6] That going down to the vault a second time was a remarkable piece of daring.[7] After reading his account of it I was prepared to

1) got through: 끝냈다.
2) his work of going his round of the patients: 자신의 환자를 한번 회진하는 일.
3) thoughtful: 사려 깊은.
4) perturbation: 정신적 동요.
5) made cuttings: 신문, 잡지 등에서 특정 기사를 오려내다.
6) man of great nerve: 매우 용기 있는 사람.
7) piece of daring: 대담무쌍한 행위(piece).

meet a good specimen of manhood, but hardly the quiet, business-like gentleman who came here today.

Later.--After lunch Harker and his wife went back to their own room, and as I passed a while ago I heard the click of the typewriter. They are hard at it.[1] Mrs. Harker says that knitting together in chronological order every scrap of evidence[2] they have. Harker has got the letters between the consignee[3] of the boxes at Whitby and the carriers in London who took charge of them. He is now reading his wife's transcript of my diary. I wonder what they make out of it. Here it is . . .

Strange that it never struck me that the very next house might be the Count's hiding place! Goodness knows[4] that we had enough clues from the conduct of the patient Renfield! The bundle of letters relating to the purchase of the house were with the typescript.[5] Oh, if we had only had them earlier we might have saved poor Lucy! Stop! That way madness lies![6] Harker has gone back, and is again collating[7] material. He says that by dinner time they will be able to show a whole connected narrative. He thinks that in the meantime I should see Renfield, as hitherto he has been a sort of index to the coming and going of the Count.[8] I hardly see this yet, but when I get at the dates I suppose I shall. What a good thing that Mrs. Harker put my cylinders into type! We never could have found the dates otherwise.

I found Renfield sitting placidly in his room with his hands folded, smiling benignly. At the moment he seemed as sane as any one I ever saw. I sat down and talked with him on a lot of subjects, all of which he treated[9] naturally. He then, of his own accord,[10] spoke of going home, a subject he has never mentioned to my knowledge[11] during his sojourn here. In fact, he spoke quite confidently of getting his discharge[12] at once. I believe that, had I not had the chat with Harker and read the letters

1) hard at it: 열심히 일하다.
2) every scrap of evidence: 모든 단편적인 증거물들.
3) consignee: 수하인(受荷人).
4) Goodness knows: 아무도 모른다.
5) typescript: 타이핑한 원고.
6) that way madness lies: '그래서 미치겠다'는 의미로 이 구절은 셰익스피어의 비극 『리어왕』(King Lear)의 2막 4장 21절에 나오는 구절이다.
7) collating: 대조하다.
8) index to the coming and going of the Count: 여기서 Count는 드라큘라 백작을 지칭; 즉, 드라큘라가 오고 가는 것을 알려주는 지표(index).
9) treated: 다루었다.
10) of his own accord: 자발적으로.
11) to my knowledge: 내가 알기에.
12) discharge: 퇴원.

and the dates of his outbursts,[1] I should have been prepared to sign for him[2] after a brief time of observation. As it is, I am darkly suspicious. All those outbreaks were in some way linked with the proximity of the Count.[3] What then does this absolute content mean? Can it be that his instinct is satisfied as to the vampire's ultimate triumph? Stay. He is himself zoophagous, and in his wild ravings[4] outside the chapel door of the deserted house he always spoke of `master'. This all seems confirmation of our idea.[5] However, after a while I came away. My friend is just a little too sane at present to make it safe to probe[6] him too deep with questions. He might begin to think, and then . . . So I came away. I mistrust these quiet moods of of his, so I have given the attendant a hint to look closely after him, and to have a strait waistcoat ready in case of need.

JOHNATHAN HARKER'S JOURNAL

29 September, in train to London.--When I received Mr. Billington's courteous message that he would give me any information in his power I thought it best to go down to Whitby and make, on the spot, such inquiries as I wanted. It was now my object to trace that horrid cargo of the Count's to its place in London. Later, we may be able to deal with it. Billington junior, a nice lad, met me at the station, and brought me to his father's house, where they had decided that I must spend the night. They are hospitable,[7] with true Yorkshire hospitality, give a guest everything and leave him to do as he likes. They all knew that I was busy, and that my stay was short, and Mr. Billington had ready[8] in his office all the papers concerning the consignment of boxes. It gave me almost a turn[9] to see again one of the letters which I had seen on the Count's table before I knew of his diabolical plans. Everything had been carefully thought out, and done systematically and with precision.[10] He

1) outbursts: 감정의 폭발.

2) sign for him: 여기서는 그의 퇴원을 용인하는 서명을 한다는 의미.

3) All those outbreaks were in some way linked with the proximity of the Count: 여기서 시워드는 렌필드와 드라큘라가 밀접한 의사소통을 하고 있다는 사실을 짐작하고 있다.

4) ravings: 헛소리.

5) confirmation of our idea: 우리의 생각이 옳음을 확인시켜 주는 행위라는 의미.

6) probe: 면밀히 조사하다.

7) hospitable: 손님을 호의로서 대하는.

8) had ready: 준비하였다.

9) gave me almost a turn: 나를 거의 질겁하게 하였다(give me a turn).

10) with precision: 정밀하게.

seemed to have been prepared for every obstacle which might be placed by accident in the way of his intentions being carried out.[1] To use and Americanism,[2] he had `taken no chances', and the absolute accuracy with which his instructions were fulfilled was simply the logical result of his care. I saw the invoice, and took note of it.`Fifty cases of common earth, to be used for experimental purposes'. Also the copy of the letter to Carter Paterson, and their reply. Of both these I got copies. This was all the information Mr. Billington could give me, so I went down to the port and saw the coastguards, the Customs Officers and the harbor master, who kindly put me in communication with[3] the men who had actually received the boxes. Their tally[4] was exact with the list, and they had nothing to add to the simple description `fifty cases of common earth', except that the boxes were `main and mortal heavy',[5] and that shifting them was dry work. One of them added that it was hard lines[6] that there wasn't any gentleman `such like as like yourself, squire', to show some sort of appreciation of their efforts in a liquid form.[7] Another put in a rider that the thirst then generated was such that even the time which had elapsed[8] had not completely allayed it. Needless to add, I took care before leaving to lift,[9] forever and adequately, this source of reproach.[10]

30 September.--The station master was good enough to give me a line[11] to his old companion the station master at King's Cross, so that when I arrived there in the morning I was able to ask him about the arrival of the boxes. He, too put me at once in communication with the proper officials, and I saw that their tally was correct with the original invoice. The opportunities of acquiring an abnormal thirst had been here

---

1) in the way of his intentions being carried out: 자신의 목적(intent)을 실행하는 과정에(in the way).

2) Americanism: 미국어법.

3) put me in communication with: 나를 …와 연결 해주다.

4) tally: (물건의) 이름표.

5) main and mortal heavy: main과 mortal은 둘 다 '몹시'라는 의미의 단어; 즉, '몹시 무거운'.

6) hard lines: 불운.

7) appreciation of their efforts in a liquid form: appreciation은 '진가를 인정'; 즉, 액체의 형태로 그들의 노고를 인정한다는 말로 이는 그들의 노고를 치하하는 의미에서 술을 한잔 사준다는 뜻이다.

8) elapsed: (시간이) 지나가다.

9) lift: 제거하다.

10) this source of reproach: '질책의 원인'은 무거운 짐을 나르기 위해 땀을 많이 흘렸는데도 술 한잔 얻어먹지 못한 것을 의미한다. 하커가 이러한 불만의 원인을 제거하였다는 말은 이들에게 술을 사주었다는 뜻이 된다.

11) give me a line: 한 자 적어주다.

limited. A noble use of them had, however, been made, and again I was compelled to deal with the result in *ex post facto*[1] manner.

From thence I went to Carter Paterson's central office, where I met with[2] the utmost courtesy. They looked up the transaction[3] in their day-book[4] and letter-book, and at once telephoned to their King's Cross office for more details. By good fortune, the men who did the teaming[5] were waiting for work, and the official at once sent them over, sending also by one of them the way-bill[6] and all the papers connected with the delivery of the boxes at Carfax. Here again I found the tally agreeing[7] exactly. The carriers' men were able to supplement the paucity of the written words[8] with a few more details. These were, I shortly found, connected almost solely with the dusty nature of the job, and the consequent thirst engendered in the operators. On my affording an opportunity, through the medium of the currency of the realm,[9] of the allaying, at a later period, this beneficial evil,[10] one of the men remarked,

"That \`ere \`ouse, guv'nor, is the rummiest I ever was in. Blyme![11] But it ain't been touched sence a hundred years. There was dust that thick in the place that you might have slep' on it without \`urtin' of yer bones; an' the place was that neglected that yer might \`ave smelled ole Jerusalem in it. But the old chapel, that took the cike, that did! Me and my mate, we thort we wouldn't never git out quick enough. Lor', I wouldn't take less nor a quid a moment to stay there arter dark."

Having been in the house, I could well believe him, but if he knew what I know, he would, I think have raised his terms.[12]

Of one thing I am now satisfied. That all those boxes which arrived at Whitby from Varna in the Demeter were safely deposited in the old

---

1) *ex post facto*: (라틴어) '과거로 거슬러 올라가서'(after the fact); 즉, 앞서 한 방법처럼 갈증을 호소하던 역의 짐꾼들에게도 술을 사주었다는 의미.

2) met with: 받다(receive).

3) transaction: 계약.

4) day-book and letter-book: 거래 일기장(day-book)과 서신철(綴)(letter-book).

5) teaming: 한 조가 되어 일을 하는 것.

6) way-bill: 화물 송장.

7) agreeing: 일치하는.

8) supplement the paucity of the written words: paucity는 '적은 양'; 서류에 적힌 적은 내용을 보충(supplement) 설명하였다는 의미.

9) through the medium of the currency of the realm: '이 지역(realm)에서 유통되는 화폐(currency)를 가지고'; 즉, 노동자들 세계에서 선호하는 술대접을 의미한다.

10) beneficient evil: '자비를 베풀게(beneficient) 하는 불운(evil)'는 짐꾼들이 흙이 들은 관을 옮길 때 겪었던 목마름을 지칭한다. 이 목마름은 이들이 겪은 불운이지만, 이로 인해 하커로부터 술을 한잔 얻어먹을 수 있으니 이는 자비를 베풀게 하는 불운인 것이다.

11) Blyme: 'blimey'(빌어먹을, 제기랄)의 사투리.

12) raised his terms: terms는 '조건'; 즉, 조건을 높였다.

chapel at Carfax. There should be fifty of them there, unless any have since been removed, as from Dr. Seward's diary I fear.

Later.--Mina and I have worked all day, and we have put all the papers into order.[1]

MINA HARKER'S JOURNAL

30 September.--I am so glad that I hardly know how to contain myself.[2] It is, I suppose, the reaction from the haunting fear[3] which I have had, that this terrible affair and the reopening of his old wound might act detrimentally[4] on Jonathan. I saw him leave for Whitby with as brave a face as could, but I was sick with apprehension.[5] The effort has, however, done him good. He was never so resolute, never so strong, never so full of volcanic energy,[6] as at present. It is just as that dear, good Professor Van Helsing said, he is true grit,[7] and he improves under strain that would kill a weaker nature. He came back full of life and hope and determination. We have got everything in order for tonight. I feel myself quite wild with excitement. I suppose one ought to pity anything so hunted as the Count. That is just it. This thing is not human, not even a beast. To read Dr. Seward's account of poor Lucy's death, and what followed, is enough to dry up the springs of pity[8] in one's heart.

Later.--Lord Godalming and Mr. Morris arrived earlier than we expected. Dr. Seward was out on business, and had taken Jonathan with him, so I had to see them. It was to me a painful meeting, for it brought back all poor dear Lucy's hopes of only a few months ago. Of course they had heard Lucy speak of me, and it seemed that Dr. Van Helsing, too, had been quite `blowing my trumpet', as Mr. Morris expressed it. Poor fellows, neither of them is aware that I know all about the proposals they made to Lucy. They did not quite know what to say or do, as they were ignorant of the amount of my knowledge. So they had

---

1) put all the papers into order: 모든 서류를 정리하다(put into order).
2) contain myself: 자제하다.
3) haunting fear: 항상 따라다니며 괴롭히는(haunting) 두려움.
4) detrimentally: 이롭지 않게.
5) apprehension: 걱정.
6) volcanic energy: 강렬한 에너지.
7) grit: 용기있는 사람.
8) dry up the springs of pity: '동정의 샘물을 말린다'는 의미는 드라큘라 백작에 대한 동정의 여지가 전혀 없어졌다는 의미.

to keep on neutral subjects.[1] However, I thought the matter over, and came to the conclusion that the best thing I could do would be to post them on affairs right up to date.[2] I knew from Dr. Seward's diary that they had been at Lucy's death, her real death, and that I need not fear to betray any secret before the time. So I told them, as well as I could, that I had read all the papers and diaries, and that my husband and I, having typewritten them, had just finished putting them in order. I gave them each a copy to read in the library. When Lord Godalming got his and turned it over, it does make a pretty good pile, he said, "Did you write all this, Mrs. Harker?"

I nodded, and he went on.

"I don't quite see the drift of it,[3] but you people are all so good and kind, and have been working so earnestly and so energetically, that all I can do is to accept your ideas blindfold[4] and try to help you. I have had one lesson already in accepting facts that should make a man humble to the last hour of his life. Besides, I know you loved my Lucy . . ."

Here he turned away and covered his face with his hands. I could hear the tears in his voice. Mr. Morris, with instinctive delicacy, just laid a hand for a moment on his shoulder, and then walked quietly out of the room. I suppose there is something in a woman's nature that makes a man free to break down before her and express his feelings on the tender or emotional side without feeling it derogatory to his manhood.[5] For when Lord Godalming found himself alone with me he sat down on the sofa and gave way utterly and openly.[6] I sat down beside him and took his hand. I hope he didn't think it forward[7] of me, and that if her ever thinks of it afterwards he never will have such a thought. There I wrong him. I know he never will. He is too true a gentleman. I said to him, for I could see that his heart was breaking, "I loved dear Lucy, and I know what she was to you, and what you were to her. She and I were like sisters, and now she is gone, will you not let me be like a sister to you in your trouble? I know what sorrows you have had, though I cannot measure the depth of them. If sympathy and pity can help in your affliction, won't you let me be of some little service, for Lucy's sake?"

---

1) keep on neutral subjects: 자신과 관계없는(neutral) 화제만 계속 이야기 했다는 의미.

2) post them in affairs right up to date: post는 '최근의 정보를 알리다'; 즉, 그들에게 이 일에 관한 최근의 일까지(up to date) 알려주다(post).

3) I don't quite see the drift of it: drift는 '취지'; 즉, 모든 서류를 타이핑한 취지를 나는 이해할 수 없다는 의미다.

4) blindfold: '무조건', '모르는 채'.

5) derogatory to his manhood: 남자다움(manhood)에 손상이 가는(derogatory).

6) gave way utterly and openly: 완전히(utterly) 드러내놓고(openly) 비탄에 젖었다(give way).

7) forward: 주제넘은.

In an instant the poor dear fellow was overwhelmed with grief.[1] It seemed to me that all that he had of late been suffering in silence found a vent[2] at once. He grew quite hysterical, and raising his open hands, beat his palms together in a perfect agony of grief. He stood up and then sat down again, and the tears rained down[3] his cheeks. I felt an infinite pity for him, and opened my arms unthinkingly. With a sob he laid his head on my shoulder and cried like a wearied child, whilst he shook with emotion.[4]

We women have something of the mother in us that makes us rise above smaller matters when the mother spirit is invoked.[5] I felt this big sorrowing man's head resting on me, as though it were that of a baby that some day may lie on my bosom, and I stroked[6] his hair as though he were my own child. I never thought at the time how strange it all was.

After a little bit his sobs ceased, and he raised himself with an apology, though he made no disguise of[7] his emotion. He told me that for days and nights past, weary days and sleepless nights, he had been unable to speak with any one, as a man must speak in his time of sorrow. There was no woman whose sympathy could be given to him, or with whom, owing to the terrible circumstance with which his sorrow was surrounded, he could speak freely.

"I know now how I suffered," he said, as he dried his eyes, "but I do not know even yet, and none other can ever know, how much your sweet sympathy has been to me today. I shall know better in time, and believe me that, though I am not ungrateful now, my gratitude will grow with my understanding. You will let me be like a brother, will you not, for all our lives, for dear Lucy's sake?"

"For dear Lucy's sake," I said as we clasped hands."Ay, and for your own sake," he added, "for if a man's esteem[8] and gratitude are ever worth the winning, you have won mine today. If ever the future should bring to you a time when you need a man's help, believe me, you will not call in vain.[9] God grant that no such time may ever come to you to

---

1) overwhelmed with grief: 걷잡을 수 없는 슬픔에 잠긴.
2) found a vent: '배출구를 찾았다'; 즉, 울음으로 자신의 슬픔을 털어 놓았다는 의미.
3) rained down: 줄줄 흘러내렸다.
4) with emotion: 감정이 복 받쳐서.
5) invoked: 불러 일으켜지다.
6) stroked: 쓰다듬었다.
7) made no disguise of: 숨기지 않았다.
8) esteem: 존경.
9) you will not call in vain: 헛되이(in vain) (자신의 도움을) 요청(call)하지 않을 것이란 말은, 자신의 도움을 요청하면 언제든지 도움을 주겠다는 뜻이다.

break the sunshine of your life, but if it should ever come, promise me that you will let me know."

He was so earnest, and his sorrow was so fresh, that I felt it would comfort him, so I said, "I promise."

As I came along the corridor I say Mr. Morris looking out of a window. He turned as he heard my footsteps. "How is Art?" he said. Then noticing my red eyes, he went on,"Ah, I see you have been comforting him. Poor old fellow! He needs it. No one but a woman can help a man when he is in trouble of the heart, and he had no one to comfort him."

He bore his own trouble so bravely that my heart bled for him.[1] I saw the manuscript in his hand, and I knew that when he read it he would realize how much I knew, so I said to him,"I wish I could comfort all who suffer from the heart. Will you let me be your friend, and will you come to me for comfort if you need it? You will know later why I speak."

He saw that I was in earnest,[2] and stooping,[3] took my hand, and raising it to his lips, kissed it. It seemed but poor comfort to so brave and unselfish a soul, and impulsively I bent over and kissed him. The tears rose in his eyes, and there was a momentary choking in his throat. He said quite calmly,"Little girl, you will never forget that true hearted kindness, so long as ever you live!" Then he went into the study to his friend.

"Little girl!" The very words he had used to Lucy, and, oh, but he proved himself a friend.

---

1) my heart bled for him: 그 때문에 나의 가슴이 아팠다.

2) in earnest: 진심인.

3) stooping: 고개를 숙이며.

CHAPTER 18

DR. SEWARD'S DIARY

30 September.--I got home at five o'clock, and found that Godalming and Morris had not only arrived, but had already studied the transcript of the various diaries and letters which Harker had not yet returned from his visit to the carriers' men, of whom Dr. Hennessey had written to me. Mrs. Harker gave us a cup of tea, and I can honestly say that, for the first time since I have lived in it, this old house seemed like home. When we had finished, Mrs. Harker said,

"Dr. Seward, may I ask a favor? I want to see your patient, Mr. Renfield. Do let me see him. What you have said of him in your diary interests me so much!"

She looked so appealing and so pretty that I could not refuse her, and there was no possible reason why I should, so I took her with me. When I went into the room, I told the man that a lady would like to see him, to which he simply answered, "Why?"

"She is going through the house, and wants to see every one in it," I answered.

"Oh, very well," he said,"let her come in, by all means,[1] but just wait a minute till I tidy up[2] the place."

His method of tidying was peculiar, he simply swallowed all the flies and spiders in the boxes before I could stop him. It was quite evident that he feared, or was jealous[3] of, some interference. When he had got through[4] his disgusting task, he said cheerfully, "Let the lady come in," and sat down on the edge of his bed with his head down, but with his eyelids raised so that he could see her as she entered. For a moment I thought that he might have some homicidal intent. I remembered how quiet he had been just before he attacked me in my own study, and I took care to stand where I could seize him at once if he attempted to make a spring at[5] her.

She came into the room with an easy gracefulness which would at once command the respect[6] of any lunatic, for easiness is one of the qualities mad people most respect. She walked over to him, smiling

1) by all means: 반드시.
2) tidy up: 정리 정돈하다.
3) jealous: 의심하는.
4) got through: 마쳤다.
5) make a spring at: …로 달려들다.
6) command the respect: 존경심을 불러일으키다.

pleasantly, and held out her hand.

"Good evening, Mr. Renfield," said she. "You see, I know you, for Dr. Seward has told me of you." He made no immediate reply, but eyed[1] her all over intently with a set frown[2] on his face. This look gave way to one of wonder,[3] which merged in doubt, then to my intense astonishment he said, "You're not the girl the doctor wanted to marry, are you? You can't be, you know, for she's dead."

Mrs. Harker smiled sweetly as she replied, "Oh no! I have a husband of my own, to whom I was married before I ever saw Dr. Seward, or he me. I am Mrs. Harker."

"Then what are you doing here?"

"My husband and I are staying on a visit with Dr. Seward."

"Then don't stay."

"But why not?"

I thought that this style of conversation might not be pleasant to Mrs. Harker, any more than it was to me, so I joined in,[4] "How did you know I wanted to marry anyone?"

His reply was simply contemptuous, given in a pause in which he turned his eyes from Mrs. Harker to me, instantly turning them back again, "What an asinine[5] question!"

"I don't see that at all, Mr. Renfield,"said Mrs. Harker, at once championing[6] me.

He replied to her with as much courtesy and respect as he had shown contempt to me, "You will, of course, understand, Mrs. Harker, that when a man is so loved and honored as our host is, everything regarding him is of interest in our little community. Dr. Seward is loved not only by his household and his friends, but even by his patients, who, being some of them hardly in mental equilibrium,[7] are apt to distort causes and effects. Since I myself have been an inmate[8] of a lunatic asylum, I cannot but notice that the sophistic tendencies of some of its inmates lean towards the errors of *non caus* and *ignoratio elenchi*.[9]

I positively opened my eyes at this new development.[10] Here was my

---

1) eyed: 주시하다.

2) set frown: 고정된(set) 찡그린 얼굴(frown).

3) This look gave way to one of wonder: this는 '찡그린 표정', give way to는 '…으로 바뀌다'; 즉, 찡그린 얼굴이 경이로워하는 얼굴 표정으로 바뀌었다는 의미.

4) joined in: 끼어들었다.

5) asinine: 어리석은.

6) championing: '옹호하다', '편들다'.

7) mental equilibrium: '정신적인 균형(equilibrium)'; 정상적인 정신 상태를 의미한다.

8) inmate: (정신병원 등의) 피수용자.

9) *non caus* and *ignoratio elenchi*: (라틴어) 논점 일탈의 오류.

10) new development: 새로운 (상황) 전개.

own pet lunatic, the most pronounced[1] of his type that I had ever met with, talking elemental philosophy, and with the manner of a polished[2] gentleman. I wonder if it was Mrs. Harker's presence which had touched some chord in his memory. If this new phase was spontaneous, or in any way due to her unconscious influence, she must have some rare gift or power.

We continued to talk for some time, and seeing that he was seemingly quite reasonable, she ventured, looking at me questioningly as she began, to lead him to his favorite topic. I was again astonished, for he addressed himself to the question with the impartiality of the completest sanity. He even took himself as an example when he mentioned certain things.

"Why, I myself am an instance of a man who had a strange belief. Indeed, it was no wonder that my friends were alarmed, and insisted on my being put under control.[3] I used to fancy that life was a positive and perpetual entity,[4] and that by consuming a multitude of live things, no matter how low in the scale of creation,[5] one might indefinitely prolong life. At times I held the belief so strongly that I actually tried to take human life. The doctor here will bear me out that[6] on one occasion I tried to kill him for the purpose of strengthening my vital powers by the assimilation with my own body of his life through the medium of his blood, relying of course, upon the Scriptural phrase, `For the blood is the life.' Though, indeed, the vendor of a certain nostrum[7] has vulgarized the truism[8] to the very point of contempt. Isn't that true, doctor?"

I nodded assent, for I was so amazed that I hardly knew what to either think or say, it was hard to imagine that I had seen him eat up his spiders and flies not five minutes before. Looking at my watch, I saw that I should go to the station to meet Van Helsing, so I told Mrs. Harker that it was time to leave.

She came at once, after saying pleasantly to Mr. Renfield, "Goodbye,

---

1) pronounced: 눈에 두드러진.
2) polished: 세련된.
3) put under control: 통제된.
4) entity: 실재물.
5) low in the scale of creation: scale of creation은 '피조물의 등급'; 즉, 피조물의 등급 중 낮은 등급의 생명체를 지칭.
6) bear me out that: bear out는 '(남의 진술을) 확인해 주다'; 즉, … 라는 나의 진술을 확인해 주다.
7) vendor of a certain nostrum: vendor는 '판매자', nostrum은 '가짜 만능약'; 피라는 용어를 사용한 가짜 만능약이 이 당시에 많이 선보였는데, 그 중 대표적인 것에는 'Clarke's World-famed Blood Mixture'와 'Hughes's Blood Pills'가 있었다.
8) vulgarized the truism: 자명한 사실(truism)을 세속화하다(vulgarize).

and I hope I may see you often, under auspices[1] pleasanter to yourself."

To which, to my astonishment, he replied, "Goodbye, my dear. I pray God I may never see your sweet face again. May He bless and keep you!"

When I went to the station to meet Van Helsing I left the boys behind me. Poor Art seemed more cheerful than he has been since Lucy first took ill,[2] and Quincey is more like his own bright self than he has been for many a long day.

Van Helsing stepped from the carriage with the eager nimbleness[3] of a boy. He saw me at once, and rushed up to me, saying, "Ah, friend John, how goes all? Well? So! I have been busy, for I come here to stay if need be. All affairs are settled with me, and I have much to tell. Madam Mina is with you? Yes. And her so fine husband? And Arthur and my friend Quincey, they are with you, too? Good!"

As I drove to the house I told him of what had passed,[4] and of how my own diary had come to be of some use through Mrs. Harker's suggestion, at which the Professor interrupted me.

"Ah, that wonderful Madam Mina! She has man's brain, a brain that a man should have were he much gifted, and a woman's heart. The good God fashioned her for a purpose,[5] believe me, when He made that so good combination. Friend John, up to now fortune has made that woman of help[6] to us, after tonight she must not have to do with this so terrible affair. It is not good that she run a risk so great. We men are determined, nay, are we not pledged, to destroy this monster? But it is no part for a woman. Even if she be not harmed, her heart may fail her in so much and so many horrors and hereafter she may suffer, both in waking,from her nerves, and in sleep,from her dreams. And, besides, she is young woman and not so long married, there may be other things to think of some time, if not now. You tell me she has wrote all, then she must consult with us, but tomorrow she say goodbye to this work, and we go alone."

I agreed heartily with him, and then I told him what we had found in his absence,[7] that the house which Dracula had bought was the very next one to my own. He was amazed, and a great concern seemed to come on him.[8]

---

1) under auspices: 좋은 조짐이 있을 때.
2) took ill: 병에 걸렸다.
3) nimbleness: 민첩함.
4) passed: 발생하다.
5) The good God fashioned her for a purpose: fashion은 '만들다'; 즉, 신이 어떤 목적을 위해 그녀를 창조하였을 것이란 의미.
6) of help: 도움이 되는(helpful).
7) in his absence: 그의 부재중에.
8) a great concern seemed to come on him: 그가 큰 걱정(concern)을 하는 것처럼 보였다는 의미.

"O that we had known it before!"[1] he said, "for then we might have reached him in time to save poor Lucy. However, `the milk that is spilt cries not out afterwards,'as you say. We shall not think of that, but go on our way to the end." Then he fell into a silence[2] that lasted[3] till we entered my own gateway. Before we went to prepare for dinner he said to Mrs. Harker, "I am told, Madam Mina, by my friend John that you and your husband have put up in exact order[4] all things that have been, up to this moment."

"Not up to this moment, Professor,"she said impulsively, "but up to this morning."

"But why not up to now? We have seen hitherto how good light all the little things have made.[5] We have told our secrets, and yet no one who has told is the worse for it."

Mrs. Harker began to blush, and taking a paper from her pockets, she said, "Dr. Van Helsing, will you read this, and tell me if it must go in. It is my record of today. I too have seen the need of putting down at present everything, however trivial, but there is little in this except what is personal. Must it go in?"

The Professor read it over gravely, and handed it back, saying, "It need not go in if you do not wish it, but I pray that it may.[6] It can but make your husband love you the more, and all us, your friends, more honor you, as well as more esteem and love." She took it back with another blush and a bright smile.

And so now, up to this very hour, all the records we have are complete and in order. The Professor took away one copy to study after dinner, and before our meeting, which is fixed for nine o'clock. The rest of us have already read everything, so when we meet in the study we shall all be informed as to facts, and can arrange our plan of battle with this terrible and mysterious enemy.

MINA HARKER'S JOURNAL

30 September.--When we met in Dr. Seward's study two hours after

1) O that we had known it before: 일종의 기원문으로 '우리가 미리 그것을 알았더라면 좋았으련만!
2) fell into a silence: 침묵하였다.
3) lasted: 지속되었다.
4) put up in exact order: 정확한 순서로 정리하다.
5) We have seen hitherto how good light all the little things have made: 얼마나 작은 것들이 모여 문제 설명에 도움이 되는 많은 사실을 알려주었는가를 우리는 보아왔다는 의미.
6) pray that it may: '그렇게 하기를 나는 바란다'; 즉, 사소한 일, 사적인 일이라도 일기장에 적어 넣기를 바란다는 의미.

dinner, which had been at six o'clock, we unconsciously formed a sort of board or committee. Professor Van Helsing took the head of the table, to which Dr. Seward motioned[1] him as he came into the room. He made me sit next to him on his right, and asked me to act as secretary. Jonathan sat next to me. Opposite us were Lord Godalming, Dr. Seward, and Mr. Morris, Lord Godalming being next the Professor, and Dr. Seward in the center.

The Professor said, "I may, I suppose, take it that we are all acquainted[2] with the facts that are in these papers." We all expressed assent, and he went on, "Then it were, I think, good that I tell you something of the kind of enemy with which we have to deal. I shall then make known[3] to you something of the history of this man, which has been ascertained[4] for me. So we then can discuss how we shall act, and can take our measure according.

"There are such beings as vampires, some of us have evidence that they exist. Even had we not the proof of our own unhappy experience, the teachings and the records of the past give proof enough for sane peoples. I admit that at the first I was sceptic. Were it not that through long years I have trained myself to keep an open mind, I could not have believed until such time as that fact thunder on my ear.[5] 'See! See! I prove, I prove.' Alas! Had I known at first what now I know, nay, had I even guess at him, one so precious life had been spared to many of us who did love her. But that is gone, and we must so work, that other poor souls perish not, whilst we can save. The *nosferatu*[6] do not die like the bee when he sting once. He is only stronger, and being stronger, have yet more power to work[7] evil. This vampire which is amongst us is of himself so strong in person as twenty men, he is of cunning more than mortal, for his cunning be the growth of ages, he have still the aids of necromancy,[8] which is, as his etymology[9] imply, the divination[10] by the dead, and all the dead that he can come nigh[11] to are for him at command, he is brute, and more than brute, he is devil in callous, and

1) motioned: 손짓하였다.
2) acquainted: 알고 있는.
3) make known: 알리다.
4) ascertained: 확인된.
5) that fact thunder on my ear: thunder는 '크게 소리나다'; 즉, 이러한 사실이 나에게 크게 알려 졌다는 의미.
6) *nosferatu*: 흡혈귀의 또 다른 이름.
7) work: 행하다.
8) necromancy: 죽은 영혼과의 영교(靈交)를 통한 점.
9) etymology: 어원.
10) divination: '예지', '예언'.
11) nigh: 가까이(near).

the heart of him is not, he can, within his range, direct the elements,[1] the storm, the fog, the thunder, he can command all the meaner things, the rat, and the owl, and the bat, the moth, and the fox, and the wolf, he can grow and become small, and he can at times vanish[2] and come unknown. How then are we to begin our strike to destroy him? How shall we find his where,[3] and having found it, how can we destroy? My friends, this is much, it is a terrible task that we undertake, and there may be consequence to make the brave shudder. For if we fail in this our fight he must surely win, and then where end we? Life is nothings, I heed him not. But to fail here, is not mere life or death. It is that we become as him, that we henceforward[4] become foul things of the night like him, without heart or conscience, preying on the bodies and the souls of those we love best. To us forever are the gates of heaven shut, for who shall open them to us again? We go on for all time abhorred by all, a blot on the face of God's sunshine, an arrow in the side of Him who died for man. But we are face to face with duty, and in such case must we shrink? For me, I say no, but then I am old, and life, with his sunshine, his fair places, his song of birds, his music and his love, lie far behind. You others are young. Some have seen sorrow, but there are fair days yet in store.[5] What say you?"

Whilst he was speaking, Jonathan had taken my hand. I feared, oh so much, that the appalling nature of our danger was overcoming him when I saw his hand stretch out, but it was life to me to feel its touch, so strong, so self-reliant,[6] so resolute. A brave man's hand can speak for itself, it does not even need a woman's love to hear its music.

When the Professor had done[7] speaking my husband looked in my eyes, and I in his, there was no need for speaking between us.

"I answer for Mina and myself," he said.

"Count me in, Professor," said Mr. Quincey Morris, laconically[8] as usual.

"I am with you," said Lord Godalming, "for Lucy's sake, if for no other reason."

Dr. Seward simply nodded.

The Professor stood up and, after laying his golden crucifix on the table,

---

1) direct the elements: element는 '비, 바람 등의 날씨'; 즉, 날씨를 조정하다.

2) vanish: 사라지다.

3) where: (드라큘라가 있는) 장소.

4) henceforward: 앞으로는(henceforth).

5) in store: 준비되어 있는.

6) self-reliant: 자신을 믿는.

7) done: 끝마치다.

8) laconically: 간략한 말로.

held out his hand on either side. I took his right hand, and Lord Godalming his left, Jonathan held my right with his left and stretched across to Mr. Morris. So as we all took hands our solemn compact[1] was made. I felt my heart icy cold, but it did not even occur to me to draw back. We resumed[2] our places, and Dr. Van Helsing went on with a sort of cheerfulness which showed that the serious work had begun. It was to be taken as gravely, and in as businesslike a way, as any other transaction of life.

"Well, you know what we have to contend against, but we too, are not without strength. We have on our side power of combination, a power denied to the vampire kind, we have sources of science, we are free to act and think, and the hours of the day and the night are ours equally. In fact, so far as our powers extend, they are unfettered,[3] and we are free to use them. We have self-devotion[4] in a cause and an end to achieve which is not a selfish one. These things are much.

"Now let us see how far the general powers arrayed against us[5] are restrict, and how the individual cannot. In fine,[6] let us consider the limitations of the vampire in general, and of this one in particular.

"All we have to go upon[7] are traditions and superstitions. These do not at the first appear much, when the matter is one of life and death, nay of more than either life or death. Yet must we be satisfied, in the first place because we have to be, no other means is at our control,[8] and secondly, because, after all these things, tradition and superstition, are everything. Does not the belief in vampires rest for others, though not, alas! for us, on them! A year ago which of us would have received such a possibility, in the midst of our scientific, sceptical, matter-of-fact nineteenth century? We even scouted[9] a belief that we saw justified under our very eyes. Take it, then, that the vampire, and the belief in his limitations and his cure,[10] rest for the moment on the same base. For, let me tell you, he is known everywhere that men have been.[11] In old

---

1) compact: 맹세.
2) resumed: 다시 자리에 앉았다.
3) unfettered: 구속되지 않은.
4) self-devotion: 자기희생.
5) arrayed against us: 우리와 대적하는.
6) In fine: 간단히 말하자면.
7) go upon: …에 의거해서 판단(행동)하다.
8) no other means is at our control: 우리가 동원할 수 있는(at our control) 다른 수단(means)은 없다.
9) scouted: 코웃음 쳤다.
10) his cure: 드라큘라를 물리치는 방법.
11) he is known everywhere that men have been: 드라큘라는 특정 장소에만 있는 것이 아니라 인간이 사는 어느 곳에서든지 있다는 이 말은 드라큘라를 부정적인 여러 상징으로 해석할 여지를 제공한다.

Greece, in old Rome, he flourish[1] in Germany all over, in France, in India, even in the Chersonese,[2] and in China, so far from us in all ways, there even is he, and the peoples for him at this day. He have follow the wake[3] of the berserker Icelander, the devil-begotten Hun, the Slav, the Saxon, the Magyar.

"So far, then, we have all we may act upon, and let me tell you that very much of the beliefs are justified by what we have seen in our own so unhappy experience. The vampire live on, and cannot die by mere passing of the time, he can flourish when that he can fatten on[4] the blood of the living. Even more, we have seen amongst us that he can even grow younger, that his vital faculties grow strenuous,[5] and seem as though they refresh themselves when his special pabulum[6] is plenty.

"But he cannot flourish without this diet, he eat not as others. Even friend Jonathan, who lived with him for weeks, did never see him eat, never! He throws no shadow, he make in the mirror no reflect, as again Jonathan observe. He has the strength of many of his hand, witness again Jonathan when he shut the door against the wolves, and when he help him from the diligence too. He can transform himself to wolf, as we gather from the ship arrival in Whitby, when he tear open the dog, he can be as bat, as Madam Mina saw him on the window at Whitby, and as friend John saw him fly from this so near house, and as my friend Quincey saw him at the window of Miss Lucy.

"He can come in mist which he create, that noble ship's captain proved him of this, but, from what we know, the distance he can make this mist is limited, and it can only be round himself.

"He come on moonlight rays[7] as elemental dust,[8] as again Jonathan saw those sisters in the castle of Dracula. He become so small, we ourselves saw Miss Lucy, ere she was at peace, slip through a hair-breadth space[9] at the tomb door. He can, when once he find his way, come out from anything or into anything, no matter how close it be bound or even fused up[10] with fire, solder you call it. He can see in the dark, no small power this, in a world which is one half shut from the light. Ah, but hear me through.

---

1) flourish: 활약하다.
2) Chersonese: 헬레스폰트(Hellespont) 서쪽의 트라키아 반도(Thracian Peninsula).
3) follow the wake: 자취(wake)를 따라가다.
4) fatten on: …을 먹고 살이 찌다.
5) strenuous: 활기찬.
6) pabulum: 음식물.
7) on moonlight rays: 달빛을 타고.
8) elemental dust: 자연에 존재하는 먼지.
9) hair-breadth space: 털끝만한(hair-breadth) 공간.
10) fused up: '결합되다', '융합되다'.

"He can do all these things, yet he is not free. Nay, he is even more prisoner than the slave of the galley,[1] than the madman in his cell. He cannot go where he lists,[2] he who is not of nature has yet to obey some of nature's laws, why we know not. He may not enter anywhere at the first, unless there be some one of the household who bid him to come,[3] though afterwards he can come as he please. His power ceases, as does that of all evil things, at the coming of the day.

"Only at certain times can he have limited freedom. If he be not at the place whither he is bound, he can only change himself at noon or at exact sunrise or sunset. These things we are told, and in this record of ours we have proof by inference.[4] Thus, whereas he can do as he will within his limit, when he have his earth-home, his coffin-home, his hellhome, the place unhallowed, as we saw when he went to the grave of the suicide at Whitby, still at other time he can only change when the time come. It is said, too, that he can only pass running water at the slack[5] or the flood of the tide. Then there are things which so afflict him that he has no power, as the garlic that we know of, and as for things sacred, as this symbol, my crucifix, that was amongst us even now when we resolve, to them he is nothing, but in their presence he take his place far off and silent with respect. There are others, too, which I shall tell you of, lest in our seeking we may need them.

"The branch of wild rose on his coffin keep him that he move not from it, a sacred bullet fired into the coffin kill him so that he be true dead, and as for the stake through him, we know already of its peace, or the cut off head that giveth rest. We have seen it with our eyes.

"Thus when we find the habitation of this man-that-was,[6] we can confine him to his coffin and destroy him, if we obey what we know. But he is clever. I have asked my friend Arminius, of Buda-Pesth University, to make his record, and from all the means that are, he tell me of what he has been. He must, indeed, have been that Voivode Dracula[7] who won his name against the Turk, over the great river on the very frontier of Turkey-land. If it be so, then was he no common

1) slave of the galley: '갤리선의 노예'; 갤리선은 옛날 노예나 죄수들에게 젓게 한 돛배.
2) lists: '바라다', '원하다'.
3) He may not enter anywhere at the first, unless there be someone of the household who bid him to come: 드라큘라는 자신을 원하는 사람한테만 간다는 사실은 드라큘라가 인간의 감추어진 욕망을 상징한다는 것을 암시한다.
4) by inference: 추론에 의해.
5) slack: 정지 상태의 조수.
6) man-that-was: '과거에 인간이었던 존재'; 즉, 드라큘라를 지칭한다.
7) Voivode Dracula: voivode는 트랜실바니아의 '지방 통치자'를 의미; 드라큘라는 실제로 왈라키아(Wallachia)의 군주였다.

man, for in that time, and for centuries after, he was spoken of as the cleverest and the most cunning, as well as the bravest of the sons of the `land beyond the forest.[1]' That mighty brain and that iron resolution went with him to his grave, and are even now arrayed against us. The Draculas were, says Arminius, a great and noble race, though now and again were scions[2] who were held by their coevals[3] to have had dealings with the Evil One. They learned his secrets in the Scholomance, amongst the mountains over Lake Hermanstadt,[4] where the devil claims the tenth scholar as his due.[5] In the records are such words as `stregoica'; witch,-`ordog' and `pokol' -Satan and hell; and in one manuscript this very Dracula is spoken of as `wampyr,' which we all understand too well. There have been from the loins of this very one great men and good women, and their graves make sacred the earth where alone this foulness can dwell. For it is not the least of its terrors that this evil thing is rooted deep in all good, in soil barren of[6] holy memories it cannot rest."

Whilst they were talking Mr. Morris was looking steadily at the window, and he now got up quietly, and went out of the room. There was a little pause, and then the Professor went on.

"And now we must settle[7] what we do. We have here much data, and we must proceed to lay out[8] our campaign. We know from the inquiry of Jonathan that from the castle to Whitby came fifty boxes of earth, all of which were delivered at Carfax, we also know that at least some of these boxes have been removed. It seems to me, that our first step should be to ascertain whether all the rest remain in the house beyond that wall where we look today, or whether any more have been removed. If the latter, we must trace . . ."

Here we were interrupted in a very startling way. Outside the house came the sound of a pistol shot, the glass of the window was shattered with a bullet, which ricochetting[9] from the top of the embrasure,[10] struck

1) land beyond the forest: 스토커가 드라큘라의 고향으로 설정한 Transylvania란 지방의 어원적 의미는 '숲 너머의 땅'이란 뜻이다.

2) scions: 자손.

3) coevals: 동시대 사람들.

4) They learned his secrets in the Scholomance, amongst the mountains over Lake Hermanstadt: Hermanstadt는 루마니아의 'Sibiu'란 지역의 독일식 이름; 트란실바니아 사람들의 전설에 따르면 Hermannstadt 근처 산에 있는 Scholomance는 악마에 관한 전승지식을 가르치는 비밀 학교다.

5) due: 응분의 대가.

6) barren of: …이 없는.

7) settle: 정하다.

8) lay out: 계획하다.

9) ricochetting: 튕겨 날아가다.

10) embrasure: (창 주위가) 비스듬히 벌어진 부분.

the far wall of the room. I am afraid I am at heart a coward, for I shrieked out. The men all jumped to their feet, Lord Godalming flew over to the window and threw up the sash. As he did so we heard Mr. Morris' voice without, "Sorry! I fear I have alarmed you. I shall come in and tell you about it."

A minute later he came in and said, "It was an idiotic thing of me to do, and I ask your pardon, Mrs. Harker, most sincerely, I fear I must have frightened you terribly. But the fact is that whilst the Professor was talking there came a big bat and sat on the window sill. I have got such a horror of the damned brutes from recent events that I cannot stand them, and I went out to have a shot, as I have been doing of late of evenings, whenever I have seen one. You used to laugh at me for it then, Art."

"Did you hit it?" asked Dr. Van Helsing.

"I don't know, I fancy not, for it flew away into the wood." Without saying any more he took his seat, and the Professor began to resume his statement.

"We must trace each of these boxes, and when we are ready, we must either capture or kill this monster in his lair,[1] or we must, so to speak, sterilize[2] the earth, so that no more he can seek safety in it. Thus in the end we may find him in his form of man between the hours of noon and sunset, and so engage with him when he is at his most weak.[3]

"And now for you, Madam Mina,this night is the end until all be well. You are too precious to us to have such risk. When we part tonight, you no more must question. We shall tell you all in good time.[4] We are men and are able to bear, but you must be our star and our hope, and we shall act all the more free that you are not in the danger, such as we are."

All the men, even Jonathan, seemed relieved, but it did not seem to me good that they should brave[5] danger and, perhaps lessen their safety, strength being the best safety, through care of me, but their minds were made up, and though it was a bitter pill for me to swallow,[6] I could say nothing, save to accept their chivalrous care of me.

Mr. Morris resumed the discussion, "As there is no time to lose, I vote[7] we have a look at his house right now. Time is everything with him, and swift action on our part may save another victim."

---

1) lair: (야수의) 잠자리.

2) sterilize: '살균(소독)하다'; 여기서는 드라큘라가 잠자리에 사용하는 흙을 더 이상 못쓰게 만든다는 의미.

3) at his most weak: 그의 힘이 가장 약할 때.

4) in good time: 때가 되면.

5) brave: 용감히 맞서다.

6) bitter pill for me to swallow: 싫지만 안할 수 없는 일.

7) vote: 제안하다.

I own that my heart began to fail me[1] when the time for action came so close, but I did not say anything, for I had a greater fear that if I appeared as a drag[2] or a hindrance to their work, they might even leave me out of their counsels[3] altogether. They have now gone off to Carfax, with means to get into the house.

Manlike, they had told me to go to bed and sleep, as if a woman can sleep when those she loves are in danger!I shall lie down, and pretend to sleep, lest Jonathan have added anxiety about me when he returns.

DR. SEWARD'S DIARY

1 October, 4 a. m.--Just as we were about to leave the house, an urgent message was brought to me from Renfield to know if I would see him at once, as he had something of the utmost importance to say to me. I told the messenger to say that I would attend to his wishes[4] in the morning, I was busy just at the moment.

The attendant added, "He seems very importunate,[5] sir. I have never seen him so eager. I don't know but what, if you don't see him soon, he will have one of his violent fits." I knew the man would not have said this without some cause, so I said, "All right, I'll go now," and I asked the others to wait a few minutes for me, as I had to go and see my patient.

"Take me with you, friend John," said the Professor."His case in your diary interest me much, and it had bearing, too, now and again on our case. I should much like to see him, and especial when his mind is disturbed."

"May I come also?" asked Lord Godalming.

"Me too?" said Quincey Morris. "May I come?" said Harker. I nodded, and we all went down the passage together.

We found him in a state of considerable excitement, but far more rational in his speech and manner than I had ever seen him. There was an unusual understanding of himself, which was unlike anything I had ever met with in a lunatic, and he took it for granted that his reasons would prevail with[6] others entirely sane. We all five went into the room, but none of the others at first said anything. His request was that I

---

1) my heart began to fail me: 용기가 꺾이기 시작하였다.

2) drag: 장애물.

3) leave me out of their counsels: 협의(counsel) 상대에서 나를 제외시키다.

4) attend to his wishes: 그가 원하는 대로 하겠다는 의미.

5) importunate: 끈질기게 졸라대는.

6) prevail with: …를 설득하다.

would at once release him from the asylum and send him home. This he backed up[1] with arguments regarding his complete recovery, and adduced[2] his own existing sanity.

"I appeal to your friends,"he said,"they will, perhaps, not mind sitting in judgement on my case. By the way, you have not introduced me."

I was so much astonished, that the oddness of introducing a madman in an asylum did not strike me at the moment, and besides, there was a certain dignity in the man's manner, so much of the habit of equality, that I at once made the introduction, "Lord Godalming, Professor Van Helsing, Mr. Quincey Morris, of Texas, Mr. Jonathan Harker, Mr. Renfield."

He shook hands with each of them, saying in turn, "Lord Godalming, I had the honor of seconding your father at the Windham,[3] I grieve to know, by your holding the title, that he is no more. He was a man loved and honored by all who knew him, and in his youth was, I have heard, the inventor of a burnt rum punch, much patronized[4] on Derby night. Mr. Morris, you should be proud of your great state. Its reception into the Union was a precedent[5] which may have far-reaching effects[6] hereafter, when the Pole and the Tropics may hold alliance to the Stars and Stripes.[7] The power of Treaty may yet prove a vast engine of enlargement, when the Monroe doctrine[8] takes its true place as a political fable.[9] What shall any man say of his pleasure at meeting Van Helsing? Sir, I make no apology for dropping all forms of conventional prefix.[10] When an individual has revolutionized therapeutics[11] by his discovery of the continuous evolution of brain matter, conventional forms are unfitting, since they would seem to limit him to one of a class. You, gentlemen, who by nationality, by heredity, or by the possession of natural gifts, are fitted to hold your respective places in the moving world, I take to witness[12] that I am as sane as at least the majority of

1) backed up: 뒷받침 하였다.
2) adduced: 증거로서 제시하였다.
3) seconding your father at the Windham: Windham은 런던에 있는 남자들만의 크럽(gentlemen's club); second는 '지지하다'.
4) much patronized: 단골로 많이 마셨다는 의미.
5) precedent: 선례.
6) far-reaching effects: 광범위한(far-reaching) 영향력.
7) Stars and Stripes: 성조기.
8) Monroe doctrine: 1823년 미국의 대통령 제임스 몬로(James Monroe)가 선언한 미국 외교 원칙으로 구미 양 대륙의 상호 정치적 불간섭주의를 표방했다.
9) political fable: fable은 '신화적인 이야기'; 즉, 정치적 신화.
10) dropping all forms of conventional prefix: conventional prefix는 '관례적으로 이름 앞에 붙이는 칭호'; drop은 '그만두다'.
11) therapeutics: 치료학.
12) take … to witness: … 에게 증언을 해달라고 요청하다.

men who are in full possession of their liberties. And I am sure that you, Dr. Seward, humanitarian and medico-jurist as well as scientist, will deem it a moral duty to deal with me as one to be considered as under exceptional circumstances."He made this last appeal with a courtly air of conviction which was not without its own charm.

I think we were all staggered. For my own part, I was under the conviction, despite my knowledge of the man's character and history, that his reason had been restored, and I felt under a strong impulse to tell him that I was satisfied as to his sanity, and would see about the necessary formalities for his release[1] in the morning. I thought it better to wait, however, before making so grave a statement, for of old I knew the sudden changes to which this particular patient was liable.[2] So I contented myself with making a general statement that he appeared to be improving very rapidly, that I would have a longer chat with him in the morning, and would then see what I could do in the direction of meeting his wishes.[3]

This did not at all satisfy him, for he said quickly, "But I fear, Dr. Seward, that you hardly apprehend my wish. I desire to go at once, here, now, this very hour, this very moment, if I may. Time presses,[4] and in our implied agreement with the old scytheman[5] it is of the essence of the contract. I am sure it is only necessary to put before so admirable a practitioner as Dr. Seward so simple, yet so momentous a wish, to ensure its fulfilment."

He looked at me keenly, and seeing the negative in my face, turned to the others, and scrutinized[6] them closely. Not meeting any sufficient response, he went on, "Is it possible that I have erred in my supposition?"

"You have," I said frankly, but at the same time, as I felt, brutally.

There was a considerable pause, and then he said slowly, "Then I suppose I must only shift my ground of request.[7] Let me ask for this

---

1) see about the necessary formalities for his release: 퇴원(release)에 필요한 절차(formalities)를 조사해보다(see about).

2) changes to which this particular patient was liable: liable to는 '자칫하면 …하기 쉬운'; 즉, 이 특별한 환자가 자칫 겪기 쉬운 변화.

3) in the direction of meeting his wishes: in the direction of는 '…하기 위해서'; 즉, '그의 소망을 들어주기 위해서'.

4) Time presses: 시간이 촉박하다(press).

5) old scytheman: '큰 낫(scythe)을 갖고 있는 노인'은 시간을 상징; 시간은 전통적으로 큰 낫으로 풀을 베는 노인으로 묘사되는데, 이 노인이 베는 풀이 다 없어지면 사람의 수명이 다한 것으로 여겨진다.

6) scrutinized: 면밀히 관찰하였다.

7) shift my ground of request: 이런 요청을 하는 논거(ground)를 바꾸겠다(shift)는 의미.

concession-boon,[1] privilege, what you will. I am content to implore in such a case, not on personal grounds, but for the sake of others. I am not at liberty to give you the whole of my reasons, but you may, I assure you, take it from me that they are good ones, sound and unselfish, and spring from the highest sense of duty.

"Could you look, sir, into my heart, you would approve to the full the sentiments which animate me. Nay, more, you would count me amongst the best and truest of your friends."

Again he looked at us all keenly. I had a growing conviction that this sudden change of his entire intellectual method was but yet another phase of his madness, and so determined to let him go on a little longer, knowing from experience that he would, like all lunatics, give himself away[2] in the end. Van Helsing was gazing at him with a look of utmost intensity, his bushy eyebrows almost meeting with the fixed concentration of his look. He said to Renfield in a tone which did not surprise me at the time, but only when I thought of it afterwards, for it was as of one addressing an equal, "Can you not tell frankly your real reason for wishing to be free tonight? I will undertake[3] that if you will satisfy even me, a stranger, without prejudice, and with the habit of keeping an open mind, Dr. Seward will give you, at his own risk and on his own responsibility, the privilege you seek."

He shook his head sadly, and with a look of poignant regret on his face. The Professor went on, "Come, sir, bethink yourself.[4] You claim the privilege of reason in the highest degree, since you seek to impress us with your complete reasonableness. You do this, whose sanity we have reason to doubt, since you are not yet released from medical treatment for this very defect. If you will not help us in our effort to choose the wisest course, how can we perform the duty which you yourself put upon us? Be wise, and help us, and if we can we shall aid you to achieve your wish."

He still shook his head as he said, "Dr. Van Helsing, I have nothing to say. Your argument is complete, and if I were free to speak I should not hesitate a moment, but I am not my own master in the matter. I can only ask you to trust me. If I am refused, the responsibility does not rest with me."

I thought it was now time to end the scene, which was becoming too comically grave, so I went towards the door, simply saying, "Come, my friends, we have work to do. Goodnight."

---

1) concession-boon: 허락(concession); 혜택(boon).

2) give himself away: 자신의 본 모습을 드러내다.

3) undertake: 책임지다.

4) bethink yourself: 생각해 내다.

As, however, I got near the door, a new change came over the patient. He moved towards me so quickly that for the moment I feared that he was about to make another homicidal attack. My fears, however, were groundless, for he held up his two hands imploringly, and made his petition[1] in a moving manner. As he saw that the very excess of his emotion was militating against[2] him, by restoring us more to our old relations, he became still more demonstrative. I glanced at Van Helsing, and saw my conviction reflected in his eyes, so I became a little more fixed[3] in my manner, if not more stern, and motioned to him that his efforts were unavailing.[4] I had previously seen something of the same constantly growing excitement in him when he had to make some request of which at the time he had thought much, such for instance, as when he wanted a cat, and I was prepared to see the collapse into the same sullen acquiescence[5] on this occasion.

My expectation was not realized, for when he found that his appeal would not be successful, he got into quite a frantic condition. He threw himself on his knees, and held up his hands, wringing them in plaintive supplication,[6] and poured forth a torrent of entreaty, with the tears rolling down his cheeks, and his whole face and form expressive of the deepest emotion.

"Let me entreat you, Dr. Seward, oh, let me implore you, to let me out of this house at once. Send me away how you will and where you will, send keepers with me with whips and chains, let them take me in a strait waistcoat, manacled and leg-ironed, even to gaol, but let me go out of this. You don't know what you do by keeping me here. I am speaking from the depths of my heart,[7] of my very soul. You don't know whom you wrong, or how, and I may not tell. Woe is me![8] I may not tell. By all you hold sacred, by all you hold dear, by your love that is lost, by your hope that lives, for the sake of the Almighty, take me out of this and save my soul from guilt! Can't you hear me, man? Can't you understand? Will you never learn? Don't you know that I am sane and earnest now, that I am no lunatic in a mad fit, but a sane man fighting for his soul? Oh, hear me! Hear me! Let me go, let me go, let me go!"

I thought that the longer this went on the wilder he would get, and so

1) made his petition: 간청하였다.
2) militating against: …에게 불리하다.
3) fixed: 확고부동한.
4) unavailing: 무익한.
5) acquiescence: 어쩔 수 없는 동의.
6) plaintive supplication: 호소하는 듯한 애원.
7) speaking from the depths of my heart: 진심으로 말하다.
8) Woe is me: 아! 슬프도다.

would bring on[1] a fit, so I took him by the hand and raised him up.

"Come," I said sternly, "no more of this, we have had quite enough already. Get to your bed and try to behave more discreetly."

He suddenly stopped and looked at me intently for several moments. Then, without a word, he rose and moving over, sat down on the side of the bed. The collapse had come, as on former occasions, just as I had expected.

When I was leaving the room, last of our party, he said to me in a quiet, well-bred[2] voice, "You will, I trust, Dr. Seward, do me the justice to bear in mind, later on, that I did what I could to convince you tonight."

1) bring on: …을 일으키다.
2) well-bred: 점잖은.

CHAPTER 19

JONATHAN HARKER'S JOURNAL

1 October, 5 a.m.--I went with the party to the search with an easy mind, for I think I never saw Mina so absolutely strong and well. I am so glad that she consented to hold back[1] and let us men do the work. Somehow, it was a dread to me that she was in this fearful business at all, but now that her work is done, and that it is due to her energy and brains and foresight[2] that the whole story is put together in such a way that every point tells, she may well feel that her part is finished, and that she can henceforth leave the rest to us. We were, I think, all a little upset by the scene with Mr. Renfield. When we came away from his room we were silent till we got back to the study.

Then Mr. Morris said to Dr. Seward, "Say, Jack, if that man wasn't attempting a bluff,[3] he is about the sanest lunatic I ever saw. I'm not sure, but I believe that he had some serious purpose, and if he had, it was pretty rough[4] on him not to get a chance."

Lord Godalming and I were silent, but Dr. Van Helsing added, "Friend John, you know more lunatics than I do, and I'm glad of it, for I fear that if it had been to me to decide I would before that last hysterical outburst have given him free.[5] But we live and learn, and in our present task we must take no chance, as my friend Quincey would say. All is best as they are."

Dr. Seward seemed to answer them both in a dreamy kind of way, "I don't know but that I agree with you. If that man had been an ordinary lunatic I would have taken my chance of[6] trusting him, but he seems so mixed up with the Count in an indexy kind of way[7] that I am afraid of doing anything wrong by helping his fads.[8] I can't forget how he prayed with almost equal fervor for a cat, and then tried to tear my throat out with his teeth. Besides, he called the Count `lord and master', and he may want to get out to help him in some diabolical way. That horrid

1) hold back: 억제하다.

2) foresight: 예지.

3) bluff: '허세', '으름장'.

4) rough: 가혹한.

5) given him free: 그를 풀어주다.

6) taken my chance of: 운에 맡기고 …을 해보다.

7) indexy kind of way: indexy는 'index(징조, 지침)'의 형용사 형으로 사용; 즉, 렌필드는 드라큘라와 연결이 되어있어 그의 행동은 드라큘라의 행동을 가리키는 징조로 간주될 수 있다는 의미.

8) fads: 변덕.

thing has the wolves and the rats and his own kind to help him, so I suppose he isn't above trying to use a respectable lunatic. He certainly did seem earnest, though. I only hope we have done what is best. These things, in conjunction with[1] the wild work we have in hand, help to unnerve[2] a man."

The Professor stepped over, and laying his hand on his shoulder, said in his grave, kindly way, "Friend John, have no fear. We are trying to do our duty in a very sad and terrible case, we can only do as we deem best. What else have we to hope for, except the pity of the good God?"

Lord Godalming had slipped away for a few minutes, but now he returned. He held up a little silver whistle, as he remarked, "That old place may be full of rats, and if so, I've got an antidote on call."[3]

Having passed the wall, we took our way to the house, taking care to keep in the shadows[4] of the trees on the lawn when the moonlight shone out. When we got to the porch the Professor opened his bag and took out a lot of things, which he laid on the step, sorting them into four little groups, evidently one for each. Then he spoke.

"My friends, we are going into a terrible danger, and we need arms of many kinds. Our enemy is not merely spiritual. Remember that he has the strength of twenty men, and that, though our necks or our windpipes[5] are of the common kind, and therefore breakable or crushable, his are not amenable to mere strength.[6] A stronger man, or a body of men more strong in all than him, can at certain times hold him, but they cannot hurt him as we can be hurt by him. We must, therefore, guard ourselves from his touch. Keep this near your heart." As he spoke he lifted a little silver crucifix and held it out to me, I being nearest to him, "put these flowers round your neck," here he handed to me a wreath of withered garlic blossoms, "for other enemies more mundane,[7] this revolver and this knife, and for aid in all, these so small electric lamps, which you can fasten to your breast, and for all, and above all at the last, this, which we must not desecrate[8] needless."

This was a portion of Sacred Wafer, which he put in an envelope and

---

1) in conjunction with: …과 더불어서.

2) unnerve: 용기를 잃게 하다.

3) antidote on call: 언제나 준비되어 있는(on call) 대책(antidote).

4) keep in the shadows: 그림자 속에 모습을 감추다.

5) windpipes: 기관(氣管).

6) his is not amenable to mere strength: amenable to는 '…에 지배를 받는', '종속되는'; 즉, 드라큘라의 목은 단순히 인간의 힘으로 통제하거나 종속시킬 수 없는 것이다는 의미.

7) other enemies more mundane: 삶과 죽음 사이의 경계에 있는 드라큘라와는 달리 실제 세계에 좀 더 속하는 적들이란 의미.

8) desecrate: 속된 용도로 쓰다.

handed to me. Each of the others was similarly equipped.

"Now,"he said,"friend John, where are the skeleton keys?[1] If so that we can open the door, we need not break house by the window, as before at Miss Lucy's."

Dr. Seward tried one or two skeleton keys, his mechanical dexterity[2] as a surgeon standing him in good stead.[3] Presently he got one to suit, after a little play back and forward the bolt yielded,[4] and with a rusty clang, shot back. We pressed on the door, the rusty hinges creaked, and it slowly opened. It was startlingly like the image conveyed to me in Dr. Seward's diary of the opening of Miss Westenra's tomb, I fancy that the same idea seemed to strike the others, for with one accord[5] they shrank back. The Professor was the first to move forward, and stepped into the open door.

"*In manus tuas, Domine!*"[6] he said, crossing himself as he passed over the threshold. We closed the door behind us, lest when we should have lit our lamps we should possibly attract attention from the road. The Professor carefully tried the lock, lest we might not be able to open it from within should we be in a hurry making our exit.[7] Then we all lit our lamps and proceeded on our search.

The light from the tiny lamps fell in all sorts of odd forms, as the rays crossed each other, or the opacity[8] of our bodies threw great shadows. I could not for my life get away from the feeling that there was someone else amongst us. I suppose it was the recollection, so powerfully brought home to me[9] by the grim surroundings, of that terrible experience in Transylvania. I think the feeling was common to us all, for I noticed that the others kept looking over their shoulders at every sound and every new shadow, just as I felt myself doing.

The whole place was thick with dust. The floor was seemingly inches deep, except where there were recent footsteps, in which on holding down my lamp I could see marks of hobnails[10] where the dust was

1) skeleton keys: (여러 자물쇠에 맞는) 곁쇠.
2) mechanical dexterity: 기계를 다루는(mechanical) 재주.
3) standing him in good stead: 크게 그에게 도움(이익)이 되다.
4) bolt yielded: 빗장(bolt)이 열렸다.
5) with one accord: 일제히.
6) *In manus tuas, Domine*: (라틴어) '신이여, 당신의 손에'; 이 구절은 십자가에 박혀 숨을 거두기전에 예수가 신에게 한 말을 연상시킨다. '아버지여, 내 영혼을 아버지 손에 부탁 하나이다'. (「누가복음」 23장 46절).
7) make our exit: 나가다.
8) opacity: 불투명.
9) brought home to me: 절실히 느껴졌다.
10) hobnails: 구두에 박는 큰 징.

caked.[1] The walls were fluffy[2] and heavy with dust, and in the corners were masses of spider's webs, whereon the dust had gathered till they looked like old tattered rags as the weight had torn them partly down. On a table in the hall was a great bunch of keys, with a time-yellowed[3] label on each. They had been used several times, for on the table were several similar rents in the blanket of dust, similar to that exposed when the Professor lifted them.

He turned to me and said,"You know this place, Jonathan. You have copied maps of it, and you know it at least more than we do. Which is the way to the chapel?"

I had an idea of its direction, though on my former visit I had not been able to get admission to it, so I led the way, and after a few wrong turnings found myself opposite a low, arched oaken door, ribbed with iron bands.[4]

"This is the spot," said the Professor as he turned his lamp on a small map of the house, copied from the file of my original correspondence regarding the purchase. With a little trouble we found the key on the bunch and opened the door. We were prepared for some unpleasantness, for as we were opening the door a faint, malodorous[5] air seemed to exhale[6] through the gaps, but none of us ever expected such an odor as we encountered. None of the others had met the Count at all at close quarters,[7] and when I had seen him he was either in the fasting stage of his existence in his rooms or, when he was bloated with fresh blood, in a ruined building open to the air, but here the place was small and close, and the long disuse had made the air stagnant[8] and foul. There was an earthy smell, as of some dry miasma,[9] which came through the fouler air. But as to the odor itself, how shall I describe it? It was not alone that it was composed of all the ills of mortality and with the pungent,[10] acrid smell of blood, but it seemed as though corruption had become itself corrupt. Faugh! It sickens[11] me to think of it. Every breath exhaled by that monster seemed to have clung to the place and intensified its loathsomeness.

---

1) caked: 덩어리져 굳어지다.
2) fluffy: 보풀과 같은 것으로 덮힌.
3) time-yellowed: 세월이 흘러 누렇게 변한.
4) ribbed with iron bands: 밴드로 (늑재처럼) 둘러싼.
5) malodorous: 악취가 나는.
6) exhale: (냄새가) 발산하다.
7) at close quarters: 바싹 접근하여.
8) stagnant: '정체된', '순환이 되지 않는'.
9) miasma: 늪에서 나오는 독기.
10) pungent: 코를 자극하는.
11) sickens: 구역질나게 하다.

Under ordinary circumstances such a stench[1] would have brought our enterprise to an end, but this was no ordinary case, and the high and terrible purpose in which we were involved gave us a strength which rose above merely physical considerations.[2] After the involuntary shrinking consequent on the first nauseous whiff,[3] we one and all[4] set about our work as though that loathsome place were a garden of roses.

We made an accurate examination of the place, the Professor saying as we began, "The first thing is to see how many of the boxes are left, we must then examine every hole and corner and cranny[5] and see if we cannot get some clue as to what has become of the rest."

A glance was sufficient to show how many remained, for the great earth chests were bulky, and there was no mistaking them.

There were only twenty-nine left out of the fifty! Once I got a fright, for, seeing Lord Godalming suddenly turn and look out of the vaulted door into the dark passage beyond, I looked too, and for an instant my heart stood still.[6] Somewhere, looking out from the shadow, I seemed to see the high lights of the Count's evil face,[7] the ridge of the nose, the red eyes, the red lips, the awful pallor. It was only for a moment, for, as Lord Godalming said, "I thought I saw a face, but it was only the shadows," and resumed his inquiry, I turned my lamp in the direction, and stepped into the passage. There was no sign of anyone, and as there were no corners, no doors, no aperture[8] of any kind, but only the solid walls of the passage, there could be no hiding place even for him. I took it that fear had helped imagination,[9] and said nothing.

A few minutes later I saw Morris step suddenly back from a corner, which he was examining. We all followed his movements with our eyes, for undoubtedly some nervousness was growing on us,[10] and we saw a whole mass of phosphorescence, which twinkled like stars. We all

---

1) stench: 악취.

2) strength which rose above merely physical considerations: 악취 따위의 육체적으로 느껴지는 혐오감은 개의치 않고 일을 추진해 나갈 힘을 의미.

3) involuntary shrinking consequent on the first nauseous whiff: consequent on은 '… 은 결과로서 일어나는'; 즉, 바람을 타고 한번 휙 퍼진 구역질나는 냄새에 친 무의식적인 뒷걸음질 (involuntary shrinking).

4) one and all: 모두 다.

5) cranny: 갈라진 틈.

6) my heart stood still: 심장이 멈추는 것 같았다는 의미.

7) high lights of the Count's evil face: high lights는 '눈에 잘 띄는 부분'; 즉, 드라큘라 백작의 눈에 잘 띄는 얼굴 부분.

8) aperture: 벌어진 틈.

9) I took it that fear had helped imagination: 두려움 때문에 상상을 더 많이 하게 되었다고 생각하였다는 의미.

10) some nervousness was growing on us: 불안한 마음(nervousness)이 점점 더해가다(grow on us).

instinctively drew back.[1] The whole place was becoming alive with rats.

For a moment or two we stood appalled, all save Lord Godalming, who was seemingly prepared for such an emergency. Rushing over to the great iron-bound oaken door, which Dr. Seward had described from the outside, and which I had seen myself, he turned the key in the lock, drew the huge bolts, and swung the door open.[2] Then, taking his little silver whistle from his pocket, he blew a low, shrill call. It was answered from behind Dr. Seward's house by the yelping of dogs, and after about a minute three terriers[3] came dashing round the corner of the house. Unconsciously we had all moved towards the door, and as we moved I noticed that the dust had been much disturbed. The boxes which had been taken out had been brought this way. But even in the minute that had elapsed the number of the rats had vastly increased.[4] They seemed to swarm over the place[5] all at once, till the lamplight, shining on their moving dark bodies and glittering, baleful[6] eyes, made the place look like a bank of earth set with fireflies.[7] The dogs dashed on, but at the threshold suddenly stopped and snarled,[8] and then, simultaneously lifting their noses, began to howl in most lugubrious fashion.[9] The rats were multiplying in thousands, and we moved out.

Lord Godalming lifted one of the dogs, and carrying him in, placed him on the floor. The instant his feet touched the ground he seemed to recover his courage, and rushed at his natural enemies. They fled before him so fast that before he had shaken the life out of a score,[10] the other dogs, who had by now been lifted in the same manner, had but small prey ere the whole mass had vanished.

With their going it seemed as if some evil presence had departed, for the dogs frisked about[11] and barked merrily as they made sudden darts at their prostrate[12] foes, and turned them over and over and tossed them in the air with vicious shakes. We all seemed to find our spirits rise. Whether it was the purifying of the deadly atmosphere by

1) drew back: 뒤로 물러섰다.
2) swung the door open: 문을 활짝 밀어 열었다.
3) terriers: 테리어(사냥개의 일종).
4) the number of the rats had vastly increased: 드라큘라 백작은 쥐들도 자기 마음대로 통제할 수 있다.
5) swarm over the place: 이곳에 가득 몰려들다.
6) baleful: 사악한.
7) fireflies: 개똥벌레.
8) snarled: 으르렁거렸다.
9) in most lugubrious fashion: 아주 애처롭게.
10) shaken the life out of a score: 물고 흔들어 20마리의 쥐를 죽였다는 의미.
11) frisked about: 이리저리 뛰어다녔다.
12) prostrate: 엎어진.

the opening of the chapel door, or the relief which we experienced by finding ourselves in the open I know not, but most certainly the shadow of dread seemed to slip from us like a robe, and the occasion of our coming lost something of its grim significance, though we did not slacken a whit in our resolution.[1] We closed the outer door and barred and locked it, and bringing the dogs with us, began our search of the house. We found nothing throughout except dust in extraordinary proportions,[2] and all untouched save for my own footsteps when I had made my first visit. Never once did the dogs exhibit any symptom of uneasiness, and even when we returned to the chapel they frisked about as though they had been rabbit hunting in a summer wood.

The morning was quickening in the east[3] when we emerged from the front. Dr. Van Helsing had taken the key of the hall door from the bunch, and locked the door in orthodox fashion,[4] putting the key into his pocket when he had done.

"So far," he said, "our night has been eminently successful. No harm has come to us such as I feared might be and yet we have ascertained how many boxes are missing. More than all do I rejoice that this, our first, and perhaps our most difficult and dangerous, step has been accomplished without the bringing thereinto our most sweet Madam Mina or troubling her waking or sleeping thoughts with sights and sounds and smells of horror which she might never forget. One lesson, too, we have learned, if it be allowable to argue *a particulari,*[5] that the brute beasts which are to the Count's command are yet themselves not amenable to[6] his spiritual power, for look, these rats that would come to his call, just as from his castle top he summon the wolves to your going and to that poor mother's cry, though they come to him, they run pell-mell[7] from the so little dogs of my friend Arthur. We have other matters before us, other dangers, other fears, and that monster . . . He has not used his power over the brute world for the only or the last time tonight. So be it that he has gone elsewhere.[8] Good! It has given us

---

1) though we did not slacken a whit in our resolution: a whit는 '조금'; 즉, 우리의 결심이 조금도 누그러지지 않았지만.

2) dust in extraordinary proportion: proportion은 '넓이', '규모'; 즉, 엄청남 규모의 먼지.

3) The morning was quickening in the east: The morning은 '여명'; 즉, 동쪽 하늘에 여명이 빨리 퍼지기 시작하였다는 의미.

4) in orthodox fashion: 보통 방식으로.

5) *a particulari*: (라틴어) 특히.

6) amenable to: …에 순종하는.

7) run pell-mell: 황급히(pell-mell) 달아나다.

8) So be it that he has gone elsewhere: So be it that은 '그럴러면 그래라'; 즉, '다른 곳으로 갈 테면 가 보아라'는 의미.

opportunity to cry `check'[1] in some ways in this chess game, which we play for the stake of human souls.[2] And now let us go home. The dawn is close at hand, and we have reason to be content with our first night's work. It may be ordained that we have many nights and days to follow, if full of peril, but we must go on, and from no danger shall we shrink."

The house was silent when we got back, save for some poor creature who was screaming away in one of the distant wards, and a low, moaning sound[3] from Renfield's room. The poor wretch was doubtless torturing himself, after the manner of the insane, with needless thoughts of pain.

I came tiptoe[4] into our own room, and found Mina asleep, breathing so softly that I had to put my ear down to hear it. She looks paler than usual. I hope the meeting tonight has not upset her. I am truly thankful that she is to be left out of our future work, and even of our deliberations.[5] It is too great a strain[6] for a woman to bear. I did not think so at first, but I know better now. Therefore I am glad that it is settled. There may be things which would frighten her to hear, and yet to conceal them from her might be worse than to tell her if once she suspected that there was any concealment. Henceforth our work is to be a sealed book[7] to her, till at least such time as we can tell her that all is finished, and the earth free from a monster of the nether world.[8] I daresay it will be difficult to begin to keep silence after such confidence as ours, but I must be resolute, and tomorrow I shall keep dark over to-night's doings,[9] and shall refuse to speak of anything that has happened. I rest on the sofa, so as not to disturb her.

1 October, later.--I suppose it was natural that we should have all overslept ourselves, for the day was a busy one, and the night had no rest at all. Even Mina must have felt its exhaustion,[10] for though I slept till the sun was high, I was awake before her, and had to call two or three times before she awoke. Indeed, she was so sound asleep that for a few seconds she did not recognize me, but looked at me with a sort

1) cry 'check': (체스게임에서) '장군'이라 외치다.
2) for the stake of human souls: stake는 '내기'; 즉, '인간의 영혼을 걸고'.
3) moaning sound: 신음하는 소리.
4) came tiptoe: 살그머니 걸어왔다.
5) deliberation: 협의.
6) strain: 중압감.
7) sealed book: 비밀.
8) nether world: 하계(下界).
9) keep dark over to-night's doings: keep dark over는 '…에 대해서 비밀로 하다'.
10) exhaustion: 기진맥진함.

of blank terror,[1] as one looks who has been waked out of a bad dream. She complained a little of being tired, and I let her rest till later in the day. We now know of twenty-one boxes having been removed, and if it be that several were taken in any of these removals we may be able to trace them all. Such will, of course, immensely simplify our labor, and the sooner the matter is attended to the better.[2] I shall look up[3] Thomas Snelling today.

DR. SEWARD'S DIARY

1 October.--It was towards noon when I was awakened by the Professor walking into my room. He was more jolly and cheerful than usual, and it is quite evident that last night's work has helped to take some of the brooding weight[4] off his mind.

After going over[5] the adventure of the night he suddenly said, "Your patient interests me much. May it be that[6] with you I visit him this morning? Or if that you are too occupy,[7] I can go alone if it may be. It is a new experience to me to find a lunatic who talk philosophy, and reason so sound."[8]

I had some work to do which pressed,[9] so I told him that if he would go alone I would be glad, as then I should not have to keep him waiting, so I called an attendant and gave him the necessary instructions. Before the Professor left the room I cautioned him against getting any false impression from my patient.

"But," he answered, "I want him to talk of himself and of his delusion[10] as to consuming live things. He said to Madam Mina, as I see in your diary of yesterday, that he had once had such a belief. Why do you smile, friend John?"

"Excuse me," I said, "but the answer is here." I laid my hand on the

1) with a sort of blank terror: 멍한 겁먹은 표정으로.
2) the sooner the matter is attended to the better: 이 일은 빨리 처리하면 처리할수록 좋다는 의미.
3) look up: 방문하다.
4) brooding weight: 마음을 짓누르는(brooding) 압박감(weight).
5) going over: …을 되짚어 보다.
6) May it be that: … 해도 좋겠느냐?
7) occupy: 'occupied'(일을 하고 있는, 바쁜)의 잘못된 철자; 헬싱은 외국인이라 영어구사에 약간의 실수를 보이고 있다.
8) reason so sound: 타당하게 논리적으로 말하다.
9) pressed: (일이) 압박하였다.
10) delusion: 환상.

typewritten matter."When our sane and learned lunatic made that very statement of how he used to consume life, his mouth was actually nauseous[1] with the flies and spiders which he had eaten just before Mrs. Harker entered the room."

Van Helsing smiled in turn. "Good!" he said. "Your memory is true, friend John. I should have remembered. And yet it is this very obliquity[2] of thought and memory which makes mental disease such a fascinating study. Perhaps I may gain more knowledge out of the folly of this madman than I shall from the teaching of the most wise. Who knows?"

I went on with my work, and before long was through that in hand.[3] It seemed that the time had been very short indeed, but there was Van Helsing back in the study.

"Do I interrupt?" he asked politely as he stood at the door.

"Not at all,"I answered. "Come in. My work is finished, and I am free. I can go with you now, if you like."

"It is needless, I have seen him!"

"Well?"

"I fear that he does not appraise[4] me at much. Our interview was short. When I entered his room he was sitting on a stool in the center, with his elbows on his knees, and his face was the picture of sullen discontent.[5] I spoke to him as cheerfully as I could, and with such a measure of respect as I could assume.[6] He made no reply whatever. 'Don't you know me?' I asked. His answer was not reassuring.[7] "I know you well enough, you are the old fool Van Helsing. I wish you would take yourself and your idiotic brain theories somewhere else. Damn all thick-headed[8] Dutchmen!' Not a word more would he say, but sat in his implacable[9] sullenness as indifferent to me as though I had not been in the room at all. Thus departed[10] for this time my chance of much learning from this so clever lunatic, so I shall go, if I may, and cheer myself with a few happy words with that sweet soul Madam Mina. Friend John, it does rejoice me unspeakable that she is no more to be

1) nauseous: 구역질나는.

2) obliquity: '종잡을 수 없음', '애매모호함'.

3) through that in hand: in hand는 '착수하고 있는'; 즉, '착수하고 있던 일을 마쳤다'(be through)는 의미.

4) appraise: 평가하다.

5) picture of sullen discontent: '불만의 화신'; 즉, 아주 불만스런 표정을 지었다는 의미.

6) with such a measure of respect as I could assume: 내가 취할 수 있는(assume) 정도의 존경심으로.

7) reassuring: 안심시키는.

8) thick-headed: 어리석은.

9) implacable: 달랠 수 없는.

10) departed: 사라졌다.

pained, no more to be worried with our terrible things. Though we shall much miss her help, it is better so."

"I agree with you with all my heart," I answered earnestly, for I did not want him to weaken in this matter.[1] "Mrs. Harker is better out of it.[2] Things[3] are quite bad enough for us, all men of the world, and who have been in many tight places[4] in our time, but it is no place for a woman, and if she had remained in touch with the affair, it would in time infallibly have wrecked[5] her."

So Van Helsing has gone to confer[6] with Mrs. Harker and Harker, Quincey and Art are all out following up the clues as to the earth boxes. I shall finish my round of work and we shall meet tonight.

MINA HARKER'S JOURNAL

1 October.--It is strange to me to be kept in the dark[7] as I am today, after Jonathan's full confidence[8] for so many years, to see him manifestly avoid certain matters, and those the most vital of all. This morning I slept late after the fatigues of yesterday, and though Jonathan was late too, he was the earlier. He spoke to me before he went out, never more sweetly or tenderly, but he never mentioned a word of what had happened in the visit to the Count's house. And yet he must have known how terribly anxious I was. Poor dear fellow! I suppose it must have distressed him even more than it did me. They all agreed that it was best that I should not be drawn further into this awful work,[9] and I acquiesced.[10] But to think that he keeps anything from me! And now I am crying like a silly fool, when I know it comes from my husband's great love and from the good, good wishes of those other strong men.

That has done me good. Well, some day Jonathan will tell me all. And lest it should ever be that he should think for a moment that I

---

1) weaken in this matter: 이 문제에 있어 그의 결심이 약해지다.

2) Mrs. Harker is better out of it: 이 문제에 더 이상 관여하지(out of it) 않는 것이 하커 부인에게 더 좋다는 의미.

3) Things: 상황.

4) tight places: 곤란한(빠져 나오기 어려운) 상황.

5) wrecked: 파멸시켰다.

6) confer: 상의하다.

7) be kept in the dark: 계속 알지 못하게 되다.

8) full confidence: 속마음을 완전히 털어 놓음.

9) I should not be drawn further into this awful work: 이 끔직한 일에 내가 더 이상 끌어들여지지 않다.

10) acquiesced: 묵인하였다.

kept anything from him,[1] I still keep my journal as usual. Then if he has feared of my trust I shall show it to him, with every thought of my heart put down for his dear eyes to read.[2] I feel strangely sad and low-spirited today. I suppose it is the reaction from the terrible excitement.

Last night I went to bed when the men had gone, simply because they told me to. I didn't feel sleepy, and I did feel full of devouring anxiety.[3] I kept thinking over everything that has been ever since Jonathan came to see me in London, and it all seems like a horrible tragedy, with fate pressing on relentlessly to some destined end.[4] Everything that one does seems, no matter how right it me be, to bring on[5] the very thing which is most to be deplored. If I hadn't gone to Whitby, perhaps poor dear Lucy would be with us now. She hadn't taken to[6] visiting the churchyard till I came, and if she hadn't come there in the day time with me she wouldn't have walked in her sleep. And if she hadn't gone there at night and asleep, that monster couldn't have destroyed her as he did. Oh, why did I ever go to Whitby? There now, crying again! I wonder what has come over me today.[7] I must hide it from Jonathan, for if he knew that I had been crying twice in one morning . . . I, who never cried on my own account, and whom he has never caused to shed a tear, the dear fellow would fret his heart out.[8] I shall put a bold face on,[9] and if I do feel weepy,[10] he shall never see it. I suppose it is just one of the lessons that we poor women have to learn . . .

I can't quite remember how I fell asleep last night. I remember hearing the sudden barking of the dogs and a lot of queer sounds, like praying on a very tumultuous scale,[11] from Mr. Renfield's room, which is somewhere under this. And then there was silence over everything, silence so profound that it startled me, and I got up and looked out of the window. All was dark and silent, the black shadows thrown by the moonlight seeming full of a silent mystery of their own. Not

1) kept anything from him: 그에게 무언가를 숨겼다.

2) with every thought of my heart put down for his dear eyes to read: 그가 읽도록 내 마음속 생각이 기록된(put down) 글을 지칭.

3) devouring anxiety: 아주 괴로운(devouring) 걱정.

4) with fate pressing on relentlessly to some destined end: 운명이 어떤 정해진 목적을(some destined end) 향해 가차없이(relentlessly) 압박하면서.

5) bring on: …을 야기시키다.

6) taken to: … 하는 버릇이 생기다.

7) I wonder what has come over me today: 오늘 왜 이러는지 자신도 모르겠다는 의미.

8) fret his heart out: 마음이 어지러워지다.

9) put a bold face on: 태연한 척하다.

10) weepy: 울고 싶은.

11) like braying on a very tumultuous scale: 소동이 난 정도(tumultuous scale)의 떠들썩한 소리(braying)와 같은.

a thing seemed to be stirring, but all to be grim and fixed as death or fate, so that a thin streak of white mist,that crept with almost imperceptible slowness[1] across the grass towards the house, seemed to have a sentience[2] and a vitality of its own. I think that the digression of my thoughts[3] must have done me good, for when I got back to bed I found a lethargy creeping over me.[4] I lay a while, but could not quite sleep, so I got out and looked out of the window again. The mist was spreading, and was now close up to the house, so that I could see it lying thick against the wall, as though it were stealing up to the windows.[5] The poor man was more loud than ever, and though I could not distinguish a word he said, I could in some way recognize in his tones some passionate entreaty[6] on his part. Then there was the sound of a struggle, and I knew that the attendants were dealing with him. I was so frightened that I crept into bed, and pulled the clothes over my head, putting my fingers in my ears. I was not then a bit sleepy, at least so I thought, but I must have fallen asleep, for except dreams, I do not remember anything until the morning, when Jonathan woke me. I think that it took me an effort and a little time to realize where I was, and that it was Jonathan who was bending over me. My dream was very peculiar, and was almost typical of the way that waking thoughts become merged in, or continued in, dreams.

I thought that I was asleep, and waiting for Jonathan to come back. I was very anxious about him, and I was powerless to act, my feet, and my hands, and my brain were weighted,[7] so that nothing could proceed at the usual pace. And so I slept uneasily and thought. Then it began to dawn upon me that the air was heavy, and dank,[8] and cold. I put back the clothes from my face, and found, to my surprise,[9] that all was dim around. The gas-light[10] which I had left lit for Jonathan, but turned down,[11] came only like a tiny red spark through the fog, which had evidently grown thicker and poured into the room. Then it occurred to me that I had shut the window before I had come to bed. I would

---

1) with almost imperceptible slowness: 알아차리지 못할 정도의(imperceptible) 느린 속도로
2) sentience: 지각력.
3) digression of my thoughts: digression은 '주제를 벗어난 생각'이란 의미.
4) I found a lethargy creeping over me: 기면상태가(lethargy) 서서히 내게 다가옴을 느꼈다는 의미.
5) stealing up to the windows: 창문으로 살며시 올라간다.
6) entreaty: 간청.
7) weighted: 무거운 짐을 진 듯한.
8) dank: 축축한.
9) to my surprise: 놀랍게도.
10) gas-light: 가스등.
11) turned down: (불꽃을) 작게 하였다.

have got out to make certain on the point,[1] but some leaden lethargy[2] seemed to chain my limbs and even my will. I lay still and endured,[3] that was all. I closed my eyes, but could still see through my eyelids. (It is wonderful what tricks our dreams play us, and how conveniently we can imagine.) The mist grew thicker and thicker and I could see now how it came in, for I could see it like smoke,[4]—or with the white energy of boiling water,—pouring in, not through the window, but through the joinings of the door.[5] It got thicker and thicker, till it seemed as if it became concentrated into a sort of pillar of cloud in the room, through the top of which I could see the light of the gas shining like a red eye. Things began to whirl through my brain just as the cloudy column was now whirling in the room, and through it all came the scriptural words "a pillar of cloud by day and of fire by night."[6] Was it indeed such spiritual guidance that was coming to me in my sleep? But the pillar was composed of both the day and the night guiding, for the fire was in the red eye, which at the thought gat a new fascination for me, till, as I looked, the fire divided, and seemed to shine on me through the fog like two red eyes, such as Lucy told me of in her momentary mental wandering[7] when, on the cliff, the dying sunlight struck the windows of St. Mary's Church. Suddenly the horror burst upon me[8] that it was thus that Jonathan had seen those awful women growing into reality[9] through the whirling mist in the moonlight, and in my dream I must have fainted, for all became black darkness. The last conscious effort which imagination made was to show me a livid white face bending over me out of the mist.

I must be careful of such dreams, for they would unseat one's reason[10] if there were too much of them. I would get Dr. Van Helsing or Dr. Seward to prescribe something for me which would make me sleep, only that I fear to alarm them. Such a dream at the present time would become woven into their fears for me. Tonight I shall strive hard to sleep naturally. If I do not, I shall tomorrow night get them to give me

---

1) make certain on the point: 이 점을 확인하다.
2) leaden lethargy: 납처럼 무거운 무력감.
3) endured: 참고 지냈다.
4) The mist grew thicker and thicker, and I could see now how it came in, for I could see it like smoke: 여기서 드라큘라는 안개의 형태로 하커 부인의 방으로 들어온다.
5) joinings of the door: 문의 접합 부분.
6) pillar of cloud by day and of fire by night: 「출애굽기」의 13장 22절에 나오는 구절을 연상시킨다, '낮에는 구름 기둥, 밤에는 불기둥이 백성앞에서 떠나지 아니하니라.'
7) mental wandering: 환각 상태.
8) the horror burst upon me: 공포감이 나를 엄습하다.
9) growing into reality: 실체를 가진 존재로 변하였다는 의미.
10) unseat one's reason: 이성을 잃게 하다.

a dose[1] of chloral, that cannot hurt me for once,[2] and it will give me a good night's sleep. Last night tired me more than if I had not slept at all.

2 October 10 p.m.--Last night I slept, but did not dream. I must have slept soundly, for I was not waked by Jonathan coming to bed, but the sleep has not refreshed[3] me, for today I feel terribly weak and spiritless. I spent all yesterday trying to read, or lying down dozing. In the afternon, Mr. Renfield asked if he might see me.Poor man, he was very gentle, and when I came away he kissed my hand and bade God bless me. Some way it affected me much. I am crying when I think of him. This is a new weakness, of which I must be careful. Jonathan would be miserable if he knew I had been crying. He and the others were out till dinner time, and they all came in tired. I did what I could to brighten them up,[4] and I suppose that the effort did me good, for I forgot how tired I was. After dinner they sent me to bed, and all went off to smoke together, as they said, but I knew that they wanted to tell each other of what had occurred to each during the day. I could see from Jonathan's manner that he had something important to communicate. I was not so sleepy as I should have been, so before they went I asked Dr. Seward to give me a little opiate of some kind, as I had not slept well the night before. He very kindly made me up a sleeping draught,[5] which he gave to me, telling me that it would do me no harm, as it was very mild . . . I have taken it, and am waiting for sleep, which still keeps aloof.[6] I hope I have not done wrong, for as sleep begins to flirt with me,[7] a new fear comes, that I may have been foolish in thus depriving myself of the power of waking. I might want it. Here comes sleep. Goodnight.

---

1) dose: (약의) 일회 분.

2) for once: 이번 한번만은.

3) refreshed: 기운나게 하였다.

4) brighten them up: 그들을 기분 좋게 하다.

5) sleeping draught: (액체로 된) 수면제.

6) waiting for sleep, which still keeps aloof: '여전히 멀리 떨어져 있는(keep aloof) 잠을 기다리며'; 즉, 오지 않는 잠을 청하며.

7) sleep begins to flirt with me: flirt with는 '장난치다'; 여기서는 잠이 들락 말락 하였다는 의미.

CHAPTER 20

JONATHAN HARKER'S JOURNAL

1 October, evening.--I found Thomas Snelling in his house at Bethnal Green, but unhappily he was not in a condition to remember anything. The very prospect of beer which my expected coming had opened to him had proved too much, and he had begun too early on his expected debauch.[1] I learned, however, from his wife, who seemed a decent, poor soul, that he was only the assistant of Smollet, who of the two mates was the responsible person. So off I drove to Walworth, and found Mr. Joseph Smollet at home and in his shirtsleeves, taking a late tea out of a saucer.[2] He is a decent, intelligent fellow, distinctly a good, reliable type of workman, and with a head-piece[3] of his own. He remembered all about the incident of the boxes, and from a wonderful dog's-eared[4] notebook, which he produced from some mysterious receptacle[5] about the seat of his trousers, and which had hieroglyphical[6] entries in thick, half-obliterated[7] pencil, he gave me the destinations of the boxes. There were, he said, six in the cartload[8] which he took from Carfax and left at 197 Chicksand Street, Mile End New Town, and another six which he deposited at Jamaica Lane, Bermondsey.[9] If then the Count meant to scatter these ghastly refuges of his over London, these places were chosen as the first of delivery, so that later he might distribute more fully. The systematic manner in which this was done made me think that he could not mean to confine himself to two sides of London. He was now fixed on the far east on the northern shore, on the east of the southern shore, and on the south. The north and west were surely never meant to be left out of his diabolical scheme, let alone the City[10] itself and the very heart of fashionable London in the south-west and west. I went back to Smollet, and asked him if he could tell us if any other

1) dabauch: 폭음.
2) saucer: 받침 접시.
3) head-piece: 두뇌.
4) dog's-eared: 모서리가 접힌.
5) receptacle: 보관 장소.
6) hieroglyphical: 판독하기 어려운 필체로 된.
7) half-obliterated: 반쯤은 지워진.
8) cartload: 한 바리의 짐.
9) Miles End New Town, … Bermondsey: Miles End는 Whitechapel 근방에 있는 East End의 한 구역; Bermondsey는 Tower Bridge아래 템즈강 남쪽에 위치해있다.
10) City: 시티(런던의 상업·금융의 중심 지구).

boxes had been taken from Carfax.

He replied, "Well guv'nor, you've treated me very 'an'some",[1] I had given him half a sovereign, "an I'll tell yer all I know. I heard a man by the name of Bloxam say four nights ago in the 'Are an' 'Ounds, in Pincher's Alley, as 'ow he an' his mate 'ad 'ad a rare dusty job in a old 'ouse at Purfleet. There ain't a many such jobs as this 'ere, an' I'm thinkin' that maybe Sam Bloxam could tell ye summut."

I asked if he could tell me where to find him. I told him that if he could get me the address it would be worth another half-sovereign to him.[2] So he gulped[3] down the rest of his tea and stood up, saying that he was going to begin the search then and there.

At the door he stopped, and said, "Look 'ere, guv'nor, there ain't no sense in me a keepin' you 'ere. I may find Sam soon, or I mayn't, but anyhow he ain't like to be in a way to tell ye much tonight. Sam is a rare one when he starts on the booze.[4] If you can give me a envelope with a stamp on it, and put yer address on it, I'll find out where Sam is to be found and post it ye tonight. But ye'd better be up arter 'im soon in the mornin', never mind the booze the night afore."

This was all practical, so one of the children went off with a penny to buy an envelope and a sheet of paper, and to keep the change. When she came back, I addressed[5] the envelope and stamped it, and when Smollet had again faithfully promised to post the address when found, I took my way to home. We're on the track[6] anyhow. I am tired tonight, and I want to sleep. Mina is fast asleep, and looks a little too pale. Her eyes look as though she had been crying. Poor dear, I've no doubt it frets her to be kept in the dark, and it may make her doubly anxious about me and the others. But it is best as it is. It is better to be disappointed and worried in such a way now than to have her nerve broken.[7] The doctors were quite right to insist on her being kept out of this dreadful business. I must be firm, for on me this particular burden of silence must rest. I shall not ever enter on the subject with her under any circumstances.[8] Indeed, It may not be a hard task, after all, for she herself has become reticent on the subject, and has not spoken of the Count or his doings ever since we told her of our decision.

---

1) 'an'some: 'handsome'(관대하게)의 사투리.

2) if he could get me the address it would be worth another half-sovereign to him: 주소를 알려주면 10실링 금화를 더 주겠다는 의미.

3) gulped: 꿀꺽 마셨다.

4) starts on the booze: 몹시 취하기(on the booze) 시작하다.

5) addressed: 주소를 적었다.

6) on the track: 단서를 잡은.

7) have her nerve broken: 그녀의 기를 죽이다.

8) under any circumstances: 어떠한 일이 있어도.

2 October, evening--A long and trying and exciting day. By the first post I got my directed envelope[1] with a dirty scrap of paper enclosed, on which was written with a carpenter's pencil in a sprawling hand,[2] "Sam Bloxam, Korkrans, 4 Poters Cort, Bartel Street, Walworth. Arsk for the depite."

I got the letter in bed, and rose without waking Mina. She looked heavy and sleepy and pale, and far from well. I determined not to wake her, but that when I should return from this new search, I would arrange for her going back to Exeter. I think she would be happier in our own home, with her daily tasks to interest her, than in being here amongst us and in ignorance. I only saw Dr. Seward for a moment, and told him where I was off to, promising to come back and tell the rest so soon as I should have found out anything. I drove to Walworth and found, with some difficulty, Potter's Court. Mr. Smollet's spelling misled me, as I asked for Poter's Court instead of Potter's Court. However, when I had found the court, I had no difficulty in discovering Corcoran's lodging-house.[3]

When I asked the man who came to the door for the "depite," he shook his head, and said, "I dunno 'im.[4] There ain't no such a person 'ere. I never 'eard of 'im in all my bloomin' days. Don't believe there ain't nobody of that kind livin' 'ere or anywheres."

I took out Smollet's letter, and as I read it it seemed to me that the lesson of the spelling of the name of the court might guide me. "What are you?" I asked.

"I'm the depity,"[5] he answered.

I saw at once that I was on the right track. Phonetic spelling had again misled me. A half crown tip put the deputy's knowledge at my disposal,[6] and I learned that Mr. Bloxam, who had slept off the remains of his beer on the previous night at Corcoran's, had left for his work at Poplar[7] at five o'clock that morning. He could not tell me where the place of work was situated, but he had a vague idea that it was some kind of a "new-fangled ware'us,"[8] and with this slender clue[9] I had to start for Poplar. It was twelve o'clock before I got any satisfactory

1) directed envelope: 주소를 적은 봉투.

2) in a sprawling hand: 보기 흉한(sprawling) 필체로.

3) lodging-house: 숙박업소.

4) I dunno 'im: 'I don't know him'의 사투리.

5) depity: 'deputy'(대리인)의 사투리.

6) put the deputy's knowledge at my disposal: put at one's proposal은 '…의 재량에 맡기다'의 의미; 즉, 팁을 주었더니 그 대리인이 알고 있는 사실을 모두 알아낼 수 있었다는 의미.

7) Poplar: 런던의 동쪽에 있는 선착장.

8) new-fangled ware'us: new fangled는 '새로 유행하는'; 즉, 새로 유행하는 창고(warehouse).

9) slender clue: 약간의 실마리.

hint of such a building, and this I got at a coffee shop, where some workmen were having their dinner. One of them suggested that there was being erected at Cross Angel Street a new "cold storage" building, and as this suited the condition of a "new-fangled ware'us," I at once drove to it. An interview with a surly gatekeeper and a surlier foreman,[1] both of whom were appeased with the coin of the realm,[2] put me on the track of Bloxam. He was sent for on my suggestion that I was willing to pay his days wages to his foreman for the privilege of asking him a few questions on a private matter. He was a smart enough fellow, though rough of speech and bearing.[3] When I had promised to pay for his information and given him an earnest,[4] he told me that he had made two journeys between Carfax and a house in Piccadilly, and had taken from this house to the latter nine great boxes, "main[5] heavy ones," with a horse and cart hired by him for this purpose.

I asked him if he could tell me the number of the house in Piccadilly, to which he replied, "Well, guv'nor, I forgits the number, but it was only a few door from a big white church, or somethink of the kind, not long built. It was a dusty old 'ouse, too, though nothin' to the dustiness of the 'ouse we tooked the bloomin' boxes from."

"How did you get in if both houses were empty?"

"There was the old party what engaged me a waitin' in the 'ouse at Purfleet. He 'elped me to lift the boxes and put them in the dray.[6] Curse me, but he was the strongest chap I ever struck, an' him a old feller, with a white moustache, one that thin you would think he couldn't throw a shadder."

How this phrase thrilled through me!

"Why, 'e took up 'is end o' the boxes like they was pounds of tea, and me a puffin' an' a blowin' afore I could upend mine anyhow, an' I'm no chicken, neither."

"How did you get into the house in Piccadilly?" I asked.

"He was there too. He must 'a started off and got there afore me, for when I rung of the bell he kem an' opened the door 'isself an' 'elped me carry the boxes into the 'all."[7]

---

1) foreman: 십장.

2) appeased with coin of the realm: 이 세계(realm)에서 통용되는 돈(coin)으로 달랬다(appease)는 의미는 술을 사주었다는 뜻이다.

3) bearing: 태도.

4) given him an earnest: earnest는 '착수금'; 즉, 정보를 제공하면 돈을 주겠다는 의미로 착수름을 주었다는 의미.

5) main: 온 힘을 다해야 하는.

6) dray: 짐마차.

7) opened the door 'isself an' 'elped me to carry the boxes into the 'all: 'opened the door himself

"The whole nine?" I asked.

"Yus, there was five in the first load an' four in the second. It was main dry work, an' I don't so well remember 'ow I got 'ome."

I interrupted him, "Were the boxes left in the hall?"

"Yus, it was a big 'all, an' there was nothin' else in it."

I made one more attempt to further matters.[1] "You didn't have any key?"

"Never used no key nor nothink. The old gent, he opened the door 'isself an' shut it again when I druv off. I don't remember the last time, but that was the beer."

"And you can't remember the number of the house?"

"No, sir. But ye needn't have no difficulty about that. It's a 'igh 'un with a stone front with a bow on it, an' 'igh steps up to the door. I know them steps, 'avin' 'ad to carry the boxes up with three loafers[2] what come round to earn a copper. The old gent give them shillin's, an' they seein' they got so much, they wanted more. But 'e took one of them by the shoulder and was like to throw 'im down the steps, till the lot of them went away cussin'."

I thought that with this description I could find the house, so having paid my friend for his information, I started off for Piccadilly. I had gained a new painful experience. The Count could, it was evident, handle the earth boxes himself. If so, time was precious, for now that he had achieved a certain amount of distribution, he could, by choosing his own time, complete the task unobserved. At Piccadilly Circus[3] I discharged my cab,[4] and walked westward. Beyond the Junior Constitutional[5] I came across the house described and was satisfied that this was the next of the lairs arranged by Dracula. The house looked as though it had been long untenanted.[6] The windows were encrusted with dust, and the shutters were up. All the framework[7] was black with time, and from the iron the paint had mostly scaled away.[8] It was evident that up to lately there had been a large noticeboard[9] in front of the balcony. It had, however, been roughly torn away, the uprights[10] which had

---

and helped me to carry the boxes into the hall'의 사투리.

1) attempt to further matters: 이야기를 더 진전시키려(further)는 시도.

2) loafers: 빈둥거리는 사람.

3) Piccadilly Circus: 피커딜리 광장(런던 번화가의 중심가며 극장가).

4) discharged my cab: 마차에서 내려 마차를 돌려보냈다는 의미.

5) Junior Constitutional: 피커딜리에 있는 영국 보수당 사람들의 클럽.

6) untenanted: 임대되어 있지 않은.

7) framework: 건물의 뼈대.

8) scaled away: 벗겨져 떨어져 나간.

9) noticeboard: 고지판.

10) uprights: 수직으로 세운 기둥이나 막대기.

supported it still remaining. Behind the rails of the balcony I saw there were some loose boards, whose raw edges looked white. I would have given a good deal to have been able to see the notice board intact,[1] as it would, perhaps, have given some clue to the ownership of the house. I remembered my experience of the investigation and purchase of Carfax, and I could not but feel that I could find the former owner there might be some means discovered of gaining access to the house.[2]

There was at present nothing to be learned from the Piccadilly side, and nothing could be done, so I went around to the back to see if anything could be gathered from this quarter. The mews[3] were active, the Piccadilly houses being mostly in occupation. I asked one or two of the grooms and helpers whom I saw around if they could tell me anything about the empty house. One of them said that he heard it had lately been taken, but he couldn't say from whom. He told me, however, that up to very lately there had been a notice board of "For Sale" up, and that perhaps Mitchell, Sons, & Candy the house agents could tell me something, as he thought he remembered seeing the name of that firm on the board. I did not wish to seem too eager, or to let my informant[4] know or guess too much, so thanking him in the usual manner,I strolled away. It was now growing dusk, and the autumn night was closing in,[5] so I did not lose any time. Having learned the address of Mitchell, Sons, & Candy from a directory at the Berkeley, I was soon at their office in Sackville Street.

The gentleman who saw me was particularly suave in manner, but uncommunicative in equal proportion. Having once told me that the Piccadilly house, which throughout our interview he called a "mansion," was sold, he considered my business as concluded. When I asked who had purchased it, he opened his eyes a thought[6] wider, and paused a few seconds before replying, "It is sold, sir."

"Pardon me," I said, with equal politeness, "but I have a special reason for wishing to know who purchased it."

Again he paused longer, and raised his eyebrows still more. "It is sold, sir," was again his laconic reply.

"Surely," I said, "you do not mind letting me know so much."

"But I do mind," he answered. "The affairs of their clients are absolutely safe in the hands of Mitchell, Sons, & Candy."

---

1) intact: 본래대로의.

2) means of gaining access to the house: 집에 들어갈 수 있는 방법.

3) mews: 마구간.

4) informant: 정보 제공자.

5) closing in: (밤이) 다가오다.

6) a thought: '조금', '약간'(a little).

This was manifestly a prig of the first water,[1] and there was no use arguing with him. I thought I had best meet him on his own ground,[2] so I said, "Your clients, sir, are happy in having so resolute a guardian of their confidence.[3] I am myself a professional man."

Here I handed him my card. "In this instance I am not prompted by curiosity, I act on the part of Lord Godalming, who wishes to know something of the property which was, he understood, lately for sale."

These words put a different complexion on affairs.[4] He said, "I would like to oblige you if I could, Mr. Harker, and especially would I like to oblige his lordship. We once carried out a small matter of renting some chambers for him when he was the Honorable Arthur Holmwood. If you will let me have his lordship's address I will consult the House on the subject, and will, in any case, communicate with his lordship by tonight's post. It will be a pleasure if we can so far deviate from our rules[5] as to give the required information to his lordship."

I wanted to secure a friend, and not to make an enemy, so I thanked him, gave the address at Dr. Seward's and came away. It was now dark, and I was tired and hungry. I got a cup of tea at the Aerated Bread Company[6] and came down to Purfleet by the next train.

I found all the others at home. Mina was looking tired and pale, but she made a gallant effort to be bright and cheerful. It wrung my heart to think that I had had to keep anything from her and so caused her disquietude.[7] Thank God, this will be the last night of her looking on at our conferences, and feeling the sting[8] of our not showing our confidence. It took all my courage to hold to[9] the wise resolution of keeping her out of our grim task. She seems somehow more reconciled, or else the very subject seems to have become repugnant to her, for when any accidental allusion is made she actually shudders. I am glad we made our resolution in time, as with such a feeling as this,our growing knowledge would be torture to her.

I could not tell the others of the day's discovery till we were alone,

---

1) prig of the first water: prig는 '척하는 사람'; of the first water는 '최상의'; 즉, 최고로 양심적인 기업인인 척하는 사람이란 의미.

2) meet him on his own ground: '그의 입장에서(on his own ground) 그와 상대하다'; 즉, 전문직종의 사람의 입장에서 그의 입장을 이해한다며 그와 이야기를 나누었다는 의미.

3) guardian of their confidence: 고객에 관한 정보를 노출시키지 않고 지켜주는 사람이란 의미.

4) These words put a different complexion on affairs: puts a different complexion on the matter는 '이 문제를 새로운 상황으로 만든다'; 즉, 이 말이 상황을 바꾸어 놓았다는 의미.

5) deviate from our rules: 우리의 규칙에서 벗어나다.

6) Aerated Bread Company: 영국에 있는 차를 파는 체인점.

7) disquietude: '불안', '동요'.

8) sting: 고통.

9) hold to: …을 고수하다.

so after dinner, followed by a little music to save appearances[1] even amongst ourselves, I took Mina to her room and left her to go to bed. The dear girl was more affectionate with me than ever, and clung to me as though she would detain me, but there was much to be talked of and I came away. Thank God, the ceasing of telling things has made no difference between us.

When I came down again I found the others all gathered round the fire in the study. In the train I had written my diary so far, and simply read it off to them as the best means of letting them get abreast of my own information.[2]

When I had finished Van Helsing said, "This has been a great day's work, friend Jonathan. Doubtless we are on the track of the missing boxes. If we find them all in that house, then our work is near the end. But if there be some missing, we must search until we find them. Then shall we make our final coup,[3] and hunt the wretch to his real death."

We all sat silent awhile and all at once Mr. Morris spoke, "Say! How are we going to get into that house?"

"We got into the other,"answered Lord Godalming quickly.

"But, Art, this is different. We broke house at Carfax, but we had night and a walled park to protect us. It will be a mighty[4] different thing to commit burglary[5] in Piccadilly, either by day or night. I confess I don't see how we are going to get in unless that agency duck[6] can find us a key of some sort."

Lord Godalming's brows contracted,[7] and he stood up and walked about the room. By-and-by he stopped and said, turning from one to another of us, "Quincey's head is level.[8] This burglary business is getting serious. We got off[9] once all right, but we have now a rare job on hand. Unless we can find the Count's key basket."

As nothing could well be done before morning, and as it would be at least advisable[10] to wait till Lord Godalming should hear from Mitchell's,

1) save appearances: '통상적인 모습을 유지하다'; 속마음은 다른 이들에게 빨리 자신이 알아낸 정보를 알려주고 싶지만, 그 일은 식사가 끝나고 잠깐의 휴식을 취한 다음에 하는 것이 자연스러운 일상의 일이므로 참고 기다렸다는 의미.

2) get breast of my own information: get abreast of는 '뒤지지 않게 하다'의 의미; 즉, 이 문장은 내가 알고 있는 정보를 알려 주어 정보면에서 나보다 뒤쳐지지 않게 한다는 의미.

3) make our final coup: 마지막 일격(coup)을 가하다.

4) mighty: 매우(very).

5) commit burglary: 주거침입(burglary)을 저지르다.

6) agency duck: duck은 '녀석', '사람'이란 의미의 속어; 즉, 그 '직원 친구'란 의미.

7) contracted: (눈살을) 찌푸렸다.

8) level: '분별있는', '상황 판단을 정확히 하는'.

9) got off: (벌을) 면하였다.

10) advisable: 현명한.

we decided not to take any active step before breakfast time. For a good while we sat and smoked, discussing the matter in its various bearings;[1] I took the opportunity of bringing this diary right up to the moment. I am very sleepy and shall go to bed . . . .

Just a line. Mina sleeps soundly and her breathing is regular. Her forehead is puckered up into little wrinkles,[2] as though she thinks even in her sleep. She is still too pale, but does not look so haggard[3] as she did this morning. Tomorrow will, I hope, mend all this. She will be herself at home in Exeter. Oh, but I am sleepy!

DR. SEWARD'S DIARY

1 October.--I am puzzled afresh[4] about Renfield. His moods change so rapidly that I find it difficult to keep touch with[5] them, and as they always mean something more than his own well-being, they form a more than interesting study. This morning, when I went to see him after his repulse of Van Helsing, his manner was that of a man commanding destiny.[6] He was, in fact, commanding destiny, subjectively. He did not really care for any of the things of mere earth,[7] he was in the clouds[8] and looked down on all the weaknesses and wants of us poor mortals.

I thought I would improve the occasion[9] and learn something, so I asked him, "What about the flies these times?"

He smiled on me in quite a superior sort of way, such a smile as would have become the face of Malvolio,[10] as he answered me, "The fly, my dear sir, has one striking feature. It's wings are typical of the aerial powers of the psychic faculties.[11] The ancients did well when they typified[12] the soul as a butterfly!"

1) discussing the matter in its various bearings: 모든 방면에서(in various bearings) 그 문제에 관해 토론하다.
2) puckered up into little wrinkles: 오므려서 작은 주름이 졌다.
3) haggard: 수척한.
4) afresh: 다시(again).
5) keep touch with: …을 따라잡다.
6) man commanding destiny: 운명을 지배하는 사람.
7) things of mere earth: '단지 지상에 속한 존재(대상)'; 즉, 렌필드는 초월적 존재에만 관심이 있다는 의미.
8) was in the cloud: '세상사에 초연해 있었다'는 의미.
9) improve the occasion: 기회(occasion)를 이용하다(improve).
10) Malvolio: 셰익스피어의 『12야』(Twelfth Night)에 나오는 올리비아(Oliva)의 집사로 그는 Olivia가 자신을 사랑하고 있다는 속임수에 넘어가 그녀에 대한 사랑의 표시로 미소를 짓는다.
11) psychic faculties: 영적인 능력.
12) typified: 상징하였다.

I thought I would push his analogy to its utmost logically,[1] so I said quickly, "Oh, it is a soul you are after now, is it?"

His madness foiled his reason,[2] and a puzzled look spread over his face as, shaking his head with a decision which I had but seldom seen in him.

He said, "Oh, no, oh no! I want no souls. Life is all I want." Here he brightened up. "I am pretty indifferent about it at present. Life is all right. I have all I want. You must get a new patient, doctor, if you wish to study zoophagy!"

This puzzled me a little, so I drew him on. "Then you command life. You are a god, I suppose?"

He smiled with an ineffably[3] benign superiority. "Oh no! Far be it from me to arrogate to myself the attributes of the Deity.[4] I am not even concerned in His especially spiritual doings. If I may state my intellectual position I am, so far as concerns things purely terrestrial,[5] somewhat in the position which Enoch[6] occupied spiritually!"

This was a poser[7] to me. I could not at the moment recall Enoch's appositeness,[8] so I had to ask a simple question, though I felt that by so doing I was lowering myself in the eyes of the lunatic. "And why with Enoch?"

"Because he walked with God."[9]

I could not see the analogy, but did not like to admit it, so I harked back to[10] what he had denied. "So you don't care about life and you don't want souls. Why not?" I put my question quickly and somewhat sternly, on purpose to disconcert[11] him.

The effort succeeded, for an instant he unconsciously relapsed into his old servile manner, bent low before me, and actually fawned upon me as he replied. "I don't want any souls, indeed, indeed! I don't. I couldn't

---

1) push his analogy to its utmost logically: 자신의 유추를 극단적으로 밀고 나가다.

2) His madness foiled his reason: '그의 광기가 이성의 허를 찌르다(foil)'; 즉, 논리적이며 이성적인 척하였지만, 그의 광기 때문에 결국 이성적인 논리를 끝까지 유지하지 못하였다는 의미.

3) ineffably: 말로 표현할 수 없을 정도의.

4) arrogate to myself the attributes of the Deity: arrogate는 '사칭하다'; 즉, 자신이 신의 속성(attributes)을 가졌다고 주장하다.

5) terrestrial: 지상의.

6) Enoch: (구약) '에녹'(카인의 장남); 그는 365년 동안 하느님과 함께 동행하다 죽지 않고 하늘로 올라갔다고 한다.

7) poser: 어려운 문제.

8) appositeness: (비유의) 적절함.

9) Because he walked with God: 「창세기」 5장 24절에 에녹이 신과 함께 걸었다는 기록이 나온다. '에녹이 하나님과 동행하더니 하나님이 그를 데려가시므로 세상에 있지 아니하였더라.'

10) harked back to: '…로 다시 되돌아갔다'; 즉, 전에 그가 하던 이야기로 다시 화제를 바꾸었다는 의미.

11) disconcert: 허를 찌르다.

use them if I had them. They would be no manner of use[1] to me. I couldn't eat them or . . ."

He suddenly stopped and the old cunning look spread over his face, like a wind-sweep[2] on the surface of the water.

"And doctor, as to life, what is it after all? When you've got all you require, and you know that you will never want, that is all. I have friends, good friends, like you, Dr. Seward." This was said with a leer[3] of inexpressible cunning. "I know that I shall never lack the means of life!"

I think that through the cloudiness of his insanity he saw some antagonism[4] in me, for he at once fell back on the last refuge of such as he, a dogged silence. After a short time I saw that for the present it was useless to speak to him. He was sulky, and so I came away.

Later in the day he sent for me. Ordinarily I would not have come without special reason, but just at present I am so interested in him that I would gladly make an effort. Besides, I am glad to have anything to help pass the time. Harker is out, following up clues, and so are Lord Godalming and Quincey. Van Helsing sits in my study poring over the record prepared by the Harkers. He seems to think that by accurate knowledge of all details he will light upon some clue.[5] He does not wish to be disturbed in the work, without cause. I would have taken him with me to see the patient, only I thought that after his last repulse he might not care to go again. There was also another reason. Renfield might not speak so freely before a third person as when he and I were alone.

I found him sitting in the middle of the floor on his stool, a pose which is generally indicative[6] of some mental energy on his part. When I came in, he said at once, as though the question had been waiting on his lips. "What about souls?"

It was evident then that my surmise[7] had been correct. Unconscious cerebration[8] was doing its work, even with the lunatic. I determined to have the matter out.[9]

"What about them yourself?" I asked.

He did not reply for a moment but looked all around him, and up and

1) be no manner of use: 전혀 소용이 없다.

2) wind-sweep: 바람이 한번 획 쓸고 감.

3) leer: 추파.

4) antagonism: 적대감.

5) he seems to think that by accurate knowledge of all details he will light upon some clue: light on은 '발견하다'; 이 구절은 과학과 정확한 정보가 드라큘라에 대항하여 싸울 수 있는 유일한 무기가 된다는 사실을 암시하고 있다.

6) indicative: 나타내는.

7) surmise: 추측.

8) cerebration: '뇌 작용', '사고'.

9) have the matter out: 이 문제를 결말짓다.

down, as though he expected to find some inspiration for an answer.

"I don't want any souls!" He said in a feeble, apologetic way. The matter seemed preying on his mind,[1] and so I determined to use it, to "be cruel only to be kind."[2] So I said, "You like life, and you want life?"

"Oh yes! But that is all right. You needn't worry about that!"

"But," I asked,"how are we to get the life without getting the soul also?"

This seemed to puzzle him, so I followed it up, "A nice time you'll have some time when you're flying out here, with the souls of thousands of flies and spiders and birds and cats buzzing and twittering and miauing[3] all around you. You've got their lives, you know, and you must put up with their souls!"

Something seemed to affect his imagination, for he put his fingers to his ears and shut his eyes, screwing them up[4] tightly just as a small boy does when his face is being soaped. There was something pathetic in it that touched me. It also gave me a lesson, for it seemed that before me was a child, only a child, though the features were worn, and the stubble[5] on the jaws was white. It was evident that he was undergoing some process of mental disturbance, and knowing how his past moods had interpreted things seemingly foreign to himself, I thought I would enter into his mind as well as I could and go with him

The first step was to restore confidence,[6] so I asked him, speaking pretty loud so that he would hear me through his closed ears,"Would you like some sugar to get your flies around again?"

He seemed to wake up all at once, and shook his head. With a laugh he replied, "Not much! Flies are poor things, after all!" After a pause he added, "But I don't want their souls buzzing round me, all the same."

"Or spiders?" I went on.

"Blow spiders![7] What's the use of spiders? There isn't anything in them to eat or . . ." He stopped suddenly as though reminded of a forbidden topic.

"So, so!" I thought to myself, "this is the second time he has suddenly stopped at the word `drink'. What does it mean?"

Renfield seemed himself aware of having made a lapse,[8] for he

1) preying on his mind: 그의 마음을 괴롭히다(prey on).
2) be cruel only to be kind: 셰익스피어의 『햄릿』(Hamlet)의 3막 4장 179절의 구문이다.
3) miauing: (고양이가) 야옹 울다(miaou).
4) screwing them up: 눈을 가늘게 뜨다(screw up).
5) stubble: 짧은 수염.
6) restore confidence: 신뢰(confidence)를 회복하다.
7) Blow spiders: blow는 '저주하다'(damn)의 의미; 즉, '빌어먹을 거미'란 의미다.
8) made a lapse: 실수하였다.

hurried on, as though to distract my attention from it, "I don't take any stock at all in such matters. `Rats and mice and such small deer,'[1] as Shakespeare has it, `chicken-feed of the larder'[2] they might be called. I'm past all that sort of nonsense.[3] You might as well ask a man to eat molecules with a pair of chopsticks, as to try to interest me about the lesser carnivora,[4] when I know of what is before me."

"I see," I said."You want big things that you can make your teeth meet in? How would you like to breakfast on an elephant?"

"What ridiculous nonsense you are talking?" He was getting too wide awake, so I thought I would press him hard.

"I wonder," I said reflectively, "what an elephant's soul is like!"

The effect I desired was obtained, for he at once fell from his high-horse[5] and became a child again.

"I don't want an elephant's soul, or any soul at all!" he said. For a few moments he sat despondently. Suddenly he jumped to his feet, with his eyes blazing and all the signs of intense cerebral excitement. "To hell with you and your souls!"[6] he shouted. "Why do you plague me about souls? Haven't I got enough to worry, and pain, to distract me already, without thinking of souls?"

He looked so hostile that I thought he was in for another homicidal fit, so I blew my whistle.

The instant, however, that I did so he became calm, and said apologetically, "Forgive me, Doctor. I forgot myself. You do not need any help. I am so worried in my mind that I am apt to be irritable.[7] If you only knew the problem I have to face, and that I am working out,[8] you would pity, and tolerate, and pardon me. Pray do not put me in a strait waistcoat. I want to think and I cannot think freely when my body is confined. I am sure you will understand!"

He had evidently self-control, so when the attendants came I told them not to mind, and they withdrew. Renfield watched them go. When the door was closed he said with considerable dignity and sweetness, "Dr. Seward, you have been very considerate towards me. Believe me that I

---

1) Rats and mice and such small deer: 셰익스피어의 「리어왕」(King Lear)의 3막 4장 135절에 나오는 구절로 원문과는 약간의 차이가 있다; 원문은 다음과 같다. 'mice and rats and such small deer.'

2) chicken-feed of the larder: 식료품 저장실(larder)의 닭 모이(chicken-feed).

3) past all that sort of nonsense: 그런 유치한 단계는 지났다는 의미.

4) lesser carnivora: 하등(lesser) 육식동물(carnivora).

5) fell from his high-horse: high horse는 '오만한 태도'; 즉, 오만한 태도를 버렸다.

6) To hell with you and your souls: 당신과 당신이 말하는 영혼문제는 이제 집어치우라는 의미.

7) irritable: 흥분하기 쉬운.

8) working out: 해결하다.

am very, very grateful to you!"

I thought it well to leave him in this mood, and so I came away. There is certainly something to ponder over[1] in this man's state. Several points seem to make what the American interviewer calls "a story," if one could only get them in proper order. Here they are:

Will not mention "drinking."

Fears the thought of being burdened with the "soul" of anything.

Has no dread of wanting "life" in the future.

Despises the meaner forms of life[2] altogether, though he dreads being haunted by their souls.

Logically all these things point one way! He has assurance[3] of some kind that he will acquire some higher life.

He dreads the consequence, the burden of a soul. Then it is a human life he looks to![4]

And the assurance . . . ?

Merciful God! The Count has been to him, and there is some new scheme of terror afoot![5]

Later.--I went after my round to Van Helsing and told him my suspicion. He grew very grave, and after thinking the matter over for a while asked me to take him to Renfield. I did so. As we came to the door we heard the lunatic within singing gaily, as he used to do in the time which now seems so long ago.

When we entered we saw with amazement that he had spread out his sugar as of old. The flies, lethargic with the autumn,[6] were beginning to buzz into the room. We tried to make him talk of the subject of our previous conversation, but he would not attend. He went on with his singing, just as though we had not been present. He had got a scrap of paper and was folding it into a notebook. We had to come away as ignorant as we went in.

His is a curious case indeed. We must watch him tonight.

Letter, Mitchell, Sons & Candy To Lord Godalming.

"1 October.

"My Lord,—

1) ponder over: …에 대해 곰곰이 생각하다.
2) meaner forms of life: 하등 생물.
3) assurance: 확신.
4) looks to: '기대하다', '바라다'.
5) new scheme of terror afoot: afoot는 '진행되고 있는'; 즉, 진행중인 새로운 공포스런 계획.
6) lethargic with the autumn: 가을이 돼서 움직임이 활발치 못한.

"We are at all times only too happy to meet your wishes[1]. We beg, with regard to the desire of your Lordship, expressed by Mr. Harker on your behalf, to supply the following information concerning the sale and purchase of No.347, Piccadilly. The original vendors are the executors[2] of the late Mr. Archibald Winter-Suffield. The purchaser is a foreign nobleman, Count de Ville, who effected the purchase[3] himself paying the purchase money in notes `over the counter,'[4] if your Lordship will pardon us using so vulgar an expression. Beyond this we know nothing whatever of him. "We are, my Lord,

"Your Lordship's humble servants,

"MITCHELL, SONS & CANDY."

DR. SEWARD'S DIARY

2 October.--I placed a man in the corridor last night, and told him to make an accurate note of any sound he might hear from Renfield's room, and gave him instructions that if there should be anything strange he was to call me. After dinner, when we had all gathered round the fire in the study, Mrs. Harker having gone to bed, we discussed the attempts and discoveries of the day. Harker was the only one who had any result, and we are in great hopes that his clue may be an important one.

Before going to bed I went round to the patient's room and looked in through the observation trap. He was sleeping soundly, his heart rose and fell with regular respiration.

This morning the man on duty reported to me that a little after midnight he was restless and kept saying his prayers somewhat loudly. I asked him if that was all. He replied that it was all he heard. There was something about his manner, so suspicious that I asked him point-blank[5] if he had been asleep. He denied sleep, but admitted to having "dozed" for a while. It is too bad that men cannot be trusted unless they are watched.

Today Harker is out following up his clue,[6] and Art and Quincey are looking after horses. Godalming thinks that it will be well to have horses always in readiness, for when we get the information which we

1) meet your wishes: 당신의 소망에 부흥하다(meet).
2) executors: 지정 유언 집행자.
3) effected the purchase: effect는 '실행에 옮기다'; 즉, 구매하였다는 의미.
4) over the counter: 판매장에서.
5) point-blank: 단도직입적으로.
6) following up his clue: 자신이 발견한 실마리를 따라서.

seek there will be no time to lose. We must sterilize all the imported earth between sunrise and sunset. We shall thus catch the Count at his weakest, and without a refuge to fly to. Van Helsing is off to the British Museum looking up some authorities on ancient medicine[1]. The old physicians took account of[2] things which their followers do not accept, and the Professor is searching for witch and demon cures which may be useful to us later.

I sometimes think we must be all mad and that we shall wake to sanity in strait waistcoats.

Later.--We have met again. We seem at last to be on the track, and our work of tomorrow may be the beginning of the end. I wonder if Renfield's quiet has anything to do with this. His moods have so followed the doings of the Count, that the coming destruction of the monster may be carried to him some subtle way. If we could only get some hint as to what passed in his mind, between the time of my argument with him today and his resumption[3] of fly-catching, it might afford us a valuable clue. He is now seemingly quiet for a spell[4] . . . Is he? That wild yell seemed to come from his room . . .

The attendant came bursting into my room and told me that Renfield had somehow met with some accident. He had heard him yell, and when he went to him found him lying on his face on the floor, all covered with blood. I must go at once . . .

1) ancient medicine: medicine은 의약품이 아니라 '주물'(呪物), '부적'의 의미; 고대의 주물.

2) took account of: …에 대해 주의를 기울였다.

3) resumption: 다시 시작함.

4) for a spell: 잠시 동안.

CHAPTER 21

DR. SEWARD'S DIARY

3 October.--Let me put down with exactness[1] all that happened, as well as I can remember, since last I made an entry. Not a detail that I can recall must be forgotten. In all calmness I must proceed.

When I came to Renfield's room I found him lying on the floor on his left side in a glittering pool of blood. When I went to move him, it became at once apparent that he had received some terrible injuries. There seemed none of the unity of purpose between the parts of the body which marks even lethargic sanity. As the face was exposed I could see that it was horribly bruised,[2] as though it had been beaten against the floor. Indeed it was from the face wounds that the pool of blood originated.

The attendant who was kneeling beside the body said to me as we turned him over, "I think, sir, his back is broken. See, both his right arm and leg and the whole side of his face are paralysed." How such a thing could have happened puzzled the attendant beyond measure.[3] He seemed quite bewildered, and his brows were gathered in[4] as he said, "I can't understand the two things. He could mark his face like that by beating his own head on the floor. I saw a young woman do it once at the Eversfield Asylum before anyone could lay hands on[5] her. And I suppose he might have broken his neck by falling out of bed, if he got in an awkward kink.[6] But for the life of me I can't imagine how the two things occurred. If his back was broke, he couldn't beat his head, and if his face was like that before the fall out of bed, there would be marks of it."

I said to him, "Go to Dr. Van Helsing, and ask him to kindly come here at once. I want him without an instant's delay."

The man ran off, and within a few minutes the Professor, in his dressing gown and slippers, appeared. When he saw Renfield on the ground, he looked keenly at him a moment, and then turned to me. I think he recognized my thought in my eyes, for he said very quietly, manifestly[7] for the ears of the attendant, "Ah, a sad accident! He will

1) with exactness: 정확히.
2) bruised: 상처를 입은.
3) beyond measure: '몹시', '대단히'.
4) gathered in: (이마를) 찌푸렸다.
5) lay hands on: 잡다.
6) kink: 경련.
7) manifestly: 분명히.

need very careful watching, and much attention. I shall stay with you myself, but I shall first dress myself. If you will remain I shall in a few minutes join you."

The patient was now breathing stertorously and it was easy to see that he had suffered some terrible injury.

Van Helsing returned with extraordinary celerity,[1] bearing with him a surgical case. He had evidently been thinking and had his mind made up, for almost before he looked at the patient, he whispered to me, "Send the attendant away. We must be alone with him when he becomes conscious, after the operation."

I said, "I think that will do now, Simmons. We have done all that we can at present. You had better go your round, and Dr. Van Helsing will operate. Let me know instantly if there be anything unusual anywhere."

The man withdrew, and we went into a strict examination of the patient. The wounds of the face were superficial.[2] The real injury was a depressed fracture[3] of the skull, extending right up through the motor area.[4]

The Professor thought a moment and said, "We must reduce the pressure and get back to normal conditions, as far as can be. The rapidity of the suffusion[5] shows the terrible nature of his injury. The whole motor area seems affected. The suffusion of the brain will increase quickly, so we must trephine[6] at once or it may be too late."

As he was speaking there was a soft tapping at the door. I went over and opened it and found in the corridor without, Arthur and Quincey in pajamas and slippers, the former spoke, "I heard your man call up Dr. Van Helsing and tell him of an accident. So I woke Quincey or rather called for him as he was not asleep. Things are moving too quickly and too strangely for sound sleep for any of us these times. I've been thinking that tomorrow night will not see things[7] as they have been. We'll have to look back, and forward a little more than we have done. May we come in?"

I nodded, and held the door open till they had entered, then I closed it again. When Quincey saw the attitude and state of the patient, and noted the horrible pool on the floor, he said softly, "My God! What has happened to him? Poor, poor devil!"

I told him briefly, and added that we expected he would recover

1) with extraordinary celerity: 매우 신속(celerity)하게.
2) superficial: 표면에만 국한되는.
3) depressed fracture: 뼈가 내려앉은 골절.
4) motor area: 근육이 있는 부분.
5) suffusion: '퍼짐', '전이'.
6) trephine: 머리에 구멍을 내다.
7) things: 상황.

consciousness after the operation, for a short time, at all events. He went at once and sat down on the edge of the bed, with Godalming beside him. We all watched in patience.

"We shall wait," said Van Helsing, "just long enough to fix the best spot for trephining, so that we may most quickly and perfectly remove the blood clot,[1] for it is evident that the haemorrhage[2] is increasing."

The minutes during which we waited passed with fearful slowness. I had a horrible sinking in my heart, and from Van Helsing's face I gathered that he felt some fear or apprehension as to what was to come. I dreaded the words Renfield might speak. I was positively afraid to think. But the conviction of what was coming was on me, as I have read of men who have heard the death-watch.[3] The poor man's breathing came in uncertain gasps.Each instant he seemed as though he would open his eyes and speak, but then would follow a prolonged stertorous breath, and he would relapse into a more fixed insensibility. Inured[4] as I was to sick beds and death, this suspense grew and grew upon me.[5] I could almost hear the beating of my own heart, and the blood surging through my temples sounded like blows from a hammer. The silence finally became agonizing. I looked at my companions, one after another, and saw from their flushed faces and damp brows that they were enduring equal torture. There was a nervous suspense over us all, as though overhead some dread bell would peal out[6] powerfully when we should least expect it.

At last there came a time when it was evident that the patient was sinking fast. He might die at any moment. I looked up at the Professor and caught his eyes fixed on mine. His face was sternly set as he spoke, "There is no time to lose. His words may be worth many lives. I have been thinking so, as I stood here. It may be there is a soul at stake![7] We shall operate just above the ear."

Without another word he made the operation. For a few moments the breathing continued to be stertorous. Then there came a breath so prolonged that it seemed as though it would tear open his chest. Suddenly his eyes opened, and became fixed in a wild, helpless stare. This was continued for a few moments, then it was softened into

1) blood clot: 핏덩이.
2) haemorrhage: 출혈.
3) death-watch: 살짝 수염벌레(이 벌레 소리를 듣는 사람은 곧 죽을 것이라 여겨져 붙여진 이름이다).
4) inured: '익숙한', '단련된'.
5) this suspense grew and grew upon me: 긴장감이 점점 더해갔다는 의미.
6) peal out: 울려 퍼지다.
7) at stake: 위태로운.

a glad surprise, and from his lips came a sigh of relief. He moved convulsively,[1] and as he did so, said, "I'll be quiet, Doctor. Tell them to take off the strait waistcoat. I have had a terrible dream, and it has left me so weak that I cannot move. What's wrong with my face? It feels all swollen, and it smarts dreadfully."

He tried to turn his head, but even with the effort his eyes seemed to grow glassy again so I gently put it back. Then Van Helsing said in a quiet grave tone, "Tell us your dream, Mr. Renfield."

As he heard the voice his face brightened, through its mutilation,[2] and he said, "That is Dr. Van Helsing. How good it is of you to be here. Give me some water, my lips are dry, and I shall try to tell you. I dreamed" . . .

He stopped and seemed fainting. I called quietly to Quincey, "The brandy, it is in my study, quick!" He flew and returned with a glass, the decanter of brandy and a carafe of water. We moistened the parched[3] lips, and the patient quickly revived.

It seemed, however, that his poor injured brain had been working in the interval, for when he was quite conscious, he looked at me piercingly with an agonized confusion which I shall never forget, and said, "I must not deceive myself. It was no dream, but all a grim reality." Then his eyes roved round the room.[4] As they caught sight of the two figures sitting patiently on the edge of the bed he went on, "If I were not sure already, I would know from them."

For an instant his eyes closed, not with pain or sleep but voluntarily, as though he were bringing all his faculties to bear.[5] When he opened them he said, hurriedly, and with more energy than he had yet displayed, "Quick, Doctor, quick, I am dying! I feel that I have but a few minutes, and then I must go back to death, or worse! Wet my lips with brandy again. I have something that I must say before I die. Or before my poor crushed brain dies anyhow. Thank you! It was that night after you left me, when I implored you to let me go away. I couldn't speak then, for I felt my tongue was tied. But I was as sane then, except in that way, as I am now. I was in an agony of despair for a long time after you left me, it seemed hours. Then there came a sudden peace to me. My brain seemed to become cool again, and I realized where I was. I heard the dogs bark behind our house, but not where He was!"

---

1) convulsively: 발작적으로.
2) mutilation: 신체의 심한 손상.
3) parched: 바싹 마른.
4) rove round the room: 방주변을 (눈을) 두리번거리며 보다(rove).
5) bringing all his faculties to bear: 자신의 능력(faculties)을 발휘(총 동원)하다(bring to bear).

As he spoke, Van Helsing's eyes never blinked,[1] but his hand came out and met mine and gripped it hard. He did not, however, betray himself.[2] He nodded slightly and said, "Go on," in a low voice.

Renfield proceeded. "He came up to the window in the mist, as I had seen him often before, but he was solid then,[3] not a ghost, and his eyes were fierce like a man's when angry. He was laughing with his red mouth, the sharp white teeth glinted in the moonlight when he turned to look back over the belt of trees, to where the dogs were barking. I wouldn't ask him to come in at first,[4] though I knew he wanted to, just as he had wanted all along. Then he began promising me things, not in words but by doing them."

He was interrupted by a word from the Professor, "How?"

"By making them happen. Just as he used to send in the flies when the sun was shining. Great big fat ones with steel and sapphire on their wings. And big moths, in the night, with skull and cross-bones[5] on their backs."

Van Helsing nodded to him as he whispered to me unconsciously, "The *Acherontia Atropos of the Sphinges,*[6] what you call the `Death's-head moth'?"[7]

The patient went on without stopping, "Then he began to whisper.`Rats, rats, rats! Hundreds, thousands, millions of them, and every one a life. And dogs to eat them, and cats too. All lives! All red blood, with years of life in it, and not merely buzzing flies!' I laughed at him, for I wanted to see what he could do. Then the dogs howled, away beyond the dark trees in His house. He beckoned me to the window. I got up and looked out, and He raised his hands,and seemed to call out without using any words. A dark mass spread over the grass, coming on like the shape of a flame of fire. And then He moved the mist to the right and left, and I could see that there were thousands of rats with their eyes blazing red, like His only smaller. He held up his hand, and they all stopped, and I thought he seemed to be saying, `All these lives will I give you, ay, and many more and greater, through countless ages,

1) blinked: (눈을) 깜박거렸다.

2) betray himself: 감정(속마음)을 드러내다.

3) He was solid then: 그 당시에 드라큘라는 안개와 같은 기체나 환상적인 모습이 아니라 육체를 갖고 모습을 드러냈다는 의미.

4) I wouldn't ask Him to come in at first: 드라큘라는 자신을 원하지 않는 사람에게는 처음부터 다가갈 수 없다.

5) skull and cross-bones: 해골 밑에 대퇴골을 열십자로 그린 그림; 이 그림은 해적기나 죽음을 상징하는 데 종종 사용된다.

6) *Acherontia Atropos of the Sphinges*: Acheron은 저승에 있는 강, Atropos는 운명의 여신(Fates)중의 하나, Sphinges는 스핑크스(Sphinx)의 복수형.

7) Death's-head moth: (곤충) 해골 나방.

if you will fall down and worship me!'[1] And then a red cloud, like the color of blood, seemed to close over my eyes, and before I knew what I was doing, I found myself opening the sash and saying to Him, `Come in, Lord and Master!' The rats were all gone, but He slid into the room through the sash, though it was only open an inch wide, just as the Moon herself has often come in through the tiniest crack and has stood before me in all her size and splendor."

His voice was weaker, so I moistened his lips with the brandy again, and he continued, but it seemed as though his memory had gone on working in the interval for his story was further advanced.[2] I was about to call him back to the point,[3] but Van Helsing whispered to me, "Let him go on. Do not interrupt him. He cannot go back, and maybe could not proceed at all if once he lost the thread of his thought."[4]

He proceeded, "All day I waited to hear from him, but he did not send me anything, not even a blow-fly,[5] and when the moon got up I was pretty angry with him. When he did slide in through the window, though it was shut, and did not even knock, I got mad with him. He sneered at me, and his white face looked out of the mist with his red eyes gleaming, and he went on as though he owned the whole place, and I was no one. He didn't even smell the same as he went by me. I couldn't hold him. I thought that, somehow, Mrs. Harker had come into the room."

The two men sitting on the bed stood up and came over, standing behind him so that he could not see them, but where they could hear better. They were both silent, but the Professor started and quivered. His face, however, grew grimmer and sterner still. Renfield went on without noticing,[6] "When Mrs. Harker came in to see me this afternoon she wasn't the same. It was like tea after the teapot has been watered."[7] Here we all moved, but no one said a word.

He went on, "I didn't know that she was here till she spoke, and she didn't look the same. I don't care for the pale people. I like them with lots of blood in them, and hers all seemed to have run out.[8] I didn't think

---

1) All these lives will I give you, … if you will fall down and worship me: 이는 예수를 유혹하기 위해 권세를 약속하는 사탄의 말을 연상시킨다.(「마태복음」4장 참조)

2) his story was further advanced: 그의 이야기는 입 밖으로 나온 것 보다 그의 마음속으로 더 진행되었었다는 의미.

3) call him back to the point: 입 밖으로 말하던 부분으로 그의 진술을 되돌리려 했다는 의미; 렌필드는 자신의 마음속에서만 맴돌고 있는 내용을 실제로 진술했다고 믿으며 이야기를 이어가기 때문에, 그의 진술을 듣는 시워드는 이야기의 비약을 경험하고 있는 것이다.

4) lost the thread of his thought: 생각이 끊어졌다.

5) blow-fly: 금파리.

6) without noticing: 눈치채지 못하고.

7) watered: 물을 부어놓은.

8) run out: 밖으로 흘러나오다.

of it at the time, but when she went away I began to think, and it made me mad to know that He had been taking the life out of her." I could feel that the rest quivered, as I did. But we remained otherwise still. "So when He came tonight I was ready for Him.[1] I saw the mist stealing in, and I grabbed[2] it tight. I had heard that madmen have unnatural strength. And as I knew I was a madman, at times anyhow, I resolved to use my power. Ay, and He felt it too, for He had to come out of the mist to struggle with me. I held tight, and I thought I was going to win, for I didn't mean[3] Him to take any more of her life, till I saw His eyes. They burned into me, and my strength became like water. He slipped through it, and when I tried to cling to Him, He raised me up and flung me down. There was a red cloud before me, and a noise like thunder, and the mist seemed to steal away under the door."

His voice was becoming fainter and his breath more stertorous. Van Helsing stood up instinctively.

"We know the worst now," he said. "He is here, and we know his purpose. It may not be too late. Let us be armed, the same as we were the other night, but lose no time, there is not an instant to spare."[4]

There was no need to put our fear, nay our conviction, into words,[5] we shared them in common. We all hurried and took from our rooms the same things that we had when we entered the Count's house. The Professor had his ready, and as we met in the corridor he pointed to them significantly as he said, "They never leave me, and they shall not till this unhappy business is over. Be wise also, my friends. It is no common enemy that we deal with Alas! Alas! That dear Madam Mina should suffer!" He stopped, his voice was breaking,[6] and I do not know if rage or terror predominated in my own heart.[7]

Outside the Harkers' door we paused. Art and Quincey held back,[8] and the latter said, "Should we disturb her?"

"We must," said Van Helsing grimly. "If the door be locked, I shall break it in."

---

1) I was ready for Him: Him은 드라큘라를 상징; 랜필드는 그를 신처럼 받들기 때문에 대문자로 표기하였다.

2) grabbed: 움켜잡았다.

3) mean: '원한다'(want)의 의미.

4) there is not an instant to spare: 일초도 허비할 수 없다.

5) There was no need to put our fear, nay our conviction, into words: 우리의 두려움, 확신을 말로 표현(put into words)할 필요가 없었다.

6) his voice was breaking: 목이 메었다.

7) I do not know if rage or terror predominated in my heart: predominate는 '우세하다'; 즉, 자신의 마음에 분노와 공포 중 어느 감정이 더 많은지 모르겠다는 말은 자신은 공포와 두려움을 동시에 느끼고 있다는 뜻이다.

8) held back: 멈칫하였다.

"May it not frighten her terribly? It is unusual to break into a lady's room!"

Van Helsing said solemnly, "You are always right. But this is life and death. All chambers are alike to the doctor. And even were they not they are all as one to me tonight. Friend John, when I turn the handle, if the door does not open, do you put your shoulder down and shove.[1] And you too, my friends. Now!"

He turned the handle as he spoke, but the door did not yield.[2] We threw ourselves against it. With a crash it burst open,[3] and we almost fell headlong[4] into the room. The Professor did actually fall, and I saw across him as he gathered himself up from hands and knees.[5] What I saw appalled me. I felt my hair rise like bristles[6] on the back of my neck, and my heart seemed to stand still.[7]

The moonlight was so bright that through the thick yellow blind the room was light enough to see. On the bed beside the window lay Jonathan Harker, his face flushed and breathing heavily as though in a stupor.[8] Kneeling on the near edge of the bed facing outwards was the white-clad figure of his wife. By her side stood a tall, thin man, clad in black. His face was turned from us, but the instant we saw we all recognized the Count, in every way, even to the scar on his forehead. With his left hand he held both Mrs. Harker's hands, keeping them away with her arms at full tension. His right hand gripped her by the back of the neck, forcing her face down on his bosom. Her white night-dress was smeared with blood, and a thin stream trickled down the man's bare chest[9] which was shown by his torn-open dress.[10] The attitude of the two had a terrible resemblance to a child forcing a kitten's nose into a saucer of milk to compel it to drink. As we burst into the room, the Count turned his face, and the hellish look that I had heard described seemed to leap into it. His eyes flamed red with devilish passion. The great nostrils of the white aquiline nose opened wide and quivered at the edge, and the white sharp teeth, behind the

1) shove: 강하게 밀다.

2) door did not yield: '문이 열리지 않았다'는 의미.

3) with a crash it burst open: 요란한 소리를 내면서(with a crash) 문이 확 열리다(burst open).

4) fell headlong: 앞으로 넘어졌다.

5) gathered himself up from hands and knees: 손과 무릎을 짚고 일어났다.

6) bristles: 뻣뻣한 털.

7) my heart seemed to stand still: 나의 심장이 멈추는 것 같았다.

8) as though in a stupor: 마치 혼미상태(stupor)에 빠진 것처럼.

9) Her white nightdress was smeared with blood, and a thin stream trickled down the man's bare breast: trickled down은 '똑똑 떨어지다'; 하커부인에게 자신의 피를 주는 드라큘라의 모습은 예수가 자신의 피를 상징하는 포도주를 제자들에게 나누어 주는 장면을 연상시킨다.

10) torn-open dress: 잡아 당겨 연 옷.

full lips of the blood dripping mouth, clamped together like those of a wild beast. With a wrench,[1] which threw his victim back upon the bed as though hurled from a height,[2] he turned and sprang at us.[3] But by this time the Professor had gained his feet,[4] and was holding towards him the envelope which contained the Sacred Wafer. The Count suddenly stopped, just as poor Lucy had done outside the tomb, and cowered back.[5] Further and further back he cowered, as we, lifting our crucifixes, advanced. The moonlight suddenly failed, as a great black cloud sailed across the sky. And when the gaslight sprang up under Quincey's match, we saw nothing but a faint vapor. This, as we looked, trailed[6] under the door, which with the recoil from its bursting open,[7] had swung back to its old position. Van Helsing, Art, and I moved forward to Mrs. Harker, who by this time had drawn her breath[8] and with it had given a scream so wild, so ear-piercing, so despairing that it seems to me now that it will ring in my ears till my dying day. For a few seconds she lay in her helpless attitude and disarray.[9] Her face was ghastly, with a pallor which was accentuated by the blood[10] which smeared her lips and cheeks and chin. From her throat trickled a thin stream of blood. Her eyes were mad with terror. Then she put before her face her poor crushed hands, which bore on their whiteness the red mark of the Count's terrible grip, and from behind them came a low desolate wail which made the terrible scream seem only the quick expression of an endless grief. Van Helsing stepped forward and drew the coverlet gently over her body, whilst Art, after looking at her face for an instant despairingly, ran out of the room.

Van Helsing whispered to me, "Jonathan is in a stupor such as we know the Vampire can produce. We can do nothing with poor Madam Mina for a few moments till she recovers herself. I must wake him!"

He dipped the end of a towel in cold water and with it began to flick him on the face, his wife all the while holding her face between her hands and sobbing in a way that was heart breaking to hear. I raised the blind, and looked out of the window. There was much moonshine, and

1) With a wrench: 비틀어 빼면서.
2) as though hurled from a height: 마치 높은 곳(height)에서 던져진(hurled) 것처럼.
3) sprang at us: 우리에게 달려들었다.
4) gained his feet: 일어섰다.
5) cowered back: (겁을 내며) 뒤로 물러섰다.
6) trailed: '(꼬리를 끌듯이) 점차 사라졌다'는 의미.
7) with the recoil from its bursting open: recoil은 '반동', burst open은 '확 밀어 열다'는 의미; 즉, 문을 확 열어 재친 후 생긴 반동으로.
8) drawn her breath: 숨을 들이쉬었다.
9) disarray: 흐트러진 옷매무새.
10) a pallor which was accentuated by the blood: 피 색깔 때문에 눈에 더 두드러지게 보이는(accentuated) 그녀의 창백함.

as I looked I could see Quincey Morris run across the lawn and hide himself in the shadow of a great yew tree. It puzzled me to think why he was doing this. But at the instant I heard Harker's quick exclamation as he woke to partial consciousness,[1] and turned to the bed. On his face, as there might well be, was a look of wild amazement. He seemed dazed for a few seconds, and then full consciousness seemed to burst upon him all at once,[2] and he started up.

His wife was aroused by the quick movement, and turned to him with her arms stretched out, as though to embrace him. Instantly, however, she drew them in again,[3] and putting her elbows together, held her hands before her face,and shuddered till the bed beneath her shook.

"In God's name what does this mean?" Harker cried out. "Dr. Seward, Dr. Van Helsing, what is it? What has happened? What is wrong? Mina, dear what is it? What does that blood mean? My God, my God! Has it come to this!" And, raising himself to his knees,[4] he beat his hands wildly together."Good God help us! Help her! Oh, help her!"

With a quick movement he jumped from bed, and began to pull on[5] his clothes, all the man in him awake at the need for instant exertion.[6] "What has happened? Tell me all about it!" he cried without pausing. "Dr. Van Helsing you love Mina, I know. Oh, do something to save her. It cannot have gone too far yet. Guard her while I look for him!"

His wife, through her terror and horror and distress, saw some sure danger to him. Instantly forgetting her own grief, she seized hold of him and cried out.

"No! No! Jonathan, you must not leave me. I have suffered enough tonight, God knows, without the dread of his harming you. You must stay with me. Stay with these friends who will watch over you!" Her expression became frantic as she spoke. And, he yielding to her,[7] she pulled him down sitting on the bedside, and clung to him fiercely.

Van Helsing and I tried to calm them both. The Professor held up his golden crucifix, and said with wonderful calmness, "Do not fear, my dear. We are here, and whilst this is close to you no foul thing

1) woke to partial consciousness: 잠에서 깨 현재의 상황을 어느 정도 의식하게 되었다는 의미.
2) full consciousness seemed to burst upon him all at once: 갑자기(at once) 완전한 의식을 되찾게 되었다는 의미.
3) drew them in: '팔을 도로 거두어 들였다'; 드라큘라의 피를 마신 하커 부인은 드라큘라의 조종에 따라 하커에게 위해를 가하려 하나, 자신의 통제력을 발휘하여 스스로 이를 저지한 것이다.
4) raising himself to his knees: 몸을 일으켜 무릎을 바닥에 대고 앉다.
5) pull on: 옷을 입다.
6) all the man in him awake at the need for instant exertion: all the man은 '(용기와 같은) 남성다움', the need for instant exertion은 '즉각 행동을 하여야 할 필요성'; 즉, 즉시 행동해야 할 필요성 때문에 그의 남자다움이 살아났다는 의미.
7) yielded to her: 그녀의 뜻에 따랐다.

can approach. You are safe for tonight, and we must be calm and take counsel[1] together."

She shuddered and was silent, holding down her head on her husband's breast. When she raised it, his white nightrobe was stained with blood where her lips had touched, and where the thin open wound in the neck had sent forth drops. The instant she saw it she drew back, with a low wail, and whispered, amidst choking sobs.

"Unclean, unclean! I must touch him or kiss him no more.[2] Oh, that it should be that it is I who am now his worst enemy, and whom he may have most cause to fear."

To this he spoke out resolutely, "Nonsense, Mina. It is a shame to me to hear such a word. I would not hear it of you. And I shall not hear it from you. May God judge me by my deserts,[3] and punish me with more bitter suffering than even this hour, if by any act or will of mine anything ever come between us!"

He put out his arms and folded her to his breast. And for a while she lay there sobbing. He looked at us over her bowed head, with eyes that blinked damply above his quivering nostrils. His mouth was set as steel.[4]

After a while her sobs became less frequent and more faint, and then he said to me, speaking with a studied[5] calmness which I felt tried his nervous power to the utmost.

"And now, Dr. Seward, tell me all about it. Too well I know the broad fact.[6] Tell me all that has been."

I told him exactly what had happened and he listened with seeming impassiveness,[7] but his nostrils twitched[8] and his eyes blazed as I told how the ruthless hands of the Count had held his wife in that terrible and horrid position, with her mouth to the open wound in his breast. It interested me, even at that moment, to see that whilst the face of white set passion worked convulsively over the bowed head, the hands tenderly and lovingly stroked the ruffled hair.[9] Just as I had finished,

---

1) take counsel: 협의하다.

2) Unclean, unclean! I must touch him or kiss him no more: 드라큘라에게 피를 빨리고 그의 피를 마신 행위는 일종의 성적인 접촉으로 상징적으로 해석될 수 있다. 하커부인이 자신을 불결하다고 생각한 이유도 이를 뒷받침한다.

3) deserts: 응분의 상(벌).

4) his mouth was set at steel: set는 '다물다; 즉, 그의 입이 아주 꽉(as steel) 다물어졌다.

5) studied: 심사숙고한.

6) broad fact: 명백한 사실.

7) with seeming impassiveness: 겉으로는(seeming) 아무 감정의 동요없이.

8) twitched: (코를) 씰룩거렸다.

9) hands tenderly and lovingly stroked the ruffled hair: 드라큘라의 피를 빠는 하커 부인의 흐트러진(ruffled) 머리를 쓰다듬는 드라큘라의 모습도 피를 마시는 행위가 상징적으로 성적인 의미로 해석될 수 있음을 암시한다.

Quincey and Godalming knocked at the door. They entered in obedience to our summons. Van Helsing looked at me questioningly.[1] I understood him to mean if we were to take advantage of their coming to divert if possible the thoughts of the unhappy husband and wife from each other and from themselves. So on my nodding acquiescence to him[2] he asked them what they had seen or done. To which Lord Godalming answered.

"I could not see him anywhere in the passage, or in any of our rooms. I looked in the study but, though he had been there, he had gone. He had, however . . ." He stopped suddenly, looking at the poor drooping figure[3] on the bed.

Van Helsing said gravely, "Go on, friend Arthur. We want here no more concealments. Our hope now is in knowing all.[4] Tell freely!"

So Art went on, "He had been there, and though it could only have been for a few seconds, he made rare hay of the place.[5] All the manuscript had been burned, and the blue flames were flickering amongst the white ashes. The cylinders of your phonograph too were thrown on the fire, and the wax had helped the flames."[6]

Here I interrupted. "Thank God there is the other copy in the safe!"[7]

His face lit for a moment,[8] but fell again as he went on. "I ran downstairs then, but could see no sign of him. I looked into Renfield's room, but there was no trace there except . . ." Again he paused.

"Go on," said Harker hoarsely. So he bowed his head and moistening his lips with his tongue, added, "except that the poor fellow is dead."

Mrs. Harker raised her head, looking from one to the other of us she said solemnly, "God's will be done!"

I could not but feel that Art was keeping back something.[9] But, as I took it that it was with a purpose,[10] I said nothing.

Van Helsing turned to Morris and asked, "And you, friend Quincey, have you any to tell?"

"A little," he answered. "It may be much eventually, but at present I

1) questioningly: 의미심장하게.

2) on my nodding acquiescence to him: 그의 뜻을 따르겠다(acquiescence)는 의미로 고개를 끄덕이자(nodding).

3) drooping figure: 고개를 숙이고 있는 사람.

4) Our hope now is in knowing all: 모든 상황을 다 알아야 드라큘라를 물리칠 희망을 갖게 된다는 의미.

5) made rare hay of the place: make hay of는 '엉망으로 만들다'; 즉, '그 곳을 아주 엉망으로 만들었다'는 의미.

6) wax had helped the flames: '밀랍 때문에 불이 더 잘 탔다'는 의미.

7) safe: 금고.

8) His face lit for a moment: 잠시 그의 얼굴이 환해졌다(light).

9) keeping back something: 무언가 감추고 있다(keep back).

10) with a purpose: 의도적으로.

can't say. I thought it well to know if possible where the Count would go when he left the house. I did not see him, but I saw a bat rise from Renfield's window, and flap westward. I expected to see him in some shape go back to Carfax, but he evidently sought some other lair. He will not be back tonight, for the sky is reddening in the east, and the dawn is close. We must work tomorrow!"

He said the latter words through his shut teeth. For a space of perhaps a couple of minutes[1] there was silence, and I could fancy that I could hear the sound of our hearts beating.

Then Van Helsing said, placing his hand tenderly on Mrs. Harker's head, "And now, Madam Mina, poor dear, dear, Madam Mina, tell us exactly what happened. God knows that I do not want that you be pained, but it is need that we know all. For now more than ever has all work to be done quick and sharp,[2] and in deadly earnest. The day is close to us that must end all, if it may be so, and now is the chance that we may live and learn."

The poor dear lady shivered, and I could see the tension of her nerves as she clasped her husband closer to her and bent her head lower and lower still on his breast. Then she raised her head proudly, and held out one hand to Van Helsing who took it in his, and after stooping and kissing it reverently, held it fast. The other hand was locked[3] in that of her husband, who held his other arm thrown round her protectingly. After a pause in which she was evidently ordering her thoughts,[4] she began.

"I took the sleeping draught which you had so kindly given me, but for a long time it did not act.[5] I seemed to become more wakeful, and myriads of horrible fancies began to crowd in upon my mind.[6] All of them connected with death, and vampires, with blood, and pain, and trouble." Her husband involuntarily groaned as she turned to him and said lovingly, "Do not fret, dear. You must be brave and strong, and help me through the horrible task. If you only knew what an effort it is to me to tell of this fearful thing at all, you would understand how much I need your help. Well, I saw I must try to help the medicine do its work with my will,[7] if it was to do me any good, so I resolutely set myself to sleep.[8] Sure enough sleep must soon

---

1) For a space of perhaps a couple of minutes: 아마 2분여 동안(for a space).

2) quick and sharp: 빠르고 빈틈없이(sharp).

3) locked: 단단히 쥐었다.

4) ordering her thought: 그녀의 생각을 정리하다.

5) it did not act: 효과가 없었다.

6) crowd in upon my mind: 물밀 듯이 나의 머리에 떠올랐다.

7) help the medicine do its work with my will: 나의 의지로(with my will) 약효가 나타나도록 도왔다는 의미.

8) set myself to sleep: set oneself to는 '본격적으로 시작하다'; 즉, '난 본격적으로 자려고 시도하였다'.

have come to me, for I remember no more. Jonathan coming in had not waked me, for he lay by my side when next I remember. There was in the room the same thin white mist that I had before noticed. But I forget now if you know of this. You will find it in my diary which I shall show you later. I felt the same vague terror which had come to me before and the same sense of some presence. I turned to wake Jonathan, but found that he slept so soundly that it seemed as if it was he who had taken the sleeping draught, and not I. I tried, but I could not wake him. This caused me a great fear, and I looked around terrified. Then indeed, my heart sank within me. Beside the bed, as if he had stepped out of the mist, or rather as if the mist had turned into his figure, for it had entirely disappeared, stood a tall, thin man, all in black. I knew him at once from the description of the others. The waxen face, the high aquiline nose, on which the light fell in a thin white line, the parted red lips, with the sharp white teeth showing between, and the red eyes that I had seemed to see in the sunset on the windows of St. Mary's Church at Witby. I knew, too, the red scar on his forehead where Jonathan had struck him. For an instant my heart stood still, and I would have screamed out, only that I was paralyzed. In the pause he spoke in a sort of keen, cutting[1] whisper, pointing as he spoke to Jonathan.

"`Silence! If you make a sound I shall take him and dash his brains out[2] before your very eyes.' I was appalled and was too bewildered to do or say anything. With a mocking smile, he placed one hand upon my shoulder and, holding me tight, bared[3] my throat with the other, saying as he did so, `First, a little refreshment[4] to reward my exertions. You may as well be quiet.[5] It is not the first time, or the second, that your veins have appeased[6] my thirst!' I was bewildered, and strangely enough, I did not want to hinder him. I suppose it is a part of the horrible curse that such is, when his touch is on his victim. And oh, my God, my God, pity me! He placed his reeking lips upon my throat!" Her husband groaned again. She clasped his hand harder, and looked at him pityingly, as if he were the injured one,[7] and went on.

1) cutting: 매서운.
2) dash his brains out: 그의 머리가 깨지게 바닥에 내팽개치겠다는 의미.
3) bared: 드러냈다.
4) refreshment: (원기회복에 도움이 되는) 간단한 음식.
5) You may as well be quiet: may as well은 '… 하는 편이 좋다'; 즉, (저항하지 말고) 가만히 있는 것이 좋겠다.
6) appeased: (갈증을) 풀었다.
7) She clasped his hand harder, and looked at him pityingly, as if he were the injured one: 드라큘라에게 피를 빨린 미나가 남편을 동정어린 시선으로 보는 것도 피를 빨리는 행위에 성적인 의미가 숨어있음을 암시한다.

"I felt my strength fading away, and I was in a half-swoon.[1] How long this horrible thing lasted I know not, but it seemed that a long time must have passed before he took his foul, awful, sneering mouth away. I saw it drip with the fresh blood!" The remembrance seemed for a while to overpower her, and she drooped and would have sunk down but for her husband's sustaining arm. With a great effort she recovered herself and went on.

"Then he spoke to me mockingly, `And so you, like the others, would play your brains against mine.[2] You would help these men to hunt me and frustrate me in my design! You know now, and they know in part already, and will know in full before long, what it is to cross my path. They should have kept their energies for use closer to home. Whilst they played wits against me, against me who commanded nations, and intrigued for them, and fought for them, hundreds of years before they were born, I was countermining them. And you, their best beloved one, are now to me, flesh of my flesh, blood of my blood, kin of my kin, my bountiful wine-press for a while, and shall be later on my companion and my helper. You shall be avenged in turn, for not one of them but shall minister to your needs. But as yet you are to be punished for what you have done. You have aided in thwarting me. Now you shall come to my call. When my brain says "Come!" to you, you shall cross land or sea to do my bidding. And to that end this!'

With that he pulled open his shirt, and with his long sharp nails opened a vein in his breast. When the blood began to spurt out, he took my hands in one of his, holding them tight, and with the other seized my neck and pressed my mouth to the wound, so that I must either suffocate or swallow some to the . . . Oh, my God! My God! What have I done? What have I done to deserve such a fate, I who have tried to walk in meekness and righteousness all my days. God pity me! Look down on a poor soul in worse than mortal peril. And in mercy pity those to whom she is dear!" Then she began to rub her lips as though to cleanse them from pollution.

As she was telling her terrible story, the eastern sky began to quicken, and everything became more and more clear. Harker was still and quiet. But over his face, as the awful narrative went on, came a grey look which deepened and deepened in the morning light, till when the first red streak of the coming dawn shot up, the flesh stood darkly out against the whitening hair.

We have arranged that one of us is to stay within call of the unhappy pair till we can meet together and arrange about taking action.

Of this I am sure. The sun rises today on no more miserable house in all the great round of its daily course.

1) in half-swoon: 반쯤은 정신을 잃은 상태에 있는.
2) play your brains against mine: 나와 두뇌싸움을 하다.

CHAPTER 22

JONATHAN HARKER'S JOURNAL

3 October.-- As I must do something or go mad, I write this diary. It is now six o'clock, and we are to meet in the study in half an hour and take something to eat, for Dr. Van Helsing and Dr. Seward are agreed that if we do not eat we cannot work our best.[1] Our best will be, God knows, required today. I must keep writing at every chance, for I dare not stop to think. All, big and little, must go down.[2] Perhaps at the end the little things may teach us most. The teaching, big or little, could not have landed Mina or me anywhere worse than we are today. However, we must trust and hope. Poor Mina told me just now, with the tears running down her dear cheeks, that it is in trouble and trial that our faith is tested. That we must keep on trusting, and that God will aid us up to the end. The end! Oh my God! What end? . . . To work! To work!

When Dr. Van Helsing and Dr. Seward had come back from seeing poor Renfield, we went gravely into[3] what was to be done. First, Dr. Seward told us that when he and Dr. Van Helsing had gone down to the room below they had found Renfield lying on the floor, all in a heap.[4] His face was all bruised and crushed in, and the bones of the neck were broken.

Dr. Seward asked the attendant who was on duty in the passage if he had heard anything. He said that he had been sitting down, he confessed to half dozing,[5] when he heard loud voices in the room, and then Renfield had called out loudly several times, "God! God! God!" After that there was a sound of falling, and when he entered the room he found him lying on the floor, face down, just as the doctors had seen him. Van Helsing asked if he had heard "voices" or "a voice," and he said he could not say. That at first it had seemed to him as if there were two, but as there was no one in the room it could have been only one. He could swear to it, if required, that the word "God" was spoken by the patient.

Dr. Seward said to us, when we were alone, that he did not wish to go into the matter. The question of an inquest[6] had to be considered, and

1) work our best: 우리의 최대한의 능력을 발휘하다.

2) go down: 기록하다.

3) went gravely into: 심각하게 자세히 논하였다(go into).

4) all in a heap: 웅크린 채.

5) confessed to half dozing: 반쯤을 졸았다고 고백하였다.

6) inquest: 검시(檢屍).

it would never do to put forward the truth,[1] as no one would believe it. As it was, he thought that on the attendant's evidence[2] he could give a certificate of death by misadventure[3] in falling from bed. In case the coroner should demand it, there would be a formal inquest, necessarily to the same result.[4]

When the question began to be discussed as to what should be our next step, the very first thing we decided was that Mina should be in full confidence.[5] That nothing of any sort, no matter how painful, should be kept from her. She herself agreed as to its wisdom, and it was pitiful to see her so brave and yet so sorrowful, and in such a depth of despair.

"There must be no concealment," she said. "Alas! We have had too much already. And besides there is nothing in all the world that can give me more pain than I have already endured, than I suffer now! Whatever may happen, it must be of new hope or of new courage to me!"

Van Helsing was looking at her fixedly as she spoke, and said, suddenly but quietly, "But dear Madam Mina, are you not afraid. Not for yourself, but for others from yourself, after what has happened?"

Her face grew set in its lines, but her eyes shone with the devotion of a martyr as she answered, "Ah no! For my mind is made up!"

"To what?" he asked gently, whilst we were all very still, for each in our own way we had a sort of vague idea of what she meant.

Her answer came with direct simplicity, as though she was simply stating a fact, "Because if I find in myself, and I shall watch keenly for it, a sign of harm to any that I love, I shall die!"

"You would not kill yourself?" he asked, hoarsely.

"I would. If there were no friend who loved me, who would save me such a pain, and so desperate an effort!" She looked at him meaningly[6] as she spoke.

He was sitting down, but now he rose and came close to her and put his hand on her head as he said solemnly. "My child, there is such an one if it were for your good. For myself I could hold it in my account with God to[7] find such an euthanasia[8] for you, even at this moment if it were best. Nay, were it safe! But my child . . ."

1) put forward the truth: 진실을 제시하다(put forward).
2) evidence: 증언.
3) by misadventure: 불운(misadventure)에 의해.
4) to the same result: 같은 결과로 이어지는.
5) be in full confidence: 모든 것을 다 털어놓는 관계다.
6) meaningly: 의미심장하게.
7) hold it in my account with God to: …하는 것을 신과의 약속으로 삼겠다는 의미.
8) euthanasia: '편히 죽는 것'; 여기서는 안락사란 의미가 아니라 흡혈귀처럼 죽었으나 죽지 못한 상태가 아니라, 진정한 휴식의 세계로 들어가는 '진정한 죽음'을 의미한다.

For a moment he seemed choked, and a great sob rose in his throat. He gulped it down and went on, "There are here some who would stand between you and death.[1] You must not die. You must not die by any hand, but least of all your own. Until the other, who has fouled[2] your sweet life, is true dead you must not die. For if he is still with the quick Undead, your death would make you even as he is. No, you must live! You must struggle and strive to live, though death would seem a boon unspeakable. You must fight Death himself, though he come to you in pain or in joy. By the day, or the night, in safety or in peril! On your living soul[3] I charge you that you do not die. Nay, nor think of death, till this great evil be past."

The poor dear grew white as death,[4] and shook and shivered, as I have seen a quicksand[5] shake and shiver at the incoming of the tide.[6] We were all silent. We could do nothing. At length she grew more calm and turning to him said sweetly, but oh so sorrowfully, as she held out her hand, "I promise you, my dear friend, that if God will let me live, I shall strive to do so. Till, if it may be in His good time, this horror may have passed away from me."

She was so good and brave that we all felt that our hearts were strengthened to work and endure for her, and we began to discuss what we were to do. I told her that she was to have all the papers in the safe, and all the papers or diaries and phonographs we might hereafter use, and was to keep the record as she had done before. She was pleased with the prospect of anything to do, if "pleased" could be used in connection with so grim an interest.[7]

As usual Van Helsing had thought ahead of everyone else,[8] and was prepared with an exact ordering of our work.

"It is perhaps well," he said, "that at our meeting after our visit to Carfax we decided not to do anything with the earth boxes that lay there. Had we done so, the Count must have guessed our purpose, and would doubtless have taken measures in advance to frustrate such an effort with regard to the others. But now he does not know our intentions. Nay, more, in all probability,[9] he does not know that such a power exists to us as can sterilize

1) some who would stand between you and death: 당신과 죽음 사이를 가로 막는 사람이란, 당신이 죽음에 이르지 않게 할 사람이란 의미.
2) fouled: '오염시키다', '더럽히다'.
3) On your living soul: 당신의 영혼을 걸고.
4) grew white as death: 몹시 창백해졌다.
5) quicksand: 유사(流砂).
6) incoming of the tide: 밀물이 몰려옴.
7) interest: 관여하는 일.
8) thought ahead of everyone else: 다른 누구보다 앞서 생각하였다.
9) in all probability: 십중팔구는.

his lairs, so that he cannot use them as of old.[1]

"We are now so much further advanced in our knowledge as to their disposition[2] that, when we have examined the house in Piccadilly, we may track the very last of them. Today then, is ours, and in it rests our hope. The sun that rose on our sorrow this morning guards us in its course. Until it sets tonight, that monster must retain whatever form he now has. He is confined within the limitations of his earthly envelope.[3] He cannot melt into thin air nor disappear through cracks or chinks or crannies. If he go through a doorway, he must open the door like a mortal. And so we have this day to hunt out all his lairs and sterilize them. So we shall, if we have not yet catch him and destroy him, drive him to bay[4] in some place where the catching and the destroying shall be, in time, sure."

Here I started up for I could not contain myself at the thought that[5] the minutes and seconds so preciously laden with[6] Mina's life and happiness were flying from us, since whilst we talked action was impossible. But Van Helsing held up his hand warningly.

"Nay, friend Jonathan," he said, "in this, the quickest way home is the longest way, so your proverb say. We shall all act and act with desperate quick,[7] when the time has come. But think, in all probable the key of the situation is in that house in Piccadilly. The Count may have many houses which he has bought. Of them he will have deeds of purchase,[8] keys and other things. He will have paper that he write on. He will have his book of cheques. There are many belongings that he must have somewhere. Why not in this place so central, so quiet, where he come and go by the front or the back at all hours, when in the very vast of the traffic there is none to notice. We shall go there and search that house. And when we learn what it holds, then we do what our friend Arthur call, in his phrases of hunt `stop the earths'[9] and so we run down[10] our old fox, so? Is it not?"

"Then let us come at once," I cried, "we are wasting the precious,

1) as of old: 과거처럼.

2) disposition: '위치', '배치'.

3) He is confined within the limitations of his earthly envelope: 이 문장은 드라큘라가 쉴 수 있는 곳은 일정한 흙에 국한(confined)되었다는 의미.

4) drive him to bay: 그를 궁지(bay)에 몰다.

5) I could not contain myself at the thought that: … 라는 생각에 나는 자제(contain myself) 할 수 없었다.

6) laden with: … 이 달려있는.

7) with desperate quick: 여기서 quick은 '신속함'이란 명사로 사용되었다; 몹시 빠르게.

8) deeds of purchase: 구매 증서(deed).

9) stop the earths: (사냥 용어) 짐승의 굴이나 은신처를 막는다는 의미.

10) run down: 뒤쫓다.

precious time!"

The Professor did not move, but simply said, "And how are we to get into that house in Piccadilly?"

"Any way!" I cried. "We shall break in if need be."

"And your police? Where will they be, and what will they say?"

I was staggered, but I knew that if he wished to delay he had a good reason for it. So I said, as quietly as I could, "Don't wait more than need be.[1] You know, I am sure, what torture I am in."

"Ah, my child, that I do. And indeed there is no wish of me to add to your anguish. But just think, what can we do, until all the world be at movement. Then will come our time. I have thought and thought, and it seems to me that the simplest way is the best of all. Now we wish to get into the house, but we have no key. Is it not so?" I nodded.

"Now suppose that you were, in truth, the owner of that house, and could not still get in. And think there was to you no conscience of the housebreaker, what would you do?"

"I should get a respectable locksmith, and set him to work to pick the lock for me."[2]

"And your police, they would interfere, would they not?"

"Oh no! Not if they knew the man was properly employed."

"Then," he looked at me as keenly as he spoke, "all that is in doubt is the conscience of the employer, and the belief of your policemen as to whether or not that employer has a good conscience or a bad one. Your police must indeed be zealous men and clever, oh so clever, in reading the heart, that they trouble themselves[3] in such matter. No, no, my friend Jonathan, you go take the lock off a hundred empty houses in this your London, or of any city in the world, and if you do it as such things are rightly done, and at the time such things are rightly done, no one will interfere. I have read of a gentleman who owned a so fine house in London, and when he went for months of summer to Switzerland and lock up his house, some burglar come and broke window at back and got in. Then he went and made open the shutters in front and walk out and in through the door, before the very eyes of the police.[4] Then he have an auction[5] in that house, and advertise it, and put up[6] big notice. And when the day come he sell off by a great auctioneer all the goods

1) more than need be: 필요 이상으로.

2) set him to work to pick the lock for me: set him to는 '… 하도록 시키다'; pick the lock은 '자물쇠를 열다'; 즉, 그로 하여금 나를 위해 자물쇠를 열도록 하겠다는 의미.

3) trouble themselves: 관계하다.

4) before the very eyes of the police: 바로 경찰관 앞에서.

5) auction: 경매.

6) put up: (광고를) 내 붙이다.

of that other man who own them. Then he go to a builder, and he sell him that house, making an agreement that he pull it down[1] and take all away within a certain time. And your police and other authority help him all they can. And when that owner come back from his holiday in Switzerland he find only an empty hole where his house had been. This was all done *en r gle*,[2] and in our work we shall be *en r gle* too. We shall not go so early that the policemen who have then little to think of, shall deem it strange. But we shall go after ten o'clock, when there are many about,[3] and such things would be done were we indeed owners of the house."

I could not but see how right he was and the terrible despair of Mina's face became relaxed in thought. There was hope in such good counsel.

Van Helsing went on, "When once within that house we may find more clues. At any rate[4] some of us can remain there whilst the rest find the other places where there be more earth boxes, at Bermondsey and Mile End."

Lord Godalming stood up. "I can be of some use here," he said. "I shall wire to my people to have horses and carriages where they will be most convenient."

"Look here, old fellow," said Morris, "it is a capital[5] idea to have all ready in case we want to go horsebacking,[6] but don't you think that one of your snappy[7] carriages with its heraldic adornments[8] in a byeway[9] of Walworth or Mile End would attract too much attention for our purpose? It seems to me that we ought to take cabs when we go south or east. And even leave them somewhere near the neighborhood we are going to."

"Friend Quincey is right!" said the Professor. "His head is what you call in plane with the horizon.[10] It is a difficult thing that we go to do, and we do not want no peoples to watch us if so it may."

Mina took a growing interest in everything and I was rejoiced to see that the exigency of affairs[11] was helping her to forget for a time

1) pull it down: 허물다.
2) en r gle: (불어) 법에 따라서.
3) when there are many about: 주변에 많은 사람이 있을 때.
4) at any rate: 어쨌든.
5) capital: 훌륭한.
6) go horsebacking: 말을 타고가다.
7) snappy: 멋진.
8) heraldic adornments: (가문을 나타내는) 문장(紋章) 장식.
9) byeway: 샛길(byway).
10) in plane with the horizon: '수평선과 같은 높이인'; 이 말은 냉철하고 판단력이 있다는 의미.
11) exigency of affairs: 일의 위급성(exigency).

the terrible experience of the night. She was very, very pale, almost ghastly, and so thin that her lips were drawn away,[1] showing her teeth in somewhat of prominence. I did not mention this last, lest it should give her needless pain, but it made my blood run cold in my veins to think of what had occurred with poor Lucy when the Count had sucked her blood. As yet there was no sign of the teeth growing sharper, but the time as yet was short, and there was time for fear.

When we came to the discussion of the sequence of our efforts and of the disposition of our forces,[2] there were new sources of doubt. It was finally agreed that before starting for Piccadilly we should destroy the Count's lair close at hand. In case he should find it out too soon, we should thus be still ahead of him in our work of destruction. And his presence in his purely material shape,[3] and at his weakest, might give us some new clue.

A s to the disposal of forces, it was suggested by the Professor that, after our visit to Carfax, we should all enter the house in Piccadilly. That the two doctors and I should remain there, whilst Lord Godalming and Quincey found the lairs at Walworth and Mile End and destroyed them. It was possible, if not likely, the Professor urged, that the Count might appear in Piccadilly during the day, and that if so we might be able to cope with[4] him then and there. At any rate, we might be able to follow him in force.[5] To this plan I strenuously[6] objected, in so far as my going was concerned,[7] for I said that I intended to stay and protect Mina. I thought that my mind was made up on the subject, but Mina would not listen to my objection.[8] She said that there might be some law matter in which I could be useful. That amongst the Count's papers might be some clue which I could understand out of my experience in Transylvania. And that, as it was, all the strength we could muster[9] was required to cope with the Count's extraordinary power. I had to give in, for Mina's resolution was fixed. She said that it was the last hope for her that we should all work together.

"As for me," she said, "I have no fear. Things have been as bad as

---

1) drawn away: 뒤로 빼었다.

2) disposition of our forces: '우리 병력(forces)의 작전계획'(disposition); 드라큘라를 처단하기 위해 조직된 이 그룹의 작전 계획을 말한다.

3) his presence in his purely material shape: 육체를 띠고 나타났을 때의 드라큘라를 지칭.

4) cope with: …에 대항하다

5) follow him in force: 힘에 있어서 그를 대적할 만하다는 의미.

6) strenuously: 격렬하게.

7) in so far as my going was concerned: 내가 가는 문제에 국한해서.

8) would not listen to my objection: 나의 반대(objection)를 수용하지 않으려 하다.

9) muster: '모으다', '분발하다'.

they can be. And whatever may happen must have in it some element of hope or comfort. Go, my husband! God can, if He wishes it, guard me as well alone as with any one present."

So I started up crying out, "Then in God's name let us come at once, for we are losing time. The Count may come to Piccadilly earlier than we think."

"Not so!" said Van Helsing, holding up his hand.

"But why?" I asked.

"Do you forget," he said, with actually a smile, "that last night he banqueted heavily,[1] and will sleep late?"

Did I forget! Shall I ever . . . can I ever! Can any of us ever forget that terrible scene! Mina struggled hard to keep her brave countenance,[2] but the pain overmastered[3] her and she put her hands before her face, and shuddered whilst she moaned. Van Helsing had not intended to recall her frightful experience. He had simply lost sight of her[4] and her part in the affair in his intellectual effort.

When it struck him what he had said,[5] he was horrified at his thoughtlessness and tried to comfort her.

"Oh, Madam Mina," he said,"dear, dear, Madam Mina, alas! That I of all who so reverence you should have said anything so forgetful. These stupid old lips of mine and this stupid old head do not deserve so, but you will forget it, will you not?" He bent low beside her as he spoke.

She took his hand, and looking at him through her tears, said hoarsely, "No, I shall not forget, for it is well that I remember. And with it I have so much in memory of you[6] that is sweet, that I take it all together. Now, you must all be going soon. Breakfast is ready, and we must all eat that we may be strong."

Breakfast was a strange meal to us all. We tried to be cheerful and encourage each other, and Mina was the brightest and most cheerful of us. When it was over, Van Helsing stood up and said, "Now, my dear friends, we go forth to our terrible enterprise.[7] Are we all armed, as we were on that night when first we visited our enemy's lair. Armed against ghostly as well as carnal attack?"

We all assured him.

---

1) banqueted heavily: 실컷 향연을 즐겼다(실컷 먹었다).

2) keep her brave countenance: 용감한 표정을 짓다.

3) overmastered: 압도하였다.

4) lost sight of her: 그녀의 존재를(일을) 잊어버렸다.

5) When it struck him what he had said: strike은 '충격을 주다'; 즉, 자신이 한 말로 스스로 충격 받았을 때란 의미.

6) in memory of you: 당신을 기념해서.

7) go forth to our terrible enterprise: 이 무서운 일을 본격적으로 시작하다.

"Then it is well. Now, Madam Mina, you are in any case quite safe here until the sunset. And before then we shall return . . . if . . . We shall return! But before we go let me see you armed against personal attack. I have myself, since you came down, prepared your chamber by the placing of things of which we know, so that He may not enter. Now let me guard yourself. On your forehead I touch this piece of Sacred Wafer in the name of the Father, the Son, and . . .

There was a fearful scream which almost froze our hearts[1] to hear. As he had placed the Wafer on Mina's forehead, it had seared[2] it . . . had burned into the flesh as though it had been a piece of white-hot[3] metal. My poor darling's brain had told her the significance of the fact as quickly as her nerves received the pain of it, and the two so overwhelmed her that her overwrought nature had its voice in that dreadful scream.

But the words to her thought came quickly. The echo of the scream had not ceased to ring on the air when there came the reaction, and she sank on her knees on the floor in an agony of abasement.[4] Pulling her beautiful hair over her face, as the leper[5] of old his mantle, she wailed out.

"Unclean! Unclean! Even the Almighty shuns[6] my polluted flesh! I must bear this mark of shame upon my forehead until the Judgement Day."[7]

They all paused. I had thrown myself beside her in an agony of helpless grief, and putting my arms around held her tight. For a few minutes our sorrowful hearts beat together, whilst the friends around us turned away their eyes that ran tears[8] silently. Then Van Helsing turned and said gravely. So gravely that I could not help feeling that he was in some way inspired, and was stating things outside himself.[9]

"It may be that you may have to bear that mark till God himself see fit, as He most surely shall, on the Judgement Day, to redress[10] all wrongs of the earth and of His children that He has placed thereon. And oh, Madam Mina, my dear, my dear, may we who love you be there

1) froze our hearts: 우리의 간담을 서늘케 하였다.
2) seared: 태웠다.
3) white-hot: 백열(白熱)의.
4) in an agony of abasement: 자신의 수치스러움(abasement)에 따른 고통으로.
5) leper: 나병환자.
6) shuns: 피하다.
7) Judgment Day: (기독교) 최후의 심판의 날.
8) ran tears: 눈물을 줄줄 흘렸다.
9) outside himself: 제정신이 아닌.
10) redress: 배상하다.

to see, when that red scar, the sign of God's knowledge of what has been, shall pass away, and leave your forehead as pure as the heart we know. For so surely as we live, that scar shall pass away when God sees right to lift the burden that is hard upon us. Till then we bear our Cross, as His Son did in obedience to His Will. It may be that we are chosen instruments of His good pleasure,[1] and that we ascend to His bidding[2] as that other through stripes[3] and shame. Through tears and blood. Through doubts and fear, and all that makes the difference between God and man."

There was hope in his words, and comfort. And they made for resignation.[4] Mina and I both felt so, and simultaneously we each took one of the old man's hands and bent over and kissed it. Then without a word we all knelt down together, and all holding hands, swore to be true to each other. We men pledged ourselves to[5] raise the veil of sorrow from the head of her whom, each in his own way, we loved. And we prayed for help and guidance in the terrible task which lay before us. It was then time to start. So I said farewell to Mina, a parting which neither of us shall forget to our dying day, and we set out.

To one thing I have made up my mind. If we find out that Mina must be a vampire in the end, then she shall not go into that unknown and terrible land alone. I suppose it is thus that in old times one vampire meant many. Just as their hideous bodies could only rest in sacred earth, so the holiest love was the recruiting sergeant[6] for their ghastly ranks.

We entered Carfax without trouble and found all things the same as on the first occasion. It was hard to believe that amongst so prosaic[7] surroundings of neglect and dust and decay there was any ground for such fear as already we knew. Had not our minds been made up, and had there not been terrible memories to spur us on,[8] we could hardly have proceeded with our task. We found no papers, or any sign of use in the house. And in the old chapel the great boxes looked just as we had seen them last.

Dr. Van Helsing said to us solemnly as we stood before him, "And now, my friends, we have a duty here to do. We must sterilize this earth, so sacred of holy memories, that he has brought from a far distant land

1) chosen instruments of His good pleasure: 신이 원하는 것을(pleasure)을 이행하기 위해 선택된 도구(chosen instruments).
2) ascend to His bidding: 신의 부름(bidding)에 따라 (하늘나라로) 올라간다.
3) stripes: '채찍 자국', '매질'.
4) made for resignation: 운명을 받아들이도록 만들었다는 의미.
5) pledged ourselves to: … 할 것을 맹세하였다(pledge).
6) recruiting sergeant: 새로운 회원을 모집하는 역할을 하는 것이란 의미.
7) prosaic: 살풍경한.
8) spur us on: 우리를 계속 나아가게 하다.

for such fell[1] use. He has chosen this earth because it has been holy. Thus we defeat him with his own weapon, for we make it more holy still. It was sanctified to such use of man, now we sanctified[2] it to God."

As he spoke he took from his bag a screwdriver and a wrench, and very soon the top of one of the cases was thrown open. The earth smelled musty and close,[3] but we did not somehow seem to mind, for our attention was concentrated on the Professor. Taking from his box a piece of the Scared Wafer he laid it reverently on the earth, and then shutting down the lid began to screw it home, we aiding him as he worked.

One by one we treated in the same way each of the great boxes, and left them as we had found them to all appearance.[4] But in each was a portion of the Host. When we closed the door behind us, the Professor said solemnly, "So much is already done. It may be that with all the others we can be so successful, then the sunset of this evening may shine of Madam Mina's forehead all white as ivory and with no stain!"

As we passed across the lawn on our way to the station to catch our train we could see the front of the asylum. I looked eagerly, and in the window of my own room saw Mina. I waved my hand to her, and nodded to tell that our work there was successfully accomplished. She nodded in reply to show that she understood. The last I saw, she was waving her hand in farewell. It was with a heavy heart that we sought the station and just caught the train, which was steaming in[5] as we reached the platform. I have written this in the train.

Piccadilly, 12:30 o'clock.--Just before we reached Fenchurch Street Lord Godalming said to me, "Quincey and I will find a locksmith. You had better not come with us in case there should be any difficulty. For under the circumstances it wouldn't seem so bad for us to break into an empty house. But you are a solicitor and the Incorporated Law Society might tell you that you should have known better."[6]

I demurred[7] as to my not sharing any danger even of odium,[8] but he went on, "Besides, it will attract less attention if there are not too many of us. My title will make it all right with the locksmith, and with any policeman that may come along. You had better go with Jack and the

1) fell: 무서운(terrible).
2) sanctified: 신성화된.
3) musty and close: 곰팡내 나고(musty) 통풍이 안 되는(close).
4) to all appearance: 어느 면으로 보나.
5) steaming in: (증기 기관차가) 들어오다.
6) you should have known better: 당신은 좀 더 처신을 잘해야 한다.
7) demurred: 이의를 제기하였다.
8) odium: 비난.

Professor and stay in the Green Park. Somewhere in sight of the house, and when you see the door opened and the smith has gone away, do you all come across. We shall be on the look-out for[1] you, and shall let you in."

"The advice is good!" said Van Helsing, so we said no more. Godalming and Morris hurried off in a cab, we following in another. At the corner of Arlington Street our contingent[2] got out and strolled into the Green Park. My heart beat as I saw the house on which so much of our hope was centered, looming up[3] grim and silent in its deserted condition amongst its more lively and spruce-looking[4] neighbors. We sat down on a bench within good view,[5] and began to smoke cigars so as to attract as little attention as possible. The minutes seemed to pass with leaden feet as we waited for the coming of the others.[6]

At length[7] we saw a four-wheeler[8] drive up. Out of it, in leisurely fashion, got Lord Godalming and Morris. And down from the box descended a thick-set[9] working man with his rush-woven[10] basket of tools. Morris paid the cabman, who touched his hat and drove away. Together the two ascended the steps, and Lord Godalming pointed out what he wanted done. The workman took off his coat leisurely and hung it on one of the spikes of the rail, saying something to a policeman who just then sauntered along.[11] The policeman nodded acquiescence, and the man kneeling down placed his bag beside him. After searching through it, he took out a selection of tools which he proceeded to lay beside him in orderly fashion. Then he stood up, looked in the keyhole, blew into it, and turning to his employers, made some remark. Lord Godalming smiled, and the man lifted a good sized bunch of keys. Selecting one of them, he began to probe[12] the lock, as if feeling his way with it. After fumbling about[13] for a bit he tried a second, and then a third. All at once the door opened under a slight push from him, and he and the two

---

1) on the look-out for: …를 살피다.

2) contingent: 파견대.

3) looming up: 불쑥 나타나다.

4) spruce-looking: '말쑥하게 보이는', '세련된'.

5) within good view: 잘 보이는 곳에.

6) The minutes seemed to pass with leaden feet as we waited for the coming of the others: 매분이 몹시 지루하리만큼 천천히 흘러갔다는 의미.

7) At length: 마침내.

8) four-wheeler: 4륜 합승마차.

9) thick-set: 땅딸막한.

10) rush-woven: 골풀로 짠.

11) sauntered along: 어슬렁거리며 걸었다.

12) probe: 면밀히 살폈다.

13) fumbling about: 이리저리 만지작거리다.

others entered the hall. We sat still. My own cigar burnt furiously, but Van Helsing's went cold altogether. We waited patiently as we saw the workman come out and take in[1] his bag. Then he held the door partly open, steadying it with his knees, whilst he fitted a key to the lock. This he finally handed to Lord Godalming, who took out his purse and gave him something. The man touched his hat, took his bag, put on his coat and departed. Not a soul took the slightest notice of the whole transaction.[2]

When the man had fairly gone, we three crossed the street and knocked at the door. It was immediately opened by Quincey Morris, beside whom stood Lord Godalming lighting a cigar.

"The place smells so vilely," said the latter as we came in. It did indeed smell vilely. Like the old chapel at Carfax. And with our previous experience it was plain to us that the Count had been using the place pretty freely. We moved to explore the house, all keeping together[3] in case of attack, for we knew we had a strong and wily enemy to deal with, and as yet we did not know whether the Count might not be in the house.

In the dining room, which lay at the back of the hall, we found eight boxes of earth. Eight boxes only out of the nine which we sought! Our work was not over, and would never be until we should have found the missing box.

First we opened the shutters of the window which looked out across a narrow stone-flagged[4] yard at the blank face of a stable, pointed to look like the front of a miniature house.[5] There were no windows in it, so we were not afraid of being overlooked. We did not lose any time in examining the chests. With the tools which we had brought with us we opened them, one by one, and treated them as we had treated those others in the old chapel. It was evident to us that the Count was not at present in the house, and we proceeded to search for any of his effects.[6]

After a cursory glance[7] at the rest of the rooms, from basement to attic, we came to the conclusion that the dining room contained any effects which might belong to the Count. And so we proceeded to minutely examine them. They lay in a sort of orderly disorder on the great dining room table.

1) take in: 싣다.
2) transaction: (일의) 처리.
3) keeping together: 한데 모이다.
4) stone-flagged: 돌로 된 판석이 깔린.
5) miniature house: 모형 집.
6) effects: '물건', '재산'.
7) cursory glance: 대강 한번 쳐다 봄.

There were title deeds[1] of the Piccadilly house in a great bundle, deeds of the purchase of the houses at Mile End and Bermondsey, notepaper, envelopes, and pens and ink. All were covered up in thin wrapping paper to keep them from the dust. There were also a clothes brush, a brush and comb, and a jug and basin. The latter containing dirty water which was reddened as if with blood. Last of all was a little heap of keys of all sorts and sizes, probably those belonging to the other houses.

When we had examined this last find,[2] Lord Godalming and Quincey Morris taking accurate notes of the various addresses of the houses in the East and the South, took with them the keys in a great bunch, and set out to destroy the boxes in these places. The rest of us are, with what patience we can, waiting their return, or the coming of the Count.

1) title-deeds: 부동산의 권리증서.
2) find: 발견물.

CHAPTER 23

DR. SEWARD'S DIARY

3 October.--The time seemed teribly long whilst we were waiting for the coming of Godalming and Quincey Morris. The Professor tried to keep our minds active by using them all the time. I could see his beneficent purpose, by the side glances[1] which he threw from time to time at Harker. The poor fellow is overwhelmed in a misery that is appalling to see. Last night he was a frank, happy-looking man, with strong, youthful face, full of energy, and with dark brown hair. Today he is a drawn,[2] haggard[3] old man, whose white hair matches well with the hollow burning eyes and grief-stricken[4] lines of his face. His energy is still intact.[5] In fact, he is like a living flame. This may yet be his salvation, for if all go well, it will tide him over the despairing period.[6] He will then, in a kind of way, wake again to the realities o f life. Poor fellow, I thought my own trouble was bad enough, but his . . .!

The Professor knows this well enough, and is doing his best to keep his mind active. What he has been saying was, under the circumstances, of absorbing interest.[7] So well as I can remember, here it is:

"I have studied, over and over again since they came into my hands, all the papers relating to this monster, and the more I have studied, the greater seems the necessity to utterly stamp him out.[8] All through there are signs of his advance. Not only of his power, but of his knowledge of it. As I learned from the researches of my friend Arminius of Buda-Pesth, he was in life a most wonderful man. Soldier, statesman, and alchemist.[9] Which latter was the highest development of the science knowledge of his time. He had a mighty[10] brain, a learning beyond compare,[11] and a heart that knew no fear and no remorse. He dared even

1) side glances: 옆으로 흘끗 쳐다 봄.
2) drawn: 초췌한.
3) haggard: 수척한.
4) grief-stricken: 슬픔에 잠긴.
5) intact: 본래대로의.
6) tide him over the despairing period: 그로 하여금 절망스런 이 시가를 헤쳐 나가게 하다(tide over).
7) of absorbing interest: 무척 재미있는.
8) stamp him out: 그를 완전 제거하다.
9) alchemist: 연금술사.
10) mighty: 위대한.
11) learning beyond compare: 비교할 수 없을 정도로 뛰어난(beyond compare) 학식.

to attend the Scholomance, and there was no branch of knowledge of his time that he did not essay.[1]

"Well, in him the brain powers survived the physical death. Though it would seem that memory was not all complete. In some faculties of mind he has been, and is, only a child. But he is growing, and some things that were childish at the first are now of man's stature. He is experimenting, and doing it well. And if it had not been that we have crossed his path[2] he would be yet, he may be yet if we fail, the father or furtherer of a new order of beings,[3] whose road must lead through Death, not Life."

Harker groaned and said, "And this is all arrayed against[4] my darling! But how is he experimenting? The knowledge may help us to defeat him!"

"He has all along, since his coming, been trying his power, slowly but surely. That big child-brain of his is working. Well for us, it is as yet, a child-brain. For had he dared, at the first, to attempt certain things he would long ago have been beyond our power. However, he means to succeed, and a man who has centuries before him can afford to wait and to go slow. Festina lente[5] may well be his motto."

"I fail to understand," said Harker wearily. "Oh, do be more plain to me![6] Perhaps grief and trouble are dulling my brain."

The Professor laid his hand tenderly on his shoulder as he spoke, "Ah, my child, I will be plain. Do you not see how, of late, this monster has been creeping into knowledge experimentally. How he has been making use of the zoophagous patient to effect his entry[7] into friend John's home. For your Vampire, though in all afterwards he can come when and how he will, must at the first make entry only when asked thereto by an inmate.[8] But these are not his most important experiments. Do we not see how at the first all these so great boxes were moved by others. He knew not then but that must be so. But all the time that so great child-brain of his was growing, and he began to consider whether he might not himself move the box. So he began to help. And then, when he found that this be all right, he try to move them all alone. And so

---

1) essay: 시도하다.

2) crossed his path: 그를 방해하였다.

3) new order of beings: 새로운 종족.

4) arrayed against: … 에 대해서 맞서게 되다.

5) *Festina lente*: (라틴어) '천천히 서두르다'.

6) do be more plain to me: 나에게 좀 더 분명하게 설명하란 의미.

7) effect his entry: 들어가다.

8) must at the first make entry only when asked thereto by an inmate: 드라큘라는 자신의 희생자를 처음부터 자신 마음대로 결정할 수 있는 것이 아니라, 희생자가 한번쯤은 원해야만 그를 찾아갈 수 있다. 따라서 시워드의 숙소에 머물고 있는 루시에게 직접 접근할 수 없었던 드라큘라는 같은 건물 내에 기숙하고 있는 렌필드를 이용하였던 것이다.

he progress, and he scatter these graves of him. And none but he know where they are hidden.

"He may have intend to bury them deep in the ground. So that only he use them in the night, or at such time as he can change his form, they do him equal well,[1] and none may know these are his hiding place! But, my child, do not despair, this knowledge came to him just too late! Already all of his lairs but one be sterilize as for him. And before the sunset this shall be so. Then he have no place where he can move and hide. I delayed this morning that so we might be sure. Is there not more at stake[2] for us than for him? Then why not be more careful than him? By my clock it is one hour and already, if all be well, friend Arthur and Quincey are on their way to us. Today is our day, and we must go sure, if slow, and lose no chance. See! There are five of us when those absent ones return."

Whilst we were speaking we were startled by a knock at the hall door, the double postman's knock[3] of the telegraph boy. We all moved out to the hall with one impulse, and Van Helsing, holding up his hand to us to keep silence, stepped to the door and opened it. The boy handed in a dispatch.[4] The Professor closed the door again, and after looking at the direction, opened it and read aloud.

"Look out for D. He has just now, 12:45, come from Carfax hurriedly and hastened towards the South. He seems to be going the round and may want to see you: Mina."

There was a pause, broken by Jonathan Harker's voice, "Now, God be thanked, we shall soon meet!"

Van Helsing turned to him quickly and said, "God will act in His own way and time.[5] Do not fear, and do not rejoice as yet. For what we wish for at the moment may be our own undoings."

"I care for nothing now," he answered hotly, "except to wipe out[6] this brute from the face of creation. I would sell my soul to do it!"

"Oh, hush, hush, my child!" said Van Helsing. "God does not purchase souls in this wise,[7] and the Devil, though he may purchase, does not keep faith. But God is merciful and just, and knows your pain and your

---

1) they do him equal well: 흙이 들어있는 관이 모두가 그에게 똑같이 도움이 된다는 의미.

2) at stake: 위태로운.

3) postman's knock: 우체국 놀이할 때의 노크소리(우체국 놀이는 한 사람씩 편지를 받는 시늉을 하고 방으로 들어가는데, 우체국장 역을 맡은 이성에게서 편지 대신에 키스를 받는 놀이다).

4) despatch: 전보(dispatch).

5) God will act in His own way and time: 신은 자신의 방식과 자신이 정한 시기에 자신의 뜻을 이룬다는 의미로 헬싱은 신의 섭리를 믿는 기독교인의 전형으로 등장한다.

6) wipe out: 흔적도 없이 제거하다.

7) in this wise: 이런 방법으로(wise).

devotion to that dear Madam Mina. Think you, how her pain would be doubled, did she but hear your wild words. Do not fear any of us, we are all devoted to this cause, and today shall see the end.[1] The time is coming for action. Today this Vampire is limit to the powers of man,[2] and till sunset he may not change. It will take him time to arrive here, see it is twenty minutes past one, and there are yet some times before he can hither come, be he never so quick. What we must hope for is that my Lord Arthur and Quincey arrive first."

About half an hour after we had received Mrs. Harker's telegram, there came a quiet, resolute knock at the hall door. It was just an ordinary knock, such as is given hourly by thousands of gentlemen, but it made the Professor's heart and mine beat loudly. We looked at each other, and together moved out into the hall. We each held ready to use[3] our various armaments, the spiritual in the left hand, the mortal in the right. Van Helsing pulled back the latch, and holding the door half open, stood back, having both hands ready for action. The gladness of our hearts must have shown upon our faces when on the step, close to the door, we saw Lord Godalming and Quincey Morris. They came quickly in and closed the door behind them, the former saying, as they moved along the hall.

"It is all right. We found both places. Six boxes in each and we destroyed them all."

"Destroyed?" asked the Professor.

"For him!" We were silent for a minute, and then Quincey said, "There's nothing to do but to wait here. If, however, he doesn't turn up[4] by five o'clock, we must start off. For it won't do to leave Mrs. Harker alone after sunset."

"He will be here before long[5] now,' said Van Helsing, who had been consulting his pocketbook. "*Nota bene*,[6] in Madam's telegram he went south from Carfax. That means he went to cross the river, and he could only do so at slack of tide, which should be something before one o'clock. That he went south has a meaning for us. He is as yet only suspicious, and he went from Carfax first to the place where he would suspect interference least.[7] You must have been at Bermondsey only a

1) see the end: 마무리를 짓다.

2) this Vampire is limit to the powers of man: limit는 'limited'(한계를 갖는)의 의미; 즉, 오늘 이 흡혈귀는 인간의 힘 이상을 지니지 못한다는 의미.

3) ready to use: 언제든지 사용할 준비가 되어있는.

4) turn up: 나타나다.

5) before long: 머지않아.

6) *Nota bene*: (라틴어) 정확히 기록하다(take good note).

7) the place where he would suspect interference least: 그가 간섭을 가장 덜 받을 곳이라고 생각

short time before him. That he is not here already shows that he went to Mile End next. This took him some time, for he would then have to be carried over the river in some way. Believe me, my friends, we shall not have long to wait now. We should have ready some plan of attack, so that we may throw away[1] no chance. Hush, there is no time now. Have all your arms! Be ready!" He held up a warning hand as he spoke, for we all could hear a key softly inserted in the lock of the hall door.

I could not but admire, even at such a moment, the way in which a dominant spirit asserted itself. In all our hunting parties and adventures in different parts of the world, Quincey Morris had always been the one to arrange the plan of action, and Arthur and I had been accustomed to obey him implicitly.[2] Now, the old habit seemed to be renewed instinctively. With a swift glance around the room, he at once laid out[3] our plan of attack, and without speaking a word, with a gesture, placed us each in position. Van Helsing, Harker, and I were just behind the door, so that when it was opened the Professor could guard it whilst we two stepped between the incomer and the door. Godalming behind and Quincey in front stood just out of sight ready to move in front of the window. We waited in a suspence[4] that made the seconds pass with nightmare slowness. The slow, careful steps came along the hall. The Count was evidently prepared for some surprise,[5] at least he feared it.

Suddenly with a single bound[6] he leaped into the room. Winning a way past us[7] before any of us could raise a hand to stay him. There was something so pantherlike in the movement, something so unhuman, that it seemed to sober us all from the shock of his coming. The first to act was Harker, who with a quick movement, threw himself before the door leading into the room in the front of the house. As the Count saw us, a horrible sort of snarl passed over his face, showing the eye-teeth[8] long and pointed. But the evil smile as quickly passed into a cold stare of lion-like disdain. His expression again changed as, with a single impulse, we all advanced upon[9] him. It was a pity that we had not some better organized plan of attack, for even at the moment I wondered

하는 장소.

1) throw away:(기회를) 날려보내다.
2) implicitly: 암묵적으로.
3) laid out: (계획을) 세우다.
4) in a suspence: 긴장 상태에 있는(suspense).
5) surprise: 기습.
6) with a single bound: '단번에', '단숨에'.
7) winning a way past us: 우리 옆을 지나다.
8) eye-teeth: 송곳니.
9) advanced upon: … 에게 밀어닥치다(덮치다).

what we were to do. I did not myself know whether our lethal weapons would avail us anything.

Harker evidently meant to try the matter, for he had ready his great Kukri knife[1] and made a fierce and sudden cut[2] at him. The blow was a powerful one. Only the diabolical quickness of the Count's leap back saved him. A second less and the trenchant[3] blade had shorn[4] through his coat, making a wide gap whence a bundle of bank notes and a stream of gold fell out. The expression of the Count's face was so hellish, that for a moment I feared for Harker, though I saw him throw the terrible knife aloft again for another stroke. Instinctively I moved forward with a protective impulse, holding the Crucifix and Wafer in my left hand. I felt a mighty power fly along my arm, and it was without surprise that I saw the monster cower back before a similar movement made spontaneously by each one of us. It would be impossible to describe the expression of hate and baffled malignity,[5] of anger and hellish rage, which came over the Count's face. His waxen hue became greenish-yellow by the contrast of his burning eyes, and the red scar on the forehead[6] showed on the pallid skin like a palpitating wound.[7] The next instant, with a sinuous dive[8] he swept under Harker's arm, ere his blow could fall, and grasping a handful of the money from the floor, dashed[9] across the room, threw himself at the window. Amid the crash and glitter of the falling glass,[10] he tumbled into the flagged area below. Through the sound of the shivering[11] glass I could hear the "ting" of the gold, as some of the sovereigns fell on the flagging.[12]

We ran over and saw him spring unhurt from the ground. He, rushing up the steps, crossed the flagged yard, and pushed open the stable door. There he turned and spoke to us.

"You think to baffle me, you with your pale faces all in a row, like sheep in a butcher's. You shall be sorry yet, each one of you! You think you have left me without a place to rest, but I have more. My revenge

1) Kukri knife: 네팔(Nepal)에 사는 호전적인 구르카(Gurkha)족이 사용하는 날이 넓은 단도의 일종.
2) made a fierce and sudden cut: 격렬한 갑작스런 일격(cut)을 가했다.
3) trenchant: 날카로운.
4) shorn: '가르다', '자르다'.
5) malignity: 원한.
6) red scar on the forehead: 드라큘라 백작도 하커 부인처럼 이마에 붉은 상처가 있다.
7) palpitating wound: palpitating은 '맥박이 뛰는'; 즉, 맥박이 뛰는 것이 보이는 상처란 의미다.
8) sinuous dive: 돌아서(sinuous) 돌진(dive).
9) dashed: 돌진하였다.
10) glitter of the falling glass: 깨진 유리의 번쩍거림(glitter).
11) shivering: 깨지는.
12) flagging: (판석을 깐) 포장(鋪裝).

is just begun! I spread it over centuries, and time is on my side.[1] Your girls that you all love are mine already. And through them you and others shall yet be mine, my creatures, to do my bidding and to be my jackals[2] when I want to feed. Bah!"

With a contemptuous sneer, he passed quickly through the door, and we heard the rusty bolt creak as he fastened it behind him. A door beyond opened and shut. The first of us to speak was the Professor. Realizing the difficulty of following him through the stable, we moved toward the hall.

"We have learnt something . . . much! Notwithstanding his brave words, he fears us. He fears time, he fears want! For if not, why he hurry so? His very tone betray him, or my ears deceive. Why take that money! You follow quick. You are hunters of the wild beast, and understand it so. For me, I make sure that nothing here may be of use to him, if so that he returns."

As he spoke he put the money remaining in his pocket, took the title deeds in the bundle as Harker had left them, and swept the remaining things into the open fireplace, where he set fire to them[3] with a match.

Godalming and Morris had rushed out into the yard, and Harker had lowered himself[4] from the window to follow the Count. He had, however, bolted the stable door, and by the time they had forced it open there was no sign of him. Van Helsing and I tried to make inquiry at the back of the house. But the mews was deserted[5] and no one had seen him depart.

It was now late in the afternoon, and sunset was not far off. We had to recognize that our game was up. With heavy hearts we agreed with the Professor when he said, "Let us go back to Madam Mina. Poor, poor dear Madam Mina. All we can do just now is done, and we can there, at least, protect her. But we need not despair. There is but one more earth box, and we must try to find it. When that is done all may yet be well."

I could see that he spoke as bravely as he could to comfort Harker. The poor fellow was quite broken down,[6] now and again he gave a low groan which he could not suppress.[7] He was thinking of his wife.

With sad hearts we came back to my house, where we found Mrs. Harker waiting us, with an appearance of cheerfulness which did honor

---

1) time is on my side: '시간은 나의 편이다'; 즉, 시간이 흘러가면 나에게 더욱 유리하다는 의미.
2) jackals: 앞잡이.
3) set fire to: …에 불을 붙이다.
4) lowered himself: 내려갔다.
5) deserted: 버려진.
6) broken down: 비탄에 잠긴.
7) suppress: 참다.

to[1] her bravery and unselfishness. When she saw our faces, her own became as pale as death. For a second or two her eyes were closed as if she were in secret prayer.[2]

And then she said cheerfully, "I can never thank you all enough. Oh, my poor darling!"

As she spoke, she took her husband's grey head in her hands and kissed it.

"Lay your poor head here and rest it. All will yet be well, dear! God will protect us if He so will it in His good intent."[3] The poor fellow groaned. There was no place for words in his sublime misery.

We had a sort of perfunctory[4] supper together, and I think it cheered us all up somewhat. It was, perhaps, the mere animal heat of food[5] to hungry people, for none of us had eaten anything since breakfast, or the sense of companionship may have helped us, but anyhow we were all less miserable, and saw the morrow as not altogether without hope.

True to our promise,[6] we told Mrs. Harker everything which had passed. And although she grew snowy white at times when danger had seemed to threaten her husband, and red at others when his devotion to her was manifested[7] she listened bravely and with calmness. When we came to the part where Harker had rushed at the Count so recklessly,[8] she clung to her husband's arm, and held it tight as though her clinging could protect him from any harm that might come. She said nothing, however, till the narration was all done, and matters had been brought right up to the present time.[9]

Then without letting go her husband's hand she stood up amongst us and spoke. Oh, that I could give any idea of the scene.[10] Of that sweet, sweet, good, good woman in all the radiant beauty of her youth and animation, with the red scar on her forehead, of which she was conscious, and which we saw with grinding of our teeth, remembering whence and how it came. Her loving kindness against our grim hate. Her tender faith against all our fears and doubting. And we, knowing

1) did honour to: …을 돋보이게 하였다.

2) in secret prayer: 비밀리에 기도하고 있는.

3) if He so will it in His good intent: 신이 자신의 선의(good intent)에 따라 그렇게 하기를 바란다면(will).

4) perfunctory: 형식적인.

5) animal heat of food: 음식이 가져다주는 동물의 체내열.

6) True to our promise: 우리가 한 약속대로.

7) manifested: 분명히 드러났다.

8) recklessly: 위험에 개의치 않고.

9) matters had been brought right up to the present time: 기술한 내용이 바로 현재시점까지를 담고 있다는 의미.

10) give any idea of the scene: 그 장면을 알려주다.

that so far as symbols went, she with all her goodness and purity and faith, was outcast[1] from God.

"Jonathan," she said, and the word sounded like music on her lips it was so full of love and tenderness, "Jonathan dear, and you all my true, true friends, I want you to bear something in mind through all this dreadful time. I know that you must fight. That you must destroy even as you destroyed the false Lucy so that the true Lucy might live hereafter. But it is not a work of hate. That poor soul who has wrought[2] all this misery is the saddest case of all. Just think what will be his joy when he, too, is destroyed in his worser part that his better part may have spiritual immortality. You must be pitiful to him, too, though it may not hold your hands from his destruction."

As she spoke I could see her husband's face darken and draw together, as though the passion in him were shriveling his being to its core.[3] Instinctively the clasp on his wife's hand grew closer, till his knuckles looked white. She did not flinch from the pain[4] which I knew she must have suffered, but looked at him with eyes that were more appealing than ever.

As she stopped speaking he leaped to his feet, almost tearing[5] his hand from hers as he spoke.

"May God give him into my hand just for long enough to destroy that earthly life of him which we are aiming at. If beyond it I could send his soul forever and ever to burning hell I would do it!"

"Oh, hush! Oh, hush in the name of the good God. Don't say such things, Jonathan, my husband, or you will crush me with fear and horror.[6] Just think, my dear . . . I have been thinking all this long, long day of it . . . that . . . perhaps . . .some day . . . I, too, may need such pity, and that some other like you, and with equal cause for anger, may deny it to me! Oh, my husband! My husband, indeed I would have spared you such a thought[7] had there been another way. But I pray that God may not have treasured[8] your wild words, except as the heart-broken wail of a very loving and sorely stricken man.[9] Oh, God, let

1) outcast: 버림받은.
2) wrought: 야기 시켰다.
3) to its core: 영혼의 본질에 이를 정도로.
4) flinch from the pain: 그 고통으로 몸을 움찔거리다.
5) tearing: 강하게 빼내다.
6) crush me with fear and horror: 나를 두려움과 공포로 괴롭히다(crash).
7) I would have spared you such a thought: 당신으로 하여금 그러한 생각을 하게 하지는 않았을 것이란 의미.
8) treasured: 마음에 깊이 간직하였다.
9) sorely stricken man: 몹시(sorely) 괴로워하는(stricken) 사람.

these poor white hairs go in evidence of[1] what he has suffered, who all his life has done no wrong, and on whom so many sorrows have come."

We men were all in tears[2] now. There was no resisting them, and we wept openly. She wept, too, to see that her sweeter counsels had prevailed. Her husband flung himself on his knees beside her, and putting his arms round her, hid his face in the folds of her dress. Van Helsing beckoned to us and we stole out of the room, leaving the two loving hearts alone with their God.

Before they retired the Professor fixed up the room against any coming of the Vampire,[3] and assured Mrs. Harker that she might rest in peace. She tried to school herself to the belief,[4] and manifestly for her husband's sake, tried to seem content. It was a brave struggle, and was, I think and believe, not without its reward. Van Helsing had placed at hand a bell which either of them was to sound in case of any emergency. When they had retired, Quincey, Godalming, and I arranged that we should sit up, dividing the night between us, and watch over the safety of the poor stricken lady. The first watch falls to Quincey,[5] so the rest of us shall be off to bed as soon as we can.

Godalming has already turned in,[6] for his is the second watch. Now that my work is done I, too, shall go to bed.

JONATHAN HARKER'S JOURNAL

3-4 October close to midnight.--I thought yesterday would never end. There was over me a yearning for sleep, in some sort of blind belief[7] that to wake would be to find things changed, and that any change must now be for the better.[8] Before we parted, we discussed what our next step was to be, but we could arrive at no result. All we knew was that one earth box remained, and that the Count alone knew where it was. If he chooses to lie hidden, he may baffle us for years. And in the

1) go in evidence of: …에 대한 증거(evidence)로 삼다.
2) in tears: 눈물을 흘리고 있는.
3) fixed up the room against any coming of the Vampire: 흡혈귀가 만일에 올 상황에 대비하여(against) 방을 정비하였다(fix up).
4) school herself to the belief: school oneself는 '스스로 단련(교육)하다'는 의미; 즉, 편안히 쉴 수 있을 것이란 믿음을 가지려고 스스로 다짐하였다는 의미.
5) The first watch falls to Quincey: 첫 번째 불침번(watch)은 퀸시 차례였다.
6) turned in: 잠자리에 들었다.
7) blind belief: 맹목적인 믿음.
8) any change must now be for the better: 어떠한 변화도 현재 보다는 나을 것임에 틀림없다는 의미.

meantime, the thought is too horrible, I dare not think of it even now. This I know, that if ever there was a woman who was all perfection,[1] that one is my poor wronged darling. I loved her a thousand times more for her sweet pity of last night, a pity that made my own hate of the monster seem despicable. Surely God will not permit the world to be the poorer by the loss of such a creature. This is hope to me. We are all drifting reefwards[2] now, and faith is our only anchor. Thank God! Mina is sleeping, and sleeping without dreams. I fear what her dreams might be like, with such terrible memories to ground them on.[3] She has not been so calm, within my seeing,[4] since the sunset. Then, for a while, there came over her face a repose which was like spring after the blasts of March.[5] I thought at the time that it was the softness of the red sunset on her face, but somehow now I think it has a deeper meaning. I am not sleepy myself, though I am weary . . . weary to death. However, I must try to sleep. For there is tomorrow to think of, and there is no rest for me until . . .

Later--I must have fallen asleep, for I was awakened by Mina, who was sitting up in bed, with a startled look on her face. I could see easily, for we did not leave the room in darkness. She had placed a warning hand over my mouth, and now she whispered in my ear, "Hush! There is someone in the corridor!" I got up softly, and crossing the room, gently opened the door.

Just outside, stretched on a mattress, lay Mr. Morris, wide awake. He raised a warning hand for silence[6] as he whispered to me, "Hush! Go back to bed. It is all right. One of us will be here all night. We don't mean to take any changes!"[7]

His look and gesture forbade discussion, so I came back and told Mina. She sighed and positively a shadow of a smile stole over her poor, pale face as she put her arms round me and said softly, "Oh, thank God for good brave men!" With a sigh she sank back again to sleep. I write this now as I am not sleepy, though I must try again.

4 October, morning.--Once again during the night I was wakened by

---

1) woman who was all perfection: 완벽한 여성.

2) reefwards: 암초를 향하여.

3) terrible memories to ground them on: ground는 '의거하게 하다', them은 '악몽'; 즉, 그녀의 악몽의 근거가 되는 끔찍스런 기억들.

4) within my seeing: 내가 보는 한에서는.

5) spring after the blasts of March: 3월의 돌풍이 지나간 후 찾아온 봄.

6) for silence: 조용히 하라는 신호로.

7) take any changes: '모험을 무릅쓰다', '운에 맡기다'.

Mina. This time we had all had a good sleep, for the grey of the coming dawn was making the windows into sharp oblongs,[1] and the gas flame was like a speck rather than a disc of light.

She said to me hurriedly, "Go, call the Professor. I want to see him at once."

"Why?" I asked.

"I have an idea. I suppose it must have come in the night, and matured[2] without my knowing it. He must hypnotize[3] me before the dawn, and then I shall be able to speak. Go quick, dearest, the time is getting close."

I went to the door. Dr. Seward was resting on the mattress, and seeing me, he sprang to his feet.[4]

"Is anything wrong?" he asked, in alarm.

"No," I replied. "But Mina wants to see Dr. Van Helsing at once."

"I will go," he said, and hurried into the Professor's room.

Two or three minutes later Van Helsing was in the room in his dressing gown, and Mr. Morris and Lord Godalming were with Dr. Seward at the door asking questions. When the Professor saw Mina a smile, a positive smile ousted[5] the anxiety of his face.

He rubbed his hands as he said, "Oh, my dear Madam Mina, this is indeed a change. See! Friend Jonathan, we have got our dear Madam Mina, as of old, back to us today!" Then turning to her, he said cheerfully, "And what am I to do for you? For at this hour you do not want me for nothing."

"I want you to hypnotize me!" she said. "Do it before the dawn, for I feel that then I can speak, and speak freely. Be quick, for the time is short!" Without a word he motioned her to sit up in bed.

Looking fixedly at her, he commenced to make passes[6] in front of her, from over the top of her head downward, with each hand in turn. Mina gazed at him fixedly for a few minutes, during which my own heart beat like a trip hammer,[7] for I felt that some crisis was at hand. Gradually her eyes closed, and she sat, stock still.[8] Only by the gentle heaving of her bosom could one know that she was alive. The Professor made a few more passes and then stopped, and I could see that his

---

1) oblongs: 직사각형의 모양.
2) matured: (생각이) 결실을 맺었다.
3) hypnotize: 최면을 걸다.
4) sprang to his feet: 벌떡 일어섰다.
5) ousted: 몰아내었다.
6) make passes: (손을 움직여) 최면술을 걸다.
7) trip hammer: 스프링해머.
8) stock still: 전혀 움직이지 않고.

forehead was covered with great beads of perspiration. Mina opened her eyes, but she did not seem the same woman. There was a faraway look[1] in her eyes, and her voice had a sad dreaminess which was new to me. Raising his hand to impose silence,[2] the Professor motioned to me to bring the others in. They came on tiptoe, closing the door behind them, and stood at the foot of the bed, looking on. Mina appeared not to see them. The stillness was broken by Van Helsing's voice speaking in a low level tone[3] which would not break the current of her thoughts.

"Where are you?" The answer came in a neutral way.

"I do not know. Sleep has no place it can call its own." For several minutes there was silence. Mina sat rigid, and the Professor stood staring at her fixedly.

The rest of us hardly dared to breathe. The room was growing lighter. Without taking his eyes from Mina's face, Dr. Van Helsing motioned me to pull up the blind. I did so, and the day seemed just upon us. A red streak shot up,[4] and a rosy light seemed to diffuse[5] itself through the room. On the instant the Professor spoke again.

"Where are you now?"

The answer came dreamily, but with intention.[6] It were as though she were interpreting something. I have heard her use the same tone when reading her shorthand notes.

"I do not know. It is all strange to me!"

"What do you see?"

"I can see nothing. It is all dark."

"What do you hear?" I could detect the strain in the Professor's patient voice.

"The lapping of water.[7] It is gurgling by,[8] and little waves leap. I can hear them on the outside."

"Then you are on a ship?'"

We all looked at each other, trying to glean[9] something each from the other. We were afraid to think.

The answer came quick, "Oh, yes!"

---

1) faraway look: 꿈꾸는 듯한(faraway) 표정(look).

2) impose silence: 말하지 말라고 요구(강요)하다(impose).

3) level tone: 침착한(level) 어조.

4) red streak shot up: 붉은 한 줄기 빛(streak)은 아침이 뜨기 직전의 태양을 지칭; shoot up은 '하늘 높이 치솟다'.

5) diffuse: 퍼지다.

6) with intention: 의지를 가지고.

7) lapping of water: (뱃전에 부딪치는) 파도소리.

8) gurgling by: 근방에서 (콸콸) 소리를 내며 흐르다.

9) glean: (정보를) 약간 얻다.

"What else do you hear?"

"The sound of men stamping overhead as they run about. There is the creaking of a chain, and the loud tinkle as the check of the capstan falls into the ratchet."[1]

"What are you doing?"

"I am still, oh so still. It is like death!" The voice faded away into a deep breath as of one sleeping, and the open eyes closed again.

By this time the sun had risen, and we were all in the full light of day. Dr. Van Helsing placed his hands on Mina's shoulders, and laid her head down softly on her pillow. She lay like a sleeping child for a few moments, and then, with a long sigh, awoke and stared in wonder[2] to see us all around her.

"Have I been talking in my sleep?" was all she said. She seemed, however, to know the situation without telling, though she was eager to know what she had told. The Professor repeated the conversation, and she said, "Then there is not a moment to lose. It may not be yet too late!"

Mr. Morris and Lord Godalming started for the door but the Professor's calm voice called them back.

"Stay, my friends. That ship, wherever it was, was weighing anchor[3] at the moment in your so great Port of London. Which of them is it that you seek? God be thanked that we have once again a clue, though whither it may lead us we know not. We have been blind somewhat. Blind after the manner of men, since we can look back we see what we might have seen looking forward if we had been able to see what we might have seen! Alas, but that sentence is a puddle,[4] is it not? We can know now what was in the Count's mind, when he seize that money, though Jonathan's so fierce knife put him in the danger that even he dread. He meant escape. Hear me, ESCAPE! He saw that with but one earth box left, and a pack of men[5] following like dogs after a fox, this London was no place for him. He have take his last earth box on board a ship, and he leave the land. He think to escape, but no! We follow him. Tally Ho![6] As friend Arthur would say when he put on his red frock! Our old fox is wily. Oh! So wily, and we must follow with wile.

1) the loud tinkle as the check of the capstan falls into the ratchet: tinkle은 '딸랑거리는 소리', check은 '저지물', capstan은 '닻 따위를 감아올리는 장치', ratchet는 '미늘톱니바퀴 장치'.

2) in wonder: 의아스러운 듯이.

3) weighing anchor: '닻을 올리다', '출항하다'.

4) puddle: 뒤죽박죽.

5) pack of man: pack은 '사냥개의 한 무리'; 헬싱은 자신들을 드라큘라라는 사냥감을 쫓는 사냥개로 비유하고 있다.

6) Tally ho!: 쉬쉬하고 사냥개로 하여금 사냥감을 공격하라고 추기는 소리.

I, too, am wily[1] and I think his mind in a little while. In meantime we may rest and in peace, for there are between us which he do not want to pass, and which he could not if he would. Unless the ship were to touch the land,[2] and then only at full or slack tide. See, and the sun is just rose, and all day to sunset is us. Let us take bath, and dress, and have breakfast which we all need, and which we can eat comfortably since he be not in the same land with us."

Mina looked at him appealingly as she asked, "But why need we seek him further, when he is gone away from us?"

He took her hand and patted it as he replied, "Ask me nothing as yet. When we have breakfast, then I answer all questions." He would say no more, and we separated to dress.

After breakfast Mina repeated her question. He looked at her gravely for a minute and then said sorrowfully, "Because my dear, dear Madam Mina, now more than ever must we find him even if we have to follow him to the jaws of Hell!"[3]

She grew paler as she asked faintly, "Why?"

"Because," he answered solemnly, "he can live for centuries, and you are but mortal woman. Time is now to be dreaded, since once he put that mark upon your throat."

I was just in time to catch her as she fell forward in a faint.

1) wily: 교활한.

2) touch the land: (배가) 육지에 닿다.

3) follow him to the jaws of Hell: jaws of hell은 '지옥의 문턱', 혹은 '사지(死地)'의 의미; 즉, 우리가 그를 좇아 지옥의 문턱에까지 간다 할지라도의 의미다.

CHAPTER 24

DR. SEWARD'S PHONOGRAPH DIARY, SPOKEN BY VAN HELSING

This to Jonathan Harker.

You are to stay with your dear Madam Mina. We shall go to make our search,[1] if I can call it so, for it is not search but knowing, and we seek confirmation only. But do you stay and take care of her today. This is your best and most holiest office.[2] This day nothing can find him here.

Let me tell you that so you will know what we four know already, for I have tell them. He, our enemy, have gone away. He have gone back to his Castle in Transylvania. I know it so well, as if a great hand of fire wrote it on the wall. He have prepare for this in some way, and that last earth box was ready to ship somewheres. For this he took the money. For this he hurry at the last, lest we catch him before the sun go down. It was his last hope, save[3] that he might hide in the tomb that he think poor Miss Lucy, being as he thought like him, keep open to him. But there was not of time. When that fail he make straight for his last resource,[4] his last earthwork I might say did I wish *double entente.*[5] He is clever, oh so clever! He know that his game here was finish.[6] And so he decide he go back home. He find ship going by the route he came, and he go in it.

We go off now to find what ship,[7] and whither bound. When we have discover that, we come back and tell you all. Then we will comfort you and poor Madam Mina with new hope. For it will be hope when you think it over, that all is not lost. This very creature that we pursue, he take hundreds of years to get so far as London. And yet in one day, when we know of the disposal of him[8] we drive him out. He is finite, though he is powerful to do much harm and suffers not as we do. But we are strong, each in our purpose, and we are all more strong together. Take heart[9] afresh, dear husband of Madam Mina. This battle is but

1) make our search: 조사하다.
2) office: 임무.
3) save: 'except'의 의미.
4) make straight for his last resource: 자신의 마지막 의지 대상(resource)으로 곧장 향해 가다 (make for).
5) *double entente*: (불어) 이중적 의미.
6) finish: 'finished'(끝난)의 의미로 사용되었다.
7) ship: (배로) 수송되다.
8) disposal of him: 그를 제거(disposal)하는 방법.
9) Take heart: 용기를 내다.

begun and in the end we shall win. So sure as that God sits on high[1] to watch over His children. Therefore be of much comfort[2] till we return.

VAN HELSING.

JONATHAN HARKER'S JOURNAL

4 October.--When I read to Mina, Van Helsing's message in the phonograph, the poor girl brightened up considerably. Already the certainty that the Count is out of the country has given her comfort. And comfort is strength to her. For my own part, now that his horrible danger is not face to face with us, it seems almost impossible to believe in it. Even my own terrible experiences in Castle Dracula seem like a long forgotten dream. Here in the crisp[3] autumn air in the bright sunlight.

Alas! How can I disbelieve! In the midst of my thought[4] my eye fell on the red scar on my poor darling's white forehead. Whilst that lasts, there can be no disbelief. Mina and I fear to be idle, so we have been over all the diaries again and again.[5] Somehow, although the reality seem greater each time, the pain and the fear seem less. There is something of a guiding purpose[6] manifest throughout, which is comforting. Mina says that perhaps we are the instruments of ultimate good.[7] It may be! I shall try to think as she does. We have never spoken to each other yet of the future. It is better to wait till we see the Professor and the others after their investigations.

The day is running by[8] more quickly than I ever thought a day could run for me again. It is now three o'clock.

MINA HARKER'S JOURNAL

5 October, 5 p.m.--Our meeting for report. Present: Professor Van

1) on high: 하늘에서.
2) of much comfort: 많은 위로가 되는.
3) crisp: 상쾌한.
4) In the midst of my thought: 내가 한참 생각에 잠긴 동안.
5) been over all the dairies again and again: 다시 몇 번이고 모든 일기를 샅샅이 살피다(over).
6) guiding purpose: 인간을 인도하는 신의 목적(purpose)을 지칭.
7) instruments of ultimate good: 궁극적인 선(good)을 실행하기 위한 도구(instrument).
8) running by: 시간이 (빨리) 흘러가다.

Helsing, Lord Godalming, Dr. Seward, Mr. Quincey Morris, Jonathan Harker, Mina Harker.

Dr. Van Helsing described what steps were taken during the day to discover on what boat and whither bound Count Dracula made his escape.

"As I knew that he wanted to get back to Transylvania, I felt sure that he must go by the Danube mouth,[1] or by somewhere in the Black Sea,[2] since by that way he come. It was a dreary blank that was before us. *Omme Ignotum pro magnifico.*[3] And so with heavy hearts we start to find what ships leave for the Black Sea last night. He was in sailing ship, since Madam Mina tells of sails being set.[4] These not so important as to go in your list of the shipping in the Times, and so we go, by suggestion of Lord Godalming, to your Lloyd's, where are note of all ships that sail, however so small. There we find that only one Black Sea bound ship go out with the tide.[5] She is the Czarina Catherine, and she sail from Doolittle's Wharf for Varna, and thence to other ports and up the Danube. `So!' said I, `this is the ship whereon is the Count.' So off we go to Doolittle's Wharf, and there we find a man in an office. From him we inquire of the goings[6] of the Czarina Catherine. He swear much, and he red face and loud of voice, but he good fellow all the same. And when Quincey give him something from his pocket which crackle[7] as he roll it up, and put it in a so small bag which he have hid deep in his clothing, he still better fellow and humble servant to us. He come with us, and ask many men who are rough and hot. These be better fellows too when they have been no more thirsty. They say much of blood and bloom,[8] and of others which I comprehend not, though I guess what they mean. But nevertheless they tell us all things which we want to know.

"They make known to us among them, how last afternoon at about five o'clock comes a man so hurry. A tall man, thin and pale, with high nose and teeth so white, and eyes that seem to be burning. That he be all in black, except that he have a hat of straw which suit not him or

---

1) Danube mouth: 다뉴브 강 어귀(mouth).

2) Black Sea: 흑해

3) *Omne ignotum pro magnifico*: 라틴어로 된 이 문장은 로마의 역사가 타키투스(Publius Cornelius, 55?-120?)의 *Agricola*의 30장에서 따온 문장으로 '알려지지 않은 모든 것들은 멋지게 보인다'는 뜻이다.

4) Mina tells of sails being set: 돛을 올리는(set sails) 것에 대해서 미나가 말하다.

5) with the tide: 조류를 타고.

6) goings: 운행일정.

7) crackle: 딱딱 소리가 나다.

8) They say much of blood and bloom: blood와 bloom의 형용사인 'bloody'(빌어먹을, 지독한), 'blooming'(지독한, 터무니없는)이란 비속어를 그들이 말을 할 때 많이 사용하였다는 의미.

the time. That he scatter his money in making quick inquiry as to what ship sails for the Black Sea and for where. Some took him to the office and then to the ship, where he will not go aboard but halt at shore end of gangplank,[1] and ask that the captain come to him. The captain come, when told that he will be pay well, and though he swear much at the first he agree to term.[2] Then the thin man go and some one tell him where horse and cart can be hired. He go there and soon he come again, himself driving cart on which a great box. This he himself lift down, though it take several to put it on truck for the ship. He give much talk to captain as to how and where his box is to be place. But the captain like it not and swear at him in many tongues, and tell him that if he like he can come and see where it shall be. But he say `no,' that he come not yet, for that he have much to do. Whereupon the captain tell him that he had better be quick, with blood, for that his ship will leave the place, of blood, before the turn of the tide,[3] with blood. Then the thin man smile and say that of course he must go when he think fit, but he will be surprise if he go quite so soon. The captain swear again, polyglot,[4] and the thin man make him bow, and thank him, and say that he will so far intrude on his kindness[5] as to come aboard before the sailing. Final the captain, more red than ever, and in more tongues, tell him that he doesn't want no Frenchmen, with bloom upon them and also with blood, in his ship, with blood on her also. And so, after asking where he might purchase ship forms, he departed.

"No one knew where he went `or bloomin' well cared' as they said, for they had something else to think of, well with blood again. For it soon became apparent to all that the Czarina Catherine would not sail as was expected. A thin mist began to creep up from the river, and it grew, and grew. Till soon a dense fog enveloped the ship and all around her. The captain swore polyglot, very polyglot, polyglot with bloom and blood, but he could do nothing. The water rose and rose, and he began to fear that he would lose the tide altogether. He was in no friendly mood, when just at full tide, the thin man came up the gangplank again and asked to see where his box had been stowed.[6] Then the captain replied that he wished that he and his box, old and with much bloom and blood, were in hell. But the thin man did not be

1) gangplank: (배와 부두를 연결하는) 배다리(gangboard).
2) agree to term: 조건(term)에 동의하다.
3) before the turn of the tide: 조류가 바뀌기 전에.
4) polyglot: 여러나라 말을 할 수 있는 사람.
5) intrude on his kindness: '친절을 기화로 삼아 … 한다'는 의미.
6) stowed: 실었다.

offend,[1] and went down with the mate and saw where it was place, and came up and stood awhile on deck in fog. He must have come off[2] by himself, for none notice him. Indeed they thought not of him, for soon the fog begin to melt away,[3] and all was clear again. My friends of the thirst and the language that was of bloom and blood laughed, as they told how the captain's swears exceeded even his usual polyglot, and was more than ever full of picturesque,[4] when on questioning other mariners who were in movement[5] up and down the river that hour, he found that few of them had seen any of fog at all, except where it lay round the wharf. However, the ship went out on the ebb tide, and was doubtless by morning far down the river mouth. She was then, when they told us, well out to sea.

"And so, my dear Madam Mina, it is that we have to rest for a time, for our enemy is on the sea, with the fog at his command,[6] on his way to the Danube mouth. To sail a ship takes time, go she never so quick. And when we start to go on land more quick, and we meet him there. Our best hope is to come on him when in the box between sunrise and sunset. For then he can make no struggle, and we may deal with him as we should. There are days for us, in which we can make ready our plan. We know all about where he go. For we have seen the owner of the ship, who have shown us invoices and all papers that can be. The box we seek is to be landed in Varna, and to be given to an agent, one Ristics who will there present his credentials.[7] And so our merchant friend will have done his part. When he ask if there be any wrong, for that so, he can telegraph and have inquiry made at Varna, we say `no,' for what is to be done is not for police or of the customs.[8] It must be done by us alone and in our own way."

When Dr. Van Helsing had done[9] speaking, I asked him if he were certain that the Count had remained on board the ship. He replied, "We have the best proof of that, your own evidence,[10] when in the hypnotic trance[11] this morning."

I asked him again if it were really necessary that they should pursue

1) offend: 'offended'(기분이 상한)의 의미로 사용되었음.

2) come off: 떠나다.

3) melt away: 서서히 사라졌다.

4) full of picturesque: 기이한 말투(picturesque)로 가득한.

5) in movement: 움직이고 있는.

6) with the fog at his command: 안개를 마음대로 조정하며.

7) credentials: '증명서', '신임장'.

8) customs: 세관.

9) done: 끝마치다(finish).

10) evidence: 증언.

11) hypnotic trance: 최면에 의한 몽환(夢幻)의 상태.

the Count, for oh! I dread Jonathan leaving me, and I know that he would surely go if the others went. He answered in growing passion, at first quietly. As he went on, however, he grew more angry and more forceful, till in the end we could not but see wherein was at least some of that personal dominance which made him so long a master amongst men.

"Yes, it is necessary, necessary, necessary! For your sake in the first, and then for the sake of humanity. This monster has done much harm already, in the narrow scope where he find himself, and in the short time when as yet he was only as a body groping his so small measure in darkness and not knowing. All this have I told these others. You, my dear Madam Mina, will learn it in the phonograph of my friend John, or in that of your husband. I have told them how the measure of leaving his own barren land, barren of peoples, and coming to a new land where life of man teems[1] till they are like the multitude of standing corn, was the work of centuries. Were another of the Undead, like him, to try to do what he has done, perhaps not all the centuries of the world that have been, or that will be, could aid him. With this one, all the forces of nature that are occult[2] and deep and strong must have worked together in some wonderous way. The very place, where he have been alive, Undead for all these centuries, is full of strangeness of the geologic and chemical world. There are deep caverns[3] and fissures that reach none know whither. There have been volcanoes, some of whose openings still send out waters of strange properties, and gases that kill or make to vivify[4]. Doubtless, there is something magnetic or electric in some of these combinations of occult forces which work for[5] physical life in strange way, and in himself were from the first some great qualities. In a hard and warlike time he was celebrate that he have more iron nerve, more subtle[6] brain, more braver heart, than any man. In him some vital principle have in strange way found their utmost.[7] And as his body keep strong and grow and thrive, so his brain grow too. All this without that diabolic aid which is surely to him. For it have to yield to the powers that come from, and are, symbolic of good. And now this is what he is to us. He have infect you, oh forgive me, my dear, that I must say such, but it is for good of you that I speak. He infect you in such wise,[8] that

1) teems: 가득 차다.
2) occult: 불가사이의.
3) caverns: 동굴.
4) vivify: 활기를 띄게 하다.
5) work for: …에 도움이 되다.
6) subtle: 명석한.
7) found their utmost: 최대한 발휘되었다.
8) wise: 방법(way).

even if he do no more, you have only to live, to live in your own old, sweet way, and so in time, death, which is of man's common lot[1] and with God's sanction, shall make you like to him. This must not be![2] We have sworn together that it must not. Thus are we ministers of God's own wish.[3] That the world, and men for whom His Son die, will not be given over to monsters, whose very existence would defame[4] Him. He have allowed us to redeem one soul already, and we go out as the old knights of the Cross[5] to redeem more. Like them we shall travel towards the sunrise. And like them, if we fall, we fall in good cause."[6]

He paused and I said, "But will not the Count take his rebuff[7] wisely? Since he has been driven from England, will he not avoid it, as a tiger does the village from which he has been hunted?"

"Aha!" he said, "your simile[8] of the tiger good, for me, and I shall adopt him. Your maneater, as they of India call the tiger who has once tasted blood of the human, care no more for the other prey, but prowl[9] unceasing till he get him. This that we hunt from our village is a tiger, too, a maneater, and he never cease to prowl. Nay, in himself he is not one to retire and stay afar. In his life, his living life, he go over the Turkey frontier and attack his enemy on his own ground. He be beaten back, but did he stay? No! He come again, and again, and again. Look at his persistence and endurance. With the child-brain that was to him he have long since conceive the idea of coming to a great city. What does he do? He find out the place of all the world most of promise for him. Then he deliberately set himself down to[10] prepare for the task. He find in patience just how is his strength, and what are his powers. He study new tongues.[11] He learn new social life, new environment of old ways, the politics, the law, the finance, the science, the habit of a new land and a new people who have come to be since he was. His glimpse that he have had, whet his appetite[12] only and enkeen[13] his desire. Nay, it help him to grow as to his brain. For it all prove to him how right

1) lot: 운명.
2) This must not be: 이런 일이 일어나면 절대 안 된다는 의미.
3) ministers of God's own wish: minister는 '대행자'; 즉, 신의 뜻을 이루는 대행자.
4) defame: 명예를 훼손하다.
5) knights of the Cross: 십자군 기사(기독교를 옹호하고 이교도를 물리치기 위해 조성된 기사단).
6) fall in good cause: cause는 '대의'; 즉, 올바른 대의를 위해 싸우다 쓰러진다는 의미.
7) rebuff: '저지', '퇴짜'.
8) simile: 직유.
9) prowl: 먹이를 찾아 헤매다.
10) set himself down to: '… 하는데 집중하다', '노력하다'.
11) tongues: 언어.
12) whet his appetite: 그의 식욕을 자극하다.
13) enkeen: (식욕을) 돋구다.

he was at the first in his surmises. He have done this alone, all alone! From a ruin tomb in a forgotten land. What more may he not do when the greater world of thought is open to him. He that can smile at death, as we know him. Who can flourish[1] in the midst of diseases that kill off whole peoples. Oh! If such an one was to come from God, and not the Devil, what a force for good might he not be in this old world of ours. But we are pledged to set the world free. Our toil[2] must be in silence, and our efforts all in secret. For in this enlightened age,[3] when men believe not even what they see, the doubting of wise men would be his greatest strength. It would be at once his sheath and his armor, and his weapons to destroy us, his enemies, who are willing to peril even our own souls for the safety of one we love. For the good of mankind, and for the honor and glory of God."

After a general discussion it was determined that for tonight nothing be definitely settled. That we should all sleep on the facts,[4] and try to think out the proper conclusions. Tomorrow, at breakfast, we are to meet again, and after making our conclusions known to one another, we shall decide on some definite cause of action . . .

I feel a wonderful peace and rest tonight. It is as if some haunting presence[5] were removed from me. Perhaps . . .

My surmise was not finished, could not be, for I caught sight in the mirror of the red mark upon my forehead, and I knew that I was still unclean.

DR. SEWARD'S DIARY

5 October.--We all arose early, and I think that sleep did much for each and all of us. When we met at early breakfast there was more general cheerfulness than any of us had ever expected to experience again.

It is really wonderful how much resilience[6] there is in human nature. Let any obstructing cause, no matter what, be removed in any way, even by death, and we fly back to first principles of hope and enjoyment.

1) flourish: 잘 살아가다.

2) toil: 노고.

3) for this enlightened age, when men believe not even what they see: 헬싱은 인간의 편협한 이성 중심적 사고가 때로는 진실을 바라보지 못하게 한다고 종종 강조한다.

4) sleep on the facts: 이러한 사실에 대해 하룻밤 자고 생각해 보다.

5) haunting presence: 나를 떠나지 않는(haunting) 존재(presence).

6) resilience: 회복력.

More than once as we sat around the table, my eyes opened in wonder whether the whole of the past days had not been a dream. It was only when I caught sight of the red blotch[1] on Mrs. Harker's forehead that I was brought back to reality. Even now, when I am gravely resolving the matter,[2] it is almost impossible to realize that the cause of all our trouble is still existent. Even Mrs. Harker seems to lose sight of her trouble for whole spells. It is only now and again, when something recalls it to her mind, that she thinks of her terrible scar. We are to meet here in my study in half an hour and decide on our course of action. I see only one immediate difficulty, I know it by instinct rather than reason. We shall all have to speak frankly. And yet I fear that in some mysterious way poor Mrs. Harker's tongue is tied.[3] I know that she forms conclusions of her own, and from all that has been I can guess how brilliant and how true they must be. But she will not, or cannot, give them utterance.[4] I have mentioned this to Van Helsing, and he and I are to talk it over when we are alone. I suppose it is some of that horrid poison which has got into her veins beginning to work. The Count had his own purposes when he gave her what Van Helsing called "the Vampire's baptism of blood."[5] Well, there may be a poison that distills itself out of good things. In an age when the existence of ptomaines[6] is a mystery we should not wonder at anything! One thing I know, that if my instinct be true regarding poor Mrs. Harker's silences, then there is a terrible difficulty, an unknown danger, in the work before us. The same power that compels her silence may compel her speech. I dare not think further, for so I should in my thoughts dishonor a noble woman!

Later.--When the Professor came in, we talked over the state of things.[7] I could see that he had something on his mind, which he wanted to say, but felt some hesitancy about broaching the subject.[8] After beating about the bush[9] a little, he said, "Friend John, there is something that you and I must talk of alone, just at the first at any rate. Later, we may have to take the others into our confidence."[10]

Then he stopped, so I waited. He went on, "Madam Mina, our poor,

1) blotch: 반점.
2) resolving the matter: 이 문제를 설명(해결)하다(resolve).
3) Mrs Harker's tongue is tied: 하커 부인은 입을 다물었다.
4) give them utterance: '입 밖에 내다', '말하다'.
5) Vampire's baptism of blood: 흡혈귀의 피의 세례는 기독교의 세례를 연상시킨다.
6) ptomaines: 프토마인(단백질이나 식물의 부패로 생기는 유독성 물질).
7) state of things: 상황.
8) broaching the subject: 화제(subject)를 끄집어내다(broach).
9) beating about the bush: 넌지시 암시하다.
10) take the others into our confidence: 다른 사람들에게도 우리들의 속마음을 털어놓다.

dear Madam Mina is changing."

A cold shiver ran through me to find my worst fears thus endorsed.[1] Van Helsing continued.

"With the sad experience of Miss Lucy, we must this time be warned before things go too far. Our task is now in reality more difficult than ever, and this new trouble makes every hour of the direst importance.[2] I can see the characteristics of the vampire coming in her face. It is now but very, very slight. But it is to be seen if we have eyes to notice without prejudge. Her teeth are sharper, and at times her eyes are more hard. But these are not all, there is to her the silence now often, as so it was with Miss Lucy. She did not speak, even when she wrote that which she wished to be known later. Now my fear is this. If it be that she can, by our hypnotic trance, tell what the Count see and hear, is it not more true that he who have hypnotize her first, and who have drink of her very blood and make her drink of his, should if he will, compel her mind to disclose to him that which she know?"

I nodded acquiescence. He went on, "Then, what we must do is to prevent this. We must keep her ignorant of our intent, and so she cannot tell what she know not. This is a painful task! Oh, so painful that it heartbreak[3] me to think of it, but it must be. When today we meet, I must tell her that for reason which we will not to speak she must not more be of our council, but be simply guarded by us."

He wiped his forehead, which had broken out in profuse perspiration[4] at the thought of the pain which he might have to inflict upon the poor soul already so tortured. I knew that it would be some sort of comfort to him if I told him that I also had come to the same conclusion. For at any rate it would take away the pain of doubt. I told him, and the effect was as I expected.

It is now close to the time of our general gathering.[5] Van Helsing has gone away to prepare for the meeting, and his painful part of it. I really believe his purpose is to be able to pray alone.

Later.--At the very outset of our meeting a great personal relief was experienced by both Van Helsing and myself. Mrs. Harker had sent a message by her husband to say that she would not join us at present, as she thought it better that we should be free to discuss our movements

---

1) find my worst fears thus endorsed: 나의 최악의 걱정이 사실로 드러났음이 확인(endorsed)되었다.

2) of the direst importance: 몹시 중요한.

3) heartbreak: 가슴을 아프게 하다.

4) in profuse perspiration: 많은(profuse) 땀(perspiration)으로.

5) general gathering: 전체 모임.

without her presence to embarrass us. The Professor and I looked at each other for an instant, and somehow we both seemed relieved. For my own part, I thought that if Mrs. Harker realized the danger herself, it was much pain as well as much danger averted. Under the circumstances[1] we agreed, by a questioning look and answer, with finger on lip, to preserve silence in our suspicions, until we should have been able to confer alone again. We went at once into our Plan of Campaign.[2]

Van Helsing roughly put the facts[3] before us first,"The Czarina Catherine left the Thames yesterday morning. It will take her at the quickest speed she has ever made at least three weeks to reach Varna. But we can travel overland[4] to the same place in three days. Now, if we allow for two days less for the ship's voyage, owing to such weather influences as we know that the Count can bring to bear,[5] and if we allow a whole day and night for any delays which may occur to us, then we have a margin of nearly two weeks.[6]

"Thus, in order to be quite safe, we must leave here on 17th at latest. Then we shall at any rate be in Varna a day before the ship arrives, and able to make such preparations as may be necessary. Of course we shall all go armed, armed against evil things, spiritual as well as physical."

Here Quincey Morris added,"I understand that the Count comes from a wolf country, and it may be that he shall get there before us. I propose that we add Winchesters[7] to our armament.[8] I have a kind of belief in a Winchester when there is any trouble of that sort around. Do you remember, Art, when we had the pack after us at Tobolsk?[9] What wouldn't we have given then for a repeater[10] apiece!"

"Good!" said Van Helsing, "Winchesters it shall be. Quincey's head is level[11] at times, but most so when there is to hunt, metaphor be more dishonor to science than wolves be of danger to man. In the meantime we can do nothing here. And as I think that Varna is not familiar to any of us, why not go there more soon? It is as long to wait here as there. Tonight and tomorrow we can get ready, and then if all be well, we four can set out on our journey."

---

1) Under the circumstances: 이러한 상황에서.
2) We went at once into our Plan of Campaign: 우리는 즉시 작전 계획을 짰다.
3) put the facts: 사실을 나열하다.
4) overland: 육로로.
5) bring to bear: (영향을) 발휘하다.
6) we have a margin of nearly two weeks: margin은 '여유'; 즉, 우리는 2주간의 여유가 있다.
7) Winchester: 라이플 총(Winchester Rifle).
8) armament: 병기.
9) Tobolsk: 서 시베리아에 있는 도시.
10) repeater: 연발총.
11) level: '침착한', '정확한 판단을 하는'.

"We four?" said Harker interrogatively, looking from one to another of us.

"Of course!" answered the Professor quickly. "You must remain to take care of your so sweet wife!"

Harker was silent for awhile and then said in a hollow voice, "Let us talk of that part of it in the morning. I want to consult with Mina."

I thought that now was the time for Van Helsing to warn him not to disclose our plan to her, but he took no notice.[1] I looked at him significantly[2] and coughed. For answer he put his finger to his lips and turned away.

JONATHAN HARKER'S JOURNAL

5 October, afternoon.--For some time after our meeting this morning I could not think. The new phases of things leave my mind in a state of wonder which allows no room[3] for active thought. Mina's determination not to take any part in the discussion set me thinking.[4] And as I could not argue the matter with her, I could only guess. I am as far as ever from a solution now. The way the others received it, too puzzled me. The last time we talked of the subject we agreed that there was to be no more concealment of anything amongst us. Mina is sleeping now, calmly and sweetly like a little child. Her lips are curved and her face beams with happiness. Thank God, there are such moments still for her.

Later.--How strange it all is. I sat watching Mina's happy sleep, and I came as near to being happy myself as I suppose I shall ever be. As the evening drew on,[5] and the earth took its shadows from the sun sinking lower, the silence of the room grew more and more solemn to me.

All at once Mina opened her eyes, and looking at me tenderly said, "Jonathan, I want you to promise me something on your word of honor.[6] A promise made to me, but made holily in God's hearing,[7] and not to be broken though I should go down on my knees[8] and implore you with bitter tears. Quick, you must make it to me at once."

1) took no notice: 눈치채지 못하였다.
2) significantly: 의미심장하게.
3) room: 여지.
4) set me thinking: 나로 하여금 생각하게 하였다.
5) drew on: 다가왔다.
6) on your word of honour: 당신의 명예를 걸고.
7) in God's hearing: 신이 듣는 앞에서.
8) go down on my knees: 무릎을 꿇다.

"Mina," I said, "a promise like that, I cannot make at once. I may have no right to make it."

"But, dear one," she said, with such spiritual intensity that her eyes were like pole stars,[1] "it is I who wish it. And it is not for myself. You can ask Dr. Van Helsing if I am not right. If he disagrees you may do as you will. Nay, more if you all agree, later you are absolved from the promise."[2]

"I promise!" I said, and for a moment she looked supremely happy. Though to me all happiness for her was denied by the red scar on her forehead.

She said, "Promise me that you will not tell me anything of the plans formed for the campaign against the Count. Not by word, or inference, or implication,[3] not at any time whilst this remains to me!" And she solemnly pointed to the scar. I saw that she was in earnest, and said solemnly, "I promise!" and as I said it I felt that from that instant a door had been shut between us.

Later, midnight.--Mina has been bright and cheerful all the evening. So much so that all the rest seemed to take courage, as if infected somewhat with her gaiety. As a result even I myself felt as if the pall of gloom which weighs us down were somewhat lifted. We all retired early. Mina is now sleeping like a little child. It is wonderful thing that her faculty of sleep remains to her in the midst of her terrible trouble. Thank God for it, for then at least she can forget her care. Perhaps her example may affect me as her gaiety did tonight. I shall try it. Oh! For a dreamless sleep.

6 October, morning.--Another surprise. Mina woke me early, about the same time as yesterday, and asked me to bring Dr. Van Helsing. I thought that it was another occassion for hypnotism, and without question went for the Professor. He had evidently expected some such call, for I found him dressed in his room. His door was ajar,[4] so that he could hear the opening of the door of our room. He came at once. As he passed into the room, he asked Mina if the others might come, too.

"No," she said quite simply, "it will not be necessary. You can tell them just as well. I must go with you on your journey."

Dr. Van Helsing was as startled as I was. After a moment's pause he asked, "But why?"

"You must take me with you. I am safer with you, and you shall be safer, too."

"But why, dear Madam Mina? You know that your safety is our

1) pole stars: 북극성.

2) absolved from the promise: 약속을 면제받다.

3) implication: 암시.

4) ajar: (문이) 열려있는.

solemnest duty. We go into danger, to which you are, or may be, more liable than any of us from . . . from circumstances . . . things that have been." He paused embarrassed.

As she replied, she raised her finger and pointed to her forehead. "I know. That is why I must go. I can tell you now, whilst the sun is coming up. I may not be able again. I know that when the Count wills me I must go. I know that if he tells me to come in secret, I must by wile. By any device to hoodwink,[1] even Jonathan." God saw the look that she turned on me as she spoke, and if there be indeed a Recording Angel[2] that look is noted to her ever-lasting honor. I could only clasp her hand. I could not speak. My emotion was too great for even the relief of tears.

She went on. "You men are brave and strong. You are strong in your numbers, for you can defy that which would break down the human endurance of one who had to guard alone. Besides, I may be of service,[3] since you can hypnotize me and so learn that which even I myself do not know."

Dr. Van Helsing said gravely, "Madam Mina, you are, as always, most wise. You shall with us come. And together we shall do that which we go forth to achieve."

When he had spoken, Mina's long spell of silence made me look at her. She had fallen back on her pillow asleep. She did not even wake when I had pulled up the blind and let in the sunlight which flooded the room. Van Helsing motioned to me to come with him quietly. We went to his room, and within a minute Lord Godalming, Dr. Seward, and Mr. Morris were with us also.

He told them what Mina had said, and went on. "In the morning we shall leave for Varna. We have now to deal with a new factor, Madam Mina. Oh, but her soul is true. It is to her an agony to tell us so much as she has done. But it is most right, and we are warned in time. There must be no chance lost, and in Varna we must be ready to act the instant when that ship arrives."

"What shall we do exactly?"asked Mr. Morris laconically.

The Professor paused before replying, "We shall at the first board that ship. Then, when we have identified[4] the box, we shall place a branch of the wild rose on it. This we shall fasten, for when it is there none can emerge, so that at least says the superstition. And to superstition must we trust at the first. It was man's faith in the early, and it have its root in faith still. Then, when we get the opportunity that we seek, when none are near to see, we shall open the box, and . . . and all will be well."

1) hoodwink: 속이다.
2) Recording Angel: (사람의 선악을 기록하는) 기록 천사.
3) of service: 도움이 되는.
4) identified: 확인하였다.

"I shall not wait for any opportunity," said Morris. "When I see the box I shall open it and destroy the monster, though there were a thousand men looking on, and if I am to be wiped out for it the next moment!"[1] I grasped his hand instinctively and found it as firm as a piece of steel. I think he understood my look. I hope he did.

"Good boy," said Dr. Van Helsing. "Brave boy. Quincey is all man.[2] God bless him for it. My child, believe me none of us shall lag behind[3] or pause from any fear. I do but say what we may do . . . what we must do. But, indeed, indeed we cannot say what we may do. There are so many things which may happen, and their ways and their ends are so various that until the moment we may not say. We shall all be armed, in all ways. And when the time for the end has come, our effort shall not be lack. Now let us today put all our affairs in order. Let all things which touch on[4] others dear to us, and who on us depend, be complete. For none of us can tell what, or when, or how, the end may be. As for me, my own affairs are regulate, and as I have nothing else to do, I shall go make arrangements for the travel. I shall have all tickets and so forth for our journey."

There was nothing further to be said, and we parted. I shall now settle up[5] all my affairs of earth, and be ready for whatever may come.

Later.--It is done. My will is made,[6] and all complete. Mina if she survive is my sole heir. If it should not be so, then the others who have been so good to us shall have remainder.

It is now drawing towards the sunset.[7] Mina's uneasiness calls my attention to it. I am sure that there is something on her mind which the time of exact sunset will reveal. These occasions are becoming harrowing times[8] for us all. For each sunrise and sunset opens up some new danger, some new pain, which however, may in God's will be means to a good end. I write all these things in the diary since my darling must not hear them now. But if it may be that she can see them again, they shall be ready. She is calling to me.

---

1) if I am to be wiped out for it the next moment: 내가 그 다음 순간 안전히 사라지게 된다 할지라도.
2) Quincy is all man: '퀸시는 매우 남성답다'; 이 작품에서 미국인 퀸시는 용감하고 냉철한 판단력을 가진 남성으로 등장한다.
3) lag behind: 뒤떨어지다.
4) touch on: … 에 관계되다.
5) settle up: 정리하다(결말짓다).
6) my will is made: 나의 유언장을 작성하다.
7) drawing towards the sunset: 해가 지기 시작하다.
8) harrowing times: 괴로운 시간.

CHAPTER 25

DR SEWARD'S DIARY

11 October, Evening.--Jonathan Harker has asked me to note this, as he says he is hardly equal[1] to the task, and he wants an exact record kept.

I think that none of us were surprised when we were asked to see Mrs. Harker a little before the time of sunset. We have of late come to understand that sunrise and sunset are to her times of peculiar freedom. When her old self can be manifest without any controlling force subduing or restraining her, or inciting her to action. This mood or condition begins some half hour or more before actual sunrise or sunset, and lasts till either the sun is high, or whilst the clouds are still aglow[2] with the rays streaming above the horizon. At first there is a sort of negative condition, as if some tie were loosened, and then the absolute freedom quickly follows. When, however, the freedom ceases the change back or relapse comes quickly, preceeded only by a spell of warning silence.

Tonight, when we met, she was somewhat constrained, and bore all the signs of an internal struggle. I put it down myself to[3] her making a violent effort at the earliest instant she could do so.

A very few minutes, however, gave her complete control of herself. Then, motioning her husband to sit beside her on the sofa where she was half reclining, she made the rest of us bring chairs up close.

Taking her husband's hand in hers, she began, "We are all here together in freedom, for perhaps the last time! I know that you will always be with me to the end." This was to her husband whose hand had, as we could see, tightened upon her. "In the morning we go out upon our task, and God alone knows what may be in store[4] for any of us. You are going to be so good to me to take me with you. I know that all that brave earnest men can do for a poor weak woman, whose soul perhaps is lost,[5] no, no, not yet, but is at any rate at stake, you will do. But you must remember that I am not as you are. There is a poison in my blood, in my soul, which may destroy me, which must destroy me, unless some relief comes to us. Oh, my friends, you know as well as I do, that my soul is at stake. And though I know there is one way out for

---

1) equal: …을 감당할 수 있는.
2) aglow: 벌겋게 빛나고 있는.
3) put it down myself to: … 의 탓으로 돌리다.
4) in store: 준비(마련)되어 있는.
5) lost: 파멸한.

me, you must not and I must not take it!" She looked appealingly to us all in turn, beginning and ending with her husband.

"What is that way?" asked Van Helsing in a hoarse voice. "What is that way, which we must not, may not, take?"

"That I may die now, either by my own hand or that of another, before the greater evil is entirely wrought. I know, and you know, that were I once dead you could and would set free my immortal spirit, even as you did my poor Lucy's. Were death, or the fear of death, the only thing that stood in the way[1] I would not shrink to die[2] here now, amidst the friends who love me. But death is not all. I cannot believe that to die in such a case, when there is hope before us and a bitter task to be done, is God's will. Therefore, I on my part, give up here the certainty of eternal rest, and go out into the dark where may be the blackest things that the world or the nether world holds!"[3]

We were all silent, for we knew instinctively that this was only a prelude. The faces of the others were set, and Harker's grew ashen grey. Perhaps, he guessed better than any of us what was coming.

She continued, "This is what I can give into the hotch-pot."[4] I could not but note the quaint[5] legal phrase which she used in such a place, and with all seriousness. "What will each of you give? Your lives I know," she went on quickly, "that is easy for brave men. Your lives are God's, and you can give them back to Him, but what will you give to me?" She looked again questionly, but this time avoided her husband's face. Quincey seemed to understand, he nodded, and her face lit up. "Then I shall tell you plainly what I want, for there must be no doubtful matter in this connection between us now. You must promise me, one and all, even you, my beloved husband, that should the time come, you will kill me."

"What is that time?" The voice was Quincey's, but it was low and strained.

"When you shall be convinced that I am so changed that it is better that I die that I may live. When I am thus dead in the flesh, then you will, without a moment's delay, drive a stake through me and cut off my head, or do whatever else may be wanting to give me rest!"

Quincey was the first to rise after the pause. He knelt down before her and taking her hand in his said solemnly, "I'm only a rough fellow, who hasn't, perhaps, lived as a man should to win such a distinction,[6]

---

1) stood in the way: 가로 막았다.

2) I would not shrink to die: 난 죽기를 피하지 않겠다.

3) holds: 간직하다.

4) hotch-pot: 재산을 평등하게 나누기 위해서 여러 재산을 하나로 통합하는 행위.

5) quaint: 기묘한.

6) win such a distinction: 이름을 떨치다.

but I swear to you by all that I hold sacred and dear that, should the time ever come, I shall not flinch from the duty[1] that you have set us. And I promise you, too, that I shall make all certain,[2] for if I am only doubtful I shall take it that the time has come!"

"My true friend!" was all she could say amid her fastfalling tears, as bending over, she kissed his hand.

"I swear the same, my dear Madam Mina!"said Van Helsing. "And I!" said Lord Godalming, each of them in turn kneeling to her to take the oath.[3] I followed, myself.

Then her husband turned to her wan-eyed[4] and with a greenish pallor which subdued[5] the snowy whiteness of his hair, and asked, "And must I, too, make such a promise, oh, my wife?"

"You too, my dearest,"she said, with infinite yearning of pity in her voice and eyes. "You must not shrink. You are nearest and dearest and all the world to me. Our souls are knit into one, for all life and all time. Think, dear, that there have been times when brave men have killed their wives and their womenkind,[6] to keep them from falling into the hands of the enemy. Their hands did not falter any the more because those that they loved implored them to slay[7] them. It is men's duty towards those whom they love, in such times of sore trial! And oh, my dear, if it is to be that I must meet death at any hand, let it be at the hand of him that loves me best. Dr. Van Helsing, I have not forgotten your mercy in poor Lucy's case to him who loved." She stopped with a flying blush,[8] and changed her phrase, "to him who had best right to give her peace. If that time shall come again, I look to[9] you to make it a happy memory of my husband's life that it was his loving hand which set me free from the awful thrall[10] upon me."

"Again I swear!" came the Professor's resonant voice.

Mrs. Harker smiled, positively smiled, as with a sigh of relief she leaned back and said, "And now one word of warning, a warning which you must never forget. This time, if it ever come, may come quickly and unexpectedly, and in such case you must lose no time in using your

---

1) I shall not flinch from the duty: 난 (주어진) 임무를 피하려고 꽁무니를 빼진(flinch) 않겠다.
2) make all certain: 모든 일을 확실하게 매듭짓다.
3) take the oath: 맹세하다.
4) wan-eyed: 힘없는 눈을 한.
5) subdued: 경감(약화)시켰다.
6) womenkind: 한 집안의 여자들.
7) slay: 죽이다.
8) flying blush: 갑자기 생긴 홍조.
9) look to: '…에게 기대하다', '의지하다'.
10) thrall: 속박.

opportunity. At such a time I myself might be . . . nay! If the time ever come, shall be, leagued with your enemy[1] against you.

"One more request," she became very solemn as she said this, "it is not vital and necessary like the other, but I want you to do one thing for me, if you will."

We all acquiesced, but no one spoke. There was no need to speak.

"I want you to read the Burial Service."[2] She was interrupted by a deep groan from her husband. Taking his hand in hers, she held it over her heart, and continued. "You must read it over me some day. Whatever may be the issue of all this fearful state of things, it will be a sweet thought to all or some of us. You, my dearest, will I hope read it, for then it will be in your voice in my memory forever, come what may!"[3]

"But oh, my dear one," he pleaded, "death is afar off from you."

"Nay," she said, holding up a warning hand. "I am deeper in death at this moment than if the weight of an earthly grave lay heavy upon me!"

"Oh, my wife, must I read it?"he said, before he began.

"It would comfort me, my husband!" was all she said, and he began to read when she had got the book ready.

How can I, how could anyone, tell of that strange scene, its solemnity, its gloom,its sadness, its horror, and withal,[4] its sweetness. Even a sceptic, who can see nothing but a travesty of bitter truth[5] in anything holy or emotional, would have been melted to the heart[6] had he seen that little group of loving and devoted friends kneeling round that stricken[7] and sorrowing lady. Or heard the tender passion of her husband's voice, as in tones so broken and emotional that often he had to pause, he read the simple and beautiful service from the Burial of the Dead. I cannot go on . . . words . . . and v-voices . . . f-fail m-me!

She was right in her instinct. Strange as it was, bizarre as it may hereafter seem even to us who felt its potent influence at the time, it comforted us much. And the silence, which showed Mrs. Harker's coming relapse from her freedom of soul, did not seem so full of despair to any of us as we had dreaded.

---

1) leagued with your enemy: 당신들의 적과 결탁한(leagued).

2) Burial Service: 매장식 때 읽는 기도문.

3) come what may: '어떤 일이 닥쳐도'(whatever may come).

4) withal: 게다가.

5) travesty of bitter truth: '쓰라린 진실의 모조품'(travesty); 즉, 모든 인간의 행위를 진실에서 벗어난 것으로 보아, 사람들이 진실이라고 주장하는 것은 단지 진실을 흉내 낸 것이라고 보는 회의론자의 주장을 나타낸 말이다.

6) melted to the heart: 몹시 가슴아파했다.

7) stricken: 고통당하는.

JONATHAN HARKER'S JOURNAL

15 October, Varna.--We left Charing Cross[1] on the morning of the 12th, got to Paris the same night, and took the places secured for us in the Orient Express.[2] We traveled night and day, arriving here at about five o'clock. Lord Godalming went to the Consulate[3] to see if any telegram had arrived for him, whilst the rest of us came on to this hotel, "the Odessus." The journey may have had incidents. I was, however, too eager to get on,[4] to care for them. Until the Czarina Catherine comes into port there will be no interest for me in anything in the wide world. Thank God! Mina is well, and looks to be getting stronger. Her color is coming back. She sleeps a great deal. Throughout the journey she slept nearly all the time. Before sunrise and sunset, however, she is very wakeful and alert. And it has become a habit for Van Helsing to hypnotize her at such times. At first, some effort was needed, and he had to make many passes. But now, she seems to yield at once, as if by habit, and scarcely any action is needed. He seems to have power at these particular moments to simply will, and her thoughts obey him. He always asks her what she can see and hear. She answers to the first,

"Nothing, all is dark." And to the second,"

I can hear the waves lapping against the ship, and the water rushing by. Canvas and cordage[5] strain and masts and yards[6] creak. The wind is high . . . I can hear it in the shrouds,[7] and the bow throws back the foam."

It is evident that the Czarina Catherine is still at sea, hastening on her way to Varna. Lord Godalming has just returned. He had four telegrams, one each day since we started, and all to the same effect. That the Czarina Catherine had not been reported to Lloyd's from anywhere. He had arranged before leaving London that his agent should send him every day a telegram saying if the ship had been reported. He was to have a message even if she were not reported, so that he might be sure that there was a watch being kept at the other end of the wire.

We had dinner and went to bed early. Tomorrow we are to see the Vice Consul,[8] and to arrange, if we can, about getting on board the ship

1) Charing Cross: 트라팔가 광장(Trafalgar Square)의 동쪽으로 가는 기차역.
2) Orient Express: 파리에서 이스탄불까지 운행했던 특급 열차 이름.
3) Consulate: 영사관.
4) get on: 출발하다.
5) cordage: (배의) 삭구(索具).
6) yards: 활대.
7) shrouds: (돛대 꼭대기에서 양쪽 뱃전으로 뻗치는) 돛대 줄.
8) Vice-Consul: 부영사.

as soon as she arrives. Van Helsing says that our chance will be to get on the boat between sunrise and sunset. The Count, even if he takes the form of a bat, cannot cross the running water of his own volition,[1] and so cannot leave the ship. As he dare not change to man's form without suspicion, which he evidently wishes to avoid, he must remain in the box. If, then, we can come on board after sunrise, he is at our mercy,[2] for we can open the box and make sure of him,[3] as we did of poor Lucy, before he wakes. What mercy he shall get from us all will not count for much. We think that we shall not have much trouble with officials or the seamen. Thank God! This is the country where bribery can do anything, and we are well supplied with money. We have only to make sure that the ship cannot come into port between sunset and sunrise without our being warned, and we shall be safe. Judge Moneybag will settle this case, I think![4]

16 October.--Mina's report still the same. Lapping waves and rushing water, darkness and favoring winds. We are evidently in good time, and when we hear of the Czarina Catherine we shall be ready. As she must pass the Dardanelles we are sure to have some report.

* * *

17 October.--Everything is pretty well fixed now, I think, to welcome the Count on his return from his tour. Godalming told the shippers that he fancied that the box sent aboard might contain something stolen from a friend of his, and got a half consent that he might open it at his own risk.[5] The owner gave him a paper telling the Captain to give him every facility[6] in doing whatever he chose on board the ship, and also a similar authorization[7] to his agent at Varna. We have seen the agent, who was much impressed with Godalming's kindly manner to him, and we are all satisfied that whatever he can do to aid our wishes will be done.

We have already arranged what to do in case we get the box open. If the Count is there, Van Helsing and Seward will cut off his head at once and drive a stake through his heart. Morris and Godalming and I shall prevent interference, even if we have to use the arms which we shall

1) of his own volition: 자발적으로.

2) at our mercy: 우리의 처분에 달려 있는.

3) make sure of him: '그를 확실히 손에 넣다'; 여기서는 그를 확실하게 제거할 수 있다는 의미.

4) Judge Moneybag will settle this case, I think: 돈 가방 판사가 이 사건을 결정(settle) 할 수 있다는 말은 돈으로 이 문제를 해결할 수 있다는 뜻이다.

5) at his own risk: 자신이 책임지고.

6) give him every facility: 그에게 모든 편의(facility)를 제공하다.

7) authorization: 권한부여.

have ready. The Professor says that if we can so treat the Count's body, it will soon after fall into dust. In such case there would be no evidence against us, in case any suspicion of murder were aroused. But even if it were not, we should stand or fall by our act,[1] and perhaps some day this very script may be evidence to come between some of us and a rope.[2] For myself, I should take the chance only too thankfully if it were to come. We mean to leave no stone unturned[3] to carry out our intent. We have arranged with certain officials that the instant the Czarina Catherine is seen, we are to be informed by a special messenger.

24 October.--A whole week of waiting. Daily telegrams to Godalming, but only the same story. "Not yet reported." Mina's morning and evening hypnotic answer is unvaried. Lapping waves, rushing water, and creaking masts.

Telegram, October 24Th
Rufus Smith, Lloyd'S, London, To Lord Godalming, Care Of
H. B. M. Vice Consul,[4] *Varna*

"Czarina Catherine reported this morning from Dardanelles."

DR. SEWARD'S DIARY

25 October.--How I miss my phonograph! To write a diary with a pen is irksome to me! But Van Helsing says I must. We were all wild with excitement yesterday when Godalming got his telegram from Lloyd's. I know now what men feel in battle when the call to action[5] is heard. Mrs.Harker, alone of our party, did not show any signs of emotion. After all, it is not strange that she did not, for we took special care not to let her know anything about it, and we all tried not to show any excitement when we were in her presence. In old days she would, I am sure, have noticed, no matter how we might have tried to conceal it. But in this

1) stand or fall by our act: 우리의 행동에 걸려(달려) 있다.
2) this very script may be evidence to come between some of us and a rope: '이 글이 우리와 교수형 밧줄사이의 증거가 될 수 있다'는 말은 이 글이 자신들의 행위가 살인죄라 아니라는 증거가 되어 그들이 교수형 당하는 것을 막는 증거가 될 수 있다는 뜻이다.
3) leave no stone unturned: 모든 수단을 총 동원하다.
4) H. B. M. Vice-Consul: 'Her Britannic Majesty'S Vice-Consul'(영국 부영사)의 약자.
5) call to action: action은 '전쟁'; 즉, 싸우라는 요청(call).

way she is greatly changed during the past three weeks. The lethargy grows upon her, and though she seems strong and well, and is getting back some of her color, Van Helsing and I are not satisfied. We talk of her often. We have not, however, said a word to the others. It would break poor Harker's heart, certainly his nerve, if he knew that we had even a suspicion on the subject. Van Helsing examines, he tells me, her teeth very carefully, whilst she is in the hypnotic condition, for he says that so long as they do not begin to sharpen there is no active danger of a change in her. If this change should come, it would be necessary to take steps! We both know what those steps would have to be, though we do not mention our thoughts to each other. We should neither of us shrink from the task, awful though it be to contemplate. "Euthanasia"[1] is an excellent and a comforting word! I am grateful to whoever invented it.

It is only about 24 hours' sail from the Dardanelles to here, at the rate the Czarina Catherine has come from London. She should therefore arrive some time in the morning, but as she cannot possibly get in before noon, we are all about to retire early. We shall get up at one o'clock, so as to be ready.

25 October, Noon.--No news yet of the ship's arrival. Mrs. Harker's hypnotic report this morning was the same as usual, so it is possible that we may get news at any moment. We men are all in a fever of excitement,[2] except Harker, who is calm. His hands are cold as ice, and an hour ago I found him whetting the edge of the great Ghoorka[3] knife which he now always carries with him. It will be a bad look-out for the Count[4] if the edge of that "Kukri"[5] ever touches his throat, driven by that stern, ice-cold hand!

Van Helsing and I were a little alarmed about Mrs. Harker today. About noon she got into a sort of lethargy which we did not like. Although we kept silence to the others, we were neither of us happy about it. She had been restless all the morning, so that we were at first glad to know that she was sleeping. When, however, her husband mentioned casually that she was sleeping so soundly that he could not wake her, we went to her room to see for ourselves. She was breathing naturally and looked so well and peaceful that we agreed that the sleep was better for her than anything else. Poor girl, she has so much to forget that it

1) Euthanasia: 안락사.
2) in a fever of excitement: 정신없을 정도로 흥분하여.
3) Ghoorka: 구르카족(Gurkha).
4) bad look-out for the Count: '(드라큘라) 백작의 앞날에 심히 우려스런 일이다'; 하커가 갈고 있는 칼은 드라큘라에게도 우려할 만한 무기라는 의미.
5) Kukri: 구르카족이 쓰는 날이 넓고 휜 단도.

is no wonder that sleep, if it brings oblivion to her, does her good.

Later.--Our opinion was justified, for when after a refreshing sleep of some hours she woke up, she seemed brighter and better than she had been for days. At sunset she made the usual hypnotic report. Wherever he may be in the Black Sea, the Count is hurrying to his destination. To his doom,[1] I trust!

26 October.--Another day and no tidings[2] of the Czarina Catherine. She ought to be here by now. That she is still journeying somewhere is apparent, for Mrs. Harker's hypnotic report at sunrise was still the same. It is possible that the vessel may be lying by,[3] at times, for fog. Some of the steamers which came in last evening reported patches of fog[4] both to north and south of the port. We must continue our watching, as the ship may now be signalled any moment.

27 October, Noon.--Most strange. No news yet of the ship we wait for. Mrs. Harker reported last night and this morning as usual. "Lapping waves and rushing water," though she added that "the waves were very faint." The telegrams from London have been the same, "no further report." Van Helsing is terribly anxious, and told me just now that he fears the Count is escaping us.

He added significantly, "I did not like that lethargy of Madam Mina's. Souls and memories can do strange things during trance." I was about to as k him more, but Harker just then came in, and he held up a warning hand. We must try tonight at sunset to make her speak more fully when in her hypnotic state.

28 October.--Telegram. Rufus Smith, London, to Lord Godalming, care H. B. M. Vice Consul, Varna "Czarina Catherine reported entering Galatz at one o'clock today."

DR. SEWARD'S DIARY

28 October.--When the telegram came announcing the arrival in Galatz I do not think it was such a shock to any of us as might have been

1) To his doom: 그의 파멸(doom)을 향해.
2) tidings: 소식.
3) lying by: 일시 정지하다.
4) patches of fog: 띄엄띄엄 떠 있는 안개.

expected. True, we did not know whence, or how, or when, the bolt[1] would come. But I think we all expected that something strange would happen. The day of arrival at Varna made us individually satisfied that things would not be just as we had expected. We only waited to learn where the change would occur. None the less, however, it was a surprise. I suppose that nature works on such a hopeful basis that we believe against ourselves that things will be as they ought to be, not as we should know that they will be. Transcendentalism is a beacon to the angels, even if it be a will-o'-the-wisp to man.[2] Van Helsing raised his hand over his head for a moment, as though in remonstrance with[3] the Almighty. But he said not a word, and in a few seconds stood up with his face sternly set.

Lord Godalming grew very pale, and sat breathing heavily. I was myself half stunned[4] and looked in wonder at one after another. Quincey Morris tightened his belt with that quick movement which I knew so well. In our old wandering days it meant "action." Mrs. Harker grew ghastly white, so that the scar on her forehead seemed to burn, but she folded her hands meekly and looked up in prayer. Harker smiled, actually smiled, the dark, bitter smile of one who is without hope, but at the same time his action belied his words,[5] for his hands instinctively sought the hilt[6] of the great Kukri knife and rested there.

"When does the next train start for Galatz?" said Van Helsing to us generally.

"At 6:30 tomorrow morning!" We all started, for the answer came from Mrs. Harker.

"How on earth do you know?" said Art.

"You forget, or perhaps you do not know, though Jonathan does and so does Dr. Van Helsing, that I am the train fiend.[7] At home in Exeter I always used to make up the time tables, so as to be helpful to my husband. I found it so useful sometimes, that I always make a study of the time tables now. I knew that if anything were to take us to Castle Dracula we should go by Galatz, or at any rate through Bucharest, so I learned the times very carefully. Unhappily there are not many to learn,

---

1) bolt: '벼락'; 여기서는 예상치 못한 불행한 일.

2) Transcendentalism is a beacon to the angels, even if it be a will-o'-the -wisp to man: Transcendentalism는 '초절(超絕)주의', beacon은 '봉화대', will-o'-the-wisp는 '도깨비불'; 인간이 이해할 수 없는 자연 현상은 인간들에게는 도깨비불처럼 이해할 수 없는 것이지만 천사들에게는 인간이 알지 못하는 진리를 밝혀주는 봉화와 같은 것이란 의미다.

3) in remonstrance with: …에 대한 항의로.

4) stunned: 어안이 벙벙한.

5) his action belied his words: belie는 '잘못(틀리게) 나타내다; 즉, 그의 언행이 일치하지 않았다.

6) hilt: 칼자루.

7) train fiend: 기차 운행 일정에 통달한 사람(달인)(fiend).

as the only train tomorrow leaves as I say."

"Wonderful woman!" murmured the Professor.

"Can't we get a special?"[1] asked Lord Godalming.

Van Helsing shook his head, "I fear not. This land is very different from yours or mine. Even if we did have a special, it would probably not arrive as soon as our regular train. Moreover, we have something to prepare. We must think. Now let us organize. You, friend Arthur, go to the train and get the tickets and arrange that all be ready for us to go in the morning. Do you, friend Jonathan, go to the agent of the ship and get from him letters to the agent in Galatz, with authority to make a search of the ship just as it was here. Quincey Morris, you see the Vice Consul, and get his aid with his fellow in Galatz and all he can do to make our way smooth,[2] so that no times be lost when over the Danube. John will stay with Madam Mina and me, and we shall consult. For so if time be long you may be delayed. And it will not matter when the sun set, since I am here with Madam to make report."

"And I," said Mrs. Harker brightly, and more like her old self than she had been for many a long day, "shall try to be of use in all ways, and shall think and write for you as I used to do. Something is shifting from me in some strange way, and I feel freer than I have been of late!"

The three younger men looked happier at the moment as they seemed to realize the significance of her words. But Van Helsing and I, turning to each other, met each a grave and troubled glance. We said nothing at the time, however.

When the three men had gone out to their tasks Van Helsing asked Mrs. Harker to look up the copy of the diaries and find him the part of Harker's journal at the Castle. She went away to get it.

When the door was shut upon her he said to me, "We mean the same! Speak out!"[3]

"Here is some change. It is a hope that makes me sick, for it may deceive us."

"Quite so. Do you know why I asked her to get the manuscript?"

"No!" said I, "unless it was to get an opportunity of seeing me alone."

"You are in part right, friend John, but only in part. I want to tell you something. And oh, my friend, I am taking a great, a terrible, risk. But I believe it is right. In the moment when Madam Mina said those words that arrest both our understanding,[4] an inspiration came to me. In the trance of three days ago the Count sent her his spirit to read her mind. Or more like he took her to see him in his earth box in the ship with

1) special: 특별(임시) 열차.

2) make our way smooth: '우리가 하는 일을 순조롭게 하다', '우리 일의 장애를 제거하다'.

3) speak out: 털어 놓고 이야기하다.

4) arrest both our understanding: 우리의 생각을 사로잡다.(arrest).

water rushing, just as it go free at rise and set of sun. He learn then that we are here, for she have more to tell in her open life with eyes to see ears to hear than he, shut as he is, in his coffin box. Now he make his most effort to escape us. At present he want her not.

"He is sure with his so great knowledge that she will come at his call. But he cut her off, take her, as he can do, out of his own power, that so she come not to him. Ah! There I have hope that our man brains that have been of man so long and that have not lost the grace of God, will come higher than his child-brain that lie in his tomb for centuries, that grow not yet to our stature,[1] and that do only work selfish and therefore small. Here comes Madam Mina. Not a word to her of her trance! She knows it not, and it would overwhelm her and make despair just when we want all her hope, all her courage, when most we want all her great brain which is trained like man's brain, but is of sweet woman and have a special power which the Count give her, and which he may not take away altogether, though he think not so. Hush! Let me speak, and you shall learn. Oh, John, my friend, we are in awful straits.[2] I fear, as I never feared before. We can only trust the good God. Silence! Here she comes!"

I thought that the Professor was going to break down and have hysterics, just as he had when Lucy died, but with a great effort he controlled himself and was at perfect nervous poise[3] when Mrs. Harker tripped into the room,[4] bright and happy looking and, in the doing of work, seemingly forgetful of her misery. As she came in, she handed a number of sheets of typewriting to Van Helsing. He looked over them gravely, his face brightening up as he read.

Then holding the pages between his finger and thumb he said, "Friend John, to you with so much experience already, and you too, dear Madam Mina, that are young, here is a lesson. Do not fear ever to think. A half thought has been buzzing often in my brain, but I fear to let him loose his wings. Here now, with more knowledge, I go back to where that half thought come from and I find that he be no half thought at all. That be a whole thought, though so young that he is not yet strong to use his little wings. Nay, like the `Ugly Duck' of my friend Hans Andersen,[5] he be no duck-thought at all, but a big swan-thought[6] that sail nobly on big wings, when the

1) grow not yet to our stature: stature는 '발달'; 우리의 두뇌 발달에 도달할 정도 까지는 아직 크지 못하다.

2) in awful straits: 끔직한 곤란한 상태에 빠진.

3) at perfect nervous poise: 완벽한 정신적 평정(平靜)을 유지하고 있는.

4) tripped into the room: 경쾌하게 방으로 들어왔다.

5) Ugly Duck of my friend Hans Andersen: 헬싱과 마찬가지로 네덜란드 출신인 안데르센(Hans Christian Andersen, 1805-75)의 동화 중의 하나인「미운 오리새끼」(Ugly Duckling, 1845)를 의미한다.

6) no duck-thought at all, but a big swan-thought: 안데르센의「미운 오리새끼」에서 미운 오리 새

time come for him to try them. See I read here what Jonathan have written.

"That other of his race who, in a later age, again and again, brought his forces over The Great River into Turkey Land, who when he was beaten back, came again, and again, and again, though he had to come alone from the bloody field where his troops were being slaughtered, since he knew that he alone could ultimately triumph.

"What does this tell us? Not much? No! The Count's child thought see nothing, therefore he speak so free. Your man thought see nothing. My man thought see nothing, till just now. No! But there comes another word from some one who speak without thought because she, too, know not what it mean, what it might mean. Just as there are elements which rest, yet when in nature's course they move on their way and they touch, the pouf! And there comes a flash of light, heaven wide, that blind and kill and destroy some. But that show up all earth below for leagues[1] and leagues. Is it not so? Well, I shall explain. To begin,[2] have you ever study the philosophy of crime? `Yes' and `No.' You, John, yes, for it is a study of insanity. You, no, Madam Mina, for crime touch you not, not but once. Still, your mind works true, and argues not a *particulari ad universale*.[3] There is this peculiarity in criminals. It is so constant, in all countries and at all times, that even police, who know not much from philosophy, come to know it empirically, that it is. That is to be empiric.[4] The criminal always work at one crime, that is the true criminal who seems predestinate to crime, and who will of none other. This criminal has not full man brain. He is clever and cunning and resourceful,[5] but he be not of man stature as to brain. He be of child brain in much. Now this criminal of ours is pre-destinate to crime also. He, too, have child brain, and it is of the child to do what he have done. The little bird, the little fish, the little animal learn not by principle, but empirically. And when he learn to do, then there is to him the ground to start from to do more. `*Dos pou sto*,' said Archimedes.[6] `Give me

---

끼가 동료 오리에게서는 천대를 받지만, 알고 보니 오리가 아니라 우아하고 아름다운 백조였다는 사실이 밝혀진다. 헬싱은 동화의 이러한 내용을 근거로 duck-thought는 자신이 못생긴 오리인줄 알고 열등감에 사로잡혀 있는 생각을, swan-thought는 자신이 미운 오리가 아니라 자시 스스로 항상 흠모하였던 백조라는 사실을 알고서는 느끼게 되는 환희를 각각 지칭하는 의미로 사용하고 있다.

1) leagues: 약 3마일의 거리.

2) To begin: 우선, 먼저.

3) *a particulari ad universale*: (라틴어) '특별한 것부터 보편적인 것까지'(from the particular to the universal).

4) empiric: 경험에 의한.

5) resourceful: 책략이 풍부한.

6) *Dos pou sto*, said Archimedes: 고대 그리스의 과학자 아르키메데스(Archimedes, 287-212 B.C.)가 한 그리스 말로 '(나에게) 설 땅을 달라'는 의미.

a fulcrum, and I shall move the world!' To do once, is the fulcrum[1] whereby child brain become man brain. And until he have the purpose to do more, he continue to do the same again every time, just as he have done before! Oh, my dear, I see that your eyes are opened, and that to you the lightning flash show all the leagues,"for Mrs. Harker began to clap her hands and her eyes sparkled.

He went on, "Now you shall speak. Tell us two dry men of science what you see with those so bright eyes." He took her hand and held it whilst he spoke. His finger and thumb closed on her pulse, as I thought instinctively and unconsciously, as she spoke.

"The Count is a criminal and of criminal type. Nordau and Lombroso[2] would so classify him, and *qua* criminal[3] he is of an imperfectly formed mind. Thus, in a difficulty he has to seek resource in habit. His past is a clue, and the one page of it that we know, and that from his own lips, tells that once before, when in what Mr. Morris would call a`tight place,' he went back to his own country from the land he had tried to invade, and thence, without losing purpose, prepared himself for a new effort. He came again better equipped[4] for his work, and won. So he came to London to invade a new land. He was beaten, and when all hope of success was lost, and his existence in danger, he fled back over the sea to his home. Just as formerly he had fled back over the Danube from Turkey Land."

"Good, good! Oh, you so clever lady!" said Van Helsing, enthusiastically, as he stooped and kissed her hand. A moment later he said to me, as calmly as though we had been having a sick room consultation, "Seventy-two only, and in all this excitement. I have hope."

Turning to her again, he said with keen expectation, "But go on. Go on! There is more to tell if you will. Be not afraid. John and I know. I do in any case, and shall tell you if you are right. Speak, without fear!"

"I will try to. But you will forgive me if I seem too egotistical."

"Nay! Fear not, you must be egotist, for it is of you that we think."

"Then, as he is criminal he is selfish. And as his intellect is small and his action is based on selfishness, he confines himself to one purpose.[5] That purpose is remorseless.[6] As he fled back over the Danube, leaving

---

1) fulcrum: 지레받침.

2) Nordau and Lombroso: Max Nordau(1849-1923)는 헝가리의 의사이자 작가로 『퇴화』(Entartung)란 저서에서 현대 문명과 예술은 도덕적 퇴보를 보이고 있다고 주장하였다; 범죄학을 하나의 의학으로 자리매김하고자 한 이태리의 범죄학자 Cesare Lombroso(1836-1909)는 사람의 두개골의 형상이나 귀의 크기 등과 같은 육체적 특징을 통해서 범죄자 유형을 구분할 수 있다고 주장하였다.

3) *qua* criminal: 라틴어로 qua는 '…으로서'; 즉, 범죄자로서.

4) equipped: 장비를 갖춘.

5) he confines himself to one purpose: 그는 오직 한 가지 목적에만 몰두한다는 의미.

6) remorseless: 무자비한.

his forces to be cut to pieces,[1] so now he is intent on being safe, careless of all. So his own selfishness frees my soul somewhat from the terrible power which he acquired over me on that dreadful night. I felt it! Oh, I felt it! Thank God, for His great mercy! My soul is freer than it has been since that awful hour. And all that haunts me is a fear lest in some trance or dream he may have used my knowledge for his ends."

The Professor stood up, "He has so used your mind, and by it he has left us here in Varna, whilst the ship that carried him rushed through enveloping fog[2] up to Galatz, where, doubtless, he had made preparation for escaping from us. But his child mind only saw so far. And it may be that as ever is in God's Providence,[3] the very thing that the evil doer most reckoned on[4] for his selfish good, turns out to be his chiefest harm. The hunter is taken in his own snare, as the great Psalmist says.[5] For now that he think he is free from every trace of us all, and that he has escaped us with so many hours to him, then his selfish child brain will whisper him to sleep. He think, too, that as he cut himself off from knowing your mind, there can be no knowledge of him to you. There is where he fail! That terrible baptism of blood which he give you makes you free to go to him in spirit, as you have as yet done in your times of freedom, when the sun rise and set. At such times you go by my volition[6] and not by his. And this power to good of you and others, you have won from your suffering at his hands. This is now all more precious that he know it not, and to guard himself have even cut himself off from his knowledge of our where.[7] We, however, are not selfish, and we believe that God is with us through all this blackness, and these many dark hours. We shall follow him, and we shall not flinch. Even if we peril ourselves that we become like him. Friend John, this has been a great hour, and it have done much to advance us on our way. You must be scribe[8] and write him all down, so that when the others return from their work you can give it to them, then they shall know as we do."

And so I have written it whilst we wait their return, and Mrs. Harker has written with the typewriter all since she brought the MS to us.

---

1) cut to pieces: 난도질당하다.

2) enveloping fog: 둘러싸고 있는 안개.

3) as ever is in God's Providence: 신의 섭리(providence)하에서 항상 그러하듯이.

4) reckoned on: 의지하였다.

5) hunter is taken in his own snare, as the great Psalmist says: snare는 덫, Psalmist는 구약성서의 「시편」(Psalm)의 작가 다윗 왕을 지칭; 「시편」의 9장 15절의 구절은 다음과 같다. '악인은 스스로 행한 일에 스스로 얽혔도다'.

6) by my volition: 나의 의사에 따라.

7) our where: 우리의 거처(where).

8) scribe: 적어두다.

CHAPTER 26

DR. SEWARD'S DIARY

29 October.--This is written in the train from Varna to Galatz. Last night we all assembled a little before the time of sunset. Each of us had done his work as well as he could, so far as thought, and endeavor, and opportunity go, we are prepared for the whole of our journey, and for our work when we get to Galatz. When the usual time came round[1] Mrs. Harker prepared herself for her hypnotic effort, and after a longer and more serious effort on the part of Van Helsing than has been usually necessary, she sank into the trance.[2] Usually she speaks on a hint,[3] but this time the Professor had to ask her questions, and to ask them pretty resolutely, before we could learn anything. At last her answer came.

"I can see nothing. We are still. There are no waves lapping, but only a steady swirl[4] of water softly running against the hawser.[5] I can hear men's voices calling, near and far, and the roll and creak of oars in the rowlocks.[6] A gun is fired somewhere, the echo of it seems far away. There is tramping of feet overhead, and ropes and chains are dragged along. What is this? There is a gleam of light. I can feel the air blowing upon me."

Here she stopped. She had risen, as if impulsively, from where she lay on the sofa, and raised both her hands, palms upwards, as if lifting a weight. Van Helsing and I looked at each other with understanding.[7] Quincey raised his eyebrows slightly and looked at her intently, whilst Harker's hand instinctively closed round[8] the hilt of his Kukri. There was a long pause. We all knew that the time when she could speak was passing, but we felt that it was useless to say anything.

Suddenly she sat up, and as she opened her eyes said sweetly, "Would none of you like a cup of tea? You must all be so tired!"

We could only make her happy, and so acquiesced. She bustled off[9] to get tea. When she had gone Van Helsing said, "You see, my friends. He is close to land. He has left his earth chest. But he has yet to get

1) came round: (시간이) 도래하다.
2) sank into the trance: 몽환(夢幻)의 상태에 빠졌다.
3) speaks on a hint: '암시만 주어도 말을 한다'는 의미.
4) swirl: (배가 일으키는) 작은 소용돌이.
5) hawser: 닻줄 구멍.
6) roll and creak of oars in the rowlocks: 노걸이(rowlock)에서 노가 돌아가고 삐걱거리는 소리.
7) with understanding: 이해한다는 듯이.
8) closed round: 주위를 꼭 움켜쥐다(close).
9) bustled off: 바삐 나서다.

on shore. In the night he may lie hidden somewhere, but if he be not carried on shore, or if the ship do not touch it, he cannot achieve the land.[1] In such case he can, if it be in the night, change his form and jump or fly on shore, then, unless he be carried he cannot escape. And if he be carried, then the customs men may discover what the box contain. Thus, in fine,[2] if he escape not on shore tonight, or before dawn, there will be the whole day lost to him. We may then arrive in time. For if he escape not at night we shall come on him in daytime, boxed up[3] and at our mercy. For he dare not be his true self, awake and visible, lest he be discovered."

There was no more to be said, so we waited in patience until the dawn, at which time we might learn more from Mrs. Harker.

Early this morning we listened, with breathless anxiety, for her response in her trance. The hypnotic stage was even longer in coming than before, and when it came the time remaining until full sunrise was so short that we began to despair. Van Helsing seemed to throw his whole soul into the effort.[4] At last, in obedience to his will she made reply.

"All is dark. I hear lapping water, level with me, and some creaking as of wood on wood." She paused, and the red sun shot up.[5] We must wait till tonight.

And so it is that we are travelling towards Galatz in an agony of expectation. We are due to arrive between two and three in the morning. But already, at Bucharest, we are three hours late, so we cannot possibly get in till well after sunup. Thus we shall have two more hypnotic messages from Mrs. Harker! Either or both may possibly throw more light on what is happening.

Later.--Sunset has come and gone. Fortunately it came at a time when there was no distraction.[6] For had it occurred whilst we were at a station, we might not have secured the necessary calm and isolation. Mrs. Harker yielded to the hypnotic influence even less readily than this morning. I am in fear that her power of reading the Count's sensations may die away, just when we want it most. It seems to me that her imagination is beginning to work. Whilst she has been in the trance hitherto she has confined herself to the simplest of facts. If this goes on it may ultimately mislead us. If I thought that the Count's power over her would die away equally with her power of knowledge it would be a

1) achieve the land: 헬싱은 '육지에 도착한다'는 의미로 이 구문을 사용한 듯 하다.
2) in fine: 결국.
3) boxed up: 상자에 넣어진.
4) throw his whole soul into the effort: 전심전력을 다하다.
5) shot up: 솟아올랐다.
6) distraction: 주의를 산만하게 하는 것.

happy thought. But I am afraid that it may not be so.

When she did speak, her words were enigmatical,[1] "Something is going out. I can feel it pass me like a cold wind. I can hear, far off, confused sounds, as of men talking in strange tongues, fierce falling water, and the howling of wolves." She stopped and a shudder ran through her, increasing in intensity for a few seconds, till at the end, she shook as though in a palsy.[2] She said no more, even in answer to the Professor's imperative questioning.[3] When she woke from the trance, she was cold, and exhausted, and languid, but her mind was all alert.[4] She could not remember anything, but asked what she had said. When she was told, she pondered over it deeply for a long time and in silence.

30 October, 7 a. m.--We are near Galatz now, and I may not have time to write later. Sunrise this morning was anxiously looked for by us all. Knowing of the increasing difficulty of procuring the hypnotic trance, Van Helsing began his passes earlier than usual. They produced no effect, however, until the regular time, when she yielded with a still greater difficulty, only a minute before the sun rose. The Professor lost no time in his questioning.

Her answer came with equal quickness, "All is dark. I hear water swirling by, level with my ears, and the creaking of wood on wood. Cattle low[5] far off. There is another sound, a queer one like . . ." She stopped and grew white, and whiter still.

"Go on, go on! Speak, I command you!" said Van Helsing in an agonized voice. At the same time there was despair in his eyes, for the risen sun was reddening even Mrs. Harker's pale face. She opened her eyes, and we all started as she said, sweetly and seemingly with the utmost concern.[6]

"Oh, Professor, why ask me to do what you know I can't? I don't remember anything." Then, seeing the look of amazement on our faces, she said, turning from one to the other with a troubled look, "What have I said? What have I done? I know nothing, only that I was lying here, half asleep, and heard you say `go on! speak, I command you!' It seemed so funny to hear you order me about, as if I were a bad child!"

"Oh, Madam Mina," he said, sadly, "it is proof, if proof be needed, of how I love and honor you, when a word for your good, spoken more

---

1) enigmatical: 수수께끼 같은.
2) in a palsy: 마비상태에 있는.
3) imperative questioning: 명령조의 질문.
4) alert: 정신이 바짝 든.
5) low: (소가) 음매 울다.
6) with the utmost concern: 매우 걱정(concern)하듯이.

earnest than ever, can seem so strange because it is to order her whom I am proud to obey!"

The whistles are sounding. We are nearing Galatz. We are on fire with anxiety and eagerness.[1]

MINA HARKER'S JOURNAL

30 October.--Mr. Morris took me to the hotel where our rooms had been ordered by telegraph, he being the one who could best be spared, since he does not speak any foreign language. The forces were distributed much as they had been at Varna, except that Lord Godalming went to the Vice Consul, as his rank might serve as an immediate guarantee of some sort to the official, we being in extreme hurry.[2] Jonathan and the two doctors went to the shipping agent to learn particulars[3] of the arrival of the Czarina Catherine.

Later.--Lord Godalming has returned. The Consul is away, and the Vice Consul sick. So the routine work has been attended to by a clerk. He was very obliging,[4] and offered to do anything in his power.

JONATHAN HARKER'S JOURNAL

30 October.--At nine o'clock Dr. Van Helsing, Dr. Seward, and I called on Messrs. Mackenzie & Steinkoff, the agents of the London firm of Hapgood. They had received a wire from London, in answer to Lord Godalming's telegraphed request, asking them to show us any civility in their power.[5] They were more than kind and courteous, and took us at once on board the Czarina Catherine, which lay at anchor[6] out in the river harbor. There we saw the Captain, Donelson by name, who told us of his voyage. He said that in all his life he had never had so favorable a run.[7]

"Man!" he said, "but it made us afeard, for we expect it that we

1) on fire with anxiety and eagerness: 걱정과 열망으로 흥분하여(on fire).
2) in extreme hurry: 몹시 바쁜.
3) particulars: 세세한 사항.
4) obliging: 친절한.
5) show us any civility in their power: 자신들이 베풀 수 있는 최대한의 편의를 우리에게 제공하다.
6) lay at anchor: 정박해 있다.
7) had so favourable a run: run은 '운항', '코스', '노선'.

should have to pay for it wi' some rare piece o' ill luck, so as to keep up the average. It's no canny to run frae London to the Black Sea wi' a wind ahint ye, as though the Deil himself were blawin' on yer sail for his ain purpose. An' a' the time we could no speer a thing.[1] Gin we were nigh a ship, or a port, or a headland, a fog fell on us and travelled wi' us, till when after it had lifted and we looked out, the deil a thing could we see. We ran by Gibraltar wi' oot bein' able to signal. An' til we came to the Dardanelles and had to wait to get our permit to pass, we never were within hail o' aught. At first I inclined to slack off sail and beat about till the fog was lifted.[2] But whiles, I thocht that if the Deil was minded to get us into the Black Sea quick, he was like to do it whether we would or no. If we had a quick voyage it would be no to our miscredit wi'the owners, or no hurt to our traffic, an' the Old Mon who had served his ain purpose wad be decently grateful to us for no hinderin' him."

This mixture of simplicity and cunning, of superstition and commercial reasoning, aroused Van Helsing, who said,"Mine friend, that Devil is more clever than he is thought by some, and he know when he meet his match!"

The skipper[3] was not displeased with the compliment, and went on, "When we got past the Bosphorus the men began to grumble.[4] Some o' them, the Roumanians, came and asked me to heave overboard a big box which had been put on board by a queer lookin' old man just before we had started frae London. I had seen them speer at the fellow, and put out their twa fingers when they saw him, to guard them against the evil eye. Man! but the supersteetion of foreigners is pairfectly rideeculous! I sent them about their business[5] pretty quick, but as just after a fog closed in on us I felt a wee bit as they did anent something, though I wouldn't say it was agin[6] the big box. Well, on we went, and as the fog didn't let up[7] for five days I joost let the wind carry us, for if the Deil wanted to get somewheres, well, he would fetch it up a'reet. An' if he didn't, well, we'd keep a sharp lookout anyhow. Sure eneuch, we had a fair way[8] and deep water all the time. And two days ago, when the

---

1) An' a' the time we could no' speer a thing: 'And all the time we could not see any thing'(내내 우리는 어떤 것도 볼 수 없었다)의 사투리.

2) slack off sail and beat about till the fog was lifted: 안개가 걷힐 때까지 돛을 늦추고 (slack off) 바람을 거슬러 나아가다(beat about).

3) skipper: 선장.

4) grumble: 불평하다.

5) I sent them about their business: 그들을 쫓아 버렸다.

6) agin: …에 관하여(about).

7) let up: '약해지다', '멈추다'.

8) had a fair way: 순조로운(fair) 항해를 하였다.

mornin' sun came through the fog, we found ourselves just in the river opposite Galatz. The Roumanians were wild, and wanted me right or wrong to take out the box and fling it in the river. I had to argy wi' them aboot it[1] wi' a handspike. An' when the last o' them rose off the deck wi' his head in his hand, I had convinced them that, evil eye or no evil eye, the property and the trust of my owners were better in my hands than in the river Danube. They had, mind ye, taken the box on the deck ready to fling in, and as it was marked Galatz via Varna, I thocht I'd let it lie till we discharged in the port an' get rid o't althegither. We didn't do much clearin' that day, an' had to remain the nicht at anchor. But in the mornin', braw an' airly, an hour before sunup, a man came aboard wi' an order, written to him from England, to receive a box marked for one Count Dracula. Sure eneuch the matter was one ready to his hand. He had his papers a' reet, an' gla d I was to be rid o' the dam' thing, for I was beginnin' masel' to feel uneasy at it. If the Deil did have any luggage aboord the ship, I'm thinkin' it was nane ither than that same!"[2]

"What was the name of the man who took it?" asked Dr. Van Helsing with restrained eagerness.

"I'll be tellin' ye quick!" he answered, and stepping down to his cabin, produced a receipt signed "Immanuel Hildesheim." Burgen-strasse 16 was the address. We found out that this was all the Captain knew, so with thanks we came away.

We found Hildesheim in his office, a Hebrew of rather the Adelphi Theatre type,[3] with a nose like a sheep, and a fez.[4] His arguments were pointed with specie, we doing the punctuation, and with a little bargaining[5] he told us what he knew. This turned out to be simple but important. He had received a letter from Mr. de Ville of London, telling him to receive, if possible before sunrise so as to avoid customs, a box which would arrive at Galatz in the Czarina Catherine. This he was to give in charge to[6] a certain Petrof Skinsky, who dealt with the Slovaks who traded down the river to the port. He had been paid for his work

---

1) argy wi' them aboot it wi' a handspike: 'argue with them about it with a hand spike'(지레로 이 것에 대한 논쟁을 하였다)는 말은 이 루마니아인들이 배에 실은 상자를 바다에 버리자고 주장 한데에 대해 선장이 지레를 휘두르며 안 된다고 거절하였다는 의미다.

2) If the Devil did have any luggage aboord the ship, I'm thinkin' it was nane ither than that same: 'If the Devil did have any luggage aboard the ship, I'm thinking it was no other than that same'(악마가 배에 자신의 짐을 실었다면 그것은 바로 이것일 것이라고 나는 생각하였다)의 사투리; 직관적으로 이 배의 선장은 자신이 나르고 있는 이 짐에 악마적인 것이 있음을 느끼고 있다.

3) a Hebrew of rather the Adelphi Theatre type: Adelphi는 당시 런던에 있던 극장으로 이 문구는 '아델피 극장에서 선보이는 유형(type)의 유태인'이란 의미다.

4) fez: 터키모.

5) with a little bargaining: 약간의 교섭을 한 후에.

6) This he was to give in charge to: 이것을 그는 …에게 맡기기로 되어 있었다.

by an English bank note, which had been duly cashed for gold at the Danube International Bank. When Skinsky had come to him, he had taken him to the ship and handed over the box, so as to save porterage.[1] That was all he knew.

We then sought for Skinsky, but were unable to find him. One of his neighbors, who did not seem to bear him any affection, said that he had gone away two days before, no one knew whither. This was corroborated[2] by his landlord, who had received by messenger the key of the house together with the rent due, in English money. This had been between ten and eleven o'clock last night. We were at a standstill[3] again.

Whilst we were talking one came running and breathlessly gasped out that the body of Skinsky had been found inside the wall of the churchyard of St. Peter, and that the throat had been torn open as if by some wild animal. Those we had been speaking with ran off to see the horror, the women crying out. "This is the work of a Slovak!" We hurried away lest we should have been in some way drawn into the affair,[4] and so detained.[5]

As we came home we could arrive at no definite conclusion. We were all convinced that the box was on its way, by water, to somewhere, but where that might be we would have to discover. With heavy hearts we came home to the hotel to Mina.

When we met together, the first thing was to consult as to taking Mina again into our confidence. Things are getting desperate, and it is at least a chance, though a hazardous one. As a preliminary step,[6] I was released from my promise to her.

MINA HARKER'S JOURNAL

30 October, evening.--They were so tired and worn out and dispirited[7] that there was nothing to be done till they had some rest, so I asked them all to lie down for half an hour whilst I should enter everything up to the moment. I feel so grateful to the man who invented the "Traveller's" typewriter,[8] and to Mr. Morris for getting this one for me. I should have felt

---

1) porterage: '운송료', '운임'.
2) corroborated: (진술에 의해) 확인되었다.
3) at a standstill: 일이 더 이상 진척되지 못하는 상태에 놓이게 된.
4) drawn into the affair: 이 일에 말려들었다.
5) detained: 붙들렸다.
6) preliminary step: 준비 단계.
7) dispirited: 기운이 없는.
8) Traveller's typewriter: 여행용 타자기.

quite astray[1] doing the work if I had to write with a pen . . .

It is all done. Poor dear, dear Jonathan, what he must have suffered, what he must be suffering now. He lies on the sofa hardly seeming to breathe, and his whole body appears in collapse.[2] His brows are knit. His face is drawn with pain. Poor fellow, maybe he is thinking, and I can see his face all wrinkled up with the concentration of his thoughts. Oh! if I could only help at all. I shall do what I can.

I have asked Dr. Van Helsing, and he has got me all the papers that I have not yet seen. Whilst they are resting, I shall go over[3] all carefully, and perhaps I may arrive at some conclusion. I shall try to follow the Professor's example, and think without prejudice on the facts before me . . .

I do believe that under God's providence I have made a discovery. I shall get the maps and look over them.

I am more than ever sure that I am right. My new conclusion is ready, so I shall get our party together and read it. They can judge it. It is well to be accurate, and every minute is precious.

MINA HARKER'S MEMORANDUM
(*Entered In Her Journal*)

Ground of inquiry.--Count Dracula's problem is to get back to his own place.

(a) He must be brought back by some one. This is evident. For had he power to move himself as he wished he could go either as man, or wolf, or bat, or in some other way. He evidently fears discovery or interference, in the state of helplessness in which he must be, confined as he is between dawn and sunset in his wooden box.

(b) How is he to be taken?--Here a process of exclusions[4] may help us. By road, by rail, by water?

1. By Road.--There are endless difficulties, especially in leaving the city.

(a) There are people. And people are curious, and investigate. A hint, a surmise, a doubt as to what might be in the box, would destroy him.

---

1) astray: 길을 잘못 들어선.
2) in collapse: 허탈 상태에 빠진.
3) go over: 검토하다.
4) process of exclusions: 정확한 사실을 유추하기 위해서 틀린 것을 배제하여 정답에 접근하는 방법을 지칭.

(b) There are, or there may be, customs and octroi officers[1] to pass.

(c) His pursuers might follow. This is his highest fear. And in order to prevent his being betrayed he has repelled,[2] so far as he can, even his victim, me!

2. By Rail.--There is no one in charge of the box. It would have to take its chance of being delayed, and delay would be fatal, with enemies on the track. True, he might escape at night. But what would he be, if left in a strange place with no refuge that he could fly to? This is not what he intends, and he does not mean to risk it.

3. By Water.--Here is the safest way, in one respect, but with most danger in another. On the water he is powerless except at night. Even then he can only summon fog and storm and snow and his wolves. But were he wrecked,[3] the living water would engulf[4] him, helpless, and he would indeed be lost. He could have the vessel drive to land, but if it were unfriendly land, wherein he was not free to move, his position would still be desperate.

We know from the record that he was on the water, so what we have to do is to ascertain what water.

The first thing is to realize exactly what he has done as yet. We may, then, get a light on[5] what his task is to be.

Firstly.--We must differentiate between what he did in London as part of his general plan of action, when he was pressed for moments and had to arrange as best he could.

Secondly we must see, as well as we can surmise it from the facts we know of, what he has done here.

As to the first, he evidently intended to arrive at Galatz, and sent invoice to Varna to deceive us lest we should ascertain[6] his means of exit from England. His immediate and sole purpose then was to escape. The proof of this, is the letter of instructions sent ot Immanuel Hildesheim to clear and take away the box before sunrise. There is also the instruction to Petrof Skinsky. These we must only guess at, but there must have been some letter or message, since Skinsky came to Hildesheim.

That, so far, his plans were successful we know. The Czarina Catherine made a phenomenally[7] quick journey. So much so that

1) octroi officers: 물품이 도시에 들여올 때 관세를 징수하는 관원.
2) repelled: 쫓아내었다.
3) wrecked: 난파당하다.
4) engulf: (바다 속으로) 집어 삼키다.
5) get a light on: …에 관한 정보를 얻다.
6) ascertain: 확인하다.
7) phenomenally: 놀랄 정도로.

Captain Donelson's suspicions were aroused. But his superstition united with his canniness played the Count's game for him,[1] and he ran with his favoring wind through fogs and all till he brought up blindfold at Galatz.[2] That the Count's arrangements were well made, has been proved. Hildesheim cleared the box, took it off, and gave it to Skinsky. Skinsky took it, and here we lose the trail. We only know that the box is somewhere on the water, moving along. The customs and the octroi, if there be any, have been avoided.

Now we come to what the Count must have done after his arrival, on land, at Galatz.

The box was given to Skinsky before sunrise. At sunrise the Count could appear in his own form. Here, we ask why Skinsky was chosen at all to aid in the work? In my husband's diary, Skinsky is mentioned as dealing with the Slovaks who trade down the river to the port. And the man's remark, that the murder was the work of a Slovak, showed the general feeling against his class. The Count wanted isolation.

My surmise is this, that in London the Count decided to get back to his castle by water, as the most safe and secret way. He was brought from the castle by Szgany, and probably they delivered their cargo to Slovaks who took the boxes to Varna, for there they were shipped to London. Thus the Count had knowledge of the persons who could arrange this service. When the box was on land, before sunrise or after sunset, he came out from his box, met Skinsky and instructed him what to do as to arranging the carriage of the box up some river. When this was done, and he knew that all was in train,[3] he blotted out his traces,[4] as he thought, by murdering his agent.

I have examined the map and find that the river most suitable for the Slovaks to have ascended is either the Pruth or the Sereth.[5] I read in the typescript that in my trance I heard cows low and water swirling level with my ears and the creaking of wood. The Count in his box, then, was on a river in an open boat, propelled probably either by oars or poles,

---

1) his superstition united with his canniness played the Count's game for him: 선장의 미신(superstition)과 현명함(canniness)이 결합하여 드라큘라가 원하는 일을 하게 되었다는 의미; 즉, 선장은 이 배를 조종하는 초자연적인 힘이 있음을 직감하고 자신이 인위적으로 배를 조정하기를 포기한 채 운에 맡겼는데, 이것은 그가 초자연적인 현상을 믿는 미신적인 면과 어떻게 보면 지혜로운 그의 판단이 결합하여 내린 결론이다. 또한 이것은 드라큘라가 원하던 바대로 일이 진행되는 결과를 가져왔다.

2) brought up blindfold at Galatz: '눈을 가린 채 갈라즈까지 도달하였다'; 즉, 안개에 둘러싸인 선장은 배의 항로를 결정할 여건이 안 되었기 때문에 운에 맡기고 배를 흘러가는 데로 놔두었는데, 결국 배는 목적지인 Galatz에 선장도 모르는 사이에 도착하게 되었던 것이다.

3) all was in train: 만반의 준비가 갖추어졌다.

4) blotted out his traces: 자신의 자취(흔적)를 지웠다.

5) The Pruth or the Sereth: 카르파티아 산맥에서 다뉴브 강으로 흐르는 두개의 강.

for the banks are near and it is working against stream. There would be no such if floating down stream.

Of course it may not be either the Sereth or the Pruth, but we may possibly investigate further. Now of these two, the Pruth is the more easily navigated, but the Sereth is, at Fundu, joined by the Bistritza which runs up round the Borgo Pass. The loop[1] it makes is manifestly as close to Dracula's castle as can be got by water.

MINA HARKER'S JOURNAL--continued

When I had done reading, Jonathan took me in his arms and kissed me. The others kept shaking me by both hands, and Dr. Van Helsing said, "Our dear Madam Mina is once more our teacher. Her eyes have been where we were blinded. Now we are on the track once again, and this time we may succeed. Our enemy is at his most helpless. And if we can come on[2] him by day, on the water, our task will be over. He has a start,[3] but he is powerless to hasten, as he may not leave this box lest those who carry him may suspect. For them to suspect would be to prompt them to throw him in the stream where he perish. This he knows, and will not. Now men, to our Council of War,[4] for here and now, we must plan what each and all shall do."

"I shall get a steam launch[5] and follow him," said Lord Godalming.

"And I, horses to follow on the bank lest by chance he land," said Mr. Morris.

"Good!" said the Professor, "both good. But neither must go alone. There must be force to overcome force if need be. The Slovak is strong and rough, and he carries rude arms." All the men smiled, for amongst them they carried a small arsenal.[6]

Said Mr. Morris, "I have brought some Winchesters. They are pretty handy in a crowd, and there may be wolves. The Count, if you remember, took some other precautions. He made some requisitions[7] on others that Mrs. Harker could not quite hear or understand. We must be ready at all points."[8]

---

1) loop: 만곡선.

2) come on: 발견하다.

3) has a start: start는 '선발(先發)'; 즉, 먼저 출발하다.

4) Council of War: 작전회의.

5) steam launch: 작은 증기선.

6) arsenal: 무기.

7) made some requisitions: '징발하였다', '병력을 모았다'.

8) at all points: 철저하게.

Dr. Seward said, "I think I had better go with Quincey. We have been accustomed to hunt together, and we two, well armed, will be a match[1] for whatever may come along. You must not be alone, Art. It may be necessary to fight the Slovaks, and a chance thrust,[2] for I don't suppose these fellows carry guns, would undo all our plans.[3] There must be no chances, this time. We shall not rest until the Count's head and body have been separated, and we are sure that he cannot reincarnate."[4]

He looked at Jonathan as he spoke, and Jonathan looked at me. I could see that the poor dear was torn about in his mind. Of course he wanted to be with me. But then the boat service would, most likely, be the one which would destroy the . . . the . . . Vampire. (Why did I hesitate to write the word?)

He was silent awhile, and during his silence Dr. Van Helsing spoke, "Friend Jonathan, this is to you for twice reasons. First, because you are young and brave and can fight, and all energies may be needed at the last. And again that it is your right to destroy him. That, which has wrought such woe to you and yours. Be not afraid for Madam Mina. She will be my care,[5] if I may. I am old. My legs are not so quick to run as once. And I am not used to ride so long or to pursue as need be, or to fight with lethal weapons. But I can be of other service. I can fight in other way. And I can die, if need be, as well as younger men. Now let me say that what I would is this. While you, my Lord Godalming and friend Jonathan go in your so swift little steamboat up the river, and whilst John and Quincey guard the bank where perchance[6] he might be landed, I will take Madam Mina right into the heart of the enemy's country. Whilst the old fox is tied in his box, floating on the running stream whence he cannot escape to land, where he dares not raise the lid of his coffin box lest his Slovak carriers should in fear leave him to perish, we shall go in the track where Jonathan went, from Bistritz over the Borgo, and find our way to the Castle of Dracula. Here, Madam Mina's hypnotic power will surely help, and we shall find our way, all dark and unknown otherwise, after the first sunrise when we are near that fateful place. There is much to be done, and other places to be made sanctify, so that that nest of vipers be obliterated."[7]

Here Jonathan interrupted him hotly, "Do you mean to say, Professor

---

1) match: 대적할 만한 상대.
2) a chance thrust: 갑자기 끼어든(thrust) 우연.
3) undo all our plans: 우리의 모든 계획을 망치다(undo).
4) reincarnate: 환생하다.
5) my care: 내가 돌볼 대상(나의 관심사).
6) perchance: '아마도', '어쩌면'.
7) obliterated: 말살되다.

Van Helsing, that you would bring Mina, in her sad case and tainted as she is with that devil's illness, right into the jaws of his death-trap?[1] Not for the world! Not for Heaven or Hell!"

He became almost speechless for a minute, and then went on, "Do you know what the place is? Have you seen that awful den of hellish infamy,[2] with the very moonlight alive with grisly[3] shapes, and ever speck of dust that whirls in the wind a devouring monster in embryo?[4] Have you felt the Vampire's lips upon your throat?"

Here he turned to me, and as his eyes lit on my forehead he threw up his arms with a cry, "Oh, my God, what have we done to have this terror upon us?" and he sank down on the sofa in a collapse of misery.[5]

The Professor's voice, as he spoke in clear, sweet tones, which seemed to vibrate in the air, calmed us all.

"Oh, my friend, it is because I would save Madam Mina from that awful place that I would go. God forbid that I should take her into that place. There is work, wild work, to be done before that place can be purify. Remember that we are in terrible straits. If the Count escape us this time, and he is strong and subtle and cunning, he may choose to sleep him for a century, and then in time our dear one," he took my hand, "would come to him to keep him company,[6] and would be as those others that you, Jonathan, saw. You have told us of their gloating lips. You heard their ribald[7] laugh as they clutched the moving bag that the Count threw to them. You shudder, and well may it be. Forgive me that I make you so much pain, but it is necessary. My friend, is it not a dire need for that which I am giving, possibly my life? If it, were that any one went into that place to stay, it is I who would have to go to keep them company."

"Do as you will," said Jonathan, with a sob that shook him all over, "we are in the hands of God!"

Later.--Oh, it did me good to see the way that these brave men worked. How can women help loving men when they are so earnest, and so true, and so brave! And, too, it made me think of the wonderful power of money! What can it not do when basely used. I felt so thankful that Lord Godalming is rich, and both he and Mr. Morris,

---

1) jaws of his death-trap: 그의 죽음의 함정 바로 앞.
2) den of hellish infamy: 소름끼치는(hellish) 파렴치한 행위를 한 소굴(den).
3) grisly: 섬뜩한.
4) in embryo: 아직 미완성 단계에 있는.
5) in a collapse of misery: 정신적 고통(misery)으로 허탈감(collapse)에 빠져.
6) keep him company: 그와 동행하다.
7) ribald: 음란한.

who also has plenty of money, are willing to spend it so freely. For if they did not, our little expedition could not start, either so promptly or so well equipped, as it will within another hour. It is not three hours since it was arranged what part each of us was to do. And now Lord Godalming and Jonathan have a lovely steam launch, with steam up ready to start at a moment's notice.[1] Dr. Seward and Mr. Morris have half a dozen good horses, well appointed.[2] We have all the maps and appliances[3] of various kinds that can be had. Professor Van Helsing and I are to leave by the 11:40 train tonight for Veresti, where we are to get a carriage to drive to the Borgo Pass. We are bringing a good deal of ready money,[4] as we are to buy a carriage and horses. We shall drive ourselves, for we have no one whom we can trust in the matter. The Professor knows something of a great many languages, so we shall get on all right.[5] We have all got arms, even for me a large bore revolver.[6] Jonathan would not be happy unless I was armed like the rest. Alas! I cannot carry one arm that the rest do, the scar on my forehead forbids that. Dear Dr. Van Helsing comforts me by telling me that I am fully armed as there may be wolves. The weather is getting colder every hour, and there are snow-flurries[7] which come and go as warnings.

Later.--It took all my courage to say goodby to my darling. We may never meet again. Courage, Mina! The Professor is looking at you keenly.[8] His look is a warning. There must be no tears now, unless it may be that God will let them fall in gladness.

JONATHAN HARKER'S JOURNAL

30 October, night.--I am writing this in the light from the furnace door[9] of the steam launch. Lord Godalming is firing up.[10] He is an experienced hand[11] at the work, as he has had for years a launch of his own on the

1) at a moment's notice: '그 자리에서', '즉시'.
2) well appointed: 장비를 잘 갖춘.
3) appliances: 기구.
4) ready money: 현금.
5) get on all right: (일이) 잘 진행되다.
6) large-bore revolver: 총구멍이 큰(large-bore) 연발 권총(revolver).
7) snow-flurries: 돌풍을 동반하며 세차게 내리는 눈.
8) keenly: 빈틈없이.
9) furnace door: 보일러의 문.
10) firing up: (보일러 따위의) 불을 때다.
11) experienced hand: 경험이 많은 전문가(hand).

Thames, and another on the Norfolk Broads. Regarding our plans, we finally decided that Mina's guess was correct, and that if any waterway[1] was chosen for the Count's escape back to his Castle, the Sereth and then the Bistritza at its junction,[2] would be the one. We took it, that somewhere about the 47th degree, north latitude, would be the place chosen for crossing the country between the river and the Carpathians. We have no fear in running at good speed[3] up the river at night. There is plenty of water, and the banks are wide enough apart to make steaming,[4] even in the dark, easy enough. Lord Godalming tells me to sleep for a while, as it is enough for the present for one to be on watch. But I cannot sleep, how can I with the terrible danger hanging over my darling,[5] and her going out into that awful place . . .

My only comfort is that we are in the hands of God. Only for that faith it would be easier to die than to live, and so be quit of all the trouble.[6] Mr. Morris and Dr. Seward were off on their long ride before we started. They are to keep up the right bank, far enough off to get on higher lands where they can see a good stretch of river[7] and avoid the following of its curves. They have, for the first stages, two men to ride and lead their spare horses, four in all, so as not to excite curiosity. When they dismiss the men, which shall be shortly, they shall themselves look after the horses. It may be necessary for us to join forces. If so they can mount our whole party. One of the saddles has a moveable horn, and can be easily adapted for Mina, if required.

It is a wild adventure we are on. Here, as we are rushing along through the darkness, with the cold from the river seeming to rise up and strike us, with all the mysterious voices of the night around us, it all comes home. We seem to be drifting into unknown places and unknown ways. Into a whole world of dark and dreadful things. Godalming is shutting the furnace door . . .

31 October.--Still hurrying along. The day has come, and Godalming is sleeping. I am on watch. The morning is bitterly cold, the furnace heat is grateful, though we have heavy fur coats. As yet we have passed only

1) waterway: 항로.
2) junction: '접합점', '합류점'
3) at good speed: 빠른 속도로.
4) steaming: 증기선이 나아가는 것.
5) with the terrible danger hanging over my darling: 사랑하는 아내에게 끔직한 위험이 도사리고 있는 상황에서.
6) be quit of all the trouble: be quit of는 '…을 벗어나다'; 즉, 모든 골치 아픈 일에서부터 벗어나라.
7) good stretch of river: 멀리까지 쭉 이어진 강.

a few open boats, but none of them had on board any box or package of anything like the size of the one we seek. The men were scared every time we turned our electric lamp on them, and fell on their knees and prayed.

1 November, evening.--No news all day. We have found nothing of the kind we seek. We have now passed into the Bistritza, and if we are wrong in our surmise our chance is gone. We have overhauled[1] every boat, big and little. Early this morning, one crew took us for a Government boat, and treated us accordingly. We saw in this a way of smoothing matters,[2] so at Fundu, where the Bistritza runs into the Sereth, we got a Roumanian flag, which we now fly conspicuously.[3] With every boat which we have over-hauled since then this trick[4] has succeeded. We have had every deference shown to us,[5] and not once any objection[6] to whatever we chose to ask or do. Some of the Slovaks tell us that a big boat passed them, going at more than usual speed as she had a double crew on board. This was before they came to Fundu, so they could not tell us whether the boat turned into the Bistritza or continued on up the Sereth. At Fundu we could not hear of any such boat, so she must have passed there in the night. I am feeling very sleepy. The cold is perhaps beginning to tell upon me, and nature must have rest some time. Godalming insists that he shall keep the first watch. God bless him for all his goodness to poor dear Mina and me.

2 November, morning.--It is broad daylight. That good fellow would not wake me. He says it would have been a sin to, for I slept peacefully and was forgetting my trouble. It seems brutally selfish to me to have slept so long, and let him watch all night, but he was quite right. I am a new man this morning. And, as I sit here and watch him sleeping, I can do all that is necessary both as to minding the engine,[7] steering, and keeping watch. I can feel that my strength and energy are coming back to me. I wonder where Mina is now, and Van Helsing. They should have got to Veresti about noon on Wednesday. It would take them some

1) overhauled: 철저히 조사하다.
2) matters: 상황.
3) Roumanian flag, which we now fly conspicuously: 눈에 잘 뜨이게(conspicuously) 우리가 건 루마니아 기(flag).
4) trick: 계략.
5) we have had every deference shown to us: deference는 '존중'; 즉, 많은 사람들이 우리를 존중해 주었다는 의미.
6) objection: '반대', '이의제기'.
7) minding the engine: 엔진에 신경 쓰다(mind).

time to get the carriage and horses. So if they had started and travelled hard,[1] they would be about now at the Borgo Pass. God guide and help them! I am afraid to think what may happen. If we could only go faster. But we cannot. The engines are throbbing[2] and doing their utmost. I wonder how Dr. Seward and Mr. Morris are getting on. There seem to be endless streams running down the mountains into this river, but as none of them are very large, at present, at all events, though they are doubtless terrible in winter and when the snow melts, the horsemen may not have met much obstruction. I hope that before we get to Strasba we may see them. For if by that time we have not overtaken the Count, it may be necessary to take counsel together what to do next.

DR. SEWARD'S DIARY

2 November.--Three days on the road. No news, and no time to write it if there had been, for every moment is precious. We have had only the rest needful for the horses. But we are both bearing it wonderfully. Those adventurous days of ours are turning up useful.[3] We must push on.[4] We shall never feel happy till we get the launch in sight again.

3 Novenber.--We heard at Fundu that the launch had gone up the Bistritza. I wish it wasn't so cold. There are signs of snow coming. And if it falls heavy it will stop us. In such case we must get a sledge[5] and go on, Russian fashion.

4 Novenber.--Today we heard of the launch having been detained by an accident when trying to force a way up the rapids.[6] The Slovak boats get up all right, by aid of a rope and steering with knowledge. Some went up only a few hours before. Godalming is an amateur fitter[7] himself, and evidently it was he who put the launch in trim[8] again.

Finally, they got up the rapids all right, with local help, and are off on the chase[9] afresh. I fear that the boat is not any better for the accident,

1) travelled hard: 힘들게 여행하였다.
2) throbbing: 엔진 소리를 내다.
3) turning up useful: 유용하다고 판명되다(turn up).
4) push on: (곤란을 무릅쓰고) 앞으로 나아가다.
5) sledge: 썰매.
6) force a way up the rapids: 급류(rapids)위로 힘들여 올라가다.
7) fitter: 정비공.
8) put the launch in trim: 소증기선(launch)을 정상 상태로 만들다(put in trim).
9) on the chase: 뒤쫓고 있는.

the peasantry tell us that after she got upon smooth water again, she kept stopping every now and again so long as she was in sight. We must push on harder than ever. Our help may be wanted soon.

MINA HARKER'S JOURNAL

31 October.--Arrived at Veresti at noon. The Professor tells me that this morning at dawn he could hardly hypnotize me at all, and that all I could say was, "dark and quiet." He is off now buying a carriage and horses. He says that he will later on try to buy additional horses, so that we may be able to change them on the way. We have something more than 70 miles before us. The country is lovely, and most interesting. If only we were under different conditions, how delightful it would be to see it all. If Jonathan and I were driving through it alone what a pleasure it would be. To stop and see people, and learn something of their life, and to fill our minds and memories with all the color and picturesqueness of the whole wild, beautiful country and the quaint people! But, alas!

Later.--Dr. Van Helsing has returned. He has got the carriage and horses. We are to have some dinner, and to start in an hour. The landlady is putting us up[1] a huge basket of provisions. It seems enough for a company of soldiers. The Professor encourages her, and whispers to me that it may be a week before we can get any food again. He has been shopping too, and has sent home such a wonderful lot of fur coats and wraps,[2] and all sorts of warm things. There will not be any chance of our being cold.

We shall soon be off. I am afraid to think what may happen to us. We are truly in the hands of God. He alone knows what may be, and I pray Him, with all the strength of my sad and humble soul,[3] that He will watch over[4] my beloved husband. That whatever may happen, Jonathan may know that I loved him and honored him more than I can say, and that my latest and truest thought will be always for him.

---

1) putting us up: 포장하다.

2) wraps: 목도리.

3) with all the strength of my sad and humble soul: 내 혼신의 열정을 다해.

4) watch over: …를 위험에서 지키다.

CHAPTER 27

MINA HARKER'S JOURNAL

1 November.--All day long we have travelled, and at a good speed. The horses seem to know that they are being kindly treated, for they go willingly their full stage[1] at best speed. We have now had so many changes and find the same thing so constantly that we are encouraged to think that the journey will be an easy one. Dr. Van Helsing is laconic,[2] he tells the farmers that he is hurrying to Bistritz, and pays them well to make the exchange of horses. We get hot soup, or coffee, or tea, and off we go. It is a lovely country. Full of beauties of all imaginable kinds, and the people are brave, and strong, and simple, and seem full of nice qualities. They are very, very superstitious. In the first house where we stopped, when the woman who served us saw the scar on my forehead, she crossed herself and put out two fingers towards me, to keep off the evil eye. I believe they went to the trouble of[3] putting an extra amount of garlic into our food, and I can't abide[4] garlic. Ever since then I have taken care not to take off my hat or veil, and so have escaped their suspicions. We are travelling fast, and as we have no driver with us to carry tales,[5] we go ahead of scandal.[6] But I daresay that fear of the evil eye will follow hard behind us all the way. The Professor seems tireless. All day he would not take any rest, though he made me sleep for a long spell. At sunset time he hypnotized me, and he says I answered as usual, "darkness, lapping water and creaking wood." So our enemy is still on the river. I am afraid to think of Jonathan, but somehow I have now no fear for him, or for myself. I write this whilst we wait in a farmhouse for the horses to be ready. Dr. Van Helsing is sleeping. Poor dear, he looks very tired and old and grey, but his mouth is set as firmly as a conqueror's. Even in his sleep he is instinct with resolution.[7] When we have well started I must make him rest whilst I drive. I shall tell him that we have days before us, and he must not break down when most of all his strength will be needed . . . All is ready. We are off shortly.

---

1) go willingly their full stage: stage는 '말을 갈아타는 역참간의 거리'; 즉, 최대한의 역참거리를 말들이 기꺼이 달렸다는 의미.

2) laconic: 말수가 적은.

3) went to the trouble of: 일부러 … 하였다.

4) abide: 견디다.

5) carry tales: 소문을 퍼트리다.

6) we go ahead of scandal: 추문이 퍼지기 전에 앞서 떠났다는 의미.

7) instinct with resolution: 결의(resolution)가 넘쳐나는(instinct).

2 November, morning.--I was successful, and we took turns driving all night. Now the day is on us, bright though cold. There is a strange heaviness in the air. I say heaviness for want of a better word. I mean that it oppresses us both. It is very cold, and only our warm furs keep us comfortable. At dawn Van Helsing hypnotized me. He says I answered "darkness, creaking wood and roaring water," so the river is changing as they ascend. I do hope that my darling will not run any chance of danger, more than need be,[1] but we are in God's hands.

2 November, night.--All day long driving. The country gets wilder as we go, and the great spurs of the Carpathians, which at Veresti seemed so far from us and so low on the horizon, now seem to gather round us and tower in front.[2] We both seem in good spirits. I think we make an effort each to cheer the other, in the doing so we cheer ourselves. Dr. Van Helsing says that by morning we shall reach the Borgo Pass. The houses are very few here now, and the Professor says that the last horse we got will have to go on with us, as we may not be able to change. He got two in addition to the two we changed, so that now we have a rude four-in-hand.[3] The dear horses are patient and good, and they give us no trouble. We are not worried with other travellers, and so even I can drive. We shall get to the Pass in daylight. We do not want to arrive before. So we take it easy, and have each a long rest in turn. Oh, what will tomorrow bring to us? We go to seek the place where my poor darling suffered so much. God grant[4] that we may be guided aright,[5] and that He will deign to[6] watch over my husband and those dear to us both, and who are in such deadly peril. As for me, I am not worthy in His sight. Alas! I am unclean to His eyes, and shall be until He may deign to let me stand forth in His sight as one of those who have not incurred His wrath.[7]

MEMORANDUM BY ABRAHAM VAN HELSING

4 November.--This to my old and true friend John Seward, M. D.,

1) more than need be: 필요이상으로.
2) tower in front: 정면에(in front) 우뚝 서 있다(tower).
3) rude four-in-hand: 조야한(rude) 사두마차(four-in-hand).
4) God grant : 신이여 … 하게 해주옵소서.
5) aright: 바르게.
6) deign to: (몸을 낮추어) … 하다.
7) incurred His wrath: 그의 분노(wrath)를 샀다(incur).

of Purefleet, London, in case I may not see him. It may explain. It is morning, and I write by a fire which all the night I have kept alive, Madam Mina aiding me. It is cold, cold. So cold that the grey heavy sky is full of snow, which when it falls will settle for all winter as the ground is hardening to receive it. It seems to have affected Madam Mina. She has been so heavy of head[1] all day that she was not like herself. She sleeps, and sleeps, and sleeps! She who is usual so alert, have done literally nothing all the day. She even have lost her appetite. She make no entry into her little diary, she who write so faithful at every pause. Something whisper to me that all is not well. However, tonight she is more *vif*.[2] Her long sleep all day have refresh and restore her, for now she is all sweet and bright as ever. At sunset I try to hypnotize her, but alas! with no effect. The power has grown less and less with each day, and tonight it fail me altogether. Well, God's will be done,[3] whatever it may be, and whithersoever it may lead!

Now to the historical, for as Madam Mina write not in her stenography, I must, in my cumbrous[4] old fashion, that so each day of us may not go unrecorded.

We got to the Borgo Pass just after sunrise yesterday morning. When I saw the signs of the dawn I got ready for the hypnotism. We stopped our carriage, and got down so that there might be no disturbance. I made a couch with furs, and Madam Mina, lying down, yield herself as usual, but more slow and more short time than ever, to the hypnotic sleep. As before, came the answer, "darkness and the swirling of water." Then she woke, bright and radiant and we go on our way and soon reach the Pass. At this time and place, she become all on fire with zeal. Some new guiding power be in her manifested, for she point to a road and say, "This is the way."

"How know you it?" I ask.

"Of course I know it,' she answer, and with a pause, add, "Have not my Jonathan travelled it and wrote of his travel?"

At first I think somewhat strange, but soon I see that there be only one such byroad.[5] It is used but little, and very different from the coach road[6] from the Bukovina to Bistritz, which is more wide and hard, and more of use.

---

1) heavy of head: 머리가 무거운.

2) *vif*: (불어) 생기있는(여성 형인 'vive'로 표기되어야 하나, 여기서는 남성형인 'vif'로 잘못 표기 되었다).

3) God's will be done: 신의 뜻이 이루어지리이다.

4) cumbrous: 성가신(cumbersome).

5) by-road: 샛길.

6) coach road: 역마차(coach)가 가는 길.

So we came down this road. When we meet other ways, not always were we sure that they were roads at all, for they be neglect and light snow have fallen, the horses know and they only. I give rein[1] to them, and they go on so patient. By and by we find all the things which Jonathan have note in that wonderful diary of him. Then we go on for long, long hours and hours. At the first, I tell Madam Mina to sleep. She try, and she succeed. She sleep all the time, till at the last, I feel myself to suspicious grow, and attempt to wake her. But she sleep on, and I may not wake her though I try. I do not wish to try too hard lest I harm her. For I know that she have suffer much, and sleep at times be all-in-all[2] to her. I think I drowse myself, for all of sudden I feel guilt, as though I have done something. I find myself bolt up,[3] with the reins in my hand, and the good horses go along jog, jog, just as ever. I look down and find Madam Mina still asleep. It is now not far off sunset time, and over the snow the light of the sun flow in big yellow flood, so that we throw great long shadow on where the mountain rise so steep. For we are going up, and up, and all is oh, so wild and rocky, as though it were the end of the world.

Then I arouse Madam Mina. This time she wake with not much trouble, and then I try to put her to hypnotic sleep. But she sleep not, being as though I were not. Still I try and try, till all at once I find her and myself in dark, so I look round, and find that the sun have gone down. Madam Mina laugh, and I turn and look at her. She is now quite awake, and look so well as I never saw her since that night at Carfax when we first enter the Count's house. I am amaze, and not at ease then. But she is so bright and tender and thoughtful for me that I forget all fear. I light a fire, for we have brought supply of wood[4] with us, and she prepare food while I undo[5] the horses and set them tethered[6] in shelter, to feed. Then when I return to the fire she have my supper ready. I go to help her, but she smile, and tell me that she have eat already. That she was so hungry that she would not wait. I like it not, and I have grave doubts. But I fear to affright her, and so I am silent of it.[7] She help me and I eat alone, and then we wrap in fur and lie beside the fire, and I tell her to sleep while I watch. But presently I forget all of watching. And when I sudden remember that I watch, I find her lying quiet, but

1) give rein: (말을) 마음대로 가게 하다.
2) all-in-all: 소중한 것.
3) bolt up: 곧바로 선.
4) supply of wood: supply는 '비축 물자'; 즉, '비축한 나무'.
5) undo: (말을) 풀어주다.
6) set them tethered: 말을 밧줄로 매다.
7) I am silent of it: 그곳에 대해 말하지 않다.

awake, and looking at me with so bright eyes. Once, twice more the same occur, and I get much sleep till before morning. When I wake I try to hypnotize her, but alas! Though she shut her eyes obedient, she may not sleep. The sun rise up, and up, and up, and then sleep come to her too late, but so heavy that she will not wake. I have to lift her up, and place her sleeping in the carriage when I have harnessed[1] the horses and made all ready. Madam still sleep, and she look in her sleep more healthy and more redder than before. And I like it not. And I am afraid, afraid, afraid! I am afraid of all things, even to think but I must go on my way. The stake we play for is life and death, or more than these, and we must not flinch.

5 November, morning.--Let me be accurate in everything, for though you and I have seen some strange things together, you may at the first think that I, Van Helsing, am mad. That the many horrors and the so long strain on nerves has at the last turn my brain.[2]

All yesterday we travel, always getting closer to the mountains, and moving into a more and more wild and desert land. There are great, frowning precipices[3] and much falling water, and Nature seem to have held sometime her carnival. Madam Mina still sleep and sleep. And though I did have hunger and appeased it, I could not waken her, even for food. I began to fear that the fatal spell of the place was upon her, tainted as she is with that Vampire baptism. "Well," said I to myself, "if it be that she sleep all the day, it shall also be that I do not sleep at night." As we travel on the rough road, for a road of an ancient and imperfect kind there was, I held down my head and slept.

Again I waked with a sense of guilt and of time passed, and found Madam Mina still sleeping, and the sun low down. But all was indeed changed. The frowning mountains seemed further away, and we were near the top of a steep rising hill, on summit[4] of which was such a castle as Jonathan tell of in his diary. At once I exulted[5] and feared. For now, for good or ill,[6] the end was near.

I woke Madam Mina, and again tried to hypnotize her, but alas! unavailing till too late. Then, ere the great dark came upon us, for even after down sun the heavens reflected the gone sun on the snow, and all was for a time in a great twilight. I took out the horses and fed them

1) harnessed: 마구(馬具)를 채웠다.
2) turn my brain: 내 머리를 혼란시키다(돌게 하다).
3) frowning precipices: 험한 절벽.
4) summit: 꼭대기.
5) exulted: 크게 기뻐하다.
6) for good or ill: 좋던 나쁘던 간에.

in what shelter I could. Then I make a fire,[1] and near it I make Madam Mina, now awake and more charming than ever, sit comfortable amid her rugs. I got ready food, but she would not eat, simply saying that she had not hunger. I did not press her, knowing her unavailingness. But I myself eat, for I must needs now be strong for all. Then, with the fear on me of what might be, I drew a ring so big for her comfort, round where Madam Mina sat. And over the ring I passed some of the wafer, and I broke it fine so that all was well guarded. She sat still all the time, so still as one dead. And she grew whiter and even whiter till the snow was not more pale, and no word she said. But when I drew near, she clung to me, and I could know that the poor soul shook her from head to feet with a tremor[2] that was pain to feel.

I said to her presently, when she had grown more quiet, "Will you not come over to the fire?" for I wished to make a test of what she could. She rose obedient, but when she have made a step she stopped, and stood as one stricken.[3]

"Why not go on?" I asked. She shook her head, and coming back, sat down in her place. Then, looking at me with open eyes, as of one waked from sleep, she said simply,"I cannot!" and remained silent. I rejoiced, for I knew that what she could not, none of those that we dreaded could. Though there might be danger to her body, yet her soul was safe!

Presently the horses began to scream, and tore at their tethers till I came to them and quieted[4] them. When they did feel my hands on them, they whinnied[5] low as in joy,and licked at my hands and were quiet for a time. Many times through the night did I come to them, till it arrive to the cold hour when all nature is at lowest, and every time my coming was with quiet of them. In the cold hour the fire began to die, and I was about stepping forth to replenish[6] it, for now the snow came in flying sweeps and with it a chill mist. Even in the dark there was a light of some kind, as there ever is over snow, and it seemed as though the snow flurries and the wreaths of mist took shape as of women with trailing garments. All was in dead, grim silence only that the horses whinnied and cowered, as if in terror of the worst. I began to fear, horrible fears. But then came to me the sense of safety in that ring wherein I stood. I began too, to think that my imaginings were of the night, and the gloom, and the unrest that I have gone through, and

1) make a fire: 불을 지피다.
2) tremor: 떨림.
3) stood as one stricken: 충격을 받은(stricken) 사람처럼 서 있었다.
4) quieted: 진정시켰다.
5) whinnied: (말이) 울었다.
6) replenish: (불에) 연료를 지피다.

all the terrible anxiety. It was as though my memories of all Jonathan's horrid experience were befooling[1] me. For the snow flakes and the mist began to wheel and circle round, till I could get as though a shadowy glimpse of those women that would have kissed him. And then the horses cowered lower and lower, and moaned in terror as men do in pain. Even the madness of fright was not to them, so that they could break away. I feared for my dear Madam Mina when these weird[2] figures drew near and circled round. I looked at her, but she sat calm, and smiled at me. When I would have stepped to the fire to replenish it, she caught me and held me back, and whispered, like a voice that one hears in a dream, so low it was.

"No! No! Do not go without. Here you are safe!"

I turned to her, and looking in her eyes said, "But you? It is for you that I fear!"

Whereat she laughed, a laugh low and unreal, and said, "Fear for me! Why fear for me? None safer in all the world from them than I am," and as I wondered at the meaning of her words, a puff of wind made the flame leap up, and I see the red scar on her forehead. Then, alas! I knew. Did I not, I would soon have learned, for the wheeling figures of mist and snow came closer, but keeping ever without the Holy circle.[3] Then they began to materialize till, if God have not taken away my reason, for I saw it through my eyes. There were before me in actual flesh the same three women that Jonathan saw in the room, when they would have kissed his throat. I knew the swaying[4] round forms, the bright hard eyes, the white teeth, the ruddy color, the voluptuous lips. They smiled ever at poor dear Madam Mina. And as their laugh came through the silence of the night, they twined their arms and pointed to her, and said in those so sweet tingling tones that Jonathan said were of the intolerable sweetness of the water glasses, "Come, sister. Come to us. Come!"

In fear I turned to my poor Madam Mina, and my heart with gladness leapt like flame. For oh! the terror in her sweet eyes, the repulsion,[5] the horror, told a story to my heart that was all of hope. God be thanked she was not, yet of them. I seized some of the firewood[6] which was by me, and holding out some of the Wafer, advanced on them towards the

---

1) befooling: '바보로 만들다', '농락하다'.

2) weird: 섬뜩한.

3) keeping ever without the Holy circle: '항시 그 신성한 원 밖에만 머물며'; 여기서 신성한 원 (Holy Circle)은 헬싱이 성체를 뿌린 원을 지칭한다.

4) swaying: 흔들거리다.

5) repulsion: 혐오감.

6) firewood: 장작.

fire. They drew back before me, and laughed their low horrid laugh. I fed the fire, and feared them not. For I knew that we were safe within the ring, which she could not leave no more than they could enter. The horses had ceased to moan, and lay still on the ground. The snow fell on them softly, and they grew whiter. I knew that there was for the poor beasts no more of terror.

And so we remained till the red of the dawn began to fall through the snow gloom. I was desolate and afraid, and full of woe and terror. But when that beautiful sun began to climb the horizon life was to me again. At the first coming of the dawn the horrid figures melted in the whirling mist and snow. The wreaths of transparent[1] gloom moved away towards the castle, and were lost.

Instinctively, with the dawn coming, I turned to Madam Mina, intending to hypnotize her. But she lay in a deep and sudden sleep, from which I could not wake her. I tried to hypnotize through her sleep, but she made no response, none at all, and the day broke.[2] I fear yet to stir. I have made my fire and have seen the horses, they are all dead. Today I have much to do here, and I keep waiting till the sun is up high. For there may be places where I must go, where that sunlight, though snow and mist obscure it, will be to me a safety.

I will strengthen me with breakfast, and then I will do my terrible work. Madam Mina still sleeps, and God be thanked! She is calm in her sleep . . .

JONATHAN HARKER'S JOURNAL

4 November, evening.--The accident to the launch has been a terrible thing for us. Only for it we should have overtaken[3] the boat long ago, and by now my dear Mina would have been free. I fear to think of her, off on the wolds[4] near that horrid place. We have got horses, and we follow on the track. I note this whilst Godalming is getting ready. We have our arms. The Szgany must look out if they mean to fight.[5] Oh, if only Morris and Seward were with us. We must only hope! If I write no more Goodby Mina! God bless and keep you.

1) transparent: 옅은.

2) day broke: 날이 밝았다.

3) overtaken: 따라잡다.

4) wolds: 고원.

5) Szgany must look out if they mean fight: 'Szgany족이 싸우기 원한다면 조심해야 할 것이다'는 말은 싸움을 건다면 큰 코 다칠 것이란 뜻이다.

DR. SEWARD'S DIARY

5 November.--With the dawn we saw the body of Szgany before us dashing away from the river with their leiter wagon. They surrounded it in a cluster,[1] and hurried along as though beset. The snow is falling lightly and there is a strange excitement in the air. It may be our own feelings, but the depression is strange. Far off I hear the howling of wolves. The snow brings them down from the mountains, and there are dangers to all of us, and from all sides. The horses are nearly ready, and we are soon off. We ride to death of some one. God alone knows who, or where, or what, or when, or how it may be . . .

DR. VAN HELSING'S MEMORANDUM

5 November, afternoon.--I am at least sane. Thank God for that mercy at all events, though the proving it has been dreadful. When I left Madam Mina sleeping within the Holy circle, I took my way to the castle. The blacksmith hammer[2] which I took in the carriage from Veresti was useful, though the doors were all open I broke them off the rusty hinges, lest some ill intent[3] or ill chance should close them, so that being entered I might not get out. Jonathan's bitter experience served me here.[4] By memory of his diary I found my way to the old chapel, for I knew that here my work lay. The air was oppressive. It seemed as if there was some sulphurous fume, which at times made me dizzy. Either there was a roaring in my ears or I heard afar off the howl of wolves. Then I bethought me of my dear Madam Mina, and I was in terrible plight.[5] The dilemma had me between his horns.[6]

Her, I had not dare to take into this place, but left safe from the Vampire in that Holy circle. And yet even there would be the wolf! I resolve me that my work lay here, and that as to the wolves we must submit, if it were God's will. At any rate it was only death and freedom beyond. So did I choose for her. Had it but been for myself the choice

1) in a cluster: 무리를 지어.

2) blacksmith hammer: 대장장이용 망치.

3) ill-intent: 악의.

4) Jonathan's bitter experience served me here: 이 문제에 있어 조나단의 쓰라린 경험이 나에게 도움이 되었다(served).

5) in terrible plight: 끔찍한 곤경에 처한.

6) The dilemma had me between his horns: 나를 궁지에 몰았다.

had been easy, the maw[1] of the wolf were better to rest in than the grave of the Vampire! So I make my choice to go on with my work.

I knew that there were at least three graves to find, graves that are inhabit. So I search, and search, and I find one of them. She lay in her Vampire sleep, so full of life and voluptuous beauty that I shudder as though I have come to do murder. Ah, I doubt not that in the old time, when such things were, many a man who set forth[2] to do such a task as mine, found at the last his heart fail him, and then his nerve. So he delay, and delay, and delay, till the mere beauty and the fascination of the wanton Undead have hypnotize him. And he remain on and on, till sunset come, and the Vampire sleep be over. Then the beautiful eyes of the fair woman open and look love, and the voluptuous mouth present to a kiss, and the man is weak. And there remain one more victim in the Vampire fold. One more to swell the grim and grisly ranks of the Undead![3] . . .

There is some fascination, surely, when I am moved by the mere presence of such an one, even lying as she lay in a tomb fretted with age[4] and heavy with the dust of centuries, though there be that horrid odor such as the lairs of the Count have had. Yes, I was moved. I, Van Helsing, with all my purpose and with my motive for hate. I was moved to a yearning for delay which seemed to paralyze my faculties and to clog[5] my very soul. It may have been that the need of natural sleep, and the strange oppression of the air were beginning to overcome me. Certain it was that I was lapsing[6] into sleep, the open eyed sleep of one who yields to a sweet fascination, when there came through the snow stilled air a long, low wail, so full of woe and pity that it woke me like the sound of a clarion. For it was the voice of my dear Madam Mina that I heard.

Then I braced myself again to my horrid task,[7] and found by wrenching away tomb tops one other of the sisters, the other dark one. I dared not pause to look on her as I had on her sister, lest once more I should begin to be enthrall. But I go on searching until, presently, I find in a high great tomb as if made to one much beloved that other fair sister which, like Jonathan I had seen to gather herself out of the

---

1) maw: 위.
2) set forth: 여행길에 나서다.
3) swell the grim and grisly ranks of the Un-Dead: rank of the Un-Dead는 '드라큘라의 명령에 따르는 병사'를 의미; 즉, 자신도 드라큘라의 유혹에 넘어가면 드라큘라의 병사의 수를 하나 더 늘이는 꼴이 될 것이란 의미다.
4) fretted with age: 세월이 흘러(with age) 부식된(fretted).
5) clog: 둔화시키다.
6) lapsing into sleep: 자신도 모르는 사이에 잠들다.
7) I braced myself again to my horrid task: 이 끔찍한 일에 다시 용기를 내어 착수하였다(brace myself).

atoms of the mist. She was so fair to look on, so radiantly beautiful, so exquisitely voluptuous, that the very instinct of man in me, which calls some of my sex to love and to protect one of hers, made my head whirl with new emotion. But God be thanked, that soul wail of my dear Madam Mina had not died out of my ears. And, before the spell could be wrought further upon me,[1] I had nerved myself to my wild work.[2] By this time I had searched all the tombs in the chapel, so far as I could tell. And as there had been only three of these Undead phantoms around us in the night, I took it that there were no more of active Undead existent. There was one great tomb more lordly than all the rest. Huge it was, and nobly proportioned. On it was but one word.

DRACULA

This then was the Undead home of the King Vampire, to whom so many more were due.[3] Its emptiness spoke eloquent to make certain what I knew. Before I began to restore these women to their dead selves through my awful work, I laid in Dracula's tomb some of the Wafer, and so banished him from it, Undead, for ever.

Then began my terrible task, and I dreaded it. Had it been but one, it had been easy, comparative. But three! To begin twice more after I had been through a deed of horror. For it was terrible with the sweet Miss Lucy, what would it not be with these strange ones who had survived through centuries, and who had been strenghtened by the passing of the years. Who would, if they could, have fought for their foul lives . . .

Oh, my friend John, but it was butcher-work.[4] Had I not been nerved[5] by thoughts of other dead, and of the living over whom hung such a pall of fear, I could not have gone on. I tremble and tremble even yet, though till all was over, God be thanked, my nerve did stand.[6] Had I not seen the repose in the first place, and the gladness that stole over it just ere the final dissolution[7] came, as realization that the soul had been won, I could not have gone further with my butchery. I could not have

1) before the spell could be wrought further upon me: 내가 마법(spell)에 더 걸리기 전에.

2) nerved myself to my wild work: 용기를 내어 이 거친 일을 시작하였다.

3) King-Vampire, to whom so many more were due: 다른 많은 흡혈귀들을 생기게 한 흡혈귀의 왕.

4) butcher-work: '푸주한의 일'; 흡혈귀들의 목을 자르는 일을 지칭한다.

5) nerved: 용기를 얻었다.

6) my nerve did stand: 나의 신경(용기)이 견디어 냈다(stand).

7) dissolution: '소멸', '해체'.

endured the horrid screeching[1] as the stake drove home, the plunging of writhing form,[2] and lips of bloody foam. I should have fled in terror and left my work undone. But it is over! And the poor souls, I can pity them now and weep, as I think of them placid each in her full sleep of death for a short moment ere fading. For, friend John, hardly had my knife severed the head of each, before the whole body began to melt away and crumble into its native dust, as though the death that should have come centuries agone had at last assert himself and say at once and loud,"I am here!"

Before I left the castle I so fixed its entrances[3] that never more can the Count enter there Undead.

When I stepped into the circle where Madam Mina slept, she woke from her sleep and, seeing me, cried out in pain that I had endured too much.

"Come!" she said, "come away from this awful place! Let us go to meet my husband who is, I know, coming towards us." She was looking thin and pale and weak. But her eyes were pure and glowed with fervor. I was glad to see her paleness and her illness, for my mind was full of the fresh horror of that ruddy vampire sleep.

And so with trust and hope, and yet full of fear, we go eastward to meet our friends, and him, whom Madam Mina tell me that she know are coming to meet us.

MINA HARKER'S JOURNAL

6 November.--It was late in the afternoon when the Professor and I took our way towards the east whence I knew Jonathan was coming. We did not go fast, though the way was steeply downhill, for we had to take heavy rugs and wraps with us. We dared not face the possibility of being left without warmth in the cold and the snow. We had to take some of our provisions too, for we were in a perfect desolation,[4] and so far as we could see through the snowfall, there was not even the sign of habitation.[5] When we had gone about a mile, I was tired with the heavy walking and sat down to rest. Then we looked back and saw where the

---

1) screeching: 날카로운 소리.

2) plunging of writhing form: 갑자기 뒤트는 몸.

3) fixed its entrances: '문에 조처를 취하였다': 마늘이나 십자가 혹은 성채를 문에 달아 놓아 드라큘라가 이 문안을 들어오지 못하게 조처를 취하였다는 의미.

4) in a perfect desolation: 고립된 상태에 있는.

5) habitation: 주거지.

clear line of Dracula's castle cut the sky. For we were so deep under the hill whereon it was set that the angle of perspective of the Carpathian mountains was far below it. We saw it in all its grandeur, perched a thousand feet on the summit of a sheer precipice,[1] and with seemingly a great gap between it and the steep of the adjacent[2] mountain on any side. There was something wild and uncanny about the place. We could hear the distant howling of wolves. They were far off, but the sound, even though coming muffled through the deadening snowfall,[3] was full of terror. I knew from the way Dr. Van Helsing was searching about that he was trying to seek some strategic point,[4] where we would be less exposed in case of attack. The rough roadway still led downwards. We could trace it through the drifted snow.

In a little while the Professor signalled to me, so I got up and joined him. He had found a wonderful spot, a sort of natural hollow in a rock, with an entrance like a doorway between two boulders.[5] He took me by the hand and drew me in.

"See!" he said,"here you will be in shelter. And if the wolves do come I can meet them one by one."

He brought in our furs, and made a snug nest for me, and got out some provisions and forced them upon me. But I could not eat, to even try to do so was repulsive to me, and much as I would have liked to please him, I could not bring myself to the attempt.[6] He looked very sad, but did not reproach me. Taking his field-glasses[7] from the case, he stood on the top of the rock, and began to search the horizon.

Suddenly he called out, "Look! Madam Mina, look! Look!"

I sprang up and stood beside him on the rock. He handed me his glasses and pointed. The snow was now falling more heavily, and swirled about fiercely, for a high wind was beginning to blow. However, there were times when there were pauses between the snow flurries and I could see a long way round. From the height where we were it was possible to see a great distance. And far off, beyond the white waste of snow,[8] I could see the river lying like a black ribbon in kinks and curls as it wound its way. Straight in front of us and not far off, in fact

---

1) sheer precipice: 깎아지른 듯한(sheer) 절벽.

2) adjacent: 인접한.

3) deadening snowfall: 방음효과를 가져오는(deadening) 눈.

4) strategic point: 전략적으로 유리한 지점.

5) boulders: 둥근 돌.

6) I could not bring myself to the attempt: bring은 '억지로 …하게 하다'; 즉, 난 억지로 그러한 시도를 할 수가 없었다.

7) field-glass: 망원경.

8) white waste of snow: waste는 '광활한 지역'; 즉, 광활하게 펼쳐진 눈 덮인 땅.

so near that I wondered we had not noticed before, came a group of mounted men[1] hurrying along. In the midst of them was a cart, a long leiter wagon which swept from side to side, like a dog's tail wagging, with each stern inequality of the road.[2] Outlined against the snow as they were, I could see from the men's clothes that they were peasants or gypsies of some kind.

On the cart was a great square chest. My heart leaped as I saw it, for I felt that the end was coming. The evening was now drawing close, and well I knew that at sunset the Thing, which was till then imprisoned there, would take new freedom and could in any of many forms elude[3] pursuit. In fear I turned to the Professor. To my consternation,[4] however, he was not there. An instant later, I saw him below me. Round the rock he had drawn a circle, such as we had found shelter in last night.

When he had completed it he stood beside me again saying, "At least you shall be safe here from him!" He took the glasses from me, and at the next lull of the snow[5] swept the whole space below us. "See,"he said,"they come quickly. They are flogging the horses, and galloping as hard as they can."

He paused and went on in a hollow voice, "They are racing for the sunset. We may be too late. God's will be done!" Down came another blinding rush[6] of driving snow, and the whole landscape was blotted out. It soon passed, however, and once more his glasses were fixed on the plain.

Then came a sudden cry, "Look! Look! Look! See, two horsemen follow fast, coming up from the south. It must be Quincey and John. Take the glass. Look before the snow blots it all out!" I took it and looked. The two men might be Dr. Seward and Mr. Morris. I knew at all events that neither of them was Jonathan. At the same time I knew that Jonathan was not far off. Looking around I saw on the north side of the coming party two other men, riding at breakneck speed.[7] One of them I knew was Jonathan, and the other I took, of course, to be Lord Godalming. They too, were pursuing the party with the cart. When I told the Professor he shouted in glee[8] like a schoolboy, and after looking intently till a snow fall made sight impossible, he laid his Winchester

---

1) mounted men: 말을 탄 사람.
2) stern inequality of the road: 심각하게(stern) 울퉁불퉁한(inequality) 길.
3) elude: 교묘히 피하다.
4) consternation: 대경실색.
5) lull of the snow: 눈이 잠시 멈춤.
6) blinding rush: 앞이 안보일 정도로 휘몰아쳐 내리는 눈.
7) at break-neck speed: 몹시 빠른 속도로.
8) in glee: 기쁨에 넘쳐.

rifle ready for use against the boulder at the opening of our shelter.

"They are all converging,"[1] he said."When the time comes we shall have gypsies on all sides." I got out my revolver ready to hand, for whilst we were speaking the howling of wolves came louder and closer. When the snow storm abated a moment we looked again. It was strange to see the snow falling in such heavy flakes close to us, and beyond, the sun shining more and more brightly as it sank down towards the far mountain tops. Sweeping the glass all around us I could see here and there dots moving singly and in twos and threes and larger numbers. The wolves were gathering for their prey.

Every instant seemed an age whilst we waited. The wind came now in fierce bursts, and the snow was driven with fury as it swept upon us in circling eddies.[2] At times we could not see an arm's length[3] before us. But at others, as the hollow sounding wind swept by us, it seemed to clear the air space around us so that we could see afar off. We had of late been so accustomed to watch for sunrise and sunset, that we knew with fair accuracy when it would be. And we knew that before long the sun would set. It was hard to believe that by our watches it was less than an hour that we waited in that rocky shelter before the various bodies began to converge close upon us. The wind came now with fiercer and more bitter sweeps,[4] and more steadily from the north. It seemingly had driven the snow clouds from us, for with only occasional bursts, the snow fell. We could distinguish clearly the individuals of each party, the pursued and the pursuers. Strangely enough those pursued did not seem to realize, or at least to care, that they were pursued. They seemed, however, to hasten with redoubled speed[5] as the sun dropped lower and lower on the mountain tops.

Closer and closer they drew. The Professor and I crouched down behind our rock, and held our weapons ready. I could see that he was determined that they should not pass. One and all were quite unaware of our presence.

All at once two voices shouted out to, "Halt!" One was my Jonathan's, raised in a high key of passion. The other Mr. Morris' strong resolute tone of quiet command.[6] The gypsies may not have known the language, but there was no mistaking the tone, in whatever tongue the words were spoken. Instinctively they reined in,[7] and at the instant Lord Godalming

1) converging: 한 지점에 모이다.

2) eddies: 소용돌이(모양).

3) arm's length: '팔 뻗친 거리', '한치 앞'.

4) sweeps: 휩쓸기.

5) with redoubled speed: 두 배의 속도로.

6) resolute tone of quiet command: 결연한 어조로(resolute tone) 내리는 조용한 명령.

7) reined in: 고삐를 당겨 말을 멈추었다(말의 속도를 늦추게 하였다).

and Jonathan dashed up at one side and Dr. Seward and Mr. Morris on the other. The leader of the gypsies, a splendid looking fellow who sat his horse like a centaur,[1] waved them back, and in a fierce voice gave to his companions some word to proceed. They lashed[2] the horses which sprang forward. But the four men raised their Winchester rifles, and in an unmistakable way commanded them to stop. At the same moment Dr. Van Helsing and I rose behind the rock and pointed our weapons at them. Seeing that they were surrounded the men tightened their reins and drew up.[3] The leader turned to them and gave a word at which every man of the gypsy party drew what weapon he carried, knife or pistol, and held himself in readiness to attack.[4] Issue was joined in an instant.[5]

The leader, with a quick movement of his rein, threw his horse out in front, and pointed first to the sun, now close down on the hill tops, and then to the castle, said something which I did not understand. For answer, all four men of our party threw themselves from their horses and dashed towards the cart. I should have felt terrible fear at seeing Jonathan in such danger, but that the ardor of battle must have been upon me as well as the rest of them. I felt no fear, but only a wild, surging desire[6] to do something. Seeing the quick movement of our parties, the leader of the gypsies gave a command. His men instantly formed round the cart in a sort of undisciplined endeavor, each one shouldering and pushing the other in his eagerness to carry out the order.[7]

In the midst of this I could see that Jonathan on one side of the ring of men, and Quincey on the other, were forcing a way to the cart. It was evident that they were bent on finishing their task before the sun should set. Nothing seemed to stop or even to hinder them. Neither the levelled[8] weapons nor the flashing knives of the gypsies in front, nor the howling of the wolves behind, appeared to even attract their attention. Jonathan's impetuosity,[9] and the manifest singleness of his purpose,[10] seemed to overawe those in front of him. Instinctively they cowered aside and let him pass. In an instant he had jumped upon the cart, and with a strength which seemed incredible, raised the great box, and flung

---

1) centaur: (그리스 신화) '켄타우로스'; 반인반마(半人半馬)의 모습을 하고 있다.
2) lashed: 채찍질하였다.
3) drew up: 멈추었다.
4) held himself in readiness to attack: 공격할 태세를 하였다.
5) issue was joined in an instant: issue는 '논쟁'; 즉, 논쟁이 곧 이어졌다.
6) surging desire: 솟구치는 (강렬한) 욕망.
7) carry out the order: 명령을 수행하다.
8) levelled: (총을) 겨눈.
9) impetuosity: 격렬함.
10) manifest singleness of his purpose: 그의 분명한 일심불란.

it over the wheel to the ground. In the meantime, Mr. Morris had had to use force to pass through his side of the ring of Szgany. All the time I had been breathlessly watching Jonathan I had, with the tail of my eye,[1] seen him pressing desperately forward,[2] and had seen the knives of the gypsies flash as he won a way through them, and they cut at him. He had parried with his great bowie knife,[3] and at first I thought that he too had come through in safety. But as he sprang beside Jonathan, who had by now jumped from the cart, I could see that with his left hand he was clutching at his side, and that the blood was spurting through his fingers. He did not delay notwithstanding this, for as Jonathan, with desperate energy, attacked one end of the chest, attempting to prize off[4] the lid with his great Kukri knife, he attacked the other frantically with his bowie. Under the efforts of both men the lid began to yield.[5] The nails drew with a screeching sound, and the top of the box was thrown back.

By this time the gypsies, seeing themselves covered by the Winchesters, and at the mercy of Lord Godalming and Dr. Seward, had given in and made no further resistance. The sun was almost down on the mountain tops, and the shadows of the whole group fell upon the snow. I saw the Count lying within the box upon the earth, some of which the rude falling from the cart had scattered over him. He was deathly pale, just like a waxen image,[6] and the red eyes glared with the horrible vindictive[7] look which I knew so well.

As I looked, the eyes saw the sinking sun, and the look of hate in them turned to triumph.

But, on the instant, came the sweep and flash of Jonathan's great knife. I shrieked as I saw it shear through the throat. Whilst at the same moment Mr. Morris's bowie knife plunged into the heart.[8]

It was like a miracle, but before our very eyes, and almost in the drawing of a breath, the whole body crumbled into dust and passed from our sight.

I shall be glad as long as I live that even in that moment of final dissolution, there was in the face a look of peace, such as I never could have imagined might have rested there.

1) with the tail of my eye: 곁눈질로.

2) pressing desperately forward: 필사적으로 서둘러 나아가다.

3) parried with his great bowie knife: parry는 '받아 넘기다', bowie knife는 '칼집이 달린 일종의 짧은 사냥칼'.

4) prise off: 지레로 삼아 비집어 열다.

5) lid began to yield: 뚜껑이 열리기 시작하였다.

6) waxen image: 밀납으로 만든 형상.

7) vindictive: 원한을 품은.

8) plunged in the heart: 가슴에 꽂혔다.

The Castle of Dracula now stood out against the red sky,[1] and every stone of its broken battlements[2] was articulated[3] against the light of the setting sun.

The gypsies, taking us as in some way the cause of the extraordinary disappearance of the dead man, turned, without a word, and rode away as if for their lives. Those who were unmounted jumped upon the leiter wagon and shouted to the horsemen not to desert them. The wolves, which had withdrawn to a safe distance, followed in their wake,[4] leaving us alone.

Mr. Morris, who had sunk to the ground, leaned on his elbow, holding his hand pressed to his side. The blood still gushed[5] through his fingers. I flew to him, for the Holy circle did not now keep me back,[6] so did the two doctors. Jonathan knelt behind him and the wounded man laid back his head on his shoulder. With a sigh he took, with a feeble effort, my hand in that of his own which was unstained.

He must have seen the anguish of my heart in my face, for he smiled at me and said, "I am only too happy to have been of service! Oh, God!" he cried suddenly, struggling to a sitting posture and pointing to me. "It was worth for this to die! Look! Look!"

The sun was now right down upon the mountain top, and the red gleams fell upon my face, so that it was bathed in rosy light. With one impulse the men sank on their knees[7] and a deep and earnest "Amen" broke[8] from all as their eyes followed the pointing of his finger.

The dying man spoke, "Now God be thanked that all has not been in vain! See! The snow is not more stainless than her forehead! The curse has passed away!"

And, to our bitter grief, with a smile and in silence, he died, a gallant gentleman.

NOTE

Seven years ago we all went through the flames. And the happiness of some of us since then is, we think, well worth the pain we endured. It is an added joy to Mina and to me that our boy's birthday is the same

1) against the red sky: 하늘을 배경삼아.
2) battlements: 총안(銃眼)이 있는 성가퀴.
3) articulated: 뚜렷이 구별되는.
4) followed in their wake: 그들의 자국(wake)을 좇아서 갔다.
5) gushed: 세차게 흘러나왔다.
6) keep me back: 나를 저지하다(keep back).
7) sank on their knees: 털썩 무릎을 꿇었다.
8) broke: 갑자기 말이 터져 나왔다.

day as that on which Quincey Morris died. His mother holds, I know, the secret belief that some of our brave friend's spirit has passed into him. His bundle of names links all our little band of men together. But we call him Quincey.

In the summer of this year we made a journey to Transylvania, and went over the old ground which was, and is, to us so full of vivid and terrible memories. It was almost impossible to believe that the things which we had seen with our own eyes and heard with our own ears were living truths. Every trace of all that had been was blotted out. The castle stood as before, reared high above a waste of desolation.[1]

When we got home we were talking of the old time, which we could all look back on without despair, for Godalming and Seward are both happily married. I took the papers from the safe where they had been ever since our return so long ago. We were struck with the fact, that in all the mass of material of which the record is composed, there is hardly one authentic[2] document. Nothing but a mass of typewriting, except the later notebooks of Mina and Seward and myself, and Van Helsing's memorandum. We could hardly ask any one, even did we wish to, to accept these as proofs of so wild a story.[3] Van Helsing summed it all up[4] as he said, with our boy on his knee.

"We want no proofs. We ask none to believe us! This boy will some day know what a brave and gallant woman his mother is. Already he knows her sweetness and loving care. Later on he will understand how some men so loved her, that they did dare much for her sake.

JONATHAN HARKER

---

1) reared high above a wast of desolation: 황량한 땅위로 우뚝 솟아 있었다(rear high).

2) authentic: '확실한', '진짜라고 인정될 만한'.

3) wild a story: 황당한 이야기.

4) summed it all up: 이 모든 것을 요약하였다(sum up).

Criticism

Sexual Politics and Political Repression in Bram Stoker's *Dracula*

ANNE CRANNY-FRANCIS*[1]

The characters and situations portrayed in Bram Stoker's *Dracula* provide fascinating insights into the social, political and psychological crises experienced by the middle classes in late-nineteenth century Britain. *Dracula* is a compendium of the conflicting discourses which constituted bourgeois ideology in the late nineteenth century. Yet *Dracula* is not a socially critical text; rather it reproduces fictionally the contradictions within bourgeois ideology and then resolves or neutralises them. In this essay I have concentrated mainly on the ways in which Stoker's text responds to the challenge to patriarchal bourgeois society and ideology posed by the Women's Movement and the phenomenon of the 'New Woman'. I have considered the ways in which female characters are constituted in/by the text, and the kinds of situations in which the text places them and by which it asserts the (ideological) claims of male power and dominance. I have also considered briefly the characterisation of Dracula himself. The characterisation of the Count and the incidents in which he is involved may also be seen as dramatising some of the political and social dilemmas faced by the bourgeoisie in the late nineteenth century. First, however, it is necessary to establish how sexuality and sexual intercourse are signified in *Dracula.*

A number of the critical articles about *Dracula* are devoted to discovering and listing the kinds of sexual practices described or implied in the text. Christopher Bentley's 'The Monster in the Bedroom: Sexual Symbolism in Bram Stoker's *Dracula'* is masterful in this respect.1 Necrophilia, incest, genital rape, oral rape, sadism, masochism, adultery, promiscuity, the evocation and violation of menstrual taboos, and castration are all detected by Bentley in 'symbolic' representation in *Dracula.* Writing of the 'baptism of blood' incident, which occurs late in the text and has Dracula forcing Mina to drink some of his own blood flowing from a self-imposed chest wound (p.282),[2] Bentley notes,

> The episode contains a strange reversal of the usual relationship between vampire and victim, as Dracula is forcing Mina to drink his blood. Stoker is describing a symbolic act of enforced fellatio, where blood is again a substitute for semen, and where a chaste female suffers a violation that is essentially sexual.[3]

In fact it soon becomes apparent that, throughout the narrative, sexual intercourse is represented in displaced form as blood sucking so that, whereas in late-nineteenth-century British society 'normal' sexual behaviour was defined as male-initiated and male-dominant genital intercourse, in *Dracula* the practice which is the 'norm' and

1 * Nineteenth-Century Suspense, eds. Clive Bloom, Brian Docherty, and Keith Shand, 64-79쪽

which gives all other(sexual) behaviour its meaning is male-initiated and male-dominant blood-sucking.

This does not mean that there are no female vampires in *Dracula.* The first encounter between vampire and victim in the text involves three female vampires. Soon after Harker discovers he is a prisoner in Dracula's castle, he explores some unused rooms looking for an escape route. Contrary to the Count's instructions, he falls asleep in one of the rooms. In a half-waking state he is approached by three young women, who have apparently materialised out of thin air. Harker finds them almost irresistibly desirable and is about to succumb to their erotic advances 'in a languorous ecstasy' when the Count arrives. Dracula is enraged by the women's attempt to seduce Harker before he has given them permission, asserting, 'This man belongs to me!' The count then performs an act which is striking in its calculated repulsiveness. In response to the women's demands for 'food', he gives them a bag containing a baby, 'half smothered' but still alive (see pp. 36-9). The horror of this action is reinforced when, next day, the baby's mother arrives at the castle demanding her child's return. With the same callous indifference he had shown the child, Dracula summons a wolf -pack which tears the woman to pieces (see p. 45).

These events and Harker's responses to them reveal a great deal about the attitude to women established in the text. Consider the latter incident, for example, when the woman is torn apart by the wolf-pack. Harker writes in his diary, 'I could not pity her, for I knew now what had become of her child, and she was better dead' (p.45). It is clear from this entry that, at least as far as Harker is concerned (and Harker is the sympathetic hero of the novel), the main value of women lies in their maternal function Having lost the ability to perform this function, through loss of her child, it is only fitting that the woman be destroyed (note that no similar conclusion is drawn about Godalming's future after Lucy's death). Even more significant, however, is the response to the vampire women elicited by this episode. They appear absolutely monstrous.

Dracula's act in taking the child is bad enough, but can be somehow understood in terms of the count's declared mastery over the peasants of the region. The women's action in using the baby as food has no such justification. Its horror is largely a function of the role-reversal acted out in the situation. The women, instead of providing nourishment for the baby from their own bodies in the traditional female maternal role, actually incorporate the baby as well as its blood into their own bodies as nourishment. Yet the significance of this incident for the portrayal of the vampire women does not stop here. Recall the initial premise, that blood-sucking is to be read in the text as sexual intercourse. The violence committed by the women on the baby is, by implication, not only physical; it is also sexual. They are not only homicidal maniacs; they are also child-molesters. It is useful now to consider the effect of the juxtaposition in the narrative of this baby-stealing episode with the attempted seduction of Harker.

By their attack on the baby the three women are coded as not just abnormally aggressive or violent, but as abnormally sexually aggressive. Their approach to Harker is to be read in the same way, as abnormally sexually aggressive. The assumption underlying this sequence of significances is that normal women women who accept their proper role as mothers are passive and sexually receptive, not initiatory. The titillation value of these women in the text is precisely a function of their transgression of conventional behaviour, a transgression which will, inevitably, be punished.

An interesting aspect of Harker's response to the female vampires (and note that the term 'vampire', with its connotations of sexual aggressiveness, is so conventionally male that the gender adjective has to be used to identify the women, but never Dracula) is his feeling that he knows one of them:

> The other was fair, as fair as can be, with great, wavy masses of golden hair and eyes like pale sapphires. I seemed somehow to know her face, and to know it in connection with some dreamy fear, but I could not recollect at the moment how or where.(p.37)

Phyllis Roth, in her article 'Suddenly Sexual Women in Bram Stoker's *Dracula',*[4] suggests that the face Harker recognises is that of the mother, 'she whom he desires yet fears, the temptress seductress, Medusa', and that 'this golden girl reappears in the early description of Lucy'.[5] Roth's identification of this implied correspondence between Lucy and the female vampire is crucial to an understanding of the dynamics of the narrative. Just as Milton damned Eve long before the arrival of the serpent in *Paradise Lost* by means of the terms used to describe her terms which suggest her collusion with the forces of evil, the serpent so Stoker uses the suggestion of a likeness between Lucy and the vampire to prepare readers not only to accept her fate, but also to see it as somehow justified. Harker's almost-recognition of the vampire as Lucy introduces the notion that there is some essential similarity between the two. That similarity is sexual assertiveness or aggression.

The reader is introduced to Lucy through a series of letters she exchanges with Mina Murray, Harker's fianc e. Lucy's first letters concern her recent engagement to Arthur Holmwood (Lord Godalming) and her distress at having to disappoint her other two suitors, Dr John Seward, a psychiatrist, and Quincey P. Morris, an American millionaire. In her second letter she writes, 'Why can't they let a girl marry three men, or as many as want her, and save all this trouble? But this is heresy, and I must not say it'(p. 59). Of course she has said it, and many commentators have noted that this is an unconventionally candid, almost risqu , statement. Yet it is not difficult to discover Stoker's motives in ascribing this speech to Lucy. Like her resemblance to the female vampire it signifies the sensuality which characterises Lucy as a vampire. What she later becomes a sexually aggressive (and therefore 'abnormal') woman is seen as implicit in her behaviour even before Dracula arrives in England. Lucy's sexual aggressiveness displaced as the vampire's bloodlust will be seen as her greatest crime and will provoke a combined male assault and assertion of dominance.

When the reader is first introduced to Lucy, however, there is no suggestion that she actually is sexually active or unusually sexually aware. Rather the reader is told of Lucy's great beauty and sweetness, which make her an object of desire for the men with whom she comes in contact. Mina notes that even the old, retired sailors at

Whitby 'did not lose any time in coming up and sitting near her when we sat down. She is so sweet with old people; I think they all fell in love with her on the spot' (p. 64). And it is this beauty, this blatant signifier of Lucy's female sexuality, which is her only crime. The guilt experienced by men as a result of their desire is displaced onto the woman who stimulates that desire; she is seen as the source of immorality, of sensuality, while they are not. If she is destroyed, they will be saved. It is a familiar story, and it is acted out again in *Dracula.*

The scene in which Lucy is killed is one of the most brutal and repulsive in the book. Lucy's beauty has already apparently stung the vampire to desire, and she becomes his first English (rape) victim. Yet it is she who suffers for this, by becoming an Undead loathsome in the sight of man (!) and God. Her sensual appearance as a vampire is a kind of perverse apotheosis of her female sexuality and it is brutally, sadistically destroyed by her male companions the very men to whom she is/was so attractive. Once her body has been pierced and mutilated by the men, Lucy's face regains its 'unequalled sweetness and purity' (pp. 216-17). In other words, the sexual initiative is restored to the men and patriarchy is reassured by the negation of Lucy's 'aggressive' (because apparent) female sexuality. She can henceforth live on as a beautiful, spiritual memory for all of them - her troublesome physical presence removed.

The analogy between Lucy and the female vampires at Dracula's castle is made explicit when it is revealed that Lucy's early vampire attacks are all on children. The same sequence of significations then operates, and Lucy's behaviour is seen as abominable.

Lucy's role in the narrative supports the thesis already put forward: that in *Dracula* Stoker acts out the threat posed by women to the patriarchal society of the late nineteenth century either by sexually aggressive women whom he refuses to identify as female, or by beautiful women whose sexuality is aggressive only in that men find it impossible to ignore.

Further evidence that the female vampires are to be read as abnormally sexually aggressive occurs in Harker's final journal entry before his escape from the castle. The identification of female sexuality as naturally passive and receptive is again apparent in Harker's refusal to accept that the female vampires are women: 'I am alone in the castle with those awful women. Faugh! Mina is a woman, and there is naught in common. They are devils of the Pit!' (p. 53). Harker's desperation to escape from the castle is a transparent fear of castration. What he fears is not death, but the loss of sexual initiative and dominance which for him (and those who accept patriarchal values) means the loss of his male sexuality: 'At least God's mercy is better than that of these monsters, and the precipice is steep and high. At its foot man may sleep as a man' (p.53).

This passage, along with Harker's near-recall of Lucy, sets up an opposition which has an important structuring function in the narrative: Mina/Lucy. By means of this opposition Stoker constructs the conventional and contradictory definition of women. They are simultaneously sexually aggressive and tempting, and sexually passive and receptive. Lucy and the female vampires represent the alluring (in both senses of the word) woman who is present in all women and must be destroyed if patriarchy is to be maintained (and, of course, the fun titillation of patriarchy is this assertion of male dominance, the taming/destruction of the female). Mina, on the other hand, represents the sexually passive, submissive woman though, interestingly, she is also described as highly intelligent. In fact, the characterisation of Mina is more complex than that of Lucy in that it represents the convergence of conflicting discourses, traditional and 'New' woman.

Stoker introduces the notion of the 'New Woman' several times in *Dracula.* After Mina and Lucy have had tea at a Whitby inn, Mina records in her journal, 'I believe we should have shocked the "New Woman" with our appetites. Men are more tolerant, bless them!' (p. 88). Later in the same entry she disapprovingly notes,

> Some of the 'New Woman' writers will some day start an idea that men and women should be allowed to see each other asleep before proposing or accepting. But I suppose the New Woman won't condescend in future to accept; she will do the proposing herself. (p. 89)

Stoker, it seems, introduces the 'New Woman' idea in order to dissociate his heroines from the Women's Movement. Nevertheless, some critics have argued that, in Mina, Stoker is describing one of the New Women; that Stoker strongly supported female emancipation, and that *Dracula* provides examples of strong female characterisation. Proof of this is held to be Mina's resourcefulness in using a typewriter and negotiating and memorising railway timetables (railways then signifying technological sophistication), as well as her efficient and logical note-taking and her intelligent contributions to discussions concerning the Count. This efficiency and clear-thinking earn her a very high compliment; she is said to think like a man. Van Helsing himself offers this praise: 'Ah, that wonderful Madam Mina! She has man's brain a brain that a man should have were he so gifted and woman's heart' (p. 234).

Through the role of Lucy in the narrative Stoker has shown how any transgression of traditional sexual roles, intentional or not, will be treated. The reader would now be justified in asking how Mina's appropriation of the male prerogatives of intelligence and efficiency can be tolerated. Stoker resolves this apparent contradiction Mina's unfemale/unfeminine intelligence on several levels. First, it must be remembered that Mina has been granted this accolade by a man, Van Helsing, and that he defines it as a male attribute. So men are still seen as dominating and controlling the agency by which women are recognised as intelligent; a woman is intelligent if or because men think she thinks like them. In this sense, then, Mina's New Woman qualifications are highly suspect. More important and disturbing, however, is the disposition of Mina's body and sexuality in the narrative.

Critical commonplaces in the study of *Dracula* are that Mina is less sexually threatening than Lucy and that this is the reason she is eventually saved. Also Mina adopts the conventional (and, as we have seen, approved) female role of the mother several times in the text. She offers motherly comfort to Lord Godalming after Lucy's death:

> We women have something of the mother in us that makes us rise above smaller matters when the mother-spirit is invoked; I felt this big, sorrowing man's head resting on me, as though it were that of the baby that some day might lie on my bosom, and I stroked his hair as though he were my own child. (p. 230)

And, at the end of the novel, in a final journal entry by Harker, the reader learns that Mina has had a baby boy: 'His bundle of names links all our little band of men together; but we call him Quincey' (p.378).

It has also been noted that no heterosexual sex is depicted, even suggested, in the book, and that it comes to seem almost unthinkable to the reader that Jonathan and Mina should have any kind of sexual relationship. Given the chain of significances established in the narrative, the displacement of genital heterosexuality as blood-sucking, this is not surprising. Within this narrative, genital heterosexuality is considerably displaced from the 'norm' and would therefore seem extremely perverse. Nevertheless, Harker's sexuality is given expression in the narrative, in his rejection of the sexually aggressive female vampires and his efforts to protect his (properly maternal) wife from the vampire. Mina's sexuality, on the other hand, has no expression; it is completely muted, neutered.

We have already seen that Mina is characterised by her 'masculine' intelligence and her maternal, nurturing temperament, both of which deflect attention from her female sexuality. Also Mina does not have Lucy's great beauty and so does not provoke desire in the men around her. She is, therefore, perceived as innocent, guiltless, and almost childishly asexual. Then she is attacked by the vampire and her sexuality, so effectively (!) concealed by intelligence and motherliness, is made apparent. And it is made apparent in the most shocking way in the 'baptism of blood' incident discussed at the beginning of this essay. The (displaced) oral rape is followed by the beginning of Mina's metamorphosis into a sexually assertive, sensual woman and this the men cannot allow. Mina is eventually saved (i.e. destroyed) because she colludes with the men, accepting her rape as a sign of her own guilt: 'Unclean! unclean! I must touch him or kiss him (her husband) no more' (p. 284); 'Unclean! Unclean! Even the almighty shuns my polluted flesh!' (p. 296). Mina's assertion of her own guilt means that the men do not have to identify this relationship (though Van Helsing comes close), and patriarchy is once again saved from its own deconstruction. Following this incident in the narrative Mina submits herself entirely to the control of the men, voluntarily excluding herself from the conferences held to plan the attack on Dracula. With her sexuality aroused, her intelligence can no longer be trusted. In fact, only when she is hypnotised by Van Helsing are her thoughts and perceptions regarded as reliable. In a consummate act of submission Mina asks that, in the event that Dracula does gain mastery over her, the men should kill her:

> Then I shall tell you plainly what I want, for there must be no doubtful matter in this connection between us now. You must promise me, one and all even you, my beloved husband that, should the time come, you will kill me. (p.330)

In her acceptance of patriarchal ideology Mina asks that, if she transgresses patriarchal norms by becoming sexually assertive, the men should return her to normalit rendering her sexually passive, submissive, receptive.

As noted earlier, the characterisation of Mina has been seen as a site of conflicting discourses. Her technical skill and efficiency and her intelligence identify her as a 'New Woman', while her sexual passivity, her motherliness and submissiveness mark her as a traditional woman. Some critics therefore see Mina as an amalgam of old and new, the woman who survives the ordeals (of conflicting social pressures) and will go on to produce a new and enlightened society.[6] But skill, efficiency and intelligence are specifically identified with the 'New Woman' only by those who accept traditional values (whether Stoker and/or his readers), believing that women are technically incompetent and stupid.[7] It is surely more to the point to note that the attributes given to Mina which suggest power, ability, assertiveness are progressively appropriated by the men around her. Her intelligence is seen as a masculine attribute to which she has somehow gained access it is not naturally available to women; while the potential threat of the intelligent woman is averted by a display of male physical, intellectual and sexual dominance and of female submission. There is nothing in the text to suggest any kind of belief in the 'New Woman'. There are gestures which identify aspects of the contemporary feminist movement, such as the demands that women's sexual needs and intelligence be recognised. These demands were interpreted as violent attacks on the conventional female social role. In *Dracula* these demands are dramatised, their transgressiveness is revealed, and they are then rejected. Rather than championing women's rights or a revaluation of traditional female roles, *Dracula* enacts the male-dominated (patriarchal) suppression of any violation of those roles. When these violations are described in the narrative, they may have a titillatory appeal. But they are titillatory *because* they are circumscribed within a male-dominated ideology which can, apparently at will, devalue and/or destroy them.

In *The Literature of Terror* David Punter writes of this function of Gothic literature,

> Gothic enacts psychological and social dilemmas: in doing so, it both confronts the bourgeoisie with its limitations and offers it modes of imaginary transcendence, which is after all the dialectical role of most art. Gothic fiction demonstrates the *potential* of revolution by daring to speak the socially unspeakable; but the very act of speaking it is an ambiguous gesture.[8]

In *Dracula* the dilemma created by growing demands for female emancipation is acted out. However, the dilemma is not that of women and men trapped in unpleasant, repressive social roles. It is the dilemma of a male-dominated bourgeoisie unwilling to change, or even seriously examine, behaviour patterns/social roles which are seen as fundamental to the operation of the British (capitalist) social and economic system. For them any challenge to traditional male and female social roles was an attack on the system itself. In *Dracula* these fears are vicariously acted out and then banished. The potentially revolutionary attributes of the female characters sexual candour and intelligence are destroyed, one way or another. The sexual candour is punished by sexual means, by a kind of gang rape, which crudely asserts masculine strength and power. Mina's intelligence is undermined first by being nominated masculine and then by the negation of Mina's female sexuality. Mina is bereft of any female intelligence, since by definition it does not exist. She is defined as a woman not by her sexuality and, therefore, worrying desirability, but by her maternity and maternal nature, The sexually aggressive woman is destroyed, rendered passive, negated, so that she can no longer threaten men. The intelligent woman has her sexuality negated, her body subdued to the wishes and directions of men, and her intelligence appropriated by men as a specifically masculine mode of thought. For those who accepted the patriarchal ideology of the late nineteenth century, *Dracula* provided a way of dealing vicariously with the anxieties aroused by ideas and movements which were calling into doubt the justice and consistency of that ideology.

As noted above, the attack on sexual roles was also interpreted more widely as an attack on the capitalist economic system itself; sexual anxiety was compounded with political fears by the bourgeoisie. *Dracula* can also be seen as expressing some of the political fears of the middle classes. Linda Dowling's article 'The Decadent and the New Woman in the 1890s'[9] is a fascinating exploration of the perceived relationship between decadent dandy or homosexual and the socially aware, politicised woman in the late nineteenth century. The decadent and the New Woman were seen as sharing several attributes. For example, both were in favour of non-reproductive sex; the dandy often as a result of sexual preference, the New Woman because she insisted on women's right to contraceptive information as a means of controlling their own bodies. This was commonly seen as a rejection of the family and a potential cause of the breakdown if not extinction of society. Dowling records the response of *Punch* to these new phenomena:

> *Punch* devoted a good deal of space to the eugenic dangers raised by contemporary male effeminacy and female manishness; the New Woman 'made further development in generations to come quite impossible'(21 July 1894, p. 27) while the 'New Man' was, in a word, 'Woman' (24 November 1894, p. 249).[10]

Both decadent and New Woman were regarded as significant political threats to bourgeois capitalist society, their non-conformity signifying 'cultural anarchism and decay'.[11] In *Dracula* Stoker presents the quintessence of non-reproductive sex, the blood-sucking of the vampire. Yet, in a perverse way, the vampire does reproduce, transforming her/his victim into a vampire; in the place of non-reproductive sex Stoker substitutes non-sexual reproduction. The threatened result is a society of non-productive, parasitic, culturally anarchic beings whose will is subordinated to the will of the primogenitor, Dracula. Though this projection is not made in the text, its inconsistency with bourgeois ideology is all too apparent. We have already seen how, in *Dracula,* one aspect of the political challenge to bourgeois ideology is confronted and resolved. Other analyses of the political function of the text concentrate on the characterisation of the Count himself, product of Gothic at a time 'exemplified particularly in Wilde and in Bram Stoker, when decadence, engaged in picking over the bones of aristocratic modes of life, starts to travel again in vampiristic circles'.[12]

Richard Wasson, in 'The Politics of *Dracula*',[13] and David Punter in *The Literature of Terror,* both concentrate on the characterisation of Dracula. Punter notes the significance of Dracula's noble ancestry to a bourgeoisie fascinated by the unattainable prestige and power of noble 'blood'. The Count is a vestige of feudalism in a thoroughly capitalised, capitalist country. As Dracula tells Harker before his departure for London,

> Here I am noble; I am *boyar;* the common people know me, and I am master. But a stranger in a strange land, he is no one. . . . I have been so long master that I would be master still or at least that none should be master of me. (p. 20)

In the bourgeois society of the late nineteenth century Dracula is an alien, an irritation and a potential threat. Punter notes the chain of oppositions set up in the text by his characterisation:

> Dracula stands for lineage, the principal group of characters for family; Dracula for the wildness of night, they for the security of day; Dracula for unintelligible and bitter passion, they for the sweet and reasonable emotions; Dracula for the physical and erotic, they for repressed and etherealised love. [14]

Further, Dracula stands for the mysterious, magical East, they for the rational, technologised West; Dracula for the alien, they for the domestic. In ways discussed by Wasson and Punter, the story of Dracula like that of the female characters enacts social and psychological crises of late- nineteenth- century British capitalist society.

About the time *Dracula* was written, Britain was just starting to emerge from what economic historians call the 'Great Depression' which lasted from 1873 to 1896. During this period, as Eric Hobsbawm records in *Industry and Empire,* Britain 'ceased to be the "workshop of the world" and became merely one of its three greatest industrial powers; and, in some crucial respects, the weakest of them'.[15] With smaller, growing economies using tariff and protection to nurture their fledgling industry, Britain had only one way out of its economic problems imperialism. Hobsbawm notes that, although imperialism was not new to Britain, the loss of its imperialist monopoly was:

> What was new was the end of the virtual British monopoly on the underdeveloped world, and the consequent necessity to mark out regions of imperial influence formally against potential competitors; often ahead of any actual prospects of economic benefits; often, it must be admitted, with disappointing economic results.[16]

On the domestic scene, the years from the mid-1870s to mid-1890s saw the emergence of mass working-class political movements in countries throughout Europe. Capitalist society in the mid-1890s was clearly in a state of dilemma, if not crisis. These economic and political factors generated their own social and psychological consequences: jingoism and xenophobia, resulting from the need to colonise and the competition for imperialist plunder; insecurity and class-hatred, bred by fear of the growing political power of the working classes; cultural insecurity, engendered by the bourgeois sensitivity to the manufacturing background of their wealth, in contrast to the 'nobility' of the aristocratic landlord; disillusionment and despair, bred by the progressive replacement of traditional faiths and beliefs by the positivist discourse of this scientifically and technologically advanced society. The pursuit and destruction of the vampire can be seen as acting out a number of these anxieties, in order to contain them in much the same way as the destruction of the female characters can be seen as exorcising the threat of the Women's Movement.

As an ancient, East European aristocrat, Dracula characterises many of the conflicts facing the late-nineteenth-century bourgeois. As an aristocrat (the multiple signification of the 'blood' in the text is surely not accidental) Dracula recalls the vestiges of feudal ideology which continued to exist in conflict with the contemporary capitalist ideological discourse. His dominating presence and assumption of mastery, which are a function of his nobility, signify the sort of individualism to which bourgeois ideologists obsessively laid claim, but consistently failed to produce or achieve. In his individualism Dracula represented the kind of anarchic political force associated with the New Woman, decadent, and the working classes. Like them he refused to be bound by bourgeois ideology and bourgeois values. So, like these other anti-bourgeois forces, Dracula has to be destroyed.

Dracula's extreme age and Eastern origin also identify him with another problematic situation faced by the middle classes described by Richard Wasson:

> These themes add up to the idea that technological progress, having cut humanity off from the old superstitious, dark knowledge, makes itself increasingly vulnerable to the demonic powers like the Vampire, for, having written them off as unreal, civilized man has no defense against them. Since only doctors of the mind, Seward and Van Helsing, can cope with such monsters the novel carries the implication that demonish forces have been unloosed in the human psyche by technological and political progress.[17]

Interestingly, Van Helsing and Seward do not deal with the threat of the demonish / non-conformist/ non-bourgeois simply by means of modern technology. They use technology in association with a ritualistic, superstitious manipulation not of religion, but of religious symbols, such as the host and the cross. What the interaction between Dracula and the men enacts is the clash of conflicting discourses which problematises bourgeois ideology: the positivist discourse of technology and the new 'scientific' world view and the Christian discourse which, nominally at least, governed the ethical and moral practices of that society. If the positivist discourse is to emerge dominant, then the religious discourse must be subordinated, as it is in this narrative where it retains only its emotional and psychological effects. As Wasson writes in another context, 'modern victories can be better won by subversion'.[18]

Many other significances have been detected in the struggle between Dracula and the men, involving Dracula's identity as alien, as father, as anti-Christ. As in the episodes discussed above, the interactions between Dracula and the men usually enact situations of social and psychological crisis within bourgeois ideology, resolving vicariously the contradictions which problematise bourgeois ideology. Rosemary

Jackson writes of Stoker's work and of Gothic fantasy in general,

> Very clearly with *The Lair of the White Worm,* but equally so with *Dracula,* Stoker reinforces social, class, racial and sexual prejudices. His fantasies betray the same tendency as many Victorian texts: they manipulate apparently non-political issues into forms which would serve the dominant ideology. . . . The shadow on the edges of bourgeois culture is variously identified, as black, mad, primitive, criminal, socially deprived, deviant, crippled, or (when sexually assertive) female. . . . Through this identification, troublesome social elements can be destroyed in the name of exorcising the demonic. Many fantasies play upon a *natural* fear of formlessness, absence, 'death', to reinforce an *apparently 'natural'* order of life but that order is in effect an arbitrary one which identified the 'norm' as a middle-class, monogamous and male-dominated culture. In the name of defeating the 'inhuman' such fantasies attempt to dismiss forces inimical to a bourgeois ideology. [19]

In this essay I have looked particularly at the constitution of female sexuality in *Dracula* and at how the book enacts and resolves the crisis produced within bourgeois ideology by the emergence of the emancipation movement, which revealed the contradictory and unjust treatment of women within that ideology. I have also looked briefly at some of the situations involving Dracula and at the characterisation of the Count. And again Stoker's text can be seen as fulfilling an ideologically conservative role, acting out other problematic situations in order to resolve contradictions revealed in bourgeois ideology. Perhaps the most interesting aspect of the critical analysis of a book like *Dracula* is discovering how these mechanisms of resolution and repression operate. David Punter notes of Gothic that 'it actually demonstrates within itself the mechanisms which enforce non-fulfilment'.[20] In Bram Stoker's *Dracula* one manifestation of the socially/psychologically /politically repressive apparatus of late-nineteenth-century British bourgeois ideology can be seen in action: no wonder Dracula felt like a 'stranger in a strange land'.

NOTES

1. C. F. Bentley, 'The Monster in the Bedroom: Sexual Symbolism in Bram Stoker's *Dracula', Literature and Psychology,* 22 (1972) 27 34.
2. Page references relate to Bram Stoker, *Dracula,* with an introduction and notes by A. N. Wilson (Oxford: Oxford University Press, 1983). Quotations from the novel are from this edition.
3. Bentley, in *Literature and Psychology,* 22, p. 30.
4. Phyllis A. Roth, 'Suddenly Sexual Woman in Bram Stoker's *Dracula', Literature and Psychology,* 26 (1977) 113 21.
5. Ibid., p.119.
6. See, for example, Carol A. Senf, '*Dracula:* Stoker's Response to the New Woman', *Victorian Studies,* 26, no. 1 (Autumn 1982) 33 49.
7. Certainly some readers were aware that this kind of identification referred not to women's actual abilities, but to the social representation of their abilities. In Stoker's text, however, I can find no evidence that this distinction has been made.
8. David Punter, *The Literature of Terror: A Historty of Gothic Fictions from 1765 to the Present Day*(London: Longman. 1980) p. 417.
9. Linda Dowling, 'The Decadent and the New Woman in the 1890s', *Nineteenth-Century Fiction,* 33 (1979) 434 53.
10. Ibid., p.445.
11. Ibid., p.440.
12. Punter, *The Literature of Terror,* pp.206 7.
13. Richard Wasson, 'The Politics of *Dracula', English Literature in Transition,* 9 (1966) 24 7.
14. Punter, *The Literature of Terror,* p. 259.
15. E. J. Hobsbawm, *Industry and Empire: From 1750 to the Present Day,* in *The Pelican Economic History of Britain,* □ (Harmondsworth: Pelican, 1969) 104.
16. Ibid., p. 107.
17. Wasson, in *English Literature in Transition,* 9, p. 25.
18. Ibid., p.25.
19. Rosemary Jackson, *Fantasy: The Literature of Subversion* (London: Methuen, 1981) pp. 121 2.
20. Punter, *The Literature of Terror,* p. 409

The Vampire in the Looking-Glass: Reflection and Projection in Bram Stoker's *Dracula*

PHILIP MARTIN*[1]

The history of *Dracula*'s reception is a history composed of a series of usurpations. As the reproductions and revisions of the cinema have usurped the original text, so too the original text has usurped its author. While *Dracula* survives and continues as a living myth of popular fiction, Bram Stoker has passed away into relative obscurity. The peculiar survival of his text as a classic of a kind owes very little to the abiding interests and concerns of the literary or academic establishments, and its presence in our culture does not directly derive from an evaluation of its author's skills. In this sense, some may regard it as a peculiarly 'pure' text, comparatively free from critical attention, and fortunately bereft of the stigmata commonly induced in texts burdened with concepts of authorial genius. This notion might be developed into a declaration of *Dracula* as a beautifully clean text, a classic that has not been manufactured, but one that has survived through its self-perpetuating mythic appeal.[1] There may be a partial truth in such an idea, but it is dangerously idealistic, for such a formula takes no account of the social conditions or cultural politics that have governed *Dracula*'s success. Those conditions, broadly, are the conditions of the cinema, and the salability of anxiety (for *Dracula* is rarely a horror film in the fullest sense). Few people come to the text having never seen a screen production of some kind, so, while the book remains free from critical molestation, it is still subject to a corresponding process of mediation, as it is commonly read with a number of associations deriving from at least one of the many films. The conditions of cinema reproduction in which I am more interested, however, are the conditions described by Pirandello and endorsed by Walter Benjamin.[2]

In a comparison between the stage actor and the screen actor, Pirandello noted how the latter, bereft of an immediate audience, suffers alienation 'from the stage and from himself' in a production which sells the camera-manufactured personality which is not his own.[3] The emptiness which Pirandello and Benjamin describe finds a startling coincidence in the role which the representation of the figure of Dracula himself demands:

> With a vague sense of discomfort he feels inexplicable emptiness: his body loses its corporeality, it evaporates, it is deprived of reality, life, voice, and the noises caused by his moving about, in order to be changed into a mute image, flickering an instant on the screen, then vanishing into silence. . . .[4]

---

1 * *Modern Language Feview* 93(1998), 16-22쪽

This is most clearly manifested in Murnau's seminal silent version of 1922. Yet many of the screen versions of *Dracula*, knowingly or otherwise, have exploited this peculiar coincidence between Bram Stoker's discomfited Romantic hero and the acting which his role demands, and nowhere is this more acutely or oddly felt than in the scene where Dracula's image is not reflected in the mirror. For this is also the overbearing strangeness described by Benjamin as being akin to 'the estrangement felt before one's image in the mirror'.[5] The alienation of the film actor before the camera is the emptiness of Dracula himself, who may not enter the world of the living and the dead. Both stare into a mirror/lens that will not permit their passage to the worlds they represent. Beyond them, therefore, is the conspiracy between the world of scientific normality inside and outside the film itself: Van Helsing's mirror is the ultimate test debarring Dracula access to his world, and his trust in his optic device corresponds almost quaintly with the good faith that the audience maintain in the more sophisticated optical apparatus of camera, projector and cellulose. So Dracula's presence in our culture depends largely upon the constant reiteration of his exclusion. He is an impossibility: subjected to the scrutiny of the lens and the mirror, he is condemned to remain outside in perpetual exile.

This impossibility has a correspondence within the text itself, whose various narratives hover uncertainly around Dracula and his vampires, frequently supplying more than one account of the same incident as they attempt to explain in language what language will not allow. Consequently, we only ever receive from the book's narrators the projections decreed by their linguistic knowledge, which in some cases (Mina's shorthand, for instance) is retranscribed. In Harker's words, 'there is hardly one authentic document!' p. 499).6 The authenticity of the events upon the cinema screen relies on a total dependence on the reliability of the camera (which is, and yet is not, the mirror), but the authenticity of the text is less certain, more rich in ambiguity, since it depends upon the reader's acceptance of the language codes which the narrators employ.

I shall take Van Helsing's mirror (or Harker's, or Mina's depending which 'text' is followed) as being of central symbolic importance. It is very close to the mirror of Lacan. It represents the test of the socially 'normal' world which the characters in the book represent, for the recognition of the self in the mirror is the recognition of the otherness of being, the early step towards socialisation.[7] Dracula cannot perceive this otherness, nor, in Bram Stoker's text, can anyone else see it for him. (In the films by Murnau and Herzog, however, Mina here called Lucy is granted this perception, and consequently saves the Count by recognising him fully as her lover.) He is never able to see himself as a being operating within a social world of otherness which demands the repression of infantile fantasies of omnipotent power. This power he retains and exploits: he never moves through the mirror stage to accept the 'reality' of the world constructed through language. And just as he, on the one side, shows no understanding of the norms of that world, so, on the other, the narrators use the very language which *excludes* Dracula as their only means of describing him. The task that faces the reader is the examination of this slippage, the gulf between the narratives and what they unwittingly recognise as Dracula's significance.

It is the central symbolic ritual the taking of blood which deserves the weight of our consideration, for it is that which the narrators' language struggles with. The terms used combine in an uncomfortable equation of moral condemnation, bodily disgust and the pleasures of sexual desire, and they remain unreconciled in all cases. In the first of these rituals (which is incomplete) Jonathan Harker finds a new pleasure in discovering that his conventional role as dominant partner has been usurped:

> All three had brilliant white teeth, that shone like pearls against the ruby of their voluptuous lips. There was something about them that made me uneasy, some longing and at the same time some deadly fear. I felt in my heart a wicked burning desire that they would kiss me with those red lips. (p. 51)

The *frisson* of anticipation is heightened, here as elsewhere, through the confessional nature of the writing: Harker's journal itself is a means whereby the pleasures and pains of his experience may be relived. He lies, he tells us, in 'an agony of delightful anticipation' in a mixture of pleasure and fear 'both thrilling and repulsive' (pp. 51-2). The scene is a thinly disguised representation of the desire for the woman and the fear of the woman: the desire for sexual fulfilment and the fear of its enervating consequences which find a symbolic articulation in Harker's fear that he will become 'a banquet . . . to those horried three' (p. 67). This is further developed as Harker smells the breath of the first vampire, which he describes as 'sweet . . . in one sense, honey-sweet . . . but with a bitter underlying the sweet, a bitter offensiveness, as one smells in blood!' (p. 52). The conflation is too obvious to pass without comment. It expresses the attractions of the vagina and the fear of its blood, the inability of Harker (to use Freud's words) to 'dissociate the puzzling phenomenon of this monthly flow of blood from sadistic ideas' and, of course, from the fantasies of castration that attend it.[8]

This first vampiric ceremony sets the broad pattern for those which follow. It is exorcised by the all-powerful male, in this instance Dracula himself, whose power is magnified by reference to the strength of the woman he overthrows:

> I saw his strong hand grasp the slender neck of the fair woman and with giant's power draw it back, the blue eyes transformed with fury, the white teeth champing with rage, and the fair cheeks blazing red with passion. But the Count! Never did I imagine such wrath and fury, even in the demons of the pit. . . With a fierce sweep of his arm, he hurled the woman from hun, and then motioned to the others, as though he were beating them back. . . (p. 53)

The restitution of the man's power over the woman (here combining with Dracula's aristocratic dominance)[9] is continually reiterated in the text, which gives far more space to the vampiric transformations of the woman than those of the man. Male strength is thus set against the usurping female power, and yet the important distinction has to be made between Dracula's power over his vampire women, which, for all its occasional violence, is largely mesmeric, and the power of the male alliance between Harker and his friends, which is the power of phallic violence and religious fervour. This may be clearly realised in the scene where Arthur drives the stake through Lucy's heart, to restore her as 'a holy, and not an unholy memory' (p. 258):

> But Arthur never faltered. He looked like a figure of Thor as his untrembling arm rose and fell, driving deeper and deeper the mercy-bearing stake, while the blood from the pierced heart welled and spurted up around it. His face was set, and high duty seemed to shine through it. . . (p. 258)

Thor, the male deity (who married the woman as peasant), opposes his phallic power against the 'voluptuous wantonness' (pp. 252-3) of Lucy as vampire. Her newly found sexuality, to which the text gives considerable emphasis, is set against the holiness of the male mission accomplished by Van Helsing, Seward and Arthur, a mission of 'infinite kindness' (p. 258) which is achieved through a startling violation of the woman's body:

> Arthur placed the point over the heart, and as I looked I could see its dint in the white flesh. Then he struck with all his might.
>
> The thing in the coffin writhed; and a hideous, blood-curdling screech came from the opened red lips. The body shook and quivered and twisted in wild contortions; the sharp white teeth champed together till the lips were out and the mouth was smeared with crimson foam. (pp. 258-9)

The fear of Lucy, of the woman's 'whole carnal and unspiritual appearance' (p. 256) (which *Dracula* equates with its anxieties about the 'New Woman'[10]) is overcome in this scene by an odd mixture of bourgeois scientific apparatus Van Helsing's leather bag, oil lamp, operating knives, coal hammer and eroticised rape. It is followed by the beheading, the symbolic castration divesting Lucy of all sexual power.[11] Lucy has also been in rebellion against her role as mother, dashing the child at her breast to the ground, having nurtured herself with its blood, a pointed reversal of the expectations attached to her. It is this which leads to her attempted seduction of her lover, and the text thereby combines the feminine libido with 'unfeminine' practice in what evolves as a continuous equation of the 'natural' with the norms so forcefully articulated in the language of Harker and his friends.

This language circumscribes the knowledge held by the book's major narrators, and as a result they all consistently describe the woman vampire's metamorphosis (from passivity to sexual awareness) in terms which indicate female desire but articulate an aggression which is essentially phallocentric. The narrators' projections of sadistic sexual theories onto the woman no doubt derive from the contemporary obscurity of the woman's sexual life. As a consequence the female vampires are rendered by them as sexual aggressors sapping strength, a confused formulation further ratified by the satisfaction which accompanies their accounts of the exorcising ceremony of the driven stake, reversing the power struggle in terms that they find more acceptable. Thus Van Helsing fears the 'voluptuous beauty' which threatens his masculine strength in his fantasy: 'Then the beautiful eyes of the fair woman open and look love, and the voluptuous mouth present to a kiss and man is weak' (p. 439). His identification of the weakening of the man with the sexual act, with all its attendant castration anxiety, can only be overcome by a reversal of the procedure in his butchering of the woman's body (see p. 441).

As can be seen, *Dracula* is a particularly sinister text in its pornographic tendency to aestheticise and eroticise sadistic rape, and it grasps at the sanctifying approval of a specifically Christian mission in doing so. Van Helsing 'wins the women's souls' for God in his butchering, and warms to his earlier tasks on Lucy's body in a peculiar litany with Arthur on their shared duty (pp. 247-8). When this is accomplished he moves into a particularly disturbing religious ecstasy (recalled also in Quincey Morris's dying words at the end of the novel) a common feature of the psychopathic rapist's behaviour:

> And now, my child, you may kiss her. Kiss her dead lips if you will, as she would have you to, if for her to choose. For she is not a grinning devil now not any more a foul Thing for all eternity. No longer she is the devil's Un-Dead. She is God's true dead, whose soul is with Him! (p. 260).

It is significant that no such psychological complications are to be found in the case of the male vampire, Renfield, and, while Mina is clearly threatened with similar treatment to that received by Lucy, her salvation may well be associated with her masculine qualities (her androgyny is established by way of her 'man's brain' and her absorption of the steadfast 'moral' determination of her male friends).[12] Renfield, since he cannot represent a sexual challenge to the central values of the text, receives a unique kind of therapy, which is both scientific (confinement in the asylum) and religious. He responds to the latter in his dying confession to Van Helsing, wherein his essentially rational morality is clearly rendered: he has wrestled with Dracula, the agent of possession, and, further, he wishes to use his acquired knowledge for the altruistic purpose of retrieving Mina from the degradation suffered by Lucy.

Renfield is therefore a deviant rather than a mystified embodiment of the new power that Lucy represents. The battle for his soul does not necessitate the violation of his body, for his possession has been effected in desexualised terms. Dracula's assaults on him are blasphemous and not homosexual, and his relation of these encounters describes them in the forms of inverted religious rituals, beginning with the entry of the spirit, and culminating the eucharistic taking of blood for eternal life:

> I wouldn't ask him to come in at first though I knew he wanted to just as he had wanted to all along. Then he began promising me things. . . . Then he began to whisper: 'Rats, rats, rats! Hundreds, thousands, millions of them, and every one a life; and dogs to eat them, and cats too. All lives! all red blood, with years of life in it; and not merely buzzing flies. . . . All these lives I will give you, ay, and many more and greater, through countless ages, if you will fall down and worship me!' (pp. 332-3)

The text is decisive in reserving the terrible sexual revenge decreed by Van Helsing for its woman vampires. Dracula himself expires as if in combat (he is simply stabbed) and this unritualised ending is consistent with his representation as a Romantic hero; virile, unhappy, self-aware, and controlled. The noble Satanic hero is a stable masculine element whose plot finds familiar and established fictional procedures. In disposing of Dracula the novel has no need to wander into the ambivalence and symbolism which it creates in its dealings with the unfamiliar and mysterious rebellion of the feminine libido.

Dracula's role could be regarded simply as being the catalyst which awakens the woman's desire. His assaults do not take the same consistently violent forms as Van Helsing's remedies, and it is Van Helsing himself who proclaims plainly to Harker that 'your Vampire, though in all afterwards he can come when and how he will, must at the first make entry only when asked thereto by an inmate' (p. 360). This is a means whereby the text implies that the dangerous vampiric tendency lurks within all women, for Mina Harker, who succumbs to the seduction, is one of the Victorian novel's most classic embodiments of archetypal purity, the ideal bourgeois marriage-mate. And yet it is more than this also. It causes us to see Dracula as her lover, and to regard his role therefore, as developing beyond that of a simple catalyst.

Dracula's mesmeric powers may be the novel's means of displacing the recognition of a meeting between the desire of the woman and the desire of the man, for by this mystification it obstructs the investigation which requires to find the source of Mina's willingness. Yet precisely because it has created this problem for itself (Dracula's assaults could have been purely violent and unwelcomed) we can see that the novel makes space for the indication and recognition of the woman's desire without being able to reconcile itself to it. And thus it is, as I have argued above, that such desire will only be tentatively recognised, and will be described by a projection or extension of the sadistic terms which are centralized in the text's symbolic representations of the sexual act. Within this weakened and uncertain structure, which is almost submerged by *Dracula*'s main current, we can maintain a view of Mina as Dracula's lover. In their films, Murnau, and after him Herzog, retrieved this element of the text, and asserted the woman's sexuality, but only to the limited extent of allowing it to become the self-sacrifice ensuring Dracula's salvation through final death. In Stoker's text, the writing struggles to repress the possibilities for Mina that it unwillingly recognizes, yet it does not quite succeed, for the only fully reported episode involving Dracula and Mina is richly ambiguous in its attempts to describe what is seen.

This is the moment when Dr Seward recounts the surprising of Dracula and Mina in her bedroom. He gives two conflicting accounts of what he sees: the first being that which he writes in his journal as his immediate impression as the group of men break open the door; the second when he relives the episode (again within the journal) in order to explain the events to Harker. Here is his first version:

> Kneeling on the near edge of the bed facing outwards was the white-clad figure of his wife. By her side stood a tall thin man, clad in black. His face was turned from us, but the instant we saw it we all recognized the Count in every way, even to the scar on his forehead. With his left hand he held both Mrs Harker's hands,

> keeping them away with her arms at full tension; his right hand gripped her by the back of the neck, forcing her face down upon his bosom. Her white nightdress was smeared with blood, and a thin stream trickled down the man's bare breast, which was shown by his torn open dress. (p. 336)

Even here there are problems indicating the confused notion of what has been seen. What is described clearly occurs within an instant, and the succeeding events demonstrate that this tableau is only momentarily apprehended. Yet Seward will and will not see the Count's face: it is turned away, but he recognises the scar on his forehead. The slight confusion suggests the impulse of projection. Seward is unsure of what he has actually seen, as his vision is in fact created in the writing of his journal. The very act of writing (which ultimately belongs to Stoker) is Seward's means of evolving a fantasy, and this is more readily seen in his second account:

> I told how the ruthless hands of the Count had held his wife in that terrible and horrid position with her mouth to the open wound in his breast. It interested me, even at that moment, to see that whilst the face of white set passion worked convulsively over the bowed head, the hands tenderly and lovingly stroked the ruffled hair. (p. 339)

Now Seward not only sees the face. He notes its expression of passion, and adds the feature of the hands stroking the hair. The perceptive reader will know that this is an impossibility according to the details of the first account. For, even if we accept that the hands might be Dracula's or Mina's, the first account showed Dracula's right hand holding her neck, and his left restraining both her hands away from his body. And 'that terrible position' is recalled again here, in the second account. The scene as now recognised represents a meeting of sadistic and affectionate theories of the sexual act: to Seward this is bewildering (his narratives are not infrequently punctuated by symptoms of his puzzlement) and he merely notes the fact without analysis. It is clear that he does not know what he has seen, or how to interpret it. Equally it may be that his conflicting accounts denote a dualistic interpretation, a segregation of conflicting elements which his limited awareness is unable to reconcile. The dilemma is a classic representation of the confusion which attends the Freudian child's discovery of his parents in the sexual act. This particular primal scene, with all its suggestions of fellatio, and the child's blundering entry into his parents' room, conflates the blood of the woman with the man's seminal fluid, and interprets their meeting in sadistic terms.[13] At the same time there is a strong sense of an act of deep affection (the stroking of the hair is a clear and immediately familiar gesture to the child) which cannot be equated with the sadistic fantasy, and needs, therefore, to be separated from what is seen, to the extent that it has to become a physical impossibility.

Whatever Murnau, and after him Herzog, made of this affection in the finale of each of their films, both directors did not shy away from the sexual paradox which, through Seward, the text lets slip. Although the possibility of other interpretations increases the complexity of the endings, I take it that these films frankly acknowledge Mina's masochistic eroticism, and thereby leave her firmly entrenched in the symbolic pattern structured around the woman as willing sacrificial victim. This pattern only grants the woman sexual power in so far as it offers salvation to the man, and the politics of this are unacceptable to most of us. Equally unacceptable, and probably more so, are the politics of Bram Stoker's text, which restores Lucy as the angelic and pure woman through the violence of sexual revenge, and manipulates Mina into the position of the secular domestic angel by dissipating her erotic experience, or relegating it into the perverse and evil. Thus she is saved by the messianic pure male, Quincey Morris, who dies 'a gallant gentleman' (p. 448) in the text's final placing of Mina as the bearer of children, a creature of 'sweetness and loving care' (p.449)

Seward's paradoxical knowledge of Mina and Dracula points us to an important consistency within the novel. If the women vampires represent a dimly recognised but barely concealed sexual rebellion, rendered only through the partial knowledge of the 'normal' world, embodied in the narrators' common language, then Dracula too belongs to this rebellion. His assaults on the women, requiring their willingness, are therefore related to us with the vague perception that he has in fact crossed the boundary represented by the mirror. For all the mystification which the narrators' create around him, Dracula's invasion into their world succeeds in the case of Lucy, and almost in that of Mina too. By introducing the element of affection into Dracula's meeting with Mina, Seward may be acknowledging the passing of Dracula through the mirror into the world he accepts. The massive irony, of course, is that the violent world which he and the other narrators conceive for Dracula is actually a projection of their own hidden values so clearly depicted in the 'killing' of Lucy. Dracula does not have a mirror in which he could show the narrators the versions of self that are present in this ritual, but, if he did, then we can only suppose that they would also see nothing which they would be prepared to recognise.

Believing so securely in themselves, the narrators with the exception of Mina see the other in essentially limited terms. Just as they expect to see the commonly conceived and predictable self in the mirror, so too they see the otherness of women in terms only of the self. Yet Seward's reflection of what he sees on breaking into Mina's bedroom does imply the presence of a knowledge in the struggles of its birth, for he detects not only the certainty of affection within an otherwise anxiously conceived theory of sexuality, but also something more far-reaching in Dracula's self-mutilation. It is true that Dracula's act of forcing Mina to drink from his wound may be another equation of the sexual act with castration (seen already in Harker's encounter with the three vampires and Van Helsing's words quoted above). But equally this may be a peculiar registration of Dracula representing the otherness of androgyny, the sexuality that denies phallocentric power in its mutilation, taking on thereby the role of the woman as conceived by the narrators. For this is a sexuality which looks like domination, but is not seen to be quite so simple in Seward's second glance, which reveals both mutual exchange (the drinkings of each other's blood) and affection.

The Victorian novel that has been established and typified through the moulding of a great tradition is commonly regarded as a text organised according to the weight of its author's moral deliberation, delivered either through direct authorial commentary, or through the mouthpiece of a central character. That *Dracula* does not do this may be one reason for its neglect, to which could be added that it shows no interest in the development of character and psychology (as do the works of Dickens, James and Eliot). For this novel belongs to a submerged and alternative tradition, that of Gothic and post-Gothic mystery, wherein the moral centre is given and unquestioned (here the goodness of Harker and his associates) and opposed to the unpredictable mystery of insoluble crime of unmotivated evil. Such texts permit the access of unstable elements into the chemistry of the novel, blending conventional fictive procedures with less predictable and potentially chaotic agencies. The threat to the moral centre of the novel is beyond complete intelligibility; it is deliberately mystified, and remains so, despite the attempted exorcism by a dependence on a conventional *d nouement*. In the case of *Dracula* the novel's conventional veneer (the triumph of goodness) is achieved so awkwardly that we are bound to probe this morality established through ritualised violence, discovering in the process that there is a highly suggestive reciprocity between the projection of mystified evil (Dracula's violent sexuality) and the means of exorcising it (the ceremony of the driven stake). The equivalence discloses something of the derivation of *Dracula*'s motifs, which I have taken as unconsciously organised symbols denoting a fear of female sexuality and at the same time a tentatively realised acknowledgement of the massive complexity of the libido. To attribute this to Stoker himself is too simple, as is the suggestion that *Dracula* is yet another key to the clich d notion of repressed Victorian sexuality. The text is not a transparent medium granting access to the author or his society: it is a highly wrought complex of conventions taken from differing sources which reacts with the ideologies of author and period. This process itself is far too involved and mysterious to be precisely decoded. What my analysis is attempting is to decipher the symbolic structures which are thrown up in the reaction. In requiring us to place our trust as readers in the integrity of their language, the book's narrators are requiring too much, for what they denote is so much more than they ever write.

NOTES

1. David Punter, *The Literature of Terror: A History of Gothic Fictions from 1765 to the Present Day* (London: Longman, 1980) p. 256.
2. Walter Benjamin, Illuminations (London: Fontana, 1973) pp. 231-2.
3. Ibid., p.231.
4. Ibid.
5. Ibid., p.232.
6. Page references relate to Bram Stoker, *Dracula* (Harmondsworth: Penguin, 1979) p. 449. All quotations from the novel are from this edition.
7. See Jacques Lacan, 'The Mirror Stage as Formative of the Function of the I as Revealed in Psychoanalytic Experience', in *crits: A Selection*, tr. Alan Sheridan (London: Tavistock, 1977).
8. Sigmund Freud, *On Sexuality* (1905) in *The Pelican Freud Library*, ed. J. Strachey, VII (Harmondsworth: Penguin, 1977) 269.
9. For an expansion of this theme see Punter, *The Literature of Terror*, pp.256-62.
10. See Geoffrey Wall, '"Different from Writing": *Dracula* in 1897', *Literature and History*, 10, no. 1 (Spring 1984) 16.
11. Freud, *On Sexuality*, p.281.
12. Wall, *in Literature and History*, 10, no. 1, p. 16.
13. For Freud's explication of this theory, see Freud, *On Sexuality,* pp. 198-200, and the case history of the 'Wolf Man' *in Case Histories II, The Pelican Freud Library*, ix (Harmondsworth: Penguin, 1979).

The Mediation of the Feminine: Bisexuality, Homoerotic Desire, and Self-Expression in Bram Stoker's *Dracula*

*Marjorie Hwes**[1]

For several decades critics have recognized Bram Stoker's *Dracula* as a novel that enacts the combination of desire and fear inherent in some of Victorian society's most forbidden sexual fantasies. Yet the specific nature and object of the taboo desires the text illustrates remains a subject of critical controversy,' as does the role of the novel's women in the expression and repression of these impulses.[2] The purpose of this essay is to suggest that despite, indeed, because of the emphasis in the novel on heterosexuality and the crucial roles of the female characters, the fears and fantasies in which *Dracula* invites the reader to participate are exclusively male. Because the fundamental ambivalences motivating the novel revolve around an issue which few fin de si cle texts could discuss explicitly, male homosexuality,[3] *Dracula* uses the feminine to displace and mediate the anxiety-causing elements of masculine character, representing the forbidden desires the men fear in themselves as monstrous femininity. I shall argue that the "feminine" desires the text admits and suppresses are specifically homosexual ones masked as monstrous heterosexual desires and that sexually aggressive women are used to mediate and conceal *Dracula's* central fantasies about sex between men. I shall also argue that the novel's anxieties over illicit "feminine" desires in men, most evident in the erotic scenes of vampirism and its correction, reverberate throughout the text to reveal anxieties about an inherent and subversive "feminine" component in all "normal" men.[4] Finally, I shall try to show that the novel's anxieties about gender definition are related to an ambivalent pattern of expression and repression that structures the treatment of its fantasies and accompanying guilt. The text hovers between revealing and concealing homoerotic desire, between articulating it as the voice of the male subject and displacing it onto the discourse of a female other. Its central ambivalence about "the love that dare not speak its name" appears as a confluence of anxieties about monstrous heterosexual desire, gender boundaries, and the act of utterance itself.

I

Prevalent Victorian conceptions of homosexuality preserved a heterosexual model of sexual attraction by characterizing homoerotic impulses as "misplaced" feminine desires.[5] In *Dracula* homosexual impulses are expressed only through mediating female figures, just as the period's definition of desire between men required the interposition of an invisible feminine entity. For the Victorians, this feminization of the male homosexual was not merely metaphorical or psychological. They often saw it as a physiological

---

1 * *TSLL* 30(1988), 104-19쪽

feminization, or "congenital inversion," the result of what Havelock Ellis called "the latent organic bisexuality in each sex."[6] In accordance with this paradigm, *Dracula* feminizes desire and obsessively fears the woman in man, which is undeniably and naturally present and always threatening to overwhelm the masculine.

The fear of homosexual desire, conceived as the bisexual phenomenon of a female desire in a male body, is implicit in Bram Stoker's notions of naturally existing inner divisions of the human body and psyche into masculine and feminine components. Stoker's 1908 novel, *Lady Athlyne,* gives his description of man's inherently bisexual nature:

> That deep-thinking young madman who committed suicide at twenty-three, Otto Weininger, was probably right in that wonderful guess of his as to the probable solution of the problem of sex. All men and all women, according to him, have in themselves the cells of both sexes; and the accredited masculinity or femininity of the individual is determined by the multiplication and development of these cells. Thus the ideal man is entirely or almost entirely masculine, and the ideal woman is entirely or almost entirely feminine. Each individual must have a preponderance, be it ever so little, of the cells of its own sex; and the attraction of each individual to the other sex depends upon its place in the scale between the highest and lowest grade of sex. The most masculine man draws the most feminine woman, and vice versa; and so down the scale till close to the border line is the great mass of persons who, having only development of a few of the qualities of sex, are easily satisfied to mate with anyone.[7]

This passage has significant implications for the sexual anxieties of *Dracula.* "All men and all women" are naturally bisexual, and the individual's relative masculinity or femininity is biologically determined by the "multiplication and development of . . . cells." The individual's resulting "place in the scale between the highest and lowest grade of sex" in turn determines his or her sexual appetite. In this view, homosexuality is a physiological condition, a disease (and an incurable one at that); Lucy's decline into vampirism is described and unsuccessfully treated as an illness. Stoker's notes for *Dracula* in the Rosenbach Museum and Library in Philadelphia refer several times to the chapter in which Lucy dies (chap. 12) as "a medical impasse."[8] The claim that "the great mass of persons" are perilously close to the "borderline" where one gender fades into the other and are consequently "easily satisfied to mate with anyone" betrays anxieties about such uncontrollable forbidden desires as those in *Dracula* that threaten to dissolve gender distinctions between the respective roles of the novel's "good women" and "brave men."[9]

Because the novel figures unruly and anxiety-producing male desire as feminine, the men's anxieties about their double roles as indulgers in and suppressors of desire appear as anxieties over gender roles and distinctions. The fear that even the most overtly manly male may be close to the borderline and may have hidden female elements undermining his manhood, corrupting and obscuring the proper channels for his sexual desire, clearly forms one of *Dracula's* central obsessions.[10] The novel's most acute anxiety stems from the knowledge that male bisexuality is natural and unavoidable and that the feminine may be irrepressible, demanding release in sublimated or symbolic form. The fear that the self contains a subversive side that will manifest itself regardless of human intention combines with a desire to banish the corrupt self (as well as a desire to admit it) in the idea that one can, by giving it expression, rid oneself of it. The novel's indulgence in and repression of fantasy takes on the tone of a ritual exorcism, as the elaborate rites involved in the defense against vampirism suggest. In a favorite phrase of Dr. Van Helsing's "We . . . will have to pass through the bitter water before we reach the sweet."[11] For the characters of the novel, the sublimated or controlled admission of the emotional or the suppressed is both therapeutic and anxiety ridden. Simple repression will not suffice, as a significant gap in the narrative indicates.

In a novel obsessed with the accumulation and documentation of detailed and accurate information as necessary to its successful resolution, one important event is never explained or described and leaves a conspicuous gap in what is otherwise, in Jack Seward's words, "a whole connected narrative" (D, 231). The circumstances of Jonathan Harker's escape from the Castle Dracula and the seductive clutches of the female vampires remain a mystery at the novel's close. Jonathan has repressed the experience: he suffers from amnesia concerning his flight from the monstrous; and his wife Mina fears to question him because "it might tax his poor brain if he were to try to recall it" (D, 113). The novel does not contain a journalistic or other account of Harker's escape, though Stoker could have provided such information without any more strain on his narrative form than the text displays elsewhere. What was the "terrible shock" that rendered Jonathan "only a wreck of himself" and drove him to "rave of dreadful things" to the nun who nursed him through his subsequent illness and who took a vow of secrecy because "the ravings of the sick were the secrets of God" (D, 113)? It was, I would argue, Harker's encounter with the secret sin that vampirism denotes and that the text cannot utter directly. This omission by Harker and the narrative structure constitutes a repression of an explicitly feminine (homoerotic) desire whose insistent need for expression, matched by an equally determined impulse to repression, provides the energy for the rest of the novel. When he returns home, his monstrous and unsatisfied desire has preceded him in the form of Count Dracula, who must be admitted and identified with before being rejected and expelled.

The text relentlessly feminizes such irrepressible and subversive desires and represents the fear of succumbing to the seductions of a vampire as the fear of being emasculated. In a scene in which a beautiful female vampire nearly victimizes Harker, he awaits her penetrative kiss in a supine, passive position. Coquette-like, he observes her through his eyelashes, finding her "both thrilling and repulsive" (D, 46) and feeling "longing and at the same time some deadly fear" (D, 46). Later, Harker says that he would prefer falling off a cliff to death at the hands and teeth of the "weird sisters" (D, 57), for at the foot of a cliff "a man may sleep as a man" (D, 62). The captain of the *Demeter* uses similar language to applaud the first mate, who commits suicide to avoid being killed by Count Dracula: "It was better to die like a man" (D, 95). The deaths of the other sailors are likely penetrations of men by the count and, therefore, are admitted but suppressed by the narrative, which implies but does not describe them. Once in England, the count attacks only women, and the struggle against vampirism quickly becomes the battle against monstrous femininity as Dracula appears on stage less and less and the action revolves around the threat posed by Mina's and Lucy's impending vampiric transformations. This displaces but does not eliminate the danger of the count's appeal to the subversive feminine sides of the men themselves. Dracula himself indicates the role that mediation by the feminine plays, taunting them, "Your girls that you all love are mine already; and through them you and others shall yet be mine" (D, 312).

The text's absent center, hinted at, approached, but always repressed and rechanneled through female victims, is the penetration of a man by a vampire. Although Count Dracula's interest in Harker when the latter cuts himself shaving has been called trivial and passing,[12] it is in fact far from insignificant. The count makes a sudden grab at his throat, his eyes blazing "with a sort of demoniac fury"(D, 35). The suddenness and intensity of the incident suggest a spontaneous eruption of desire and its swift suppression. This desire can be flirted with at greater length in its more acceptable heterosexual mask when the female vampires nearly "kiss" Harker. In the latter scene, however, the repressed homoerotic subtext returns with the count, who intervenes furiously, exclaiming: "This man belongs to me!" (D, 47). This claim to possession appears in the earliest notes for the novel,[13] and in his outlines Stoker repeatedly uses it as a title for the chapter in which it appears, suggesting that perhaps the function of the whole chapter is to allow Dracula to express desire for a man.

A short story which Stoker titled "Walpurgis Night,"[14] and which later became known as "Dracula's Guest," was originally the first chapter of *Dracula.* This story represents once more the near penetration of a man by a vampire. (Stoker deleted this section of the novel when his publisher requested that he shorten the book to decrease printing costs [Haining, 110].) In the story the protagonist, a rather bull-headed Englishman, ignores the superstitious warnings of the inhabitants and goes wandering intrepidly through the German countryside on Walpurgis Night. He stumbles onto the tomb of a beautiful vampire countess, tries to enter the crypt, and is prevented by some force (obviously the count) which grasps him and hurls him back. (This action mirrors Dracula's restraint of the vampire woman who tries to kiss Harker, and Van Helsing's restraint of Arthur when he tries to kiss the vampiric and dying Lucy.) The narrator lies exposed and unconscious through a tempest-tossed night, but a wolf (again the count) saves his life by crouching over him to keep him warm. In the morning, soldiers, sent by Count Dracula, rescue him; they exclaim over the marks on his neck but note with relief that " 'He is all right; the skin is not pierced' " (Haining, 120).

In *Dracula* ambivalent flirtation with a feminine (homoerotic) desire to play the passive woman's part and be penetrated leads to a defensive reaction against the feminine. The men overcompensate for their threatened masculinity, reasserting their potence by the violent penetration, with a stake whose impressive phallic dimensions are carefully noted, of a prone woman (Lucy), whose beatific smile expresses peaceful gratitude. "Walpurgis Night" contains an even more grotesque image of phallic overcompensation; the countess's tomb itself is transfixed by an enormous iron stake. When Dracula prevents the traveler from entering the tomb, lightning strikes the stake, causing the voluptuous vampire within to scream in pain. In *Dracula* the privilege of actually wielding the stake that puts Lucy's soul to rest falls to her fianc , Arthur, on the day after their intended wedding night (D, 222). This violent consummation, described in vivid sexual terms, indicates the proper "marriage"of the masculine and feminine, between men and women, and within the bisexual psyches of the individual men.

As good Victorian women, Mina and Lucy have internalized the roles imposed on women by patriarchal society and anticipate dependence and submission when they are joined with the masculine. Lucy observes, "I suppose that we women are such cowards that we think a man will save us from fears, and we marry him"(D, 67). Mina and Lucy both enforce gender codes on their own uncooperative desires and strive to display the proper femininity of "good women." They are demure and reticent in sexual matters and seem devoid of sexuality except when under vampiric influence. Lucy blushes to write of her love for Arthur; Mina thinks it unseemly for her husband to take her arm in public; and both women display an appropriate, if slightly tongue-in-cheek, fear of large virile animals "wild bulls"(D, 99). Finally, Mina makes disparaging remarks about the sexually aggressive New Woman who will usurp the male prerogatives of speaking and initiating sexual relations and will "do the proposing herself" (D, 100).

Yet both Mina and Lucy also display "incorrect" femininity, leading to guilt and self-correction. Mina enjoys exercising momentary power over Van Helsing when she hands him a shorthand journal she knows he cannot read. She is immediately "almost ashamed"(note here the incomplete repentance) and explains her joke by appealing to her naturally corrupt female nature: "I suppose it is some of the taste of the original apple that remains still in our mouths" (D, 189). Lucy also engages in a pattern of expression, displacement, and correction of feminine desire that mirrors *Dracula's* central action and ambivalence. The letter she writes to inform Mina of her engagement is, in her own words, "a very sloppy letter in more ways than one"(D, 68), as she wavers between exultation and guilt over her three marriage proposals, and between the admission and rejection of impulses that are forbidden to proper Victorian femininity. While she exclaims over the number of proposals that she received and admits that she "couldn't help feeling a sort of exultation" (D, 67), she displaces her glee onto other women ("Some girls are so vain," D, 65) and asserts the superiority of men to women: "Why are men so noble when we women are so little worthy of them?" (D, 68). Lucy expresses and then condemns a wish for the liberation of feminine desire: "why can't they let a girl marry three men, or as many as want her, and save all this trouble? But this is heresy, and I must not say it" (D, 68). Her letter ends with a reminder of and submission to the highest patriarchal authority, whom Van Helsing and company will furiously invoke while combating the vampires and ensuring the suppression of desire. Lucy's self-reproach, however betrays a persistent secret wish to have all three of her suitors: "I must only try in the future to show that I am not ungrateful to God for all His goodness to me in sending to me such a lover, such a husband, and such a friend" (D, 69).

II

Lucy's language betrays her and reveals her ambivalence, and she feels guilt over her articulation of the forbidden: "But this is heresy, and I must not say it." Fear of utterance emphasizes the oral, locating the source of anxiety in the mouth. *Dracula's* sexuality is primarily oral rather than genital. Craft notes that the vampire's mouth is the focus of the novel's erotic fascination and dread and that its sexual suggestiveness is of a kind that threatens to dissolve gender distinctions. The vampire's mouth is a soft (feminine) orafice which contains (masculine) penetrative teeth and is the same for male and female vampires (Craft, 109). The same mixture of attraction and repulsion that is excited by vampiric sexuality and that motivates the novel's central action is also evident in the characters' ambivalence toward self-expression, especially emotional, and in the novel's anxious characterization of the need for expression as inevitable and feminine. The link between the natural expression of emotion and the admission of forbidden desires represented as vampiric is the feminine character of both. The text's admission of the former's normal and inevitable but suspect nature suggests for the latter a "natural" and universal, even necessary, status that renders it all the more terrifying. Van Helsing's comment pinpoints this source of major ambivalence; "it is not the least of its terrors that this evil thing is rooted deep in all good" (D, 247).

For the men, speech indicates a lack of self-restraint and a surrender to incipient femininity. In *Dracula* silence is continually lauded as a male virtue and is a means of enforcing the suppression of the feminine. Seward praises Harker's "quiet, business-like" air (D,231) and comments on his own awkwardness when confronted with Arthur's grief: "I comforted him as well as I could. In such cases men do not need much expression" (D, 175). As will be discussed below, Seward's best is not great, and men need more expression than he would like to think, for Arthur needs to express his grief to Mina later. Mina also subscribes to the notion that men communicate through actions, not words, asserting male independence from the feminine: "A brave man's hand can speak for itself; it does not even need a woman's love to hear its music" (D, 244). Quincey Morris, whom Van Helsing describes as "all man"(D, 333) and whose most salient features include his masculine taciturnity, best exemplifies the text's preoccupation with the virile virtues of verbal reticence. This paragon of rough and ready male action even manages to die in manly silence: "with a smile and in silence, he died, a gallant gentleman" (D, 381).

While the men write short practical or purely informational letters and express fears and emotions in diaries or in anxiety-fraught moments of "feminine" weakness, Mina and Lucy regularly confide in one another in their letters and enjoy the self-expression this affords them. In her first letter, Mina voices a wish for removal to an unconstrained atmosphere where she and Lucy will be free to verbalize their fantasies: "I am longing to be with you, and by the sea, where we can talk together freely and build our castles in the air"(D, 63). Both women show an awareness that talking freely is forbidden in Victorian society. Lucy's confession of her feelings for Arthur in a letter to Mina betrays both guilt and a slightly hysterical compulsion to self-expression:

> I love him; I love him; I love him! There, that does me good. I wish I were with you, dear, sitting by the fire undressing, as we used to sit; and I would try to tell you what I feel. I do not know how I am writing this even to you. I am afraid to stop, or I should tear up the letter, and I don't want to stop, for I *do* so want to tell you all. (D, 65)

Lucy's association of telling secrets with undressing and her conflicting impulses to "tear up the letter" and "tell . . . all" suggest anxieties about revealing what is more properly concealed. Speech, especially the confession of emotion, involves surrendering to irrational feminine desires and needs. This surrender undermines the dominance of rational male authority, the enforcement of gender codes, and the subordinate status of desire. As Van Helsing gently admonishes Lucy when prescribing his cure for vampirism: "We must obey, and silence is a part of obedience: and obedience is to bring you strong and well into loving arms that wait for you" (D, 139). Lucy's submission to patriarchal codes involves silencing the unacceptable desires that vampirism denotes. This will bring her into her proper "healthy" relation to the masculine arms that wait to enfold and repress her. Van Helsing concludes his instructions with an injunction to feminine passivity that Lucy's liberated sexuality does not obey while living or undead, "Now sit still awhile" (D, 139).

The men's efforts to silence the feminine and to control their own utterances reflect attempts to suppress what they fear in their own bisexual natures. Stoker's 1908 essay entitled "The Censorship of Fiction"[15] reiterates his distrust of the sexual imagination and his conviction of the need for self-restraint in speaking and writing. In an attack on sensational fiction that pandered to readers' "base appetites" (C, 481), Stoker calls "reticence" (self-imposed censorship by individual authors) "the highest quality of art; that which can be and is its chief and crowning glory" (C, 480), but advocates "continuous and rigid" external censorship if necessary (C, 481). He recognizes a degraded and uncontrollable element in the imagination and insists on the illegitimacy of its expression in language: "No one has power to stop the workings of imagination, not even the individual whose sensoria afford its source. But the individual producer or recorder can control his own utterances; he may have to feel, but he need not of necessity speak or write"(C, 482).

Stoker indicates the precise character of what he finds most threatening about "the possible evils of imagination": "the only emotions which in the long run harm are those arising from sex impulses, and when we have realized this we have put a finger on the actual point of danger"(C, 483). His admission that individual self-restraint may prove inadequate and his use of a striking metaphor tacitly acknowledge the existence of transgressive sexual desires to "put a finger on the actual point of danger." As in *Dracula,* Stoker displaces these degenerate sexual fantasies onto the feminine. He claims that "women are the worst offenders in this form of breach of moral law" (C, 485).

The men in *Dracula* realize that they have to feel, and they become anxious when they also find it necessary to speak or write of their feelings. They recognize outlets for emotions as necessary and therapeutic, but characterize such impulses as feminine and therefore suspect. Mina fulfills an "appropriate" feminine role as caretaker of and outlet for the men's emotions. After comforting Arthur for Lucy's death (note that a woman is the cause of the emotion as well as the only effective agent of its release), Mina says that "he had been unable to speak with any one, as a man must speak in his time of sorrow" (D, 236) and that "no one but a woman can help a man when he is in trouble of the heart" (D, 237). Mina notes the cathartic effects of expressing grief and muses, "1 suppose a cry does us all good at times clears the air as other rain does" (D, 187). However, she shares the men's opinion that their open expressions of emotion would be unseemly, and she serves as a mediator of Seward's emotions, whose utterance she views as forbidden. Mina transcribes his phonograph journal because the recorded voice reveals "in its very tones, the anguish of your [Seward's] heart" (D, 229). She tells him, "No one must hear them [his words] spoken ever again," and says, "See, I have tried to be useful. I have copied out the words on my typewriter, and none other need now hear your heart beat, as I did" (D, 229). Mina speculates on her feminine role as a safe outlet for male emotion: "I suppose there is something in woman's nature that makes a man free to break down before her and express his feelings on the tender or emotional side without feeling it derogatory to his manhood" (D, 235).

In such situations it is precisely their "manhood" that the men are worried about. They distrust such a surrender to the feminine, viewing the irrational or emotional side of their natures and its expression as unmanly. Seward uses language that connects emotional trauma with a loss of virility to describe the effect grief has on Arthur: "his stalwart manhood seemed to have shrunk somewhat under the strain of his much-tried emotions" (D, 175). Seward speaks of Quincey's control over his emotions in similar terms: "His very heart was bleeding, and it took all the manhood of him and there was a royal lot of it, too to keep him from breaking down" (D, 159). He also characterizes Van Helsing's hysterics as feminine: "he laughed and cried together, just as a woman does" (D, 181). Because Van Helsing does not respond well to Seward's reaction of the manly sternness (as opposed to womanly sympathy) that Seward deems appropriate for female hysterics, Seward concludes defensively and relievedly, "Men and women are so different in manifestations of nervous strength or weakness!" (D, 181). As Mina has told us, however, only a woman can minister to or mediate the feminine weaknesses of a man.

Mina's sex makes her role in the group's efforts to defeat Count Dracula a source of intense male anxiety. Throughout the novel, Mina has been praised as one who successfully combines the masculine and feminine in their proper relation. Van Helsing says of her: "She has man's brain a brain that a man should have were he much gifted and a woman's heart. The good God fashioned her for a purpose, believe me, when He made that so good combination" (D,241). This purpose is to help Van Helsing and his cohorts defeat the vampires; Mina is instrumental to their efforts in both her masculine and feminine capacities. Her "man's brain" contributes by transcribing and organizing the various journals and memorizing train schedules. She even gives Nordau and Lombroso's definition of a criminal type and applies it to the count when prompted by Van Helsing (D, 346). Her "woman's heart" allows her to comfort the men in times of grief and doubt and to symbolize the good life they must defend from Count Dracula. Van Helsing says, "She is one of God's women, fashioned by His own hand to show us men and other women that there is a heaven where we can enter, and that its light can be here on earth"(D, 194).

Anxious over Mina's role in what they feel should be an exclusively male endeavor, the men take steps to protect their territory from the encroachment of the feminine. They decide that her "woman's heart" may fail her and that Mina's function from now on must be purely symbolic and clearly differentiated from theirs. Van Helsing tells her, "When we part to-night, you no more must question. We shall tell you all in good time. We are men and are able to bear; but you must be our star and our hope, and we shall act all the more free that you are not in danger, such as we are" (D, 248). This refusal to tell Mina things is also a silencing of her. When she resigns herself to being excluded from the action she notes that she has lost the right to be an active speaking member of the group and must assume a passive and helpless feminine role: "I could say nothing save to accept their chivalrous care of me" (D, 248). All the men repeatedly express their relief that Mina is to be kept in the dark with a vehemence and frequency that indicates the anxiety her involvement caused them. This entry in Seward's diary is typical: "Mrs. Harker is better out of it. Things are quite bad enough for us, all men of the world, and who have been in many tight places in our time; but it is no place for a woman, and if she had remained in touch with the affair, it would in time infallibly have wrecked her" (D, 262).[16] The description of "men of the world" who have been in many "tight places" carries sexual connotations, and the use of "touch" suggests a wish to separate the feminine from the sensual. The phrase "it is no place for a woman" is suggestive. The referent of "it" is unclear what is no place for a woman? "It" is certainly meant to refer to "the affair" that is one of the many "tight places" in which the men have been in their time. However, the language here conveys a desire to fix woman in her proper "place" but remains disturbingly vague about the exact location of the transgressive and mobile femininity.

Meanwhile, Mina struggles to accept her enforced solitude and ignorance in language that contrasts her passive and irrational femininity to the paternal protection of the men: "They all agreed that it was best that I should not be drawn further into this awful work, and I acquiesced. But to think that he keeps anything from me! And now I am crying like a silly fool, when I know it comes from my husband's great love and from the good, good wishes of those other strong men" (D, 262). The male community "all agreed" on Mina's exclusion, and she "acquiesced" to the passive role imposed on her. Part of her rebels against her exclusion: "But to think he keeps anything from me!" but she works to convince herself that it is for the best that a "silly fool" of a woman allow herself to be controlled and protected by "strong men."

The fact that the men leave Mina shut up all alone makes it easy for Dracula to get to her; symbolically, their repression of her leads to her near defection to vampirism's liberated expression. When they realize their mistake they bring her into their confidence again: "We want here no more concealments. Our hope now is in knowing all. Tell freely!"(D, 291). Their ambivalence about this is such, however, that the first chance they get, upon perceiving her telepathic link with Count Dracula, they exclude Mina from their activities once more, with her full consent (D, 328, 331). From this point forward they use her merely as a passive medium through which to monitor the count's activities. Although Mina is excluded solely on the basis of her sex, she is consistently presented as someone who displays a good balance of the characteristics of both sexes. The men achieve no such balance; their preoccupation with their own manliness and their near-frantic desire to keep Mina out of the action represent their efforts to rid themselves of the feminine element in their own bisexual selves. Mina's husband confesses to a vague fear of her presence throughout the battle against the count: "Somehow, it was a dread to me that she was in this fearful business at all" (D, 254).

III

The text's contradictory treatment of Mina enacts the anxieties involved in coming to terms with the feminine side of the bisexual self, a side that is an inescapable compliment and detriment to the masculine. Use of the woman as mediator, for ordinary emotions like grief or for homoerotic desires that are among Victorian society's most taboo fantasies, allows the men a certain amount of detachment from the mediated impulses. This displacement of the unacceptable feminine portion of the self is also achieved through writing, which *Dracula* identifies with the feminine. The text displaces the feared self onto the monster and mediates between conflicting desires to accept and reject the monstrous through its pattern of admission, entertainment, and expulsion. Mina notes the doubling of the self that occurs in writing when she says of her journal: "it is like whispering to one's self and listening at the same time" (D, 81). "Whispering" and "listening" indicate the inherently secretive and voyeuristic nature of the novel's displacement. Similarly, through their double identification with Van Helsing and the count, the men indulge in and look with righteous horror and disapproval on their most forbidden fantasies.

Dracula concludes with a note written by Jonathan Harker, whose initial repression necessitated the ritual admission and expulsion of the monster. This note indicates the purgatorial and therapeutic nature of the experience: "Seven years ago we all went through the flames; and the happiness of some of us since then is, we think, well worth the pain we endured"(D, 382). The men appear to have exorcised their anxieties over the feminine within their midst. Desire has been put in its proper place; Arthur and Seward are now both "happily married"(D, 382); the vampires are dead; and Mina has assumed her intended feminine role as the producer of and nurturing mother to a male heir. Harker says that the group looked at the record of the ordeal seven years later, and he comments on their collective response:

> We were struck with the fact, that in all the mass of material of which the record is composed, there is hardly one authentic document; nothing but a mass of typewriting, except the later notebooks of Mina and Seward and myself, and Van Helsing's memorandum. We could hardly ask any one, even did we wish to, to accept these as proofs of so wild a story. (D, 382)

The meticulous recording of the group's experience has served its function of helping the men suppress the monstrous and restore order. In addition, by collating and connecting the narrative, by reducing the "authentic" documents to "a mass of typewriting," Mina's transcription has fictionalized the experience, transforming it into the typescript of Stoker's horror story. In the novel's ultimate displacement, Harker and the other men assume the role of the reader who finds the text both "thrilling and repulsive" but thoroughly fictitious.

Stoker's notes for the novel indicate the successful fictionalization of the carefully recorded authentic documents by titling the last chapter of the book "a tourist's tale" in two different outlines.[17] In fact, the Harkers later travel as tourists to Transylvania, the scene of Jonathan's initial repression of the unutterable, and return with the comforting information that "it was almost impossible to believe that the things which we had seen with our own eyes and heard with our own ears were living truths. Every trace of all that had been was blotted out" (D, 382). For *Dracula,* the censorship of fiction means that the creation of a fiction allows one to censor the forbidden, expressing it not as the authentic voice of the male self, but as the fictive speech of a female other. The true subject of the novel cannot utter itself; it must speak through the feminine, blot out its existence as living truth, and accord itself the status of fiction.

The novel acknowledges this transition from fact to fiction, from truth to myth, in the discrepancies between Harker's endnote and the preface to the original edition of *Dracula,* which was dropped from later printings. This preface treats the story as fact and attests to its accuracy:

> How these papers have been placed in sequence will be made manifest in the reading of them. All needless matters have been eliminated, so that a history almost at variance with the possibilities of later-day belief may stand forth as simple fact. There is throughout no statement of past things wherein memory may err, for all the records chosen are exactly contemporary, given from the standpoints and within the range of knowledge of those who made them.[18]

At the end of the novel, however, the experiences of the group have become mere fiction, literally the "tourist's tale" that Stoker wrote. This final defensive move to a dual perspective on the "mass of typewriting" is a last doubling in which the men can both benefit by and detach themselves from their split roles that enacted anxieties about their own bisexuality.

The anxiety occasioned by the novel's use of the feminine to mediate, express, and repress the transgressive woman in man persists quietly in its conclusion. *Dracula* ends with Mina, who once again balances the masculine and feminine; she is "brave and gallant," yet has "sweetness and loving care"(D, 382). Mina has been rescued from the threat of vampiric gender indefinition, but her enduring bisexuality reminds us that the feminine has been suppressed but not eliminated. Her son, little Quincey, is heir to both the story and the desires that created it and "will some day. . . understand" the adventure (D, 382). His "bundle of names links all our little hand of men together" (D, 382) and serves as a reminder of the unnameable link between men that occasioned anxiety about the bisexual and led to the creation of Stoker's tale of horror. It is precisely this tension between the need for resolution and the need for irresolution, the need to express transgressive desires and the need to repress them, that maintains the persistent confluence of desire and fear, fascination and horror, that continues to make *Dracula* compelling reading.

Princeton University
Princeton, New Jersey

NOTES

1. Most competent critical treatments of *Dracula* note the doubling of Van Helsing and the count as alternate peternities, the mirroring of the blood transfusions and the vampire's bite as parallel acts of aggressive sexual intercourse, and the pairing of Lucy and Mina as virgins/mothers who promise/threaten to become whores: dualities which allow the characters to simultaneously and sequentially indulge in and repress their fantasies and to enact the fundamental ambivalences motivating the novel. The suppressed desires have been interpreted by various critics as matricide, patricide, incest, or sadomasochism. See, for example, Richard Astle, "Dracula as Totemic Monster: Lacan, Freud, Oedipus, and History," *Sub-Stance* 25 (1980): 98-105; C. F. Bentley, "The Monster in the Bedroom: Sexual Symbolism in Bram Stoker's *Dracula," Literature and Psychology* 22.1 (1972):27-34; Joseph S. Bierman, "Dracula: Prolonged Childhood Illness and the Oral Triad," *American Imago* 29.2 (1972): 186-98; Maurice Richardson, "The Psychoanalysis of Ghost Stories," *Twentieth Century* 166 (December 1959): 421-31.
2. See, for example, Nina Auerbach, "Magi and Maidens: The Romance of the Victorian Freud," in *Writing* and *Sexual Difference*, ed. Elizabeth Abel (Chicago: University of Chicago Press, 1982), 111-30; Carol L. Fry, "Fictional Conventions and Sexuality in *Dracula." Victorian Newsletter* 42 (Fall 1972): 20-22; Phyllis A. Roth, "Suddenly Sexual Women in Bram Stoker's *Dracula." Literature and Psychology* 27.3 (1977): 113-21; Carol A. Senf, " 'Dracula': Stoker's Response to the New Woman," *Victorian Studies* 26.1 (1982): 33-49.
3. Christopher Craft makes a convincing case for this interpretation in his " 'Kiss Me with Those Red Lips': Gender and Inversion in Bram Stoker's *Dracul,." Representations 8* (Fall 1984): 107-33.
4. For a recent and extremely useful discussion of the structure of erotic triangles between men and the roles women play in them, see Eve Kosofsky Sedgwick's *Between Men; English Literature and Male Homosocial Desire* (New York: Columbia University Press, 1985). Sedgwick argues that homophobia regulates and enforces the form of all male-male relations and male gender roles. She also identifies "male homosexual panic" as a postromantic phenomenon, maintaining that the entry into adult masculinity is also necessarily an entry into the fear of one's own homosexuality. Her "The Beast In the Closet: James and the Writing of Homosexual Panic" continues to develop this line of argument brilliantly *(Sex, Politics, and Science in the Nineteenth-Century Novel,* ed. Ruth Bernard Yeazell [Baltimore: Johns Hopkins University Press, 1986], 148-86).

5. (The following paragraph is indebted to Craft's discussion of Victorian conceptions of) homosexuality.
6. Havelock Ellis and John Addington Symonds, *Sexual Inversion* (London: Wilson & MacMillan, 1897; rpt. New York: Arno Press, 1975), 132.
7. Bram Stoker. *Lady Athlyne* (New York: Paul R. Reynolds, 1908), 82.
8. Rosenbach Museum and Library, Philadelphia, MSS dated 14/3/90 and 29/2/92.
9. Elaine Showalter discusses the concept of the "borderland" in Victorian Darwinian psychiatry in her *The Female Malady: Women, Madness, and English Culture, 1830-1980* (New York: Pantheon Books, 1985), chap. 4. In Darwinian psychiatry, the "borderland" was occupied by people who were between sanity and madness and were afflicted with "latent brain disease" and the "seeds of nervous disorders" (105), which were difficult to detect and could become real insanity under the right circumstances.
10. Homophobic panic and the need to displace homoerotic desires onto the opposite gender seem to apply particularly to male homosexuality in the late nineteenth century. Sheridan LeFanu's *Carmilla* (1872) is another vampire tale which shares with *Dracula* the sexualization of the relationship between vampire and victim and an emphasis on the ambivalent combination of "strange, tumultuous excitement" and "fear and disgust" that the vampire excites (Sheridan LeFanu, *Carmiila* (1872; rpt. in Novels of Mystery from the Victorian Age, ed. Maurice Richardson [New York: Pilot Press, 1945], 588). However, *Carmilla* portrays a homosocial bond between women that explicitly shades off into the homoerotic, while Stoker's text resolutely represses the homosocial/homosexual vampiric encounter between men, preserving a heterosexual relationship between vampire and victim. The gender asymmetry here results in large part from the fact that Victorian discourses an homosexuality. homophobic or not, centered on male homosexuality. Though he devoted most of his work to discussions of male homoeroticism, Havelock Ellis speculates briefly that inversion in women was as common as inversion in man. His discussion of lesbianism involves a masculinization of the female homosexual corresponding to the feminization of the male homosexual. But he suggests that because the Victorians found the idea of varying degrees of intimate relations between women acceptable, lesbianism was both hard to detect and not really considered an offense (Ellis and Symonds, 78). Eve Sedgwick also notes the gender asymmetry between discourses on homosexuality, pointing to the persistence in modern society of an asymmetry between a continuum of female-female relations and a radical discontinuity between male homosexual and homosocial bonds which contributes to the prevalence and intensity of male anxiety about male homosexuality (Sedgwick, *Between Men,* 1-5).
11. Bram Stoker, *Dracula* (1897; rpt. New York and Scarborough, Ontario: New American Library, 1965), 177. Subsequent references to *Dracula* are to this edition and are cited parenthetically as *D,* page number.

12. See Roth, 117. Roth mistakenly says that Harker has cut his finger, but he has in fact cut his face; he says "the blood was trickling over my chin" (D, 35).
13. It appears four times in the Rosenbach manuscript; twice in the MS dated 14/3/90 and twice in the MS dated 8/3/90. Tn *one* outline of the MS dated 8/3/90, Stoker even added the phrase, "I want him."
14. Bram Stoker, "Walpurgis Night," in *Shades of Dracula: Bram Stoker's Uncollected Stories,* ed. Peter Haining (London: William Kimber, 1982), 110-22. Subsequent references to this volume are cited parenthetically in the text.
15. Bram Stoker, "The Censorship of Fiction," *Nineteenth Century and After* 64 (July-December 1908): 479-87. Subsequent references to this article are cited parenthetically as C, page number.
16. See also *Dracula,* 241, 248, 254, 259, 268, 273.
17. Rosenbach Museum MSS dated 14/3/90 and 29/2/92.
18. Bram Stoker, *Dracula* (Westminster: Archibald Constable, 1897), preface.

김일영

Univ. of Georgia (영문학 석사)
Univ. of South Carolina (영문학 박사)
한국 18세기 영문학회 고문
한국 근대영미소설학회 회장
현재 성균관대학교 영문학과 교수

저서

『18세기 영국소설 강의』, 『영미소설해설총서: 트리스트람섄디』

역서

『업둥이 톰 존스 이야기 I』, 『업둥이 톰 존스 이야기 II』

논문

「로렌스 스턴과 포스트모더니즘」, 「The Nature of Game in Laurence Sterne」
「필딩의 "새로운 글쓰기"와 이중적 재현」, 「선정소설에 나타난 여성의 광기」
「불확실성과 "중간자"에 대한 공포: 전환기 시대의 고딕 『드라큘라』」 외 다수

Bram Stoker

Dracula

WITH ESSAYS IN CRITICISM

드라큘라 – 주석과 비평

1판 1쇄 발행 _ 2005년 2월 26일
2판 1쇄 발행 _ 2018년 2월 26일

편주자 · 김 일 영
발행인 · 정 현 걸
발 행 · 신 아 사
인 쇄 · 현대문화사
주 소 · 서울특별시 은평구 통일로 59길 4 (2층)
전 화 · (02) 382-6411 팩 스 · (02) 382-6401
홈페이지 · www.shinasa.co.kr
E-mail · shinasa@daum.net
출판등록 · 1956년 1월 5일 (제 9–52호)

ISBN: 978-89-8396-274-4(93840)

정가 *16,000*원